U0115915

中國特色話語：

——陳安論國際經濟法學　第一卷（修訂版）　上冊

陳安　著

作者簡介

　　陳安，廈門大學法學教授、博士生導師，國際知名的中國學者。一九八一至一九八三 年應邀在哈佛大學研修，兼部分講學；其後多次應邀赴歐洲、美洲、大洋洲、亞洲十幾個國家參加國際學術會議或講學。主要學術兼職：中國國際經濟法學會會長（1993-2011 年）、榮譽會長（2012 年迄今）中國政府依據《華盛頓公約》三度遴選向「解決投資爭端國際中心」（CSID）指派的國際仲裁員（1993-2016 年）等。二〇一二 年獲「全國傑出資深法學家」榮譽稱號。近四十年來，陳安立足於中國國情和國際弱勢群體即廣大發展中國家的共同立場，致力於探索和開拓具有中國特色的國際經濟法學這一新興邊緣學科。撰寫的主要著作有《國際經濟法學芻言》《陳安論國際經濟法學》、*The Voice from China: An CHEN on International Economic Law*（《中國的吶喊：陳安論國際經濟法》，德國 Springer 出版社 2013 年版）；主編和參撰的合著四十餘種，獨撰中、英雙語專題論文數十篇，合計約二千五百餘萬字。其學術論著先後獲得國家級、省部級科研優秀成果一等獎十八項、二等獎十一項，多種著作被廣泛採用為全國高校本科生、研究生法學教材或教學參考書。《人民日報》《光

明日報》《法制日報》等報刊以及國務院學位委員會刊物《學位與研究生教育》多次報導他的學術觀點和有關事蹟。美國、英國多種「國際名人錄」均列有陳安的個人小傳。

　　在法律實務方面，陳安是兼職資深國際商務律師，跨國公司法律顧問；中國國際經濟貿易仲裁委員會（CIETAC）仲裁員；國際商會中國國家委員會專家（ICCCEX）；國際商會中國國家委員會律師團成員；國際商會（ICC）國際仲裁案件仲裁員；法國國際仲裁協會（IAI）仲裁員；美國國際仲裁員名冊（RIA）仲裁員；科倫坡國際仲裁中心（KLRCA）仲裁員。

內容
提要

　　本書是我國著名國際經濟法學家陳安教授在中國實行改革開放基本國策四十年來，潛心研究國際經濟法學這一新興邊緣學科的主要成果的第四次匯總、精選、融合、提煉，全書共二百九十餘萬字，分列四卷七編，即國際經濟法基本理論（一），國際經濟法基本理論（二），國際投資法，國際貿易法，國際經濟法熱點學術問題長、短評，有關陳安學術論著和學術觀點的書評等，有關陳安學術活動的報導、函件等。全書各編專論均立足於中國國情，從當代國際社會弱勢群體即第三世界的視角，探討和論證當代國際經濟法學科領域的基本理論以及熱點、難點實踐問題。作者致力於實行「拿來主義」和「消化主義」相結合，在積極學習和引進西方有關國際經濟法學新鮮知識的基礎上，站在中國和國際弱勢群體即發展中國家的共同立場，認真加以咀嚼消化，取其精華，棄其糟粕，逐步創立起以馬克思主義為指導的，具有中國特色的國際經濟法學科體系和理論體系，努力為國際社會弱勢群體「依法仗義執言」，為維護其應有平等權益而鍛造和提供必備的法學理論武器。作者認為，完成此等大業，需要幾代中國學人的持續刻苦鑽研和共同努力開拓。這是貫穿本書始終的學術理

念和學術追求，也是本書的基本學術主張和論述主線。

　　學界評議認為，陳安教授的諸多論著凝聚了作者四十年來潛心研究國際經濟法學這一新興邊緣學科獨到的心得體會，乃是構建中國特色國際經濟法學的奠基之作和扛鼎之作，堪稱「一劍淬礪四十年」。這些論著「對海外讀者全面了解中國國際經濟法學者較有代表性的學術觀點和主流思想具有重要意義。內容結構自成一體，觀點新穎，具有中國風格和中國氣派，闡釋了不同於西方發達國家學者的創新學術理念和創新學術追求，致力於初步創立起以馬克思主義為指導的具有中國特色的國際經濟法理論體系，為國際社會弱勢群體爭取公平權益鍛造了法學理論武器」。其中，批判當代國際霸權主義和強權政治、反擊當前甚囂塵上的美國霸權版「中國威脅」讕言的犀利剖析和獨到論證，尤其顯得旗幟鮮明，史論結合，說理透闢，雄辯滔滔，令人信服。

鳴謝

本書出版，獲得廈門大學哲學社會科學繁榮計劃專項資金、廈門大學法學院法學教育發展資金的資助。此前，各項專題研究曾相繼獲得國家社會科學基金、國家教委博士點專項基金等的資助。謹此致謝。

承全國人民代表大會常務委員會副委員長曹建明教授發來專函惠予鼓勵、鞭策；北京大學校領導吳志攀教授親自為本書撰寫序言；廈門大學黨委書記張彥教授惠予關懷、鼓勵；北京大學出版社黨委書記金娟萍編審、社長王明舟編審、總編輯張黎明編審、副總編輯楊立范編審、總編室陳健主任和諸位領導精心統籌安排，大力支持本書的出版；負責全稿終審的李昭時編審，負責全稿覆審的王業龍副編審，擔任各卷責編的劉秀芹老師、徐音老師、尹璐老師、朱梅全老師，通力分工協作，嚴謹審閱，精心加工，一絲不苟，付出大量辛勞；廈門大學社科處處長陳武元教授和張隨剛老師長期關注學術，多方惠予鼎助；青年學友王海浪博士、陳欣博士、李慶靈博士、楊帆博士、蔣圍博士、谷婀娜博士、翟雨萌博士生、張金矜博士生等，大力襄助作者整理和校對數百萬字書稿，認真細緻，不憚其煩，並且分別參與了七篇專論

的合作撰寫。對於上述諸位領導、老師和學友，均此謹致謝忱。

陳安

二〇一八年十二月十二日

簡目

▓ 第 一 卷 ▓

目錄

‖ 第 一 卷 ‖

第一編　國際經濟法基本理論（一）

吳志攀 * 教授序言

　　陳安老師的大作即將由北京大學出版社出版，囑我作序。借用陳老師自己的說法，就是「修舊補新，融為一體，成為『第四代升級版多卷本』」。這段話出自耄耋學者的手筆，這是何等的幽默與勤奮啊！

　　老師的書讓學生作序，我誠惶誠恐。雖然，史上也有先生讓學生作序的，但那些人都是老師的得意門生，而我是私淑弟子，只看過老師的書，未曾經老師面授。

　　說到看過老師的書，這讓我回想起三十年前的一件事。

　　一九八六到一九八七年，我到香港收集做博士論文的資料。有一天，我到港島北角半地下的森記書局去淘書。書架上密密麻麻地擺滿了書，我從書脊的書名中，看到了一本《國際貨幣金融法》，上面寫著「陳安主編，鷺江出版社」。陳老師的大名，我雖早已知曉，但那是我第一次在香港書店裡找到他的書。

　　那時，作為博士研究生的我，初到香港，在北角寶馬山上的樹仁學院，一邊教暑期班的本科課程，一邊收集做博士論文的資料。在導師芮沐教授的指導下，我的研究方向選定在香港銀行法領域。

　　初到香港，我的第一個感覺就是這裡的書價比內地的高。我每個月由學校提供一千二港幣生活費，並有免費住房，我感覺生

活得很好，但要想買書，就囊中羞澀了。

在香港我買的第一本書就是陳安老師的這本書，拿回到寶馬山上學校的宿舍裡，我很快就讀完了。當時國內經濟體制改革、對外開放，急需這類的專業書籍。內地圖書當時運到香港出售，書價比原來的定價要增加好幾倍。我記得那時人民幣與港幣的兌換率是一元人民幣兌換兩元三角左右的港幣。由於香港書價昂貴，所以香港從內地選的書都是很紮實的著作，陳老師的這本書，也是改革開放之後內地第一本國際金融法的專著。

到香港的頭一個月，我看見專業書就忍不住要買，以致於第一個月的生活費幾乎都讓我買書了。多虧內地在該學院任教的張耀暉教授接濟，我才能生活下去。

現在回想起來，我依然好奇：為什麼內地廈門出版的書，在北京的書店裡難以看到，而在香港書店裡卻能買到呢？不該是當時廈門與香港的交流，比與內地北方的交流還更多一些吧？或者，香港的書店採購經理們，比內地北方書店的採購員，更加敏感地留意內地出版的有關金融、財經、法律等領域的圖書吧？總之，這個問題，至今我也沒有找到答案。

回內地多年之後，我在北大圖書館裡又看到陳老師的這本書，好像見到老朋友一樣，那封面、目錄、各章節、版權頁等都太熟悉了。今年夏天，我在辦公室收拾舊書的時候，又看到這本書。這真是緣分啊！這麼多年過去了，這本書的紙張雖已老舊，但扉頁上依然留著我當年在香港北角森記書局買書的簽名以及年月日。那字是用鋼筆蘸藍墨水寫的，不易褪色。

二十多年前，我才有機會第一次拜見作者陳老師。陳老師的

相貌與我此前想像的樣子，有不小的差別。可能是我長期生活在北方的原因，看到的人大多是粗獷的模樣，而陳老師個子不高，皮膚白淨，眉清目秀，說話的聲音也很輕細，完全不是我想象中的身材魁偉、濃眉大眼、聲音渾厚的大學者的范兒。這只能證明我太不熟悉南方學人了，在過去內地北方與南方在許多方面的交流，確實還不如內地南方與香港地區的交流多呢。至少從距離上看，廈門距離香港更近，氣候也更相似。

這是我拜讀的第一本陳安老師的書。三十年過去了，我又在廈門和北京拜見過陳安老師多次，他雖然年紀越來越大，但在相貌上幾乎沒有什麼變化，依然是我第一次見到他時的樣子。

這次陳老師囑我寫序，不敢推辭，剛好也將我對陳老師的認識與感悟寫出來。

1. 陳老師等許多老學者與我的導師芮沐教授一樣，都是在舊中國接受法學教育，中華人民共和國成立後一直在高校法學院工作的。在二〇世紀八〇年代初，國內改革全面展開，他們抓住改革開放的契機，利用他們長期積累的學識和資料，加之他們的外語優勢，在國際經濟法等新學科初創階段，做了大量教研工作，無論是課堂教學、基礎資料整理，抑或編寫教材、培養學生的工作等，都為以後國內這一法學新領域的發展與國際交流做出了歷史性的貢獻。當時，老一代學者的工作態度，真可謂是夜以繼日，沒有假期的。當時，他們的工資待遇不高，住房不寬敞，家庭負擔也比較重，還有就是他們大多年事已高，但是他們毫無怨言，加班加點，他們的工作精神、他們的幹勁，今天回想起來，依然讓我感動不已。他們的工作激情，就好像火山噴發那樣，在

多年沉寂之後，突然爆發起來。這也許是因為在他們年輕的時候，沒有研究學問的環境。當他們年近半百或花甲，甚至古稀之年時，科學的春天才終於來臨。所以，他們積累多年的思考、收集的資料，都化為語言與文字，一湧而出。

2. 陳老師那一代老前輩工作的時間都很長，特別是在古稀之後，依然在持續高強度的工作。例如，我的導師芮沐教授，我跟芮先生讀博士時，他已經八十多歲了。還有年過八旬的趙理海教授，當選國際海洋法院大法官之後，他搭乘國際與國內航班時，我曾多次到機場接送。有一次我在機場接回國休假的趙先生，不巧趕上那趟航班晚點，本應該是當天下午六點多降落的，可是趙先生下飛機時，已經是翌日凌晨四點了，但他的精神依然很好。還有王鐵崖教授出任前南斯拉夫國際刑事法庭大法官，倪征噢先生出任聯合國國際法院大法官時，也都已是高齡。武漢大學的韓德培教授、中國人民大學的郭壽康教授都是高齡後依然在一線工作著。現在廈門大學的陳安教授，已年近九旬，他依然發電子郵件，同時也親筆手寫信件。我最近收到陳教授的信件，字體遒勁、氣力飽滿！

3. 陳老師長期在廈門大學法學院工作，他不知疲倦地從青年到中年再到老年，一直在工作，沒有停歇。陳老師現在應該是我們這個學科領域依然在工作的最高齡的老前輩，沒有之一。記得有一次我利用到廈門開會的機會，到陳老師的家裡去看望他。那時他剛剛從病中恢復，坐在沙發上，老先生比較虛弱，但說話的聲音依然清晰有力。他那次跟我談的都是國際經濟法的研究工作、學術期刊和論壇的選題等，絲毫沒有談自己的病情。這樣一

位老學者，養病期間心裡想的全是學術，腦子裡裝的只有科研，唯獨沒有他自己。那次談話給我留下很深刻的印象，廈門大學法學院的國際經濟法重點學科、研究基地能有今天，與陳老師的長期傾力奉獻是分不開的。

廈門大學法學院長期以來在國際經濟法領域處於國內領軍地位，這一學科是國家重點學科。廈門大學法學院無論是在人才培養、梯隊建設、論文發表，還是在學會發展、政策諮詢、國際交流等方面都長期保持著優勢，這是非常不容易的。因為發展並不都是順風順水，有時是逆水行舟，困難重重。但是，作為這艘學術航船的掌舵人，陳老師有著堅韌的性格、不屈不撓的精神，在任何情況下，他都能持之以恆，不改初心。由於陳老師的堅持和努力，一些在旁人看似不可能的事，他領導的學術團隊最後都做成了。別人改弦更張，停止探索的時候，陳老師率領的學術團隊仍然繼續努力，堅持跑到勝利的終點。我作為見證人為此而感動，為他的耐力和毅力所折服，因為在我身上，缺乏的恰恰就是陳老師的這一點。

4. 陳老師的學術貢獻有許多方面，就我所了解的有限範圍，陳老師在內地最早系統地出版了國際金融法的教材，較早地出版了國際貿易投資爭端解決機制的系統著作。另外，在他的指導下，他的學術團隊在國際稅法、國際貿易法、國際投資法、國際金融法、國際爭端解決機制等領域，都有非常系統的研究與成果發表。

陳老師最深遠的學術貢獻還在於他所培養的優秀人才。他帶出來的研究生，已經在國內許多高校的法學院成為學術骨幹。特

別是他們團隊中成員的治學態度都跟他一樣嚴謹和踏實，很少見到從他門下出來的人有浮躁和炫耀的，都是勤奮地做基礎工作，不求名利地埋頭苦幹。以他的堅韌與毅力，努力與奮鬥，他所開創的學會、論壇、年會和期刊都是最早的，而且還是持續不斷的。他培養出來的年輕學者，就像種子一樣，將這種優良的學術風氣，帶到全國各地生根發芽，開花結果。

在陳老師的視野中，最重要的是在國際經濟法領域存在的實際問題，如何解釋、如何解決實際問題，是他的學術著作中最有價值的部分。在過去四十多年的時間裡，陳老師在學術領域辛勤耕耘，形成了他獨具特色的觀點，並且在許多國際會議上闡述他的觀點。他的觀點不是西方的觀點，而是具有中國特色的學術觀點。他多次在國際上發言，給外國同行留下深刻印象。他的觀點與外國學者們的觀點不同，但是他的問題意識、觀念價值，以及表述問題的方式等，由於具有中國特色，雖然不一定能夠被外國學者們全部接受，但卻獲得了普遍理解和尊敬。陳老師的問題意識對我們後輩學生永遠都是有意義的，對於我們的學科發展也是有意義的。

《中國特色話語：陳安論國際經法學》四卷本的出版體現了兩個重要的價值，一是學術史價值，二是學者的使命價值。從這四卷書中，可以看到對國際經濟法基本理論問題的研究，也可以看到對國際經濟法實際問題的分析與解決的資料，還可以看到國際同行的分析與評論，以及媒體的報導等歷史資料。再過多少年之後，如果有人要研究中國的國際經濟法發展過程，這套書就是比較完整的史料。

作為一位學者，陳老師的使命感是非常明顯的，這對於增強中國在國際上的話語權是有意義的。特別是在今天，我們面臨國際貿易戰，我們面臨國際上種種不講理的霸權行為，這些行為已經到了令人難以容忍的地步。但是，我們的政府還得忍，我們的企業還得想更多的辦法，以便渡過難關。可是，我們學者用不著忍，學者在此時就要拍案而起，學者就要仗義執言，像陳老師那樣，發出中國的聲音。陳老師一直在大聲疾呼，大聲呼號，就像魯迅當年的吶喊一樣，陳老師的吶喊給中國政府、給人民都長了勁。

　　再回到二十世紀八〇年代中期，我寫博士論文的參考書就有我從香港買到的陳老師所主編的《國際貨幣金融法》。這本書對我後來的教學和研究影響很大，我的成長從中受益頗多，但是我卻一直沒有機會向陳安老師表達謝意。三十年竟然這麼快地過去了，今天我有了難得的機會，在此，請讓我向陳老師表達深深的謝意。

二〇一八年十二月五日

注釋

* 吳志攀，北京大學教授、博士生導師，原北京大學黨委常委、常務副校長，中國法學會副會長。

曹建明 * 教授來信

尊敬的陳安教授：

欣聞先生的專著《中國特色話語：陳安論國際經濟法學》四卷本正式出版，謹向您致以衷心的祝賀和崇高的敬意！拜讀先生大作，感動和敬佩之情，再一次從心底油然而生。這部著作既是您四十年學術成就的集大成之作，也是以中國方案向國際經濟新秩序發出的中國之聲；既凝聚著您四十年不息奮蹄、研精覃思的深邃睿智，又彰顯了歲月沉澱、時代淬煉的深厚造詣；既是您四十年主要研究成果的「升級版」，更是中國國際經濟法理論與實踐的「昇華版」。全書四卷七編，體系縱橫分明、脈絡清晰，論理厚重淵博、求真務實。細細讀來，章章篇篇都烙下了中國改革開放的深刻印記，字裡行間都彰顯著國際經濟法學的交流、交融和交鋒，不愧是一部中國特色國際經濟法的扛鼎之作！我想，這是您對中國改革開放四十週年最好的獻禮和紀念！

多年來，給我十分深刻的印象是，每次傾聽先生侃侃而談，您講的最多的就是「公平正義」和「中國聲音」。您總是說「以文會友，以友輔仁；知識報國，兼濟天下」。讓我內心深深感動和敬佩的是，您是這樣講的，更是身體力行這樣做的。您學貫中西、著作等身，在耄耋之年依然老驥伏櫪、思維敏捷、筆耕不輟，不斷深入思考國際經濟法學特別是中國特色國際經濟法學的

發展，並為之奉獻了自己的全部心血和智慧。這些年來，我不斷收到您的《國際經濟法學芻言》兩卷本、《陳安論國際經濟法學》五卷本、英文專著《中國的吶喊：陳安論國際經濟法》等鴻篇巨著，每次都彷彿看到了您矢志不渝、嚴謹治學的身影。字裡行間，我讀到的不僅是您學術成果的結晶，更是深深感受到了您作為中國老一輩法學家的歷史責任和使命擔當。

讓我內心深深感動和敬佩的是，先生始終以天下視野、中國視角潛心研究國際經濟法這一新興學科，並做出了前瞻性、引領性和開創性的貢獻。特別是，四十年來，您始終堅持以馬克思主義立場、觀點、方法觀察世界、分析世界，堅定不移地反對霸權主義、強權政治、單邊主義和雙重標準，對南北矛盾和南南聯合、經濟全球化和經濟主權原則、美國單邊主義和 WTO 多邊主義的衝突等一系列重大問題進行了深入的戰略思考，致力於探索我們面臨的時代課題。您立足眾多發展中國家共同的公平權益和正義主張，始終理直氣壯地抵制和批判國際霸權主義，竭盡全力不斷為國際社會弱勢群體鼓與呼，旗幟鮮明地倡導和維護公平正義的國際秩序。您發出的中國聲音、中國吶喊，不僅對建立和完善中國特色國際經濟法學做出了重要貢獻，也為中國積極參與全球治理，推動建設相互尊重、公平正義、合作共贏的新型國家關係，貢獻了中國智慧和中國方案。先生的學術品格、家國情懷，在中國法學界為我們樹立了中國學派的大師風範。

當今世界錯綜複雜，充滿更多不確定性，並正在經歷新一輪大發展大變革大調整。世界又一次站在歷史的十字路口。習近平總書記反覆強調，中國堅持對外開放的基本國策，積極參與全球

治理體系改革和建設，推動人類命運共同體建設，為中國國際經濟法學研究指明了方向。我們要向先生學習，以更加堅定的自信、更加堅韌的定力、更加開闊的視野，努力以中國智慧和中國實踐，為中國特色社會主義法治理論和世界法治文明建設做出貢獻。我堅信，伴隨著中國改革開放新的偉大征程，中國特色國際經濟法學研究必將走向更加繁榮美好的未來！您的這部新著也必將鼓舞和激勵更多的中國學人在此領域奮力開拓、砥礪前行！

　　借此機會，衷心祝願您健康長壽、學術長青！

曹建明

二〇一八年十二月十日

注釋

* 曹建明，國際經濟法教授，第十三屆全國人大常委會副委員長，原最高人民檢察院檢察長，原華東政法學院院長。

《中國特色話語：陳安論國際經濟法學》自序

　　當代中國，正處於和平發展與實現中國夢的關鍵階段。中國經濟的持續發展和人民生活水平的普遍提高，引發了發達國家當權者的持續關注以及鷹派人士的猛烈抨擊。例如，二〇一〇年四月十五日，時任美國總統奧巴馬明目張膽地在白宮對全世界聲稱：「如果超過十億的中國居民也像澳大利亞人、美國人現在這樣生活，那麼我們所有的人都將陷入十分悲慘的境地，因為那是這個星球所無法承受的。」[1] 東海問題、南海問題、臺海問題、韓國「薩德」問題等，歸根結底，也都是以美國為首的強霸發達國家打壓中國崛起的具體表現。

　　具體到國際經濟法層面，發達強權霸權國家利用現存國際經濟法律規範規則，作為打壓中國和平發展與實現中國夢的手段，更是「隨心所欲」和「得心應手」。例如，美國為首迫使中國「入世」時承受「非市場經濟身分」這一歧視待遇，於二〇一六年原定期滿之後，仍然頑固堅持視中國為「非市場經濟國家」等等[2]。

　　眾所周知，迄今通行的國際經濟法律規範規則及其相應的「理論學說」，主要是以美國為首的強霸發達國家主持制定並主導推動的，其中含有不少公然欺凌、歧視全球弱勢群體（即眾多

發展中國家）的「劣法」「惡法」和相應的違反時代潮流的「歪論邪說」，這些「劣法」「惡法」和相應的「歪論邪說」，長期損害中國和全球弱勢群體應有的公平合理權益，因此，**迫切需要順應時代潮流，構建具有中國特色的國際經濟法學理論新體系，增強中國參與全球治理的話語權，抵制甚囂塵上的霸權主義「壟斷治理」理念，增強方興未艾的國際平權「民主治理」理念，追求國際公平正義，造福全球黎庶大眾。**

　　具體而言，**構建具有中國特色的國際經濟法學理論新體系，應當朝著以下方向、瞄準幾個主要目標，不懈不怠，持續發力：**

　　第一，國際秩序，除舊布新；抵制霸權，追求正義。

　　當代世界，存在著「南北」兩大類國家，即眾多發展中國家與少數發達國家。二十世紀六〇年代以來，發展中國家為維護主權和獨立，反對國際掠奪與控制，提出了變革國際經濟舊秩序、建立國際經濟新秩序的宏大目標。經過數十年來的群體奮鬥，雖已取得一定成果，但由於「南北」實力對比懸殊，強霸發達國家堅持既得利益，國際經濟秩序「除舊布新」和「破舊立新」進程頻頻受阻，步履維艱，進展緩慢。從發展中國家的視角看，當代現存的國際經濟秩序有公平合理的部分，也存在不少不公平不合理的部分。國際社會中，恃強凌弱、仗富欺貧的現象始終存在，迄未絕跡。因此，國際經濟秩序應當與時俱進地繼續「除舊布新」和「破舊立新」，追求和實現更大程度和更高水平的國際公平正義。

　　國際經濟法律規範是國際經濟秩序的法律化。相應地，現存的國際經濟法律規範，有公平合理的、符合發展中國家應有權益

的「良法」，但仍然存在不少不公平不合理的、損害發展中國家應有權益的「劣法」和「惡法」。因此，現存的國際經濟法律規範及其相關的國際經濟法學理論，也有待與時俱進地「除舊布新」「破舊立新」「開拓創新」，追求和實現更大程度和更高水平的國際公平正義。有鑑於此，**創建具有中國特色的國際經濟法學理論新體系，是時代賦予中國國際經濟法學人的歷史使命，責無旁貸**。

數十年來，中國聯合其他發展中國家，在各種國際平臺上為變革國際經濟舊秩序和變革不合理的國際經濟法律規範而不懈奮鬥，有效地爭得和維護了國際弱勢群體的正當權益。進入二十一世紀以來，「建立國際經濟新秩序」之呼聲進一步上升到更為宏觀的層面。努力推動「全球治理體系變革」，日益成為國際社會密切關注的新焦點。

第二，全球治理，體系變革；中國話語，引領變革。

國際經濟秩序與全球治理體系，兩者互相滲透，密不可分，也是同類概念的不同表述。隨著中國綜合實力的增強，中國政府開始強調在全球治理體系變革的過程中，應更多地發出中國聲音，以發揮引領作用。

二〇一六年九月二十七日，習近平同志在中共中央政治局的重要講話[3]中指出，隨著時代發展，現行全球治理體系與時代潮流**不適應的地方越來越多**，國際社會對**全球治理體系變革的呼聲越來越高**。推動全球治理體系變革是國際社會大家的事，要堅持共商共建共享原則，使關於全球治理體系變革的主張轉化為各方共識，形成一致行動。中國**要堅持為發展中國家發聲，加強同

發展中國家團結合作。加強全球治理、推動全球治理體系變革是大勢所趨。我們要抓住機遇、順勢而為，要繼續向國際社會闡釋我們關於推動全球治理體系變革的理念，引導各方形成共識，加強協調合作，共同推動全球治理體系變革。

近年來，中國的大國外交、周邊外交和南南合作外交，全方位多層次地協調推進，充分顯示了中國外交的創新活力，也一再弘揚了中國特色全球治理理念和實踐的引領示範作用。

眾所周知，「理論一經掌握群眾，也會變成物質力量」[4]「沒有革命的理論，就不會有革命的運動」[5]——馬克思和列寧的這兩句至理名言，已被中外大量史實所反復驗證。中國要引導利益不同、見解相異的南北各方形成共識，共同推動全球治理體系變革，確實必須下很大的力氣，「繼續向國際社會闡釋我們關於推動全球治理體系變革的理念」，讓全球各方聆聽到清晰、堅定的中國話語，藉以凝聚人心，形成眾志，使它轉變成物質力量，從而引領這種體系變革，由理念變為現實。

第三，服務國策，經世致用；獨立思考，取精棄粕。

由上可見，「推動全球治理體系變革」並「在國際社會發出中國聲音並引領這種變革」已逐漸發展成為中國當前的國策。相應地，作為中國國際經濟法學人，應就此展開研究，服務國策，經世致用。

國際經濟法學是新興的邊緣性、綜合性學科，迄今尚未形成舉世公認的、科學的理論體系。自一九七八年中國實行對外開放政策以來，中國持續引進原由西方發達強國（即原先的殖民主義強國）主持制定的國際經濟法律規範及其有關學術著作。來自西

方發達國家的有關國際經濟法學的學術專著，其基本特點之一，是立足於各自本國的實際，以發達強國利益為核心，重點研究其作為發達強國在對外經濟交往中產生的法律問題，作出符合發達強國權益的分析、論證和倡議。因此，其中難免蘊含著和摻雜著**堅持發達強國既得權益、維護國際經濟舊秩序**的內容，不符合或違反中國和眾多發展中國家（即原先的殖民地、半殖民地弱國）的應有權益。因此，很有必要在積極引進和學習有關國際經濟法學新知識的基礎上，認真加以咀嚼消化，密切聯系中國的實際，從中國人的角度和第三世界的共同立場來研究和評析當代的國際經濟法，敢於和善於**開拓創新**，經過相當長期的努力，逐步創立起以馬克思主義為指導的，具有中國特色的國際經濟法學理論新體系。

來自西方發達國家（特別是美國）的有關國際經濟法學的若干學術名著，風行全球，享有國際盛譽。其中確實含有大量新鮮知識，值得學習，為我所用。但是，其中也確實蘊含著和摻雜著殖民主義、資本帝國主義、強權政治、霸權主義的傳統思維和思想流毒。有鑒於此，中國人必須學會「取其精華，棄其糟粕」，在國際學術論壇上，既要謙虛謹慎，認真學習和吸收有益的新知，切忌閉目塞聽，妄自尊大；又要敢於和善於對外來的種種「權威」理論或「時髦」學說，密切結合中國國情和當代世情，深入探討，獨立思考，加以鑑別，乃至質疑，切忌妄自菲薄，盲目附和。為此，就要認真刻苦地學歷史，鑽理論，擺事實，講道理，有據有理地闡明自己的見解，敢於和善於發出中華之聲和弱勢群體之聲，平等地參加國際熱點難點問題的討論和爭鳴，追求

客觀真理和社會公平。

筆者雖然不才，學力有限，但近四十年來一直努力切實遵循上述政治方向，緊密配合上述迫切需要，為構建中國特色國際經濟法學理論新體系，增強中國參與全球治理的話語權，盡其綿薄，貢獻涓滴，以期匯入促進國際經濟秩序革新和推動全球治理體系變革的時代潮流，抵制甚囂塵上的霸權主義「壟斷治理」理念，增強方興未艾的全球平權「民主治理」理念，追求國際公平正義，造福全球黎庶大眾。

正是在此種時代背景下，筆者不揣淺陋，推出《中國特色話語：陳安論國際經濟法學》四卷本。

四十年來，筆者曾經對個人主要科研成果三度彙總整理推出，即二〇〇五年北京大學出版社推出的《國際經濟法學芻言》（兩卷本，約 210 萬字），二〇〇八年復旦大學出版社推出的《陳安論國際經濟法學》（五卷本，約 311 萬字），二〇一三年德國 Springer 出版社推出的英文專著 *The Voice from China：An CHEN on International Economic Law*（一卷本，16 開本，852 頁）。每次彙總整理，都並非遴選各篇論文的簡單相加，而是融合性大翻修，留意各編各章各篇之間的邏輯聯繫和互相呼應，使全書渾為一體，成為單卷本或多卷本學術專著。它們先後三度獲得國家級優秀成果獎。

現在「與時俱進」，經過重新整理，有刪減，有增補，有改寫，在北京大學出版社鼎力支持下推出的新版四卷本，實質上是個人四十年來主要科研成果的再次大翻修，即結合晚近十年來學習研究新的心得體會，全面改寫而成的「第四代升級版」專

著，全稿約二百九十萬字。

　　謹此誠摯期待，海內外同行方家和廣大讀者針對本書的不妥不足，惠予批評指正，幫助國際經濟法理論戰線的耄耋一兵，提高認識，繼續參加「知識報國、兼濟天下」的理論戰鬥。

陳　安

戊（2018 年）仲夏鷺島之濱

注釋

〔1〕　參見葉青、薛牧青：《奧巴馬稱中國人不應過美式生活，華人表示氣憤》，http: //news. sohu. com/ 20100514/n272123699. shtml/feed/ atom/。See Face to Face with Obama，http://www. abc. net. au/7. 30/ content/ 2010/s2872726. htm.在這篇報導中，澳大利亞記者 Kerry O'Brien 就解決「碳排放難題」採訪美國總統奧巴馬："Kerry O'Brien: Do you feel that you are making headway with President Hu on this front? President Obama: Well,you know I think China has an enormous interest in solving this problem. You know if you talk to Chinese leaders I think they will acknowledge immediately that if over a billion Chinese citizens have the same living patterns as Australians and Americans do right now then all of us are in for a very miserable time, the planet just can't sustain it."

〔2〕　參見高攀、金旼旼：《美政府告知世貿組織不承認中國市場經濟地位》，http://news, xinhuanet. com/ world/2017-12/02/c_1122047636. htm。美國貿易代表辦公室二〇一七年十二月一日向新華社記者證實，美政府已向世貿組織正式提交書面文件，反對在反傾銷調查中給予中國「市場經濟地位」待遇，並於十一月三十日首次對全球公布這份文件。美國政府認為，按照世貿組織的前身《關稅及貿易總協定》有關反傾銷協議的規定和幾十年的法律判例，美國政府可以繼續在反傾銷調查中拒絕採用中國「非市場經濟條件下」形成的價

格和成本，而採用符合市場經濟的第三方國家的數據。對此，中國外交部發言人耿爽十二月一日針鋒相對、斬釘截鐵地表示，《中國加入世貿組織議定書》第十五條明確規定，自二○一六年十二月十一日起，在對華反傾銷中採用「替代國」價格計算傾銷幅度的做法必須終止。所有世貿組織成員都應該重信守諾，嚴格遵守國際法的準則，切實履行國際條約義務。耿爽強調，所謂「非市場經濟國家」的概念並不存在於世貿組織的多邊規則中，只是個別成員冷戰時期的國內產物。根據《中國加入世貿組織議定書》第十五條，反傾銷「替代國」做法需嚴格依照中國加入議定書的規定如期取消。

〔3〕　參見習近平：加強合作推動全球治理體系變革共同促進入類和平與發展崇高事業》，http://news.xinhuanet.com/2016-09/28/c_1119641652.htm。

〔4〕　《黑格爾法哲學〈批判〉導言》，載《馬克思恩格斯選集》第 1 卷，人民出版社 1995 年版，第 9 頁。

〔5〕　《列寧全集》第 2 卷，人民出版社 1984 年版，第 443 頁。

《陳安論國際經濟法學》自序

以勤補拙・羨魚結網・薄技立身・赤子情懷・知識報國

一

二○○五年七月，承北京大學出版社副總編輯楊立范等學友惠予鼎力支持，推出了拙著《國際經濟法學芻言》（以下簡稱《芻言》上、下兩卷，共約二百一十一萬字。此書出版後，獲得廣大讀者肯定和厚愛，經同行專家評審，於二○○七年十月獲第五屆「吳玉章人文社會科學獎」[1]一等獎。

《芻言》推出後三年來，老牛在夕霞暮色中，奮蹄未敢稍懈，遂又有多項耕耘新果，分別以中、英雙語相繼發表於中外權威學刊，獲得國內外同行好評。承蒙復旦大學出版社張永彬副總編輯厚意邀約，熱忱支持，精心籌劃，現將這些最新研究心得，加以整理彙輯；同時，將《芻言》原有內容全面增訂，推出這部新書，題為《陳安論國際經濟法學》，分列為五卷，共約三百一十萬字。

這部五卷本新書中所反映和論述的，多是當代國際經濟法學前沿的最新信息或動態，多是這一領域理論和實踐中出現的新熱點問題和難點問題。從這個意義上說，現在奉獻給讀者的這部新書，並不是《芻言》的簡單再版或擴容，而可以說是筆者針對三

年來本學科領域新問題進行探索的心得體會的全面綜合整理和創新彙輯，是野叟的「獻曝」新舉。誠摯期待海內外同行惠予指正。

二

回首近八十年蹉跎歲月，不無點滴感悟。概而言之，就是以勤補拙・羨魚結網・薄技立身・赤子情懷・知識報國。

若論天賦，筆者自幼雖非愚魯不堪，也絕非穎聰過人，平平庸庸而已。五歲隨同兄姐入學，一次考試遇若干填空選擇題，一頭霧水，但硬著頭皮「填上」空格，居然僥幸全數正確，得了「滿分」。慈母聞訊攬入懷中，愛撫、期許有加。嚴父得悉僥倖實情，則表揚期許之餘，又有批評教誨：「為人、做事、治學，來不得半點僥倖取巧。天賦平庸，可以以勤補拙。事事如此，日日如此，方能真正成長。」

日常見同儕中突出優秀者，讀史中慕博學廣識者，常有豔羨之言。又獲嚴父耳提面命：「臨淵羨魚，不如退而結網。」家境清貧拮据，但父親仍勉力送諸子女入學，諄諄相告：「我家無恆產，日後不可能留下什麼遺產。現在送你們入學，便是我日後贈給你們的唯一遺產。積財千萬，不如薄技在身，學得薄技，方能立身不敗。學必恃勤，技必求精」。

時值日寇侵華，國難當頭。師長、家長反覆喻以至理：愛我中華，不畏強暴；多難興邦，眾志成城。身為稚童，弱腕無力握大刀殺敵，唯有勤奮掌握知識，日後方能參與振興中華，報效祖

國。服膺儒學的父親，對歷史上毀家紓難、忠貞殉國、視死如歸的文文山推崇備至，且對其《正氣歌》作獨到解讀：「『天地有正氣，雜然賦流形。下則為河岳，上則為日星；於人曰浩然，沛乎塞蒼冥。』──這是千古不朽的名句。文天祥那般光照日月的浩然正氣，雖非人人可及，卻是人人可學、應學、應養。個人的剛正，赤子的情懷，民族的氣節，都要從大處著眼，從小處著手，長期自律自養，才能逐步走向孟軻所倡導的富貴不能淫，貧賤不能移，威武不能屈之境界。」家長和師長的此類教誨，點點滴滴，沁入稚嫩心田，此後數十年來未嘗或忘，成為做人和治學南針。

抗日戰爭勝利前夕，父親病逝。翌年，我考入廈門大學。此後三年，大學圖書館豐富的圖書以及地下黨領導的多次反美反蔣愛國學生運動，使我開始接觸和接受馬克思列寧主義的啟蒙和陶冶。一九四九年十月中華人民共和國成立，鴉片戰爭以來百餘年中國罹受的民族災難和喪權辱國慘痛，終於結束。那時那種「四海歡騰，普天同慶」的情景，至今記憶猶新。

正是在這樣的歷史環境下，逐步形成了筆者基本的理念定位、價值坐標和觀察視角。

三

上述這種基本的定位、坐標和視角，在筆者大學畢業後迄今五十八年的粉筆生涯和偷閒爬格過程中，歷經寒暑風雨，始終未變，又有所發展。從《陳安論國際經濟法學》這部新書的各篇專

論中，亦可概見筆者對此矢志不渝的堅持和努力。全書各篇無論是學理探索，還是實務剖析，均是個人直抒坦陳的管見，也都是廢寢忘餐，焚膏繼晷，博采、消化和吸收中外新知之一得。概括說來，其自身略具開拓創新的特色，可舉例簡介如下：

・**闡明學術理念和學術追求**。全書各篇均從當代國際社會弱勢群體即第三世界的視角，探討和論證國際經濟法學這一新興的邊緣性、綜合性學科。當代發達國家國際經濟法諸多論著的共同基本特點，是重點研究**發達國家**對外經濟交往中產生的法律問題，作出符合發達國家權益的分析和論證。反觀中國，作為積貧積弱的**發展中國家**之一員，這樣的研究工作還處在幼弱階段，遠未能適應我國對外交往的迫切需要和對外開放的嶄新格局。因此，必須實行「拿來主義」和「消化主義」，在積極引進和學習西方有關國際經濟法學新鮮知識的基礎上，密切聯繫中國國情，站在中國和國際弱勢群體即第三世界的共同立場，認真加以咀嚼消化，取其精華，棄其糟粕，逐步創立起以馬克思主義為指導的，具有中國特色的國際經濟法學科體系和理論體系，努力為國際社會弱勢群體「依法仗義執言」，提供維護應有平等權益的**法學理論武器**。完成此等大業，需要幾代中國學人的刻苦鑽研和奮力開拓。這是貫穿本書始終的學術理念和學術追求，也是本書的基本學術主張和論述主線。[2]

・**探索建立國際經濟新秩序的規律和路徑**。本書旁徵博引，史論結合，有理有據地揭示近代史上的「殖民十惡」，論證全球弱小民族堅持愛國主義、要求改變國際經濟舊秩序和更新國際經濟立法的正當性；強調當代國際經濟秩序和國際經濟法律規範的

破舊立新，勢必循著**螺旋式上升的「6C軌跡」**即 Contradiction（矛盾）→Conflict（衝突或交鋒）→Consultation（磋商）→Compromise（妥協 Coop eration（合作）→Coordination（協調）→Contradiction New（新的矛盾），依靠群體力量，聯合奮鬥，步履維艱，迂迴曲折地逐步實現。既不能盲目「樂觀」，期待「畢其功於一役」；也不能盲目「悲觀」，遇到挫折就灰心喪志；更不能奢望只憑孤軍奮鬥，即可克敵制勝。總結歷史，以史為師，國際弱勢群體爭取和維護平權地位和公平權益，舍韌性的「**南南聯合自強**」別無他途可循。[3]

・**論證當代國際經濟法的基本原則**。本書全面闡明當代國際經濟法的四大基本原則，重點論證**經濟主權原則**是當代國際經濟法首要的基本規範，並以晚近十幾年來美國單邊主義與 WTO 多邊主義交鋒的三大回合作為典型，揭示當代霸權主義的「雙重標準」和偽善面目，提醒全球弱勢群體增強憂患意識，珍惜和善用經濟主權確保和維護民族正當權益；**警惕理論陷阱**，切忌懵懵然地附和、接受當今頗為「時髦」的、來自西方霸權主義國家的經濟主權「淡化」論、弱化」論和「過時」論。[4]

・**探討中國對外經濟交往史及其法理原則**。筆者鑽研**中國史籍**，整理史實，探討源遠流長的中國對外經濟交往及其法理原則，論證積極開展對外經濟交往自古以來就是中國的歷史主流和優良傳統。應當加深認識當代中國實行對外開放基本國策的**歷史淵源**和**深厚積澱**，從而自覺推動其獨立自主、平等互惠的法理原則「與時俱進」。[5]

・**研究國際投資條約及其相關體制**。筆者長期重點研究有關

國際投資的雙邊協定、多邊公約以及相關的 OPIC、MIGA、ICSID 等基本體制及其實際運行，探討中國和其他發展中國家如何在這些體制中**趨利避害**；並依據研究成果，努力踐行知識報國素志，多次應邀積極向國家主管部門提供**決策諮詢建議和立法建言**。[6]

・**評議中國涉外仲裁監督機制立法**。針對國內人云亦云的學術訛傳，筆者廣泛查核有關國際先進立法的第一手外文文獻，對照探討中國**涉外仲裁監督機制**現行立法的優點和缺失，力排「眾議」，澄清訛傳，提出建立嚴格監督體制、防阻執法腐敗、保證公正仲裁的**立法建議**。[7]

・**研析涉外經貿爭端仲裁典案**。筆者秉持公正公平原則，在國際經貿仲裁實務中針對涉外投資和貿易爭端個案的處斷，依法袪邪扶正，並撰文從**理論**上**伸張正義**，進一步探討相關的法理問題，提出**創新見解**。[8]

・**澄清和批駁外國媒體等對中國的誤解和非難**。多年來，筆者有的放矢，針對外國媒體、政壇和法學界對中國的各種誤解和非難，撰寫多篇雙語專論，予以澄清和批駁；通過**學術論證**，努力維護中國的國家尊嚴、國際信譽和民族自尊，弘揚**中華愛國主義**。[9]

由於具有以上開拓創新的特色，學界同行專家評議認為本書各篇所論，堪稱鮮明地「**獨樹中華一幟**」，乃是創建具有中國特色的國際經濟法學理論的奠基之作，為創立具有中國特色的國際經濟法學理論體系開了先河。同時，其中多篇專論以中文、英文雙語撰寫，英文本多發表於外國權威性學術刊物，[10] 其特點是

運用當代國際法理論，致力為包括中國在內的發展中國家弱勢群體「依法仗義執言」，力爭成為當代第三世界爭取國際經濟平權地位的法學理論武器，前輩專家和學界人士認為可謂「**一劍淬礪三十年**」。[11]筆者理解：學界同仁的上述溢美之詞是對本人「**薄技立身‧赤子情懷‧知識報國**」感悟的認同、鼓勵和最新鞭策。

＊　　＊　　＊

本書五卷各編各篇，曾相繼獲得國家社會科學基金、國家教委博士點專項基金、高教部—教育部科研專項基金、對外經貿部—商務部專項委託研究基金、福建省政府專項科研基金以及上海文化發展基金會圖書出版專項基金的資助。全書總篇幅較大，在策劃、審稿、編輯加工和出版問世的全過程中，蒙復旦大學出版社諸位領導惠予鼎力支持，張永彬副總編輯傾注了許多心血和辛勞；劉雲紫、張澤忠、王海浪、池漫郊、楊小強、季燁等青年學友惠予全面襄助，均此謹致深切謝忱。

陳　安
戊子（2008 年）金秋
鷺島之濱

注釋

〔1〕　「吳玉章人文社會科學獎」面向全國，每隔五年評選一次，主要獎勵國內有重大影響的優秀哲學社會科學論著，旨在促進我國哲學社會科學的發展和繁榮。該獎共包括馬克思主義理論、哲學、教育學、歷史學、中國傳統文化與語言文字學、新聞學、經濟學和法學

等八個學科，每個學科設特等獎、一等獎各一項，優秀獎二至三項（據《吳玉章基金委員會公告》）。

〔2〕參見本書第一編之Ⅰ、Ⅱ、Ⅲ、Ⅳ、Ⅴ，分別題為《論國際經濟法學科的邊緣性、綜合性和獨立性》《論國際經濟關係的歷史發展與南北矛盾》《論國際經濟法的產生和發展》《論源遠流長的中國對外經濟交往及其法理原則》《論學習國際經濟法是貫徹對外開放基本國策必備的「基本功」》。

〔3〕參見本書第一編之Ⅱ、ⅩⅡ、ⅩⅢ、ⅩⅣ，分別題為《論國際經濟關係的歷史發展與南北矛盾》《論南北合作是解決南北矛盾的最佳選擇》《論全球合作的新興模式和強大趨勢：南南合作與「77國集團」》《南南聯合自強五十年的國際經濟立法反思 — 從萬隆、多哈、坎昆到香港》。

〔4〕參見本書第一編之Ⅵ、Ⅶ、Ⅷ、Ⅸ、Ⅹ、ⅩⅠ、ⅩⅤ，分別題為《論馬克思列寧主義對弱小民族國家主權學說的重大貢獻》《論經濟主權原則是當代國際經濟法首要的基本規範》《當代經濟主權問題縱橫談》《世紀之交在經濟主權上的新爭議與「攻防戰」綜合評析十年來美國單邊主義與WTO多邊主義交鋒的三大回合》《論社會帝國主義主權觀的一大思想淵源：民族虛無主義的今昔》《論國際經濟法中的公平互利原則是平等互利原則的重大發展》《論「有約必守」原則在國際經濟法中的正確運用》。

〔5〕參見本書第一編之Ⅳ，題為《論源遠流長的中國對外經濟交往及其法理原則》。

〔6〕參見本書第三編之Ⅰ、Ⅱ、Ⅲ、Ⅳ、Ⅴ、Ⅵ、Ⅶ、Ⅷ，分別題為《OPIC述評：美國對海外私人投資的法律保護及典型案例分析》《從OPIC到MIGA（多邊投資擔保機構）跨國投資保險體制的淵源和沿革》《「多邊投資擔保機構」與美國在華投資》《ICSID與中國：我們研究「解決投資爭端國際中心」的現實動因和待決問題》《論中外雙邊投資協定中的四大「安全閥」不宜貿然拆除—美、加型BITs談判範本關鍵性「爭端解決」條款剖析》《區分兩類國家，實行差別互惠：再論ICSID體制賦予中國的四大「安全閥」不宜貿然全面拆除》《中國—祕魯一九九四年雙邊投資協定可否適用於一國兩制下的中國香港特別行政區？》《我國涉外經濟立法中可否規定對外資絕不實行國有化？》；並參見第二編之Ⅵ題為《論中國關於外國仲裁裁決在華

執行體制之形成與不足》。

〔7〕參見本書第二編之II、III、IV、V、VI，分別題為《中國涉外仲裁監督機制評析》《論中國的涉外仲裁監督機制及其與國際慣例的接軌》《中國涉外仲裁監督機制申論》《再論中國涉外仲裁的監督機制及其與國際慣例的接軌—兼答肖永平先生等》《論中國關於外國仲裁裁決在華執行體制之形成與不足》。

〔8〕參見本書第二編之VII、VIII、IX、X、XI、XII、XIII，分別題為《論中國涉外仲裁程序中當事人的申辯權和對質權〔就香港百利多投資有限公司訴香港克洛克納東亞有限公司一案向香港高等法院提供的專家意見書〕》《就中國涉外仲裁體制答英商問〔專家意見書〕》《論涉外仲裁個案中的偏袒偽證和縱容欺詐──CIETAC 一九九二至一九九三年個案評析》《論涉外仲裁個案中的越權管轄、越權解釋、草率斷結和有欠透明──CIETAC 二〇〇一至二〇〇二年個案評析》《論中國法律認定的「違法行為」及其法律後果──就廣東省廣信公司破產清算債務訟案問題答外商摩根公司問〔專家意見書〕》《論中國內地土地使用權的回收與變賣──就香港某債務訟案問題答臺商問〔專家意見書〕》《小議「法無明禁即為合法」：外資企業「設董」自主權簡析〔專家意見書〕》。

同時，參見本書第三編之XI、XII、XIII、XIV、XV，分別題為《外商在華投資中金融票據詐騙問題剖析──香港東方公司 v.香港泰益公司案件述評》《外商在華投資中的擔保與反擔保問題剖析──香港上海匯豐銀行有限公司 v. 廈門建設發展公司案件述評》《外商在華投資「徵收」索賠迷霧中的廬山面目──英商 X 投資公司 v. 英商 Y 保險公司案件述評（一）》《外商在華投資「徵收」索賠中腳踩兩船，左右逢源，權利兼得—英商 X 投資公司 v 英商 Y 保險公司案件述評（二）》。

另參見本書第四編之 II、III、IV、V、VI、VII，分別題為《跨國商品代銷中越權抵押和爭端管轄權問題剖析──義大利古西公司 v. 香港圖榮公司案件述評》《外貿匯票承兌爭端管轄權衝突問題剖析──美國約克公司 v. 香港北海公司案件述評》《一項判決三點質疑──評香港高等法院「993 年第 A8176 號」案件判決書》《外貿爭端中商檢結論曖昧、轉售合同作偽問題剖析──中國 A 市 MX 公司 v. 韓國 HD 株式會社案件述評》《外貿代理合同糾紛中的當事人、管轄

權、準據法、仲裁庭、債務人等問題剖析——韓國 C 公司 v. 中國 X 市 A、B 兩公司案件述評》《論英國 FOSFA 裁決之嚴重枉法、不予執行——中國中禾公司採購巴西含毒大豆案件述評》。

〔9〕參見本書第二編之 I 題為《論「適用國際慣例」與「有法必依」的統一》；第四編之 I 題為《某些涉外經濟合同何以無效以及如何防止無效》；第三編之 IX、X，分別題為《是重新閉關自守？還是擴大對外開放？—論中美兩國經濟上的互相依存以及「1989 年政治風波」後在華外資的法律環境》《中國對歐洲在華直接投資的法律保護及其與國際慣例的接軌》；第六編之 IV 題為《是「棒打鴛鴦」嗎？—就「李爽案件」評〈紐約時報〉報導兼答美國法學界同行問》；第七編之 XI、XII、XIV、XV、XVI、XVII 分別題為 "To Close Again, or to Open Wider : The Sino-U.S. Economic Interdependence and the Legal Environment for Foreign Investment in China After Tiananmen" "China's Special Economic Zones and Coastal Port Cities: Their Development and Legal Framework" "Should an Absolute Immunity from Nationalization for Foreign Investment Be Enacted in China's Economic Law?" "Why Some Sino-Foreign Economic Contracts Are Void and How Voidness Can Be Prevented" "To Open Wider, or to Close Again: China's Foreign Investment Policies and Laws" "The Li Shuang Case: A Wet Blanket Over Romantic Love?"

〔10〕參見本書第七編之 I-XVII。

〔11〕參見本書第八編之 I「媒體報導」，含《光明日報》《人民日報》（海外版）等十篇；本書第八編之 II「論著評論」含（I）韓德培先生：《致力知己知彼　出色研究成果》，（II）朱學山先生：《一劍淬礪三十年：中國特色國際經濟法學的奠基之作》，（III）郭壽康先生：《弘揚中華學術　投身國際爭鳴》，（IV）B. Gosovic：《對第三世界思想體系的重大獨特貢獻來自中國》，（V）商務部條法司：《立意新穎務實分析縝密深入理論實踐交融》（VI）吳煥寧教授：《獨樹中華一幟，躋身國際前驅》等十五篇；本書第八編之 III「學界來函」，含中華人民共和國常駐世界貿易組織代表團團長孫振宇大使來函，中華人民共和國商務部條法司多次來函，中國駐美國舊金山總領館領事朱文德來函，「南方中心」（South Centre）秘書長 Branislav Gosovic 來函，《世界投資與貿易學報》《日內瓦天下大事論壇》季刊主編

Jacque Werner 來函，「多邊投資擔保機構」（MIGA）首席法律顧問 L. Weisenfeld 來函，「解決投資爭端國際中心」（CSID）法律顧問 A. Para 來函，美國《天普大學國際法與比較法學報》學術論文編輯 L. K. Kolb 來函，紐約法學院《國際法與比較法學報》主編 E. H. Higa 來函，哈佛大學法學院助理院長、東亞法學研究所副所長 F. E. Snyder 來函，波士頓大學法學院教授、哈佛大學東亞法學研究所前副所長 F. K. Upham 來函，哈佛大學法學院斯托利講座教授、東亞法學研究所所長 A. von Mehren 來函、日本金融經濟專家杉原啟示來函等。

《國際經濟法學芻言》自序

　　國際經濟法學是一門新興的邊緣性學科。托改革開放國策之福，它在中國應運而昌，日益為國人所矚目。筆者從事這門學科的學習、教學和研究，凡二十餘年。平日寒窗冷凳，潛心探索本學科的中外新知，每有所悟、所得或所爭，輒整理成文，陸續發表，以求教於海內外同行先進。所持管見，雖未必思慮周全，但均屬個人研究心得和獨立見解，亦從一個側面反映了晚近二十餘年間國際經濟法律問題研討的發展軌跡。近年來，海內外同行學人函詢和索要歷年拙作者日多，難以一一回應。回顧、反思這些學術論著及學術觀點，雖乏犖犖真知灼見，然作為千慮一得或求知記錄，至今或仍不無參考價值。躊躇再三，終於決定篩選其中一百九十餘萬言，輯為《國際經濟法學芻言》一書，出版問世，便於同行繼續評論指教，更冀能成為法苑之一葉一草，以襯托滿園爭豔之法學百花。中國自古有「敝帚自珍」和「野人獻曝」之說，筆者以為，「自珍」者與「野人」之識見雖屬淺陋，其誠真則未嘗不可嘉許也。

　　本書分列八編，即國際經濟法基本理論（一）、國際經濟法基本理論（二）、國際投資法、國際貿易法、涉臺經濟法、國際法教育、英文版論文以及附錄。除附錄外，每編各含若干篇專題論文，合計五十九篇。其中，有前沿理論探索，有實務案例剖

析，有諮詢問題詳解，有異議意見直抒，有長篇論證，有小議淺談，亦有中英雙語論文。簡言之，內容、形式各異。然全書各篇共同特點有三：一是力求貫徹理論聯繫實際原則，有的放矢，不事空談；二是秉筆直書，坦陳管見，有欠「委婉」，不事模棱；三是各篇均獨立成文，又互有交叉，從不同視角，互相呼應，並融為一體。

較之海內外同行先進，筆者學術途程起步甚晚，實為「後學」，積澱殊薄。如今古稀逾六，垂垂老矣！回首五十五載粉筆生涯，偷閒「爬格」，可謂步履蹣跚，不無感慨。來日無多，值此梳理拙作，綴篇成書之際，偶得三十二字，不拘平仄，類似「打油」，錄以自嘲，兼為自勖：

蹉跎半生，韶華虛擲。滿目青山，夕霞天際，

老牛破車，一拉到底，餘熱未盡，不息奮蹄！

在成書過程中，承北京大學出版社楊立範副總編惠予鼎力支持，並親自擔任本書責編之一；資深責編馮益娜和李志軍為本書精心加工，付出了辛勞。又承廈門大學曾華群、廖益新、徐崇利、李國安、單文華、林忠、陳輝萍、朱曉勤、房東、蔡慶輝等諸位同仁以及魏豔茹、劉雲紫、王海浪、程紅星、項劍、雷超、王中美等諸位青年學友惠予多方襄助，對楊副總編，馮、李兩位責編，廈大諸位同仁及「忘年交」之厚意與辛勞，謹此表示由衷謝忱。

陳　安

乙酉（2005 年）盛夏

鷺島之濱

大師評論

I　致力知己知彼　出色研究成果
——《美國對海外投資的法律保護及典型案例分析》序言

韓德培[1]

　　從十一屆三中全會以來，我國就把對外開放定為長期的基本國策，作為加快社會主義現代化建設的戰略措施。黨還號召我們：「充分利用國內和國外兩種資源，開拓國內和國外兩個市場，學會組織國內建設和發展對外經濟關係兩套本領。」我國的四化建設，可以說是百業待舉，需要大量的資金；而資金不足卻又是我國經濟發展中一個亟待解決的問題。因此，在堅持自力更生，充分發揮本國的人力、物力和財力的基礎上，還必須積極引進和利用外資，以加速我國的社會主義現代化建設。

　　據悉，當前世界各地總共約有八千億美元的銀行存款和游資正在到處尋求投資機會。而我國有豐富的資源，有十億人口的巨大市場，又有很高的國際威望，對它們很有吸引力。我們應該利用這個機會，積極而又妥善地引進和利用外資，以彌補國內資金的不足，加快現代化建設的速度。在引進和利用外資時，我們必須研究和了解資本輸出國對它們的國外投資是怎樣實行法律保護的，它們是採取什麼樣的保護體制，它們的有關法律和法令是怎

樣規定和怎樣實施運用的。這樣才能知己知彼，胸有成竹，而避免盲目行事，使自己處於不利的地位。即使一旦發生糾紛，也能公平合理地予以解決，使我國和對方的合法權益都得到保障。

目前我國法學界已開始注意研究有關國際投資方面的法律問題。陳安同志的這部著作，就是在這方面很出色的一項研究成果。他以美國「海外私人投資公司」作為中心環節，分析和論述了美國對海外美資的法律保護體制。他對這個「海外私人投資公司」的歷史背景、美國當局的有關意圖、「海外私人投資公司」的基本體制以及該公司對若干索賠案件的處斷情況，都一一作了扼要的介紹和中肯的評析。特別難能可貴的是，他利用在美國從事研究工作的機會，用心收集了有關海外美資風險的典型索賠案例，通過理論與實踐的結合，深刻地揭示出美國當局所設置的一整套法律保護體制，在實際上是如何運轉和發揮作用的。這為當前我國法學界研究英美普通法系國家的法律和法律制度提供了一個很好的榜樣。不但如此，他還編譯和附錄了較多的英文原始資料，這些資料是我們在國內不容易找到、看到的，對我們研究西方發達國家保護海外投資的現行體制，具有很重要的參考價值。他的這種認真務實的研究態度，是非常值得稱道和敬佩的。我想讀者們讀過此書後，也一定會深有同感的。謹志數語以為序。

一九八五年五月二十六日

II　一劍淬礪三十年：
中國特色國際經濟法學的奠基之作
—— 推薦《陳安論國際經濟法學》

朱學山[2]

　　二〇〇五年由北京大學出版社出版的《國際經濟法學芻言》一書，含上、下兩卷，約二百一十二萬字。它是陳安教授潛心研究國際經濟法學二十七年間所獲成果的彙輯。我曾經通讀過這部專著，覺得這些科研成果，彌足珍貴，它們不僅在國內（不限於法學界）產生廣泛、深刻的影響，而且有鮮明的中國特色，堪稱「獨樹中華一幟」，因而在世界（特別是在第三世界）也具有重大影響。

　　經全國性同行專家評議，《國際經濟法學芻言》一書獲得第五屆「吳玉章人文社會科學獎」一等獎。此獎五年一評，檔次頗高，獲此獎項，足見此書的學術價值已獲國內學界普遍肯定。

　　此書於二〇〇五年出版後，陳安教授仍孜孜不倦，勤於筆耕。三年以來，他又撰寫了多篇學術專題論文，陸續發表於第三世界國際組織的學術公報以及中、外權威學術刊物。其中多篇被進一步轉載或被收輯於海外英文及韓文學術刊物或學術專著，產生了重要的國際學術影響，獲得國內外同行廣泛好評。

　　現在，作者將三年來這些最新研究心得，加以整理彙輯；同時，將《國際經濟法學芻言》原有內容全面增訂，綜合形成一部新書，命名為《陳安論國際經濟法學》，分列五卷，共約三百一十萬字，由復旦大學出版社推出。

這部新著秉持和發展了他三十年來一貫的學術追求，即體察當代南北矛盾的現實，依據和提煉第一手資料，運用當代國際法理論，通過學術論證，致力為發展中國家弱勢群體「依法仗義執言」，為當代第三世界爭取國際經濟平權地位精心鍛造理論武器，三十年如一日，不渝不懈，可謂「一劍淬礪三十年」。

在這部新著的「自序」中，作者清晰地勾勒出本書的體貌，簡要地陳述了書中的創見及一些重要觀點，這些話語，實事求是，質樸無華，沒有絲毫誇飾，我完全認同。我認為，這部學術專著具有以下優點和特點：

1. 二十世紀七〇年代末，陳安教授著手研究國際經濟法，其時在我國很少人承認有國際經濟法這一個法律部門。三十年過去了，《國際經濟法學芻言》和《陳安論國際經濟法學》相繼問世，如今可以說，國內學界已沒有人不承認國際經濟法是一個獨立的法律部門，因為已經有了足以令人信服的國際經濟法學理論。二〇〇五至二〇〇八年相繼推出的《國際經濟法學芻言》和《陳安論國際經濟法學》就是中國國際經濟法學理論的奠基之作。

2. 從無到有，創建中國國際經濟法學理論是艱難的。單說探究源遠流長的中國對外經濟交往及其法理原則，就已經不容易；而作為法律學人，去研究資本主義的發跡史，從而揭露殖民主義的滔天罪惡，論證國際經濟秩序破舊立新的歷史正當性，就更不容易了。可以說，每前進一步，都會遇到這樣那樣的難題。所有這些難題，陳安教授將其逐一解決了，而且舉重若輕，所以我覺得：《國際經濟法學芻言》和《陳安論國際經濟法學》是創建中

國國際經濟法學理論的扛鼎之作。

3. 陳安教授主張：要爭取建立國際經濟新秩序，要認真看待並切實維護國家經濟主權，要堅決貫徹、落實我國的對外開放的基本國策，並著力保障國家在對外經濟交往中的合法權益。在這些理論與中國國情結合的基礎上，他提出重要的涉外國策建言和立法建議，或者剖析涉外經貿爭端仲裁典案，匡謬祛邪，伸張正義，這些都已為國家做出許多實實在在的貢獻。可見，《國際經濟法學芻言》和《陳安論國際經濟法學》是學術報國、經世致用之作。

4. 陳安教授治學，是非常嚴謹的，例如他所援用的資料，必求其為第一手資料。其所撰文章，文字優美，氣勢流暢；尤其難得的是，他用外文寫出的文章，同用母語寫出的文章一樣動人。必要時論辯滔滔，令人折服。凡此亦頗有可供當代學人及莘莘學子借鑑之處。我以為毋妨說：《國際經濟法學芻言》和《陳安論國際經濟法學》是能夠引領群倫並有助於啟迪後進之作。

此外，《國際經濟法學芻言》和《陳安論國際經濟法學》作為學術專著，還有其他許多優點、特點，例如它們氣勢恢宏、視野開闊，以及內容的與時俱進，等等。

因此，我非常樂於向學術界以及有關實務部門積極推薦《國際經濟法學芻言》，特別是積極推薦《陳安論國際經濟法學》這部新的學術精品，以進一步擴大和弘揚我中華特色學術在海內外的影響，揚我國光。

二〇〇八年八月八日

Ⅲ　弘揚中華學術　投身國際爭鳴

——推薦《陳安論國際經濟法學》

郭壽康[3]

　　陳安教授是中國國際經濟法的奠基人之一，也是中國國際經濟法這門前沿學科的領軍人物。我國傳統法學（包括中華人民共和國成立前和成立後）只講授國際公法與國際私法，沒有開設過國際經濟法課程。國外法學院系也大體如此。改革開放以來，陳安教授積極倡導建立中國國際經濟法這門課程與學科，逐步形成了中國國際經濟法的體系。萬事開頭難，陳安教授為創建中國國際經濟法，費盡心血，成績卓越，發表和出版了大量的優秀論文、教材與專著，做出了重大的具有歷史意義的貢獻。二〇〇五年由北京大學出版社出版的《國際經濟法學芻言》（上、下兩卷，211萬字）是二十餘年來其著作的精華與代表，也是本學科發展中又一里程碑。

　　《國際經濟法學芻言》是國際經濟法學這門學科的扛鼎之作，不但顯示出作者知識淵博、深思熟慮，而且多有創新之見。二戰後，逐漸興起的國際經濟法學，其陣地多為發達國家的作者、專家所占領，發展中國家聲音微弱，居於劣勢。陳安教授這部專著旗幟鮮明地站在國際弱勢群體即廣大發展中國家的立場，理直氣壯地闡明對國際經濟法學中的熱點問題觀點，持之有故、言之成理，為當代國際社會弱勢群體爭取經濟平權地位提供有力的理論武器。尤其是用英語發表的作品，在國際上影響很大，既體現出發展中國家的主張與立場，也擴大了我國的國際影響，為

我國的國際經濟法學贏得了國際聲譽。

書中論證的螺旋式上升的「6C 軌跡」論，無疑是作者多年研究的創新之論。

這部著作理論密切聯繫實際，對我國政府有關部門處理國際經濟法律問題有重大參考價值。這從商務部條法司和我國常駐 WTO 使團團長孫振宇大使的有關函件裡可以清楚地看到。

這部專著出版於二〇〇五年，以其學術成就受到學界廣泛好評，並已獲得「吳玉章人文社會科學優秀成果」一等獎。最近，復旦大學出版社建議把陳安教授二〇〇五至二〇〇八這三年間相繼發表的多篇中文、英文新專題論文，添加和融匯到上述專著中，進行大幅度增訂更新，推出篇幅共約三百一十一萬字、質量更高的五卷本新書，我認為此舉對於弘揚中華學術，促進法學繁榮，很有積極意義，值得大力支持，故特鄭重推薦如上。

二〇〇八年三月十五日

IV　對第三世界思想體系的重大創新來自中國

——評陳安教授《南南聯合自強五十年的國際經濟立法反思：從萬隆、多哈、坎昆到香港》[4] 一文

〔南斯拉夫／塞爾維亞〕布拉尼斯拉夫・戈索維奇[5]

陳安教授撰寫的這篇文章，為研究「南南合作」和促進第三世界思考這一重要主題做出了重要貢獻。總的說來，研究「南南合作」這一主題，往往勞而無功，並且似乎無助於推動南北之間

在發展問題上的對話和談判，但是，作者卻以其研究成果豐富了這一主題領域的國際學術成果和學術文獻。實際上，就上述主題的研究而言，這篇文章的相當獨特和富有價值之處，在於它是來自中國的一位傑出學者。迄今為止，中國尚未針對這一極其重要的議題充分地提供有代表性的國際文獻。

在本文中，陳安教授運用宏觀的歷史眼光，觀察發展中國家在世界舞臺上作為一個集團，採取集體行動開展南北談判的努力進程，把發展中國家自一九五五年萬隆會議起就開始作出的各種努力，與當前在 WTO 體制中發生的各種事件聯繫起來加以綜合分析，從中強調了兩個根本事實：

1. 多年來發展中國家採取聯合行動的持續性及其鬥爭的正當性。

2. 當前，這種聯合行動也正在 WTO 體制內部進行之中。它不像先前 GATT 階段、烏拉圭回合談判階段或 WTO 誕生初期那樣，每個國家各自為政，而南方國家的集體行動則被認定為「聯合國和 77 國政治的干擾和入侵」從而受到百般阻撓，甚至遭到強烈反對。

在烏拉圭回合的談判過程中，在 WTO 各種不平等協定的實施過程中，發展中國家面臨來自北方國家的種種壓力，經受了種種磨難，這就讓發展中國家意識到，在號稱「整平遊戲場地」而實則向發達國家高度傾斜的談判中，只有採取必要的集體行動，才能促進和維護它們自己的各種權益。

陳安教授在這篇精闢的論文裡，闡述了在 WTO 發展進程中一向盛行的實力較量，以及發展中國家集體行動的應運而生，進

而強調指出在這一重要組織中，實行密切而高效的南南合作，具有戰略性的、生死攸關的重大作用。他把幾十年來所發生的各種事件以及發展中國家作出的不懈努力串聯起來，綜合分析，讓人們清楚地看到了南方國家在國際舞臺上一直面臨的各種挑戰和障礙，以及它們始終不渝的努力，爭取締造一個更為公正、公平的世界經濟秩序，促進它們自身發展。同時，他也揭示了蘊含於南南聯合和奮鬥自強之中的法理基礎。

陳安教授提供了十分充足但又絕不多餘的經驗詳情，從全局的觀點提出了綜合分析的見解，這就極大地幫助了讀者，尤其是那些入世未深的青年讀者，去領悟全球所面臨的存亡攸關的各種挑戰。他們本來未必很了解有關的歷史背景，或很深刻地意識到各種問題的連續性和相互關聯性。

陳安教授對南南合作秉持積極肯定的態度，包括極其重視建立適當的組織機構以支持南南合作，這種看法是十分令人鼓舞和深受歡迎的。在全面認識到問題和困難的同時，他提出了「6C律」的觀點 Contradiction（矛盾）→Conflict（衝突）→Consultation（磋商）→Compromise（妥協）→Cooperation（合作）Coordination（協調）→Contradiction New（新的矛盾），強調堅朗不拔、不懈鬥爭的重要性，強調應當認真貫徹和不斷更新國際經濟法的公平準則和實踐慣例，把其作為開展國際合作的核心內容之一。許多發展中國家人士時常因為路途上困難重重，在南北對話和南南合作中進展緩慢或停滯不前，感到灰心喪氣。陳安教授提出的上述看法，勢必使那些心灰氣餒的發展中國家人士感到印象深刻，很受啟迪。

最能振奮人心的是陳安教授這篇論文所表達的樂觀主義和堅定信念。文章的特別重要之處是它來自於中國，而且將會在中國這個國家被廣泛閱讀，對廣大讀者，包括那些處於決策地位的決策者們產生深刻影響，從而能夠促使他們的國家在全方位的南南合作中日益成為舉足輕重的力量和領導性因素。因此，如果說這篇論文及其各項建議已經清晰地展現出了某種結論的話，那就是：國際弱勢群體通過下定決心，堅韌不拔地採取集體行動，開展南南合作，並以必要的人力、財力和組織機構，致力於支持和實現這一目標，就可以獲得巨大的、碩果纍纍的成功。

　　儘管關於 WTO 的故事隨著香港部長級會議的落幕而暫時告一段落，但是這並不會讓陳安教授的這篇論文顯得過時。恰恰相反，香港會議以後出現的種種事態發展，已經充分說明這篇論文依據歷史所闡明的有關主題主旨仍然合理有效，並且具有深遠的影響。因此，陳安教授的這篇文章不僅仍然可以作為學生和學者的標準讀物，而且對於許多決策者和參與 WTO 等談判磋商和日常活動的人士說來，也是可供參考的標準。同時，還可以指望它能對促進南南合作，加強南南合作的機制和組織機構產生積極的影響。

　　無疑，這一長篇論文的重大意義就在於，它為當代全球弱小民族國家提供了用以抗衡強權和抵制霸權的理論利器和實踐工具。

二○○八年一月十八日

（張澤忠譯）

注釋

〔1〕 本篇評論作者韓德培先生是武漢大學資深教授、博士生導師，中國國際法學界的老前輩權威學者，長期擔任中國國際私法學會會長。

〔2〕 本篇評論作者朱學山先生是安徽大學國際法學科資深教授，中國國際法學界的老前輩權威學者。

〔3〕 本篇評論作者郭壽康先生是中國人民大學資深教授、博士生導師，中國國際法學界的老前輩權威學者，二〇一二年被授予「全國傑出資深法學家」榮譽稱號。

〔4〕 由陳安教授撰寫的這篇論文一直受到國際學術界的廣泛重視。這篇文章的結論部分最先以「South-North Conflicts in a Historical Perspective」（《從歷史角度看南北衝突》為題，於二〇〇六年發表在權威性的 *South Bulletin*（《南方公報》）第一二〇期。此後，其全文以「Reflections on the South-South Coalition in the Last Half Century from the Perspective of International Economic Law-making」為題，於二〇〇六年四月發表在 *The Journal of World Investment & Tade*（*JWIT*，即《世界投資與貿易學報》）第七卷第二期。應 *JWIT* 編輯 Jacques Werner 先生的要求，這篇論文經修訂後又以新的標題「Weak Versus Strong at the WTO」（《WTO 中群弱抗衡強權》）於二〇〇六年四月發表在 *The Geneva Post Quarterly*《*The Journal of World Affairs*，*JWA*，即《日內瓦天下大事論壇》季刊）第一卷第一期。隨著時間的推移，這篇論文獲得國際學術界越來越多的關注。其修訂版已被翻譯成韓語，並於二〇〇六年六月發表在韓國重要的學術刊物 *The Journal of Inha Law* 第九卷第二期。這篇論文再次修訂後的英文本被收錄在 Yong-Shik Lee 教授主編的 *Economic Law Through World Trade：A Developing World Perspective*（《從發展中國家視角看世界貿易中的經濟法》）一書由 Kluwer Law International 出版社二〇〇七年出版。

〔5〕 本篇評論作者布拉尼斯拉夫·戈索維奇（Branislav Gosovic）先生是一位國際知名人士，資深聯合國退休官員，曾先後在聯合國貿易與發展會議（UNCTAD）、聯合國環境署（UNEP）、聯合國拉丁美洲和加勒比經濟委員會（ECLAC）等機構工作；其後在發展中國家政府間組織——「南方中心」長期擔任秘書長，達十四年之久（1991-2005）。目前擔任設立在日內瓦的「全球發展戰略研究會」（DAG）執行秘書。

學者導言

I 追求全球正義　抵制國際霸權

〔韓〕李庸中[1]

小引

　　陳安教授經過長期刻苦鑽研，完成了鴻篇巨著，邀請我撰寫書評。對我而言，為這樣一位令人敬仰的學者撰寫書評，是喜出望外的殊榮。第一次見到陳安教授，可以回溯到二〇一一年。當時，經蔡從燕教授推薦，我代表韓國《東亞與國際法學刊》（*Journil of East Asia and Internatiornl Law*），專程前往廈門米訪陳安教授。米訪在廈門大學法學院的大樓進行。我還記得，廈門大學法學院靠近景色優美的海濱，整個廈門大學法學院的氣氛非常專業化，穩重溫文，具有合作精神。陳安教授和廈門大學法學院的其他教師如陳輝萍教授，以及陳安教授親切和善的女兒陳仲洵的熱情接待，給我留下深刻的印象，令我有賓至如歸之感。我走進寬敞的會面房間，就看到陳安教授已經帶著溫暖的笑容在等我。我立刻意識到他是一位名副其實的學者，是一位具有深厚美德的「士」善於以其無比頑強的力量對抗任何壓制真理（veritas）的行為。在我誠摯問候之後，他謙遜且友好地說：「李博士！我們之間有兩個共同之處。首先，中國和韓國都曾經遭受日本軍國主

義的侵略。其次，我和你都推崇孔儒之道，因為你的名字『庸中』與一部儒家經典著作《中庸》密切相關。」確實如此，我們之間的會面訪談也正是在這些共識的基礎上積極地展開的。

陳安教授在米訪過程中提到的許多有趣故事，深深地吸引了我（整個米訪的問答記錄刊登在英文版《東亞與國際法學刊》第4卷第2期，並被輯入《中國的吶喊：陳安論國際經濟法》（以下簡稱《中國的吶喊》這本書的導言部分[2]）。作為中國國際經濟法的旗手學者，他具有卓越的才華和堅守的原則，思維清晰，博聞廣識，嚴謹縝密，充滿智慧。他對國際法的重要性具有深刻厚實的理解。

在我回到韓國之後，我們之間一直保持頻繁的聯繫。二〇一四年，陳安教授邀請我為《中國的吶喊》一書撰寫書評。一開始我有所猶豫，因為我覺得自己不夠資格為這樣一位我從心底深深敬佩的傑出學者的著作撰寫書評，這將會是我要承擔的最艱難的任務之一。然而，最後我還是接受了陳安教授的提議，因為我覺得我有責任祝賀他把自己的學術主張傳播到國際社會。我的評論本身也許並非對這一著作的確切評價，但我的粗淺評說卻表達了一位年輕外國學者對作者的仰慕和敬意。

一、作者簡介

陳安教授在一九二九年五月出生於福建省東北部的一個小山村，在其成長過程中，很大程度上受到父親的影響和教育。他的父親是位儒家學者和詩人，一九四五年辭世。一九四六年，十七歲的陳安教授考進廈門大學開始學習法律。此後，由於歷史的原

因，自一九五三年起他的法學學習和研究令人遺憾地中斷了二十七年，直到一九八〇年廈門大學法學院重新建立。那時，陳安教授已經五十來歲。他敏銳地意識到中國不僅需要建立國內法律體系，而且，由於中國開始實施對外開放的戰略，還需要有自己的國際經濟法體系。陳安教授決定專注從事國際經濟法的研究。然而，在那個時代，中國缺乏現代的法律教科書，更遑論有關國際經濟法的各種文獻。一九八一年，一個偶然的機會，陳安教授遇到美國的 Jerome Cohen 教授並與之就學術觀點展開爭論，最後，陳安教授被邀請到哈佛大學繼續從事法學研究。從此之後，他利用所有到國外訪問和參加學術會議的機會，帶回大量相關的英文書籍和資料。輯入《中國的吶喊》一書的一系列專論就是其研究的主要成果。它們反映了陳安教授嚴謹的學術素養、愛國主義情懷和歷史責任感。陳安教授是「新中國國際經濟法學的奠基人之一」，他的學術生涯和中國改革開放的國策息息相關。在法學實踐中，他又是一名國際商事領域的律師，多家跨國企業的法律顧問，同時還是 ICSID、ICC、IAI 和 RIA 的仲裁員。

除了國際經濟法，陳安教授還愛好詩歌、文學和書法藝術。在東亞，一名完美的學者通常都有這些方面的修養。他性格溫和、熱心，有勇往直前的信念。他經歷了中國被外國占領、內戰和社會革命的歷程。所有這些，都不能阻止他對人類社會真理、公平的追求。甚至可以說，這些磨難幫助他在中國學術乃至國際學術上達到難以超越的高峰。陳安教授經常論證對人類社會和平以及共同繁榮的崇高追求，不失為我們這個時代的一位傑出的良師益友。

二、著作內容

　　《中國的吶喊》這部專著，彙輯了陳安教授在過去三十多年所撰寫的二十四篇英文論文，是陳安教授從一九八〇年開始多年從事國際經濟法學術研究的代表作。這本書涵蓋了中國所面臨的有關國際經濟法的許多疑難問題。在該書中，這二十四篇文章被分為六部分：當代國際經濟法的法理；當代經濟主權論；中國在當代國際經濟秩序中的戰略定位；當代雙邊投資條約；中國的涉外經濟立法；當代中國在國際經濟爭端解決中的實踐。各部分的內容相互聯結並保持良好平衡。陳安教授的法理觀念和學術見解在許多方面不苟同於美國和歐洲國際法研究的主流觀點。《中國的吶喊》這本著作的出版具有相當重大的意義，因為它打造了中國在國際經濟法領域話語權的堅實基礎。通過陳安教授周全深入的研究，中國開始在世界上發出自己的聲音，表達自己的理念。從這個意義上說，《中國的吶喊》這一標題有相當深刻的喻義。除了學術內容精彩獨到之外，這本書由久負盛名的斯普林格出版社負責出版，編輯加工十分專業，裝幀精美，封面設計也很典雅大方，值得稱道。

三、「黃禍」論（Yellow Peril）

　　中國對於西方來說一直是個神祕的國度。其主要原因在於中國具有廣闊的疆土，大量的人口，漫長的歷史和古老的文明，現代的共產主義理念，而且在一九七八年之前一直堅持閉關鎖國的政策。但是，更關鍵的是，在西方人思想的深處，曾經不知不覺地根植了所謂「黃禍」論的傳言。最近，這種思想又從他們的潛

意識中悄悄爬出來，進入真實的世界，變成為一個惡毒的說法，即「中國威脅」論。在《中國的吶喊》第三章，陳安教授分析了「黃禍」論以及其現代變種「中國威脅」論的起源、演變和在國際社會的法律意義。一些中國學者似乎也同樣意識到這兩個概念之間的歷史聯繫。例如，中山大學陳東教授指出：「『中國威脅』論並非是在過去二十年才出現的新的概念。它可以回溯到十九世紀，例如，在沙俄時代米哈伊爾，巴枯寧撰寫的《國家制度與無政府狀態》一書中，就談到了『來自東方（中國）的巨大和可怕的威脅』。德皇威廉二世製作的形象漫畫《歐洲人啊，保衛你們的信仰和家園》，就描述了十九世紀末歐洲人對中國的普遍看法。」[3]陳東教授還指出：『黃禍』論的根源在於一些歐洲人將黃色面孔的中國人視為『不文明的』和愚蠢的破壞者，他們對西方的『文明社會』可能造成巨大的威脅。」[4]

然而，單憑這種歷史回溯的方法，往往還不是認識現今「中國威脅」論的關鍵所在。當代美國霸權版的「中國威脅」論最早出現在二十世紀九〇年代中葉，其主要鼓吹者是布什政府下的美國政客和學者。到了二十一世紀的最初幾年，這一讕言開始變得相當尖銳刺耳。看來當時布什政府是刻意地杜撰出「中國威脅」論這個口號，意在阻止經濟和政治影響力迅速增長的中國進一步擴展，影響到亞洲—太平洋地區，以便於美國全盤統治東亞。對當時唯一的「超級大國」美國而言，中國可能是美國在這一地區軍事和經濟霸權主義的潛在威脅。「中國威脅」論正是在此種權力交替的國際環境中產生。「中國威脅」論可能不是「黃禍」論在當代的簡單轉型，因為「黃禍」論主要是歐洲人在特定環境下

的看法，「黃禍」論的產生實際上起源於十三世紀蒙古人入侵歐洲後，歐洲人面對黃色臉孔的中國人和中國文明產生的根深柢固的自卑情緒。因此，「黃色」一詞可能不是指亞洲人皮膚的顏色，它指的是蒙古騎兵在入侵過程中掀起的黃色沙暴。對當時的歐洲人而言，他們是魔鬼，只有全能的上帝能戰勝他們。

　　這一假設在陳東教授的《誰在威脅誰？「中國威脅」論和布什政策》一文中得到很好的論證。陳東教授認為，布什政府抱有「單極世界的夢想」可以解釋「中國威脅」論的來由。[5] 陳東教授引用伊肯貝利撰寫的論文《美國的帝國野心》，指出，美國人將布什的政策視為「美國能保持單極世界從而沒有任何競爭者的宏偉的戰略」，但這有可能造成「世界更加危險和分裂，因此也會威脅到美國的安全」。[6] 陳東教授還特別援引福音教派的理論作為論證布什政策的基礎。他認為，「中國威脅」論是布什構建以美國為中心的單極世界的實用工具。[7]

　　陳安教授在《中國的吶喊》一書中對前述布什政策下的種種「中國威脅」論作了概括總結。陳安教授認為：

　　它們是美國出現的層次最高、頻率最繁、影響最大的美國官方版的「黃禍」論——「中國威脅」論。它們是美國國會、美國國防部、美國高層智囊「三結合」產物。美國國防部門的部門利益昭然若揭……（蘇聯解體）和冷戰結束後，對於始終保持著「古怪癖好」的慣性思維的美國人而言……他們需要找到（蘇聯以外）另一個明確的、強大的新「威脅」，而中國正好就是美國人一向極力虛構的危及美國安全的新的「嚴重威脅」。[8]

我十分贊同陳安教授對「中國威脅」論的看法，即「中國威脅」論就是二十一世紀美國霸權最新修訂版的「黃禍」論，它體現為美國「鷹派」反華議員每年一度集中渲染「中國威脅」的《中國軍力報告》，美中經濟與安全審議委員會的《審議報告》，以及各種媒體的呼應鼓噪。[9]

四、經濟主權

在《中國的吶喊》一書的第四章和第五章，陳安教授探討了更為根本性的經濟主權問題。隨著經濟全球化和各國間互相依存性的增強，單個國家的經濟主權成為論戰的焦點之一。陳安教授對 WTO 的多邊主義和美國的單邊主義作了對比分析。他非常精彩地比較分析了美國漢金教授和傑克遜教授關於美國單邊主義和 WTO 多邊主義的不同觀點。他引用許多相關案例批判美國單邊主義凌駕於其他國家主權之上。他的分析和評論有意識地涵蓋《美國貿易法》中的 201 條款和 301 條款，WTO 體系形成過程中的各種主權衝突，美國國內的一九九四年主權大辯論，美國的主權和其他國家的主權之間的關係，美國與歐盟之間經濟主權的爭奪，美國與日本之間的汽車爭端，美國與歐盟之間的香蕉爭端，WTO 爭端解決機構針對美國 301 條款的專家組報告等。

陳安教授探討了多邊體制時代各主權國家合作協調的問題。他的觀點諒必建立在中國過往歷史經驗的基礎上，包括被列強侵占的災難和國內戰爭的痛楚，這些災難和痛楚陳安教授都曾經親身經歷過。我完全贊同陳安教授的觀點。絕大多數亞洲國家都曾經一度淪為殖民地，對亞洲人說來，「主權」不應該是個虛構的

神話，它是民族自決的現實。

五、結論

陳安教授《中國的吶喊》一書，無論對中國、整個亞洲，還是對國際社會，都是一項重大的成就和貢獻。此書追求和論證的目標是，國家間應當在公平和均衡的基礎上開展經濟合作。這本著作的核心和焦點可以概括為：為世界群弱吶喊，追求全球正義，抵制國際霸權。

這也是「了解中國」系列專著的出發點，即從建立國際經濟新秩序的角度來理解和看待中國。對於今後願意追隨陳安教授的學術界人士和實務工作者而言，《中國的吶喊》將會成為傑出的範本。就我而言，我正處在陳安教授開始從事國際法研究的年齡。他不渝不懈的努力和學術熱情會一直激勵著亞洲乃至全球的國際法工作者。陳安教授的精神也一直鼓舞我保持永無止境的求知慾。無論何時，我都熱切地期待未來新的一卷《中國的吶喊》問世。由於陳安教授老當益壯，依然矍鑠健朗，我希望新書的出版不會等待太久。在這裡，我再次對《中國的吶喊》一書出版，表達發自內心的深深的祝賀之忱。

（譯者、編輯：陳欣）

II 獨樹中華一幟　躋身國際前驅
——訪《陳安論國際經濟法學》作者陳安教授
張永彬[10]

彙集我國著名法學家陳安教授自改革開放三十年來研究國際經濟法學主要成果的五卷本《陳安論國際經濟法學》，近日由復旦大學出版社出版，並於二〇〇九年五月十日在廈門大學召開的「中國國際經濟法的研究方法暨陳安教授學術思想研討會」上，舉行了隆重的首發儀式。《陳安論國際經濟法學》的出版，被認為是中國學者構建中國特色國際經濟法學派的奠基之作和代表性成果，引起了中外法學界的極大關注。本人有幸與陳先生結緣多年，並擔任此「五卷本」的責任編輯。特對陳先生進行了訪談，以下是訪談的主要內容。

年過半百重返法學領域

張永彬（以下簡稱「張」）：首先祝賀您的五卷本巨著出版並在廈門大學首發。相比其他社會科學學科，法學的教學和研究由於眾所周知的原因曾經被中斷，記得《人民日報》（海外版）曾報導您是五十一歲才開始重返法學領域，您當時為何選擇研究國際經濟法學？

陳安（以下簡稱「陳」）：謝謝您的祝賀。我五十一歲重返法學領域，是在別人衝刺的年齡才起跑，這是我們這一代法學工作者特殊的遭遇，可以說我國認真恢復法學特別是國際法的教學和研究，和我國實行改革開放尤其是對外開放的基本國策幾乎是

同步的。對外開放首先遇到的是大量的國際經濟法律問題，正如一九九二年七月七日《人民日報》一篇題為《為對外開放鋪路》的採訪報導中說的那樣，我「重返法學領域於改革開放之始」我的「學術生命從此與改革開放緊密相連」一九八一年初我與一位美國著名教授進行了一場偶然爭鳴，隨後我應邀前往哈佛大學法學院從事國際經濟法研究，並兼部分講學。此後我多次應邀出訪歐、美、澳、亞多國，參加國際學術會議或講學，從而得以直接接觸和學習國際前沿學術新知，擴大視野，加深思考，並提出自己的學術見解。因此可以說，托鄧小平路線和對外開放國策之福，才有這五卷本的問世。

張：在您重返法學領域之前，曾從事多個學科的教學，能否作一個簡單介紹。

陳：一九五〇年七月，我從廈大法律系畢業後，服從組織分配，歷經法院、廈大法律系、廈大馬列主義教研室、廈大教育系、廈大歷史系等單位，多次奉命「轉行」，直到一九七八年底，適逢鄧小平路線指引下的「撥亂反正」，改革開放。一九八〇年，廈大復辦法律系，我又奉命「歸隊」，重操已經荒疏了二十七年的舊業——法律，開始關注「久違」了的國際法，特別是國際經濟法領域的大量新鮮知識和信息，邊學習，邊教學，邊研究。

令學生「發抖」的「為師之道」

張：研討會上很多同事、學生的發言中，提到您教學的嚴格時，不約而同地用了「嚴酷」一詞，能否向外界「透露」一點您

的「為師之道」？

　　陳：「養不教，父之過。教不嚴，師之惰。」──《三字經》所總結的這十二個字，是對為人父、為人師者的著名警語。不嚴格要求學生就是做老師的懶惰、懈怠、失職。常言道，「嚴師出高徒」，嚴格的教育、訓練乃是青年學生成才的必然途徑。「嚴酷」主要是對作業粗糙草率的嚴肅批評，但「苦口」實出於「婆心」。

　　並不是所有的老師都敢於嚴格要求學生。如果自己備課不認真、鑽研不刻苦、治學不嚴謹，甚至馬馬虎虎，敷衍塞責，這樣的老師，通常便不敢從嚴要求學生，甚至不惜以「廉價的分數」博取和換來懶惰學生「廉價的好感」，這就難免誤人子弟，顯然有違「為師之道」了。

　　秉持「三人行必有我師」的古訓和「能者為師」的準則，提倡學術民主，敢於向自己的學生和青年同事討教、請益，從善如流，樂於接受來自他們的有益異議，這也是「為師之道」的必備素質。在我們這裡，不少青年學生和團隊成員都曾經是我的一字之師、一失之師、一得之師，或資料信息之師。這也是我們這裡幾代老中青成員之間「知識互補」風氣較濃的「訣竅」所在。

　　可見，我們團隊提倡的「為師之道」就是敢於「互相苛求」和敢於「不恥下問」相結合。

　　張：您的學生以感激之情首次向外界公開並「命名」了您當年的嚴格訓練為「魔鬼訓練法」，如果現在讓您施教，您是否還會那樣「嚴酷」？

　　陳：過去我只聽說此法曾被稱為「怨聲載道法」，現在得知

又晉級為「魔鬼訓練法」。準確些說，應當是「金剛怒目，菩薩心腸」。「魔鬼」云云，主要是指在「國際經濟法原始文獻精讀選譯」課的作業和學位論文的撰寫過程中，把周恩來總理所稱道的日本教練大松博文對中國女排實行的「大運動量」苦練基本功，移植於大量翻譯作業，而且不容許研究生輕視中文、英文基本功，不容許在學位論文中有粗製濫造、草率馬虎、錯別字多、標點亂用，卻又自命為「胸懷大志，不拘小節」。現在，「老牛拉破車」，我仍在帶博士生，上述「苛求」之習，依然故我，「秉性難移」。但回想當年批評時常有「疾言厲色」「劈頭蓋臉」「不留情面」之處，確實期待「挨批」的青年學友們海涵。好在他們絕大多數「不念舊惡」，還不遠千里，「自掏腰包」（自付旅差費）前來參加這場研討會，濟濟一堂，對「魔鬼」老頭美言相加，這種胸襟和度量，令人感動，值得學習。

老而彌堅躬耕不輟

　　張：在研討會上，臺灣地區著名學者林誠二教授在發言中稱讚您著作「不等身」即您著作累計厚度超過了您的身高。我注意到您最近二十年來先後取得了十一項國家級、省部級科研成果一等獎，七項國家級、省部級科研成果二等獎，獲獎等級之高、數量之多，在中國人文社會科學學者中是罕見的，而在上述十一項一等獎成果中，有九項是在您七十歲退休以後取得的。退休後本應頤養天年，您卻躬耕不輟，是什麼原因使您保持如此長久和旺盛的學術生命？除了上述獲獎課題研究之外，您最近十年還從事哪些重要學術活動？

陳：彈指之間，我已屆耄年。前五十年，蹉跎歲月，虛擲韶華；後三十年，欣逢鄧小平路線指引下的太平盛世，來日無多，產生了緊迫感：必須急起直追，努力「搶回」一點失去的時間，趕在「老年痴呆症」光臨之前，多做些力所能及的「知識報國」點滴小事，匯入振興中華的大潮，才能對此生有個起碼交代。退休後十年來，除個人繼續筆耕外，還力爭不負國內同行所托，在志士仁人的鼎力支持和共襄盛舉下，使中國國際經濟法學會獲得中華人民共和國民政部批准，正式登記成為國家一級的民間學術社團。通過這個學術平臺，更有效地積極開展國際經濟法領域的國內外學術交流，逐漸形成和確立了「**以文會友，以友輔仁，知識報國，兼濟天下**」的學會宗旨和共識。我所初創和主編的《國際經濟法學刊》，在全國同行先進的積極參與下，定位為全國性、開放性的國際經濟法領域優秀學術著述的集刊，現由北京大學出版社出版。十年來，已連續出版十五卷。其學術水平和社會影響受到國內外理論界和實務界的普遍肯定和讚譽，並已入選「中文社會科學引文索引」（CSSCI）學術數據來源集刊。可以說，這是又一個全國同行共創、共有、共享的重要學術交流平臺。

張：您在五卷本專著「自序」的標題下列出了「**以勤補拙·羨魚結網·薄技立身·赤子情懷·知識報國**」二十個字，這是否可視為您的人生總結或感悟？

陳：這二十個字，既是對過去的感悟，也是今後的追求。「自序」中的許多註解，分別指明全書五卷三百一十萬字論述中體現了八個方面的中國特色，可以作為「導讀」主線和具體索

引，加以參考。（詳見復旦大學出版社 2008 年版五卷本「自序」）

獨樹中華一幟

張：五卷本專著中，有很多代表發展中國家立場、獨樹中華一幟的觀點，如您提出的著名的「6C軌跡」論，您能否略作說明，並再列舉一二？

陳：「6C軌跡」論是依據大量史實，探索建立國際經濟新秩序的規律和路徑，得出的初步結論。通過史論結合，有理有據地揭示近代史上的「殖民十惡」，論證全球弱小民族堅持愛國主義，要求改變國際經濟舊秩序和更新國際經濟立法的正當性；強調當代國際經濟秩序和國際經濟法律規範的破舊立新，勢必循著**螺旋式上升**的「6C軌跡」即 Contradiction（矛盾）→Conflict（衝突或交鋒）→Consultation（磋商）→Compromise（妥協）→Cooperation（合作）→Coordination（協調）→Contradiction New（新的矛盾），依靠群體力量，聯合奮鬥，步履維艱，迂迴曲折地逐步實現。全球弱小民族既不能盲目「樂觀」，期待「畢其功於一役」；也不能盲目「悲觀」，遇到挫折就灰心喪志；更不能奢望只憑孤軍奮鬥，即可克敵制勝。總結歷史，以史為師，國際弱勢群體爭取和維護平權地位和公平權益，舍韌性的「**南南聯合自強**」，別無他途可循。（參見本書第一編之 II、XII、XIII、XIV 各篇專論）

多年來，我一直注意有的放矢，針對外國媒體、政壇和法學界對中國的各種誤解和非難，撰寫多篇雙語專論，予以澄清和批

駁；通過**學術論證**，努力維護中國的國家尊嚴、國際信譽和民族自尊，弘揚**中華愛國主義**（參見本書第二編之 I，第四編之 I，第三編之 IX、X，第六編之 IV，第七編之 XII、XIII、XIV、XV、XVI、XVII 各篇論）。可以說，這些專題論文在國際法學論壇上更加具有「**獨樹中華一幟**」的特色。

張：您作為中國國際經濟法學的奠基人之一，一九九三年至今連選連任中國國際經濟法學會會長，在國際權威期刊上發表了 18 篇長篇英文版專題論文，其中《南南聯合自強五十年的國際經濟法立法反思》一文，被長期擔任發展中國家政府間組織「南方中心」秘書長的國際知名人士 Branislav Gosovic 先生評價為「對第三世界思想體系的重大創新來自中國」，為我國的國際經濟法贏得了極大聲譽。在這方面您有何經驗和體會？

陳：中國人在國際學術論壇上既要謙虛謹慎，認真學習和吸收有益新知，切忌閉目塞聽，妄自尊大；又要敢於對外來的種種「權威」理論，衡諸國情和世情，深入探討，獨立思考，加以鑑別，乃至質疑，切忌妄自菲薄，盲目附和。簡言之，要認真刻苦地學歷史，鑽理論，擺事實，講道理，有據有理地闡明自己的見解，敢於發出中華之聲和弱勢群體之聲，平等地參加國際熱點難點問題的討論和爭鳴，追求客觀真理和社會公平。

躋身國際前驅

張：五卷本專著第一卷的插頁中收錄了您一九八一年初訪哈佛大學的兩張照片和您與哈佛大學法學院前副院長柯恩（Jerome Cohen）教授二〇〇四年重逢於廈門國際學術會議的照片，看來

您很重視與哈佛的淵源。聽說您跟柯恩教授曾在有關徵收外資問題上有過一場針鋒相對的辯論，能說說有關的情況嗎？

陳：一九八一年初，在美國享有「中國通」美譽的柯恩教授來訪廈門，在一場演講中批評新中國政府不尊重私有財產，隨意沒收（confiscate）外國人資產；為了吸引外商來華投資，應當在立法中規定絕對不侵犯外國人的一切財產。我認為，他的這些批評不符合中國的實際情況，並列舉中國的有關法律規定逐一予以反駁，同時援引美國的相關法律和國際慣例，辨析「沒收」（confiscation）與「徵收」（expropriation）的區別。柯恩教授當即表示：「你的知識補充了我的不足」，並邀請我前往哈佛訪問和講學。後來，以此次辯論為基礎，我撰寫了相關的中英雙語論文《我國涉外經濟立法中可否規定對外資絕不實行國有化》，其中有關觀點被後來的修訂立法所吸收。（參見本書第三編之 VIII、第七編之 XV）

二〇〇四年，柯恩教授應邀來廈門參加國際學術會議，老友重逢，聚敘甚歡，但我們之間又在美國單邊主義與 WTO 多邊主義之間矛盾衝突的問題上各持己見，激烈爭辯。可以說，我們是「不打不相識」的「諍友」，在互相尊重對方的基礎上，通過國際性前沿問題的學術爭鳴，實行知識互補，達到共同提高。（參見本書第一編之 X、第七編之 I）

張：我注意到插頁中還有一張您於二〇〇五年與美國著名的洛文費爾德（Andreas F. Lowenfeld）教授在海牙交流學術觀點的照片。五卷本專著第一卷第一編第一篇論文《論國際經濟法學科的邊緣性、綜合性和獨立性》一文，對流行於全美的洛文費爾德

教授宣揚「美國立場」的《國際經濟法》通用教材中的觀點，提出了尖銳的批評。這其中是否隱含著您與國際權威在某些方面存在著重大的立場分歧？

陳：您的見解和評論是頗為中肯的。洛文費爾德教授在國際經濟法學領域建樹頗多，素享國際盛譽。但是，他的某些學術觀點卻瀰漫著或殘留著殖民主義、擴張主義、霸權主義氣息。這是國際弱勢群體即發展中國家不能苟同的。作為發展中國家一員的中國，其學人固然可以而且應當從洛文費爾德教授的著作中學習國際經濟法前沿知識的精華，卻不能不加以認真思考、鑑別和必要的剔除，以致連同其中包含的糟粕，囫圇吞下。

美國另外兩位權威教授漢金（Louis Henkin）和傑克遜（John Jackson），前者曾擔任美國國際法學會會長，是舉世公認的國際公法老前輩、學術權威，後者長期以來擔任美國政府外貿國策的高級顧問，以「WTO 之父」聞名於世。對於他們的著作，也應當採取「一分為二」的態度，去粗取精，去偽存真。收輯於本書的《世紀之交在經濟主權上的新爭議與「攻防戰」：綜合評析十年來美國單邊主義與 WTO 多邊主義交鋒的三大回合》一文，就是針對這兩位權威教授在當代國家主權與美國霸權問題上的不當觀點和錯誤見解，諸如弱國「主權過時」論、「淡化」論、美國「主權（霸權）優先」論等等，進行了有理有據的剖析和批評，提醒全球弱勢群體增強憂患意識，珍惜和善用經濟主權，確保和維護民族正當權益；**警惕理論陷阱**，切忌懵懵然地附和、接受當今頗為「時髦」的、來自西方霸權主義國家的有關經濟主權的各種似是而非的主張。我認為，這既是國際弱勢群體即發展中國家

的學者們的權利，也是這些學者們義不容辭的職責。（參見本書第一編之 X、第七編之 I 等篇專論）

張：在研討會上，您在「感言」中提出要「敢言」，要為創建中國的國際經濟法學派努力，這部五卷本專著的書名也參照國際上著名法學著作常用的「ＸＸ論ＸＸ法」的慣例命名，這是否可以理解為也是一種「躋身國際前驅」的自信自強之舉？

陳：「創建中國的國際經濟法學派」此議最初是一九九三年在中國國際經濟法學會年會期間由中國社科院法學所李澤銳教授和上海復旦大學法學院董世忠教授提出來的。我認為，這項創議**既符合中國的國情，也符合時代的需要**。中國人當然不能妄自尊大，但也不必妄自菲薄。「創建中國的國際經濟法學派」，當然不可能一蹴而就，也不可能期待在三五年、一二十年之中由幾個人完全實現。要完全實現，並獲得廣泛的國際認同，需要幾代中國學人群體的連續努力和不懈追求。**中國人應當有這種志氣和抱負**，從現在就起步，朝這個方向邁步前進。

至於以人名冠於書名，確有不少先例，諸如《奧本海國際法》《戴西和莫里斯論衝突法》等等。我以自己的名字冠於五卷本，主要是表示書中所論，均屬**個人學習和研究心得體會，文責自負**。把此舉理解為也是當代中國人排除百年來不應有的民族自卑，開始樹立應有的「躋身國際前驅」的**自信自強**心願之一，似也非絕對不可。閣下以為然否？

二〇〇九年五月十一日

Ⅲ 老艄公的鏗鏘號子[11] 發出時代的最強音

—— 《中國的吶喊：陳安論國際經濟法》讀後的點滴感悟

曾令良[12]

金秋收穫時節，欣悉《中國的吶喊：陳安論國際經濟法》
The Voice from China：An CHEN on Internatioml Economic Law，以下簡稱
《中國的吶喊》）面世。這部新著集中了中國國際經濟法學奠基
人之一陳安先生三十多年學術研究之精華，由舉世聞名的國際權
威出版社同時向全球推出紙質版精裝本和電子版。晚輩獲陳老前
輩惠贈其巨著，受寵若驚，感激之餘，不禁感嘆如下數語，以饗
讀者。

一、創新遠征 教材開路

陳先生不愧為學界泰斗，學術常青常新。他數十年如一日，
研究不息，筆耕不止，出版和發表的著述字數以數百萬計。根據
晚輩初步觀察，中國改革開放後的頭二十年，陳先生研究的重心
主要是通過主編不同版本的《國際經濟法》教材、創辦和主編
《國際經濟法論叢》及其改版的《國際經濟法學刊》，創立和不
斷完善中國的國際經濟法學體系。此外，他還在國際商事仲裁和
國際投資爭端解決等領域著書立說。與此同時，陳先生在國
（境）內外一系列重要學術刊物上就國際經濟法基本理論和實踐
中的重大和熱點問題分別用中文和英文發表了數十篇具有重要影
響的論文。

二、「三步進行曲」與「陳氏國際經濟法」

　　進入二十一世紀，陳先生的學術成就集中體現在其先後出版的三部巨著之中。這三部代表作可謂是陳先生近十幾年來學術創新的「三步進行曲」，節節攀升，直至巔峰。首先，由北京大學出版社於二〇〇五年推出《國際經濟法學芻言》上、下兩卷本，共計二百一十餘萬字。三年後的二〇〇八年，在原有著述的基礎上由復旦大學出版社推出了《陳安論國際經濟法學》五卷本，共計三百餘萬字。誠如先生自言：這部新著「並不是《芻言》的簡單再版或擴容」，而是作者「針對本學科領域新問題進行探索的心得體會的全面增訂和創新彙輯」。更令人震撼的是，如今，雖然先生已八十五歲高齡，但是追求學術之壯心不已，再次由國際權威出版機構向全球推出其英文巨著《中國的吶喊》。至此，「陳氏國際經濟法」不僅深深紮根和流行於華語世界，而且將在全球各種不同文化的國家和地區廣泛傳播和推廣，必將產生深遠的國際影響。

三、「三性」理論與「6C 律」

　　《中國的吶喊》重申和再現了「陳氏國際經濟法」。[13]二十世紀九〇年代初，陳先生率先提出了國際經濟法學的「三性」基本特徵，即「邊緣性」「綜合性」和「獨立性」，並將這一新的理論貫穿於此後他主編的教材、出版的著作和發表的論文之中。「三性」理論科學地揭示了國際經濟法學作為一門新興學科的內涵和外延，闡明了國際經濟法與其他相鄰學科之間的區別與聯繫，論證了這一新興學科體繫上的綜合性和相對獨立性。如今，

「三性」理論早已被國際經濟法學界所普遍接受，廣泛應用於中國的國際經濟法教學與研究之中，結束了曾長期困擾學界的關於國際經濟法學的定性之爭。

《中國的吶喊》創造性地揭示了國際經濟關係、國際經濟秩序和國際經濟法發展與更新「6C律」。「6C律」是陳先生通過洞察和總結數十年來圍繞建立國際經濟新秩序的南北鬥爭的歷程而得出的規律性認識，並預言這一規律在全球化快速發展的當下和明天將持續下去。所謂「6C律」（依筆者看來，似乎是「7C律」），就是描述國際經濟秩序和法律規範破舊立新的螺旋式上升軌跡，即「矛盾」（Contradiction）→「衝突或交鋒」（Conflict）→「磋商」（Consultation）→「妥協」（Compromise）→「合作」（Cooperation）→「協調」（Coordination）→「新的矛盾」（Contradiction New）。[14] 陳先生巧妙地運用七個英文單詞的首字母予以概括和表述，既貼切，又便於記憶，其學術智慧可見一斑。

四、捍衛弱者主權　抨擊國際霸權

《中國的吶喊》向國際社會闡釋中國對外經濟交往的法理內涵和原則，揭露當今美國等國宣揚的「中國威脅」論是近代西方列強「黃禍」論的翻版，二者的DNA一脈相承，其本質是「政治騙術」，其目的是蠱惑人心，誤導國際輿論，貶損中國。[15] 陳先生鋒利的言辭依據的是歷史和事實，秉持的是正義和公理，捍衛的是中國的正面形象和正當合法的利益。

《中國的吶喊》先後三論中國在建立國際經濟新秩序中的戰略定位。陳先生主張中國應成為「建立國際經濟新秩序的積極推

手」「南南聯合自強的中流砥柱之一」，中國應「既堅持戰略原則的堅定性」，「又審時度勢，堅持策略戰術的靈活性」。[16] 依陳先生之見，正在和平崛起的中國「不宜只是現存國際經濟秩序的『改良者』、南北矛盾的『協調者』而應是『改革者』之一」[17]。我堅信，這一觀點道出了中國和其他發展中國家及其國際經濟法學界共同的心聲，並且已經得到一些歐美學者的讚許。

　　旗幟鮮明、直抒己見，是陳先生為人、做事、治學的原則和特點，這同樣貫穿於《中國的吶喊》之中。這裡僅舉一例。近年來，在改革現有國際經濟法及國際經濟秩序的問題上，西方國際法學界一度流行「新自由主義經濟秩序」論、「WTO 憲政秩序」論、「經濟民族主義擾亂全球化秩序」論。對此，陳先生告誡中國和廣大發展中國家及其學人，不可盲從或附和，應實行有鑑別的取捨，尤其要警惕西方「淡化」「弱化」主權和鼓吹主權「過時」的「理論陷阱」。[18]

　　《中國的吶喊》將廣大發展中國家描述為「全球弱勢群體」，強調這些弱勢群體國家應「珍惜和善用經濟主權」，呼籲「南南聯合自強」，反對美國的單邊主義和西方強勢群體國家在國際經濟和貿易關係中實行「雙重標準」，堅持多邊主義，以爭取和維護全球弱勢群體在國際經濟秩序中的平等地位和公平權益。[19]

五、旗幟鮮明　中國風格　中國氣派　時代強音

　　總之，《中國的吶喊》具有鮮明的中國風格和中國氣派，代表著中國國際經濟法學先進的理論，發出的是全球弱勢群體國家強烈呼籲建立公平、公正的國際經濟新秩序的共同心聲。《中國

的吶喊》的出版，再次體現了一代宗師非凡的學術氣度和追求學術卓越的精神。陳先生不愧為中國國際經濟法學的舵手和國際經濟秩序「破舊立新」的旗手。更重要的是，陳先生學術成就的重大意義和影響已經超越了國際經濟法學本身，正如有關國際機構的高級人士所評價的，「（《中國的吶喊》）是對當代世界政治研究和認識的重要貢獻」；同時，「應成為了解和研究中西關係人士的必讀物，尤其是應作為發展中國家的領導人、高級經貿談判官員培訓的指導用書」，甚至作為這些國家高等院校的教材。[20]總之，《中國的吶喊》無疑是中國國際經濟法學界具有代表性的學術權威之音，是向世界發出的強音和高音。我堅信，這部巨著的出版將對國際經濟法學的發展產生深遠的影響！

IV　知識報國　耄耋不輟

李慶靈[21]　楊　帆[22]

我們是陳安老師招收的二〇一〇級、二〇一一級博士生，謹就入學前後耳聞目睹的只鱗片爪以及親身經歷的點滴感受，寫下這篇實錄。作為見證，也作為獻禮，祝願二〇一八年北京大學出版社版《中國特色話語：陳安論國際經濟法學》四卷本能夠引起中外學界更廣泛的共鳴。

一、中國吶喊　全球傾聽

二〇〇八年底，年已耄耋的陳安老師彙集自改革開放以來三十年研究國際經濟法學的主要成果，輯為五卷本《陳安論國際

經濟法學》（約311萬字），由復旦大學出版社推出。《陳安論國際經濟法學》的出版，被認為是中國學者構建中國特色國際經濟法學派的奠基之作和代表性成果，引起了中外法學界的很大關注。

緊接著，陳安老師所撰英文專著《中國的吶喊：陳安論國際經濟法》*The Voice from China : An CHEN on International Economcc Law*，八五二頁，以下簡稱《中國的吶喊》，又在二〇一三年由享有國際學術盛譽的德國權威出版社 Springer 向全球推出，進入了國外主流發行傳播渠道，從而在中外國際經濟法學界引起更加廣泛的關注。

本書彙集作者自一九八〇年以來三十多年不同時期撰寫的二十四篇英文專論。全書分為六部分，分別探討和論證當代國際經濟法基本理論和重要實踐的重大學術前沿問題。這些英文專論原稿絕大部分發表於中外知名學刊，立足於中國國情，以馬克思主義為指導，從當代國際社會弱勢群體即第三世界的視角，有的放矢，針對當代國際經濟

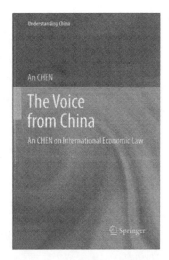

法學科領域的基本理論及熱點難點實踐問題，發出與西方強權國家主流觀點截然不同的呼聲和吶喊。在積極參與國際學術爭鳴當中，大力宣揚眾多發展中國家共同的正義主張和基本立場，有理有據地揭示某些西方主流理論誤導之不當和危害，從而避免在實

踐上損害包括中國在內的國際弱勢群體的公平權益。這也正是本書命名為《中國的吶喊》之由來。

　　這部英文專著於二〇一三年獲得「國家社會科學基金中華學術外譯項目」正式立項，據悉，這是我國國際經濟法學界獲得此立項的第一例。按照全國社科規劃辦公室文件解釋，「中華學術外譯項目」是二〇一〇年由全國社會科學規劃領導小組批准設立的國家社科基金新的重大項目，旨在促進中外學術交流，推動我國社會科學優秀成果和優秀人才走向世界。它主要資助我國社會科學研究的優秀成果以外文形式在國外權威出版機構出版，進入國外主流發行傳播渠道，增進國外對當代中國、中國社會科學以及中國傳統文化的了解，提高中國社會科學的國際影響力。

　　誠如專家評審意見所指出的那樣，這部英文專著「**對海外讀者全面了解中國國際經濟法學者較有代表性的學術觀點和主流思想具有重要意義。全書結構自成一體，觀點新穎，具有中國風格和中國氣派，闡釋了不同於西方發達國家學者的創新學術理念和創新學術追求，致力於初步創立起以馬克思主義為指導的具有中國特色的國際經濟法理論體系，為國際社會弱勢群體爭取公平權益鍛造了法學理論武器**」。

　　《中國的吶喊》一書，在展現作者中國特色學術思想和創新成果的同時，也為中國國際經濟法學界向世界發聲搭建了國際傳播平臺。本專著出版之後，反響強烈，國內外高端學者紛紛撰文評論與回應，迄今已經收到書評二十六篇，已經由北京大學出版社出版的《國際經濟法學刊》第十九卷第二期至第二十三卷第二期特闢專欄，陸續以中英雙語集中發表，薈萃聚合，形成弘揚中

華學術正氣、追求國際公平正義的共鳴強音。

　　鑒於此書出版後國際學術效應良好，德國 Springer 出版社又主動提出進一步開展學術合作的建議，要求陳安教授主持組織另外一套系列英文學術專著，總題定名為「**當代中國與國際經濟法**」（Modern China and International Economic Law）遴選和邀請一批中外知名學者圍繞這個主題，撰寫創新著作，提交該出版社出版，每年至少推出兩部。經認真磋商，雙方已達成協議，正式簽署合同，並已啟動執行。相信此舉將會為進一步提升中華法學學術在世界學術界的知名度和影響力做出新的貢獻。

　　中國國家主席習近平曾經指出，「文明因交流而多彩，文明因互鑑而豐富」；「文明是平等的，人類文明因平等才有交流互鑑的前提」。近來他又強調我國在國際事務中應當積極「提出中國方案，貢獻中國智慧」。可以說，陳安教授上述力作向全球發行及其良好效應和後續舉措，對於促進**中外不同特色**的文明在**平等前提下交流互鑑**，對於在國際事務中提出中國方案，提升中國的話語權，都將起到應有的積極作用。

二、「老牛」破車　不息奮蹄

　　回首往事：一九五〇年七月，陳安老師從廈大法律系畢業後，服從組織分配，歷經任職地方法院，返回母校法律系執教，法律系停辦，執教於馬列主義教研室，經歷「文化大革命」，下放農村鍛鍊，又返校執教於教育系、歷史系，簡言之，多次奉命「轉行」。直到一九七八年底，欣逢鄧小平同志主持撥亂反正、推行改革開放國策後，一九八〇年，廈大復辦法律系，陳安老師

才奉命「歸隊」,「重操」已經荒疏了二十七年的「舊業」——法律。此時陳老師雖已年逾半百,但仍秉持「知識報國、學以致用」的素志和夙願,根據國家急需,刻苦潛心研究國際經濟法學這一新興的邊緣性學科,克服各種困難,不渝不懈,帶領青年碩士、博士研究生,篳路藍縷,披荊斬棘,共同創業。學界輿論形容他是「在人生途程中應當『衝刺』的時候才開始『起跑』」[23]。但是,陳老師卻自信「以勤補拙,頑強拚搏,可以『搶回』一些已經流逝的時間,才能對此生有個交代」迨至二〇〇四年,他已年逾古稀,滿七十五歲,重陽節有感,綴三十二字自嘲自勖:

> 蹉跎半生,韶華虛擲!青山滿目,夕霞天際[24]。
> 老牛破車,一拉到底!餘熱未盡,不息奮蹄[25]!

天道酬勤,果然不假:近三十多年來,陳安老師堅持勤奮筆耕,孜孜矻矻,其科研成果相繼獲得了十九項國家級、省部級科研優秀成果一等獎,九項國家級、省部級科研優秀成果二等獎,其獲獎等級之高、數量之多,在中國人文社會科學學者中是罕見的,而在上述十九項一等獎成果中,十六項是在他七十歲退休以後取得的[26]——「退」而不「休」,既不栽花賞草,也不養鳥遛狗,卻夜以繼日,筆耕不輟,碩果纍纍,人嘲其「傻」,他卻自得其樂,而且樂此不疲,堪稱個性獨特,「固執」非凡!

三、創建學派 中國特色

除個人的學術努力外,陳安老師還不負國內同行所托,在志

士仁人的鼎力支持下，使中國國際經濟法學會獲得中國民政部批准，正式登記成為國家一級的民間學術社團。通過這個學術平臺，更有效地開展國際經濟法領域的國內外學術交流，逐漸確立了「以文會友，以友輔仁，知識報國，兼濟天下」的學會宗旨和共識。陳安老師創建和主編的《國際經濟法學刊》，在全國同行的積極參與下，定位為全國性、開放性的國際經濟法領域優秀學術著述的集刊，由北京大學出版社出版。一九九八年以來，已連續出版二十三卷。其學術水平和社會影響受到國內外理論界和實務界的普遍肯定和讚譽，並已連續五度入選「中文社會科學引文索引」（CSSCI）學術數據來源集刊。

據陳老師回憶，「創建中國特色的國際經濟法學派」，此議最初是一九九三年在中國國際經濟法學會珠海年會期間由中國社科院法學所李澤銳教授和上海復旦大學法學院董世忠教授提出來的。陳老師認為，這項創新建議符合中國的國情，也符合時代的需要。中國人當然不能妄自尊大，但也不必妄自菲薄。「創建中國特色的國際經濟法學派」，當然不可能一蹴而就，也不可能期待在三五年、一二十年之中由寥寥幾個人完全實現。要完全實現，並獲得廣泛的國際認同，需要幾代中國學人群體的連續努力和不懈追求。中國人應當有這種志氣和抱負，從現在就起步，朝這個方向邁步前進。

四、夕陽璀璨　「老牛」奮蹄

陳安老師在一九四六年秋考入享有「南方之強」之譽的國立廈門大學，攻讀法學專業。迄今為止，已在廈大經歷了七十一個

寒暑。二〇一六年十月，時值廈大法學院建院九十週年大慶，陳老師以多年「老院長」和當年「老學生」的雙重身分，應邀撰寫了一篇短文和一首小詩，總結了他一貫倡導和身體力行的為人治學的基本原則和心得體會，即「一個目標，四條途徑」或「一個目標，四種精神」，並深入淺出、圖文並茂、通俗易懂地加以闡釋。這裡不妨照抄如下：

陳安教授闡釋國際經濟法學科的「一個目標，四種精神」

廈門大學法學院國際經濟法學科歷來提倡「一個目標，四種精神」。「一個目標」就是「知識報國，兼濟天下」八個字，前四字，涵義明確；後四字「兼濟天下」，源出《論語》，賦予時代新意就是：我們不但要維護自己的國家安全和興旺發達，也要想到第三世界幾十億人口的弱勢群體，他們在歷史上曾受西方強霸國家多年的殖民統治，至今還積貧積弱，沒有徹底翻身。我們要運用法律知識，特別是國際經濟法的知識，作為武器，來為這些國際弱勢群體大眾應得的平等權益，仗義執言，聯合奮鬥，建立國際經濟政治新秩序。我們的目標是：把愛國主義與國際主義結合起來，以法律知識作為武器，既為祖國服務，同時也為全世界弱勢群體爭取平等權益服務。

「四種精神」，在廈大國際經濟法學科點已經形成了一種傳統。第一種精神就是「冷凳精神」。願坐「冷板凳」，耐得寂寞，耐得清貧，孜孜不倦，努力為國家做貢獻，為世界弱勢群體做貢獻。

第二種精神就是「團隊精神」。團隊成員分工協作，共同努力，集體攻關；在協作之中，提倡「能者為師」，提倡「平等討

論」；提倡老中青融洽相處，做學術的「忘年交」；提倡「學術民主」，敢於開展「爭鳴」，互相補益，達到共同提高。

第三種精神就是「老牛精神」。人人都會老，是自然規律，無可迴避，屆齡退休，順理成章，不必「失落」。相反，只要一息尚存，都很樂意「退而不休」，奮蹄不息，持之以恆，繼續以普通一兵身分，「超齡服役」，持槍戰鬥，再做一些力所能及的「知識報國，兼濟天下」的奉獻。

第四種精神就是「獬豸精神」。廈大法學院院徽上的「神獸」，叫獬豸。這是我們中華正氣的形象化身和集中體現：堅持剛正不阿，「觸不直者（邪惡）去之」。院徽的左下方是一個古篆體的「灋」（法）字，它是「鷹」（豸）、「去」和「水」三字的融合體，意指神獸獬豸目光如電，善於識別正邪忠奸，也指它剛直不阿，敢於「觸不直者（邪惡）去之」，而且執法如山，「一碗水端平」。神獸右上方一個天平圖像，也含此意。這是中西合璧，追求「自然公正」（natural justice），即公平、正義、公正。此院徽是三十年前我們大家共同構思設計的。不少來訪的國內外嘉賓友人都稱贊它為「圖像靈動，寓意深刻」。（見下圖）

法學院九十誕辰祝福詞
——廈門大學法律系一九五〇屆畢業生法學院教授陳安
（步「廈大校歌」原詞原韻，求朗朗上口，不拘平仄）
自強！自強！學海何洋洋！
鷺江深且長，致吾知於無央！充吾愛於無疆！
廈大法學院，吾儕老親娘。親娘九十歲，飽歷滄與桑！
如今逢盛世，創新齊提倡，更上一層樓，你我共承擔。
踏上新起點，征程路漫漫，學院有傳統，傳統待弘揚；
求知為報國，兼濟弱者強。甘坐冷板凳，不寫空文章。
團隊精神好，互補短與長。老牛不服老，奮蹄永向前。
獬豸目如電，洞察忠與奸，獨角觸邪惡，鋒利勝鋼槍。
人人談法治，法治非天降！前程多險阻，勇往排萬難！
人無萬年壽，花無萬年燦，唯我法學院，萬年可輝煌！
端賴後來者，開來以繼往，歲歲天行健，不息萬年長！

古諺說過：「詩言志」。確實如此。人們看到：在夕陽璀璨餘暉照耀下，「老牛」先生仍在不息奮蹄向前！二〇一八年版《中國特色話語：陳安論國際經濟法學》四卷本的問世，就是明證之一。

注釋

〔1〕 李庸中（Eric Yong Joong Lee），韓國東國大學法學院教授，李儁（YIYUN）國際法研究院院長，《東亞與國際法學刊》（*Journal of East Asia and International Law*）主編。

〔2〕 See A Dialogue with Judicial Wisdom，Prof.An CHEN：A Flag-Holder Chinese Scholar Advocating Reform of International Economic Law，*Journal of East Asia and International Law* . Vol. 4，No. 2，pp. 477-502；An Chen，*The Voice from China：An CHEN on International Economic Law*，Springer，2014，pp xxxi-lviii．

〔3〕 Dong Chen，Who Threatens Whom? The "Chinese Treat" and the Bush Doctrine，*Journal of East Asia and International Law*，Vol. 7，2014，p. 32.

〔4〕 Ibd.

〔5〕 Ibid.，pp. 39-40.

〔6〕 G. Ikenberry，America's Imperial Ambitions，*Foreign A f fairs*，Vol. 81，2002，p. 44.

〔7〕 Dong Chen，Who Threatens Whom? The "Chinese Treat" and the Bush Doctrine，*Journal of East Asia and International Law*，Vol.7，2014，pp.42-43.

〔8〕 An Chen，*The Voice from China：An CHEN on International Economic Law*，Springer，2014，pp. 64- 65.另參見陳安：《評「黃禍」論的本源、本質及其最新霸權「變種」：「中國威脅」論》，載《現代法學》2011年第6期，第20-21頁。

〔9〕 Ibid.，pp. 67-68.另參見同上論文，第22頁。

〔10〕 張永彬，復旦大學出版社副總編輯、編審。

〔11〕 號子，指集體勞動協同用力時，為統一步調、減輕疲勞等所唱的歌，通常由一人領唱，大家應和。參見《現代漢語詞典》（第7版），商務印書館2016年版，第521頁。

〔12〕 曾令良，時任武漢大學資深教授、「長江學者」特聘教授、國際法研究所所長。

〔13〕 See An Chen，On the Marginality, Comprehensiveness, and Independence of International Economic Law Discipline，in An

Chen，*The Voice from China : An CHEN on International Economic Law*，Springer，2013，pp. 3-29．

〔14〕See An Chen，A Reflection of the South-South Coalition in the Last Half Century from the Perspective of International Economic Lawmaking: From Bandung，Doha，and Cancún to Hong Kong, in An Chen，*The Voice from China : An CHEN on International Economic Law*，Springer，2013，pp. 207-239.

〔15〕See An Chen，On the Source，Essence of "Yellow Peril" Doctrine and Its Latest Hegemony "Variant" — the "China Threat" Doctrine：From the Perspective of Historical Mainstream of Sino-foreign Economic Interactions and Their Inherent Jurisprudential Principles，in An Chen，*The Voice from China：An CHEN on International Economic Law*，Springer，2013，pp. 45-99.

〔16〕An Chen，What Should Be China's Strategic Position in the Establishment of New International Economic Order？With Comments on Neoliberalistic Economic Order, Constitutional Order of the WTO，and Economic Nationalism's Disturbance of Globalization，in An Chen，*The Voice from Chia : An CHEN on International Economic Law*，Springer，2013，pp．167-206．

〔17〕Ibid.

〔18〕Ibid.

〔19〕See An Chen，A Reflection of the South-South Coalition in the Last Half Century from the Perspective of International Economic Lawmaking: From Bandung，Doha，and Cancún to Hong Kong, in An Chen，*The Voice from China : An CHEN on International Economic Law*，Springer，2013，pp. 207-239.

〔20〕See Branislav Gosovic，WTO Citadel Needs to Be Challenged by the South；An Important and Creative Contribution from China to the Ideology of Third World，both compiled in An Chen，*The Voice from China：An CHEN on International Economic Law*，Springer，2013，Annex，pp. 754-765.

〔21〕李慶靈，廈門大學法學院國家重點學科國際法專業博士，現任廣西師範大學法學院助理教授。

〔22〕楊帆，廈門大學法學院國家重點學科國際法專業博士，現任廈門大學法學院助理教授。

〔23〕參見楊亞南：《為對外開放鋪路：記廈門大學法學教授陳安》，載《人民日報》（海外版）1992 年 7 月 7 日。

〔24〕陳老師自稱，受老帥葉劍英晚年《八十抒懷》詩句啟發：「老夫喜作黃昏頌，滿目青山夕照明！」參見黃禹康：《老夫喜作黃昏頌——葉劍英與聶榮臻的友誼深情》，載《世紀橋》2009 年第 4 期。

〔25〕陳老師自稱，受詩人臧克家《老黃牛》詩句啟發：「老牛自知夕陽晚，不待揚鞭自奮蹄！」參見文洪剛：《老牛自知夕陽晚，不待揚鞭自奮蹄》，http//blog. sina. com. cn/s/blog-6261cecc0100revn. html。

〔26〕詳見本書第七編第四章「陳安論著、業績獲獎一覽（以倒記年為序／2016-1960）」。

第一編——國際經濟法基本理論（一）

論國際經濟法學科的邊緣性、綜合性和獨立性 *

↘ 內容提要

　　有關國際經濟法和國際經濟法學的內涵與外延，中外法學家眾說紛紜，迄無定論。本文對法學界中較為流行的「狹義說」和「廣義說」分別予以簡拠評析，指出其中的臧否得失；論證國際經濟法是調整國際經濟關係的各種法律規範的總稱，是一種多門類、跨學科的邊緣性綜合體；國際經濟法與相鄰法律部門國際公法、國際私法、內國經濟法以及國際商務慣例之間，既有緊密的聯繫，又有明顯的區別；國際經濟法學是以國際經濟法這一邊緣性綜合體作為研究對象的獨立的新興學科。

↘ 目次

　　國際經濟法，顧名思義，是泛指調整國際經濟關係的各種法律規範。換句話說，它是調整國際經濟關係的各種法律規範的總稱。

　　「國際經濟關係」一詞，可作狹義和廣義兩種理解。狹義的理解，指的是國家政府之間、國際組織之間或國家政府與國際組織之間的各種經濟關係。國際經濟關係的主體，一般限於國家[1]和國際組織。廣義的理解，指的是包含上述國家政府、國際組織相互之間的各種經濟關係，但又遠遠超出上述範圍。舉凡跨越一國國境的經濟交往，都屬於國際經濟關係。國際經濟關係的主體，除了國家政府、國際組織之外，還包括從事跨越一國國境的各種經濟交往活動的個人（自然人）和法人。

　　由於對「國際經濟關係」一詞的不同理解，也由於觀察角度和研究方法上的差異，國內外學者對於國際經濟法的含義和範圍，見仁見智，眾說紛紜，但基本上可劃分為兩大類，即狹義說與廣義說。

一、狹義說：國際經濟法是國際公法的新分支

　　這種觀點認為，國際經濟法只是調整國家政府相互之間、國際組織相互之間以及國家政府與國際組織之間經濟關係的法律規範。傳統的國際公法，主要用於調整國家政府之間、國際組織之

間以及國家政府與國際組織之間的政治關係，忽視它們相互之間的經濟關係。隨著國際經濟交往的發展，逐漸形成了專門用來調整上述國際經濟關係的新的法律分支，這就是國際經濟法。

在國際經濟法發揮調整作用的過程中，在國際經濟關係領域裡享受法定權利和承擔法定義務的主體，即國際經濟法的主體，依然是國家或國際組織。國際經濟法的主體與國際公法的主體是完全一致的，而且只限於國際公法的主體。屬於任何國家的自然人或法人，儘管也從事跨越一國國境的經濟交往，但他們或它們本身並不是國際公法的主體，從而也不是國際經濟法的主體。他們或它們與異國自然人、法人以及與異國政府之間的經濟關係，一般地說，也並非直接由國際公法或國際經濟法加以調整。

由於國際經濟法是專門用來調整國際公法各主體之間的經濟關係的法律規範，所以，它屬於國際公法範疇，是國際公法的一個新分支，是適用於經濟領域的國際公法。

因此，國際經濟法的內容限於調整國際經濟關係的各種國際公約、條約、協定以及屬於公法性質的各種國際慣例。國際私法和各國的涉外經濟法，實質上都是各國的國內法，都不屬於國際經濟法範圍。

持此類觀點的主要代表人物，有英國的施瓦曾伯格（G. Schwarzenberger）、日本的金澤良雄以及法國的卡羅（D. Careau）等人。[2]

二、廣義說：國際經濟法是調整國際（跨國）經濟關係的國際法、國內法的邊緣性綜合體

　　這種觀點認為：國際經濟法是調整跨越一國國境的經濟交往的法律規範。它所調整的對象，不僅僅限於國家政府相互之間、國際組織相互之間以及國家政府與國際組織之間的經濟關係，而且包括大量的分屬於不同國家的個人之間、法人之間、個人與法人之間以及他們與異國政府或國際組織之間的各種經濟關係。

　　在國際經濟法發揮調整作用的過程中，在國際經濟關係領域裡享受法定權利和承擔法定義務的主體，即國際經濟法的主體，不但包括從事跨越國境的經濟交往的國家政府和國際組織，而且包括從事此種經濟交往的一切自然人和法人。

　　由於國際經濟法是用來調整從事跨越國境經濟交往的各種公、私主體之間經濟關係的法律規範，所以，它並不專屬於單一的國際公法範疇，不單純是國際公法的分支，不僅僅是適用於經濟領域的國際公法。恰恰相反，它的內涵和外延，早已大大地突破了國際公法單一門類或單一學科的侷限，而擴及於或涉及國際私法[3]、國際商法以及各國的經濟法[4]和民商法等，形成了一種多門類、跨學科的邊緣性綜合體。

　　因此，國際經濟法的內容並不僅僅侷限於調整國際（跨國）經濟關係的國際公約、條約、協定以及屬於公法性質的各種國際慣例。除此之外，它還理應包括用以調整一切跨越國境的經濟關係的國際私法、國際商法和國際商務慣例，以及各國經濟法和民商法的涉外部分。誠然，國際私法和各國的經濟法、民商法的涉

外部分本質上都是各國的國內法，但是，既然它們都在各個主權國家的領域內調整和制約著跨越國境的經濟交往活動，從宏觀上看，也就不能不承認它們是國際經濟法的一個重要組成部分，歸屬於國際經濟法的範圍。

持此類觀點的主要代表人物，有美國的傑塞普（P. Jesup）斯泰納（H. J. Steiner）、瓦格茨（D. F. Vagts）、傑克遜（J. H. Jackson）、洛文費爾德（A. F. Lowenfeld）以及日本的櫻井雅夫等人。[5]

以上所述，是外國學者對國際經濟法含義的不同理解和基本分歧。

在中國，由於眾所周知的歷史原因，對國際經濟法學曾經長期缺乏深入全面的研究。一九七八年底以後，在中國共產黨十一屆三中全會正確路線的指引下，在經濟上對外開放這一基本國策的鼓舞下，中國法學界的學者們以空前的熱情，急起直追，對國際經濟法學這門新興的法學學科進行認真的探討和開拓。他們的基本觀點，分別傾向於國際上流行的前述狹義說或廣義說，但都立足於中國的實際，各抒己見，對有關問題作了新的論證和闡述。[6] 他們的見解，儘管分歧很大，甚至針鋒相對，但都頗有助於人們更深入地思考，更全面地探索。

三、對以上兩大學派觀點的分析

上述第一派學者，持狹義說。他們按照傳統的法學分科的標準，嚴格地劃清國際法與國內法、「公法」與「私法」的界限，認為國際經濟法乃是國際公法的一個新分支。從純粹理論上說，

這種主張具有界限分明、避免混淆的長處。但衡諸當今國際經濟交往的客觀情況，卻存在著不切實際的缺陷。

「國際」（international）一詞，作為定語，歷來就有兩種用法，一是專用於修飾國家政府與國家政府之間某些行為或某些事物，諸如「國際談判」「國際條約」「國際戰爭」「國際均勢」等等；二是泛用於修飾跨越一國國界的各種行為或各種事物，諸如「國際往來」「國際運輸」「國際旅遊」「國際影響」等等。在論述「國際經濟關係」或「國際經濟法」時，把「國際」一詞的使用嚴格限制在前一種含義的「專指」上，而絕對排除後一種含義的「泛指」，這是有悖常識和不符事實的。因此，美國學者傑塞普等人主張用「跨國」（transnational）一詞取代「國際」專供上述「泛指」之用。[7] 這樣做，雖然可能有含義更加明確之利，但也並非邏輯概念上的絕對必要。因為「國際」一詞本來就具有「跨國」的廣泛內涵和外延。

有鑒於此，本書在論及「國際經濟關係」或「國際經濟法」時，其中「國際」一詞，均采「泛指」含義。

從當代的客觀事實來看，國際經濟交往以及由此產生的在經濟領域中的國際法律關係（以下簡稱「國際經濟法律關係」），其主體從來就不侷限於國家政府和國際組織。隨著世界經濟的發展，以屬於不同國籍的自然人或法人（特別是跨國公司）為主體的一方或雙方，跨越一國國境的經濟來往，愈來愈占有重要的地位；在某些經濟領域，甚至還擔任主角。因此，顯然不能不承認個人、法人（特別是跨國公司）也是國際經濟法律關係的主體。在綜合觀察國際經濟關係的全局並探討其中存在的各種法律關係

時，如果把眼光僅僅停留在純粹以國家政府或國際組織作為主體雙方的經濟法律關係上，全然無視以個人或法人作為主體之一方或雙方的經濟法律關係，那就是無視大量事實，勢必嚴重脫離實際。

以個人或法人作為主體一方或雙方的跨越一國國境的多種經濟交往，包括分別屬於不同國籍的個人與個人之間、法人與法人之間、個人與法人之間、個人或法人與異國政府之間、個人或法人與國際組織之間的經濟交往，在性質上均非一國內部的交往，顯然都不能納入國內經濟關係的範疇。如果把這許多種跨越一國國境的經濟交往都排除在國際經濟關係的範疇以外，在邏輯上是難以自圓其說的。不能設想：在人類社會還劃分為不同的國家、還存在著國境或國界的條件下，竟然會出現一種既非國內也非國際的十分奇特的經濟關係。

純粹以國家或國際組織作為主體雙方的經濟關係，諸如國家政府之間或國家政府與國際組織之間有關投資、貿易、信貸、技術轉讓等方面的經濟關係，應由國際公法規範加以調整和制約，這當然是不言而喻的。然而，在當代現實生活中，大量出現並日益增多的以個人或法人作為主體一方或雙方的國際經濟關係，則不但受有關的國際公法規範的調整和制約，而且受有關的國際私法規範、各該交往國家的國內涉外經濟法規範以及國內民商法規範的調整和制約。在調整和制約此類國際經濟關系過程中，國際法與國內法，「公法」與「私法」，國際商法與各國的涉外經濟法、民商法往往同時發揮作用，並互相滲透，互為補充。另外，東道國的國內法往往占有主導地位。

試以一家跨國公司的國際投資項目為例：

設甲國（發達國家）的 A 公司在乙國（發展中國家）投資興業設廠。對這種國際性（即跨國性）的投資活動或投資關係，如果細加分析，就不難看到它實際上受到多種類別、多種層次的法律規範的調整和制約。

第一，按照國際公法上公認的基本原則，任何獨立國家都享有「領域管轄權」（territorial jurisdiction，或譯為「屬地管轄權」），即國家對於在其所屬領域內的一切人和物以及發生的事件，除按國際法規定享有外交特權與豁免的以外，有權按照本國的法律和政策實行全面的管轄。[8] 據此，A 公司的上述投資活動理所當然要受東道國即乙國制定的用以調整境內外國人投資的各種法律規範的保護、管理和約束，作為乙國國內法的涉外投資法、外匯管理法、涉外稅法等等，都在直接適用之列。

第二，不少發達國家，為了確保本國國民在國外投資的安全，往往與吸收外資的發展中國家逐一簽訂了雙邊性的關於互相保護對方國民投資的條約或協定。與此同時，又往往由發達國家政府官辦的投資保險公司（如美國政府專設的「海外私人投資公司」）出面，與本國的海外投資者簽訂保險合同，承保海外投資的各種政治性風險。[9] 一旦發生了屬於承保範圍內的風險事故，即由這種保險公司依約照章理賠，並隨即取代投保人即本國投資者作為債權人的法律地位，向東道國政府實行國際代位索賠。為防止東道國政府事後拒賠，又預先在前述關於互相保護對方國民投資的雙邊國際條約或協定中立下專款，明文規定東道國政府同意上述外國投資保險公司享有國際代位索賠權，以資「約束」。[10]

如果甲、乙兩國之間簽訂過上述國際條約或協定，而甲國國內又盛行上述海外投資保險制度，那麼，A公司在乙國的投資，不但受到乙國國內法的保護、管理和約束，而且受到甲國國內法（特別是其中的海外投資管理法規與海外投資保險法規）的保護、管理和約束；不但受到甲、乙兩國國內法的調整，而且受到兩國國際條約或協定的調整。就上述代位索賠權而言，它本來只是基於甲國國內合同法和保險法而產生的權利，即原屬甲國國內私法上的權利，卻通過上述國際條約的專款規定而「國際化」和「公法化」了。國際投資活動是國際經濟交往中最常見的現象之一。在調整國際經濟關係過程中，傳統法學分科中的國際法、國內法以及「公法」「私法」之互相滲透，互相交融，互相補充，由此可見一斑。

　　隨著國際投資活動的日益頻繁，出於加強國際投資保險的實際需要，一九八五年十月，國際社會中出現了一部新的多邊性國際商務專題公約，即《多邊投資擔保機構公約》[11]，建立了國際投資保險的新體制。依據該公約的規定，具有締約國國籍的外國投資者可以就其在另一締約國（即東道國）國境內的國際（跨國）投資，向新設立的「多邊投資擔保機構」（MIGA）直接交費「投保」訂立保險合同，以預防在東道國可能遇到的各種非商業性風險。一旦發生合同所「承保」的風險事故，「多邊投資擔保機構」依約向「投保人」支付了賠償金之後，就取代了該投保人在法律上的債權人地位，有權依照公約規定向上述投資項目所在的東道國（締約國）的政府實行「代位索賠」。[12]

　　如所周知，針對保險合同中投保人與承保人雙方的權利義務

關係以及由此派生的對特定第三人的代位請求權，各國國內立法和國際商務慣例中向來都貫穿著基本相同的法理原則，而上述公約對此進一步加以肯定和確認，使得這些法理原則對於締約國產生了新的國際公法上的約束力。設使前述甲、乙兩國都是上述公約的締約國，而 A 公司又曾就其在乙國境內的投資向上述國際機構「投保」，那麼，在調整這一國際投資關係過程中，各門各類法律規範的交錯和融合現象就更加明顯了。

第三，A 公司在乙國投資興辦的工廠為了開展生產，往往需從乙國境外購買和引進先進的生產技術、機器設備、原材料、零部件等等；其生產成品又往往有相當一部分銷往國際市場。這些國際採購和國際銷售行為，形成了由國際投資關係派生出來的一種國際貿易關係。綜合地用以調整此種關係的法律規範不但包括各有關國家的國內法，即投資項目所在國、技術設備和原材料零部件供應國以及生產成品輸入國各自的民商法規和對外貿易法規，諸如合同法、買賣法、專利法、商標法、海商法、票據法、保險法、海關法、關稅法、進出口許可證法、商品質量檢驗法等等，而且往往包括有關的國際公約和國際商務慣例，諸如一九九四年《關稅及貿易總協定》《世界貿易組織協定》《聯合國國際貨物銷售合同公約》《保護工業產權巴黎公約》《關於提單法規統一化的國際公約》（通常簡稱《海牙規則》）、《聯合國海上貨物運輸公約》（通常簡稱《漢堡規則》）、《統一匯票本票法公約》《統一支票法公約》；國際商會制定的《國際貿易術語解釋通則》《跟單信用證統一慣例》《托收統一規則》《聯合運輸單證統一規則》；倫敦保險協會制定的《貨物保險條款》；國際海事委員會

制定的《約克—安特衛普規則》（又稱「共同海損理算規則」）等等。

第四，A 公司在乙國投資所得利潤，按國際上公認的「來源地稅收管轄權」原則，理應遵照乙國的所得稅法，繳納稅款。與此同時，按國際上公認的「住所地稅收管轄權」原則，又理應遵照其國籍所屬國即甲國的所得稅法，繳納稅款。為了避免甲、乙兩國對於同一徵稅對象各自享有的法定徵稅權發生激烈的矛盾衝突，為了避免同一納稅人承擔過重的稅負或逃脫應盡的納稅義務，甲、乙兩國政府往往締結了關於「對所得相互避免雙重徵稅和防止偷漏稅」的雙邊協定。A 公司在乙國的投資贏利所得，以及由此派生出來的一種國際稅收關係，就是由甲、乙兩國各自的國內稅法以及兩國間有關徵稅的國際協定加以綜合調整的。此外，如果 A 公司欲將其在乙國贏得的稅後純所得匯出乙國境外，就會進一步形成由國際投資關係派生出來的一種國際貨幣金融關係，它必然要受到有關國家各自制定的貨幣金融管理法規（特別是乙國的外匯管理法）的調整和約束。如果這些國家都是「國際貨幣基金組織」的成員國，那麼，這些國家各自制定的貨幣金融管理法規，從整體上說，又都勢必與具有全球影響的多邊國際公約《國際貨幣基金協定》的基本條款，在許多方面是互相滲透和互相銜接的。

第五，A 公司在乙國進行投資活動過程中，如與東道國政府機構、一般法人或自然人發生爭端，根據國際公認的「用盡當地行政及司法救濟」（the exhaustion of local administrative and judicial remedies）原則，選擇用以調整和解決這種國際（涉外）投資爭

訟關係的法律規範時，首先當然適用乙國即東道國現行的民法、商法、經濟法、民事訴訟法、行政訴訟法、仲裁法或國內現行的商務仲裁規則。在這一過程中，如遇法律選擇或法律衝突問題，當然也應優先適用乙國制定的法律適用條例、衝突法規範或國際私法規範。

如果當地救濟手段已經用盡，或者爭端雙方事先另外依法商定提交東道國以外的國際商事仲裁機構裁決，或者乙國即東道國與 A 公司國籍所屬的甲國之間簽訂的關於互相保護投資雙邊協定中另有明確規定，則用以調整和解決上述國際（涉外）投資訴訟關係的法律規範，包括實體性規範和程序性規範，就可能不再是東道國的國內法，而可能是其他國家的經濟法、民商法、訴訟法、仲裁法或商事仲裁規則；也可能是依據《解決國家與他國國民間投資爭端公約》（Convention on the Settlement of Investment Disputes Between States and Nationals of Other States，以下簡稱《華盛頓公約》），[13] 提交「解決投資爭端國際中心」ICSID），按照該公約以及該中心的有關規定和仲裁規則，適用爭端當事人協議選擇的法律規範，或者在當事人並無上述協議的情況下，綜合適用東道國的國內法規範以及有關的國際法規範予以調整、處斷。[14]

第六，即使 A 公司是甲國的國有公司或官辦公司，與甲國政府機構的關係十分密切，或者實際上就是代表甲國政府在乙國進行投資活動，而且它在乙國實行經濟交往的對方當事人本身就是東道國政府，用以調整此類國際投資關係的法律規範，不但並不限於有關的國際公法規範，而且仍然應以東道國的國內法規範（包括其涉外經濟法、民商法以及衝突法等等）為主。因為 A 公

司既然是以公司的身分參與國際經濟交往，它就不是一個主權實體，因而只具有一般企業法人的法律地位；它所從事的就是一種「非主權行為」，因而理應接受東道國國內公法、私法的調整、管理和制約。

綜上分析，一項普普通通的國際投資活動，一種屢見不鮮的國際經濟法律關係，其所涉及和所適用的各門各類法律規範就如此之多。舉一可以反三，由此可以看出：用以調整跨越一國境界的經濟關係的國際經濟法，確實是一個涉及國際法與國內法、「公法」與「私法」、國際商法以及各國涉外經濟法、民商法等多種法律規範的邊緣性綜合體。它是根據迫切的現實需要「應運而興」的綜合性法律部門，可以說它是一門獨立的邊緣性法學學科。這門新興學科的邊緣性和綜合性，並非出於人為的任意湊合，而是國際經濟法律關係本身極其錯綜複雜這一客觀存在的忠實反映；也是科學地調整這種複雜關係、對其中複雜的法律「癥結」加以「綜合診斷」和「辨證施治」的現實需要。

面對這種客觀現實，就不宜拘泥於法學的傳統分科，把實際上由多門類法學犬牙交錯和互相滲透而構成的這一邊緣性綜合體，全盤納入某個單一傳統分科的狹窄框架，視為該單一分科的簡單分支，進行純概念的論證；或者把這一有機的邊緣性綜合體，加以人為的割裂，分別納入各個傳統分科，進行互相隔絕的、東鱗西爪的、純學理的探討。作為當代的法律學人，理應根據這一邊緣性綜合體自身固有的本質和特點，堅持理論與實際緊密結合的科學方法，以當代國際經濟交往中湧現的各種現實法律問題作為中心，嚴格按照其本來面貌和現實需要，打破法學傳統

分科的界限，對原先分屬各門各類的有關法律規範進行跨學科的綜合研究和探討。只有這樣，才能學以致用，切實有效地解決各種理論問題和實務問題。

前述持廣義說的第二派學者，其基本研究途徑，是沿著學以致用、切實有效地解決現實法律問題這個方向行進的。他們從當代國際經濟交往的客觀情況出發，從解決實際問題的現實需要出發，認識到並順應著國際經濟法這一法律部門的邊緣性、綜合性和獨立性，對它進行跨門類、跨學科的綜合探討，從方法論上說，是面向實際、有所創新和可資借鑑的。但是，其中某些學者的基本立場卻不是無可非議的。

例如，傑塞普所首倡的「跨國法」理論，是同他所鼓吹的削弱各國獨立主權、組建「國際政府」或「世界政府」、排除主權「障礙」「接受國際法的優先地位」等說教極其緊密地聯繫在一起的。他認為，在通常的傳統觀念上，把國家主權理解為一種絕對的、不受限制的國家意志，傳統的國際法就是建立在這種「流沙」般的基礎之上。隨著國際社會和國際形勢的發展，無限制的主權已經不被認為是國家最寶貴和最需求的屬性，各國國家主權至高無上的傳統觀念日益過時。像聯合國這樣的國際社會組織的發展表明，最終有可能出現一種局面，以某種「聯合主權」「共同意志優越權」來取代舊的單一國家的主權。只有在世界社會已經成功地組建了國際政府、「集體意志」凌駕於各主權國家的「個別意志」之上的條件下，法律的職能才得以充分發揮。與此同時，他又鼓吹國際法應當直接適用於個人；個人與國家一樣，也應是國際法的主體，並且直接受國際法的保護，從而便於外國

人在其權益受到東道國侵害時直接追究東道國的侵權責任；而且在法律的適用上，東道國應當「接受國際法的優先地位」。[15]

應當指出：傑塞普提出上述主張之際，正值二十世紀四〇年代末。如所周知，當時第二次世界大戰結束不久，美國國勢鼎盛煊赫，處在全球巔峰地位，聯合國事實上受到美國的全盤控制和隨意左右。在這種情況下鼓吹把聯合國組織發展成為「世界政府」，強調「集體意志」高於各主權國家的「個別意志」，以「聯合主權」取代「單國主權」，其醉翁之意，是不說自明的。

至於他所鼓吹的「接受國際法的優先地位」云云，那也不過是舊曲新唱，眾多弱小民族東道國對此都是記憶猶新、耳熟能詳的：當年西方殖民主義列強正是信口妄言弱小民族的國內法「夠不上西方文明的水平」「不符合西方文明國家的標準」，鼓吹傳統的「國際法」和西方國家的國內法「優越」於東道國的國內法，並以暴力迫使弱小民族接受「領事裁判權」，排斥東道國法律對於外國人的管轄和約束。時至今日，也還有一些西方國際法學者鼓吹用所謂的「國際法」為標準來「甄別」和否定發展中國家的國內法。不難看出：傑塞普的「優先」說，與上述論調是一脈相承、互相呼應的。

十分明顯，「國際政府」「國際法優先」等學說的本質，在於要求弱國撤除民族與國家藩籬，擯棄主權屏障。在這種條件下提倡全面推行和運用所謂的「跨國法」，就難免帶有濃烈的殖民主義、擴張主義、霸權主義氣息。

再如，洛文費爾德教授在一九七五至一九七九年相繼推出總標題為《國際經濟法》的六卷系列教材，它們對於國際經濟法學

科體系的初步成形，固然做出了較大的貢獻，但綜觀其六厚冊系列教材的立論基點，卻存在著很明顯的侷限性：在分析和判斷國際經濟交往各種法律癥結的是非曲直過程中，時時以美國的國內立法作為最高圭臬，事事以美國資產者的實際利益為最後依歸。

試舉一例：二十世紀七〇年代初期，智利政府為維護國家經濟主權，發展民族經濟，曾採取法律措施，對境內涉及國民經濟命脈的外資企業加強約束，或逐步轉歸智利國民參股經營，或逐步收歸國有，並給外商以適當補償。美國的龐大跨國企業「國際電話電報公司」為保住在智利境內的既得利益，主動撥出巨額「捐款」一百萬美元，緊密配合美國中央情報局，密謀干涉智利內政，甚至派遣要員潛入智利，進行政治收買，策動罷工、暴亂，從事顛覆活動。事機敗露之後，國際輿論大嘩，傳為世界醜聞；

美國國內公正人士，也多加抨擊撻伐。面對此等大是大非，洛文費爾德卻在一篇序言中宣稱：「本書對於『國際電話電報公司』，既不讚揚，也不譴責」；「對於智利的有關事態，既不接受左派的主張，也不讚同右翼的說法」，只是「儘可能客觀地提供資料」。[16] 而在論及「國際電話電報公司」在智利的種種不法行為時，他卻以轉述裁決書觀點的方式，公然曲為辯解，說什麼「在投資保證合同中，並無明文規定禁止『國際電話電報公司』在智利境內以及在美國境內設法阻撓（智利的）阿連德總統當選，或設法施加壓力促使阿連德垮臺」[17]。言外之意顯然是，合同既無明文禁止規定，則此類粗暴干涉東道國內政的不法行為，就不宜追究或「情有可原」了。其立場之「客觀」，於此可見一斑。

尤其應當指出：時至今日，洛文費爾德教授在其二〇〇二年推出的《國際經濟法》教材中，對於占全球人口百分之七十的發展中國家的正義主張和法學見解，諸如改革國際經濟舊秩序，建立國際經濟新秩序，確立國際經濟法新準則，維護和尊重各弱小民族國家的經濟主權和經濟立法等等，仍然秉持和堅守其一貫的「美國立場」，加以漠視、貶低和否定。例如，一九七四年在聯合國大會上以壓倒性多數贊成票通過的《各國經濟權利和義務憲章》（以下簡稱《憲章》），儘管已經經歷了國際社會二三十年的實踐檢驗，獲得國際社會的廣泛認同，形成了「法的確信」，但在這部流行全美的通用教材中，卻一直被看成是「離經叛道」的，「背離了傳統國際法」（departure from the traditional international law）的，因此是沒有法律拘束力的。其言曰：

　　時隔四分之一世紀多之後，回首看看，如今《憲章》與它在當年的表現相比，已經顯得不那麼重要了。如果當初確實存在把國際投資從國際法中分離出來的努力，則那種努力並沒有得逞，儘管在二十世紀六〇至七〇年代論戰中提出的有關「主權」的各種訴求及其各種共鳴呼聲，仍然不斷地在聯合國以及其他各種國際論壇中不絕於耳。……有一些《憲章》支持者的言論雖然力圖賦予「國際經濟新秩序」以法律的性質，並且把有關決議等同於立法，但這些挑戰性見解看來基本上都屬於政治性質。

　　美國和其他跨國公司的母國都反對發展中國家提出的這些挑戰，不同意在各種傳統原則中作出任何改變，否認通過國家實踐（與聯合國的決議相比較）已經在習慣法中對這些傳統原則作出

了替換或者修改。資本輸出國的立場是：這些傳統要求既堅實地建立在財產擁有者的道義權利上，也建立在一個有效國際體制的需求之上。此外，它們還爭辯說，對於殖民時代所確立的適用於投資的各種傳統準則，無論可以提出什麼反對理由，這些傳統準則顯然應該適用於投資者和獨立政府在商業基礎上通過協商所作出的各種安排。[18]

以上這段文字，頗耐人尋味。如細加揣摩，至少可以提出以下幾個問題：

（1）在一九七四年聯合國大會上以壓倒性多數贊成票通過的《憲章》，體現了當代國際社會絕大多數成員共同的國家意志和共同的法律理念，它應當最符合少數服從多數的民主原則，也最能體現維護國際社會幾十億弱勢人群的人權（主權和發展權）原則。美國素以「全球民主典範」自詡，素以「全球人權衛士」自許，可謂滿口「仁義道德」，何以在涉及國際社會的民主、國際弱勢群體的人權（主權和發展權）的關鍵問題上，如此言行不一，完全背離和拋棄其一貫奉為至高圭臬的民主原則、人權原則？

（2）《憲章》通過之後，「時隔四分之一世紀多之後」對於歷經國際社會多年實踐早已形成的國際性的「法律確信」和法律理念，何以竟可閉目塞聽，熟視無睹，仍然只定性為「屬於政治性質」？何以始終不能定性為屬於法律性質，成為具有法律拘束力的行為規範？

（3）自二十世紀六〇年代以來，在聯合國及其他各種國際論壇上，來自全球弱勢群體的主權訴求與各種正義呼聲，既然始

終不斷，一直「不絕於耳」（continued to be heard），那麼，以「領導世界」和指引全球走向為己任的世界頭號大國，何以竟可「充耳不聞」或「置若罔聞」？

（4）以「時代先驅」自命的美國，何以對於殖民主義時代確立的、陳舊的、「傳統的」國際法準則和殖民主義者的「道義信念」，如此念念不忘和戀戀不捨，而對於體現二十一世紀新時代精神的國際法新生規範，卻又如此視如敝屣，甚至視若寇仇？

以上這些問題，對於一切襟懷坦蕩、不抱偏見的法律學人說來，都是值得深思、質疑和對照的，也都是不難逐一剖析、明辨是非和知所取捨的。

更坦率些說，此例再次表明：任何美國權威學者，儘管十分飽學，在全球享有學術盛譽，但是，只要他時時以美國的國內立法作為最高圭臬，事事以美國資產者的實際利益為最後依歸，則其著書立說之中，在某些關鍵問題上，確實難免帶有濃烈的殖民主義、擴張主義、霸權主義氣息。

析微而知著。由此可見，順應國際經濟秩序除舊布新的歷史潮流，適應維護廣大第三世界國家正當權益的現實需要，對待國際經濟法這門新興邊緣學科的現有知識和現有體系，「拿來主義」與消化主義應當並重，即應在「拿來」之後，認真咀嚼消化，吸收其營養，排除其糟粕，逐步創立起以馬克思主義為指導的、體現第三世界共同立場的、具有中國特色的國際經濟法學科新體系和理論新體系。這確實是當代中國法律學人的歷史職責。

大約二十年以前，一份有分量的長篇調查報告就已客觀地反映和記錄了當時中國國際經濟法學研究欣欣向榮的現狀和發展趨

勢，明確總結出：正是對外開放的國策推動了中國國際經濟法學
的迅速發展。這篇調查報告充分肯定了中國國際經濟法學作為獨
立法律學科地位的確立以及法律學科體系的初步建立；並且指
出：目前，我國各政法院校、大學的法學院和法律系一般都將國
際經濟法學作為一門主要的專業課程，一些大學的國際金融、世
界經濟專業也將國際經濟法學列為必修課程。「國際經濟法學所
取得的豐碩成果及其對我國國際經濟法律實踐所產生的積極影
響，初步證明了廣義國際經濟法學說的科學性，也展示了廣義國
際經濟法學廣闊的發展前景和強大的生命力。」[19]

　　但是，學界仍然有人對中國國際經濟法學科發展的現狀存在
一些誤解，諸如「不科學」或「不規範」論、「大胃」論或「長
臂」論、「浮躁」論或「炒熱」論、「翻版」論或「舶來」論等
等，都有待於通過討論和爭鳴，逐一加以剖析和澄清。[20]

　　如前所述，國際經濟法是一種多門類、跨學科的邊緣性綜合
體，其內容涉及國際公法、國際私法、國際商法以及各國的涉外
經濟法、民商法等。其所以稱為「邊緣性」，在於它只分別涉及
上述各種有關門類法律規範的部分內容，而並不囊括這些有關門
類法律規範的全部內容；它只是上述各類法律規範部分內容的綜
合，而不是這些法律規範全部內容的總和。這種「邊緣性」既表
明它的獨立性，即它是一種新的獨立的門類，也表明它的綜合
性，即它與相鄰門類有多方面的錯綜和交叉。有如自然科學中的
生物化學、生物物理、物理化學等等，它們都是科技發展過程中
相繼出現的新的獨立學科，它們各自與原有的單一的生物、化學
或物理學科有著極其密切的關系。但是，不能簡單地分別把它們

的整體全盤納入原有的單一的生物、化學或物理學科。

茲試就國際經濟法與相鄰法律部門的密切聯繫和明顯區別，分別簡析如下。

四、國際經濟法與國際公法的聯繫和區別

大體說來，用以調整國際經濟關係的國際公法規範，屬於國際經濟法範疇；用以調整國際政治關係以及其他非經濟關係的國際公法規範，不屬於國際經濟法範疇。例如，《關稅及貿易總協定》《國際貨幣基金協定》《各國經濟權利和義務憲章》《世界貿易組織協定》等，屬於前者；《維也納外交關係公約》《維也納條約法公約》等，則屬於後者。有些綜合性的國際公約，既用以調整某方面的國際政治關係，又用以調整某方面的國際經濟關係，則其中涉及經濟領域的有關條款，屬於國際經濟法範疇。例如，《聯合國海洋法公約》中關於「專屬經濟區」的權利與義務、大陸架資源的歸屬與分割、公海海底資源的勘探與開發等方面的規定，顯然都屬此類。《聯合國憲章》中規定用以調整國際經濟關係的基本準則，當然也應歸入此類。

如果進一步把國際經濟法的整體內容與國際公法作一比較，則可以看到以下幾點重大區別：

第一，權利與義務的主體大有不同。國際公法的主體限於國家與各類國際組織（指各國政府之間的各類組織，下同），國際經濟法的主體則包括國家、各國政府之間的經濟組織、民間國際商務組織、國際商務仲裁機構以及不同國籍的國民（含自然人與

法人，下同）。

第二，所調整的對象大有不同。國際公法主要調整國家之間的政治、外交、軍事以及經濟等諸方面的關係，而且歷史傳統上向來以調整諸項非經濟性質的國際關係為主，直到第二次世界大戰以後才漸有轉變，使經濟領域的國際關係在國際公法調整諸對象中的比重有所上升，但仍顯然不占主導地位。國際經濟法的調整對象則排除了國家、國際組織相互之間屬於政治、外交、軍事等非經濟領域的各種關係，而突出了國家、國際組織相互之間屬於經濟領域的各種關係，與此同時，又囊括了大量的國家或國際組織與異國國民之間、不同國籍的國民之間的屬於經濟領域的各種關係。

第三，法律規範的淵源大有不同。國際公法的淵源主要是各種領域的國際條約和國際慣例；而國際經濟法的淵源則排除了各種非經濟領域的國際條約和國際慣例，突出了經濟性的國際條約和國際慣例，同時大量吸收了國際私人商務慣例與各國國內的涉外經濟立法。

可見，國際公法中涉及經濟方面的行為規範是國際經濟法的重要淵源；國際公法中與經濟無關的行為規範並非國際經濟法的淵源；國際經濟法的淵源並不侷限於國際公法中涉及經濟方面的行為規範。

綜上所述，不難看出：國際經濟法與國際公法，從各自的總體上說，具有不同的內涵和外延，具有不同的質的規定性。兩者在部分內容上雖互相滲透和互有交叉，可以相互為用，但從整體上說，畢竟不能相互取代。簡言之，它們是兩種既有密切聯繫又

有明顯區別的、各自獨立的法律部門。相應地，國際經濟法學與國際公法學，是兩門具有同樣關係的、各自獨立的學科。

五、國際經濟法與國際私法的聯繫和區別

這裡提到的「國際私法」，指的是在世界各國民法和商法互相歧異的情況下，針對含有涉外因素的民法關係或商法關係，指定或確定應當適用哪國法律的法律，又稱「法律衝突法」（law of conflict of laws）或「法律適用法」。其中包含的各項具體準則，通常簡稱「衝突規範」或「牴觸規則」。

眾所周知，這種「法律衝突法」或「法律適用法」所調整的對象主要是各國涉外的私人之間的關係，而不是國家之間的關係。由於西方法學界在傳統上把民法和商法劃入「私法」範疇，加之涉外因素往往又泛稱「國際」因素，所以通常把此類「法律衝突法」或「法律適用法」稱為「國際私法」。但是，嚴格說來，「國際私法」中包含的法律規範，通常既不是「國際」的，也不是「私法」。它只是間接地調整跨越一國國界的私人之間的關係，即通過解決因不同國家對同一私人關係具有不同法律規定而引起的衝突，包括管轄上的衝突，來解決上述私人關係；而且主要依靠各國自己的國內立法來解決這種衝突。因此，在這個意義上，國際私法既是國內法，又屬於西方法學傳統分科中公法的範圍，即實質上只是一種國內公法。作為輔助手段，有些國家也通過締結某些多邊條約或雙邊條約，對某些法律衝突問題採取同樣的解決原則，作出統一的規定。這種輔助性的法律衝突規範，

對於締約國來說，就具有國際公法上的約束力，從而同時成為國際公法的一個組成部分。[21]

作為法律衝突規範的國際私法，可以進一步劃分為用以調整國際（涉外）私人間經濟關係的法律衝突規範與用以調整國際（涉外）私人間人身關係（即非經濟關係）的法律衝突規範。前一類衝突規範用以間接調整跨越一國國界的私人之間的經濟關係，因此，理應屬於國際經濟法範疇。後一類衝突規範所間接調整的對象，雖然也是跨越一國國界的私人之間的關係，但由於這種關係屬於人身關係，並非經濟關係，因此，這類衝突規範不應納入國際經濟法的範疇。例如，《中華人民共和國民法通則》第一四七、一四八條有關涉外婚姻或涉外扶養方面的法律適用原則，雖然也是間接調整跨越一國國界的私人之間關係的衝突規範，卻並不屬於國際經濟法的範疇。

由此可見，國際私法中涉及經濟方面的衝突規範是國際經濟法的淵源，國際私法中與經濟無關的衝突規範並非國際經濟法的淵源。

如果進一步把國際經濟法的整體內容與國際私法作一比較，則可以看出以下幾點重大區別：

第一，權利與義務的主體不同。國際私法的主體，通常限於不同國籍的國民（含自然人與法人）以及各種民間性的國際組織機構。國家與各國政府間的國際組織（包括政府間國際經濟組織），一般不是國際私法的主體。國際經濟法的主體，則既包括經濟領域中跨越一國國界的「私法」關係上的主體，又包括經濟領域中國際公法關係上的主體，即國家與各國政府間的國際組

織。在通常情況下，國家與各國政府間的國際組織是以主權實體的身分從事國際經濟交往，因而是國際公法意義上享受權利與承擔義務的主體，同時也是國際經濟法意義上享受權利與承擔義務的主體。只有在特殊情況下，如果國家與各國政府間組織不以主權實體的身分，而以非主權實體的身分，即一般私法法人的身分，從事跨越一國國界的經濟交往或經貿活動，它們才可能成為國際私法關係上的主體。

第二，調整的對象不同。國際私法所調整的跨越一國國界的私人間關係，可分為經濟關係與人身關係兩大類，國際經濟法則只調整前一類而不調整後一類。如果單從這個方面看，國際經濟法所調整的對象的範圍，遠比國際私法狹窄。但是，由於國際經濟法調整的對象中還包括國家、各國政府間組織、不同國籍的國民相互之間大量的經濟交往關係，因此，從總體上看，國際經濟法所調整的對象的範圍，又遠比國際私法廣泛得多。

第三，發揮調整功能的途徑或層次不同。國際私法是關於民法、商法的法律適用法，而不是實體法。在國際私法的對稱術語上，實體法指的是可以直接用來確認當事人權利義務並解決有關紛爭的法律規範，如民法、商法、國際經濟法中的實體規範，等等。而國際私法只是指出應當適用哪一國家的實體法和程序法來解決當事人的權利義務問題，它本身並不直接確認當事人的權利義務或解決有關的訟爭。

在處斷跨越一國國界的私人之間權利義務爭端時，國際私法發揮其調整功能一般要通過三個步驟或三個層次：首先，要「定性」，即由法院或仲裁機構確認某項涉外民事或商事案件所涉及

的法律關係的性質，從而確定它應當適用哪一條衝突規範（或牴觸規則）；其次，要確認「連結點」，即確認這一條衝突規範（或牴觸規則）藉以規定上述法律關係應當適用什麼法律的根據；再次，綜合上述兩項確認，選定「準據法」，即選定某國某種實體法作為判斷是非曲直的標準和依據，來調整上述法律關系，解決上述法律爭端。[22] 由此可見，換言之，國際私法在針對任何法律關係發揮調整功能時，都需要經過相應的實體法的中介，因而是間接的調整。反之，在門類繁多、內容豐富的國際經濟法各種規範中，除了程序法規範和具有經濟性質的衝突規範以外，絕大部分本身就是實體法，它在發揮調整功能時，無須再經過任何中介，因而是直接的調整。

第四，法律規範的淵源不同。國際私法的淵源主要是各國有關法律衝突或法律適用方面的國內立法，並輔以某些有關法律衝突或法律適用方面的國際慣例以及對締約國有拘束力的具有同類內容的國際條約。國際經濟法的淵源則排除了國際私法上述諸淵源中有關人身方面即非經濟方面的法律衝突規範或法律適用規範，突出了其中有關經濟方面的法律衝突規範或法律適用規範，同時大量吸收了屬於實體法和程序法性質的、有關經濟領域的國際公法規範、國際私人商務慣例以及各國國內的涉外經濟立法。

綜上所述，可以看出：國際經濟法與國際私法，從各自的總體上說，具有不同的內涵和外延，具有不同的質的規定性。兩者在部分內容上雖互相滲透和互有交叉，可以相互為用，但從整體上說，畢竟不能相互取代。簡言之，國際經濟法與國際私法，是兩種既有密切聯繫又有明顯區別的、各自獨立的法律部門。相應

地，國際經濟法學與國際私法學，是兩個具有同樣關係的、各自
獨立的學科。

六、國際經濟法與內國經濟法的聯繫和區別

這裡所說的「內國經濟法」，泛指各國分別制定的用以調整
各種經濟關係的各種國內立法。[23]

國際經濟交往活動的一大特點，在於此類活動必是跨越一國
國界的。這是它區別於一國國內經濟交往活動的根本界限。但
是，任何跨越一國國界的經濟交往活動，諸如貿易、投資、信
貸、運輸、保險、技術轉讓等等，總有一部分或甚至大部分是在
某一東道國的國境之內進行的。就此點而言，這是國際經濟交往
活動近似於該東道國國內經濟交往活動的共同之處。根據國際社
會公認的主權原則，特別是其中的「領域管轄權」（即「屬地管
轄權」，territorial jurisdiction）準則，各國對於部分地或大部分在
本國國境內開展的國際（涉外）經濟交往活動，理所當然地享有
充分的依法予以管轄的權力。同時，根據國際社會公認的「屬地
優越權」（territorial supremacy）準則，各國的國內法在管轄本國
境內的涉外經濟交往活動、調整本國境內的涉外經濟關係方面，
應當優先適用。因此，各國國內經濟立法中用以調整涉外經濟關
係的法律規範，當然也是國際經濟法的重要組成部分。

各國用以調整本國境內涉外經濟關係的各種法律規範，其立
法形式有二：一種是「涉外涉內統一」，即某些法律規範既適用
於內國某種經濟關係，又適用於境內同類的涉外經濟關係。例

如，中國的《中華人民共和國專利法》《中華人民共和國商標法》《中華人民共和國合同法》[24]等，即屬此類。又如，《中華人民共和國民法通則》中關於基本原則、企業法人、民事法律行為和代理、民事權利、民事責任、訴訟時效等基本條款，也屬此類。另一種是「涉外涉內分流」，即某些法律規範只適用於內國某種經濟關係，而不適用於境內同類的涉外經濟關係，或者相反，只適用於境內某種涉外經濟關係，而不適用於內國同類的經濟關係。前者如《中華人民共和國全民所有制工業企業法》[25]和《中華人民共和國企業所得稅暫行條例》[26]，等等；後者如中國的《中外合資經營企業法》《中外合作經營企業法》《外資企業法》《對外合作開採海洋石油資源條例》以及《外商投資企業和外國企業所得稅法》，等等。

可見，在經濟立法「涉外涉內統一」的場合，那些同時用以調整經濟領域中內國關係與涉外關係的國內法，既屬於內國經濟法範疇，同時也屬於國際經濟法範疇。反之，在經濟立法「涉外涉內分流」的場合，那些單純用以調整經濟領域中內國關係即經濟非涉外關係的國內法，如《中華人民共和國全民所有制工業企業法》等，顯然就不屬於國際經濟法範疇了。

此外，還有一些國內法，如《中華人民共和國國籍法》等，雖然也用以調整涉外關系，但這種涉外關係卻不具備經濟性質。這種用以調整涉外非經濟關係的國內法，顯然也不屬於國際經濟法範疇。

確認各國（特別是東道國）涉外經濟立法（或經濟立法中的涉外部分）是國際經濟法整體中的一個有機組成部分，必須注意

排除來自西方某些強權發達國家的兩種有害傾向。第一種是藐視弱小民族東道國涉外經濟立法的權威性，排斥或削弱這些法律規範對其本國境內涉外經濟關係的管轄和適用，即排除或削弱其「域內效力」；第二種是誇大強權發達國家涉外經濟立法的權威性，無理擴張或強化這些法律規範對本國境外涉外經濟關係的管轄和適用，即擴張或強化其「域外效力」。

　　在殖民主義橫行的年代，不少弱小民族東道國內曾經出現「領事裁判權」，它排斥甚至取消了東道國法律和法院對境內外國人的適用和管轄，是第一種有害傾向的典型表現之一。時至今日，它的軀殼雖已逐步從歷史上消失，但它的「魂靈」卻不斷以新的較為隱蔽的形式頑強地表現自己。[27]

　　至於第二種有害傾向，其典型表現之一，是美國不斷擴大其「域外管轄」（extraterritorial jurisdiction）的理論與實踐。「域外管轄」，指的是一國將本國法律的適用範圍或法院的管轄範圍擴展到本國領域以外。以一八九〇年制定的《保護貿易和商務不受非法限制與壟斷危害法》[28]為代表，一百多年來，美國的多種涉外經濟立法中往往規定：任何行為被認為對美國的商務和貿易產生實質性的不良效果，不論此種行為是何人所為或發生在何處，均應受美國法律的管轄，並依美國法律追究責任，實行制裁。縱使行為人並無美國國籍，行為地並非在美國國境之內，也概不例外。第二次世界大戰結束後，在相當長的一段歷史時期裡，美國憑恃其鼎盛國力，在多種涉外經濟立法[29]中擴大「域外管轄」的範圍，常常藉口對美國國內外貿易產生「較大的實質性的不利影響」，對於由非美國國民完全在美國境外進行的經貿活動，也

橫加干預，導致與經貿活動所在地東道國的衝突，激起國際上強烈反應。不少國家，包括一些國勢較弱的發達國家，採取對抗措施，以維護本國的經濟主權和商務利益。

眾所周知，各國主權平等和互不干涉內政是現代國際法的公認基石。據此，各國對本國境內的一切人和事物都享有管轄權，只有少數依法豁免者除外。此種「領域管轄」或「域內管轄」已被公認為最基本的管轄原則，並且通常居於最優先的地位，以此為基礎，各主權國家也可以在某些特定情況下平等互惠地享有「域外管轄權」。例如，對於居住在境外的具有本國國籍的自然人和法人及其各種行為，對於境外外國人危害本國安全和重大權益的公認犯罪行為（如偽造本國貨幣等），以及破壞國際社會安寧秩序的公認犯罪行為（如海盜、販奴等），均可行使「域外管轄權」[30]，從而使本國有關的法律規範具有「域外效力」。但是，運用本國法律實行「域外管轄」時，理當充分顧及他國的主權和其他權益，注意掌握合理的範圍和分寸，不能不問行為人是否具有本國國籍、行為本身是否構成國際社會公認的重大罪行等等因素，而任意擴展本國法律規範「域外效力」的範圍。否則，就成為對「域外管轄權」的濫用，從而勢必損害他國主權，削弱或侵害了他國的「域內管轄權」及其法律規範的「域內效力」，導致國際衝突，破壞國際社會各成員間的平等合作和共同發展。

近年來，由於美國國力的下降和衰落以及美國經貿對手國家的反對和抵制，美國在其涉外經濟立法和涉外經濟司法中極力擴大「域外管轄」的理論與實踐，已遇到重重障礙，因而開始略有改弦更張；但百年來的傳統積習和現實的既得利益，又使得它痼

疾屢發，力圖儘可能多地保住現有陣地。因此，國際範圍內強者擴大其涉外經濟立法「域外效力」與弱者抵制此種「域外效力」的爭鬥，仍然方興未艾。[31]

綜上剖析，不難看出：藐視弱小發展中國家涉外經濟立法的合理權威，削弱其「域內效力」，與鼓吹強大發達國家涉外經濟立法的凌駕地位，擴展其「域外效力」，這兩種現象貌似相反，實則相成，而且同出一源。若隱若現的強權觀念和或明或暗的霸權政策，乃是它們的共同基礎。因此，在確認各國國內的涉外經濟立法是國際經濟法整體中的一個重要組成部分之際，對上述國際現實，不能不明辨和牢記，並採取相應的對策。

七、國際經濟法與國際商務慣例的聯繫和區別

這裡提到的「國際商務慣例」，主要指由各種國際性民間團體制定的用以調整國際私人（自然人、法人）經濟關係的各種商務規則。

國家或各國政府間組織如果以非主權實體的身分與異國私人實行經濟交往，從事跨越一國國界的一般經貿活動，並且自願選擇適用國際商務慣例，那麼，由此形成的國際經濟關係，也應當受國際商務慣例的規範和約束。

國際商務慣例是由跨越一國國界的經貿活動在長期實踐的基礎上逐步形成和發展起來的。在其形成和發展的初期，它們一般尚未完全定型或尚未正式成文。後來，隨著實踐的積累和為了更便利於實踐，某些國際性民間組織便把國際商務慣例中比較定型

的行為規範和行為準則，分門別類，編纂成文，供當事人選擇使用。諸如「國際商會」編纂的《國際貿易術語解釋通則》《跟單信用證統一慣例》《托收統一規則》；「國際海事委員會」編纂的《約克—安特衛普規則》（共同海損理算規則），等等。這些成文的規範和準則由於含義明確，使用方便，國際商人大都樂意採用和遵從，於是它們就逐步形成為當代國際商務慣例的主體。此外，有些國家鑒於國際商務慣例中的某些行為規範和行動準則已經相當成熟，遂依照立法程序或締約程序使它們進一步轉化和上升成為這些國家的國內法規或國際條約。此時，對於各該有關國家說來，這些規範和準則就不再屬於國際商務慣例的範疇，而分別屬於各國國內法或國際公法的範疇了。在這個過程中，隨著時間的推移和新實踐的再積累，又有許多新的國際商務慣例在國際經濟交往中相繼出現和形成；而且在其出現和形成的初期階段，一般又是未完全定型或未正式成文的。如此不斷循環補充和「新陳代謝」，促使國際商務慣例的內容和效用，不斷地上升到新的高度和擴大到新的廣度。

　　作為調整跨越一國國界的私人經濟關係的一種行為規範，國際商務慣例當然也是國際經濟法這一邊緣性綜合體的有機組成部分。但是，這種類型的行為規範或這一組成部分卻有重大的獨特之處，從而大大有別於國際經濟法整體中的其他組成部分或其他類型的行為規範。換句話說，它既不屬於國際公法範疇，也不屬於國際私法（衝突法）或各國經濟立法的範疇，卻自成一類。[32] 其獨特之處在於：

　　第一，它的確立，並非基於國家的立法或國家間的締約；而

作為國際經濟法其餘組成部分的各國經濟法、國際私法以及國際公法的有關法律規範，卻無一例外，都必須經過國內立法或國際締約等程序才能確立。

第二，它對於特定當事人具有的法律上的約束力，從總體上說，並非直接來源於國家的主權或其他強制權力，而是來源於當事人各方的共同協議和自願選擇。如果沒有當事人的合意採用，一般說來，它就毫無約束力可言。反之，國際經濟法整體中其餘類型法律規範的約束力，則不但毫不仰賴於當事人的協議採用，而且往往可以逆著當事人的意願逕自發揮其應有作用，如果當事人這種意願違反有關強制性法律規定的話。

第三，當事人在訂立合同時，對於某一項現成的國際商務慣例，只要各方合意議定，就既可以全盤採用，也可以有所增刪，悉聽自便。反之，當事人對於調整特定國際經濟關係的許多強制性法律條款，則只有全面遵照辦理的義務，並無隨意增刪更改的自由。

第四，國際商務慣例對於特定當事人的約束力，雖然一般並非直接來源於國家的主權或其他強制權力，但是，這種約束力的實施或兌現，卻往往必須藉助於國家的主權或其他強制權。例如，合同當事人一方任意食言，無視自願選擇採用的某項國際商務慣例的約束力，為了解決爭端，除可提交仲裁併自願執行仲裁裁決之外，最終往往要通過法院（具有強制權力的機關之一）作出判決或裁定，藉以兌現和顯示此項國際慣例的約束力。就此點而言，國際商務慣例的約束力既區別於又類似於一般民商法律條款。從法理上分析，當事人在訂立合同時既已自願選擇採用某種現成的國際商務慣例，則此種慣例中所規定的權利和義務，就轉

化成為該項合同所確認和確立的權利和義務，由合同法給予法律上的保障，並賦予法律上的約束力和強制力。因此，一方擅自違約，就要承擔法律上的責任。

※　　※　　※

國際經濟法與相鄰法律部門的密切聯繫和明顯區別，大體如上。作為邊緣性綜合體，國際經濟法與國際公法、國際私法、各國經濟法以及國際商務慣例等各種行為規範之間，具有錯綜複雜的互相交叉、互相滲透和互相融合的關係。茲試以簡圖粗略示意如下（見圖 1-1-1）

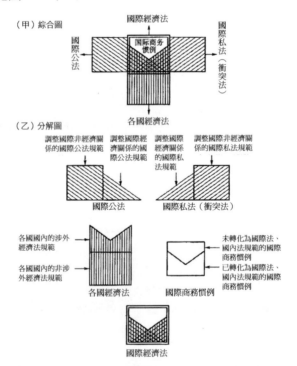

圖 1-1-1　國際經濟法與相鄰法律部門相互關係示意圖[33]

註：本圖所稱「各國經濟法」，泛指各國分別制定的用以調整各種縱向和橫向的經濟關係的全部法律規範。本書對經濟法采廣義說，參見本章「六、國際經濟法與內國經濟法的聯繫和區別」。

如前所述，隨著國際經濟交往的日益頻繁，隨著由此形成的國際經濟法律關係的日益錯綜複雜化，人們面臨的現實是：在剖析某一種國際經濟法律關係或處斷某一類國際經濟法律問題之際，往往發現這種關係或這類問題實際上牽涉到多種類別的法律部門，受到多種類別、多種層次法律規範的調整和制約。因此，順應客觀形勢的發展和現實的需求，人們在理論探討和實務處理中，日益不再拘泥於法律的傳統分類或法學的傳統分科，突破了國際法與國內法、「公法」與「私法」等的分類界限或分科範圍，轉而採取以某種國際經濟法律關係或某類經濟法律問題為中心的研討途徑或剖析方法，逐步實現了從「以傳統法律類別為中心」到「以現實法律問題為中心」的重要轉變。

這種轉變，也逐步體現在新型的法律分類或新型的法學分科之中。

根據「以現實法律問題為中心」的分類方法或分科標準，國際經濟法這一跨門類、跨學科的邊緣性綜合體，大體上可以劃分為國際貿易法、國際投資法、國際貨幣金融法、國際稅法、國際海事法、國際經濟組織法以及國際經濟爭端處理法等若干大類。每一大類還可以進一步劃分為若干較小的專門分支和再分支。以國際貿易法為例，就可以進一步細分為國際貨物買賣法、國際技術轉讓法、國際產品責任法、國際貨物運輸法、國際工程承包合同法、外貿管製法、國際商事仲裁規範，等等。其餘大類，可以類推。

在國際經濟法這一邊緣性綜合體的各大類、分支和再分支相互之間，往往又有新的、不同層次的交叉、滲透和融合。出於實

踐的需要，這些法律分類和相應的法學分科有日益細密的明顯趨向。分類分科較細，有利於針對形形色色現實的經濟法律問題分別進行比較深入細緻的綜合研究，有利於正確剖析和處斷國際經濟交往中不斷湧現的新的法律問題。

上述各大類、分支和再分支相互之間的交叉滲透以及分類、分科的日益細密，使國際經濟法這一邊緣性綜合體日益發展成為內容十分豐富、結構比較完整的、獨立的學科體系。

在認識這一邊緣性、綜合性新興學科體系的基礎上，當然還應當進一步辨明：法律門類、法學分科和法學課程三者緊密關聯，互相銜接，但內涵有別，並非同一概念。一般而論，各門法學課程的設置和教材內容的取捨是與各種法律門類、各個法學分科相對應、相吻合的。但在課程設置和教材取捨上應當認真考慮各相鄰學科、相鄰課程之間的「分工合作」，善於靈活處理。

時至今日，國際經濟法既已形成為多門類、跨學科的邊緣性綜合體，構成了一個獨立的學科體系，適應著其內容十分豐富而又互相交叉滲透這一特點，在課程設置和教材處理上，無論是在國際經濟法學科與其他相鄰的傳統法學分科之間，還是在國際經濟法學科體系內部各分支學科、再分支學科之間，都應當互相配合，各有側重，既避免不必要的重複，也避免不應有的疏漏。

注釋

* 本章的基本內容，原載於筆者參撰和主編的《國際經濟法總論》（法律出版社 1991 年版），先後經兩度修訂和增補，分別發表於《中國國際法年刊》1995 年本（中國對外翻譯出版公司 1996 年版，約 1.8 萬字）和

《國際經濟法論叢》第 1 卷（法律出版社 1998 年版，約 4.4 萬字）。此後，又經多次修訂或剪裁，分別輯入筆者參撰和主編的《國際經濟法學》（北京大學出版社 1994-2017 年第 1-7 版）、《國際經濟法學新論》（高等教育出版社 1994-2017 年第 1-4 版）、《國際經濟法學專論》（高等教育出版社 2002-2007 年第 1、2 版）、《國際經濟法》（法律出版社 1999-2017 年第 1-4 版）。

〔1〕 在當代國際法的實踐中，正在為爭取獨立而鬥爭的民族往往也被承認為國際法的主體。相對於國際社會中已經獨立存在的國家而言，正在爭取獨立的民族被視同准國家或過渡性的國際法主體。下同。

〔2〕 關於這三位學者各自基本觀點的簡介，參見陳安主編：國際經濟法總論》，法律出版社 1991 年版，第 77-82 頁；陳安主編：國際經濟法學專論》（上編·總論），高等教育出版社 2002 年版，第 50-54 頁。

〔3〕 關於「國際私法」一詞的含義，國內外法學界頗有分歧。為便於說明問題，本書採用《中國大百科全書·法學》專設詞條的解釋：「指在世界各國民法和商法互相歧異的情況下，對含有涉外因素的民法關係，解決應當適用哪國法律的法律。」它又被稱為「法律衝突法」或「法律適用法」。關於「國際商法」「國際貿易法」的含義，法學界見仁見智，也未統一。其大體內容，可參看《中國大百科全書·法學》中「商法」「國際貿易法」「經濟法」等有關詞條，中國大百科全書出版社 1984 年版，第 228、222、327、505 頁等；005 年修訂版，第 202-203、279-208、436 頁。

〔4〕 關於「經濟法」一詞的內涵和外延，中外法學界眾說紛紜，尚無定論。為闡述方便，本書采廣義說，即此詞泛指用以調整社會生產、交換、分配、消費過程中各種經濟關係的全部法律規範。它既包含用以調整社會非平等主體之間各種「縱向」經濟關係的法律規範，也包含用以調整個人、法人各平等主體之間的各種「橫向」經濟關係的法律規範。但是，鑒於國內法學界經過多年爭論之後，目前一般傾向於把調整前一類經濟關係的法律規範歸入「經濟法」范疇，把調整後一類經濟關係的法律規範歸入「民商法」範疇，為便於讀者理解，本書行文中有時也將「經濟法」和「民商法」兩詞並列，相提並論，以明其含義之廣泛性。參見《中國大百科全書·法學》中「經濟法」「民法」和「商法」詞條，中國大百科全書出版社

1984 年版，第 327-330、412-416、505-506 頁：2005 年修訂版，第 279-280、347-349、436 頁。

〔5〕 關於這六位學者各自基本觀點的簡介，參見陳安主編：國際經濟法總論》，法律出版社 1991 年版，第 83-91 頁；陳安主編：國際經濟法學專論》（上編‧總論），高等教育出版社 2002 年版，第 54-63 頁。

〔6〕 參見史久鏞：《論國際經濟法的概念和範圍》；姚梅鎮：《國際經濟法是一個獨立的法學部門》；王名揚：《國際經濟法是一門獨立的學科》；汪暄：《略論國際經濟法》，載《中國國際法年刊》，中國對外翻譯出版公司 1984 年版，第 359-397 頁。

〔7〕 See Philip Jessup, *Transnatoal Law*, The Yale University Press, 1956, pp.1-2, 106-107.參見〔美〕斯泰納、瓦格茨：《跨國法律問題》，1986 年英文第 3 版，序言第 19-20 頁：及 1976 年英文第 2 版，序言第 15 頁。

〔8〕 參見周鯁生：《國際法》（上冊），商務印書館 1983 年版，第 217 頁；王鐵崖主編：《國際法》，法律出版社 1995 年版，第 126-127 頁。

〔9〕 通常又稱「非商業性風險」指外國投資企業被東道國政府徵收、國有化，東道國境內發生戰亂，東道國政府加強外匯管制並禁止外幣匯出境外，致使外資企業蒙受損失。

〔10〕 參見陳安：《美國對海外投資的法律保護及典型案例分析》，鷺江出版社 1985 年版，第 5-6、10-11、24、46-49 頁；陳安：《國際經濟法學芻言》（上），北京大學出版社 2005 年版，第 458、461、470-471、486-488 頁。

〔11〕 這部公約是在聯合國專門機構「國際復興開發銀行」通稱「世界銀行」倡議和主持下締結的，一九八五年十月開放供世界銀行各成員國及非成員國瑞士簽署，一九八八年四月正式生效。中國在一九八八年四月二十八日簽署了該公約，隨後又完成了法定的批准手續。迄二〇〇五年五月十九日止，該公約的正式成員國已達一百六十五個，其中二十二個為發達國家，一百四十二個為發展中國家；MIGA 機制在運作上的靈活性及其在國際公法上的約束力，均大大超過 OPIC 之類的舊模式。詳見陳安、徐崇利主編：MIGA 與中國：多邊投資擔保機構述評》，福建人民出版社 1996 年版，第 1-50 頁。

〔12〕參見《多邊投資擔保機構公約》第 1、11、13-18 條，載〔美〕希哈塔（I F. Slilata）：《多邊投資擔保機構與外國投資》，1988 年英文版，第 356-362 頁。

〔13〕截至二〇〇五年五月二十五日，簽署參加本公約的已有一百五十五個國家，其中一百四十二個國家已經交存了正式批准書。中國在一九九〇年二月簽署參加本公約，繼而在一九九三年一月提交了正式批准書。迄今全體締約國名單以及簽署、批准日期詳見 List of Contracting States and Other Signatories of the Convention （as of May 25，2005），http://www. worldbank. org/icsid/constate/ c-states-cn. htm。

〔14〕參見《華盛頓公約》第 42 條，載陳安主編：國際投資爭端仲裁——「ICSID」機制研究》，復旦大學出版社 2001 年版，附錄第 579 頁。

〔15〕See Philip C. Jessup，*A Modern Law of Nations*，The Macmillan Company，1948，pp. 2，12-13，40-42. 另參見周鯁生：《現代英美國際法的思想動向》，世界知識出版社 1963 年版，第 10-12、25-26、33-35、65-71 頁。

〔16〕See Andreas F. Lowenfeld，*International Economic Law*，Vol. 2，*International Private Investment*，2nd ed. Mathew Bender, 1982, Preface, p. vii.

〔17〕Andreas F. Lowenfeld，*International Economic Law Vol. 2 . Internatinal Private Investment*，2nd ed.，Mathew Bender，1982，Prface，p. vii 關於美國國際電話電報公司干涉智利內政並因投資保險合同涉訟一案，詳況參見陳安：《國際經濟法學芻言》（上），北京大學出版社 2005 年版，第 525-531 頁；陳安主編：《舌劍唇槍：國際投資糾紛五大著名案例》，鷺江出版社 1986 年版，第 97-166 頁。

〔18〕Andreas F. Lowenfeld . *International Economic Law*，Oxford University Press, 2002, pp. 412-414.

〔19〕參見李雙元：《中國國際經濟法學研究的現狀和發展趨勢》（調查報告），載《法學家》1996 年第 6 期，第 3-6 頁。

〔20〕參見陳安：《論國際經濟法學科的邊緣性、綜合性和獨立性》，第八部分「評對國際經濟法學科發展現狀的幾種誤解」載陳安主編：《國際經濟法論叢》（第 1 卷），法律出版社 1998 年版，第 48-64 頁；陳安：《國際經濟法學芻言》（上），北京大學出版社 2005 年版，第

22-30 頁：本書第一編第 2 章。

〔21〕如「海牙國際私法會議」在第二次世界大戰結束至 1988 年召開第
　　　16 屆會議期間，先後制定了有關國際私法的公約 31 部，但參加締
　　　約的國家不多，有些公約至今尚未生效。又如拉丁美洲的一些國家
　　　一九二八年在哈瓦那締結公約，制定了《布斯塔曼特法典》，目前
　　　在十五個締約國中生效。

〔22〕試舉一例：外商甲在中國某市向乙房產公司購得一幢大樓，後發生
　　　產權糾紛，向該市法院起訴。法院定性為「涉外不動產所有權問題」
　　　《中華人民共和國民法通則》第一四四條規定「不動產的所有權，
　　　適用不動產所在地法律」，按照本條衝突規範（即牴觸規則），法院
　　　確認其「連結點」是「不動產所在地」，據此，決定以「不動產所
　　　在地法」即中國的法律（包括該市的地方性法規）作為準據法，處
　　　斷本案，解決爭端。

〔23〕何謂「經濟法」學者們界說不一。這裡採用廣義說：舉凡用以調整
　　　經濟關係的各種法律規範，可統稱為「經濟法」。其中既包括調整
　　　縱向經濟關係的管理性法律規範，也包括調整橫向經濟關係的民商
　　　法規範。參見《中國大百科全書・法學》，中國大百科全書出版社
　　　1994 年版，第 327-330 頁。

〔24〕一九九九年十月一日以前，中國有三部經濟合同法並存，即《中華
　　　人民共和國經濟合同法》《中華人民共和國涉外經濟合同法》以及
　　　《中華人民共和國技術合同法》，三者分工調整三類不同的經濟合
　　　同。為適應我國經濟發展的需要，經過多年醞釀和反覆討論，第九
　　　屆全國人民代表大會第二次會議於一九九九年三月十五日通過了
　　　《中華人民共和國合同法》，將上述三部合同法融為一體，並作了大
　　　量的修訂補充。其第四二八條規定：「本法自一九九九年十月一日
　　　起施行，《中華人民共和國經濟合同法》《中華人民共和國涉外經濟
　　　合同法》《中華人民共和國技術合同法》同時廢止。」

〔25〕該法第一條規定，它只適用於中國的全民所有制工業企業。這意味
　　　著，它對於中國境內的非全民所有制的工業企業（包括集體所有
　　　制、個體所有制、中外合資經營、中外合作經營、外商獨資經營的
　　　工業企業），概不適用。

〔26〕該法第一條規定把中國境內的外商投資企業和外國企業排除在適用
　　　範圍之外。這意味著它只適用於中國境內的內資企業。

〔27〕參見陳安主編：《國際經濟法總論》，法律出版社 1991 年版，第 159-173 頁。

〔28〕此項立法的草案當時是由參議員謝爾曼（J.Sherman）提出的，通常簡稱《謝爾曼法》（Sherman Act），又稱《謝爾曼反托拉斯法》（Sherman Anti-Trust Act）。

〔29〕諸如《與敵國貿易法》《國際緊急經濟權力法》《出口管製法》《反抵製法》以及《外國主權豁免法》等。其最新事例則是一九九六年間通過的《赫爾姆斯－伯頓法》（Helms-Burton Act）以及《達馬托法》（D'Amato Kennedy Act）。

〔30〕參見《中華人民共和國刑法》第 7-10 條。

〔31〕參見王建生：《美何以推行赫－伯法，歐盟一致堅持報復權》，載《人民日報》（海外版）1996 年 10 月 31 日第 6 版；徐崇利：《簡評美國的「域外經濟制裁」立法》，載《法制日報》1997 年 3 月 1 日第 8 版。

〔32〕關於國際商務慣例在各國經濟立法體系中的地位和作用，參見陳安：《論適用國際慣例與有法必依的統一》，載《中國社會科學》1994 年第 4 期，第 77-89 頁；陳安：《國際經濟法學芻言》（上），北京大學出版社 2005 年版，第 215-226 頁。

〔33〕See Andreas F. Lowenfeld, *International Economic Law*, Oxford University Press, 2002 , pp. 412-414.

評對中國國際經濟法學科發展現狀的幾種誤解

↘ 內容提要

近年來，國內法學界有人對中國國際經濟法學初步的學術繁榮景象存在一些誤解或非議。這些誤解或非議的具體說法不一，但都對中國國際經濟法學的進一步健康發展從而更有效地服務於中國對外開放的基本國策具有一定的消極影響。其根源主要在於對「廣義國際經濟法學」的內涵及處延，即對國際經濟法學這一新興學科的邊緣性、綜合性以及獨立性缺乏應有的、比較深入的了解和理解。因此，很有必要對一些比較「典型」的說法逐一加以剖析和澄清。

↘ 目次

前文提到，在黨的十一屆三中全會正確路線指引下，在改革

開放基本國策的鼓舞下，中國法學界對國際經濟法學這門新興邊緣學科進行了認真的探討和開拓。自一九七八年底以來，短短二十幾年，這門學科的研究就從原先的幾近空白，迅速走向茁壯成長和初步繁榮，縮短了與國際上同類學科研究先進水平之間的差距。特別值得注意的是：中國的許多法律學人在研究和探討國際經濟法時，始終抓住當代國際經濟法律關係中的主要矛盾，從南北矛盾、南北對話和南北合作的視角，站在廣大發展中國家共同的原則立場，密切結合中國的實際國情，對當代國際經濟秩序新舊更替歷史進程中衍生的重大法律問題和重大法理問題進行了開拓性的探討、剖析和論述，從而初步構築起具有中國特色的國際經濟法學科體系和理論體系，並且正在繼續向縱深和橫廣發展，為進一步確立和完善這種新型的、獨樹中華一幟的學科體系和理論體系不懈努力，使其更切合、更有效地服務於建立國際經濟新秩序的宏偉目標。

前文還提到，一份有分量的長篇調查報告客觀地反映和記錄了中國國際經濟法學研究欣欣向榮的現狀和發展趨勢，明確總結出：正是對外開放的國策推動了中國國際經濟法學的迅速發展；充分肯定了中國國際經濟法學作為獨立法律學科地位的確立和學科體系的初步建立；並且指出，目前，我國各政法院校、大學的法學院和法律系一般都將國際經濟法學作為一門主要的專業課程，一些大學的國際金融、世界經濟專業也將國際經濟法學列為必修課程。「國際經濟法學所取得的豐碩成果及其對我國國際經濟法律實踐所產生的積極影響，初步證明了廣義國際經濟法學說的科學性，也展示了廣義國際經濟法學廣闊的發展前景和強大的

生命力。」[1]

　　面對這種蒸蒸日上的、初步的學術繁榮景象，中國國際經濟法學界的學人們既受到鼓舞，也受到鞭策，深感責任重大，應當更加努力地「奮蹄」前進，更加勤勉地俯首耕耘。

　　但是，近年來國內法學界也有人對中國國際經濟法學初步的學術繁榮景象，存在一些誤解或非議。這些誤解或非議的具體說法不一，但都對中國國際經濟法學的進一步健康發展從而更有效地服務於中國對外開放的基本國策，具有一定的消極影響。其根源主要在於對「廣義國際經濟法學」的內涵及處延，即對國際經濟法學這一新興學科的邊緣性、綜合性以及獨立性缺乏應有的、比較深入的了解和理解。因此，很有必要對以下幾種比較「典型」的說法逐一加以剖析和澄清。

一、「不科學」論或「不規範」論

　　這種說法認為，傳統的法學門類或法學分科中本來就沒有什麼「國際經濟法」或「國際經濟法學」。把國際經濟法學與國際公法、國際私法、（內國）民商法、（內國）經濟法等學科並列，成為法學一級學科所屬的另一門獨立的二級學科，勢必會造成內容上的重複、繁雜和界限不清，混淆了其他相鄰學科的傳統分野。因此，主張把它納入「國際法」的範疇或「經濟法」的範疇。否則，就是「不科學」或「不規範」。

　　對於這種誤解，第一章的第二部分末段以及第三、四、五、六、七諸部分，實際上已作了澄清，既指出了國際經濟法學與各

門相鄰學科的密切聯繫，又剖析了它與各相鄰學科的明顯區別，充分地揭示出：國際經濟法的「邊緣性」絕非「囊括一切」或「兼併一切」；它的「綜合性」絕非簡單的「總和相加」「雜燴拼盤」或「人為的湊合」；它的「獨立性」絕非「標新立異」或「另立門戶」。一言以蔽之，國際經濟法學之所以與其他法學二級學科並列，成為法學中另一門獨立的二級學科，乃是淵源於其自身的質的規定性，淵源於其內在的、邏輯上的必然，乃是當代現實法律生活的客觀需要。時至今日，否定國際經濟法的邊緣性、綜合性和獨立性，就像否定自然科學中新興的生物化學、生物物理、物理化學、海洋生物、海洋物理、海洋化學等邊緣學科一樣，是囿於傳統和故步自封的一種「閉目塞聽」，是對現代科學和現實生活最新發展的一種「熟視無睹」。這當然是不應提倡的。

自二十世紀八〇年代初以來，上述「不科學」或「不規範」論作為一種學術上的見解、歧議或誤解而存在，已非一日。見仁見智，這本是學術爭鳴中的正常現象，而且有助於爭鳴各方原有認識的提高和深化。但這種學術上的誤解一旦和某種行政上的權力結合起來，並且進而憑藉某種行政權力，無視學術發展的客觀規律，單憑臆斷就否定國際經濟法這門新興邊緣學科的獨立性，否定國際經濟法在法學教育體制中作為一門獨立的二級學科而存在，一定要把它正在茁長中的魁梧身軀，整體地塞進某個單一相鄰學科狹隘框架的某一角落，從而嚴重影響它的正常發育，削弱它的學科建設，那就不是無關宏旨、可予默許的小事。

一九九七至一九九八年由教育行政部門頒行修訂後的《授予

博士、碩士學位和培養研究生的學科、專業目錄》（以下簡稱《新目錄》），其中關於將國際公法、國際私法和國際經濟法三個原二級學科合併為「國際法」的規定，就是上述誤解與權力結合，或權力偏信了誤解，進而由權力來推行誤解的一種產物。它本身就是違反「科學、規範、拓寬」的基本原則和調整初衷的。對此，已經有內行的老前輩權威學者率先發出了科學的吶喊，[2]值得認真加以重視。在這方面，決策者或其智囊們顯然應當多多傾聽來自教學科研基層第一線許多法學老兵們的呼聲，採納其合理的建議，或者作出令人信服的解釋說明，似乎不宜「你說你話，我行我素」；也不宜動輒以「非學術性因素」之類的標籤唬人，堵塞言路。

眾所周知，科學，指的是如實地反映自然、社會、思維等客觀規律的分科知識體系。「科學研究的區分，就是根據科學對象所具有的特殊的矛盾性。因此，對於某一現象的領域所特有的某一種矛盾的研究，就構成某一門科學的對象。」[3]國際公法、國際私法和國際經濟法這三門法學分支所分別反映的客觀規律、所探討的特殊矛盾、所構成的知識體系，彼此之間雖有一定的聯繫，卻有很大的差異，而且可以說，差異遠遠大於聯繫。它們各自的研究對象，它們的性質、任務、法律關係主體、法律淵源以及所涉範圍等等，均有顯著的、重大的不同。從三者的基本分野上說，國際公法是實體法，它的研究領域一般不包含國內法規範。國際私法在本質上是國內法而非國際法，而且屬於適用法而非實體法。國際經濟法則是在國際經濟領域或跨國經濟交往這一特定領域裡，綜合國際法和國內法、公法和私法、實體法與非實

體法的各個相關邊緣部分，形成了一門新興的、統一的和獨立的法律知識體系。因此，不能僅因三者的名稱中均有「國際」字樣，就望文生義地把它們簡單歸併為同一個二級學科。

另外，專業目錄的修訂應反映現代科學發展的趨勢和適應國內外經濟法律形勢發展的客觀需要。國際經濟法學作為一門新興的綜合性學科，正是適應了研究和解決當代錯綜複雜的跨國經濟法律問題的客觀需要。它突破了十九世紀傳統的國際法與國內法、公法與私法的法學分科界限的束縛，而在法學領域內形成了一門多學科交叉的邊緣性學科。它注重從國際法和國內法的聯繫、公法和私法的結合來分析研究國際經濟法律現象和處理跨國交易的法律問題。這一新興的綜合性學科的產生，符合現代科學相互滲透、交叉發展的現實趨勢，而且已經得到國內外法學界的普遍認同，即已經形成該學科約定俗成的國際性規範名稱。有鑒於此，自一九八二年起，國家教委就正式將國際經濟法學列為法學二級學科。這是符合國際經濟法學發展的時代潮流和歷史趨勢的，是與國際的通行做法和通行稱謂互相銜接的。對這一學科的合乎時代潮流的正確定位，確曾對中國國際經濟法學的學科建設和茁壯成長，起了極大的推動和促進作用。二十多年來的長期實踐，已經充分驗證了這一學科定位的科學性、合規律性和旺盛活力。這種實踐經驗本來是值得珍惜和應當堅持和發揚的。

令人遺憾的是，現行的《新目錄》卻輕率地取消了國際經濟法學作為二級學科的獨立存在，將它併入「國際法」學科，這顯然是違反當代學科發展規律的一種歷史倒退，既不符合該學科的國際性規範名稱，也不符合真正意義上的學科範圍拓寬精神。一

句話，這種做法既不科學，也不規範。以往的實踐經驗已經反覆證明：違反科學發展客觀規律的決定，往往是難以貫徹的，最後勢必還要重新改過來，再來一次「撥亂反正」，這不但徒耗精力，而且易引起思想混亂。[4]

二、「大胃」論或「長臂」論

這種說法認為，當今中國法學界愈來愈多的學人認同於廣義的國際經濟法學，這是「不正常」的。廣義國際經濟法學的內涵如此之豐，外延如此之寬，其所涉及的法學門類和學科如此之多，其研究範圍如此之廣，表明了持廣義國際經濟法學觀點的學人們「胃口太大」，「手臂太長」，「侵入」或「侵害」了其他相鄰學科的傳統領域。這種誤解的淵源，也是出自於未能正確理解這門新興學科的邊緣性和綜合性，誤將邊緣性看作「囊括性」，把綜合性看作「相加的總和」。對於這種誤解，上文第一點已經作了說明和剖析，茲不另贅。這裡需要補充說明的是：當代科學的發展，需要鼓勵相鄰學科的相互交叉和滲透，在研究的過程中，只要有利於學術的發展，有利於認識的深化，有利於現實問題的解決，就不應當囿於任何門戶之見，劃分學術「領地」，甚至實行「領地割據」。今日中國法學領域中許許多多分科，儘管都已在不同程度上取得了重要的成果，但在任何分科中，也都還存在著薄弱環節，有待加強，存在著「生荒地」和「熟荒地」，有待於進一步開墾。如果在有關的邊緣地帶尚未開拓或尚未充分開拓，有「外來」勞工自願參加耕耘，讓國人共享學術繁榮的美

果，學術心胸豁達開朗者諒必是樂觀其成的。

三、「浮躁」論或「炒熱」論

這種說法認為，近年來中國法學界愈來愈多的學人積極參與國際經濟法學的研究、探索和開拓，乃是一股「浮躁之氣」，以致把國際經濟法學這門學科「愈炒愈熱」，很「不正常」。

任何學術研究，都可能持兩種治學態度，或存在兩種現象，一種是放眼世界，瞄准前沿，潛心學術，埋頭耕耘，多出成果，服務國策，獨樹中華一幟，躋身國際前驅，為此目的，「板凳願坐十年冷，文章不寫半句空」；另一種是既不甘寂寞，又不願刻苦，急功近利，但求速成，以致浮皮潦草，抄抄摘摘，人云亦云，以訛傳訛。這兩種治學態度，歷來既存在於自然科學的研究領域，也存在於社會科學的研究領域，既存在於社會科學中的法學領域，也存在於社會科學中的非法學領域，既可能存在於法學領域中的國際經濟法學科，也可能存在於法學領域中的任何非國際經濟法學科。對於前一種治學態度，不論其存在於何類科學、何門學科，都是應當提倡和讚揚的，對於後一種治學態度，則不論其出現於何類科學、何門學科，都是應當反對和批判的。在這方面，應當堅持同一標準，一視同仁地從嚴要求。從這個意義上說，也僅僅是從這個意義上說，上述批評意見有其合理的內核。有則改之，無則加勉，值得從事國際經濟法研究的學人們認真重視，虛心傾聽。

但是，如果不分清浩浩主流和涓涓支流，不辨明九指與一

指，把「浮躁」和「炒熱」之類的貶詞，作為對近年來中國國際經濟法學欣欣向榮景象的總體評價，那就顯然是以偏概全，有失偏頗、有欠公平的。

一種社會景象（包括學術景象）的出現，無論是走向興旺還是走向冷落，是逐步升溫還是逐步降熱，大都有一定的社會背景。就興旺或升溫而言，也大都體現著一種強烈的社會需要，這就是通常人們所說的「大勢所趨，應運而生」，也是唯物史觀用以觀察事物的基本原理和基本常識之一。前文提到，晚近二十幾年來，中國的國際經濟法學研究，從幾近空白而日益茁長，走向初步繁榮，這完全是「托」了經濟上對外開放這一基本國策的「福」，正是適應了全國上下齊心協力積極貫徹這一英明決策的社會急需。由於眾所周知的歷史原因，中國對國際經濟法學這門學科的研究以及對通曉國際經濟法的人才的培養，一直處在相當落後的狀態。一九七八年底以後，對外經濟開放的春風吹拂著這片長年的凍土，中國法學界的許多志士仁人，在這片解凍的土地上經過多年的辛勤耕耘，才促進了有關專業知識的茁長和積累，推動了有關專業人才的培養和供應，這才開始改變了上述長期落後的狀態，初步滿足了國家和社會的急需。具體說來，這種社會急需，主要體現在通過國際經濟法專業知識的積累和國際經濟法專業人才的培養，以期達到依法辦事、完善立法、以法護權、據法仗義以及發展法學等五個方面的目標。

顯然，只要不存成見，清除偏見，就不難如實地看到：正是「國際經濟交往的迅速發展以及由此而來的對國際經濟法人才的迫切需要，導致了中國國際經濟法學的產生，而國際經濟法學的

發展又大大促進了國際經濟法人才的培養」[5]並進一步滿足國家和社會的急需。

「愈炒愈熱」論把一門社會急需的科學，視同資本市場投機買賣中的一種「股票」，似乎該學科在今日中國的欣欣向榮，有如某種「股票」，由某些實權人物或經濟大腕在幕後「炒作」「吐納」或「興風作浪」。這當然只是一種純屬主觀的幻覺，而產生這種幻覺的原因之一，就在於有關歷史唯物主義的素養稍嫌不足。

四、「翻版」論或「舶來」論

這種說法認為，近年來中國法學界出現的廣義國際經濟法學說，不過是美國法學家傑塞普倡導的「跨國法」學說的翻版。「跨國法」學說是一種否定弱國主權，鼓吹美國霸權的學說，是一種有毒的「舶來品」。對它，只能批判和抵制，不能借鑑和參考，更不能移植、照搬或吸收．

這種誤解或非難的產生，主要原因之一，似乎在於持此論者並未對中國的廣義國際經濟法學說進行近距離的觀察，仔細辨認其真實的面貌和真正的主張，而只是站在高處，遠遠眺望一下其模糊的背影，「似曾相識」，便遽下結論，張冠李戴，指李為張了。

傑塞普及其美國後繼者的大體主張、基本立場及其霸權主義傾向與實質，第一章第三部分的後半，已作簡扼評析，毋庸多贅。這裡再就美國「傑塞普們」倡導的「跨國法」與中國法學界

許多學人認同的廣義國際經濟法之間的本質區別和原則分野，作一簡單概括：

第一，傑塞普鼓吹的「跨國法」，是個內容非常廣泛、可以囊括一切法律門類的范疇，幾乎是無所不包。他認為「跨國法」這個概念，「可以廣泛地囊括調整一切跨越國境所發生的事件和行為的法律」。它的內容，「不但包括民法和刑法，而且包括國際公法和國際私法，也包括各國國內法中的其他公法和私法，甚至還包括不屬於上述標準範疇的其他法律規範」。[6] 與此相反，中國法學界許多人士所認同的廣義國際經濟法，其內涵和外延，比傑塞普所鼓吹的「跨國法」要嚴謹、實在、具體得多。它的範圍，僅僅限於調整跨越一國國境的經濟交往的法律規範，一切不涉及經濟領域的法律規範，即非經濟性質的法律行為準則，概不屬於廣義國際經濟法的範疇。因此，它與刑法、一般行政法等非經濟領域的大量法律規範，應無牽涉。更重要的是，傑塞普鼓吹的「跨國法」把一切門類的法律，都塞入其碩大無朋的「巨囊」之中，是典型的「囊括」論，而中國的廣義國際經濟法學說則僅僅強調跨國經濟領域的法律規範涉及多門類、多學科的邊緣性。一個是無所不包的「囊括性」概念，一個是有限範圍的「邊緣性」概念，在邏輯上是截然不同的兩個範疇，顯然是不能混為一談的。

第二，傑塞普鼓吹的「跨國法」，打著「世界政府」「聯合主權」「『國際法』優先」的旗號，為覬覦、削弱、否定眾多弱小民族的國家主權提供「法理依據」，其宗旨在於促使弱國撤除民族與國家藩籬，擯棄主權屏障，從而使美國的國際擴張主義和

世界霸權主義得以「通行無阻」。這是鞏固和加強國際經濟舊秩序的「法律守護神」的「理論」。[7]與此相反，中國法學界許多人士所認同的廣義國際經濟法，則堅持維護和尊重一切國家（特別是眾多弱小民族國家）的政治主權和經濟主權，堅持在跨國經濟交往中，一切國家不分大小、貧富、強弱，經濟主權一律平等；全面地認真貫徹公平互利、全球合作和有約必守等最基本的法理原則；堅決反對以大壓小、仗富欺貧、恃強凌弱的國際強權政治和經濟霸權主義；努力為促進國際經濟秩序的新舊更替和破舊立新，進行法學吶喊、法理論證和法律服務。[8]

　　第三，傑塞普及其後繼者鼓吹的「跨國法」理論體系中存在著前文提到的兩大霸權傾向。一是藐視弱小民族東道國涉外經濟立法的權威性，排斥或削弱這些法律規範對其本國境內涉外經濟關係的管轄和適用，即排除或削弱其「域內效力」；二是誇大強權發達國家涉外經濟立法的權威性，無理擴張或強化這些法律規範對本國境外涉外經濟關係的管轄和適用，即擴張或強化其「域外效力」。[9]與此相反，中國法學界許多人士所認同的國際經濟法，則堅持揭露和抨擊這種「視強國立法如神物，視弱國立法如草芥」的悖謬，對它進行堅決的抵制和撻伐。

　　以上原則主張和見解，已散見於和體現在二十幾年來中國法律學人撰寫的有關國際經濟法的各類著作之中。這些主張和見解與傑塞普的「跨國法」理論相比較，顯然是涇渭分明、壁壘對峙的。對於這些原則主張和見解，毫無深入研究了解，或熟視無睹，或竟不屑一顧，卻隨便把「傑塞普翻版」之類的帽子或標籤強加於中國持廣義國際經濟法學說的法律學人，這怎能以理服人

呢？「翻版」論者果能扎扎實實地具體列舉出中國法律學人撰寫的幾本著作、幾篇論文，持之有故、言之成理地充分論證和揭示它們是和傑塞普「跨國法」理論體系中的霸權主義觀點沆瀣一氣的，或是與它共鳴的，或是為它張目的，或是充當其應聲蟲的，那就確實能顯示出其立場堅定、旗幟鮮明、當頭棒喝、催人猛醒，否則，僅僅揮舞一頂帽子或亂貼一片標籤，卻又說不出一個所以然來，除顯示其學力不足和學風浮躁之外，何能令人心悅誠服？

中國的學術論戰史上向來就有一種沒出息的「戰術」，即「裝腔作勢，藉以嚇人」，「以為這一嚇，人家就會閉口，自己就可以『得勝回朝』了」。實則，「無論對什麼人，裝腔作勢藉以嚇人的方法，都是要不得的。因為這種嚇人戰術，對敵人是毫無用處，對同志只有損害」。[10]

至於說到「舶來」論，那也只是一種標籤。時至今日，仍然仰仗這種標籤來唬人，顯見是何等的不合時宜。

人類文明數千年來的發展史表明，任何國家、民族文明和文化的進步，除了依靠本國人民的創造、積累之外，都離不開借鑑和吸收外來文化中的積極因素和有益養分。數千年來，不同文化相互之間的撞擊、交鋒、激盪、揚棄、接近、滲透、匯合、交融的過程，可謂無日不在進行，而且隨著時間的推移，日益加速進行，不斷地把各國的文化從而也把全世界的文化推向新的高度和新的繁榮。

自然科學的事例不必說了，太遠太偏的社會科學事例也不必說了。試以馬克思主義的誕生和傳播為例。眾所周知，如果不是

批判地吸收了德國的古典哲學、英國的古典政治經濟學和法國的空想社會主義，沒有這三個來源，就不會誕生馬克思主義，就不會有馬克思主義的三個組成部分，即辯證唯物主義與歷史唯物主義、政治經濟學以及科學社會主義。對於馬克思本人與廣大德國人說來，英國和法國的上述學說，不都是地道的「舶來品」嗎？其後，對於列寧與廣大俄國人說來，馬克思主義不也是純屬「舶來品」嗎？不結合俄國的實際發展馬克思主義這種「舶來品」，何來列寧主義？「十月革命一聲炮響，給我們送來了馬克思列寧主義」[11]對於廣大中國人說來，沒有馬克思列寧主義這一「舶來品」，也就不可能出現馬克思列寧主義同中國實際相結合的兩次歷史性飛躍，產生了兩大理論成果[12]即先後產生了毛澤東思想和鄧小平理論，指引中國的革命和建設不斷走向偉大的勝利。

再以國際經濟法的相鄰學科國際法理論的誕生和傳播為例。近代國際法的奠基人格勞秀斯是荷蘭人，舉世聞名的《戰爭與和平法》是他撰寫的主要的國際法著作。如果荷蘭以外的世界各國都拒絕這一荷蘭「舶來品」，何來今日國際法學之風行全球和繁花似錦？對廣大中國學人說來，《奧本海國際法》不也是「舶來品」嗎？儘管其中含有許多維護國際政治和經濟舊秩序的糟粕，甚至含有鼓吹國際強權政治、為國際霸權主義張目的毒素，但在今日中國，又有哪幾個刻苦治學的國際法學人不認真地閱讀它，並且批判地吸收和利用其中有益的知識？

中國人民崇敬的偉大文化旗手魯迅先生，對於中外的一切反動勢力，敢於「橫眉冷對千夫指」，毫無崇洋媚外的奴顏與媚骨。但正是他，以高瞻遠矚的革命膽略，率先倡導對外來文化要

採取「拿來主義」，為我所用。他強調，對於含糟帶粕甚至有毒的「舶來品」，「我們要運用腦髓，放出眼光，自己來拿」；怕被污染而全然不敢拿，是「孱頭」；不分青紅皂白，盲目地一概排斥，是「昏蛋」；全盤接受，欣然吸毒，則是「廢物」。[13] 顯然，魯迅主張這樣處置「舶來品」：放膽拿來，排其毒素，棄其糟粕，取其精華。

據我們所知，當今中國持廣義國際經濟法之說的學者們，正是這樣處置「跨國法」理論的。他們揭露和批判西方「跨國法」論者的立場和觀點，指出其中含有濃烈的擴張主義氣息與霸權主義毒素，同時指出「跨國法」論者的方法論不無可資借鑑之處。換言之，中國的廣義國際經濟法學說，所參考借鑑和批判地吸收的，僅僅是西方某些「跨國法」學者們研究跨國經濟交往諸項法律問題的方法，即從當代國際經濟交往的客觀情況出發，從解決實際問題的需要出發，以各種現實法律問題為中心，突破傳統法學分科的界限，對有關法律問題進行跨門類、跨學科的綜合探討，從而切實有效地加以解決。僅此而已，豈有他哉？

「他山之石，可以攻玉。」[14] 勤勞智慧的中國人，早在遠古的《詩經》時代，就已總結出這一條寶貴的經驗，並形成為優秀的民族傳統。中國人向來強調：「我國文化的發展，不能離開人類文明的共同成果」；中國人應當堅決抵制各種外來腐朽思想文化的侵蝕，同時又要堅持「以我為主，為我所用」的原則，「博采各國文化之長」，並且「向世界展示中國文化建設的成就」[15] 歷史已經證明並將繼續證明：堅持和發揚中華民族的這一優秀傳統，正是中國文化數千年來歷久不衰並且日益走向繁榮、走向世

界的關鍵所在。

綜上所述，可以看出：對於中國國際經濟法學科發展現狀的幾種誤解或非議，其主要原因之一，在於對廣義國際經濟法學科的邊緣性、綜合性和獨立性缺乏深入的了解和應有的理解。而其中的某種非議，又隱隱約約地帶著學術上「圈地運動」和「領域割據」的陰影。應當說，這是很不利於中國法學的整體繁榮及闊步走向世界的。縱觀今日中國法學的蓬勃發展，可謂繁花似錦，呈現出一片喜人的盛況，較之當年的冷冷清清，凋零枯萎，早已不可同日而語。但也不能不看到，無論法學的何門類何學科，都還有許多耕耘不足、遠未充分開墾的地帶，甚至還有不少不毛之地，亟待眾人勠力同心，奮鋤拓殖。學術上原無什麼絕對的「專屬區」，更不該有什麼「獨家禁地」，不許他人涉足。因此，中國法學界的志士仁人，不論其擅長或專攻何門類、何學科，似均宜摒除、捐棄門戶之見，從各自不同的角度，各盡所能，齊心協力，盡力地開拓和盡多地產出具有中國特色的法學碩果和上佳精品，共同為振興中國法學，躋身國際前列，進而為世界法苑的百花爭妍和絢麗多彩，做出應有的貢獻！

注釋

〔1〕　參見李雙元：《中國國際經濟法學研究的現狀和發展趨勢》（調查報告），載《法學家》1996 年第 6 期，第 3-6 頁。

〔2〕　參見韓德培：《談合併學科和設立博士點的問題》，載《法學評論》1996 年第 6 期，第 2-7 頁；《論國際公法、國際私法與國際經濟法的合併問題》，載《國際經濟法論叢》（第 1 卷），法律出版社 1998 年版，第 1-8 頁。

〔3〕　《毛澤東選集》第 1 卷，人民出版社 1991 年版，第 284 頁。有關
　　　「科學」的定義還可參見「科學」詞目，載《辭海》，上海辭書出版
　　　社 1979 年版，第 1764 頁；《漢語大詞典》（第 8 卷），漢語大詞典
　　　出版社 1991 年版，第 57 頁。

〔4〕　在當代國際學術界，作為一門學科，「國際法」已經約定俗成地專指
　　　國家之間的法律，專指調整國家之間關系的法律規範的總和。《新目
　　　錄》把專門調整非國家之間關係的法律衝突規範——國際私法，以
　　　及主要調整非國家之間經濟關係的國際經濟法，全部納入專門調整
　　　國家之間關係的「國際法」範疇，這就完全扭曲、攪混了「國際法」
　　　這一概念最基本的內涵和明確的外延，造成了邏輯上的極度混亂。
　　　中外學術界對於「國際法」一詞約定俗成的詮解，可參見《布萊克
　　　法學辭典》，1979 年英文第 5 版，第 733 頁；〔英〕勞特派特修訂：
　　　《奧本海國際法》（上卷·第 1 分冊）王鐵崖、陳體強譯，商務印書
　　　館 1981 年版，第 3 頁；〔英〕詹寧斯、瓦茨修訂：《奧本海國際法》
　　　（第 1 卷）1992 年英文第 9 版，第 4 頁；周鯁生：《國際法》（上
　　　冊），商務印書館 1983 年版，第 3 頁；王鐵崖主編：《國際法》，法
　　　律出版社 1995 年版，第 1-5 頁等。

　　　王鐵崖教授是國際法方面的老前輩權威學者，他明確指出：「為了
　　　與國際私法相區別而把國際法稱為國際公法，是不必要的。因為**國
　　　際公法與國際私法並不是國際法的兩個分支**：嚴格地説，國際私法
　　　既不是『國際』，也不是『私法』」（見上引王鐵崖主編書，第 4
　　　頁）。這種內行見解，也顯然迥異於《新目錄》前述的外行分類，
　　　即把國際私法、國際經濟法、國際公法三者硬撮合在一起，同時並
　　　列為「國際法」的三個分支，並標明「國際法學（含國際公法、國
　　　際私法、國際經濟法）」，顯得相當不倫不類。

〔5〕　參見李雙元：《中國國際經濟法學研究的現狀和發展趨勢》（調查報
　　　告），載《法學家》1996 年第 6 期，第 6 頁。

〔6〕　See Philip C. Jessup，*Transnational Law*，Yale University Press，
　　　1956，pp. 1-4，7，15，17，106-107.

〔7〕　See Philip C. Jessup，*A Modern Law of Nations*，The Macmillan
　　　Company，1948，pp. 2，12-13，40-42. 另參見周鯁生：《現代英美
　　　國際法的思想動向》，世界知識出版社 1963 年版，第10-12、25-
　　　26、33-35、65-71頁。

〔8〕參見《國際經濟關係與國際經濟法》《國際經濟法的基本原則》，載陳安主編：國際經濟法總論），法律出版社 1991 年版，第 1-57、156-211 頁；《國際經濟法基本理論（一）》，載陳安：《國際經濟法學芻言》（上卷），北京大學出版社 2005 年版，第 3-211 頁；張軍力、闕文新：《當代經濟主權問題縱橫談》，載《法制日報》1997 年 3 月 22 日第 8 版。

〔9〕參見本書第一編第一章第六部分後半，同時參見徐崇利：《簡評美國的「域外經濟制裁立法」》，載《法制日報》1997 年 3 月 1 日第 8 版。

〔10〕參見毛澤東：《反對黨八股》，載《毛澤東選集》第 3 卷，人民出版社 1991 年版，第 835 頁。

〔11〕參見毛澤東：《論人民民主專政》，載《毛澤東選集》第 4 卷，人民出版社 1991 年版，第 1471 頁。

〔12〕參見江澤民：《高舉鄧小平理論偉大旗幟，把建設有中國特色社會主義事業全面推向二十一世紀》（在中國共產黨第十五次全國代表大會上的報告），第三部分。

〔13〕參見魯迅：《拿來主義》，載《魯迅全集》（第 S 卷）人民出版社 1981 年版，第 38-41 頁。魯迅在該文中曾以生動的譬喻，評述對舶來品的幾種態度：有一個人得了一所大宅子，「怎麼辦呢？我想，首先是不管三七二十一，『拿來』！但是，如果反對這宅子的舊主人，怕給他的東西染污了，徘徊不敢走進門，是孱頭；勃然大怒，放一把火燒光，算是保存自己的清白，則是昏蛋。不過因為原是羨慕這宅子的舊主人的，而這回接受一切，欣欣然地蹩進臥室，大吸剩下的鴉片，那當然更是廢物。『拿來主義』者是全不這樣的。他占有，挑選。看見魚翅，並不就拋在路上以顯其『平民化』，只要有養料，也和朋友們像蘿蔔白菜一樣地吃掉，只不用它來宴大賓；看見鴉片，也不當眾擲在毛廁裡，以見其徹底革命，只送到藥房裡去，以供治病之用，……總之，我們要拿來。我們要或使用，或存放，或毀滅。那麼，主人是新主人，宅子也就會成為新宅子。然而首先要這人沉著，勇猛，有辨別，不自私」。

〔14〕原作「他山之石，可以為錯」，錯，打磨玉器。語見《詩經·小雅·鶴鳴》。

〔15〕參見江澤民：《高舉鄧小平理論偉大旗幟，把建設有中國特色社會主義事業全面推向二十一世紀》（在中國共產黨第十五次全國代表大會上的報告），第八部分。

第三章

論國際經濟關係的歷史發展
與南北矛盾 *

❧ 內容提要

　　國際經濟關係是國際經濟法藉以產生和發展的主要根據，同時又是國際經濟法加以調整的主要對象。要了解國際經濟法和國際經濟法學產生和發展的概況，就不能不先對國際經濟關係的發展過程及其主要矛盾作簡扼的歷史回顧。本文從宏觀上簡述人類社會國際經濟關係發展的三大主要階段，即早期的國際經濟交往與國際經濟關係的初步形成，資本主義世界市場的形成與國際經濟關係的重大發展，社會主義國家的出現、眾多弱小民族的獨立與國際經濟關係的本質變化。全文以較多篇幅重點概述了資本主義時期漫漫數百年間盛行於全球的弱肉強食和「殖民十惡」，勾勒了國際經濟舊秩序的初始輪廓，追溯了當今世界性「南北矛盾」的歷史淵源、鬥爭焦點和力量對比，指出當代國際經濟法正是在這樣的歷史條件下逐步產生和發展起來的。

❧ 目次

（一）自由資本主義時期

（二）帝國主義時期

三、社會主義國家的出現、眾多弱小民族的獨立與國際經濟關係
　　的本質變化

（一）相繼出現了十幾個社會主義國家

（二）相繼出現了一百多個新的民族獨立國家

（三）全球實際上劃分為三個世界

（四）世紀之交，國際經濟秩序破舊立新的爭鬥進入新的回
　　　合

　　國際經濟關係既是國際經濟法調整的對象，又是國際經濟法
和國際經濟法學產生的基礎。

　　唯物史觀認為：人類社會發展的一定階段的經濟制度，即生
產關係的總和，是社會的經濟基礎；構成經濟基礎的生產關係的
總和，是由一定的生產資料所有制形式以及由此決定的交換關
係、產品分配關係結合組成的有機統一體。建立在這種經濟基礎
之上的政治、法律等制度以及相應的社會意識形態，構成社會的
上層建築。經濟基礎的性質決定上層建築的性質，與此同時，上
層建築又具有相對的獨立性，並對經濟基礎起著積極的反作用。
歷史唯物主義的這些基本原理，是對人類社會長期發展進程客觀
事實的科學總結。它是對各國社會進行科學解剖的利器，也是對
國際社會實行科學分析的指南。

　　國際經濟法作為國際社會中的一種法律制度或一個法律部
門，國際經濟法學作為國際社會中的一種意識形態或一門法學學

科，都是國際社會上層建築的組成部分，其產生、發展和作用也受上述客觀規律的支配。

國際關係可以區分為外交、政治、軍事、文化、法律、經濟等許多方面和許多層次，這些方面和層次彼此之間是互相滲透、互相影響的。但歸根結底，在一般情況下國際經濟關係是起著決定作用的因素。全世界自然資源和其他生產資料在國際社會中的占有形式和占有關係，以及由此決定的國際交換關係和國際的產品分配關系，是國際經濟關係的基本內容。它們是國際經濟法藉以產生和發展的主要根據，同時又是國際經濟法加以調整的主要對象。

國際經濟法學作為研究國際經濟法的一門法學學科或一種社會意識形態，其產生和發展，也取決於和反作用於各個歷史階段的國際經濟關係。總的說來，國際經濟法和國際經濟法學，都是隨著國際經濟關係的發展而發展的。

因此，要了解國際經濟法和國際經濟法學產生與發展的概況，就不能不先對國際經濟關係形成和演進的過程以及其中蘊含的主要矛盾作簡扼的歷史回顧。

一、早期的國際經濟交往與國際經濟關係的初步形成

不同的人類社會群體之間，由於彼此所處自然環境的差異、生產水平的高低和產品種類的區別，從遠古時代起，就逐步開始進行產品交換和經濟交往，以其所有易其所無，以其所多易其所少，以其所賤易其所貴，通過這些活動，維持自己的生存和改善

自己的生活。不同社會群體之間的這種產品交換和經濟交往，最初是在氏族之間或部落之間進行的。階級和國家產生以後，這種經濟交往，除了在各國國內不同地區之間進行之外，隨著時間的推移，以日益擴大的規模和日益多樣的形式，超越單個國家的領土疆界頻繁地進行，從而形成、建立了國際經濟關係。

早期的國際經濟關係，主要體現為國際貿易。根據史籍記載，早在西元前一千多年，亞洲、歐洲、非洲之間就已出現國際貿易活動。其中最為活躍的，首推地中海東岸西亞地區的古國腓尼基。腓尼基人立國於當今黎巴嫩和敘利亞的沿海一帶，境內森林資源豐富，利於大量造船。地理條件的「得天獨厚」，使腓尼基人自古即以善於航海、經商著稱。他們經營木材、美酒、染料等物，並以各種金屬器具、飾物和玻璃製成品，換取海外的棉織物、五穀、烏木、黃金、象牙之類的衣食必需品和罕缺奢侈品，同時大量擄掠和販賣奴隸，融商人與海盜於一體。其國際經濟交往活動範圍，由東向西逐步擴展，至西元前十世紀前後，相繼推進到現今的塞浦路斯、西西里島、撒丁島、法國、西班牙以及北部非洲等地區，並在地中海各島及沿岸建立了許多殖民地。其中最大的一塊殖民地建立於西元前九世紀，稱為迦太基，即位於現今北非的突尼斯境內。

腓尼基衰落之後，希臘繼之崛起。希臘位於地中海巴爾幹半島南部，三面臨海，港灣優良，享有特殊的舟楫之利。在西元前八世紀至西元前六世紀間，希臘境內形成數以百計的「城邦」，即以一個城市為中心兼治周圍若干鄉村的小國。許多城邦在形成過程中經歷了對外移民運動，從本質上說，這是城邦奴隸主階級

主持的擴張侵略活動，他們到海外覓取新地，奴役和掠奪當地居民，進行商業剝削，並在當地建立新的城邦組織。如義大利、法國南部、西西里島以及黑海沿岸等地，都曾建立起希臘人統治的新城邦。這些新邦與母邦之間有相當緊密的經濟聯繫，促進了希臘本土工商業的繁榮。

希臘稱雄於地中海地區的國際貿易，長達七八百年。後來它的這種地位逐漸為羅馬帝國所取代。羅馬原是義大利半島中部的一大城邦，發展到西元前三世紀初，它陸續征服了半島中部諸邦以及南部的希臘人城邦，繼而揮戈南下，又與另一奴隸制殖民強國迦太基爭奪資源和奴隸，搶奪西部地中海的霸權。歷經三場大戰，持續百餘年（前 264 至前 147 年），以迦太基徹底覆亡而告終。羅馬占領了原屬當時迦太基的全部領土，稱霸於西部地中海地區。

與此同時，羅馬也向東部地中海地區實行軍事擴張，先後征服了希臘其頓王國、埃及托勒密王國和敘利亞塞琉古王國。西元前二十七年，羅馬改製為帝國。通過長期的攻城掠地、開疆拓土，至西元一世紀，羅馬帝國擁有空前龐大的領域，北部邊界達到現今歐洲的英國、德國、奧地利、匈牙利和羅馬尼亞等地，東邊直抵西亞的幼發拉底河，南面囊括非洲的埃及、北蘇丹、利比亞、突尼斯、阿爾及利亞等，西邊面臨大西洋。此時，地中海成了羅馬帝國的「內湖」，海上運輸暢通，加之帝國政府在境內修築了許多康莊大道，陸上交通也相當便利，因此，歐、亞、非三洲商品交流和商務往來空前頻繁。除大宗販運交易糧、油、酒、鋁、錫、陶器等基本商品之外，北歐的琥珀、非洲的象牙以及東

方的寶石和香料等奢侈品也琳琅滿目，雲集各大市場。首都羅馬和埃及海港亞歷山大里亞，當時都已發展成為國際性的工商業大城市。

中國的綾羅綢緞，也通過著名的國際商道——「絲綢之路」遠銷於羅馬帝國各地，極受西亞和歐、非人士歡迎。身著中國綢緞，成為宮廷與上層社會的一大時尚，經久不衰。中國古代史籍中提到的「大秦」，即指羅馬帝國。史載：羅馬使節和商人多次從陸路和海路抵達中國，特別提到「大秦王安敦」於東漢恆帝延熹九年（西元 166 年）遣使送來像牙、犀角和玳瑁，並與當時的中國王朝建立了通商友好關係。[1] 三國與晉代史籍也有關於羅馬遣使與中國修好和開展經濟往來的記載。

除了地中海沿岸亞、歐、非三洲之間以及東西方之間的國際經濟交往外，幅員廣袤的亞洲內部，自古以來也在東亞、中亞、西亞以及南亞各地區各國之間開展著國際商品交流和國際商務往來。早在羅馬帝國建立以前約五百年，從西元前六世紀末葉起，以伊朗高原為中心的波斯帝國雄踞於中亞和西亞地區，帝國境內築有四通八達的驛道網，其主要幹線西起小亞細亞愛琴海沿岸的以弗所，東至當時京都之一的蘇撒，全長約二千四百公里，中央政權責成沿途各郡地方官務必保證驛道商旅安全，客觀上有力地促進了中亞、西亞各地各國之間的商業發展。波斯帝國於西元前三三〇年被馬其頓—希臘征服滅亡以後，經過一段時間，自西元前二世紀中葉起，安息王國崛起於同一地區，統治中亞和西亞一帶長達五百年之久。它地當中、西亞國際商道要衝，國際經濟交往頻繁、發達。

中國從西漢時起就與安息國有經濟和文化交流。史書記載：漢武帝曾於西元前一一五年遣使安息，安息使者也到中國回訪，並以「大鳥卵」和「眩人」（魔術師）獻贈於漢。[2]西元九十七年，班超遣甘英出使羅馬帝國，曾抵達安息訪問波斯灣。當時中國的絲綢和鐵製品等暢銷中亞並遠及羅馬等地，杏、桃、甘蔗等水果和經濟作物也在此時由中國傳到伊朗高原。同時，葡萄、石榴、核桃、苜蓿等則由中亞和伊朗等地相繼傳入中國。

　　東亞與南亞之間的國際經濟交往也始於西元前。史載：西漢張騫出使西域，於西元前一二八年左右行經大月氏、大夏（今中亞地區阿富汗北部與塔吉克斯坦中南部一帶）時，見到當地商人從南亞次大陸印度輾轉販運而來的中國商品，諸如出產於中國四川的麻布和邛山竹杖（蜀布、邛杖），並由此推斷中國西南地區與南亞印度之間很早就有商品交流和商務往來。[3]西元一世紀中葉以後，原先統治中亞地區的貴霜帝國逐步征服了南亞次大陸的北半部諸小國，版圖大張，西起鹹海，東接蔥嶺（帕米爾高原），連成一片。它往西與安息、羅馬，往東與中國，往南與整個南亞次大陸都有貿易往來。中國的絲綢、瓷器、漆器，羅馬帝國的玻璃器皿和寶石，印度的香料和象牙等，都經過貴霜帝國國境，進行東西南北相互之間的國際交流。當時還有水上國際商道，從非洲東北的埃及經紅海利用季候風使商船駛至印度河口，溯流而上至富樓沙城，然後接上陸路，往東越過蔥嶺抵達中國境內。

　　舉一可以反三。從以上的簡介中，不難概見兩點：第一，世界各地區各國之間的經濟交往可謂源遠流長，國際經濟關係的初

步形成和逐步發展，迄今已經綿延兩三千年。第二，古代的國際經濟交往活動，主要表現形式是國際貿易。在相當長的一段歷史時期中，國際商品交易和國際商務往來雖然隨著時間的推移而不斷發展和擴大，取得長足的進步，但是總的說來，由於當時社會生產力水平低下，由於奴隸制和封建制生產方式的落後，由於關山阻隔與交通困難，國際經濟交往發展的節奏是比較緩慢的，形式是比較簡單的，規模也是比較有限的。這種情況一直延續到西元十五世紀左右，即直到歐洲中世紀時期的結束。

二、資本主義世界市場的形成與國際經濟關係的重大發展

（一）自由資本主義時期

十五世紀末十六世紀初，世界歷史醞釀著並隨即開始發生巨大的變化，國際經濟關系的發展也開始進入一個急遽變化、空前動盪的歷史時期。在這個歷史時期中，國際經濟關係最基本的特徵是：由於資本主義開拓了世界性的市場，使全球一切國家的生產和消費愈來愈具有世界性了。「過去那種地方的和民族的自給自足和閉關自守狀態，被各民族的各方面的互相往來和各方面的互相依賴所代替了。」[4] 世界各地區的國際經濟交往，其節奏之快捷、形式之多樣、規模之宏大，都是前所未有，日新月異的。

由於社會生產力的發展，十五世紀末十六世紀初，亞洲和歐洲的一些先進國家，如中國、印度的部分地區、英國、法國等，

封建生產關係逐漸衰落，資本主義生產關係開始產生。在各種因素的綜合作用下，歐洲西部各國的資本主義發展較快。

資本主義的產生和發展經歷了一個資本原始積累的過程。在西歐各國，這個過程是對內對外使用空前殘酷的暴力手段完成的，即在國內殘暴地剝奪小生產者的生產資料，迫使他們只能依靠出賣勞動力為生；對國外殘暴地掠奪殖民地人民，以積聚大量財富和資本。其中，對外掠奪起著尤其重要的作用。馬克思曾經根據大量歷史事實，對此作了總結：「美洲金銀產地的發現，土著居民的被剿滅、被奴役和被埋葬於礦井，對東印度開始進行的征服和掠奪，非洲變成商業性地獵獲黑人的場所──這一切標誌著資本主義生產時代的曙光。這些田園詩式的過程是原始積累的主要因素。」[5]可見西歐的資本主義和物質文明，一開始就是靠吸吮亞洲、非洲和美洲人民的鮮血成長壯大的。

在此後長達數百年的歷史時期裡，殖民掠奪和弱肉強食，成為歐美強國與亞洲、非洲、拉丁美洲廣大地區各弱小民族國際經濟關係的主流。它所造成的歷史癥結和後遺症狀，是當今世界「南北矛盾」的淵源和焦點，也是當今世界改造國際經濟舊秩序、建立國際經濟新秩序所必須正視的現實問題和主要關鍵。國際經濟關係中的這些歷史癥結和現實問題，有待於運用國際經濟法準則，公平合理地加以調整、解決。因此，對於學習和研究國際經濟法學的人來說，大體回顧和了解這個歷史過程是很有必要的。

眾所周知，當代國際經濟關係中的主要矛盾是「南北矛盾」，即全世界眾多發展中國家與為數不多的發達國家之間的矛盾。「冰凍三尺，非一日之寒。」南北矛盾的淵源，顯然應當回

溯到西方強國近代的殖民活動。

　　如前所述，殖民活動，古已有之。但當年腓尼基人和希臘人的對外殖民，限於地中海沿岸地區，距離不遠，規模也小。而迢迢萬里，遠涉重洋，到異國異地實行規模愈來愈大的殖民掠奪活動，則肇端於十五世紀。在此以前的相當時期裡，一批批來自東方的各種奢侈商品和名貴特產源源輸入西歐，大大刺激了當地上層社會的貪慾，使他們十分垂涎東方的財富。隨著當時歐洲商品貨幣經濟的日益發達，黃金已經成為一切「物質財富的物質代表」和一切「商品的上帝」。[6]因此，不擇手段地極力搜求黃金，就成為西歐一切剝削者的共同狂熱興趣。當時西歐在《馬可波羅遊記》的影響下，盛傳東方諸國是遍地黃金寶石的「仙境」。但是，通往東方的陸上道路自十五世紀下半期以來已被崛起於西亞和地中海東部一帶的奧斯曼土耳其帝國所遮斷。於是，由封建君主封官許願、富商巨賈出錢資助、冒險家出力賣命，漂泊遠洋去尋找新航路的活動盛極一時。「葡萄牙人在非洲海岸、印度和整個遠東尋找的是黃金；黃金一詞是驅使西班牙人橫渡大西洋到美洲去的咒語；黃金是白人剛踏上一個新發現的海岸時所要的第一件東西。」[7]

　　為了發橫財，葡萄牙的殖民主義者於一四一五年就占領了非洲西北的休達地區。隨後又繼續南下，在非洲西岸進行殖民掠奪和強占土地。一四九二至一五〇二年，哥倫布先後四次向西橫渡大西洋，陸續發現了美洲的島嶼與大陸；一四九七至一四九八年，達·伽馬向南繞過非洲的好望角抵達亞洲的印度；一五一九至一五二二年，麥哲倫及其同伴從歐洲西岸出發，向西南穿越了

美洲南端的海峽，進一步向西航經太平洋、印度洋，最後回到歐洲，首次完成了環球航行（麥哲倫本人於一五二一年航抵菲律賓時因進行侵略活動被當地居民擊斃）。這些「地理大發現」，為進一步開展全世界規模的殖民掠奪開闢了前所未有的廣闊場所。自此以後，歐洲各國的殖民主義者依仗其堅船利炮，在全球各地肆行掠奪和占領，從十六世紀至十九世紀九〇年代初這數百年間，就使亞洲、非洲、美洲億萬平方公里的大好河山相繼淪為殖民地和半殖民地，使這些地區的億萬人民紛紛罹遭喪權辱國甚至滅種的慘禍。

在這幾百年中，葡萄牙、西班牙、荷蘭、英國、法蘭西、德意志等國，既互相爭奪，又互相勾結，先後或同時橫行諸大洋，肆虐全世界。到了十九世紀九〇年代前期，這些殖民強國所分別霸占的殖民地面積，相當於各自本土的幾倍、十幾倍、幾十倍乃至於一百多倍。例如，葡萄牙的殖民地達二百四十多萬平方公里，約為本土的二十七倍；荷蘭的殖民地達二百萬平方公里，約為本土的五十倍；殖民地遍及全球、號稱「日不落帝國」的英國，其本土面積只不過二十四萬多平方公里，而其霸占的殖民地面積卻多達三千零五十萬平方公里，兩者相比，其殖民地面積，竟為本土面積的一百二十五倍之多！中國古籍《山海經》所錄怪誕故事中虛構的「蛇吞象」，竟然成為當時國際經濟關係的真實寫照！另外，俄國沙皇的貪婪凶惡絲毫不亞於英國：沙俄這個本土面積五百多萬平方公里的歐洲國家，到了十九世紀七〇年代，竟已霸占和侵吞了一千七百多萬平方公里的殖民地〔8〕，與英國並列而成為全世界兩大殖民霸主。

雖然西方殖民主義者對弱小民族實行掠奪的手段，在資本原始積累時期、「自由」資本主義時期以及後來的壟斷資本主義時期有不同的表現形式、不同的側重方面，但是，總的說來，十五世紀以來的數百年間，歐洲列強在亞、非、美廣大地區實行殖民掠奪的歷史，是一部火與劍的歷史，也是一部血和淚的歷史。正如馬克思所揭露的，殖民主義者「只有用人頭做酒杯才能喝下甜美的酒漿」[9]。其掠奪手段之殘暴無恥，達到前所未有的地步。下面所列舉的十個方面（不妨簡稱為「殖民十惡」），只是其中的一斑：

1. 欺矇詐騙，以賤易貴

早在十五世紀末，哥倫布在他的航海日記中就記載：他的同伴們用玻璃碎片、碎碗破盆之類的廢物換取美洲印第安人手中的小金塊和珍珠。[10]達‧伽馬首航亞洲，闖到印度之後，也是採取以賤易貴的騙術，滿載兩大船的香料和象牙回歐，牟取暴利達百分之六千！[11]至於後來的英國殖民魁首塞西爾‧羅得斯的詐騙手腕，則更加駭人聽聞：一八八八年，他竟以一千支舊步槍、一艘破汽艇和每月一百英鎊津貼作為代價，與南非馬達別列酋長洛本古拉訂立所謂「友好」條約，騙取了津巴布韋全境近四十萬平方公裡廣闊地區（相當於英國本土一倍半或十個荷蘭）富饒金礦的開採權；又殘暴鎮壓馬達別列人民的反抗。他就此戴上了英國開普殖民地「總理」的烏紗帽，還用他的名字強把津巴布韋這片土地命名為羅得西亞。

2. 明火執仗，殺人越貨

歐洲的殖民者當然不滿足於區區的「巧取」，主要還是靠殘

暴的豪奪。例如，一五三二年十一月，以畢薩羅為首的一夥西班牙殖民主義者在一場突然襲擊中殺害了數以萬計的祕魯印卡族的印第安人，綁架了印卡國王阿塔華爾巴，勒索巨額贖金：強迫印卡人用黃金填滿監禁印卡國王的二十二英尺長十七英尺寬的一間牢房，用白銀填滿較小的另外兩間房子。等到收齊了這一批價值數千萬美元的金銀之後，為了斬草除根，卻又殺了這個國王。[12]正是通過諸如此類的凶殘手段，從一五二一年到一五六〇年這四十年中，西班牙殖民者從美洲掠奪了黃金十五點七萬公斤、白銀四六七萬公斤；從十五世紀末到十六世紀末這一百年中，葡萄牙殖民者從非洲搶劫了黃金二十七點六萬公斤。

　　殖民主義者在非洲、亞洲的所作所為，和在美洲如出一轍。據當年目擊者的記載，一八三二年法國殖民軍在阿爾及利亞的一場屠殺中所搶到的「戰利品」裡面，竟然有許多鐲子還戴在被砍下來的手腕上，耳環還掛在一塊一塊的耳肉上。[13]在印度，英國殖民侵略者每於攻陷城堡進行血腥屠殺的同時，打開國庫，搶個精光。「軍官和士兵進城的時候是窮光蛋或者負債纍纍，而出城的時候都突然變成了富豪。」[14]他們在殺人越貨之後，還要大發議論，論證自己十分「克制」和「寬仁」。就是那個一七五七年血洗孟加拉的罪魁羅伯特・克萊武，在獨吞盜贓二十萬英鎊和無數珍寶之後，竟恬不知恥地在英國議會自吹：「富裕的城市在我腳下，壯麗的國家在我手中，滿貯金銀珍寶的財寶庫在我眼前。我統共只拿了二十萬鎊。直到現在，我還奇怪那時為什麼那樣留情。」[15]

　　沙皇俄國的侵華急先鋒哈巴羅夫曾率領一群沙俄殖民者闖入

中國的黑龍江流域，對達斡爾人等沿江各族人民大肆燒殺擄掠。他在攻陷中國境內的一個大寨堡之後於一六五二年八月上送沙皇的一份報「功」呈文中寫道：……我們靠上帝保佑和托皇上的福，……殺死了大人和小孩六百六十一人，……我們從達斡爾人那裡奪得馬匹，大小共計二百三十七匹，還奪得牛羊牲畜一百一十三頭。」[16]

為了表彰哈巴羅夫的侵華「功勳」，後來沙皇竟把從中國強奪去的邊城伯力市命名為「哈巴羅夫斯克」，一直沿用至今。

3. 踐踏主權，霸占領土

這是殖民主義者使掠奪穩定化、經常化、長期化的必要手段和必然趨勢。從經濟學的觀點看來，領土本身便意味著肥沃的土地、廣袤的牧場、茂密的森林和珍貴的礦藏；領土上的千萬居民則是用之不竭的勞動力和取之不盡的賦稅財源。奪得了領土便意味著攫取了這一切財富，殖民主義者是深知這個真諦的。因此，亞、非、美的廣闊疆土，往往在所謂「先占」的「原則」下一大片又一大片地淪為歐洲列強的殖民地。凡是社會經濟發展比較遲緩落後、處在原始社會末期和奴隸社會初期的地區，概被誣稱為「野蠻地域」，視同「無主地」，誰能最早發現，捷足先登，搶先占領，便歸誰所有。

「先占」原則的孿生兄弟便是所謂「腹地主義」（或譯「背後地主義」）：殖民者只要在海岸上搶占幾個據點，升起國旗，就可以公開宣布對這些地區以及海岸背後的大片內陸腹地實行「保護」或直接領有。以非洲為例，直到一八七六年，歐美的殖民主義者所侵占的海岸地區只占非洲總面積的百分之十。從地圖

上看，星星點點，零零落落，有如叮在人體上吮血的若干螞蟥和臭蟲。然而，在「腹地主義」的國際協定下，再加上實力占領，短短數十年間，便將餘下的百分之九十的非洲土地鯨吞瓜分殆盡。

4. 橫徵暴斂，搾取脂膏

西方殖民主義者搜刮聚斂的經常來源，是以暴力為後盾，強徵名目繁多的苛捐雜稅。

比利時在剛果的殖民當局向當地居民勒索珍貴的象牙和橡膠，限期交納，對逾期未交者即派兵持刀割下耳朵，砍下手足，甚至砍下腦袋，作為「證物」送交當局查驗。逼稅暴行層出不窮，據目擊者斯坦利的記述：「每一公斤象牙的價值等於一個男子、婦女或小孩的生命；常常為五公斤象牙就燒掉一個住所，為一對象牙就消滅一個村莊，為二十隻象牙就毀掉整整一個省，並連同所有的居民、村莊和種植園也一起毀掉。」[17]

英國殖民當局在印度課徵的土地稅，比印度歷代封建主苛重得多，殘酷得多，往往是三倍四倍地猛增。他們「希望從印度居民的血液中搾取黃金」[18]，因此，為了逼稅經常濫施各種酷刑，而殖民當局的土地稅收入就在受刑者的慘叫哀號聲中直線上升。沉重的盤剝，造成頻仍的饑荒。單一七七〇年的一次大饑荒，就餓死了一千萬人，真是哀鴻遍野，殍屍盈壑！面對這種慘相，孟加拉省督哈斯丁卻無恥地向上司報「功」說：「儘管本省居民至少餓死了三分之一，耕地面積也隨之減少，然而一七七一年土地稅純收入甚至超過了一七六八年的數額……由於採取了暴烈措施，使它得以趕上原先的水平。」[19]

5. 強制勞役，敲骨吸髓

在採礦、築路、挖河、墾殖等需要大量勞動力的部門，西方殖民主義者長期地廣泛推行強制勞役，迫使亞、非、美人民從事極其繁重的無償勞動和半無償勞動，造成大量死亡。

在墨西哥、祕魯、玻利維亞等地，被強迫在金銀礦山服勞役的印第安人，每五人中就有四個在第一年裡因過勞而含恨死去，以致一旦被強徵，就形同被宣判死刑：被征者的親人和家庭預先為他們舉行送葬儀式，以示訣別和哀悼。[20]

在赤道非洲，被迫在熱帶密林和沼澤泥淖中披荊斬棘、築路鋪軌的當地群眾，因不堪勞累折磨而紛紛倒斃，每修一公里鐵路就要付出約二百條生命的代價，幾乎每一根枕木就由一具屍骸「幻變」而成。在埃及，一八五九至一八六九年用變相的奴隸勞動開鑿成的蘇伊士運河，兩岸荒塚纍纍，草草掩埋著十二萬名因過勞、飢餓和疫癘而相繼喪生的挖河民工，浩浩河水，混合著無數孤兒寡婦的血淚。

在熱帶和亞熱帶地區的種植園中，殖民主義者用皮鞭和刑棍逼迫奴隸們每天勞動十八小時至十九個小時，即使最健壯的青年，也經受不了如此殘酷的蹂躪壓榨，短期內便精疲力竭而死，眾多勞工入園後的平均壽命不過六七年。

6. 獵取活人，販賣奴隸

獵奴和販奴，是役奴的繼續和延長。在美洲，長期的屠殺和虐殺，使印第安族土著居民人口銳減。礦山、種植園數量的增加和規模的擴大同奴隸來源的日益衰竭形成了尖銳的矛盾。為了解決這個矛盾，西方殖民者廣泛採取毒辣的辦法，以非洲人「獵

取」非洲人：由西方殖民者出槍出彈，唆使非洲沿岸部落酋長發動「獵奴戰爭」，擄掠內陸活人，交給殖民者，以換取廉價商品和新的槍枝彈藥。販奴商人在換得這些「獵獲物」後，便將這些會說話的「黑色牛馬」鎖上腳鐐，像裝填牲口一樣把他們塞進運奴船的貨艙，販給美洲的礦主和園主，牟取百分之幾百到百分之一千的暴利。[21] 在海運中，常因船上疫癘流行或缺糧缺水，大批還活著的奴隸被拋到海里餵鯊魚。

據大略統計，從十六世紀至十九世紀三百多年間，奴隸貿易使非洲總人口共損失了約一萬萬人，長期獵奴戰爭和大量販奴虐殺所造成的經濟力、人力上的嚴重破壞，是整個非洲大陸長期落後的主要原因之一。殖民者用非洲億萬黑人的堆堆白骨，為歐美「先進文明」的大廈填築了牢實的基礎。

役奴、獵奴、販奴的妖風也刮到了亞洲。在印尼，荷蘭殖民者曾在蘇拉威西島實行「盜人制」。為此目的而專門訓練了大批盜人的匪徒，把盜劫到手的「人贓」投入孟加錫等地的祕密監獄，待機啟運。[22] 在舊中國，西方殖民者也連騙帶劫，掠走了數以百萬計的「契約華工」，當作「豬仔」轉賣給海外各地的礦主、園主，用黃種奴隸來擴充棕種奴隸和黑種奴隸的數量，迫使中華兒女成千累萬地慘死異土！[23]

7. 壟斷貿易，單一經濟

著名的資產階級思想家孟德斯鳩曾公開宣揚：「殖民之宗旨，在於取得最優惠之貿易條件。……吾人規定在殖民地區宗主國獨攬貿易權利，此事道理甚明。」[24] 長期以來，西方殖民者就是按這個「宗旨」和「規定」行事的。在嚴刑峻法的限制下，

殖民地幾乎只能向宗主國出口自己的主要產品，也只能從宗主國進口自己所需要的主要產品，而商品價格和關稅比率，卻由宗主國單方規定。在這一出一進、賤賣貴買過程中，殖民地人民受到了雙重的盤剝，這樣的「貿易」實際上是一種變相的搶劫。

貿易的壟斷與生產的畸形是緊密結合的。西方殖民主義者長期以嚴刑峻法強迫殖民地人民集中人力、物力實行農、牧業的單一種植或單一經營，以適應宗主國在世界市場上牟取暴利的需要。這就嚴重阻撓和破壞了這些地區國民經濟的正常健康發展，使其成為經濟上缺手斷足的畸形怪胎。大片良田沃土被霸占去闢為種植園或牧場，使千千萬萬的農民流離失所，淪為雇工奴隸；工業嚴重落後，日用必需品完全仰賴宗主國進口，宗主國則耍弄殺價收購農產品和抬價賣出工業品的慣伎，把殖民地人民推進更加貧窮痛苦的深淵。

8. 種毒販毒，戕民攫利

眾所周知，鴉片是一種麻醉性毒品，吸食成癮，會嚴重戕害健康，縮短壽命。然而，剝削者的行動哲學歷來就是「只要我能多撈一把，哪管它寸草不生」。從十八世紀末葉起，英國殖民主義者就在印度強迫孟加拉地區的農民大量種植罌粟製造鴉片，低價收購，高價出賣，從而使販毒撈錢成為英國殖民者「自己財政系統的不可分割的部分」。[25]

殺人不見血的毒品源源不斷地輸進中國，「換」走的卻是中國人民血汗凝成的茶葉、蠶絲和巨量白銀。由於銀源日益枯涸，加之鴉片流毒全國，嚴重戕害民族健康，連清朝政府中的一些有識之士也驚呼，這樣下去，「是使數十年後，中原幾無可以御敵

之兵，且無可以充餉之銀。興思及此，能無股慄？！」[26]當清朝政府迫於人民群眾的強烈要求，對西方鴉片販子採取嚴禁措施時，殖民主義者竟發動侵略戰爭，於燒殺劫掠之餘，還要收取殺人放火的「手續費」：以「水陸軍費」為名勒索巨額「賠款」。單單一八四〇至一八四二年的第一次鴉片戰爭，就勒索了「賠款」二千一百萬銀元，相當於當時清朝政府全年財政總收入的三分之一。真是「甚至詩人的幻想也永遠不敢創造出這種離奇的悲劇題材」[27]！對於由這場歷史悲劇帶來的一連串沉重民族災難與種種惡果，中國人民是記憶猶新的！

9. 毀滅文化，精神侵略

早在西方殖民者的祖先們還處在矇昧、野蠻的時代，亞洲、非洲、美洲的勞動人民就已經創造了許多燦爛的古文化，積累了許多古代文明寶藏。但在殖民侵略下，這些古文化、古文明卻紛紛慘遭摧殘和毀滅。

例如，一五三二年，歐洲殖民主義者在「征服」祕魯的過程中，把許多古代神廟中各種金銀壁飾等藝術珍品洗劫一空。

又如，一八六〇年，英法侵略軍闖進了北京的圓明園，對清朝皇帝搜刮全國民財慘澹經營了一百五十多年的豪華別宮，於恣意劫掠破壞之後，又付之一炬，大火三日不熄，使這座收藏著數千年歷史奇珍和文物典籍因而舉世罕有的宏偉寶庫和園林藝術典範，化為一片瓦礫和灰燼！在殖民掠奪史上，這一類文化浩劫，古今中外，不知凡幾，它給全世界人類文化造成的慘重損失，是無法估量的。

既毀其精華，又塞以糟粕。殖民主義者通過傳宗教、辦學

校、出書報等等精神侵略活動，推銷各種精神鴉片，力圖摧毀殖民地、半殖民地人民的民族意識，磨滅其愛國心和革命性；同時，千方百計地培植一小撮奴顏媚骨以及為虎作倀的民族敗類，充當他們鞏固殖民統治、擴大殖民掠奪的工具和幫兇。

10. 血腥屠殺，種族滅絕

在殖民掠奪和霸占土地的過程中，殖民主義者對於稍敢反抗或留戀鄉土不願遷徙的土著居民，往往採取極端殘暴的種族滅絕政策。據十六世紀曾直接參與殖民侵略活動的西班牙人拉薩·卡薩斯的記述，西方殖民者是如此屠殺起義的印第安人的：「他們闖進村鎮，不放過小孩、老人、婦女、產婦，把所有的人都殺光，……他們互相打賭能否一刀把人劈成兩半，能否一斧把頭砍下或把臟腑剖開，他們奪下母親懷裡的嬰兒，把腦袋往石頭上撞……或是把母親和嬰兒背靠背綁在一起丟到河裡。」[28]為了把印第安人斬盡殺絕，那些「虔誠」地信奉基督教，以「仁慈、博愛」自我標榜的西方殖民者，竟公然懸賞殺人：一七〇三年，北美新英格蘭地區的殖民者在立法會議上決定，每剝得一張印第安人的頭蓋皮給賞金四十鎊；一七二〇年，這種頭蓋皮竟然「漲價」，每張給賞金一百鎊。[29]這一類慘絕人寰的反動法令，自一六四一年起竟然在整個美洲大力推行達一百七十多年！

為了更迅速地滅絕土著居民，西方殖民者還採取了令人髮指的手段：傳播瘟疫！他們抓住土著小孩，強行注射烈性傳染病細菌，然後放回去令其發作傳病。用諸如此類的狠毒辦法往往在極短的時間內就使幾百個部落徹底滅絕，大片大片的土地斷了人煙。然後，這裡就成為殖民者們最理想的新種植園和新牧羊場！[30]

總之，西方殖民主義者的種種暴行，是罄竹難書的。以上所粗略列舉的十個方面，只不過是殖民掠奪這一股歷史濁流中的一涓一滴。

　　漫漫數百年，一部殖民史，就是一部弱肉強食史，也就是歐美列強和全世界眾多弱小民族之間的國際經濟關係史的主要內容。而在這段期間裡，列強之間的國際經濟關係，也自始至終充滿著爭奪殖民地、爭奪世界自然資源、爭奪世界市場的酷烈搏鬥。

　　從宏觀上分析這一歷史階段國際經濟關係的全局，可以概括出如下幾個特點：

　　第一，全世界自然資源和其他生產資料在國際社會裡的占有形式和占有關係發生了急遽的變化。在暴力的條件下，這種占有形式和占有關係的民族性不斷削弱，世界性不斷增強。寥寥幾個西方強國直接占有了或實際上控制了全世界絕大部分自然資源和其他生產資料，從而在國際經濟關係中處於統治和支配的地位，而全世界眾多弱小民族在喪失政治主權的同時也喪失了經濟主權，本國的經濟命脈操縱在外國人手中，本國的物質財富源源外流，從而在國際經濟關係中處於被統治、被支配的地位。

　　第二，在上述占有形式和占有關係的基礎上，一切國家的生產、交換、分配、消費諸種經濟關係，也愈來愈具有世界性。許多國家新建工業所加工的已經不是本地的原料，而是遠隔重洋輾轉運來的異國原料；它們的花樣翻新的產品，不僅供本國本地消費，而且同時遠銷異邦，供全世界各地消費。新的社會需求層出不窮，這些新需求只有靠遠地異邦的土特產品和精尖產品才能得到滿足。因此，國際商務往來空前頻繁，國際經濟交往的形式日

益多樣化，規模也日益擴大；各國經濟之間的互相依存關係也空前密切、空前廣泛。

第三，在國際經濟領域中，在上述占有、交換、分配、消費諸關係中，暴力和強制始終貫穿於全過程，發揮了「經久不衰」的作用。暴力和強制，或者是開創上述諸關係的「前導」和「先鋒」，或者是維護這些關係的「後盾」和「衛士」，或者是鞏固這些關系的「基礎」和「裝甲」。在這種條件下，國際經濟交往中大量產生和反覆出現不平等、不等價、不公平、非自願、非互利的現象和模式。

第四，這種以暴力和強製為主要柱石、以弱肉強食為共同本質的不平等、不等價、不公平、非自願、非互利的模式，在長期的實踐過程中，往往被確立為規章制度，被規定為行為準則，甚至被制定為法律規範，作為一種「合法」的秩序被固定下來，形成「法定的」國際經濟秩序。這樣的國際經濟秩序，就是當今全世界人民，特別是第三世界眾多發展中國家和弱小民族所同聲譴責的「國際經濟舊秩序」的「原版」和淵源。

（二）帝國主義時期

隨著時間的推移，資本主義、殖民主義的國際經濟關係和國際經濟秩序在本質依然如故的情況下發展到一個新的階段：在十九世紀的最後三十年中，自由資本主義逐步向壟斷資本主義過渡。十九世紀末二十世紀初，世界資本主義終於發展成為帝國主義。「帝國主義，作為美洲和歐洲然後是亞洲的資本主義的最高階段，截至一八九八至一九一四年這一時期已完全形成。」[31]

帝國主義是壟斷的資本主義。壟斷資本的統治是帝國主義最基本的特徵。在帝國主義時代，資本主義所固有的各種矛盾日益激化。除了帝國主義各國內部無產階級同資產階級之間的矛盾十分尖銳之外，在國際經濟關係和政治關係方面也出現新的動盪局面：

第一，帝國主義國家之間的經濟、政治矛盾空前尖銳。各國壟斷組織的出現，不僅沒有消弭競爭，反而促使競爭在更廣闊的範圍、更巨大的規模、更激烈的程度上繼續進行，幾個大國都想爭奪霸權。在十九世紀的最後二十五年中，各大國壟斷集團為了爭奪銷售市場、原料產地和投資場所，展開了搶先占領勢力範圍和瓜分世界的空前猛烈的惡鬥。到了十九世紀末二十世紀初，整個世界業已被瓜分完畢。由於資本主義發展的不平衡性，帝國主義列強實力對比不斷發生變化，經濟疾速發展的後起國家要求按照實力的新對比重新瓜分世界，因而在帝國主義各國之間，充滿了從別人手上奪取殖民地，重新分配勢力範圍，重新排列世界霸主座次的矛盾衝突。這些矛盾衝突導致了一八九八年的美西戰爭、一八九九至一九〇二年的英布戰爭、一九〇四至一九〇五年的日俄戰爭，而且愈演愈烈，後來終於釀成了一九一四至一九一八年的第一次世界大戰。

第二，被壓迫民族同帝國主義國家之間的經濟、政治矛盾空前尖銳。由於壟斷組織的形成大大激化了世界範圍的競爭，由於只有占領殖民地，奪得更多的廉價原料、勞力以及更大的市場和投資場所，才能充分保障壟斷組織獲得勝利，在十九世紀的最後二十五年和二十世紀初，帝國主義列強以前所未有的速度和瘋狂

性，加緊侵略擴張和加強殖民掠奪。以非洲為例，在一八七六年殖民國家布魯塞爾國際會議之前，列強在非洲侵奪的殖民地只占該洲全部面積的十分之一，到了二十世紀初，列強已將這個面積達三千萬平方公里的富饒大陸宰割瓜分殆盡，滅亡了幾十個國家，幾乎所有的非洲國家和地區全都淪為殖民地和保護國，只剩下埃塞俄比亞和利比里亞兩國表面上勉強保持一定程度的獨立。在瓜分世界的過程中，英、俄、法、德、美、日六個國家在第一次世界大戰以前搶占的殖民地面積竟達六千五百萬平方公里，約等於它們本國面積總和的四倍[32]，相當於六個半歐洲。

在帝國主義時代，列強對亞、非、拉美弱小民族的殖民掠奪變本加厲，進入一個新的階段。列強在它們所攫取或控制的亞、非、拉廣大地區，進一步確立和加強了一整套殖民統治秩序。它們除了繼續實行商品輸出，沿用從賤買貴賣到殺人越貨那一系列老譜之外，還憑藉暴力和強制，大量採取資本輸出的新手法，在殖民地和附屬國境內就地舉辦企業盤剝厚利。換言之，在弱小民族已經喪失國家主權，無法獨立自主，無權對外來投資進行選擇、控制、管理、監督的情況下，在不平等和非自願的條件下，它們利用亞、非、拉地區地價賤、工資低、原料廉的條件，在當地投資舉辦各種企業，把資本的吸血管伸進一切經濟領域。它們到處霸占礦山油田，壟斷鐵路交通，獨攬河海航運，把持對外貿易，包辦關稅郵電，專賣煙酒食鹽，摧殘和扼殺當地民族工業的嫩芽等，從而完全控制了弱小民族的國民經濟命脈，搾取了天文數字般的巨額壟斷利潤；它們廣設銀行，濫發紙鈔，聚斂資金，高利盤剝，操縱金融，左右財政；它們巧立名目，濫定苛捐雜

稅，肆意橫徵暴斂，搞得弱小民族國窮財盡，民不聊生；它們扶植和勾結亞、非、拉當地最反動腐朽的政治勢力和民族敗類，以「太上皇」自居，實行白色恐怖統治；它們對膽敢實行反抗的弱小國家和民族，動輒大舉興兵，炮轟火焚，濫施屠戮，洗劫城鄉，之後還要勒索駭人聽聞的巨額「賠款」竭澤而漁。[33]

由此可見，歷史發展進入帝國主義時代以後，資本主義、殖民主義的國際經濟關系和國際經濟秩序，就其世界性、一體性以及互相依存性而言，雖然發展到一個新的階段，具有自身的某些特色，但暴力和強制，依然是其主要柱石；弱肉強食依然是其共同本質；不平等、不等價、不公平、非自願、非互利的諸般模式和規範，不但依然存在，而且變本加厲了。

三、社會主義國家的出現、眾多弱小民族的獨立與國際經濟關係的本質變化

有侵略掠奪，就有反抗鬥爭。在國際經濟關係領域，一部殖民掠奪史，同時也是一部反殖民鬥爭史。數百年來殖民主義、資本主義、帝國主義的盤剝壓榨和暴虐統治，把殖民地、半殖民地人民推進了苦難深淵，與日俱增的民族災難和亡國滅種的慘痛經歷從反面深刻地教育了他們，大大促進了民族意識的覺醒，迫使被壓迫民族奮起反抗，一直到拿起武器，用革命的暴力反對反革命的暴力。這種反抗外來侵略掠奪、維護國家獨立、爭取民族解放的艱苦鬥爭，向來是前仆後繼，此伏彼起，連綿不斷，遍及全球的。可以說，幾個世紀以來，未有一日止息，到了二十世紀初

期以後，它又進一步與世界社會主義革命的歷史洪流匯合，向著舊世界的國際經濟秩序和國際政治秩序發起猛烈的衝擊。

一九一四年爆發的第一次世界規模的帝國主義大戰給苦難深重的各國被壓迫人民增添了無窮的新災難，逼使人民群眾更快地走上根本推翻資本帝國主義制度的革命道路；同時，大戰削弱了帝國主義列強的力量，十分有利於革命人民從最薄弱的一個環節衝破世界資本帝國主義體系的鎖鏈，而它果然首先在沙皇俄國被衝破了！在以列寧為首的布爾什維克黨的領導下，俄國人民在一九一七年俄歷十月二十五日（西曆 11 月 7 日）推翻了帝國主義政府，建立了世界上第一個社會主義國家。

十月社會主義革命的勝利，削弱了國際帝國主義勢力，改變了全世界壓迫民族和被壓迫民族兩大營壘之間的力量對比，有利於被壓迫民族的解放事業，並且為進一步改變舊世界的國際經濟秩序提供了一個良好的開端。

在當時及其後二十八年中，在列寧和斯大林領導下的這第一個社會主義國家，乃是全球唯一的社會主義國家；國內的社會主義革命和社會主義建設雖然取得許多重大成就，但在國際環境上，它仍處在世界資本主義的四面包圍之中，有如資本主義汪洋中的一座孤島。因此，就國際經濟關係和國際經濟秩序的整體和全局而言，殖民主義、資本主義、帝國主義舊世界的傳統關係和傳統秩序仍然占有壓倒的優勢，仍然在全世界絕大部分地區占有統治的和支配的地位。

這種局面延續了相當一段時間，直到第二次世界大戰結束以後，才開始逐步產生並正繼續產生著本質的、重大的變化：七十

多年來舊的國際經濟關係和國際經濟秩序，即建立在暴力、強制、掠奪、壓榨、盤剝基礎上的國際經濟關係和國際經濟秩序，已經無法完全守住其原有的陣地，無法保住其原有的統治和支配地位，它們被迫處於「且戰且退」之中；相應地，新的國際經濟關係和新的國際經濟秩序，即建立在和平、自願、平等、公平、互利基礎上的國際經濟關係和國際經濟秩序，則正在披荊斬棘、節節進取之中。

這種局面的出現，是因為在第二次世界大戰結束以後的七十多年中，世界上的各種力量經過長期的較量和鬥爭，幾度重新排列組合，使國際革命力量與反動力量的對比、進步力量與保守力量的對比發生了重大的變化。這種力量對比的變化，主要體現在以下四個方面：

（一）相繼出現了十幾個社會主義國家

這就更加嚴重地削弱了世界資本帝國主義體系，更加沉重地打擊了國際殖民主義體制。特別是曾經長期淪為半殖民地半封建國家的中國，各族人民經過一百多年堅苦卓絕的鬥爭，終於在中國共產黨的領導下於一九四九年推翻了帝國主義、封建主義和官僚資本主義的統治，取得了新民主主義革命的偉大勝利，建立了社會主義國家。在面積相當於整個歐洲的廣闊土地上，約占全世界人口五分之一的中國人民，從此徹底擺脫了世界資本帝國主義和國際殖民主義的統治和支配，這就意味著傳統的國際經濟關係和國際經濟舊秩序失掉了一大片陣地，同時也意味著在進一步改造國際經濟舊關係和舊秩序、建立國際經濟新關係和新秩序的鬥

爭中出現了新的中堅力量。儘管一九九一年蘇聯在內外各種因素綜合作用下解體，人類在社會主義道路上一度受到嚴重挫折，但是，這在人類通往社會主義、共產主義的歷史長河中只是短暫的現象；以中國為中流砥柱的全球社會主義事業仍在克服險阻，排除萬難，繼續前進，並且不斷取得舉世矚目的新成就。

（二）相繼出現了一百多個新的民族獨立國家

這是全世界殖民地、半殖民地眾多被壓迫弱小民族經過幾個世紀的浴血奮戰，用無數生命換取來的偉大勝利成果。國際形勢發展中的這一重大飛躍，開始於第二次世界大戰結束後的初期，至二十世紀六〇年代，形成一個高潮。具體說來，二十世紀四〇年代中期至四〇年代末，爭得民族獨立的有印度尼西亞、越南、老撾、敘利亞、約旦、菲律賓、巴基斯坦、印度、緬甸、斯里蘭卡、朝鮮等十一個國家；五〇年代中，爭得民族獨立的有利比亞、柬埔寨、蘇丹、摩洛哥、突尼斯、加納、馬來西亞、幾內亞等八個國家；六〇年代中，爭得民族獨立的國家有如雨後春筍，紛紛破土而出，數目激增，計有喀麥隆、塞內加爾、多哥、馬達加斯加、扎伊爾、索馬里、貝寧、尼日爾、上沃爾特、象牙海岸、乍得、中非、剛果、塞浦路斯、加蓬、馬里、尼日利亞、毛里塔尼亞、塞拉利昂、科威特、坦桑尼亞、西薩摩亞、盧旺達、布隆迪、阿爾及利亞、牙買加、特立尼達和多巴哥、烏干達、肯尼亞、馬拉維、馬耳他、贊比亞、岡比亞、馬爾代夫、新加坡、圭亞那、博茨瓦納、萊索托、巴巴多斯、也門、瑙魯、毛里求斯、斯威士蘭、赤道幾內亞等四十四個國家；七〇年代中，爭得

民族獨立的又有湯加、斐濟、孟加拉、巴林、卡塔爾、阿拉伯聯合酋長國、馬哈馬聯邦、幾內亞比紹、格林納達、莫桑比克、佛得角、科摩羅、聖多美和普林西比、巴布亞新幾內亞、安哥拉、蘇里南、塞舌爾、吉布提、所羅門群島、圖瓦盧、多米尼加聯邦、聖盧西亞、基裡巴斯、聖文森特和格林納丁斯等二十四個國家；八○年代中，爭得民族獨立的國家又陸續增添了津巴布韋、瓦努阿圖、伯利茲、安提瓜和巴布達、聖克里斯托弗、文萊等；九○年代中，又有納米比亞、馬紹爾群島、密克羅尼西亞、帕勞、瑙魯、湯加等地相繼爭得獨立，並被聯合國接納為會員國。至此，曾經長期遭受殖民統治的全球弱小民族，幾乎全部贏得了國家獨立。

全世界殖民地、半殖民地如此眾多的被壓迫弱小民族紛紛爭得了民族解放和國家獨立，這就使得建立在殖民主義、帝國主義、霸權主義基礎上的傳統國際經濟關係和國際經濟舊秩序，遭到相當深刻的破壞和全面的衝擊，古老的殖民主義體系已經陷於土崩瓦解狀態，殖民主義、帝國主義、霸權主義勢力已經不能按照老譜左右一切、繼續統治下去。這是問題的一個方面。

問題的另一個方面是：許多亞、非、拉美國家在取得政治獨立之後相當長的時期裡，原先的宗主國或其他發達國家的殖民主義、帝國主義、霸權主義勢力依然以不同形式在不同程度上控制著這些國家的經濟命脈，舊的經濟結構並沒有根本改變。帝國主義勢力，特別是超級大國採用了新殖民主義形式，[34]繼續對原先的殖民地和半殖民地——發展中國家進行剝削和掠奪。它們運用各種手段，直接或間接地繼續占有或控制發展中國家的自然資

源，繼續以十分苛刻的條件向發展中國家輸出資本，搾取超額利潤。它們繼續設法在發展中國家推行和控制畸形的單一經濟，並利用在國際市場上的壟斷地位，壓低發展中國家原料和初級產品的價格，抬高自己工業製品的出口價格，進行不等價的交換，以牟取暴利。

這種現實局面促使眾多發展中國家清醒地認識到：一個國家取得了政治獨立，只是走了第一步，還必須鞏固這個獨立。歸根到底，政治獨立和經濟獨立是密不可分的。沒有政治獨立，就不可能爭取經濟獨立；而沒有經濟獨立，一個國家的政治獨立就是不完全、不鞏固的。發展中國家為了達到完全、鞏固的獨立，就必須進一步肅清國內的殖民主義殘餘勢力，必須從根本上改變舊的經濟結構，即獨立自主地掌握本國的經濟命脈，充分利用本國的自然資源，逐步地、大力地發展本國的民族經濟。每一個發展中國家在本國進行的所有這些努力，同時又是在全世界範圍內改變國際經濟舊關係、改造國際經濟舊秩序這一總鬥爭中的有機組成部分。

（三）全球實際上劃分為三個世界

第二次世界大戰後數十年間，世界上各種政治力量在長期的縱橫捭闔過程中，發生了分化和改組，因此，世界實際上存在著互相聯繫又互相矛盾著的三個方面，從而使全球劃分為三個世界[35]：首先，美國、蘇聯是第一世界，蘇聯在一九九一年瓦解之後，美國遂成為第一世界中唯一的超級大國；亞、非、拉美發展中國家和其他地區的發展中國家是第三世界；處在這兩者之間的

發達國家是第二世界。中國是一個社會主義國家，也是一個發展中國家，它和其他發展中國家曾經有過共同的經歷，當前又面臨著共同的鬥爭。過去、現在和將來長時間共同的處境和共同的利害，決定了中國屬於第三世界。

就第三世界而言，眾多發展中國家占有世界人口的百分之七十以上，分布在全球廣闊的地區，其經濟上、政治上的潛力都是巨大的、雄厚的。但由於長期遭受殖民主義、帝國主義、霸權主義的掠奪和盤剝，它們在爭得政治獨立後相當長的時期裡，在經濟上仍處在相當貧弱的地位。它們是傳統的國際經濟舊關係和國際經濟舊秩序長期的受害者，而且還在繼續遭受這種舊關係和舊秩序的嚴重損害，因此，它們最強烈、最堅決地要求徹底改變這種舊關係，徹底改造這種舊秩序，而代之以新的、建立在平等自願和公平互利基礎上的國際經濟關係和國際經濟秩序。所以，它們是當今世界上反帝、反殖、反霸鬥爭的主力軍，是改造國際經濟舊秩序和創建國際經濟新秩序的最強大的動力。

就第一世界而言，美國這個唯一的超級大國，以世界霸主自居，在全球推行其政治上、經濟上的霸權主義。它用不同的方式力圖把亞、非、拉美的發展中國家置於它的控制之下，同時還要欺負那些實力不如它的發達國家。它竭力對別國進行經濟剝削，搾取別國的財富，攫取別國的資源。它經常以大欺小、以強凌弱、以富壓貧，力圖保住和擴大既得利益。一句話，它是國際經濟舊關係和國際經濟舊秩序的守護神。在當今世界性的「南北矛盾」中，它是廣大發展中國家的主要對立面。

就第二世界而言，它們同第一世界、第三世界都有矛盾，具

有兩面性。它們當中的一些國家，至今還對第三世界國家保持著不同形態、不同程度的殖民主義剝削關系。同時，屬於第二世界的所有這些發達國家，又都在不同程度上受著那個超級大國的控制或欺負，從而都在不同程度上具有擺脫超級大國控制和欺負的要求。在某些情況下，它們從自身的利益出發，甚至可以對第三世界反對殖民主義的鬥爭作出一些讓步，或者對第三世界國家反對霸權主義的鬥爭表示一定的支持或中立。因此，它們是第三世界眾多發展中國家在反對國際經濟舊關係、改造國際經濟舊秩序、建立國際經濟新秩序這一長期鬥爭過程中可以爭取、可以聯合的力量。

（四）世紀之交，國際經濟秩序破舊立新的爭鬥進入新的回合

在二十世紀最後十年和進入二十一世紀之際，世界歷史進程出現了新的態勢，[36] 其主要特點在於：第一，以美蘇兩個超級大國為主體、延續近半個世紀的冷戰已告結束，國際局勢總體上走向緩和，和平與發展成為當代世界的主題，要和平、謀穩定、促合作、求發展成為全球人民的共同願望和歷史潮流；在世界多樣性的客觀規律支配下，世界多極化的趨勢日益明顯。第二，冷戰雖已結束，但「意識落後於存在」，冷戰思維仍然陰魂不散，時時作祟；天下還很不太平，霸權主義和強權政治在各種新「包裝」下有新的發展，全球唯一的超級大國依然力圖主宰世界，一有風吹草動，「新干涉主義」和「新砲艦政策」時時肆虐，嚴重威脅世界的和平、穩定和發展。第三，在世界經濟領域，全球化趨勢在加速發展，它的正面作用和負面作用同時並存，也同樣突

出：一方面，資本、技術、知識等生產諸要素跨越國界的加速流動和合理配置，促進了世界經濟的發展，給各國帶來了新的發展機遇。另一方面，發達國家憑藉其經濟實力上的絕對優勢，在制定國際經貿「遊戲規則」中掌握著絕對的「主導權」，從而成為全球化進程中最大的受益者，而相形之下，大多數發展中國家則受益很小或並未受益，有些甚至被「邊緣化」；與此同時，經濟全球化使國際競爭空前激烈，弱國遭受的金融風險和經濟風險明顯增加，南北兩大類國家貧富差距和發展懸殊繼續拉大，「數字鴻溝」成備加深，[37] 南北矛盾日益突出，廣大發展中國家的經濟安全和經濟主權面臨空前的壓力和嚴重的挑戰。這些突出的負面作用集中地體現在了新舊世紀之交，不公平、不合理的國際經濟舊秩序遠未根本改變，公平、合理的國際經濟新秩序也遠未真正確立。因此，在全球化加速發展的新條件下，破除國際經濟舊秩序與維護這種舊秩序，建立國際經濟新秩序與阻撓這種新秩序，這兩種國際力量或兩大國際營壘之間的爭鬥已經進入新的回合，國際經濟秩序的破舊立新，依然任重而道遠。

從宏觀上看，在國際經濟關係和國際經濟秩序領域，當今世界性南北矛盾的歷史淵源、鬥爭焦點、力量對比以及新近的發展，其大體脈絡有如上述。人們用以調整國際經濟關係的近現代意義上的國際經濟法，正是在這樣的歷史背景和社會條件下逐步產生和發展起來的。

注釋

* 據統計，迄二〇一七年十二月五日為止，聯合國會員國總數為一百九十三個，其中原為殖民主義宗主國的發達國家約二十二個，占會員國總數的百分之十一點五；原為殖民地、半殖民地的發展中國家約一百七十一個，占會員國的絕大多數（資料來源：https://www.un. org/zh/member-states/index, html）。從地理位置上看，大多數發展中國家都處在幾個主要發達國家的南面，因而國際上通常把全球的發展中國家統稱為「南方國家」，把全球的發達國家統稱為「北方國家」，相應地，把這兩大類國家之間的矛盾簡稱為「南北矛盾」。

本章的部分內容，原載於筆者參撰和主編的《國際經濟法總論》（法律出版社 1991 年版），先後經多次修訂增補，分別輯入筆者參撰和主編的《國際經濟法學》（北京大學出版社 1994-2017 年第 1-7 版）；《國際經濟法學新論》（高等教育出版社 1994-2017 年第 1-4 版）；《國際經濟法學專論》（高等教育出版社 2002-2007 年第 1、版）；《國際經濟法》（法律出版社 1999-2017 年第 1-4 版）．

〔1〕 參見《後漢書・西域傳》，中華書局 1965 年版，第 10 冊，第 2920 頁。文中所稱「大秦安敦王」指羅馬帝國安托尼努斯王朝的第四個皇帝馬可・奧里略・安托尼努斯（161-180 年在位）。

〔2〕 參見《漢書・張騫、李廣利傳》，中華書局 1962 年版，第 9 冊，第 2696 頁。

〔3〕 同上書，第 2689-2690 頁。

〔4〕 馬克思、恩格斯：《共產黨宣言》，載《馬克思恩格斯選集》第 1 卷，人民出版社 1972 年版，第 276 頁。

〔5〕 馬克思：《所謂原始積累》（《資本論》第 1 卷第 24 章），載《馬克思恩格斯選集》第 2 卷，人民出版社 1972 年版，第 265 頁。

〔6〕 參見馬克思：《政治經濟學批判》，載《馬克思恩格斯全集》第 13 卷，人民出版社 1962 年版，第 114、115 頁。

〔7〕 恩格斯：《論封建制度的瓦解和民族國家的產生》，載《馬克思恩格斯全集》第 21 卷，人民出版社 1965 年版，第 450 頁。

〔8〕 列寧：《社會主義的原則和 1914-1915 年的戰爭》及《帝國主義是資本主義的最高階段》中的兩份統計表，載《列寧選集》第 2 卷，人民出版社 1972 年版，第 671、800 頁。

另據日本大鹽龜雄所著《最新世界殖民史》一書（商務印書館 1930年中譯本）附錄「世界殖民地現勢一覽表」及「近世殖民史年表」累計估算，可概括如下：

表 1-3-1　一八九五年列強殖民地面積概況　　（面積單位：萬平方公里）

國名	殖民地面積	宗主國本土面積	殖民地面積相當於宗主國本土的倍數
英國	3051.9	24.4	125.0
俄國	1740.0	540.0	3.2
法國	839.7	55.1	15.2
德國	265.7	35.6	7.5
葡萄牙	242.5	8.9	27.2
比利時	235.5	3.0	78.5
荷蘭	202.0	4.1	49.3
西班牙	31.5	50.4	0.6

〔9〕　馬克思：《不列顛在印度統治的未來結果》，載《馬克思恩格斯全集》第 9 卷，人民出版社 1961 年版，第 252 頁。

〔10〕參見〔蘇聯〕馬吉多維奇：《哥倫布》，吳洛夫譯，新知識出版社1958 年版，第 12、24 頁。

〔11〕參見〔美〕海斯等：《世界史》，紐約 1946 年英文版，第 423 頁。

〔12〕參見〔美〕福斯特：《美洲政治史綱》，紐約 1951 年英文版，第 3章第 3 節。

〔13〕參見〔法〕馬賽爾·艾格列多：《阿爾及利亞民族真相》，維澤譯，世界知識出版社 1958 年版，第 45 頁。

〔14〕恩格斯：《英國軍隊在印度》，載《馬克思恩格斯全集》第 12 卷，人民出版社 1962 年版，第 526 頁。

　　恩格斯在這裡指的是一八五七年英國殖民軍攻陷印度奧德首府勒克瑙後縱兵洗劫兩星期的情景。據當年英國《泰晤士報》軍事通訊員威廉·羅素報導，當時英軍官兵搶到了大量金銀和珍珠、翡翠、鑽石，「有些軍官真正發了大財，……在放軍裝的破箱子裡，藏著一些小匣子，裡面裝著蘇格蘭和愛爾蘭的整個莊園，裝著世界上……各個地方的舒適的漁獵別墅」。

〔15〕轉引自李乾亨：《資本原始積累史話》，中國青年出版社 1979 年版。

〔16〕《葉羅菲伊·哈巴羅夫報告他在黑龍江進行軍事活動的呈文》，載

〔蘇聯〕列別吉夫等編：《蘇聯歷史文選》（第1卷），蘇聯教育部國家科學教育出版社1949年版，第438-440頁。

〔17〕〔蘇聯〕奧爾德羅格等主編：《非洲各族人民》，莫斯科1954年版，第10章第4節。

〔18〕馬克思：《政府在財政問題上的失敗。——馬車伏。——愛爾蘭。——俄國問題》，載《馬克思恩格斯全集》第9卷，人民出版社1961年版，第254頁。

〔19〕〔英〕哈斯丁斯：《致東印度公司董事會的報告（1772年11月3日）》，轉引自〔英〕杜德：《今日印度》，倫敦1940年英文版，第115頁。

〔20〕參見〔蘇聯〕古柏爾等：《殖民地保護國新歷史》（上卷·第1冊），吳清友譯，讀書出版社1949年版，第96頁。

〔21〕參見〔美〕福斯特：《美國歷史中的黑人》，紐約1954年英文版，第2章第2節。

〔22〕參見馬克思：《資本論》，載《馬克思恩格斯全集》第23卷，人民出版社1972年版，第820頁。

〔23〕參見〔美〕泰勒·丹涅特：《美國人在東亞》，商務印書館1960年版，第454-455頁；卿汝楫：《美國侵華史》（第1卷），人民出版社1962年版，第99-100頁。

〔24〕〔法〕孟德斯鳩：《論法的精神》（下冊），張雁深譯，商務印書館1963年版，第69-70頁。

〔25〕參見馬克思：《鴉片貿易史》，載《馬克思恩格斯全集》第12卷，人民出版社1962年版，第587頁。

〔26〕林則徐：《錢票無甚關礙宜重禁吃煙以杜弊源片》，載《林則徐集（奏稿）》（中冊），中華書局1965年版，第601頁。

〔27〕馬克思：《鴉片貿易史》，載《馬克思恩格斯全集》第12卷，人民出版社1962年版，第587頁。

〔28〕轉引自〔蘇聯〕格拉齊安斯基等編：《中世紀史文獻》（第3卷）莫斯科1950年版，第43-44頁。

〔29〕參見馬克思：《資本論》，載《馬克思恩格斯全集》第23卷，人民出版社1972年版，第821-822頁

〔30〕參見蘇聯科學院：《美洲印第安人》，生活·讀書·新知三聯書店1960年版，第324、358頁。

〔31〕列寧：《帝國主義和社會主義運動中的分裂》，載《列寧選集》第 2 卷，人民出版社 1995 年版，第 705 頁。

〔32〕根據列寧所引用的統計數字，當時這六國本土面積總和是一千六百五十萬平方公里。參見《列寧全集》第 26 卷，人民出版社 1988 年版，第 325 頁；《列寧全集》第 27 卷，人民出版社 1990 年版，第 393 頁。

〔33〕以列強對中國的兩次敲詐為例：日本侵華的「甲午戰爭」後，一八九五年的《馬關條約》規定：中國清政府必須「賠償」日本軍費二億兩白銀。當時清政府每年稅收總數不過七八千萬兩白銀，「賠款」竟三倍於此數，而且要在三年內交清，否則要額外加息。八國聯軍侵華戰爭後，一九○一年的《辛丑條約》規定：中國應「賠款五億兩白銀，加上逐年分期付款外加利息，合計近十億兩。其中沙皇俄國分贓最多，獨吞贓銀一點三億兩，占「賠款」總額的百分之二十九（不包括利息）。所有這些沉重負擔，被全部轉嫁到中國勞動人民身上，使他們更加艱難竭蹶，陷入絕境。

〔34〕早在一百年以前（1917 年），列寧就曾根據當時的事實提醒人們注意：在帝國主義時代，「典型的國家形式不僅有兩大類國家，即殖民地占有國和殖民地，而且有各種形式的附屬國，它們在政治上、形式上是獨立的，實際上卻被財政和外交方面的附屬關係的羅網包圍著」；他指出，必須不斷揭露帝國主義列強慣用的騙術，即「帝國主義列強打著建立政治上獨立的國家的幌子，來建立在經濟、財政和軍事方面都完全依賴於它們的國家」。參見列寧：《帝國主義是資本主義的最高階段》，載《列寧選集》第 2 卷，人民出版社 1995 年版，第 648 頁；《民族和殖民地問題提綱初稿》，載《列寧選集》第 4 卷，人民出版社 1995 年版，第 221 頁。

〔35〕參見《關於三個世界劃分問題》，載《毛澤東文集》第 8 卷，人民出版社 1999 年版，第 441 頁；《中華人民共和國代表團團長鄧小平在聯大特別會議上的發言》（1974 年 4 月 10 日），載《人民日報》1974 年 4 月 11 日第 1 版。

〔36〕參見江澤民：《在聯合國千年首腦會議上的講話》《在中非合作論壇 2000 年部長會議開幕式上的講話》《在亞太經合組織第 8 次領導人非正式會議上的講話》，分別載《人民日報》2000 年 9 月 8 日、10 月 11 日、11 月 17 日。

〔37〕有關統計資料表明：四十年前，全世界最富人口和最窮人口的人均收入比例是 30：1，如今已上升到 74：1；二十年前，聯合國成員中僅有二十多個屬於「最不發達國家」如今已增加到四十八個。世界經濟發展失衡現象日趨嚴重，全球有十三億人生活在絕對貧困線以下，日平均生活費用不足一美元。發達國家擁有全球生產總值的 86% 和出口市場份額的 82%，而占世界人口絕大多數的發展中國家僅分別擁有相應總值的 14% 和相應份額的 18%。參見江澤民：《在聯合國千年首腦會議上的講話》《在聯合國千年首腦會議分組討論會上的發言》，分別載《人民日報》2000 年 9 月 8 日、9 月 9 日。

論國際經濟法的產生和發展

↘ 內容提要

　　國際經濟法肇端於何時？學者們見解不一。筆者認為，其淵源甚早。從宏觀上分析，國際經濟法大體上經歷了萌芽、發展和轉折更新三大階段，三者既前後相承，又各具特色；而每一大階段又可劃分為若干時期和若干層面。萌芽階段的國際經濟法指的是從西元前古希臘、羅馬時代的「羅得法」，羅馬法中的「萬民法」至中世紀時期民間編纂的各種國際商事習慣法典等；發展階段的國際經濟法指的是從十七世紀至二十世紀中葉資本主義世界市場形成和發展時期的雙邊國際商務條約、近現代國際習慣或慣例、多邊國際商務專題公約、多邊國際專項商品協定、近現代國際商務慣例、近現代各國商事立法等；轉折更新階段的國際經濟法指的是從二十世紀中期第二次世界大戰結束迄今六十年來的布雷頓森林體制和關貿總協定、創立國際經濟法新規範的鬥爭、多邊國際商務專題公約的發展、區域性或專業性國際經濟公約的出現、國際商務慣例的發展、各國涉外經濟法的發展以及經濟全球化明顯加快與國際經濟法面臨的新挑戰等。

↘ 目次

　　國際經濟交往中所發生的國際經濟關係，在每一特定歷史階段，往往形成某種相對穩定的格局、結構或模式，通常稱之為「國際經濟秩序」。國際經濟秩序的建立和變遷，取決於國際社會各類成員間的經濟、政治和軍事的實力對比。國際經濟秩序與國際經濟法之間有著極其密切的關係。

　　國際經濟法，就其廣義的內涵而言，是各國統治階級在國際

經濟交往方面協調意志或個別意志的表現。

　　各國的統治階級為了自身的利益，總是盡力把自己所需要、所愜意的各種秩序建立起來，固定下來，使它們具有拘束力、強制力，於是就出現了各種法律規範。從這個意義上說，法律就是秩序的固定化和強制化。秩序是內容，法律是形式；秩序是目的，法律是手段。法律與秩序兩者之間的這種密切關係是具有普遍性的。它不但存在於一國範圍內，而且存在於國際社會中。國家、法人、個人相互之間在長期的國際經濟交往過程中，有許多互利的合作，也有許多矛盾和衝突。經過反覆多次的合作、鬥爭和妥協，逐步形成了各個歷史時期的國際經濟秩序。與此同時，在各國統治階級相互合作、鬥爭和妥協的基礎上，也逐步形成了維護這些秩序的、具有一定約束力或強制性的國際經濟行為規範，即國際經濟法。

　　國際經濟法是鞏固現存國際經濟秩序的重要工具，也是促進變革舊國際經濟秩序、建立新國際經濟秩序的重要手段。

　　在國際經濟和國際經濟法的發展過程中，始終貫穿著強權國家保持和擴大既得經濟利益、維護國際經濟舊秩序與貧弱國家爭取和確保經濟平權地位、建立國際經濟新秩序的鬥爭。這些鬥爭，往往以雙方的妥協和合作而告終，妥協、合作之後又因新的利害矛盾和利益衝突而產生新的爭鬥，如此循環往復不已，每一次循環往復，均是螺旋式上升，都把國際經濟秩序以及和它相適應的國際經濟法規範，推進到一個新的水平或一個新的發展階段。新的國際經濟法規範一經形成和確立，就能更有效地進一步變革國際經濟的舊秩序，更有力地鞏固和加強國際經濟的新秩

序。

那麼，作為國際經濟行為規範的國際經濟法，是在什麼時候開始出現的呢？

對於這個問題，學者見解不一。一種見解認為：國際經濟法是國際公法的一個新分支。它是調整國家、國際組織相互之間經濟關係的法律規範。傳統的國際公法主要調整國家間的政治關係，即使在第二次世界大戰前的二十世紀三〇年代，國際經濟關係仍處於弱肉強食法則支配之下的無法律狀態，國家可以為所欲為，不受任何法律約束。直到二十世紀四〇年代，在聯合國主持下相繼出現了《國際貨幣基金協定》和《國際復興開發銀行協定》以及《關稅及貿易總協定》以後，才開始了用多邊條約調整國家間經濟關係的新時代。它標誌著國際經濟關係方面的無法律狀態的結束和新興的國際經濟法的出現。[1]

另一種見解認為：國際經濟法不僅包括調整國家、國際組織相互之間經濟關係的法律規範，而且包括調整私人（自然人、法人）相互之間以及公私之間超越一國國界的一切經濟關係的法律規範。國際經濟法的這兩個部分都淵源甚早。就後者而言，它的萌芽狀態，甚至可以追溯到古代中國的夏、商、周以及西方的古希臘、羅馬時期；即使就前者而言，它開始出現，也遠早於二十世紀四〇年代。換言之，至遲在資本主義世界市場逐步形成、各種國際商務條約相繼出現之際，就開始產生用以調整國家相互之間經濟關係的法律規範。

衡諸歷史事實，上述第二種見解是比較可以接受的。從宏觀上分析，迄今為止，國際經濟法經歷了萌芽、發展、轉折更新三

大階段，而每一個大階段又可劃分為若干個時期。每個階段和每個時期既前後相承，又各具特色。茲試概述如下：

一、萌芽階段的國際經濟法

早在西元前，地中海沿岸亞、歐、非各國之間就已出現頻繁的國際經濟往來和國際貿易活動。在長期實踐的基礎上，各國商人約定俗成，逐步形成了處理國際商務的各種習慣和制度。這些習慣和制度，有的由有關國家的法律加以吸收，規定為處理涉外商務的成文準則；有的則由各種商人法庭援引作為處理國際商務糾紛的斷案根據，日積月累，逐步形成為有拘束力的判例法或習慣法。可以說，這些商事法規或商事習慣法，實質上就是國際經濟法的最初萌芽。

散見於某些間接記載中的「羅得法」，羅馬法中的「萬民法」，中世紀民間編纂的國際性商事習慣法法典，諸如十三世紀至十六世紀流行於地中海沿岸各地的《康索拉多海商法典 Consolato del Mare, 或 The Consulate of the Sea）阿馬斐（Amalfi）法、比薩（Pisa）法、奧列隆（Oleron）法、威斯比（Wisby）法、漢薩（Hansa）法等海事商事法典，以及十七世紀前後各國的立法機關參照這些民間編纂的商事法典制定的國內法等，可以統稱為早期的國際商事。它們是萌芽階段的國際經濟法的一種淵源和一個組成部分，其調整對象主要是私人與私人之間超越一國國界的經濟（貿易）關係；它所直接涉及的經濟法律關係的主體，是私人而不是國家。

　　至於國際經濟法的另一個組成部分，即以國家為主體、用來調整國家與國家之間經濟關係的法律規範，在古代和中世紀時期尚屬罕見。不過，中世紀後期出現的歐洲某些城市國家之間締結的重要商約，作為近現代國際商務條約的萌芽和先河，在近現代國際經濟法的發展史上仍具有一定的意義。其中最引人注目的是「漢薩聯盟」的商務規約。漢薩聯盟是十四至十七世紀北歐諸城市國家結成的商業、政治聯盟組織，以北德意志諸城市國家為主，其主要目的在於互相協調和保護各加盟城市國家的貿易利益和從事貿易的各加盟國的公民，並且共同對付聯盟以外的「商敵」。西方有的學者認為，中世紀此類貿易聯盟的某些商務規約，為後來的某些國際公法原則提供了發展的基礎。[2]

二、發展階段的國際經濟法

　　十七世紀以後，資本主義世界市場逐步形成，世界各民族國家之間的經濟貿易交往空前頻繁，國際經濟關係空前密切，相應地，國際經濟法也進入了一個嶄新的發展階段。從十七世紀到二十世紀四〇年代，數百年間，用以調整國際經濟關係的國際條約、國際習慣或慣例和國內立法大量出現，日益完備。

（一）雙邊國際商務條約

　　在這段歷史時期裡，先後陸續出現了許多雙邊性的國際商務條約，它們可以大體區分為兩類，即平等的和不平等的。如果締約國雙方都是主權完全獨立、國力大體相當的國家，締約時雙方

都完全出於自願，條款內容是互利互惠的，雙方所簽訂的條約就是平等條約；如果締約國雙方的國力強弱懸殊，其中一方主權並不完全獨立，因屈服於各種威脅或暴力而被迫締約，條款內容是片面特惠的，所簽訂的條約則是不平等條約。在這段歷史時期裡，西方強國之間簽訂的各種雙邊商務條約和協定，屬於前一類；西方列強與亞洲、非洲、拉丁美洲眾多弱小民族之間簽訂的各種雙邊商務條約、專項商務協定或含有商務條款的其他國際條約，則屬於後一類。前一類為數不多，後一類則不勝枚舉。

各種不平等條約中片面的經濟特惠條款以及貫穿著弱肉強食精神的各種國際習慣或慣例，也是當年國際經濟法的重要組成部分，而就西方列強與全世界眾多弱小民族之間的經濟關係而言，則是當年國際經濟法的主要組成部分。除了強行割取大片疆土和勒索巨額「賠款」的條款之外，諸如強迫弱小民族同意給予關稅稅率「議定」權和「議允」權，[3]甚至鳩占鵲巢，乾脆奪取了海關管理權，同時限制和壓低內地徵稅稅率，以利於洋貨舶來品大量傾銷，強占「租界」和強行「租借」大片土地，攫取和壟斷礦山開採權、鐵路修築權和管理權、內河航運權、「勢力範圍」控制權，強索片面的最惠國待遇[4]等等，也都通過有關的條約和協定，逐步上升為當年用以調整國際經濟關係的法律規範。

（二）近現代國際習慣或慣例

與雙邊國際商務條約並存的，還有許多用以調整國際經濟關係的國際習慣。有些習慣或慣例在今天看起來是十分荒唐的，但在當年卻風行一時，並且獲得西方資產階級國際法「權威」學者

的肯定和論證，被認為是傳統國際法的一個組成部分。試以國際土地資源的取得方式為例。從經濟學的觀點看來，領土本身便意味著耕地、種植園、牧場、森林、礦藏和稅源。按照當年傳統的國際習慣或慣例，對於這些自然資源和財富源泉的取得，竟然可以採取征服、先占、時效之類的形式。征服，指的是一國可以憑藉武力強占他國的領土。換言之，即使是發動侵略戰爭，強占他國領土，劫奪其自然資源，只要切實有效地實現了占領或占有，則這種占領或占有就是「合法」的。先占，在民法上的原意，指的是對無主物的最先占有者可以取得該物的所有權。它被移植到國際法上，指的是國家可以占取無主地，取得對它的主權，而所謂「無主地」，是指當時不屬於任何國家的土地。根據解釋，它不但指海中荒島之類完全無人居住的土地，而且在國際實踐中，主要是指當年亞洲、非洲、美洲廣大的部落地區。換言之，儘管這些地區自古以來就有千千萬萬土著居民世代生息、勞動和繁衍，儘管他們是當地土地和一切自然資源的天然主人，但只要他們還是部落組織而尚未建成國家，這些地區就仍然被認定為不屬於任何國家的「無主地」，西方「文明」國家就可以隨心所欲地按「先占」原則對它們搶先占領，實行統治，「合法地」攫取一切自然資源。至於時效，指的是一個國家擁有的部分領土，縱使當初是不正當地和非法地占有的，只要占有者在相當長的時期內「安安穩穩」地繼續占有，以致形成了「一般信念」，認為事物現狀是符合「國際秩序」的，那麼，這個國家就被認定為這些領土的合法所有者。換言之，時間的流逝可以使一切侵占他國領土及其資源的既成事實從非法變成「合法」。[5]

十分明顯，在上述這個歷史階段中被用來調整列強與眾多弱小民族之間國際經濟關係的各種條約、協定和國際習慣或慣例，都貫穿著強烈的殖民主義、帝國主義、霸權主義精神，而且根據西方資產階級國際法「權威」學者的論證，都是傳統的國際公法的組成部分。誠如中國晚清一位思想家所揭露的：在當時，「公法乃憑虛理，強者可執其法以繩人，弱者必不免隱忍受屈也」[6]。換句話說，這些國際行為規範或行動準則，是與當年國際的強弱實力對比相適應的，是強者用以維持當年國際經濟秩序的一種「惡法」。

由此可見，就這個歷史時期的國際經濟關係而言，並非處在全然「無法律狀態」，而是處在惡法統治狀態；並非弱肉強食「不受任何法律約束」的時代，而是弱肉強食本身「合法化」的時代。

（三）多邊國際商務專題公約

除了雙邊性商務條約和協定之外，在這個歷史階段的後期，又陸續出現了多邊性的國際商務專題公約。其中影響較大的，如一八八三年簽訂的《關於保護工業產權的巴黎公約》，專門對技術發明的專利權、商標和商號的專用權等事項作出統一規定，並實行統一的國際保護；一八八六年簽訂的《關於保護文學藝術作品的伯爾尼公約》，專門對作品的版權問題作出統一規定，實行國際性的共同保護；一八九一年簽訂的《關於商標國際註冊的馬德里協定》，專門對商標申請國際註冊的內容、效力、收費、轉讓等事項作出比較詳細的統一規定；一九一〇年簽訂於布魯塞爾

的《關於船舶碰撞法規統一化的國際公約》[7]和《關於海上援助和救助法規統一化的國際公約》，專門對各種水域船舶碰撞的損害賠償問題以及水上施救行為的報酬索取問題分別作了統一的規定；一九二四年簽訂的《關於提單法規統一化的國際公約》（通常簡稱《海牙規則》，專門對海上運輸中託運人與承運人雙方的權利和義務作出統一規定；一九二九年簽訂的《關於國際航空運輸法規統一化的公約》（通常簡稱《華沙國際航運公約》或《華沙公約》），專門對國際客貨空運的收費、保險、賠償等問題制定了統一的規則；一九三〇年、一九三一年相繼簽訂於日內瓦的《統一匯票本票法公約》《統一支票法公約》，專門對國際貿易支付和貨幣流通中使用本票、匯票及支票的有關事宜制定了統一的法律規範，等等。

（四）多邊國際專項商品協定

在國際貿易中，各利害衝突的有關國家為了避免兩敗俱傷，往往針對某些「商戰」激烈的專項商品達成多邊性的國際協定，就其生產限額、銷售價格、出口配額、進口限制、關稅比率等方面的問題，實行國際性的妥協、統制和約束，這就是種類繁多的國際卡特爾專項商品協定。此類多邊專項商品協定早在十九世紀末二十世紀初就已陸續出現，至第一次世界大戰以後，特別是經歷了一九二九年世界性的「生產過剩」和經濟危機以後，更是層出不窮。其中影響比較重大的，如一九〇二年、一九三一年以及一九三七年先後三度簽訂的國際砂糖協定，一九三一年的國際錫協定，一九三三年的國際小麥協定，一九三四年的國際橡膠協定

等等，都屬於此類多邊性國際專項商品協定，構成了國際經濟法的部分內容。

上述多邊國際商務專題公約、多邊國際專項商品協定，與其他種類的國際經濟法規範相比，具有自身的獨特之處：第一，它們的內容和範圍相當具體和狹小，具有特定的專題性或專項性，不像《友好通商航海條約》那樣籠統和廣泛；第二，它們的作用和效果，往往直接地落實到各締結國從事商務活動的個人或企業，實際上主要用來調整私人之間的涉外經濟關係，不像一般商務條約那樣主要用來調整締約國政府之間的經濟關係；第三，它們以國際公約的形式出現，對於締約國政府具有法律拘束力，因而同時具有直接調整國家政府之間經濟關係的性質，不像一國涉外經濟立法或國際商務慣例那樣對於國家政府不發生國際公法上的拘束力。許多國家在參加簽訂此類國際公約後，還進一步根據公約的規定對本國國內法的相應部分加以修訂、補充，使兩者一致化。

（五）近現代國際商務慣例

為了減少和避免國際經濟交往中的誤會和紛爭，縮短商事合同談判和簽訂過程，提高國際商務活動的效率，有些國際性的商人組織或學術團體，往往歸納和整理商務活動中的某些習慣做法，制定和公布各種商務規則，供各國商事當事人在談判和草擬合同條款時自由選擇採用。這些規則一經採用，就成為對合同當事人具有拘束力的經濟行為規範。例如，一八六〇年，歐美多國商界人士在英國格拉斯哥港共同制定了理算共同海損的統一規

則，通常簡稱為《格拉斯哥規則》，隨後在一八六四年和一八七七年經過兩度修訂，改名為《約克─安特衛普規則》，又經多次修改補充，一直沿用至今。一九〇八年，具有國際影響的英國倫敦商人組織「勞埃德委員會」舊譯「勞合社」正式推出「勞氏海上救助合同標準格式」，其後歷經多次修訂，一直被國際海運界廣泛採用。一九二八年至一九三二年，國際法協會制定了《華沙牛津規則》，專對 CIF（簡稱「到岸價格」）買賣合同雙方所承擔的責任、費用和風險作了統一的規定。一九三三年，國際商會公布了《商業跟單信用證統一慣例》，專門對國際貿易結算中最常用因而爭端最多的信用證支付方式，規定了統一的準則並作出統一的解釋。一九三六年，國際商會制定了《國際貿易術語解釋通則》，專門對國際貿易合同中最常見的九種價格術語作了統一的解釋。國際商會的以上兩種條規，作為早期藍本，之後也屢經修訂補充。其中許多基本內容至今一直沿用。

　　作為國際經濟行為規範，這一類國際商務慣例也具有自身的特色：第一，其有關文本都是由國際性民間團體或非政府組織制定的，並非官方文件。第二，所定各項規則，本身並不具備法律上的拘束力或強制力，僅供各國商務當事人立約參考和自由選用，並可由當事人酌情自行修改補充。但當事人一旦採用並訂入正式合同條款，就立即產生法律約束力。第三，國家政府機關或國有企業如以一般法人身分參加國際商務活動，而且在有關經濟合同中明文規定選用某種國際民間商務條款，即同樣要受它約束，負有履行這些條規的法律義務。

（六）近現代各國商事立法

除了上述各種現象以外，近現代各個民族國家中商事立法逐漸完備，這也是在這一歷史階段中國際經濟法迅速發展的一個重要方面。其所以這樣，是因為：第一，隨著資本主義的發展和世界市場的形成，近現代較大規模的商事活動向來具有越出一國國境的特性，因此，隨著時間的推移，各國國內商事立法大多參考和吸收了國際商務活動中所約定俗成的各種慣例。由於淵源大體相同或相近，各國的商事法規往往具有很大的國際共同性。國際慣例逐步轉化和上升為各國的正式法規，顯然是一種重大發展。第二，各國的商事法規雖然都是國內法，一般適用於國內的商務活動或商事行為，但由於主權國家享有屬地管轄權（territorial jurisdiction）和屬人管轄權（personal jurisdiction），因此，各國的商事法規也同時適用於本國商人涉外的商務活動或商事行為，即也被用來調整一定的國際經濟關係，從而成為國際經濟法規範的一個重要組成部分，並大大豐富了國際經濟法的內容，推進了國際經濟法的發展。

可以說，法國在一六七三年和一六八一年先後頒行的《商事條例》和《海商條例》，[8]是近現代民族國家統一國內商事立法的濫觴。後來在一八〇七年頒行的《法國商法典》，就是在上述兩種條例的基礎上修訂補充而成的。十九至二十世紀，法國又通過許多單行成文法以彌補上述商法典的不足。各國受法國影響而制定的商法，有一八三八年的《荷蘭商法》和《希臘商法》、一八五〇年的《土耳其商法》、一八七〇年的《比利時商法》、一八八三年的《埃及商法》、一八八五年的《西班牙商法》、一八

八八年的《葡萄牙商法》，以及隨後傲傚西班牙、葡萄牙的拉丁美洲諸國商法。德國在一九○○年頒行的《德國商法典》，對於其後奧地利、日本以及北歐斯堪的納維亞半島諸國的商事立法也有很大影響，成為這些國家所師承的立法藍本。上列這類國家當時都是「民法典」與「商法典」並存並行，民事活動按民法規定處理，商事活動按商法規定處理，這種立法體制通稱「民商分立主義」。與此相反，在民法典之外不再另訂商法典，把商事法律規範納入民法典之中，這種立法體制通稱「民商合一主義」。民商合一的做法開始於瑞士一九一一年頒行的《瑞士民法典》，後來也有一些國家效仿。在英國，原將商事法融於「普通法」與「衡平法」之中，後兩者都是不成文法或判例法；一八八二年以後陸續制定了涉及票據、買賣、商標、保險、版權、破產、財產、公司等各種專項問題的單行商事法規，使商事法規逐漸成文化。美國本仿英制，實行不成文法；自一八九六年以後，相繼制定許多統一的商事法案，僅供聯邦各州立法時參考採用，而並非指令全國各地一體遵行。就此點而言，美國與英國的成文商法又有不同。

總之，在前述歷史階段裡的許多事實表明：近現代各民族國家的商事法制中，不論是「民商分立」「民商合一」的大陸方式，還是英美方式，其共同趨勢有二：第一，作為國內法的商事法規，內容日益豐富完備，並逐步走向國際統一化；第二，這些國內法同時被用來調整一定的國際經濟關係，即本國商人的涉外商務活動，成為此類涉外商務活動的行事準則或行為規範，從而大大豐富了國際經濟法的內容，推進了國際經濟法的發展。

三、轉折更新階段的國際經濟法

自從一九四五年第二次世界大戰結束以後，國際社會產生了並繼續產生著重大的變化。世界上各種力量幾度重新組合，形成了新的國際力量對比。眾多殖民地、半殖民地的被壓迫弱小民族，紛紛掙脫殖民枷鎖，出現了一百多個新的民族獨立國家，構成第三世界，並且作為一支新興的、獨立的力量登上國際政治和國際經濟的舞臺。[9] 它和第一、第二世界既互相依存和合作，又互相抗衡和鬥爭，導致國際經濟關係逐步發生重大轉折，出現新的格局，相應地，國際經濟法的發展也逐步進入「除舊布新」的重大轉折時期。

（一）布雷頓森林體制和關貿總協定

第二次世界大戰結束後的初期，歐洲因飽遭戰禍而瘡痍滿目，急需大量外來經濟援助以促進經濟的復興和發展。美國在這場戰爭中由於各種特殊條件，不但未受戰禍摧殘，反而發了大財，國力鼎盛。它力圖通過對外經濟援助活動以及協調西方發達國家之間的經濟關係，以鞏固和加強自己在世界經濟中遙遙領先的地位。戰後在國際經濟關係領域中發揮了重大作用的「布雷頓森林體制」（Breton Woods Regime）與《關稅及貿易總協定》，就是在這樣的歷史背景下相繼出現並積極運轉的。

大戰結束前一年，經過美國的積極策動，一九四四年七月在美國東北部新罕布什爾州的布雷頓森林中召開了聯合國貨幣金融會議，四十五個與會國家簽訂了《國際貨幣基金協定》和《國際

復興開發銀行協定》。大戰結束後，在一九四五年十二月分別正式成立了相應的組織機構。一九四七年十月，二十三個國家在日內瓦簽訂了《關稅及貿易總協定》，並隨即成立了相應的組織機構。這三項協定及其相應機構都具有全球性的影響。前兩項協定的主旨，是要在世界範圍內促進貨幣和金融方面的國際合作，從而促進國際貨幣金融關係相對穩定和自由化。後一項協定的主旨，是要在世界範圍內促進關稅和貿易方面的國際合作，從而促使國際貿易自由化。〔10〕

　　以這三項協定為契機，國際社會開始進入以多邊國際商務條約調整重大國際經濟關係的重要階段，這是國際經濟法發展過程中的一個新階段。其所以這樣，是因為這個階段具有不同於以往階段的新特點：第一，過去雖已出現過用來調整國際經濟關係的多邊條約或國際公約，但它們所調整的對象，一般都是比較次要的、帶技術性的專門事項，如專利權、商標權、船舶碰撞、海難救助、貨運提單、票據流通之類；它們對各國經濟生活與國際經濟關係的實際影響，往往限於某個小環節或小局部。而上述三個多邊協定所調整的對象，則是國際貨幣金融、國際關稅壁壘和國際貿易往來等牽動整個體制的重大問題、要害問題，影響到各國經濟生活和國際經濟關係的全局和根本。第二，過去雖已有過許多雙邊性的商務條約（如「友好通商航海條約」之類）中有些條款也簡略地涉及關稅、貿易、貨幣匯兌問題，但一般只作籠統抽象的規定，缺乏切實具體的措施，更非以實現國際貨幣流通自由化、商品流通自由化作為主要目標，其有關規定的廣度和深度，遠遜於上述三個多邊專項協定。第三，過去這些雙邊性商務條

約，規定不一，其適用範圍也只限於締約雙方，遠不如上述三個多邊專項協定具有廣泛得多的國際統一性和普遍性。

二十世紀四○年代中期這三項世界性多邊協定的出現和運轉，對於戰後歐洲各國經濟的恢復與發展，對於調整國際經濟關係和促進國際經濟合作，發揮了一定的積極作用。但是，以這三項多邊協定為主要支柱的國際經濟體制和格局，本身存在重大的缺陷。從本質上和整體上看，它是舊時代國際經濟舊秩序的延續，而不是新時代國際經濟新秩序的開端。因此，對四○年代建立起來的國際經濟秩序不宜評價過高，更不能認為它「具有劃時代的意義」。其所以如此，是因為：

首先四○年代中期參加上述多邊協定締約會議的國家，主要是西方發達國家。協定的有關條款內容，主要反映了以美國為首的西方發達國家的利益和要求。當時，絕大多數第三世界國家還處在殖民地或半殖民地地位，沒有代表出席。因此，它們的利益和願望在這些協定中未能獲得應有的反映和尊重。

以當時的《國際貨幣基金協定》為例，它規定了美元與黃金的固定比價，使美元等同於黃金，成為世界通用的貨幣，從而讓美國在世界金融領域中享有特權，居於絕對統治地位長達二十七年，直到一九七一年以後情況才有所變更。它對積貧積弱的發展中國家為緩解國際收支逆差而提出的貸款申請和籌資活動施加了苛刻的條件限制。它是以國家為單位的政府間組織，卻排除「一國一票」的平權原則，而採用類似股份公司的「加權表決制」(weighted vote)。在這個組織的權力機構中，各國理事和所選執行董事表決權的大小，取決於各該國認繳基金份額的多寡。各國借

款權的大小，也按同一原則核定。例如，美國一國的投票權約占總投票權的 20%左右，而不少貧弱國家的投票權僅分別占總投票權的 0.1%或 0.01%，有的小國甚至只占 0.003%，大小懸殊數百倍甚至數千倍。占世界人口 70%的發展中國家，投票權的總和只占基金組織總投票權的 33%左右。這意味著第三世界眾多貧弱國家參與決策的權力甚為微弱，遇到國際收支逆境，也難以獲得貸款，或只能獲得極其有限的貸款，有如杯水車薪。而少數富有的發達國家則宛如公司大股東，操縱著基金組織的決策權，時常出現以富欺貧的局面。

再以當時的《關稅及貿易總協定》為例，它要求各締約國在國際貿易中無條件實行互惠，完全對等地大幅度削減關稅，逐步實行國際貿易自由化。此項原則適用於經濟發展水平相當的發達國家之間，基本上是公平的；但無條件地推行於經濟發展水平懸殊的發達國家與發展中國家之間，則顯失公平。因為發達國家的生產技術水平高，資金實力雄厚，商品競爭能力強，出口總額大，因而可以在發展中國家削減進口關稅的條件下攫取厚利；反之，發展中國家的商品在國際市場上的競爭能力弱，出口總額小，因而從發達國家進口關稅的對等減讓中所取得的實惠就要小得多。另外，在經濟實力懸殊的國家之間無差別地對等削減關稅，往往導致發展中國家國內市場的丟失、民族工業的受害和對外貿易的萎縮。

其次，特別應當看到：在二十世紀四〇年代中期至五〇年代，全世界眾多弱小民族中只有少數擺脫了外國統治，爭得獨立，舊式的殖民統治體系在全球範圍內仍占主導地位，這當然談

不上什麼新時代的降臨。進入六〇年代以後，許多殖民地、半殖民地雖然相繼爭得政治獨立，但作為取得政治獨立的條件，往往被迫簽約同意保留原宗主國在當地的既得權益和特惠待遇，從而在經濟上仍然處於從屬和附庸的地位。長期殖民統治所形成的極不合理的國際生產「分工」體系，使得這些新獨立的國家仍是畸形經濟的原料產地；極不公平的國際交換體系使得它們繼續遭受發達國家「賤買貴賣」的掠奪；高利貸式的國際金融體系使得它們債臺高築，財政拮据加深；「國中之國」式的跨國公司體系使得它們的經濟命脈、自然資源和國計民生仍然操縱在外國資本手中。所有這些，都歸結為世界財富的國際分配體系基本上保留著舊日的面貌：貧富極度懸殊，富國繼續盤剝窮國，從而造成富國愈富、窮國愈窮。

可見，在上述這個時期裡，就國際經濟結構的整體和國際經濟關係的全局來看，遠未脫離舊日那種弱肉強食和以富欺貧的窠臼。從本質上說，它仍然屬於舊時代國際經濟舊秩序的歷史範疇。相應地，用以維護國際經濟舊秩序的各種國際經濟法舊原則和舊規範仍然起著支配的作用。前述三項多邊國際協定也是在這種經濟基礎上建立起來並為這種經濟基礎服務的，因此，這些協定中原先所體現的國際經濟法原則及其有關規範，就不能不深深地打上了國際經濟舊秩序的烙印。它們和其他領域的國際經濟法舊原則、舊規範一起，都面臨著不斷改造和根本變革的歷史課題。

正因為如此，第二次世界大戰結束後七十多年來，全世界眾多弱小民族始終不渝地為改造國際經濟舊秩序和建立國際經濟新秩序、廢除國際經濟法舊規範和創立國際經濟法新規範而進行的鬥爭，從未停頓止息。

（二）創立國際經濟法新規範的鬥爭

在創立國際經濟法新規範的鬥爭中，有幾個重大回合，是特別引人注目的：

1. 第一次亞非會議（萬隆會議）

一九五五年四月，包括中國在內的二十八個擺脫了殖民統治的亞洲和非洲國家在印度尼西亞的萬隆集會，第一次在沒有殖民國家參加下，討論了弱小民族的切身利益問題，並以《亞非會議最後公報》的形式，向全世界宣告了亞非弱小民族共同的奮鬥目標和行動準則：堅決反對外國的征服、統治和剝削，迅速根除一切殖民主義禍害，支持民族自決，維護國家主權和民族獨立，並在互利和主權平等的基礎上，在生產、金融、貿易、航運、石油等諸多方面，開展國際經濟合作。為此目的，必要時可以採取集體行動，或制定共同政策，或「在國際會談中事先進行磋商，以便盡可能促進它們共同的經濟利益」。會議初步形成了「南南聯合自強」的戰略思想，首先吹響了發展中國家共同為改造國際政治經濟舊秩序而團結戰鬥的號角。五十年前的首次亞非會議，是亞非民族解放運動的一座重要里程碑，是國際關係史上的一個偉大創舉。從那時起，亞非發展中國家作為一支獨立的新興力量，更加有力地登上了國際舞臺。那次會議所確立的處理國家關係的十項原則，為建立公正合理的國際政治經濟新秩序奠定了重要基礎。那次會議所倡導的團結、友誼、合作的「萬隆精神」，成為半個世紀以來激勵廣大發展中國家為實現民族振興和推動人類進步而不懈奮鬥的強大動力，有力地推動了亞非國家的聯合自強，促進了世界的和平與發展。[11]

2. 《關於自然資源永久主權的宣言》

一九六〇年以後，許多殖民地紛紛獨立，它們連同先前已經掙脫殖民枷鎖的發展中國家，構成聯合國會員國的絕大多數，迅速擴大了弱小民族在這個世界性組織中的發言權和決策權，改變了早先聯合國由寥寥幾個西方大國控制的局面。在眾多發展中國家的聯合鬥爭下，聯合國大會於一九六〇年底通過了《關於給予殖民地國家和人民獨立的宣言》，莊嚴宣布「必須迅速和無條件地結束一切形式的殖民主義」。接著，在一九六二年底又通過了《關於自然資源永久主權的宣言》，承認各國對本國境內的一切自然資源都享有不可剝奪的永久主權；尊重各國的經濟獨立，一切國家都有權依據本國的利益自由處置本國的自然資源；為了開發自然資源而被引進的外國資本，必須遵守東道國的各種規章制度，服從東道國國內法的管轄；在一定條件下，東道國政府有權對外資企業加以徵用或收歸國有。這些宣言在當時的歷史條件下也被塞進了維護西方殖民主義者既得利益的若干條款，[12] 但從整體上說，它們畢竟為發展中國家徹底擺脫新、舊殖民主義的剝削和控制，維護國家經濟主權，建立新的國際經濟秩序，提供了法理上的有力根據。

3. 聯合國貿易和發展會議

在發展中國家的積極倡議和大力推動下，一九六四年底組成了聯合國貿易和發展會議（United Nations Conference on Trade and Development UNCTAD），成為聯合國在經濟方面的一個常設專門機構。發展中國家通過這個組織，依靠自己表決權上的優勢，專門針對國際貿易和經濟開發方面的問題，逐步制定和推行比較

公平合理的新原則、新規範，從而逐步改變國際經濟舊秩序，建立國際經濟新秩序。為了實現這一目標，亞洲、非洲、拉丁美洲許多發展中國家以及歐洲的南斯拉夫在一九六四年聯合組成了「七十七國集團」。此後，屬於這個集團的國家在許多重大的國際問題上，特別是在建立國際經濟新秩序的問題上都採取統一行動。每屆聯合國大會以及每屆聯合國貿發會議召開之前，這個集團都預先召開部長級會議，協商在聯合國大會或聯合國貿發會議上如何統一步調，「用一個聲音說話」，以便在國際經濟秩序「除舊布新」的鬥爭中取得新的成就。目前參加這個集團的發展中國家已達一百三十一個，但習慣上沿用原有的名稱。[13] 可以說，聯合國貿發會議的組織以及七十七國集團的積極活動，意味著過去受西方大國「分而治之」的許多弱小民族，開始把零星分散的反抗行動彙集起來，團結成為統一的力量，組織成為改造國際經濟舊秩序的戰鬥聯盟，並且不斷取得重要成果。例如，一九六四年和一九六八年先後兩屆聯合國貿發會議在國際貿易方面大力倡導和率先制定的有利於發展中國家的「非互惠的普惠待遇」等改革方針和新的法理原則，經過發展中國家的不懈努力，逐漸在不同程度上為國際社會所承認，並逐漸滲透到有關國際經濟關係的多邊協定之中，從而促使國際經濟法和國際經濟秩序朝著「除舊布新」的方向邁進。

4.《建立國際經濟新秩序宣言》與《各國經濟權利和義務憲章》

二十世紀五〇年代和六〇年代國際經濟秩序和國際經濟法在除舊布新方面取得的初步成就，為二十世紀七〇年代國際經濟法

的重大發展奠定了良好的基礎。

一九七一年，中國恢復了在聯合國中的合法席位。作為一個擁有全球五分之一人口的社會主義國家和發展中國家，作為聯合國安全理事會中的一個常任理事國，中國堅定地與第三世界眾多發展中國家站在一起，共同奮鬥。聯合國內部這一新的格局，對於變革國際經濟舊秩序和國際經濟法舊規範、建立國際經濟新秩序和國際經濟法新規範起了重大的促進作用。

二十世紀七〇年代以來，南北矛盾[4]上升到一個新的層次：發展中國家在總結經驗的基礎上，開始要求對現存的國際經濟結構從整體上逐步實行根本變革，即對國際生產分工、產品交換以及利益分配等方面的現行體制，逐步加以全局性和大幅度的調整和改革。發達國家（特別是其中的超級大國）為了維護既得利益，反對上述主張；迫於形勢，也只願意實行局部的、微小的改良。換言之，從七〇年代開始，南北分歧的焦點日益明顯地集中於整個國際經濟結構應否實行根本變革，其核心內容則在於世界財富如何實行國際再分配。三十多年來，關於國際經濟秩序和國際經濟法基本規範新舊更替、破舊立新問題的論爭，就是圍繞著上述焦點和核心而展開的。

在眾多發展中國家的強烈要求下，聯合國大會於一九七四年四月召開了第六屆特別會議，圍繞著「原料和發展」這一主題，專門討論了反對殖民主義剝削和掠奪、改造國際經濟結構的基本原則和具體安排，一致通過了《建立國際經濟新秩序宣言》（以下簡稱《宣言》）和《建立國際經濟新秩序行動綱領》（以下簡稱《綱領》）。《宣言》指出，第二次世界大戰結束後三十多年

來，大批弱小民族雖已取得獨立，但舊殖民統治的殘餘和新殖民主義的控制，仍然是阻撓發展中國家與弱小民族獲得徹底解放和全面進步的最大障礙。世界財富的國際分配極不公平、極不合理：發展中國家占世界總人口的百分之七十，卻只享有世界總收入的百分之三十；發達國家與發展中國家之間的鴻溝日益擴大加深。因此，應當刻不容緩地開展工作，以建立一種新的國際經濟秩序。這種秩序應當建立在一切國家待遇公平、主權平等、互相依存、共同受益以及協力合作的基礎上，用以取代建立在不公平、不平等、弱肉強食、貧富懸殊基礎上的現存國際經濟秩序，即國際經濟舊秩序。

　　為了建立新的國際經濟秩序，《宣言》列舉了二十條基本法理原則。這些基本法理原則在一九七四年十二月舉行的聯合國大會第二十九屆會議上得到進一步肯定和論證，並以更加明確的文字載入大會以壓倒性多數[5]通過的《各國經濟權利和義務憲章》（以下簡稱《憲章》）這一綱領性、法典性文件。如果把貫穿於《宣言》和《憲章》中的法理原則加以粗略概括，其最主要內容在於：第一，確認了各國的經濟主權是不可剝奪、不可讓渡、不可侵犯的。各國對本國的自然資源以及境內的一切經濟活動，享有完整的、永久的主權。各國有權對它們實行切實有效的控制管理，包括必要時對外資企業實行國有化或將其所有權轉移給本國國民。跨國公司的經營活動，必須遵守東道國的政策法令，接受東道國的司法管轄和管理監督；不得強行索取特惠待遇，不得干涉東道國內政。第二，確認應當按照公平合理和真正平等的原則，對世界財富和經濟收益實行國際再分配，以遏制和消除富國

愈富、貧國愈貧的危險趨向和惡性循環。為此，必須在國際生產分工、國際貿易、國際技術轉讓、國際稅收、國際貨幣制度、國際資金融通、國際運輸、公海資源開發等領域，全面地逐步變革現行的不合理、不公平的體制，並對發展中國家採取各種不要求互惠的優惠措施。第三，確認一切國家，特別是發展中國家，在一切世界性經濟問題上都享有平等的參與權、決策權和受益權。國家不論大小，不論貧富，應該一律平等。國際經濟事務應該由世界各國共同來管，而不應當由一兩個超級大國來壟斷，也不應當由少數幾個富強的發達國家來操縱。為此，必須在有關的國際組織和有關的國際經濟事務上，變革現行的仗富欺貧、恃強凌弱、以大欺小的決策體制。

《宣言》和《憲章》的通過，是發展中國家在第二次世界大戰後三十多年來團結鬥爭的重大勝利。它們的出現，是對戰後多年來建立國際經濟新秩序的各項基本要求的集中反映，是這些正當要求開始獲得國際社會廣泛承認的有力證明，也是國際經濟法新舊更替、破舊立新過程中的一次重大飛躍和明顯轉折。這些綱領性、法典性國際文獻所確立的基本法律觀念和基本法理原則，是新型的國際經濟法基本規範發展的重要里程碑，也是今後進一步建立新型國際經濟法規範體系的重要基石。儘管它們在貫徹執行過程中遇到了來自發達國家特別是來自超級大國的種種阻力和重重障礙，儘管至今仍有一些發達國家特別是超級大國的學者極力貶低甚至否認這些綱領性、法典性國際文獻的法律效力，[16]但是自從一九七四年《宣言》和《憲章》誕生以來，愈來愈多的國際司法實踐和國際締約實踐[17]直接援引或初步遵循這兩大基

本文獻中所確立的法律觀念和法理原則，足見這些新型的法律觀念和法理原則符合時代精神和歷史潮流，日益深入人心，因而具有強大的生命力。隨著時間的推移，它們的法律拘束力勢必日益加強，並定將進一步發展成為新型的、完整的國際經濟法規範體系。

眾所周知，在當代人類社會，法律面前人人平等。且是，在社會群體生活中，各平等個體之間的願望、意見和要求，不可能時時事事都是完全一致而毫無爭議的。因此，在任何正常的群體生活中，少數服從多數乃是最一般的民主原則。換言之，無論在各國內政事務中，還是在國際共同事務中，顯然都應當提倡、遵循和貫徹民主原則。就後者而言，「世界上所有的國家，無論大小、貧富、強弱，都是國際社會中平等的一員，都有參與和處理國際事務的權利。各國主權範圍內的事情只能由本國政府和人民去管，世界上的事情只能由各國政府和人民共同商量來辦。這是處理國際事務的民主原則。在當今時代，世界的命運必須由各國人民共同來掌握」[18] 這個道理是不言而喻的。且是，對於像《宣言》《憲章》這種由聯合國大會以壓倒性多數通過的綱領性、法典性文獻，一向以「全球民主典範」自詡的超級大國及其若干學者，卻迄今不肯承認它們在法律上的拘束力。其「口實」之一是：聯合國大會並不具有「立法權」，《宣言》和《憲章》等只是「建議」而不是典型的條約。此種「理論」，不但全盤否定國際事務中理應切實遵循的民主原則，全然漠視體現了全球絕大多數人民共同意志的這些基本文獻，而且全然無視這些基本文獻及其法律理念三十多年來日益為國際社會所廣泛實踐、普遍接受和

深入人心的客觀事實，從而散發著濃烈的霸權主義和強權政治的氣息。顯然，這是霸權主義者千方百計地維護既得利益因而「利令智昏」的必然結果。作為弱小民族和發展中國家的法律學人，顯然應當透過現象看本質，識破其立論的真實意圖和客觀後果，敢於突破這種似是而非的「傳統」的理論樊籠和精神枷鎖，理直氣壯地為全球弱小民族的共同意志和共同利益大聲吶喊，進行新的、科學的法理論證。

（三）多邊國際商務專題公約的發展

第二次世界大戰結束以來，隨著國際經濟交往的進一步擴大和深化，除了用以調整國際貨幣金融、國際貿易和關稅等牽動國際經濟關係體制大局的多邊國際條約之外，又增添了相當數量次要的、帶技術性的國際商務專題公約，體現了國際範圍內商事法規統一化日益加強的客觀趨勢。一九五二年在聯合國教科文組織主持下簽訂了《世界版權公約》。一九六四年以西歐國家為主，簽訂了《國際貨物買賣統一法公約》與《國際貨物買賣合同成立統一法公約》。一九六六年聯合國大會第二十一屆會議通過決議，設立了「聯合國國際貿易法委員會」，責成該委員會大力促進國際貿易法的逐步協調和統一。其主要途徑有二：一是積極推動締結各種專題性多邊商務公約；二是積極促使國際商務慣例或商業條款法典化。在上述委員會主持下，先後制定並通過了一系列國際商務專題公約，諸如一九七四年的《國際貨物銷售時效期限公約》、一九七八年的《聯合國海上貨物運輸公約》（通常簡稱《漢堡規則》）、一九八〇年的《聯合國國際貨物銷售合同公

約》與《聯合國國際貨物多式聯運公約》、一九九五年的《聯合國獨立擔保和備用信用證公約》，等等。此外，在聯合國國際海事組織主持下，也陸續制定並通過了有關海事的專題公約，如一九八九年通過的《海上救助國際公約》、一九九六年通過的《海上運輸有害有毒物質的責任和損害賠償國際公約》。隨著時間的推移，在聯合國主持下此類世界性專題商務公約還將陸續不斷增加數量、擴大範圍和加強深度。因此，有人認為，聯合國國際貿易法委員會等國際組織機構的成立，是國際商事法規已經形成一個獨立法律部門的標誌。從此以後，國際商事法規的統一化和法典化進入了一個嶄新的發展階段。

　　與此同時，在聯合國以外，也可以看到國際商事法規日趨統一的動向。例如，在鐵路運輸、航空運輸、專利、商標、版權等商務專題方面，相繼出現了一些新的國際性和地區性的公約或協定。諸如一九五一年歐洲和亞洲社會主義國家締結的《國際鐵路貨物聯運協定》，一九五五年簽訂的關於修改一九二九年《華沙國際航運公約》的《海牙議定書》，一九六一年簽訂的用以補充一九二九年《華沙國際航運公約》的《瓜達拉哈拉（墨西哥）公約》，一九七〇年簽訂的《專利合作公約》，等等。

（四）區域性或專業性國際經濟公約的出現

　　第二次世界大戰結束以來，形形色色的區域性或專業性的國際經濟條約及其相應組織不斷出現，其名目之多，涉及範圍之廣，都是前所未有的。就其性質和功能而言，可分為三大類：第一類是以西方發達國家為締約國的國際經濟條約及其相應組織，

如歐洲共同體、經濟合作與發展組織、歐洲聯盟等，其主旨在於協調各有關發達國家的經濟政策和國際經濟關係，並謀求這些發達國家共同的經濟利益。第二類是以蘇聯和東歐社會主義國家為基本締約國的國際經濟條約及其相應組織，如經濟互助委員會，其主旨在於調整各有關社會主義國家的經濟政策和國際經濟關係，實行所謂「社會主義國際分工」和「社會主義經濟一體化」，加強蘇聯對有關國家的經濟控制。二十世紀九〇年代初以來，這一類區域性組織已隨著蘇聯的解體而歸於消亡。第三類是以發展中國家為締約國的國際經濟條約及其相應組織，如西非國家經濟共同體、安第斯條約組織、東南亞國家聯盟、石油輸出國組織、可可生產者聯盟、天然橡膠生產國協會等等，其主旨在於協調各有關發展中國家的經濟政策和國際經濟關係，加強「南南合作」，統一步調，聯合鬥爭，反對國際壟斷資本特別是超級大國的掠奪和剝削，維護民族經濟權益，爭取國家經濟獨立。

（五）國際商務慣例的發展

第二次世界大戰結束以來，在不斷總結實踐經驗的基礎上，國際商務慣例的編纂成文，也不斷更新，並日趨完備。例如，總部設在法國巴黎的國際商會自從一九三六年制定《國際貿易術語解釋通則》以後，歷經一九五三、一九六七、一九七六、一九八〇、一九九〇、二〇〇〇年多次修訂補充，內容大為豐富發展，適用範圍也更加廣泛。國際商會一九三三年公布的《商業跟單信用證統一慣例》，歷經一九五一、一九六二、一九七四、一九八三（第 400 號出版物」）、一九九三年（「第 500 號出版物」，於

1994 年 1 月 1 日起實行）五度修訂，並自一九六二年起改名為《跟單信用證統一慣例》。為適應國際商業和金融活動發展的新需要，國際商會又於一九五八年草擬、一九六七年修訂公布了一套《商業單據托收統一規則》，經十餘年實踐，於一九七八年再次修訂，並改名為《托收統一規則》。一九九五年又經過修訂，並以「第 522 號出版物」的形式推出，簡稱「URC 522」，自一九九六年一月起實行。其後，為了統一規範全球迅速發展的國際備用信用證的實踐，國際商會又在一九九八年四月頒布《國際備用信用證慣例》，簡稱「SP 98」或「第 590 號出版物」，自一九九九年一月一日起實施。英國倫敦商人組織「勞埃德委員會」自一八九〇年正式推出「勞氏海上救助合同標準格式」之後，歷經十一次修訂，又於二〇〇〇年推出了新版的合同標準格式。總部設在義大利羅馬的「國際統一私法協會」在一九九四年推出了醞釀多年的《國際商事合同通則》；經過十年的實踐和總結，二〇〇四年又推出了修訂和擴充的新版本。諸如此類不斷豐富完善的統一慣例和統一規則，針對國際商務活動有關各方當事人的權利義務分別作了更加明確的規定，對於減少國際商務紛爭、促進國際商務發展都起著重大的作用。

（六）各國涉外經濟法的發展

至於各國分別制定的涉外經濟法，自從第二次世界大戰結束以來，也有重大的發展和轉折。其主要表現是：第一，在發達國家中，國家壟斷資本主義迅速發展成為強大的經濟力量，資本主義壟斷組織愈來愈直接利用國家機器和立法手段來全面干預國家

的經濟生活，相應地，各國的經濟立法，包括涉外經濟法，層出不窮，日益細密。第二，戰後英國和美國對德國、美國對日本相當長期的軍事占領和管制，以及隨後這些主要發達國家在經濟上的頻繁交往和密切合作，促使英美法系和大陸法系互相滲透和逐步交融，原先分屬兩大法系的國家的涉外經濟立法，無論在內容上還是在形式上，常常出現互相吸收和互相參照的現象。一九五八年歐洲共同體正式成立時，其六個成員國（法國、聯邦德國、義大利、荷蘭、比利時、盧森堡）都是大陸法系國家。一九七三年英國、丹麥和愛爾蘭加入歐洲共同體後，共同體又經兩度擴充，[19] 其十二個成員國囊括了西歐分屬兩大法系的主要發達國家。共同體的有關條約與共同體法規的各項規定，或直接適用於各成員國，或為各成員國的涉外經濟立法所吸收，這也促進了兩大法系各國涉外經濟立法的互相滲透和交融。根據一九九三年十一月一日開始生效的《馬斯特里赫特條約》，歐洲共同體已進一步發展成為「歐洲聯盟」（European Union）嗣後，又經一九九五年、二〇〇四年和二〇〇七年三度擴充，目前已有二十七個成員國，並將進一步吸收新的成員國。[20] 今後聯盟內部兩大法系各成員國涉外經濟立法的互相滲透與交融，勢必更加廣泛和深化。第三，戰後各種區域性或專業性的國際經濟組織不斷出現，日益增多，其有關條約、規則和章程對於各成員國具有法律上的拘束力，促使這些國家各自對國內的經濟立法作出相應的調整，從而導致這些成員國的涉外經濟法在有關地區或有關領域內漸趨一致或統一。第四，特別值得注意的是，戰後相繼擺脫殖民統治、取得政治獨立的眾多弱小民族，都極其注重創建自己的涉外

經濟立法體系，在投資、貿易、金融、稅收等各個方面制定有關的法律和條例，藉以保衛國家經濟主權，維護民族經濟權益，反對國際壟斷資本的掠奪、盤剝和控制。這種民族主義的涉外經濟立法，近數十年來形成了一股強大的、世界性的立法潮流，其基本精神和核心內容是要在國際經濟交往中盡力貫徹自願、平等、公平和互利的原則。可以說，這是戰後國際經濟法發展中的一個重要方面和一項重大特色。

（七）經濟全球化明顯加快與國際經濟法面臨的新挑戰

近十幾年來，世界發生了極其廣泛和深刻的變化，科技革命的迅猛發展，生產力的高速增長，國際經濟結構的加速調整，大大加快了世界經濟全球一體化的進程。各種生產要素和資源優化配置的規律性追求，促使資本、商品、勞力、服務、技術和信息的跨國流動，達到了前所未有的規模和速度，導致國際經濟交往的空前頻繁和各國經濟互相依存的程度日益加深。然而，應當看到，經濟全球化乃是一柄「雙刃劍」，它的積極作用和負面影響都相當突出：一方面，它使世界貿易總額和跨國投資總額連續多年大幅上升，為各國經濟發展帶來新的機遇，導致世界經濟整體持續地穩定增長；另一方面，經濟全球化所產生的巨大效益和巨額財富，絕大部分源源流入擁有資金、技術、市場絕對優勢的少數發達國家囊中，而綜合經濟實力處於絕對劣勢的眾多發展中國家，則只能分享上述效益與財富中的微小份額，以致造成南北兩大類國家貧富差距和發展懸殊繼續拉大，「數字鴻溝」成備加深，[21] 南北矛盾日益突出。與此同時，有的發達國家還利用經

濟全球化的強大勢頭，或者以促進經濟全球化為名，憑藉經濟實力強行設定和推行各種不公平不合理的「國際遊戲規則」，力圖削弱發展中國家的經濟主權，甚至製造金融危機和經貿混亂，破壞弱國的經濟穩定，從中攫取更多暴利，從而使廣大發展中國家的經濟安全和經濟主權面臨空前的壓力和嚴重的威脅。簡言之，經濟全球化的負面作用集中表現為它在世界財富的國際分配中造成了新的重大失衡和顯欠公平，擴大了南北兩大類國家的貧富差距，從而導致國際經濟秩序新舊更替的歷史進程遇到新障礙，出現新問題。因此，用以調整國際經濟關系、更新國際經濟秩序的法律規範，即國際經濟法，也不能不面臨進一步除舊布新的新挑戰和新課題。

　　試以世界貿易組織（WTO）及其法制規則晚近的發展歷程為例。一九八六至一九九四年的烏拉圭回合的艱難談判，之所以折衝樽俎長達八年，其根本原因就在於有關世界財富的國際再分配，特別是南北兩大類國家經濟上的利害得失，很難達成各方都能接受的公平、合理與平衡的協議。緊接著，一九九四年馬拉喀什宣言、烏拉圭回合談判成果最後文本以及 WTO 協定終於簽字和生效以來，又在如何正確理解和全面貫徹這些談判成果的問題上，各國之間（特別是南北之間），既得利益與期待利益之間，依然齟齬不斷，矛盾迭起。鑑於國際經濟交往和國際經濟秩序中的不公平現象仍然頻頻出現，發展中國家基於清醒的憂患意識，出於趨利避害的正當要求，已經開始發出新的呼聲：「世界多邊貿易體制必須進一步改革，發展中國家應該在制定國際貿易體制中發揮更大作用。」[22] 事實表明：自一九九五年初至二〇〇五

年十二月十一年間，分別在新加坡（1996 年 12 月）、日內瓦（1998 年 5 月）、西雅圖（1999 年 11-12 月）、多哈（2001 年 9 月）、坎昆（2003 年 9 月）以及中國香港（2005 年 12 月）舉行的世貿組織六次部長級會議中，先後產生了種種新的分歧，甚至不歡而散或無果而終。這實質上主要是南北矛盾在 WTO 新體制下的重現和延續。所有這些舉步維艱的進程表明：它們顯然正在進一步積累和發展成為六十多年來 GATT/WTO 體制發展史上的另一次重大回合，導致「國際遊戲規則」重新調整、充實和提高。可以說，在經濟全球化明顯加快的宏觀背景下，國際經濟關係、國際經濟秩序和國際經濟法的發展和更新，就是在「南北矛盾—交鋒—磋商—妥協—合作—協調—新的矛盾」這種不斷往復和螺旋式上升之中曲折行進的。[23]

可見，國際經濟法作為調整國際（跨國）經濟關係的國際法與各國國內法的獨立綜合體，其國際法部分所面臨的現實挑戰和更新取向，就在於如何擴大和加強眾多發展中國家對世界經濟事務的發言權、參與權和決策權，把有關的「國際遊戲規則」或行為規範制定得更加公平合理，更有效地抑制國際經濟關係上的以大壓小、仗富欺貧和恃強凌弱，從而更能促進建立起公平、公正、合理的國際經濟新秩序；其各國國內法部分（特別是發展中國家的涉外國內法）所面臨的現實挑戰和更新取向，則在於如何做到既與國際慣例接軌，又能立足於各自本國的國情，有理、有利、有節地維護各國應有的經濟主權；既能充分利用經濟全球化帶來的巨大機遇，又能切實有效地防範和抵禦它給經濟弱國可能帶來的嚴重風險。

總之，值此人類跨入二十一世紀和經濟全球化明顯加快之際，不公平、不合理的國際經濟舊秩序遠未根本改變，公平、合理的國際經濟新秩序也遠未真正確立。因此，國際經濟秩序的破舊立新，依然任重而道遠；南北之間的交鋒，正在進入新的回合，方興未艾。相應地，國際經濟法所面臨的新挑戰及其「螺旋式上升」的不斷更新進程，可謂「路漫漫其修遠」，有待人們繼續鍥而不捨地「上下而求索」。

注釋

* 本章部分內容原載於筆者參撰和主編的《國際經濟法總論》（法律出版社 1991 年版），先後經多次修訂增補，分別輯入筆者參撰和主編的《國際經濟法學》（北京大學出版社 1994-2017 年第 1-7 版）《國際經濟法學新論》（高等教育出版社 1994-2017 年第 1-4 版）《國際經濟法學專論》（高等教育出版社 2002-2007 年第 1、2 版）《國際經濟法》（法律出版社 1999-2017 年第 1-4 版）。

〔1〕 參見王鐵崖主編：《國際法》，法律出版社 1981 年版，第 411-413 頁。

〔2〕 參見〔英〕勞特派特修訂：《奧本海國際法》（上卷·第 1 分冊），王鐵崖、陳體強譯，商務印書館 1981 年版，第 55-56 頁。

〔3〕 例如，鴉片戰爭後於一八四二年簽訂的《中英南京條約》第十條規定：英國商人在中國通商各口岸應納的進出口貨物的關稅稅率，「均宜秉公議定」即應與英方商議並取得英方同意。一八四四年簽訂的《中美望廈條約》第二條進一步規定：「倘中國日後欲將稅例更變，須與合眾國領事等官議允」，即應與美方商議並獲得美方「批准」。簡言之，根據此類條約，中國關稅稅則的制定和修改，都必須完全符合外國侵略者的利益並事先獲得他們的首肯。中國的關稅自主權從此被破壞無遺，國門洞開，國庫收入毫無保障，民族工業受到嚴重摧殘。

〔4〕 例如，一八四三年簽訂的《中英虎門條約》第八條規定：中國日後

如果「有新恩施及各國，亦應准英人一體均沾」。後來列強迫使中國簽訂的許多不平等條約中，也有同類規定，形成了「一強勒索特權，列強援例共享」的「連鎖反應」局面，使中國的主權受到極其嚴重的損害。

〔5〕 參見〔英〕勞特派特修訂：《奧本海國際法》（上卷・第 2 分冊），王鐵崖、陳體強譯，商務印書館 1981 年版（譯自 1955 年英文版），第 74-81、90-92 頁；〔英〕詹寧斯、瓦茨修訂：《奧本海國際法》（第 1 卷・第 2 分冊），王鐵崖等譯，中國大百科全書出版社 1995 年版（譯自 1992 年英文修訂版），第 74-79、87-89 頁；周鯁生：《國際法》（下冊），商務印書館 1983 年版，第 444-452 頁。

〔6〕 （清）鄭觀應：《盛世危言・公法》（卷一）光緒二十四年（1898 年）三味堂刊，第 42 頁。

〔7〕 原文為「International Convention for the Unification of Certain Rules of Law in Regard to Collisions」，常見的譯法是《關於船舶碰撞統一法律規則的國際公約》或《統一船舶碰撞法律規則的國際公約》，似均不甚貼切，故予改譯。以下幾個條約名稱，可予類推。

〔8〕 這兩種條例當時都是以法國國王路易十四的名義頒布的，所以也稱為「商事令」和「海事令」。

〔9〕 據統計，截至二〇一七年十二月五日，聯合國會員國總數為一百九十三個，其中原為殖民主義宗主國的發達國家約二十二個，占會員國總數的 11.5%；原為殖民地、半殖民地的發展中國家約一百七十一個，占會員國總數的 88.5%。參見聯合國官網，https：// www. u n. org/zh/member-states/index. html。

〔10〕 參見陳安主編：《國際經濟法學》，北京大學出版社 2017 年版，第九章第二節，第 447-458 頁。一九九四年四月，《關稅及貿易總協定》進一步發展成為《世界貿易組織協定》。迄二〇一七年底止，參加世貿組織的成員方已達一百六十四個；參加國際貨幣基金組織和國際復興開發銀行（即世界銀行）的成員國已達一百八十九個。See The World Trade Organization，http://www.wto.org/；The World Bank，http://www.worldbank.org/.

〔11〕 參見胡錦濤：《與時俱進繼往開來構築亞非新型戰略夥伴關係——在亞非峰會上的講話》，載《人民日報》2005 年 4 月 23 日第 1 版。

〔12〕 參見陳安主編：《國際經濟法總論》，法律出版社 1991 年版，第

171-172 頁；陳安主編：《國際經濟法學專論》（上編・總論），高等教育出版社 2002 年版，第 273-275 頁。

〔13〕據統計，迄二〇〇五年五月三十一日止，七十七國集團的實際成員國總數為一百三十一個。中國雖未直接參加該集團，但在國際性南北磋商和談判中，一向與該集團保持密切協作關係。資料來源：http：／／www.g77.org。

〔14〕「南北問題」或「南北矛盾」一詞是英國勞埃德銀行行長 Oliver Franks 於一九五九年十一月的一次演講中首次提出來的，該演講以《新的國際均衡：對西方世界的挑戰》（The New International Balance: Challenge to the Western World）為題，發表於一九六〇年一月十六日的《星期六評論》（Saturday Review）由當時經濟、社會發展水平比較高的國家即發達國家（主要是後來於 1961 年成立的 OECD 的成員國和原蘇聯、東歐國家），基本上都位於地球的北部，而其他較貧窮落後的國家即發展中國家，則主要集中在以赤道為中心的熱帶和亞熱帶地區，而這些地區在位於地球北部的發達國家看來，就是在它們的南邊，所以發達國家與發展中國家之間的問題或矛盾就被簡稱為「南北問題」或「南北矛盾」。

〔15〕《憲章》草案交付表決時，一百二十票贊成，其中絕大多數是發展中國家。六票反對：美國、英國、聯邦德國、丹麥、比利時、盧森堡。十票棄權：日本、法國、義大利、加拿大、奧地利、荷蘭、挪威、西班牙、愛爾蘭、以色列。

〔16〕有關這方面的論爭，參見陳安主編：《國際經濟法總論》，法律出版社 1991 年版，第 142-14S 頁。

〔17〕例如一九七五年、一九七九年、一九八四年、一九九〇年先後四次《洛美協定》（又稱《洛美公約》的連續簽訂，可以說是晚近二十幾年來國際締約實踐中具有一定積極創新意義的重要事例。其中若干條款初步遵循了《宣言》和《憲章》所確立的國際經濟法某些新法理原則。有關概況，參見陳安主編：《國際經濟法總論》，法律出版社 1991 年版，第 182-185、190-193 頁；陳安主編：《國際經濟法學專論》（上編・總論），高等教育出版社 2002 年版，第 305-307，310-313 頁。

又如一九八〇年通過的《聯合國國際貨物銷售合同公約》在序言中開宗明義地宣布：「本公約各締約國銘記聯合國大會第六屆特別會

議通過的關於建立新的國際經濟秩序的各項決議的廣泛目標」這意味著把《宣言》提出的國際經濟法新法理原則，確認為該公約所遵循的基本指導原則和各締約國所應當遵守的基本行為規範。

〔18〕江澤民：《在聯合國千年首腦會議上的講話》，載《人民日報》2000年9月8日。

〔19〕一九八一年希臘加入歐共體，一九八六年西班牙和葡萄牙加入歐共體。

〔20〕一九九五年，奧地利、芬蘭和瑞典加入歐盟；二〇〇四年五月，捷克、波蘭、匈牙利、愛沙尼亞、拉脱維亞、立陶宛、斯洛文尼亞、斯洛伐克、馬耳他、塞浦路斯等十個國家同時成為歐盟的新成員，其中塞浦路斯位於地中海東端，在地理區劃上屬於亞洲。二〇〇七年一月一日，羅馬尼亞和保加利亞正式成為歐盟成員國。這是歐盟歷史上第六次擴大。除此之外，目前正在申請加入歐盟的，還有土耳其等國家。See European Union website，http:// www.europa.eu. int/ pol/en/ arge/ index-en. htm.

〔21〕據聯合國《2005 年世界社會狀況報告：不平等的困境》揭示，「最近二十年至二十五年，各種不平等現象不斷增長……世界國民生產總值的 80% 屬於居住在發達國家中的十億人口；發展中國家中五十億人口僅擁有餘下的 20%」。See Report on the World Social Situation 2005:The Inequality Predicament，http://www.un.org/esa/socdev/ rwss/miedia%2005/cd-docs/miedia. htm.另參見江澤民：在聯合國千年首腦會議上的講話》《在聯合國千年首腦會議分組討論會上的發言》，分別載《人民日報》2000 年 9 月 8 日、2000 年 9 月 9 日。

〔22〕中國代表團團長周可仁（原中國外經貿部副部長）在聯合國貿發會議第十屆大會上的發言：《世界多邊貿易體制必須改革，發展中國家應發揮更大作用》，載《人民日報》2000 年 2 月 14 日。

〔23〕當代南北矛盾此種規律性的發展進程，似可概括地簡稱為螺旋式的「6C 軌跡」或「6C 律」，即 Contradiction（矛盾）→Conflict（衝突或交鋒）→Consultation（磋商）→Compromise（妥協）→Cooperation（合作）→Coordination（協調）→Contradiction New（新的矛盾）。

第五章

論學習國際經濟法是貫徹對外開放國策必備的「基本功」

↘ 內容提要

　　當代中國的法律工作者或法律學人，必須認真地學好國際經濟法，才能掌握必要的知識和本領，更自覺地努力貫徹對外開放的基本國策，積極支持和正確參與對外經濟交往，即善於在對外經濟交往中，運用國際經濟法的知識，做到依法辦事，完善立法，以法護權，據法仗義，發展法學，參與全球治理。

↘ 目次

第一編・國際經濟法基本理論（一）

0139

一、中國實行經濟上對外開放國策的主要根據

實行對外開放是中國長期不變的基本國策。

實行這樣的基本國策，是在總結本國多年正反兩方面實踐經驗以及參考國際實踐經驗的基礎上提出來的。它是深入認識和自覺遵循社會經濟發展客觀規律的集中表現，也是主動順應歷史趨向和時代潮流的明智決策。

歷史表明：十六世紀以來的數百年間，隨著社會生產力的不斷發展，隨著資本主義世界市場的形成，全球一切國家的生產、交換和消費，都日益超出一國範圍，走向國際化。世界各民族之間經濟上的互相往來和互相依賴，逐步取代了原來的閉關自守和自給自足狀態。[1] 這是社會生產力發展的客觀要求和必然結果，也是人類歷史發展的進步過程和必然趨勢。第二次世界大戰結束以後的幾十年來，世界各國生產、交換、分配和消費國際化以及經濟全球化的趨勢明顯增強。中國是當今國際社會的一個積極成員，中國的社會主義經濟建設是在當代這樣的歷史背景和國際條件下開展的，中國的現代化建設是規模宏偉和高度社會化的大生產，這三個基本點，決定了中國在實現社會主義四個現代化和構建社會主義和諧社會過程中，不應該也不可能自我孤立於國際社會之外，相反，中國應該積極參加和利用國際分工，實行平等互利的國際交換，大力發展開放型經濟，使國內經濟與國際經濟實現互接互補。簡言之，閉關自守是不可能實現社會主義現代化的。

人類社會的生產技術發展到現在這樣的高度水平，世界上沒

有任何一個國家能夠擁有發展本國經濟所需要的全部資源、資金，掌握世界各國所有的先進技術，任何國家都必須與其他國家互通有無。對於他國所已有、本國還沒有的各種先進技術，在可以現成購買的條件下，就不妨實行等價有償的「拿來主義」或「買來主義」，沒有必要一切均由自己從零開始，埋頭苦幹，暗中摸索。換言之，每個國家都有自己的優勢和長處，也都有自己的劣勢和短處，需要通過國際交換，揚長避短和取長補短，以便各自耗費最少的社會勞動，取得最佳的經濟效益。因此，從經濟學觀點看來，在平等互利的基礎上，積極參加國際分工，充分利用國際交換，就是國內社會勞動的節約，就是勞動生產率的提高，也就是經濟發展或經濟建設速度的加快。放眼世界，通過這種途徑而迅速崛起的先例是屢見不鮮的。

因此，中國在進行社會主義建設的過程中，在貫徹自力更生為主、爭取外援為輔方針的過程中，一定要學會充分利用國內和國外兩種資源，開拓國內和國外兩個市場，學會組織國內建設和發展對外經濟交往兩套本領。只有這樣，才能正確貫徹對外開放的基本國策，才能加速實現社會主義現代化和構建社會主義和諧社會的宏偉目標。

二、深入學習國際經濟法學對貫徹上述基本國策的重大作用

作為當代中國的法律工作者或法律學人，認真地學好國際經濟法，才能掌握必要的知識和本領，更自覺地努力貫徹對外開放

的基本國策，積極支持和正確參與對外經濟交往，即善於在對外經濟交往中，運用國際經濟法的知識，做到依法辦事，完善立法，以法護權，據法仗義，發展法學，參與全球治理。茲試分述如下：

第一，依法辦事

如前所述，國際經濟法是調整國際經濟關係的各種法律規範的總稱。在現代條件下，世界各國經濟交往日益頻繁，互相依賴和互相合作日益緊密，互相競爭也不斷加強。由於各國社會制度不同，發展水平各異，有關當事國或當事人的利害得失也常有矛盾衝突，彼此之間的經濟交往就十分需要藉助於國際經濟法的統一行為規範加以指導、調整和約束。中國作為國際社會的成員，中國國民（自然人或法人）作為當事人的一方，積極參加國際經濟交往，發展國際經濟關係，對於這種法律規範的現狀和發展趨向進行深入了解，才能自覺地「依法辦事」，避免因無知或誤解引起無謂的糾紛，造成不應有的損失。

第二，完善立法

中國正在努力改善本國的投資環境和貿易環境，促進外商踴躍來華投資或對華貿易。中國對外商的合法權益給予法律保護，對於他們的投資、貿易活動給予法定優惠，同時也要求他們遵守中國的法律，接受中國的法律管理。所有這些涉外的法律規範，既要從中國的國情出發，又要與國際上通行的國際經濟法有關規範以及國際商務慣例基本上保持一致或互相「接軌」。為此，就必須廣泛深入地了解這些規範和慣例的有關內容，使中國涉外經濟法的立法、司法和行政執法工作有所借鑑，做到待遇厚薄得

體，管理寬嚴適當，事事處處，恰如其分；尤其必須在深入學習和研究國際經濟法的基礎上，立足於中國國情，適時修改和廢止與建立社會主義市場經濟體制不相適應的法律和法規，並加快立法步伐，為社會主義市場經濟提供法律保障。

第三，以法護權

中國在對外經濟交往中所面臨的對象或對手，主要是在經濟上處於強者地位的國際資本。國際資本對於吸收大量外資的中國在客觀上發揮的積極作用，國際資本在與中國進行互利互補貿易中發揮的積極作用，都是應當給予肯定的，但是，國際資本唯利是圖、不惜損人利己的本質屬性，也是眾所周知的。誠然，今日中國乃是主權牢牢在握的獨立國家，中國人民十分珍惜自己經過長期奮鬥得來的獨立自主權利，任何國家不要指望中國做它的附庸，不要指望中國會吞下嚴重損害中國國家利益的苦果。但是，在對外經濟交往中要真正做到獨立自主、平等互利，也不是一帆風順、輕而易舉的。在對外經濟往來中，中國方面受到國際資本的歧視、愚弄、欺騙、刁難和坑害的事例，大大小小，可謂不勝枚舉。如果不熟諳國際經濟法的有關規定，或者不掌握對方國家的涉外經濟法的有關知識，那就無法打「國際官司」，無法運用法律手段來維護中國的應有權益，為振興中華效力。

第四，據法仗義

隨著經濟全球化不斷深入，世界各國利益相互交織，命運彼此依存。促進普遍發展，實現共同繁榮，符合各國人民的根本利益。但是，由於歷史的和現實的種種原因，今日世界財富的占有和分配是很不公平合理的。它是當代南北矛盾的焦點和核心。廣

大發展中國家正在大聲疾呼，要求徹底改變現狀，即改革舊的國際經濟秩序，建立新的國際經濟秩序，促使國際經濟體制及相關規則走向公平合理，特別是要充分反映國際社會數十億弱勢人群即廣大發展中國家的共同關切，促使經濟全球化朝著均衡、普惠、共贏、和諧的方向發展。[2] 中國是社會主義國家，也是發展中國家，屬於第三世界。這就決定了它必須和廣大第三世界一起，聯合奮鬥，以國際經濟法作為一種手段，按照公平合理和平等互利的原則，在國際經濟秩序中改舊圖新，除舊布新，破舊立新。要做到這一點，就必須通曉和掌握國際經濟法的基本原理及其除舊布新、破舊立新的發展趨向，充分了解國際經濟法新規範成長過程中的阻力與動力、困難與希望。否則，「赤手空拳」，就難以在各種國際舞臺的南北抗衡中，運用法律武器和符合時代潮流的法理觀念，為全世界眾多弱小民族仗義執言和爭得公道，促進國際經濟秩序的新舊更替。

第五，發展法學

國際經濟法學是新興的邊緣性、綜合性學科，迄今尚未形成舉世公認的、科學的學科體系和理論體系。在某些發達國家中，已相繼出版了有關國際經濟法學的系列專著，其基本特點之一，是立足於各自本國的實際，以本國利益為核心，重點研究本國對外經濟交往中產生的法律問題，作出符合其本國權益的分析和論證。反觀中國，這樣的研究工作還處在起步階段，有關論著雖已陸續出現，成果喜人，但其數量和質量，都還遠未能適應我國更積極地走向世界，更有效地參與國際競爭的現實迫切需要。為了從法學理論和法律實踐上更加切實有力地保證全方位、多層次、

寬領域的對外開放格局，不斷增強國際競爭力，很有必要在積極引進和學習有關國際經濟法學新知識的基礎上，認真加以咀嚼消化，密切聯繫中國的實際，從中國人的角度和第三世界的共同立場來研究和評析當代的國際經濟法，經過相當長時期的努力，逐步創立起以馬克思主義為指導的，具有中國特色的國際經濟法學科體系和理論體系。完成這件大事，需要幾代人的刻苦鑽研，而對於當代中國的法律工作者說來，對於與法律密切相關的經濟工作者和管理工作者說來，當然更是責無旁貸的。

第六，參與全球治理

二〇一六年九月二十七日，習近平在中共中央政治局一次集體學習會議上強調：要提高我國參與全球治理的能力，著力增強規則制定能力、議程設置能力、輿論宣傳能力、統籌協調能力。參與全球治理需要一大批**熟悉黨和國家方針政策、了解我國國情、具有全球視野、熟練運用外語、通曉國際規則、精通國際談判**的專業人才。要加強全球治理人才隊伍建設，突破人才瓶頸，作好人才儲備，為我國參與全球治理提供有力人才支撐。」[3]中國國際經濟法學界廣大學人深受鼓舞，認為這是中國領導人與時俱進，提醒當代政治、經濟、法律廣大專業學人必須加倍努力學習，掌握這新時代的六種本領——「新六藝」[4]才能更有效地踐行「知識報國、兼濟天下」的素志和夙願。

注釋

〔1〕 參見馬克思、恩格斯：《共產黨宣言》，載《馬克思恩格斯選集》第1卷，人民出版社 1995 年版，第 276 頁。

〔2〕　參見胡錦濤：《促進普遍發展，實現共同繁榮——在聯合國成立 60 週年首腦會議發展籌資高級別會議上的講話》，載《人民日報》2005 年 9 月 15 日第 1 版。

〔3〕　習近平：《加強合作推動全球治理體系變革共同促進入類和平與發展崇高事業》，http://news. xinhuanet. com/2016-09/28/c_1119641652. htm。

〔4〕　「六藝」通常是指中國古代儒家要求學生掌握的六種基本才能：禮、樂、射、御、書、數。禮，禮節（即今德育）；樂，音樂；射，射箭技術；御，駕馭馬車的技術；書，書法（書寫、識字、文字）；數，算法（計數）。參見《在線漢語字典》，http://xh. 5156edu. com/page/z4616m1375j8888. html。「新六藝」一詞，係筆者由此引申而來，並賦以時代新義。

第六章
源遠流長的中國對外經濟交往
及其法理原則

↘ 內容提要

中國現行的對外開放國策並非決策者「靈機一動」，突如其來，而是中國歷史上優良傳統的發揚光大。本章以史為據，以史為師，回顧和梳理古代中國的對外經濟交往及其法理內涵，半殖民地半封建中國的對外經濟交往及其「法理」內涵，社會主義新中國的對外經濟交往及其法理原則，論證中國現行的對外開放國策乃是中國曆史上優良傳統的發揚光大，乃是數千年歷史上優良傳統順應時代潮流「與時俱進」的利國利民利天下的英明決策，國人應當自覺積極踐行。

↘ 目次

（二）強加於半殖民地半封建中國對外經濟交往的「法理」

四、社會主義新中國的對外經濟交往及其法理原則

（一）獨立自主精神的堅持與平等互利原則的貫徹

（二）閉關自守意識的終結與對外開放觀念的更新

（三）和平崛起，繼往開來，復興中華

一、中國現行的對外開放國策是中國歷史上優良傳統的發揚光大

當今世界是開放的世界。世界各國在經濟方面的相互合作、相互依賴和相互競爭日益加強。順應著這一歷史趨向和時代潮流，中國從一九七八年十二月以來堅定地實行經濟上對外開放的基本國策，並已取得顯著的、重大的成就。

一九九三年三月，中國《憲法》作出新的規定：國家實行社會主義市場經濟」以國家根本大法的形式，鄭重確立了中國經濟體制改革的總目標。同年十一月，中共中央作出《關於建立社會主義市場經濟體制若干問題的決定》，號召全國人民齊心協力，「堅定不移地實行對外開放政策，加快對外開放步伐，充分利用國際國內兩個市場、兩種資源，優化資源配置。積極參與國際競爭與國際經濟合作，發揮中國經濟的比較優勢，發展開放型經濟，使國內經濟與國際經濟實現互接互補」。

自二○○一年十二月加入世界貿易組織以來，中國正在進一步擴展對外開放的廣度和深度，以更加勇敢的姿態進入世界經濟舞臺，更加積極地實行對外經濟交往，發展對外經濟合作，開展

對外經濟競爭。

在中國，實行對外開放這一基本國策，不但有著**充足的現實根據**，而且有著**久遠的歷史淵源**。

作為東方的文明古國和大國，中國實行對外經濟交往和開展國際經濟合作，可以說是源遠流長的。在漫長的歷史歲月中，中國積極開展對外經濟交往的優良傳統，曾經遭受過嚴重的扭曲、破壞，並引起種種誤解。但是，它本身所具有的生命力又使得它不斷衝破險阻，並在新的時代條件下煥發出新的青春。從這個意義上說，**現行的對外開放基本國策，正是中國歷史上對外經濟交往優良傳統的發揚光大**。簡略回顧中國積極開展對外經濟交往的優良歷史傳統，探討其中所蘊含的法理原則，了解其中的經驗和教訓，[1] 不但大有助於加深認識當代中國實行對外開放的基本國策的「來龍去脈」，而且也大有助於駁斥當今美國霸權版的「中國威脅」論。

中國的對外經濟交往，可以大體劃分為三個階段：第一階段，古代中國時期，即奴隸社會後期和封建社會時期，約相當於西元前四、五世紀至西元一八四〇年；第二階段，半殖民地半封建中國時期，約相當於西元一八四〇年至一九四九年；第三階段，社會主義新中國時期，即西元一九四九年以後。茲分別簡述如下。

二、古代中國的對外經濟交往及其法理內涵

基於對人類社會發展史的深入考察，恩格斯曾經指出：「隨

著生產分為農業和手工業這兩大主要部門，便出現了直接以交換為目的的生產，即商品生產；隨之而來的是貿易，不僅有部落內部和部落邊界的貿易，而且還有海外貿易。」[2]這種規律性現象，出現於古代的外國，也出現在古代中國。

（一）古代中國對外經濟交往簡況

據史家考證，早在中國第一個奴隸制王朝 夏朝時期（約西元前二十一世紀至前十六世紀），中國大陸的各個部落聯盟之間就時常開展跨越聯盟疆界的貿易。商朝時期（約西元前十六世紀至前十一世紀），這種跨越部落聯盟疆界的遠途商品交換關係有了進一步的發展，並且開始使用來自新疆的玉片和來自沿海的貝殼作為交換的手段，這就是原始形態的貨幣。從這些原始貨幣的不同來源地可以推想當時貿易活動跨越地域的遼闊和邊遠。

到了周朝（始建於西元前十一世紀），分封了幾十個諸侯國家，它們都要定期向周朝王室朝覲「納貢」，王室則以「賞賜」回禮，儘管「納貢」有稱臣的含義，「賞賜」有恩賜的含義，但在「貢品」和「賜品」之間，**客觀上**蘊含著樸素的對價有償關係，究其實質，就是不同商品跨越國境的遠途交換。這種「朝貢貿易」也實行於遠方西域各國與周朝王室之間。至於周朝各諸侯國家之間的貿易往來，就更加常見。

春秋戰國時期（約西元前八世紀至前三世紀中葉），各諸侯國家之間的經濟交往日益頻繁，而且開始出現同海外歐洲國家之間的貿易往來，一個明顯的標誌是：早在西元前四、五世紀之間，中國的絲綢就已開始輾轉遠銷希臘等地。愛琴海與南中國海

之間，已經開始有海商活動。

　　當然，在夏、商、周和春秋戰國時期，在中國這片疆土上的各相鄰部落聯盟或諸侯國家，實際上是正在逐步走向全國統一的各個地方政權，因此，當時中央朝廷和它們之間以及它們相互之間的貿易往來，還不是近代和現代科學意義上的國際貿易。

　　西元前二二一年，秦始皇結束了諸侯割據的局面，建立了統一的中央集權的封建大帝國，其東北和東南邊陲疆土分別毗鄰朝鮮半島北部和印度支那半島東北部。中國與上述兩個半島廣大地區的經濟貿易往來是相當密切的。中國的絲綢、漆器、鐵器很早就跨越國境輸往這些地區，而這些地區的土特產品則源源輸入中國。但秦朝存續時間甚短，秦始皇在位不過十一年，社會缺乏安定，二世胡亥昏庸，內政腐敗，旋即為漢所滅。在這樣的歷史條件下，對外經濟往來未獲重大發展。

　　漢朝（西元前二〇二至西元二二〇年）建立於多年戰亂之後，政府當局在相當長的時期裡採取與民休養生息的政策，社會安定，生產發展，百業興旺，對外經濟交往也日益發達。張騫、班超先後出使溝通西域，率先開拓了歷史上著名的國際商道「絲綢之路」。後來此路不斷西延，對於促進中國與中亞、西亞、南亞、歐洲、非洲許多國家的經濟文化交流起了重大的歷史作用。陸道之外，又闢海市。南方的番禺（廣州附近）開始成為對外貿易的重要港口都會。當時中國與日本之間以及與印度南部之間的商品交換，就是分別通過北方和南方的遠航商船進行的。據史籍記載，兩漢時期與中國有「朝貢」貿易（即官方商品交換）關係的國家，已達五十多個；早在西漢時期，京都長安就已設有專門

接待外國貿易使團的賓館（即所謂「蠻夷邸」）；有些來自遠方異國的商使，其語言需經兩道以上輾轉翻譯（即所謂「重譯」[3]），才能與中國語言相通。由此可以大略想見當時中國的對外經濟交往是相當廣泛的。

漢朝以後（220-581 年）歷經三國、魏、晉、南北朝，中國出現了長期的分裂和戰亂局面，北方陸路的對外經濟交往受到較大影響，南方海道則仍然暢通，海上貿易有了新的重大發展，商船遠及今日南太平洋與印度洋之間的爪哇、蘇門答臘、斯里蘭卡等地。

經過隋朝（581-618 年）進入唐朝（618-907 年），全國重新統一安定，當權者勵精圖治，經濟、文化迅速發展，居於全球領先水平，使中國成為當時世界最強盛的國家之一，相應地，對外經濟文化交往也空前興旺發達。除了不斷拓展和延伸陸上國際商道、擴大通商地域範圍外，著重發展了海上貿易。廣州、交州、潮州、泉州、明州 （今浙江寧波）、楚州（今江蘇淮安），都被闢為外貿海港，遠洋航船東通日本，南抵南洋諸國，西達波斯灣阿拉伯諸國。政府當局對外商採取寬鬆優待的政策，「除舶腳、收市、進奉外，任其來往通流，自為交易，不應重加率稅」；「常加存問」，「以示綏懷」。[4] 於是各國商人雲集，中外商務往來和商品交換盛極一時。隨著海上貿易的發展，相繼在重要通商口岸設「市舶使」[5] 壬職官員由中央政權直接委派，專門負責掌管和監督海上船舶貿易來往和入境出境徵稅事宜，從而初步開創了在中國歷史上長達一千多年的「市舶」制度，有人認為這就是後世政府外貿機構和海關機構的最早萌芽。

由於唐代中國農業、手工業生產水平和文化水平都居於當時世界領先地位，加之統治者對於對外經濟文化交往採取積極促進的政策，所以當時外國人來中國經商、留學的絡繹不絕，長期居留唐土者多達數十萬人。留學日久取得唐籍的一些外國人，甚至還由唐朝政府擢用，入仕做官，並引為殊榮。至今一些外國（如日本等）仍稱中國人為「唐人」，稱中國商品為「唐物」，稱中國文化為「唐文化」，足見唐代中國人積極開展對外經濟文化交往，促使中國國譽和聲威遠播，影響至深。這是舉世公認的中華民族的驕傲。

宋朝時期（960-1279 年），北部政局不穩，陸上國際商道常因戰爭中斷，政府側重於在南方發展海上國際貿易。宋初，京師設「榷易院」，成為中國歷史上最早的專門管理對外貿易的中央機構；在江、浙、閩、粵沿海港口設「市舶司」，兼具進出口管理、徵稅、收購舶來品等多項職能；一〇八〇年還頒布市舶條例。可以說，這是中國最早的涉外經濟立法之一，也是世界歷史上最早的進出口貿易成文法規之一。宋室南渡以後，失去半壁江山，遂更加銳意發展海舶貿易，作為當時禦敵圖存的重要經濟支柱之一。因為，「市舶之利，頗濟國用」，「市舶之利最厚，若措置合宜，所得動以百萬計，豈不勝取之於民？」[6] 據估算，當時單泉州、廣州兩地一年的外貿收入竟曾高達兩百萬緡，約占當時全國財政收入的百分之二十，可見當時政府對於外貿的倚重。

上述這部制定於十一世紀的宋代市舶條例，其後經修訂補充，迄宋之末，實施近二百年。它在世界貿易立法史上顯然具有開創性的歷史價值。儘管其原有全文已經失傳，但從有關史籍文

獻的記載中[7]，仍不難稽考和窺見其輪廓和梗概，諸如：

（1）外貿開始規範化。該條例規定了市舶司的職權和職責，它融合了多種職能，成為後世海關與外貿機構的雛形和綜合體，使中國古代的對外貿易開始走向規範化、法制化。

（2）鼓勵交易和分類管理。積極鼓勵外商海舶（「番舶」）入境從事貿易，促進中外商品互通有無；逐項列明違禁物品、官府專買專賣貨物（「官市」）以及民間自由交易貨物（「民市」「聽市貨與民」）的細目，使中外商民有所遵循。

（3）採取「低稅」政策。「番舶」進入中國港口，須經當地市舶司派員登船查驗，並依法定稅率納稅（「抽解」），凡珍珠、犀角、象牙、瑪瑙、乳香等少數貴重「番貨」，列為「細色」高檔品），一般稅率定為「十取其一 」即 10%）其餘大量「番貨」諸如來自異國的各種特產、藥材、香料、木料、棉布等生活用品，均列為「粗色」，一般稅率定為「十五取一」約合 6.66%）。稅後諸物即可依法分別進入「官市」或「民市」實行交易，可謂「低稅優惠」。

（4）厲行出口許可制度。商舶從中國港口出海，應向當地市舶司備文申報所載貨物名稱、數量和目的地（「所詣去處」）等項，經查驗屬實，並經當地富戶（「有物力戶」）出具擔保書後，由市舶司發給「公據」（許可證）放行。回航時，應向原出海港口市舶司交回「公據」，並申報從異國（「番夷」）販來各物，照章「抽解」後，方可入市。

（5）嚴禁各種走私逃稅活動（「漏舶」偷稅」大生奸弊，虧損課〔稅〕額」。違者除治罪外，沒收船、貨，並重獎舉報、告

發人，「給舶物半價充賞」。

（6）切實保護「番商」合法權益。嚴禁官吏豪紳借勢濫權殺價強買「番商」舶貨。凡強買舶貨「有虧番商者皆重置其罪」（依法從嚴治罪）。

（7）禮遇外商，救助「海難」興建外商賓館（「置『來遠驛』」），訂立接待送禮規則（「立定犒設饋送則例」），「每年於遣發番舶之際，宴設諸國番商，以示朝廷招徠遠人之意」。「番舶」遇風暴飄至中國沿海各地，「若損敗及舶主不在，官為拯救，錄〔登記〕物貨，許其親屬召保認還」。

從以上梗概中可以看出：制定於九百多年前的這部市舶條例，無疑是後世海關法、外貿法和涉外稅法的先河，其基本規定多為後世同類立法所師承和發展。

元朝時期（1271-1368 年），中國北部疆土遼闊[8]，陸上國際商道暢通無阻，海上貿易也有新的發展。政府以宋法為藍本，在一二九三年制定《市舶司則法》二十二條[9]使外貿管理和稅則更加條理化和規範化。同時，由政府出資和備船，選聘精幹舶商和艄工（水手）「入番貿易」，贏利所得按「官七民三」比例分紅。除官本貿易外，還允許私舶貿易，並對從事外貿的舶商和艄工加以保護。這就在很大程度上改變了宋代對進口貨物統制專賣的「禁榷」政策。由於採取了低稅、招徠、保護和獎勵等一系列措施，外商紛至杳來，除唐宋以來的傳統客商──阿拉伯商人外，還有遠自歐洲和北非的商人前來從事貿易。元初來華經商和旅遊的義大利人馬可·波羅曾將中國的泉州港與地中海國際貿易中心亞歷山大港相提並論，認為它們是當時世界上最大的兩個外

貿港口。

　　關於元朝時期中國對外交往方面，中外史學界曾經流行一種以訛傳訛的說法，說是「中國元朝派大軍侵入歐洲造成黃禍」這具體指漠北地區[10]蒙古人成吉思汗和拔都兩度率領大軍「西征」。這兩次「西征」，究竟是早年游牧部落**蒙古人**所為還是其後文明**中國人**所為？對於這個問題，中外歷史學家一向眾說紛紜。但無可置疑的是：**第一**，成吉思汗的蒙古汗國建立於一二〇六年，一二一九至一二二五年他第一次率軍西征時，蒙古人尚未正式入主中國中原及其以南廣大地區；[11]**第二**，一二三五至一二四二年[12]成吉思汗之孫拔都第二次率軍西征時，蒙古人仍然尚未正式入主中國中原及其以南廣大地區；[13]**第三**，成吉思汗之另一支系孫子忽必烈南下攻占中國中原及其以南廣大地區，並且在此基礎上於一二七一正式建立中國元朝，定都中國北京，[14]是在上述兩次西征三十年之後，換言之，在一二七一年之前，中國元朝根本尚未建立；**第四**，蒙古人支系首領忽必烈一二七一正式建立中國元朝之後，採納中原漢族體制（「行漢法」），[15]尊孔子儒學，[16]與漢人通婚，[17]蒙漢兩族大眾基本上逐漸融合為一體，直到一六三八年蒙族統治階層被漢族朱元璋率領農民起義軍擊敗，從中國中原退回漠北地區與明朝對峙，[18]嗣後改國號為「**韃靼**」在中國中原存續九十八年期間，中國元朝從未派兵入侵歐洲。可見，前述一度流行的說法，即含糊籠統地說「**中國元朝派大軍侵入歐洲造成黃禍**」，那是不符合歷史真實的。[19]

　　明代（1368-1644 年）初期，對於唐、宋、元三個朝代七百多年來行之有效、經濟效益顯著的對外經貿體制及有關措施，多

沿襲師承，而又有重大發展。洪武、永樂兩代政府為了進一步招徠外商，對於來自外國的「貢舶」和「商舶」分別給予不同優惠待遇。前者運來官方互易貨物，予以「優值」（從優計價）；後者運來民間交換商品予以免稅，致使各國商船競相來華，國際貿易大盛。另外，在一四〇五至一四三三年，明朝政府相繼組織和派遣了規模浩大的遠洋船隊，由鄭和率領，先後七次遠航，抵達今日印尼、斯里蘭卡、泰國、印度西岸、波斯灣和阿拉伯半島諸國以及東非索馬里、肯尼亞等地，大大促進了當時中國與亞洲、非洲三十多個國家之間的政治修好關係和經濟貿易關系，其船隊規模之大（首航人員竟達 27000 餘人）、貿易地域之廣、累計航程之遠，以及經歷時間之長，都可以說是史無前例的。[20] 鄭和等人開展對外交往的壯舉和業績，一向彪炳於中外史冊，充分體現了中華民族勇於進取、敢於創新、善於開拓的精神。[21]

綜上所述，可以看出：自漢唐至明初，中國人的對外開放、對外經濟文化交往以及開拓進取精神，曾經對中國古代社會經濟的發展、科技文化的進步以及國際威望的提高，都起到了明顯的促進作用。與此同時，中國人也通過長期的、平等互惠的對外經濟文化交往，為全球經濟文化的不斷進步、共同繁榮和豐富多彩做出了重大的貢獻。

遺憾的是，這種優良傳統和開拓精神，在後來相當長的歷史時期內，不但未能進一步發揚光大，反而受到壓制和摧殘。明代中葉以後，封建統治者愚昧腐敗，昏庸顢頇，竟因沿海倭寇為害而實行「海禁」，下令關閉口岸，停止對外貿易，實行「鎖國」政策。[22] 以後弛禁、復禁，反覆多次，直至明朝覆滅，對外經

濟交往始終未能振作起來。

　　清朝（1636-1911 年）初建，王朝統治者因害怕漢族人士在海外組織反清力量卷土重來，遂變本加厲實行「海禁」，在長達三四十年的時間裡，規定「寸板不許下海」和「片帆不准入港」，違者格殺勿論。遂使中國的對外經濟交往更加衰落，一蹶不振。一六八四年以後，雖一度解禁開港，在江、浙、閩、粵設置四個外貿口岸，但對外來商人又往往不分從事正當貿易抑或進行不軌活動，一律嚴加限制。一七五七年又再撤銷三個外貿口岸。中國作為東方泱泱大國，當時的大陸國土面積遠遠超過整個歐洲大陸，其海岸線綿延二萬公里以上。[23] 但是，當時歐陸沿海港口，早已星羅棋布，促使歐陸對外經濟交往十分興旺發達；反觀當時幅員廣袤的中國大陸，卻只單限廣州一港對外開放，[24] 成為中國對外經濟交往長期衰敗的一大原因。這種荒唐局面，竟然持續八十多年，直到一八四〇年鴉片戰爭的大砲轟開「天朝帝國」的大門。

（二）古代中國對外經濟交往的法理內涵

　　中國古代史上對外經濟交往的興衰起落，主要脈絡大體如上。其間有幾條歷史軌跡和法理原則隱約可辨，值得後人借鑑：

　　第一，古代中國開展對外經濟交往，是國內生產力發展的結果，也是生產力進一步發展所必須。中國歷史上明智的統治者能順應歷史發展的需求，積極推動對外經濟交往，體現了強者的遠見、自信、膽氣和魄力；愚昧的統治者則慣於逆歷史潮流而動，妄圖禁止對外經濟交往，體現了弱者的短視、昏庸、怯懦和無

能。兩種截然相反的對外經濟政策，前者造福社會，後者危害國家，千秋功罪，歷史早有評說。

第二，古代中國的對外經濟交往，其主要動因既然植根於社會生產力的發展，它自身就具有強大的生命力。如不因勢利導，卻愚蠢地加以禁止，總是禁而不止。秦漢以來，在中國古代兩千多年的對外經濟交往史上，雖然經歷了許多曲折和起落，甚至兩度鎖國閉關，但總的來說，積極開展對外經濟交往，顯然是歷史長河中的主流。相應地，在對外經濟交往中積極主動、大膽進取的精神，一向是中華民族諸多優良傳統中的一項重要內容。把閉關鎖國的失誤和蠢舉說成是中國歷史的主導傳統，那是對中國歷史的誤解、無知或曲解。

第三，在古代中國長期的對外經濟交往中，**基本上體現了自主自願和平等互利的法理原則**。歷代政府和百姓對來自異邦的客商，向來以禮相待，優遇有加，使其有利可圖。中國傳統的大宗出口商品是絲綢、漆器、瓷器、茶葉之類，進口的是中國所罕缺的各種異土方物。這些中外物質文明的交換，是以完全自願、互通有無、文明交易的方式進行的。較之西方強國對外貿易史上盛行多年的商盜一體、殺人越貨、獵奴販奴之類的罪惡買賣，向來涇渭分明，迥然不同。

中外物質文明的交換，有效地促進了整個人類文明的交融與提高。中國的育蠶、繅絲、制瓷、造紙、印刷、火藥、指南針等技術，通過對外經濟交往而廣泛傳播於世界各地，為全人類的進步做出了傑出的貢獻。而對外輸出的擴大，又反過來不斷提高中國的造船、冶金、羅盤等與航海有關的生產技術，不斷提高與出

口商品有關的各行各業的生產水平。

與此同時，中國原先十分罕缺或全然未見的異邦產品，諸如西域良馬、阿拉伯「火油」以及芝麻、蠶豆、菠菜、大蒜、甘蔗、甘藷、玉米、花生、菸草等農作物，也先後從世界各地異邦輾轉傳入中國，促進了中國畜牧業、農業、手工業的發展。有趣的是：今日中國人日常生活中所不可或缺的棉花和棉布，宋代以前一直是珍稀的「舶來品」。宋元之間才開始從異邦引種的棉花，至元明兩朝已普遍種植和大量出產，並使棉紡織業迅速成長為中國新興的、與國計民生息息相關的主要手工業之一。它不但大大改變了中國歷代以絲葛麻褐為主要織物的衣著傳統，使廣大平民百姓普受其惠（對他們說來，絲綢太貴，葛麻太粗，棉布則物美價廉），而且逐步發展成為中國出口的主要商品之一，同時也成為明代以來國庫稅收的主要來源之一。[25] 棉花從異域到中國「落戶生根」的過程，實際上是一項新產品和新技術「引進消化、發展輸出」的成功事例。

有一種流傳甚廣的傳統觀點認為：中國古代的對外經濟交往，主要是「朝貢貿易」，旨在滿足封建統治者對奢侈品的需要，對中國的經濟發展和平民的經濟生活，並無多大積極影響，甚至害大於利。其實，這也是一種對歷史的誤解或偏見，並不符合史實。棉花效勞中華，即是一大例證。可見，在中國古代的對外經濟交往中，平等互利既是公平的行為準則，又是正常的社會後果。在對外經濟交往中努力實現平等互利，顯然是中華民族諸多優良傳統中的又一項重要內容。

第四，古代中國的對外經濟交往源遠流長，並且有過相當發

達的時期。但由於歷史的和階級的侷限，其規模和意義都難以與近現代的對外經濟交往相提並論。它的存在和發展，主要是與中國綿延兩千多年的封建制生產方式緊密聯繫的。因此，對外經濟交往的規模、水平和社會影響，在很大程度上受到國內封建自然經濟的限制和束縛。封建後期，隨著這種生產方式內在活力的不斷衰退，對外經濟交往也就相應地陷於停滯，甚至走向沒落。至於長期以來在對外交往中自視為「天朝大國」，把外國人前來修好通商稱為「蠻夷來朝」，在官方換貨貿易中硬把對方商品稱為「貢」，把中方商品稱為「賜」，把接待外商使團的賓館稱為「蠻夷邸」，諸如此類的觀念和有關記載，處處顯現了封建統治者和封建文人的自大與虛榮。這種阿 Q 心態，迥異於應有的民族自尊，顯然是不足為訓和應予批判的。

三、半殖民地半封建中國的對外經濟交往及其「法理」內涵

鴉片戰爭的巨炮轟開中國的大門之後，中國的對外經濟交往發生了重大的轉折和急遽的變化：從獨立自主轉變為俯仰由人，從平等互利轉變為任人宰割。

（一）半殖民地半封建中國對外經濟交往簡況[26]

繼一八四〇年英國侵華的鴉片戰爭之後，殖民主義、帝國主義列強又發動了多次侵華戰爭，如一八五七年的英法聯軍戰爭、一八八四年的中法戰爭、一八九四年的中日戰爭、一九〇〇年的

八國聯軍侵華戰爭。用戰爭暴力打敗中國，迫使昏庸無能的統治者俯首就範之後，列強不但占領了中國周圍許多原由中國保護的國家，而且侵占了或「租借」了中國的一部分領土。例如，日本侵占了臺灣和澎湖列島，「租借」了旅順，英國侵占了香港，法國「租借」了廣州灣。割地之外，又勒索了巨額的賠款。一九三一至一九四五年，日本由局部而全面地發動了侵華戰爭，在長達十四年的時間裡陸續使中國的大片領土直接淪為日本的殖民地，從而使中國的土地和各種自然資源遭到空前殘酷的掠奪和洗劫。

列強強迫中國訂立了許多不平等條約，攫取了各種政治、經濟特權，嚴重破壞了中國的政治主權和經濟主權。根據這些不平等條約，列強除了取得在中國駐紮軍隊的權利和領事裁判權之外，還把全中國劃分為幾個帝國主義國家的「勢力範圍」，即列強按照各自的實力，在中國劃定某一地區，作為自己實行政治控制和經濟掠奪的專屬領域，對中國進行變相的瓜分。例如，長江中下游諸省劃為英國的勢力範圍，云南和兩廣劃為法國的勢力範圍，山東劃為德國的勢力範圍，福建劃為日本的勢力範圍，東北諸省原劃為帝俄的勢力範圍，一九〇五年日俄戰爭後，東北地區的南部改劃為日本的勢力範圍。

根據不平等條約，列強控制了中國一切重要的通商口岸，並在許多通商口岸中強占一定地區作為它們直接實行殖民統治的「租界」。它們喧賓奪主和反賓為主，控制了中國的海關和對外貿易，控制了中國的水陸空交通事業（包括至關緊要的內河航行權）。這樣，就便於在中國廣闊的市場上大量傾銷它們的商品，牟取巨額利潤。與此同時，又使中國的農業生產服從於西方列強

的經濟需要，為它們提供大量低廉的原材料和消費品。

根據不平等條約，列強在中國攫取和壟斷礦山開採權、鐵路修築權和管理權，經營各種工礦企業，隨心所欲地掠奪中國的自然資源，直接利用中國便宜的原料和廉價的勞動力，搾取超額利潤，並借此對中國的民族工業進行直接的經濟壓迫，甚至加以扼殺。

根據不平等條約，列強以苛刻的條件貸款給中國政府，並在中國開設銀行，從而壟斷了中國的金融和財政，在金融上、財政上扼住了中國的咽喉。

列強除了對中國實行直接的控制、掠奪和盤剝之外，又極力培植了一個買辦資產階級，作為它們的在華代理人，為列強的對華盤剝事業效勞。此外，列強還與中國廣大農村的封建勢力相勾結，以加強對中國的全面搾取。

列強在對華經濟交往中，利用其政治上、軍事上的強權地位和經濟上、技術上的絕對優勢，迫使中國方面接受各種苛刻的不等價交換條件。不等價交換的長年積累和不斷擴大，造成中國國際收支的巨額逆差和國民財富的大量外流，造成中國的民窮財盡。為了彌補國際收支逆差，中國不得不大量舉借外債，從而加深了中國對列強的依賴和屈從，這又反過來進一步擴大了不等價交換的範圍，形成了中國對外經濟交往中的惡性循環。

（二）強加於半殖民地半封建中國對外經濟交往的「法理」

半殖民地半封建時期中國的國民經濟命脈，完全操縱在殖民主義、帝國主義列強及其在華代理人手中。在這段時期裡，由於

中國的政治主權和經濟主權受到嚴重破壞，中國的對外經濟交往，無論在國際貿易、國際投資、國際金融、國際稅收的哪一個方面，無論在國際生產、國際交換、國際分配的哪一個領域，始終貫穿著**兩條線索**或**兩大痛楚**：第一，中國這一方無權獨立自主，無法自由選擇，無力控制管理。在對外經濟交往中，往往處在非自願、被強迫的地位，受制於人，聽命於人。第二，中國這一方，人低一等，貨賤多級。在對外經濟交往中，總是遭到不平等的屈辱，忍受不等價的交換和盤剝。

這兩大痛楚並不是孤立存在的，它們蘊含著和體現了當時盛行於國際社會的基本法理：**弱肉強食，理所當然，法所維護**。換言之，弱肉強食的原則，不僅被列強推崇為「文明」國家的正當行為準則，而且通過國際不平等條約的締結和簽訂，取得了國際法上的合法地位和約束力。

中國民主革命的先驅孫中山畢生致力於推翻清朝封建統治，建立民主共和，反抗列強侵略中國，廢除列強強加於中國的不平等條約。他早在一九〇四年就撰文有力地批判為列強侵華張目的「黃禍」論，指出，一旦中國人獲得獨立自主並與外國平等交往，「**黃禍**」可以變成「**黃福**」——不僅給中國人而且給全世界都帶來大好處、大福祉。[27] 遺憾的是，由於歷史的侷限和國內外反動勢力的阻撓，孫中山先生的真知灼見和善良願望未能完全實現。

上述這兩種歷史痛楚，自鴉片戰爭以來，在中國延續達一百多年，經過中國人民長期的奮力抗爭，才以社會主義新中國的成立而告終止。它逝去不久，人們記憶猶新。可以說，今日中國在

對外經濟交往中之所以如此強調獨立自主與平等互利，正是對上述歷史痛楚的認真反思和科學總結。中國與第三世界諸國一起，之所以如此大聲疾呼要求改造國際經濟舊秩序，要求在國際經濟交往中廢除舊的、弱肉強食的法理原則，建立新的、平等互利的法理原則，其共同目的，正是為了在世界範圍內盡早地全面結束這種歷史痛楚。

四、社會主義新中國的對外經濟交往及其法理原則

解放戰爭的勝利和中華人民共和國的成立，使中國擺脫了帝國主義及其在華代理人的反動統治，擺脫了半殖民地的屈辱地位，成為政治上完全獨立的社會主義主權國家。這就為中國進一步爭取經濟上的完全獨立，包括對外經濟交往上的獨立，創造了首要的前提。

（一）獨立自主精神的堅持與平等互利原則的貫徹

中國人民深知：不實現經濟上的獨立，包括對外經濟交往上的獨立，則已經取得的政治獨立就是不完全、不鞏固的。因此，徹底剷除帝國主義及其在華代理人對於中國國民經濟命脈的壟斷權和控制權，徹底改變帝國主義及其在華代理人操縱中國對外經濟交往的局面，就成為新中國成立初期的當務之急。

中國政府廢除了帝國主義列強根據不平等條約在中國攫取的各種特權，收回了長期由帝國主義者越俎代庖的海關管理權，建立了完全獨立自主的新海關。把長期由帝國主義在華代理人——

中國官僚買辦資產階級巨頭壟斷經營的、規模龐大的對外貿易（進出口）企業收歸國有，改由國家對進出口貿易實行全面的統制管理。對民族資產階級經營的外貿企業，則實行利用、限制和改造相結合的政策。在國家的金融和財政大業上，也採取一系列有效措施，排除了帝國主義的壟斷、操縱和控制。與此同時，在國內生產領域逐步建立了強大的、占主導地位的社會主義國有經濟。這樣，就終於使中國的對外經濟交往徹底擺脫了對帝國主義的依附，走上了完全獨立自主的道路。

新中國在對外經濟交往中，一貫遵循平等互利的原則，積極開展國際經濟合作，充分尊重對方國家的利益，保護各國來華外商的合法權益，在這個過程中，也有效地促進了中國自身的社會主義經濟建設。

可以說，**獨立自主和平等互利**，乃是新中國在對外經濟交往中一貫堅持的、**最基本的法理原則**和行為規範，也是中國對外經濟交往健康發展的兩大基石。其基本精神，早在中華人民共和國成立前夕，就明文載入《中國人民政治協商會議共同綱領》之中。[8] 其後，在中華人民共和國的根本大法《憲法》中，又鄭重重申。[9] 如果說，中國在淪為半殖民地以前的悠久歷史上，在對外經濟交往中基本上能夠按照自主自願、平等互利的原則辦事，還處在自發的、樸素的階段，還只是一種傳統的習慣，那麼，在中華人民共和國成立以後，在對外經濟交往中堅持獨立自主、平等互利原則，就開始進入自覺的、成熟的階段。它不但是中國古代對外經濟交往史上優良傳統的發揚光大，而且由國家的根本大法正式加以肯定和固定，上升為具有法律拘束力的基本行

為規範。

（二）閉關自守意識的終結與對外開放觀念的更新

遵循獨立自主、平等互利原則開展對外經濟交往的道路，是並不平坦的。新中國成立以來在這條道路上就遇到了不少艱難險阻和嚴重干擾。

從中華人民共和國成立之初起，當時極端敵視中國的美國政府為首組織了長達二十多年的對華經濟「封鎖」和「禁運」，企圖從經濟上扼殺這個新出現的社會主義政權。在美國策動下，十幾個主要的資本主義發達國家在一九四九年十一月成立了「巴黎統籌委員會」，統籌推行對社會主義國家的「禁運」政策，嚴格限制其成員國對社會主義國家的出口貿易。在「巴黎統籌委員會」內部特別設立的「中國委員會」，是專門對付中國的禁運執行機構，並且針對中國開列了範圍特別廣泛的禁運貨單，稱為「中國禁單」一九六九年以後，美國總統尼克松雖曾數次宣布對中國放寬「禁運」但直至一九九四年三月，「巴黎統籌委員會」仍在發揮作用。[30]此後，該委員會雖已宣告解散，但其長期對華「禁運」的惡劣影響，至今尚未完全消除。

二十世紀五〇年代至六〇年代初，由於美國為首組織和推行對華經濟封鎖政策，中國的對外經濟交往對象主要限於當時的蘇聯和東歐社會主義國家。但是，在五〇年代中期以後，蘇聯在對華經濟交往和經濟合作中，常常表現出大國沙文主義和民族利己主義傾向，並且假借「社會主義國際分工」的名義，反對中國在獨立自主的基礎上發展經濟，力圖使中國成為它的原料供應基地

和剩餘產品推銷市場。自一九六〇年起，當時的蘇共領導人將中蘇兩黨之間的思想分歧擴大到國家方面，對中國施加政治上、經濟上和軍事上的巨大壓力，企圖迫使中國就範。一九六〇年七月，蘇聯政府突然片面決定，在一個月內全部撤走當時在中國幫助經濟建設的一千三百九十名蘇聯專家；接著，撕毀了三百四十三個專家合同和合同補充書；廢除了二百五十七個重大的科學技術合作項目，並在中蘇國際貿易方面對中國實行限制和歧視的政策。這些惡化國家關係的事件，突如其來，嚴重地破壞了當時中國的對外經濟交往和對外經濟合作，並且曾經在相當長的一段時期裡給中國的社會主義經濟建設造成重大的混亂和嚴重的損失。

半殖民地時期中國長期遭受的歷史屈辱，二十世紀五、六〇年代帝國主義所強加於中國的經濟封鎖，以及霸權主義背信棄義對中國所造成的經濟破壞，都激發和增強了中國人民獨立自主、自力更生、奮發圖強的意識。歷史一再教育中國人民：革命和建設的方針要放在自己力量的基點上。在中國這樣一個大國，尤其必須主要依靠自己的力量發展革命和建設事業。儘管中國經濟文化還相當落後，急需爭取外援，特別需要學習外國一切對我們有益的先進事物，但是，中國在對外經濟交往中，對待世界上任何大國、強國和富國，都必須堅持自己的民族自尊心和自信心，決不允許有任何奴顏婢膝、卑躬屈節的表現。這樣的獨立自主意識和自力更生方針，當然是十分必要、完全正確的。

但是，一個傾向掩蓋著另一個傾向。在中國特定的歷史條件下，也產生了對於獨立自主、自力更生的片面認識和錯誤理解。

中國經歷了漫長的封建社會，自給自足的自然經濟曾經長期

居於統治地位。千百年形成的傳統觀念促使人們往往用狹隘的自給自足觀點去理解社會主義經濟建設。

中華人民共和國成立初期的經濟建設取得一定成果後，滋長了驕傲自滿情緒，長期存在著「左」傾思想：急於求成，忽視客觀的經濟規律，誇大主觀意志的作用。在「左」傾思想影響下，人們忽視參加國際分工、利用國外資源、開拓國外市場的客觀需要，認為社會主義國家可以「萬事不求人」，可以完全按照自己的意志關起門來進行社會主義經濟建設，並且不自覺地把獨立自主、自力更生同積極開展對外經濟交往、大力爭取外援機械地割裂開來，甚至對立起來。半殖民地時期的歷史屈辱，五、六〇年代帝國主義的經濟封鎖和霸權主義的經濟破壞，反覆多次的、痛苦的歷史經驗促使人們對於開展對外經濟交往深懷戒心，常存疑懼，並且從中派生出閉關自守和盲目排外的情緒。

「文化大革命」時期，林彪、江青兩個野心家集團出於篡黨奪權的罪惡目的，將上述幾種錯誤思想**攪在一起，推向極端**，把許多正當的和必要的對外經濟交往（特別是學習外國先進經驗、引進先進技術和發展對外貿易），一概誣為「崇洋媚外」「賣國主義」和「洋奴哲學」，造成了空前的思想混亂。

在上述幾種歷史因素和幾種錯誤思想的相互作用下，新中國的對外經濟交往不能不受到重大的消極影響，從而使中國的社會主義經濟建設一次又一次地失去了調動國外積極因素的良機，造成了許多無謂的損失，拉大了與先進國家經濟發展水平的差距。

一九七八年十二月召開的中國共產黨第十一屆三中全會，開始全面認真地糾正「文化大革命」中及其以前的「左」傾錯誤，

作出了把工作重點轉移到社會主義現代化建設上來的戰略決策，並且通過國家機關，全面認真地實施這一重大決策。這是新中國成立以來具有深遠歷史意義的偉大轉折。

在全面撥亂反正、全國工作中心轉移到經濟建設方面的新形勢下，中國共產黨審時度勢，及時提出了在經濟上對外開放的基本國策，從而使源遠流長的中國對外經濟交往，開始進入一個嶄新的、更加自覺、更加成熟的歷史發展階段。

一九九三年，在系統地總結十五年來經驗的基礎上，中國《憲法》正式規定：國家實行社會主義市場經濟」；中國共產黨第十四屆三中全會針對在中國建立社會主義市場經濟體制問題，提出了綱領性的文件，從而大大加快了對外開放的步伐，大大加強了對外開放的力度、廣度和深度。

歷史事實已充分說明：中國的發展離不開世界，關起門來搞建設是不能成功的。實行對外開放，完全符合當今時代的特徵和世界經濟技術發展的規律，是加快中國現代化建設的必然選擇，是中國必須長期堅持的一項基本國策。中國既必須始終把獨立自主、自力更生作為自己發展的根本基點，又必須打開大門搞建設，大膽吸收和利用國外的資金、先進技術和經營管理方法，把堅持發揚中華民族的優秀傳統文化同積極學習人類社會創造的一切文明成果結合起來，把利用國內資源、開拓國內市場同利用國外資源、開拓國際市場結合起來，把對內搞活同對外開放結合起來，這樣，就能不斷地為中國社會主義現代化建設提供強大的動力。同時，在對外開放的過程中，必須始終注意維護國家的主權和經濟社會安全，注意防範和化解國際風險的衝擊。基於這種認

識，中共中央進一步強調：中國應當以更加積極的姿態走向世界，不斷豐富對外開放的形式和內容，不斷提高對外開放的質量和水平，完善**全方位、多層次、寬領域**的對外開放格局。[31]

（三）和平崛起，繼往開來，復興中華

　　進入二十一世紀以來，國際形勢繼續發生深刻複雜的變化，世界多極化和經濟全球化的趨勢在曲折中發展，科技進步日新月異，重大的發展機遇與多元的嚴峻挑戰同時並存。儘管當今世界還存在著這樣那樣的矛盾和衝突，不確定、不穩定因素有所增加，但和平與發展仍是當今時代的主題，世界要和平、國家要發展、人民要合作是不可阻擋的歷史潮流。

　　就中國而言，三十多年來，中國堅定不移地推進改革開放，社會主義市場經濟體制初步建立，開放型經濟已經形成，社會生產力和綜合國力不斷增強，各項社會事業全面發展，人民生活總體上實現了**由溫飽到小康**的歷史性跨越。[32]

　　總結過去，展望未來，中國人懷著恰如其分的民族自信和民族自豪，不卑不亢地向世界宣布：「今天的中國，是一個改革開放與和平崛起的大國。」[33]

　　當前，依據最新的戰略決策，中國「和平崛起」的進程正在進入一個新的發展階段，把對外開放與經濟改革更加緊密地聯繫起來。二〇一〇年，中國共產黨十七屆五中全會宣布，二〇一一至二〇一五年，中國將在經濟社會領域推動一場深刻變革，加快轉變經濟發展方式，堅持把改革開放作為加快轉變經濟發展方式的強大動力。要實施**互利共贏**的開放戰略，進一步提高對外開放

水平，積極**參與全球經濟治理**和區域合作，以開放促發展、促改革、促創新，積極創造參與國際經濟合作和競爭的新優勢。同時，要高舉和平、發展、合作旗幟，奉行**獨立自主的和平外交政策**，堅持走**和平發展**道路，積極參加國際合作，維護我國主權、安全、發展利益，同世界各國一道推動建設持久和平、共同繁榮的和諧世界。[34]

　　二〇一二年十一月，在舉世矚目之下，中國共產黨舉行了第十八屆代表大會。大會總結了建黨和中華人民共和國成立以來的主要歷史經驗，強調指出：「中國特色社會主義道路，中國特色社會主義理論體系，中國特色社會主義制度，是黨和人民九十多年奮鬥、創造、積累的根本成就，必須備加珍惜、始終堅持、不斷發展。」[35]大會選舉產生了以習近平為首的新一代中央領導人。習近平在國家博物館參觀中國《復興之路》展覽時，發表了言簡意賅、總結歷史、鼓舞人心的重要講話，強調指出：

　　中華民族的昨天，可以說是「雄關漫道真如鐵」。近代以後，中華民族遭受的苦難之重、付出的犧牲之大，在世界歷史上都是罕見的。但是，中國人民從不屈服，不斷奮起抗爭，終於掌握了自己的命運，開始了建設自己國家的偉大進程，充分展示了以愛國主義為核心的偉大民族精神。中華民族的今天，正可謂「人間正道是滄桑」。改革開放以來，我們總結歷史經驗，不斷艱辛探索，終於找到了實現中華民族偉大復興的正確道路，取得了舉世矚目的成果。這條道路就是中國特色社會主義。中華民族的明天，可以說是「長風破浪會有時」。經過鴉片戰爭以來一百

七十多年的持續奮鬥，中華民族偉大復興展現出光明的前景。現在，我們比歷史上任何時期都更接近中華民族偉大復興的目標，比歷史上任何時期都更有信心、有能力實現這個目標。……實現中華民族的偉大復興，就是中華民族近代最偉大中國夢。因為這個夢想凝聚和寄託了幾代人的夙願，體現了中國人民的整體利益，是每一個中華兒女的共同期盼。……我們為實現中華民族偉大復興去奮鬥的這個歷史任務光榮而艱巨，需要一代又一代中國人不懈為之共同努力。所以說，空談誤國，實幹興邦！[6]

這段話，集中地、準確地表達了十三億中國人民的堅強意志和共同心聲！

總之，自覺地促使上述這個歷史進程早日完成和持續發展，從而進一步推動中國自身的社會主義建設和加強中國在繁榮世界經濟中的應有作用，這是歷史賦予當代和後代中國人的偉大使命。

注釋

〔1〕 毛澤東主席向來提倡中國人應當在重視學習外來先進經驗的同時，也重視研究中國自己的歷史，從中吸取有益的經驗和教訓；不能對本國的歷史一無所知，在心目中「漆黑一團」，更不能「言必稱希臘，對於自己的祖宗，則對不住，忘記了」參見《改造我們的學習》，載《毛澤東選集》（一卷本），人民出版社 1967 年版，第 755 頁；毛澤東選集》第 3 卷，人民出版社 1991 年版，第 795-803 頁。

〔2〕 恩格斯：《家庭、私有制和國家的起源》，載《馬克思恩格斯選集》第 4 卷，人民出版社 1995 年版，第 163-164 頁。

〔3〕　參見《後漢書・西域傳》，中華書局 1982 年版，第 10 冊，第 2910 頁。

〔4〕　參見《全唐文・唐文宗大和八年疾愈福音》，中華書局 1982 年版，第 75 卷，第 785 頁。

〔5〕　參見《新唐書・柳澤傳》，中華書局 1975 年版，第 13 冊，第 4176 頁；《舊唐書・代宗紀》，中華書局 1975 年版，第 2 冊，第 274 頁。

〔6〕　參見《宋會要輯稿補編・市舶》，全國圖書館文獻縮微複製中心 1988 年版（影印本），第 647 頁。

〔7〕　參見《宋史・職官七》，「提舉市舶司」中華書局 1977 年版，第 12 冊，第 3971 頁；《宋史・食貨下八》，「互市舶法」中華書局 1977 年版，第 13 冊，第 4558-4566 頁；《宋會要輯稿・職官四四》，上海大東書局 1936 年版（影印本），第 86 冊，第 1-34 頁。

〔8〕　一二〇六年漠北地區蒙古各部落貴族在斡難河源奉鐵木真為大汗，尊號成吉思汗，建立蒙古汗國（即大蒙古國，Yeke Mongglol Ulus 或 The Great Mongol Empire）。一二五九年後，蒙古汗國開始分裂為「大汗之國」和另外四個「汗國」（欽察汗國、窩闊臺汗國、伊利汗國和察合臺汗國）。一二六四年成吉思汗諸孫之一忽必烈奪得蒙古汗國的最高統治權，並在攻占中原等廣大地區後，於一二七一年建立中國元朝，稱帝，定都北京。此後，原已分裂出去的另外四個「汗國」名義上承認忽必烈建立的中國元朝宗主權，實際上各自獨立為政，並不直接隸屬於和聽命於元朝皇帝。元朝統一全中國後的疆域是：北到西伯利亞，南到南海，西南包括今西藏、雲南，西北至今中亞，東北至外興安嶺、鄂霍次克海。參見白壽彝總主編、陳得芝主編：《中國通史》（第八卷・中古時代・元時期（上）），上海人民出版社 2004 年版，第 355-356、551-584 頁。

〔9〕　參見《元史・百官七》，「市舶提舉司」中華書局 1976 年版，第 8 冊，第 2315 頁；《元史・食貨二》，「市舶」中華書局 1976 年版，第 8 冊，第 2401-2403 頁；《元典章・戶部八》，「市舶」，清光緒戊申年（1908 年）校刊本，第 8 冊，第 71-79 頁。

〔10〕　漠北地區，指瀚海沙漠群的北部，原為蒙古人的活動中心，當年是北方匈奴──蒙古游牧民族向中原漢族發動侵略的根據地，在現今的蒙古高原地區和俄羅斯貝加爾湖一帶。成吉思汗及其子窩闊臺在位時期，常駐於鄂爾渾河上游一帶，這個地區歷來是漠北游牧政權

的政治中心所在。參見白壽彝總主編、陳得芝主編：《中國通史》（第八卷・中古時代・元時期（上）），上海人民出版社 2004 年版，第 380 頁。

〔11〕參見白壽彝總主編、陳得芝主編：《中國通史》（第八卷・中古時代・元時期（上）），上海人民出版社 2004 年版，題記第 1 頁，正文第 355-402 頁；蔡美彪等：《中國通史》（第七冊），人民出版社 2004 年版，第 4、26、27 頁。

〔12〕成吉思汗死後，其子窩闊臺於一九三五年派出以拔都為統帥的西征軍，一路屠殺和擄掠。一二四一年末，窩闊臺死訊傳來，蒙古軍自巴爾幹地區撤回到伏爾加河上，多位領軍人物回去爭奪汗位。參見蔡美彪等：《中國通史》（第七冊），人民出版社 2004 年版，第 59、60、61 頁。

〔13〕參見蔡美彪等：《中國通史》（第七冊），人民出版社 2004 年版，第 68 頁。

〔14〕一二七一年，忽必烈正式建國號為「大元」此時，「大汗的統治地位和諸兀魯思與大汗的關係已不同於成吉思汗、窩闊臺時代；和林也不再是政治的中心。忽必烈以漢地為根基，依靠漢人地主的支持奪得汗位，因之不能不以漢地為中心，建立起元朝的統治」。參見蔡美彪等：《中國通史》（第七冊），人民出版社 2004 年版，第 82、83、84、88、89 頁。

〔15〕參見蔡美彪等：《中國通史》（第七冊），人民出版社 2004 年版，第 73、74 頁。

〔16〕同上書，第 71、72 頁。

〔17〕元朝的婚姻禮制是在至元八年（1271 年）基本上確定下來的。這年二月，忽必烈頒布聖旨，其中包括了三項準則：第一，尊重各族的婚俗，各族的人自相婚姻，各從本俗法；第二，以男子為中心，各族的人遞相婚姻者，以男方婚俗為主；第三，以蒙古人為上，他族男子與蒙古女子為婚，不必以男方婚俗為主。參見白壽彝總主編、陳得芝主編：《中國通史》（第八卷・中古時代・元時期（上）），上海人民出版社 2004 年版，第 1027 頁。

〔18〕參見白壽彝總主編、陳得芝主編：《中國通史》（第八卷・中古時代・元時期（上）），上海人民出版社 2004 年版，第 550 頁；蔡美彪等：《中國通史》（第七冊），人民出版社 2004 年版，第 314-315

頁。

〔19〕對於這段歷史及其爭論問題，魯迅先生曾以其特有的幽默和辛辣寫道：「幼小時候，我知道中國在『盤古氏開闢天地』之後，有三皇五帝……宋朝，元朝，明朝，我大清』。到二十歲，又聽説『我們』的成吉思汗征服歐洲，是『我們』最闊氣的時代。到二十五歲，才知道所謂這『我們』最闊氣的時代，其實是蒙古人征服了中國，我們做了奴才。直到今年（指 1934 年——引者注）八月裡，因為要查一點故事，翻了三部蒙古史，這才明白蒙古人的征服『斡羅思』（即俄羅斯——引者注），侵入匈、奧，還在征服全中國之前，那時的成吉思還不是我們的汗，倒是俄人被奴的資格比我們老，應該他們説『我們的成吉思汗征服中國，是我們最闊氣的時代』的。」參見《隨便翻翻》，載《魯迅全集》（第 6 卷），人民文學出版社 2005 年版，第 142 頁。

〔20〕參見《明史·宦官·鄭和》，中華書局 1974 年版，第 26 冊，第 7765-7768 頁。美國一位對鄭和研究有素的學者曾將鄭和與哥倫布作了有趣的對比，頗能發人深思：「在一四○五至一四三三年之間，鄭和曾率領當時，或者説在隨後的五百年間也算是世界上最大的船隊進行七次遠洋航行。在第一次世界大戰之前，沒有一個西方國家的艦隊能夠與之相比。鄭和的船隊有二點八萬名水手和三百艘大船。其中最大的船長約四百英尺。而哥倫布在一四九二年首次進行遠洋航行時只有九十名水手和三艘船，其中最大的船隻有八十五英尺長。鄭和的船也是當時世界上最先進的遠洋船，其中包括平衡整流舵和防水艙，直到三百五十年後，歐洲才有這種船。鄭和船隊的先進性再次表明東方在科技領域曾一度遙遙領先於西方。的確，在數千年的歷史長河中，除了羅馬帝國時代，中國一直比歐洲任何地區都富裕、先進和開放。在哥倫布進行首次遠航前的半個世紀，鄭和就曾到達東非，並從阿拉伯商人那裡了解到歐洲的情況。因此中國人當時穿過好望角，同歐洲建立直接貿易關係應談是件很容易的事。……在鄭和的遠航活動錯失了繼續前進、同歐洲建立聯繫的良機之後，亞洲開始走向相對封閉的狀態。而與此同時，歐洲及後來被哥倫布發現的美洲卻在迅速崛起。……十五世紀中國統治者愚蠢的妄自尊大導致中國幾乎沒有太大的發展。」參見〔美〕尼古拉斯·克里斯托夫：《踏勘鄭和下西洋的足跡》，原載於《紐約時報雜誌》

1999 年 6 月 6 日，中譯文連載於《參考消息》1999 年 6 月 15-19 日。

〔21〕參見劉漢俊：《一個民族的征帆──寫在鄭和下西洋六百年之際》，載《人民日報》2005 年 7 月 11 日第 10 版；黃菊：《在鄭和下西洋六百週年紀念大會在的講話》，載《人民日報》2005 年 7 月 12 日第 1 版。

〔22〕參見《明史・食貨五》，「市舶」，中華書局 1974 年版，第 7 冊，第 1981 頁。

〔23〕中國在鴉片戰爭中敗北後，俄國沙皇政府「趁火打劫」以武力威脅，迫使中國清朝政府相繼簽訂了一八五八年的中俄《愛琿條約》，1860 年的中俄《北京條約》等等，侵奪了原屬中國的一百七十一萬平方公里領土及其漫長的海岸線。詳見白壽彝總主編、龔書鐸主編：《中國通史》（第十一卷・近代前編（上）），上海人民出版社 2004 年版，第 173-175、221 頁。

〔24〕參見《清史稿・食貨六》，「征榷」，中華書局 1976 年版，第 13 冊，第 3675-3685 頁。

〔25〕據明代鴻儒、史學家丘濬考證：自古中國所以為衣者，絲麻葛褐四者而已。漢唐之世，遠夷雖以木綿〔棉花之古稱〕入貢，中國未有其種，民未以為服，官未以為調〔賦稅之古稱〕。宋元之間，始傳其種入中國。關、陝、閩、廣，首得其利，蓋此物出外夷，閩、廣海通舶商，關、陝壤接西域故也。然是時猶未以為徵賦，故宋、元史『食貨志』〔經濟史〕皆不載。至我朝〔明朝〕，其種乃遍布於天下〔中國境內〕，地無南北，皆宜之〔適合種植〕；人無貧富，皆賴之。其利視絲枲〔比之絲和麻〕，蓋百倍焉。」參見（明）丘濬：《大學衍義補》卷二十二，「貢賦之常」，收輯於《文淵閣四庫全書》（影印本），商務印書館 1986 年版，第 712 冊，第 307 頁；（漢）桓寬：鹽鐵論》（簡注本），中華書局 1984 年版，第 224 頁。

〔26〕參見《中國革命和中國共產黨》，載《毛澤東選集》第 2 卷，人民出版社 1991 年版，第 626-631 頁。

〔27〕孫中山寫道：「有人時常提出這樣一種在表面上似乎有道理的論調，他們說：中國擁有眾多的人口與豐富的資源，如果它覺醒起來並採用西方方式與思想，就會是對全世界的一個威脅；如果外國幫助中國人民提高和開明起來，則這些國家將由此自食惡果；對於其他各

國來說，它們所應遵循的最明智的政策，就是盡其可能地壓抑阻礙中國人。一言以蔽之，這種論調的實質就是所謂『黃禍』論。這種論調似乎很動聽，然而一加考察，就會發現，不論從任何觀點去衡量，它都是站不住腳的。這個問題除了道德的一面，即一國是否應該希望另一國衰亡之外，還有其政治的一面。中國人的本性就是一個勤勞的、和平的、守法的民族，而絕不是好侵略的種族；如果他們確曾進行過戰爭，那隻是為了自衛。……如果中國人能夠自主，他們即會證明是世界上最愛好和平的民族。再就經濟的觀點來看，中國的覺醒以及開明的政府之建立，不但對中國人、而且對全世界都有好處。全國即可開放對外貿易，鐵路即可修建，天然資源即可開發，人民即可日漸富裕，他們的生活水準即可逐步提高，對外國貨物的需求即可加多，而國際商務即可較現在增加百倍。能說這是災禍嗎？國家與國家的關係，正像個人與個人的關係。從經濟上看，一個人有一個貧苦愚昧的鄰居還能比他有一個富裕聰明的鄰居合算嗎？由此看來，上述的論調立即破產，**我們可以確有把握地說，黃禍畢竟還可以變成黃福。**」參見《中國問題的真解決》，載《孫中山選集》（上卷），人民出版社 1956 年版，第 61-62 頁。一百多年前孫中山先生提出的上述預見，正在由當今獨立自主、和平崛起的中國逐步實現之中，在互惠、互利、共贏的基礎上，中國正在為全球經濟共同繁榮帶來重大的「黃福」，這是任何不戴霸權有色眼鏡的人都無法否認的事實。參見《紀念孫中山先生誕辰一百五十週年大會習近平發表重要講話》http://news. xinhuanet. com/2016-11/11/c_1119896964. htm。

〔28〕一九四九年九月二十九日通過的《中國人民政治協商會議共同綱領》，是新中國成立後的一段時間內國家政府和全國人民的基本行動準則，起過臨時憲法的作用。其中，第五十四、五十六條規定：中華人民共和國實行獨立自主的對外政策，中國政府可在平等互利及互相尊重領土主權的基礎上與外國政府建立外交關係。第五十七條進一步規定：「中華人民共和國可在平等和互利的基礎上，與各外國的政府和人民恢復並發展通商貿易關係。」

〔29〕一九八二年通過的《憲法》在「序言」中明文規定：「中國堅持獨立自主的對外政策，堅持互相尊重主權和領土完整、互不侵犯、互不干涉內政、平等互利、和平共處的五項原則，發展同各國的外交

關係和經濟、文化的交流」。此後，中國憲法歷經一九八八年、一九九三年、一九九九年以及二〇〇四年四度修正，均重申「序言」中的上述規定。

〔30〕參見《「巴統」的替代機構面臨諸多問題》，載《參考消息》1993年 12 月 28 日；《「巴統」雖已解散，出口管制猶存》，載《國際商報》1994 年 4 月 26 日。

〔31〕參見江澤民：《高舉鄧小平理論偉大旗幟，把建設有中國特色社會主義事業全面推向二十一世紀——在中國共產黨第十五次全國代表大會上的報告》（1997 年 9 月 12 日）；《在紀念黨的十一屆三中全會召開二十週年大會上的講話》（1998 年 12 月 18 日）。

〔32〕參見胡錦濤：《中國的發展亞洲的機遇》，在博鰲亞洲論壇二〇〇四年年會（含「中國和平崛起與經濟全球化圓桌會議」）開幕式上的演講，載《人民日報》2004 年 4 月 25 日第 1 版。

〔33〕溫家寶：《把目光投向中國》二〇〇三年十二月十日在哈佛大學發表的演講，http://www. people. com. cn/GB/shehui//1061/221298. html。

〔34〕參見《中國共產黨第十七屆中央委員會第五次全體會議公報》（2010年 10 月 18 日），http：//news. xinhuanet. com/Video/2010-10/18/c_12673249. htm。

〔35〕《中共十八大關於十七屆中央委員會報告的決議》（2012 年 11 月 14日中國共產黨第十八次全國代表大會通過）·http://news. china. com/18da/news/11127551/20121114/17529107. html。

〔36〕習近平：《承前啟後 繼往開來 繼續朝著中華民族偉大復興目標奮勇前進》http://www. chinadaily. com. cn/dfpd/shizheng/2012-11/29/content-15972654. htm；《習近平參觀〈復興之路〉展覽即興講話原文》http://blog. sina.com.cn/s/blog_5198c9b00101b5y2.html。

第七章

中國長期實行和平外交政策是歷史的必然：駁斥列強的「中國威脅」論

↘ 內容提要

　　中國對外經濟交往的主要歷史軌跡有三。第一條軌跡：中國對外經濟交往是數千年來儒家理念薰陶的必然結果與平等的和平外交。第二條軌跡：鴉片戰爭後舊中國的對外經濟交往是殖民主義和帝國主義列強入侵下屈辱的和平外交。第三條軌跡：社會主義新中國的對外經濟交往是西方列強威脅下獨立的和平外交。可見，所謂「中國威脅」讕言是最典型的「賊喊捉賊」。

↘ 目次

　　本書第六章簡略地回顧了源遠流長的中國對外經濟交往的歷史，探討了各個歷史階段中國對外經濟交往中蘊含的法理原則。

從數千年來中國對外經濟交往的簡略回顧中，不難窺見若干歷史軌跡。

一、第一條歷史軌跡：儒家理念薰陶下平等的和平外交

在數千年的歷史長河中，中國曾經有過積極開展對外經濟交往的優良歷史傳統。貫穿於古代中國對外經濟交往中的法理內涵，是自發的、樸素的獨立自主和平等互利原則。這是無可懷疑的歷史主流。

其所以然，是與中國數千年來傳承與發展的儒家思想和主流社會意識密切相關的。儒家思想博大精深，本書限於篇幅，不能詳述，試舉數例，舉一反三：

其一，關於構建「大同世界」的理想。早在春秋戰國時代，以孔丘為代表的儒家先賢們不滿於奴隸制、封建制現實社會的不公不義和戰亂頻仍，進行反向思維，提出了對構建公平正義、美好和諧社會的理念和追求。《禮記・禮運》大同」篇，以寥寥一百零七字，簡明扼要地勾勒了這種未來美好和諧社會共同體的輪廓：大道之行也，天下為公，選賢與能，講信**修睦**。故人不獨親其親，不獨子其子，使老有所終，壯有所用，幼有所長，鰥、寡、孤、獨、廢疾者皆有所養，男有分，女有歸。貨惡其棄於地也，不必藏於己；力惡其不出於身也，不必為己。是故謀閉而不興，盜竊亂賊而不作。故外戶而不閉，是謂大同。」[1] 不妨說，這「大同世界」就是「打造人類命運共同體」的最早藍圖，體現了兩三千年前中國人的傑出智慧。

其二，關於「四海之內皆兄弟」和「兼善天下」的理念。儒家強調「四海之內皆兄弟也」[2]指的是普天之下所有的國家、民族和個人，不分大小、強弱、貧富，都應當親如兄弟，平等相待。就每個個人而言，都應當「正心修身齊家」[3]努力端正自己的思想，提高自己的品德和綜合素質，把家庭、家風、家教整頓好。在條件不具備的時候，至少應當作到「窮則獨善其身」，在條件具備的時候，就應當勇於承擔，「達則兼善天下」，參與「治國平天下」的大業。

其三，關於「和為貴」「和而不同」的理念。儒家強調「禮之用，和為貴。——知和而和，不以禮節之，亦不可行也」[4]。「和」有和平、和諧、調和、協調、適度地互相妥協讓步、尋求共識、求同存異、化異為同等豐富含義。凡事都要努力按照「和」的理念去處理，但又不能為和諧而和諧，毫無原則地「和稀泥」；應當「以禮節和」，即以公平合理的原則和尺度來節制「和」因此，又提出「君子和而不同」[5]的信條，即君子既能與他人和睦相處，卻又不苟同其錯誤見解，盲從附和。

其四，關於「睦鄰友好」的理念。「孟母三遷，擇鄰教子」的故事，在中國早已家喻戶曉。孟軻倡導鄉井鄰里「出入相友，守望相助，疾病相扶持，則百姓親睦」[6]強調以仁義胸懷、平等態度善待大小鄰國。[7]漢唐盛世相繼推出「懷柔四方，親睦九族」和「化干戈為玉帛」的國策，[8]不斷開拓和擴大西域陸上絲綢之路；明初鄭和率領龐大船隊「七下西洋」，不斷開拓和擴大海上絲綢之路，其主旨均在廣交「友邦與國」，睦鄰親善，經貿往來，互通有無，共謀繁榮。這些基本國策和實踐事蹟，均

已彪炳史冊，傳為中外美談。

其五，關於「己所不欲，勿施於人」的理念。[9] 這短短八個字，揭示了處理人際關系的重要原則。它是指正派的人應當以對待自身的心態來對待他人，尊重他人，平等待人。倘若把自己所討厭的事物，強加於他人，勢必會破壞與他人的和睦友好關系。故切忌將自己所不欲施之於他人。秉持儒家這一傳統原則和理念，既然中國人在歷史上曾多次飽受外族外敵入侵的禍害，對此深惡痛絕，就不應在自己和平崛起之際和之後，恃強凌弱，侵害他國和四鄰。

以上這些儒家理念經過數千年來倡導、實踐、傳承與發展，互相滲透，融為一體，已被眾多中國人所廣泛接受和吸收，形成為中華民族的血脈基因和社會主流意識，成為歷代中國人處事待人的基本道德規範和行為準則，使歷代中國人習慣於以和諧精神凝聚家庭、惇睦鄰里、善待他人。和諧文化培育了中華民族熱愛和平的民族稟性，因而樂於在「普天之下」，實行惇睦外交，廣結友邦。當今中國政府堅持奉行的和平發展國策、和平外交政策、全球治理理念，都是上述中華民族的血脈基因和社會主流意識的數千年傳承發展和創新性發揚光大。

中國數千年來社會**主流**意識的形成、傳承、創新和發揚光大，其主要思想元素和血脈基因，可粗略概括如上。當然，在概述歷史事實主流、社會意識**主流之際，也不能不注意澄清歷史冤案和防止再現歷史支流**。

例如，一二一九至一二二五年鐵木真和一二三五至一二四二年拔都的兩度「西征」都是早年漠北地區游牧部落蒙古人所為，

都遠在一二七一年忽必烈建立元朝之前數十年，然後，這部分蒙古人開始接受儒家理念的薰陶，又經歷了約百年，逐漸融入中華民族的整體。因此，含糊籠統地說「中國元朝派大軍侵入歐洲造成黃禍」云云，那是不符合歷史真實的「以訛傳訛」或「歷史冤案」[10]堅持此種訛言或冤案者，如果不是出於無知，就是別有用心的。[11]

又如，在中國封建社會後期的一段時間內，由於封建統治者的愚昧和實行「鎖國」「海禁」政策，上述優良傳統曾經受到嚴重扭曲。但在中外經濟交往互動的歷史長河中，那隻是短暫的小支流，擋不住上述歷史主流的滾滾向前。不過，今後仍應繼續清除任何支流的「流毒」，謹防任何支流在某種特定條件下以某種「時髦包裝」形式重新出現。

以上闡述的是**數千年來中國對外經濟交往的第一和首要歷史軌跡**。

二、第二條歷史軌跡：西方列強入侵下屈辱的和平外交

鴉片戰爭之後百餘年間，半殖民地半封建中國的對外經濟交往是在殖民主義和帝國主義列強高壓、脅迫和操縱之下進行的，其原有的自發、樸素的獨立自主和平等互利的法理原則，被徹底摧毀，蕩然無存，取而代之的「法理」原則是喪權辱國的「條約」化和弱肉強食的「合法」化。

在這個歷史階段中，中國是舉世公認的**被威脅者、被侵略者**，而包括美國在內的殖民主義、帝國主義列強，則是毋庸置疑

的**威脅者、侵略者**。

三、第三條歷史軌跡：西方列強威脅下獨立的和平外交

社會主義新中國建立後，中國開始在新的基礎上積極開展對外經濟交往，促使中國歷史傳統上自發的、樸素的獨立自主和平等互利的法理原則，開始進入自覺的、成熟的發展階段。但是，在國內外多種消極因素的綜合影響下，這個發展進程曾經遇到各種艱難險阻和嚴重干擾。

在這個歷史階段中，新中國遭受兩個超級大國為首的西方列強的封鎖、威脅和欺凌，中國**依然是被威脅者、被侵害者**，而**包括美國在內的堅持殖民主義、帝國主義既得利益的列強**，則仍然是毋庸置疑的**威脅者、加害者**。

中國人民經過將近三十年堅苦卓絕的對外排除強權和對內撥亂反正，終於在一九七八年底以來的三十多年間，使中國積極開展對外經濟交往的優良歷史傳統，在更加自覺和真正成熟的獨立自主與平等互利法理原則指導下，獲得輝煌奪目的發揚光大。

一言以蔽之，「從五千多年文明史中走來的中國人民，繼承了中華文化的優秀傳統，又賦予這一文化新的時代內涵」[12]。當今中國奉行獨立自主與平等互利法理原則指導下的和平外交政策，不但是中國數千年優良歷史傳統的傳承和發揚，而且是中國三十多年來和平崛起的主要原因之一。沒有近三十多年來東亞相對安寧的國際和平環境，就不可能有中國近三十多年來的和平崛起。今後中國的繼續和平崛起，也絕對需要一個在各國獨立自主

與平等互利法理原則指導下的長期的國際和平環境。這是中國人民、亞洲人民乃至全球人類的共同期待，也是最淺顯易懂、不說自明的政治常識。

然而，「樹欲靜而風不止」，近十幾年來，面對中國逐漸加速和平崛起的現實，美國某些政客、軍人和學者時起時伏地、起勁地鼓吹「中國威脅」論。

四、「中國威脅」讕言是登峰造極的「賊喊捉賊」

這種讕言，似乎言之鑿鑿，實則以史為鑑，就不難看出它只不過是十九世紀中後期以來形形色色「黃禍」論在新歷史條件下的最新變種。其是非臧否，當然是個十分重大的現實問題。但是，如果單純地看現實，就難以明了現實問題的來龍去脈，深刻理解其本源和本質，就難免在認識上流於淺表和偏頗。反之，若能**追本溯源，把現實問題與其歷史淵源密切聯繫，加以綜合研究**，又從歷史回到現實，加以綜合剖析，那就能夠由點到面，由表及裡，知其底蘊，清醒頭腦，從容應對。下文就是力圖沿此方向，進行嘗試，綜合地探討和剖析「中國威脅」論的古與今、點與面、表與裡。大量史實表明，當今甚囂塵上的「中國威脅」讕言，乃是鴉片戰爭以來形形色色「黃禍」論的最新霸權「變種」，乃是登峰造極的「賊喊捉賊」！

注釋

〔1〕　這段古文的今譯是：在理想社會實現的時候，天下是人們所共有的。把品德高尚的人、能幹的人選拔出來，治理國家和社會。人人都講求誠信原則，培養和睦精神。因此，人們不僅僅把自己的親人（長輩）作為親人予以贍養，也不僅僅把自己的子女作為子女予以撫育，而是使每個老年人都能安享晚年，使每個壯年人都能為社會效力，使每個孩子都能健康成長；使老而無妻的人、老而無夫的人、幼而無父的人、老而無子的人、殘疾人員，個個都有人加以供養。男子有職務，女子有歸宿。對於財貨，人們憎惡把它扔在地上的現象，卻不必把財貨自己私藏；人們都願意為公眾之事竭盡全力，而不必為自己謀私利。因此，一切陰謀詭計、坑蒙拐騙就不會發生，強盜、偷竊和一切危害他人的事情也越來越少。於是，家家戶戶無論白天黑夜都不用關大門了。這就叫做理想社會——「大同世界」。參見《禮記・禮運》「大同」篇。

〔2〕　《論語・顏淵》。筆者認為，儒家此說乃是中華民族愛國主義的思想淵源和重要內涵之一，與馬克思主義國際主義思想的核心理念互相融通。參見陳安：《論中國在構建國際經濟新秩序中的戰略定位》，載《現代法學》2009 年第 2 期，第 5 頁。

〔3〕　《禮記・大學》載：「古之欲明明德於天下者，先治其國；欲治其國者，先齊其家；欲齊其家者，先修其身；欲修其身者，先正其心；……心正而後身修，身修而後家齊，家齊而後國治，國治而後天下平。」大意是說：古代那些要使美德彰明於天下的人，要先治理好他的國家；要治理好國家的人，要先整頓好自己的家；要整頓好自己家的人，要先進行自我修養；要進行自我修養的人，要先端正他自己的思想……思想端正了，才能自我修養完善；自我修養完善了，才能家庭整頓有序；家庭整頓有序了，才能治理好國家；國家治理好了，才能促進天下和平穩定。簡言之，以自我完善為基礎，通過管好家庭，治理好國家，直到平定天下，這是幾千年來無數儒家知識分子最尊崇的信條和行動指南。如果不能全部做到，那也應當如《孟子・盡心上》所說，根據主客觀條件的不同，做到「窮則獨善其身，達則兼濟天下」。概括起來，「正心、修身、齊家、治

國、平天下」的人生理想與「窮則獨善其身，達則兼濟天下」的達觀態度，兩者相互結合補充，傳承幾千年，影響始終不衰。參見《修身齊家治國平天下的出處？》http: //wenwen. sogou. com/z/q183997694. htm；《窮則獨善其身，達則兼濟天下什麼意思？》，http: //wenwen. sogou. com/z/cj235274415. htm。

〔4〕 《論語・學而第一》。

〔5〕 《論語・子路第十三》；《孟子・盡心下》；《漢語成語詞典》，商務印書館 2004 年版，第 418、1098 頁。

〔6〕 《孟子・滕文公上》。

〔7〕 參見《孟子・梁惠王下》。

〔8〕 參見《淮南子・原道訓》；《貞觀政要・戒太子諸王、征伐、安邊》。

〔9〕 參見《論語・衛靈公》。

〔10〕 詳見本書第一編第六章第二部分關於中國元朝時期對外交往的述評

〔11〕 詳見本書第一編第六章第二部分關於「黃禍」論的述評。

〔12〕 《中國的和平發展》白皮書，第四節，http: //www. scio. gov. cn/zfbps/ndhf/2011/Document/1000032/ 1000032_1. htm。

第八章
評「黃禍」論的本源、本質及其最新霸權「變種」:「中國威脅」論*

↘ 內容提要

近十年來,面對中國逐漸和平崛起的現實,美國某些政客、軍人和學者時起時伏地、起勁地鼓吹「中國威脅」論。它只不過是十九世紀中後期一度甚囂塵上的、俄國沙皇版「黃禍」論和德國皇帝版「黃禍」論在新歷史條件下的最新變種,它們是一脈相承的;其對中國數千年來對外交往史實主流的歪曲,其危言聳聽和蠱惑人心,為反華、侵華活動進行精神動員和輿論準備的「政治騙術」也是如出一轍的。本章依據一八四〇年鴉片戰爭以來中國飽受列強侵略、壓迫、掠奪的痛苦經歷,揭示「黃禍」論—「中國威脅」論本質上從來就是一種殖民主義、帝國主義口號;同時,依據中國數千年來對外經濟交往的史實及其中蘊含的法理原則,揭示「黃禍」論—「中國威脅」論是嚴重背離歷史真實的。最後,本章提醒善良的人們,切勿對「黃禍」論—「中國威脅」論的實踐後果掉以輕心,「居安而不思危」或「居危而不知危」;切勿為美國霸權主義者「火中取栗」!

↘ **目次**

一、引言：「中國威脅」論是歷史還是現實？是虛構還是真實？

當代「中國威脅」論的老祖宗就是當年的「黃禍」（Yellow Peril）論。它們究竟是對客觀事實的反映，還是某些人的別有用心，主觀臆斷，無中生有？

對這個問題，至少已經爭論了一百四十多年。它不但是歷史性的問題，而且更加是**重大的現實問題**。其新例證之一是：最近幾年來，中國與越南、菲律賓等國在南中國海諸島領土主權歸屬上的爭議逐漸「升溫」，中國政府一方面強調，大量史實證明西沙、南沙等群島自古以來就是中國的領土，維護中國對這些群島的主權乃是中國的核心利益之一；另一方面，中國堅持和平外交與睦鄰友好政策，一貫主張「擱置爭議、共同開發」，並通過與相關當事國進行雙邊的平等協商，逐一和平解決爭議。[1]

但是，在亞洲地區攫取了霸權利益的美國，為了保持和擴大其既得霸權，雖遠在太平洋彼岸，卻極力插手太平洋此岸附近的上述問題，挑撥離間，煽風點火，唆使、慫恿和支持越南、菲律賓等國採取各種單邊的極端手段，對抗中國提出的和平、合理建議，驅使它們為美國「火中取栗」！事實上，美國的行為嚴重威脅到東南亞地區的和平穩定和有關各國的友好合作，它卻「賊喊捉賊」，大肆鼓噪「中國威脅」論。中國第一艘航母於二〇一一年八月十日出海試航，美國高層人士和媒體又紛紛借題發揮，說是「中國航母不僅在政治上和軍事上威懾周邊國家，將來也可能危及美國在亞太地區的利益」。「中國的航母能夠，可能被用來威

脅中國的鄰國、美國盟國和朋友。航母能同中國其他軍事能力一起被用來危及美國在亞太地區的利益。」緊接著，美國國防部又在其《2011 年中國軍力報告》中再次全面渲染「中國威脅」論。[2]

對此，中國輿論針鋒相對的回應是：「現在，有人介入南海、東海問題，刺激海洋權益爭奪加劇。中國以鄰為伴、與鄰為善，謀求和平發展共同繁榮。中國不當頭也不做附庸，不惹誰也不怕誰，不損人利己也不會吞下損害民族根本利益的苦果。有人偏好『中國威脅』論，實質是『威脅中國論』。無中生有的『中國威脅』論忽悠不了世界，居心叵測的『威脅中國論』更嚇唬不住中國。」[3]

中國外交部的回應是：「美國國防部年復一年發表這樣的報告，對中國正當、正常的國防建設指指點點，其中不乏誇大中國軍事實力、散布『中國軍事威脅論』的內容。這不是一種負責任的行為，無益於增進中美戰略互信，中方堅決反對，……中國堅定不移地走和平發展道路，奉行防禦性國防政策，致力於維護和促進亞太地區乃至世界的和平、穩定與繁榮。中國發展有限的軍事力量完全是為了維護國家獨立、主權和領土完整，不對任何國家構成威脅，任何國家都不必對此感到疑慮。」[4]

中國國防部的回應是：「中國加強國防和軍隊建設，完全是為了維護國家主權和領土完整，確保經濟社會發展的順利進行，不針對任何國家。隨著科技的進步，中國軍隊發展和更新一些武器裝備是很正常的，這也是世界各國軍隊現代化建設的通行做法。中國軍隊積極與外軍開展交流合作，對外開放不斷擴大，始

終致力於維護世界和平與地區穩定。美方的報告嚴重歪曲事實，是完全站不住腳的。」[5]

緊接著，中國國務院於二〇一〇年九月六日發表了《中國的和平發展》白皮書，長達一萬三千餘字，全面地闡述了中國走和平發展道路的必然性和堅定性，全面地批駁了「中國威脅」論的荒謬性。[6]

美國某些人當今鼓噪的「中國威脅」論，其是非臧否，當然是個十分重大的現實問題。但是，如果單純地就現實看現實，就難以明了現實問題的來龍去脈，深刻理解其本源和本質，就難免在認識上流於淺表和偏頗。反之，若能追本溯源，把現實問題與其歷史淵源密切聯繫，加以綜合研究，又從歷史回到現實，加以綜合剖析，那就能夠由點到面，由表及裡，知其底蘊，清醒頭腦，從容應對。本文之作，就是力圖沿此方向，進行嘗試，綜合地探討和剖析「中國威脅」論的古與今、點與面、表與裡。

二十世紀末至二十一世紀初，面對中國逐漸和平崛起的現實，美國某些政客、軍人和學者，基於霸權主義的積習和不合時宜的冷戰思維，出於某種特殊需要，或者由於對世界史和中國史的無知，在不同的場合，以不同的形式，起勁地、反覆地、時起時伏地鼓吹「中國威脅」論。這種理論，似乎「言之鑿鑿」，不無「依據」，頗有「創新」，實則以史為鑑，就不難看出它面目依稀，似曾相識：它只不過是十九世紀中後期一度甚囂塵上的、俄國沙皇版的「黃禍」論和德國皇帝版「黃禍」論[7]在新歷史條件下的「借屍還魂」。換言之，當今美國霸權版的「中國威脅」論，實質上只不過是當年俄國沙皇版的「黃禍」論和德國皇帝版

「黃禍」論的最新修訂版或最新「變種」，它們是一脈相承的；其對中國數千年來實行的對外經貿交往主流的歪曲，其危言聳聽和蠱惑人心，為反華、侵華活動進行精神動員和輿論準備的伎倆和政治騙術，也是如出一轍的。

二、「黃禍」論的本源和本質

「黃禍」論是起源於十九世紀的主要針對中國、旨在宰割中國的理論。擴而大之，它又是以膚色為標誌的、針對亞洲眾多弱小民族的蔑視之稱和種族主義謬論。德國著名歷史學家、政治思想史學家海因茨・哥爾維策爾依據自己的深入研究和考證，把「黃禍」論定性為「一個帝國主義口號」，確認它是歐美列強在侵華過程中經常「**用作愚化和煽惑人民的工具，嗾使人幹壞事的手段，或者是為自己辯護的藉口**」[8]。

早在一八四〇年鴉片戰爭之前，歐洲的旅行家、傳教士、殖民主義者就到過中國，寫過一些論著，對中國當時的社會、宗教、經濟、政治、文化、人種等作了描繪，其中雖不乏正面的評價和期待，但更多是負面的醜化和秤擊。他們曾將蒙古人西征[9]稱為「中世紀最大的黃禍」，胡說中國這些黃皮膚、非基督教的異教徒們，一旦覺醒和再度強大，勢必給歐美白種人帶來新的禍害，即新「黃禍」。[10]然而，學界一般認為，對「黃禍」論加以初步「論證」和鼓吹的始作俑者則是沙皇俄國統治時期無政府主義創始人之一巴枯寧。他在一八七三年出版的《國家制度和無政府狀態》[11]一書中開始宣揚「黃禍」論；一八九三年，英國

殖民主義者皮爾遜在《民族生活與民族性》[12]一書中又進一步發揮，使得「黃禍」論基本形成。這是「種族主義」的謬論。但是，最初關於「黃禍」的論述和後來的「黃禍」論的各色「變種」，雖然「一脈相承」，卻又具有各自不同的「時代特色」。

（一）十九世紀七〇年代沙皇俄國版的「黃禍」論──「中國威脅」論

眾所周知，中國是世界五大文明古國之一，曾經經歷過國勢鼎盛時期，對全人類文明做過長期的、突出的貢獻。但是，進入十九世紀以後，全球經濟已逐步發展到西方資本主義強國主導一切和加強對外擴張的歷史階段，而處在亞洲遠東地區的中國，其清代王朝昏庸腐敗的統治者卻昧於形勢，仍然全面堅持其封建主義體制和閉關自守政策，導致社會生產力發展嚴重滯後，國勢日益衰落。在「弱肉強食」的歷史法則下，中國成為西方資本主義強國爭先恐後地覬覦、侵略、掠奪和瓜分的主要對象。繼一八四〇年英國發動鴉片戰爭擊敗中國清朝政府之後，殖民主義、帝國主義列強又發動了多次侵華戰爭，或以戰爭相威脅，迫使軟弱無能的清朝政府同意割地、賠款、設立「租界」、劃給「勢力範圍」等等，使中國陷入半殖民地、殖民地的境地。在這個過程中，中國北部強鄰沙皇俄國表現得特別貪婪。中國在鴉片戰爭中敗北後，俄國沙皇政府「趁火打劫」，多次以武力威脅，迫使中國清朝政府相繼簽訂了一八五八年的中俄《璦琿條約》、一八六〇年的中俄《北京條約》、一八六四年的《中俄勘分西北界約記》等等，侵奪了原屬中國的大片領土及其漫長的海岸線。[13]

俄國人巴古寧率先鼓吹的「黃禍」論，就是在這樣的歷史背景下出籠的。為了美化俄國沙皇政府的侵華行徑，鼓吹「侵華有理」，巴枯寧在一八七三年出版的上述著作中憑空捏造，信口雌黃，硬說中國是「不可避免地從東方威脅俄國的危險」。他深知當時俄國沙皇對四周鄰國一向懷有貪得無厭的擴張野心，並且正在得寸進尺地用武力手段侵略和征服四鄰，因此，他赤裸裸地向俄國沙皇獻策：

既然要進行征服，為什麼不從中國開始呢？中國十分富庶，而且對於我們來說在各方面都比印度容易下手，因為在中國和俄國之間，沒有任何人和物的障礙。如果行，就走去把它拿來吧！

的確，利用已成為中國的慢性病的混亂和內戰，就能在這個地區深入地推進征服事業，看來，俄國政府也正在進行這種策劃；它顯然力圖使蒙古和滿洲從中國分割出來⋯⋯

有些人估計中國有四億人口，另一些人估計有近六億居民，這些人口十分擁擠地居住在這個帝國境內，於是現在越來越多的人像阻擋不住的潮流，大批向外移民，有的去澳大利亞，有的橫渡太平洋去加利福尼亞，最後，還有大批人可能向北方和西北方移動。那時會怎樣呢？那時，從韃靼海峽到烏拉爾山脈和裡海的整個西伯利亞邊區，轉眼之間就不再是俄國的了。

請想一想，⋯⋯將來怎麼能阻止大批中國人入侵呢？他們不僅會充斥整個西伯利亞，包括我們在中亞西亞的新領地，而且還會越過烏拉爾，直抵伏爾加河之濱！

這就是簡直不可避免地從東方威脅俄國的危險。輕視中國人

是錯誤的。他們人口眾多，就這一點，就夠可怕的了。……在中國腹地的居民受中國文明的影響少得多，他們無比剛毅，悍勇好戰，而且在導致千百萬人死亡的連綿內戰中養成了打仗的習慣。還必須指出，最近一個時期以來，他們開始學會使用現代武器和採取歐式的訓練，這是歐洲國家文明的精華和最新成就。只要把這種訓練和掌握新式武器、新式戰術，同中國人的原始野蠻、缺乏人道觀念、缺乏愛自由的本能、習慣於奴隸般服從等特點結合起來，……再考慮到被迫向外尋找出路的中國居民多得驚人，那麼你就會懂得從東方威脅著我們的危險是多麼巨大了！[14]

簡言之，在巴枯寧這幾段向俄國沙皇獻策的謬論中，其主要觀點是：第一，中國是必然從東方「威脅」俄國的巨大危險。但是，第二，中國現在內憂不斷，國力衰頹，軟弱可欺，侵華容易得手，既可消除「威脅」，又可開疆拓土，一舉兩得，何樂而不為？因此，第三，俄國應當「先下手為強」，趁機及早動手，從而「深入地推進」對華「征服事業」。

以歐洲文明人自詡的巴枯寧，其強盜邏輯論證得如此「坦率」，如此無恥，開了後世「黃禍」論的先河，也令世人大開眼界！

在巴枯寧之流「黃禍」論——「中國威脅」論的迷霧和煙幕下，貪婪無厭的俄國沙皇果然在前述鯨吞中國領土約一百四十四萬平方公里之後，又更加「深入地推進」對華「征服事業」一八八一至一八八四年間，脅迫清政府簽訂《中俄伊犁條約》與五個《勘界議定書》，共割占了塔城東北和伊犁、喀什噶爾以西約七

萬多平方公里的中國領土。一八九二年，沙俄派兵強占了薩雷闊勒嶺以西二萬多平方公里的中國領土。一九一四年，沙俄又公然出兵占領了中國唐努烏梁海地區約十七萬平方公里領土。[15] 通過鯨吞和蠶食，沙俄先後奪取和侵占了中國領土一百七十一萬平方公里以上。這大片被奪的中國領土的面積，約相當於三個法國，或五個德國，或十五個中國福建省。

歷史開始證明：「黃禍」論——「中國威脅」論乃是公開侵華的**理論先導**，公開侵華則是「黃禍」論——「中國威脅」論的**實踐歸宿**。

（二）十九世紀九〇年代德意志帝國版的「黃禍」論 ——「中國威脅」論

十九世紀九〇年代，歐美殖民主義、帝國主義者為了製造「侵華有理」的輿論，又進一步炮製了修訂版的「黃禍」論，即德國版的「中國威脅」論。

相對於英、美、法、俄諸國而言，德國是個後起的資本主義—帝國主義國家。形象地說，在列強舉辦的、以殖民地人民脂膏為美食的盛宴上，德國是稍微遲到的食客，因此顯得特別爭先恐後，特別饕餮貪婪，特別不擇手段。當年德國外交大臣比洛的名言準確地表達了皇帝威廉二世（Kaiser Wilhelm II）的決心和行動準則，他公開宣稱：「讓別的民族去分割大陸和海洋，而我們德國人滿足於藍色天空的時代過去了，我們也要為自己爭得陽光下的地盤。」[16] 因此，除了非洲地區外，遠東地區地大、物博、國弱的中國大地，理所當然地就成了德國皇帝「志在必割」其一

孿的「唐僧肉」。為了取得國內外輿論的支持，鼓吹「侵華有理」的「黃禍」論就以德國新修訂版的形式問世，一度甚囂塵上。威廉二世不但發動全國報刊大肆鼓噪新的「黃禍」即將來臨，而且在一八九五年甚至親自構思了一幅《黃禍圖》草稿（德文：Die Gelbe Gefaher，英文：The Yellow Peril），讓畫家赫曼·克納科弗斯（Hermann Knackfuss）據以畫成油畫，送給沆瀣一氣的俄國沙皇，以互相打氣，互相勉勵。

圖 1-8-1　黃禍圖

與此同時，德國又以《黃禍圖》為母本，製成版畫，在德、俄兩國大量印刷，廣泛發行，「轟動一時」為進一步公開侵華進行精神動員和輿論準備。[17] 此圖的正式名稱是威廉二世所題的「歐洲各民族，保衛你們的信仰和家園！」（Völker Europas, wahrt eure heiligsten Güter）。這幅畫中居中手持劍的人物是基督教天使

長聖米迦勒，他與畫中其他手持武器者代表歐洲的基督教徒，而在懸崖對面右後方的佛像與龍代表東方，主要是指中國黃種人。該圖可謂「圖文並茂」，其作畫宗旨和綜合語言顯然是利用歐洲白種人的宗教偏見和種族歧視，號召所有的歐洲人應當在基督教天使長聖米迦勒的帶領下，擊敗來自東方的佛與龍，保衛歐洲人的信仰與家園。在德國皇帝和俄國沙皇的倡導、鼓勵、支持和「祕密交易」[18]下，西方還出現了一批關於「黃禍」論的文章和專著，宣揚中國等黃色人種對西方白色人種構成威脅，甚至說，「一旦千百萬中國人意識到自己的力量時，將給西方文明帶來災難和毀滅」。

　　在大規模地對侵華進行精神動員和輿論準備之後不久，這位野心勃勃的德國皇帝就以「巨野教案」[19]中兩名德國傳教士被殺為藉口，開始公開的、赤裸裸的軍事侵華，於一八九七年十一月命令德國駐遠東地區的艦隊司令率軍攻占中國北部的重要門戶山東膠州灣（包括青島），並於一八九八年三月逼迫中國清朝政府簽訂喪權辱國的《中德膠澳租借條約》，允許德國在九十九年內對中國的北方門戶膠州灣一帶實行長期的直接殖民統治，並把整個山東省劃定為德國壟斷的勢力範圍。[20]兩年之後的一九〇〇年，這位野心勃勃、貪得無厭的德國皇帝為首組織了臭名遠颺的「八國聯軍」，對中國進行了規模空前的侵略戰爭，肆意燒、殺、搶掠、強姦之餘，還迫使中國簽訂更嚴重、更全面喪權辱國的《辛丑條約》，[21]勒索了天文數字般的巨額「賠款」，逼迫中國「削平」國防要塞砲臺，同意列強在中國京城和多處戰略要地長期駐軍，全面控制清朝當局充當列強在華統治的代理人，

使中國人民遭受空前的浩劫，生靈塗炭，使這個立國數千年、對人類文明做過突出貢獻的東方古國，徹底淪為喪失獨立自主權的半殖民地，瀕臨徹底亡國的邊緣。

這就是十九世紀末修訂版的「黃禍」論，即德國版「中國威脅」論的真實立論意圖和具體實踐後果。這種立論意圖和實踐後果，在全世界稍具歷史常識的人民心目中，包括所有正直的歐美白人在內，都是記憶猶新的，特別是在深受其害的億萬中國人民心目中，更是有切膚之痛，世代難忘的。

歷史再次證明：「黃禍」論——「中國威脅」論乃是公開侵華的**理論先導**，公開侵華則是「黃禍」論——「中國威脅」論的**實踐歸宿**。

人們當然不會忘記：這位鼎鼎大名、鼓吹「黃禍」論的德國皇帝，就是後來發動第一次世界大戰的罪魁禍首！

人們當然也不會忘記：正是這位德國皇帝鼓吹「白人至上」的「黃禍」論，在德國傳統軍國主義的孵化下，後來進一步發展為希特勒的「日耳曼民族至上」論和「猶太人卑賤」論，而此人就是後來發動第二次世界大戰的罪魁禍首！

（三）十九世紀中後期至二十世紀末美國霸權版的「黃禍」論——「中國威脅」論

一八四〇年中國在鴉片戰爭中敗北後，對華「趁火打劫」的不僅僅有俄國沙皇政府和德國皇帝政府。當時的美國政府在列強侵華的「共同事業」中，不但不甘落後，而且「別出心裁」，頗有「創新」，其犖犖大者，諸如：

（1）一八四四年，以武力脅迫中國清朝政府簽訂《中美望廈條約》，其中第二條完全剝奪了中國政府的關稅獨立主權，規定「倘中國日後欲將稅例更變，須與合眾國領事等官議允」，即應與美方商議並獲得美方「批准」。事後，其他侵華列強也紛紛傚尤，逼迫中國政府簽訂類似的條約條款。根據此類條約條款，中國政府關稅稅則的制定和修改，都必須完全符合外國侵略者的利益並事先獲得它們的首肯和批准。中國的關稅自主權從此被破壞無遺，國門洞開，國庫收入毫無保障，民族工業受到嚴重摧殘。

（2）一八九九年，美國國務卿海約翰分別照會英、法、俄、日、義、德六國，首次提出了「門戶開放、利益均霑」政策，倡議列強互換和分享侵華權益，以便協調步伐，進一步徹底瓜分整個中國。一方面，美國承認其他列強在華既得的「租借地」和「勢力範圍」；另一方面，作為交換條件，美國可在其他列強在華一切「租借地」和「勢力範圍」內享有貿易自由，享有與其他列強同等的低關稅等一切權益。「門戶開放、利益均沾」政策的提出，是美國侵略中國進入新階段的標誌，是美國侵華全面擴張政策的初熟徵候。從此，美國在侵華過程中不再限於簡單地追隨英國等西方其他列強，而是「後來居上」，不斷「創新」，加緊和擴大了全面侵華的步驟。此項政策的推行，在一定程度上促成了帝國主義宰割中國的同盟，加速了次年的「八國聯軍」侵華。其後，隨著美國實力的進一步增強，此項政策在一九二二年「華盛頓會議」簽訂的《九國公約》[22] 中得到重申、確認和強調，從而成了美國用來分享乃至排擠其他列強在華利益的有效手

段。[23]

（3）一九〇〇年「八國聯軍」發動規模空前的侵華戰爭，素以「民主典範」「人權衛士」自詡的美國政府竟與暴戾專制的俄國沙皇、德國皇帝緊密勾結，大量派兵積極參與在華殺人越貨、勒索賠款、瓜分中國和促使中國瀕臨亡國的殘暴行徑，留下極不光彩的歷史記錄。

（4）一九四五年，第二次世界大戰結束之際，列強中的德、義、日三國戰敗，英、法雖為「戰勝國」，但元氣大傷，唯獨美國「一枝獨秀」，它不但未遭戰爭重創，反而大發「戰爭橫財」國力猛增。在一九四六至一九四九年中國人民的解放戰爭中，美國政府為了保持和擴大其在華既得權益，直接插手干涉中國內政，出錢、給武器，甚至派軍隊全面積極支持蔣介石反動政府，進攻中國解放區，極力阻撓中國人民的革命事業。一九四九年十月，中國人民經過百年艱苦鬥爭，終於掙脫殖民枷鎖，建立中華人民共和國。之後，美國不僅組織對華全面經濟封鎖，還發動侵朝戰爭，直逼中國邊境，力圖入侵立足未穩的中國，把它「扼殺在搖籃中」。與此同時，美國派出強大的「第七艦隊」，直接入侵中國的臺灣海峽，極力阻撓中國的統一大業，分裂中國國土，造成兩岸中國人的嚴重對立，以便從中漁利，一直延續至今。

在這一百多年的侵華過程中，配合著侵華的需要，論證「侵華有理」，美國高層的政客、軍人、學者們一直不斷玩弄「賊喊捉賊」的把戲，大力鼓吹美國版的「黃禍」論——「中國威脅」論。諸如：

（1）十九世紀中後期，中國在西方列強侵略掠奪下，財盡民窮，民不聊生，美國礦山公司和鐵路公司趁機從中國招募大量「廉價」的華工「苦力」，開發礦山，鋪設橫貫美國大陸東西的「中央太平洋鐵路」（Central Pacific Railroad）。華工為美國經濟的快速發展做出了巨大貢獻。一八五一年，美國加州州長麥克道格爾（John McDougall）曾稱讚最能吃苦耐勞、安分守己、工資極低的華工，認為他們是加州接受的「最有價值的移民」。然而，隨著美國加州經濟開始衰敗，失業白人增多，白人針對華人就業競爭的憎恨被當時繼任州長約翰・比格勒（John Bigler）政治化，他忘恩負義，「卸磨殺驢」竟在一八五三年帶頭撰文，將美國底層白人的不幸歸咎於為美國立下大功的眾多華人苦力和建造鐵路的十幾萬華人勞工，把他們作為「替罪羊」鼓吹新的「黃禍」論。[24] 此後，在此類排華「黃禍」論的蠱惑和煽動下，十九世紀六〇至七〇年代，加州及美國西部地區頻頻發生白種工人集體凌辱、打劫和屠戮華工的血腥事件；在地方當局的縱容下，當地白人種族主義暴徒甚至公開武裝攻打華人住區「唐人街」，殺人、縱火、搶劫，無惡不作。

在這過程中，公開為白人暴徒的各種罪行辯護的美國政客和「學者」，紛紛搖唇鼓舌，分別從人種學、神學、政治學、經濟學、社會學的角度，針對一個中心要害命題，進行貌似「科學」的荒謬「論證」，即「白人是上帝創造的最優人種」，「黃種華人是上帝創造的最劣人種」；白人注定應當當主人，華人注定應當當奴僕；白人應予多方呵護，華人應予嚴格限制、排除和驅逐。一八七六年，美國國會兩院指派議員組成聯合特別委員會前往加

州舊金山調查中國移民問題，召開多次「聽證會」，並將百餘人的「證詞」，彙輯成一千兩百多頁的特別《報告書》，其中充斥大量與美國立國精神和憲法規定背道而馳的種族歧視、宗教偏見，充斥大量醜化、污衊、鄙視華工和侮辱華工人格的無稽之談。[25]

正是在這種背景下，一八八二年，美國國會受理了共和黨參議員約翰·米勒（John F. Miller）提交的《排華法案》（Act of Exclusion of Chinese）。[26] 米勒及其同夥主張排華的主要依據是：「美國政府認為，華工來到美國，危及（威脅到）美國某些地區的良好秩序」（法案前言）；華人有諸多的惡習和偏見，不可能在生活上美國化，更不可能接受美國建立在基督教基礎之上的倫理道德標準；而且華工的大量湧入，造成了同美國工人搶飯碗的緊張態勢，云云。儘管當時也有若干正直的美國議員批評此項法案違背了美利堅共和國「自由、平等」的立國原則，但是此項荒謬的、赤裸裸的種族歧視法案最終還是獲得了國會多數票的支持和通過。

根據此項臭名昭著的《排華法案》，美國長期嚴禁華人入境，嚴禁在美華人取得美國國籍，從而嚴重限制和剝奪他們應有的基本公民權利，其影響所及，實際上導致禁止華人在美擁有房產，禁止華人與白人通婚，禁止華人妻子、兒女移民美國實現家庭團圓，禁止華人在政府就職，等等。這個赤裸裸的、以美國新版「黃禍」論為靈魂的種族歧視法案，竟然實施了六十一年，直到中國成為美國在二戰中盟友後的一九四三年才被廢除。在此之前，美國國會一直裝聾作啞，從來沒有承認此法與美國人津津樂

道的基本立國原則和憲法規定背道而馳！

（2）新中國成立之初，美國就曾炒作過「中國威脅」論，即所謂中國革命的勝利有可能在東南亞引起多米諾骨牌效應，從而對美國形成「紅色威脅」一九五〇年，朝鮮戰爭爆發後，美國提出「遏制共產主義在亞洲蔓延」的口號，美國在聯合國宣傳「中國對鄰國的威脅」，當時的侵朝美軍總司令麥克阿瑟則公開辱罵新中國是「共產主義黃禍」。[27]

（3）二十世紀六〇年代中期，中國在當時兩大超級大國敵視、封鎖、圍堵、遏制、侵害下，經過苦鬥，總算站穩了腳跟；並且純為自衛，初步掌握了核武器，從而打破了美國的核壟斷和核訛詐。相應地，來自美國的「中國威脅」論再度大聲鼓噪，甚囂塵上。當時的美國國務卿臘斯克（David Dean Rusk）、國防部部長麥克納馬拉（Robert Strange McNamara）都親自上陣，參加反華叫囂，不遺餘力。而主管遠東事務的助理國務卿威廉・邦迪（William P. Bundy）則跳得更高。他以「歷史學家」中共問題專家」和現任高官的三重身分，發表了以《美國和共產黨中國》[28]為題的長篇講演，信口開河，全面系統論證「中國威脅」論。他以「世界警察」和「亞洲救世主」的腔調，誣稱中國企圖「征服亞洲」，是美國的「大敵」，是美國外交政策「面臨的最嚴重和最麻煩的問題」對於威廉・邦迪的這篇「代表作」下文還將進一步評析。

（4）著名的美國「冷戰思維之父」和外交決策智囊人士喬治・凱南（G. F. Kennan），深諳某些「文明」美國人的思維邏輯。他在一九八四年概括總結其數十載外交生涯時就曾坦率承

認：「我們美國人這個傾向看來真古怪：時時刻刻都想在我們的國境以外找到一個罪惡中心，從而把我們的一切麻煩都算它的賬上……每年我們都把國民收入的很大一部分用於生產並出口武器裝備，保持龐大的武裝力量和設施……我們在冷戰中造成一個龐大的既得利益集團。我們已經使自己依賴於這種可憎的行徑。假如沒有俄國人和他們那莫須有的邪惡作為我們黷武有理的根據，我們還會想出另一些敵手來代替他們。……其結果幾乎總是自動而有意識地誇大假想敵國的軍事潛力，從而大大增強全國人民對這個假想敵的懷疑、恐懼和對抗心理。」[29] 當年這些「古怪」的美國人終於如願以償地找到這樣一個「罪惡的中心」——蘇聯，藉以在美國國內進行「敵愾同仇」的精神動員，矇蔽美國人民盲目地支持美國當局稱霸全球的一切行徑。

一九九〇至一九九一年蘇聯解體以後，「時時刻刻都想在美國國境以外找到一個罪惡的中心」的這些「古怪」的美國人，急於尋找另一個新的「罪惡中心」來填補精神空虛，他們終於又如願以償地找到這樣一個假想敵和無辜「替身」——正在逐步走上快速發展道路的中國。一九九二至一九九七年，處於高層的「古怪」美國人致力於從意識形態、社會制度乃至文化特徵的角度展開了對「中國威脅」論的具體論證。

一九九二年，美國費城外交政策研究所亞洲項目主任芒羅（Ross H. Munro）發表了《正在覺醒的巨龍：亞洲真正的威脅來自中國》，渲染中美軍事衝突不可避免。[30]

一九九五年，美國學者詹姆斯·哈克特（James Hackett）在《敢攖怒龍之逆鱗》一文中更是信口雌黃，主觀臆斷，並污衊和

挑釁說：「在蘇聯解體五年之後，一個**新的邪惡帝國正在出現，它的名字叫中國**。」〔31〕

一九九六年，哈佛大學教授塞繆爾‧亨廷頓（Samuel Huntington）發表了《文明的衝突與世界秩序的重建》，〔32〕斷言儒教文明與伊斯蘭教文明的結合將是西方文明的天敵。一九九七年，亨廷頓教授再次撰文《美國國家利益被侵蝕》〔33〕重申，蘇聯解體和冷戰的結束使美國失去了一個明確的敵人，以致美國國內政治日益混亂，無法塑造國家認同。他質疑說：「身為一個美國人，就意味著致力於維護自由、民主、個人尊嚴、私有財產等原則，倘若根本沒有一個邪惡的帝國正在哪兒威脅著這些美國原則，那麼，做一個美國人到底還有什麼意思呢？維護美國的國家利益又何從說起呢？」緊接著，這個教授又告慰善良的美國人：幸虧有他這樣一位「先知」已經及時發現「中國會成為一個新的敵人」！顯然，他在「掩耳盜鈴」，自欺欺人，強調用這種「特效藥」足以醫治美國國內的政治混亂，從而塑造和強化美國人的「國家認同」，使一度精神空虛的「文明美國人」重新振作起來，活得更加「有意思」！

二十世紀最後十年這一陣又一陣反華喧囂，確實布起層層迷霧，使部分不明真相的美國人，誤信真有新「黃禍」即將來臨！

以上所述史實，可以說是十八世紀中後期至二十世紀末這一百五十年間各代各色「黃禍」論的簡略「家譜」或「族系」。它們實際上是西方列強統治階層及其御用學者用「白人中心主義」種族歧視、宗教偏見和冷戰思維長期雜交後，培養和產出的一代又一代的怪胎和畸形兒。它們在舊中國的百年苦難期間、新中國

建立之初、新中國立足初穩之時、中華民族復興之際一再出現，如影隨形，陰魂不散，不斷欺騙全球公眾，困擾侵害中國。它們的具體面貌雖不完全相同，卻總是似曾相識；它們之間世代不滅不變的 DNA，卻是「一脈相承」的。對於它們的立論意圖和實踐後果，全世界稍具歷史常識的人，包括所有正直的歐美白人在內，都是心知肚明的：剝去外皮，歷代各色「黃禍」論的本質和核心，即是「侵華有理」「排華有理」「反華有理」「遏華有理」；而排華、反華和遏華，往往先導於和歸宿於侵華！

遺憾的是，歷史往往會重演——以大同小異的形式重演。儘管已經進入二十一世紀，但由於對世界歷史常識的無知或受狹隘私利的驅動，當代列強中某些當權的政客和軍人依然常常有意無意地忘記了這些歷史事實，使得百餘年之前即已誕生和**臭名遠颺**的「黃禍」論或「中國威脅」論，再一次「借屍還魂」，死而復生。其最新典型，就是當今美國最新修訂版的「中國威脅」論。

（四）二十一世紀以來美國霸權修訂版「黃禍」論——「中國威脅」論對其前輩的傳承與發展

進入二十一世紀後，美國霸權最新修訂版的「黃禍」論—「中國威脅」論，主要體現在美國國防部每年一度的《中國軍力報告》（Annual Report to Congress: Military Power of the People's Republic of China）以及「美中經濟與安全審議委員會」(United States-China Economic and Security Review Commission)[34]、每年一度的對華經貿《審議報告》之中。可以說，這是迄今十一年來在美國出現的層次最高、頻率最繁、影響最大的美國官方版的「黃禍」論—

「中國威脅」論。它們是美國國會推動、美國國防部或特設委員會承辦、美國高層智囊獻策的「三結合」產物。[35]

眾所周知，美國國會中始終存在著一批「**鷹派**」反華議員，他們往往從極端的意識形態、狹隘的選區利益或個人的「灰色」私利出發，提出種種對華不友好甚至敵視中國的政策主張，並且利用手中掌握的撥款權力，在撥款法、授權法中塞入自己的私貨。《中國軍力報告》最初就是根據由美國國會通過的《二〇〇〇財政年度國防授權法》[36]的規定產生的。這部法律出籠後，美國國防部就有「法定」的義務，每年一次綜合整理其通過一切手段（包括種種卑劣特務手段）收集到的中國軍事情報，向美國國會提出詳細的書面報告，經國會議員們審議，才能獲得美國財政部的國防軍費撥款。

在中國軍力的評估問題上，美國國防部的「部門利益」顯而易見。前文提到，美蘇冷戰結束後，尋找明確的、實力強大的新「威脅」一直是某些「古怪」的美國人的慣性思維，尤其是美國國防部的一個重要任務，中國就是它多年來一直力圖樹立的新的重大安全「威脅」。[7]同美國政府的其他部門相比，國防部官員總是更多地強調中國的「威脅」，有時國防部部長（如前部長唐納德‧拉姆斯菲爾德）本身就是鼓吹「中國威脅」論的主要人物。

《中國軍力報告》之所以能引起各方高度關注，主要原因還在於它的政治思想影響力。從理論或法律角度看，這個報告只是美國國防部向美國國會說明中國軍事實力的狀況，對美國政府的對華政策沒有任何約束力，美國政府的任何部門都沒責任據此制

定對華政策。但是，如果就此判斷這個報告沒有實際效用就大錯特錯了。在美國人的慣性印象中，這個報告是以非常「客觀、權威」的面目出現在美國公眾和國際社會面前的，它已成為美國各界人士乃至國際社會一些親美國家判斷中國軍事實力及軍事意圖的主要依據，這也是美國國會為首推動這個報告出臺的初衷和本意。十一年來的經驗表明，每年的此項報告出臺後，美國學術界、國會人士及政府官員在談到對華政策時，經常引用《中國軍力報告》中的內容支持自己的觀點，而隨之而來的就是一年一度的「中國威脅」論的大合唱和大鼓噪。可見，這個報告雖不直接約束對華政策，卻可通過提供「材料」來錯誤地影響人心和嚴重誤導美國各界人士的對華判斷。

在鼓吹渲染「中國威脅」方面，與美國國防部的《中國軍力報告》互相唱和的另一種官方高層報告，是美國國會所屬「美中經濟與安全審議委員會」每年向國會提交的《審議報告》。設立這個委員會的依據是二〇〇一年的《國防授權法案》[38] 它是一個「跨黨派」的委員會，由民主黨、共和黨兩黨國會領袖各指派六名智囊組成，分別來自商界、勞工界、政府機構和學術界。該委員會的宗旨是「追蹤、調查並向國會報告美國和中國雙邊貿易和經濟關係對美國國家安全的影響」；「國會要求該委員會評估對華經濟政策是否危害或有助於美國國家安全，並且在此評估基礎上，為美國立法部門和執法部門提出可以促進美國國家利益的政策建議。」按照國會此項預設的既定指令，這種評估報告的結論是可想而知和不言而喻的。[39] 與美國國防部的《中國軍力報告》一樣，「美中經濟與安全審議委員會」的報告也沒有法律約

束力，但也切不可小覷其對美國政府對華政策的影響，低估其蠱惑人心和嚴重誤導美國各界人士的實際作用。

前文提到：剝去外皮，一百四十多年來歷代各色「黃禍」論的本質和核心，即是鼓吹「**侵華有理**」「**排華有理**」「**反華有理**」「**遏華有理**」；而鼓吹排華、反華和遏華，往往先導於和歸宿於軍事行動上的**侵華**！對於進入二十一世紀以來美國霸權最新修訂版的「黃禍」論—「中國威脅」論，對於美國「鷹派」人士每年一度集中渲染「中國威脅」的《中國軍力報告》、「美中經濟與安全審議委員會」的《審議報告》以及各種媒體的呼應鼓噪，也**不能不作如是觀**。善良的人們，警惕啊！

一百四十多年來的史實表明：各代「黃禍」論最慣用的伎倆是「賊喊捉賊」，威脅者自稱「被威脅」，加害人偽裝成「受害人」，都是嚴重歪曲歷史，完全背離歷史的真實。如果進一步追溯兩三千年來有案可查的中國對外經濟交往史及其法理原則，則更不難看出：當今美國霸權最新修訂版的「黃禍」論—「中國威脅」論，更是嚴重歪曲歷史，完全背離歷史的真實。

三、還歷史以本來面目：源遠流長的中國對外經濟交往及其法理原則

（一）中國現行的對外開放國策是中國歷史上優良傳統的發揚光大

當今世界是開放的世界。世界各國在經濟方面的相互合作、相互依賴和相互競爭日益加強。順應著這一歷史趨向和時代潮

流，中國從一九七八年十二月以來堅定地實行經濟上對外開放的基本國策，並已取得顯著的、重大的成就。

一九九三年三月，中國《憲法》作出新的規定，「國家實行社會主義市場經濟」以國家根本大法的形式，鄭重確立了中國經濟體制改革的總目標。同年十一月，中共中央作出《關於建立社會主義市場經濟體制若干問題的決定》，號召全國人民齊心協力，「堅定不移地實行對外開放政策，加快對外開放步伐，充分利用國際國內兩個市場、兩種資源，優化資源配置。積極參與國際競爭與國際經濟合作，發揮中國經濟的比較優勢，發展開放型經濟，使國內經濟與國際經濟實現互接互補」。

二〇〇一年十二月中國加入世界貿易組織以來，正在進一步擴展對外開放的廣度和深度，以更加勇敢的姿態進入世界經濟舞臺，更加積極地實行對外經濟交往，發展對外經濟合作，開展對外經濟競爭。

在中國，實行對外開放這一基本國策，不但有著充足的現實根據，而且有著久遠的歷史淵源。作為東方的文明古國和大國，中國實行對外經濟交往和開展國際經濟合作，可以說是源遠流長的。在漫長的歷史歲月中，中國積極開展對外經濟交往的優良傳統，曾經遭受過嚴重的扭曲、破壞，並引起種種誤解。但是，它本身所具有的生命力又使得它不斷衝破險阻，並在新的時代條件下煥發出新的青春。從這個意義上說，現行的對外開放基本國策，正是中國歷史上對外經濟交往優良傳統的發揚光大。簡略回顧中國積極開展對外經濟交往的優良歷史傳統，探討其中所蘊含的法理原則，了解其中的經驗和教訓，[40]不但大有助於加深認

識當代中國實行對外開放的基本國策的「來龍去脈」，而且也大有助於駁斥當今美國霸權版的「中國威脅」論。

中國的對外經濟交往，可以大體劃分為三個階段：第一階段，古代中國時期，即奴隸社會後期和封建社會時期，約相當於西元前四、五世紀至西元一八四〇年；第二階段，半殖民地半封建中國時期，約相當於西元一八四〇年至一九四九年；第三階段，社會主義新中國時期，即西元一九四九年以後。茲分別簡述如下。

（二）古代中國的對外經濟交往及其法理內涵

基於對人類社會發展史的深入考察，恩格斯曾經指出：「隨著生產分為農業和手工業這兩大主要部門，便出現了直接以交換為目的的生產，即商品生產，隨之而來的是貿易，不僅有部落內部和部落邊界的貿易，而且還有海外貿易。」[41]這種規律性現象，出現於古代的外國，也出現在古代中國。

1. 古代中國對外經濟交往簡況

據史家考證，早在中國第一個奴隸制王朝夏朝時期（約西元前 21 世紀至前 16 世紀），中國大陸的各個部落聯盟之間就時常開展跨越聯盟疆界的貿易。商朝時期（約西元前 16 世紀至前 11 世紀），這種跨越部落聯盟疆界的遠途商品交換關係有了進一步的發展，並且開始使用來自新疆的玉片和來自沿海的貝殼作為交換的手段，這就是原始形態的貨幣。從這些原始貨幣的不同來源地可以推想當時貿易活動跨越地域的遼闊和邊遠。

到了周朝（始建於西元前 11 世紀），分封了幾十個諸侯國

家，它們都要定期向周朝王室朝覲「納貢」，王室則以「賞賜」回禮。儘管「納貢」有稱臣的含義，「賞賜」有恩賜的含義，但在「貢品」和「賜品」之間，**客觀上**蘊含著樸素的對價有償關係，究其實質，就是不同商品跨越國境的遠途交換。這種「朝貢貿易」也實行於遠方西域各國與周朝王室之間。至於周朝各諸侯國家之間的貿易往來，就更加常見。

春秋戰國時期（約西元前 8 世紀至前 3 世紀中葉），各諸侯國家之間的經濟交往日益頻繁，而且開始出現同海外歐洲國家之間的貿易往來，一個明顯的標誌是：早在西元前四、五世紀之間，中國的絲綢就已開始輾轉遠銷希臘等地。愛琴海與南中國海之間，已經開始有海商活動。

當然，在夏、商、周和春秋戰國時期，在中國這片疆土上的各相鄰部落聯盟或諸侯國家，實際上是正在逐步走向全國統一的各個地方政權，因此，當時中央朝廷和它們之間以及它們相互之間的貿易往來，還不是近代和現代科學意義上的國際貿易。

西元前二二一年，秦始皇結束了諸侯割據的局面，建立了統一的中央集權的封建大帝國，其東北和東南邊陲疆土分別毗鄰朝鮮半島北部和印度支那半島東北部。中國與上述兩個半島廣大地區的經濟貿易往來是相當密切的。中國的絲綢、漆器、鐵器很早就跨越國境輸往這些地區，而當地的土特產品則源源輸入中國。但秦朝存續時間甚短，秦始皇在位不過十一年，社會缺乏安定，二世胡亥昏庸，內政腐敗，旋即為漢所滅。在這樣的歷史條件下，對外經濟往來未獲重大發展。

漢朝（西元前 202-西元 220 年）建立於多年戰亂之後，政

府當局在相當長的時期裡採取與民休養生息的政策，社會安定，生產發展，百業興旺，對外經濟交往也日益發達。張騫、班超先後出使溝通西域，率先開拓了歷史上著名的國際商道「絲綢之路」。後來此路不斷西延，對於促進中國與中亞、西亞、南亞、歐洲、非洲許多國家的經濟文化交流起了重大的歷史作用。陸道之外，又闢海市。南方的番禺（廣州附近）開始成為對外貿易的重要港口都會。當時中國與日本之間以及與印度南部之間的商品交換，就是分別通過北方和南方的遠航商船進行的。據史籍記載，兩漢時期與中國有「朝貢」貿易（即官方商品交換）關係的外國，已達五十多個；早在西漢時期，京都長安就已設有專門接待外國貿易使團的賓館（即所謂「蠻夷邸」）；有些來自遠方異國的商使，其語言需經兩道以上輾轉翻譯（即所謂「重譯」[42]），才能與中國語言相通。由此可以大略想見當時中國的對外經濟交往是相當廣泛的。

漢朝以後，歷經三國、魏、晉、南北朝，中國出現了長期的分裂和戰亂局面，北方陸路的對外經濟交往受到較大影響，南方海道則仍然暢通，海上貿易有了新的重大發展，商船遠及今日南太平洋與印度洋之間的爪哇、蘇門答臘、斯里蘭卡等地。

經過隋朝（581-618 年）進入唐朝（618-907 年），全國重新統一安定，當權者勵精圖治，經濟、文化迅速發展，居於全球領先水平，使中國成為當時世界上最強盛的國家之一，相應地，對外經濟文化交往也空前興旺發達。除了不斷拓展和延伸陸上國際商道、擴大通商地域範圍外，著重發展了海上貿易。廣州、交州、潮州、泉州、明州（今浙江寧波）、楚州（今江蘇淮安），

都被闢為外貿海港，遠洋航船東通日本，南抵南洋諸國，西達波斯灣阿拉伯諸國。政府當局對外商採取寬鬆優待的政策，「除舶腳、收市、進奉外，任其來往通流，自為交易，不應重加率稅」；「常加存問」，「以示綏懷」。[43]於是各國商人雲集，中外商務往來和商品交換盛極一時。隨著海上貿易的發展，相繼在重要通商口岸設「市舶使」[44]壬職官員由中央政權直接委派，專門負責掌管和監督海上船舶貿易來往和入境出境徵稅事宜，從而初步開創了在中國歷史上長達一千多年的「市舶」制度，有人認為這就是後世政府外貿機構和海關機構的最早萌芽。由於唐代中國農業、手工業生產水平和文化水平都居於當時世界領先地位，加之統治者對於對外經濟文化交往採取積極促進的政策，所以當時外國人來中國經商、留學的絡繹不絕，長期居留唐土者多達數十萬人。留學日久取得唐籍的一些外國人，甚至還由唐朝政府擢用，入仕做官，並引為殊榮。至今一些外國（如日本等）仍稱中國人為「唐人」，稱中國商品為「唐物」，稱中國文化為「唐文化」，足見唐代中國人積極開展對外經濟文化交往，促使中國國譽和聲威遠播，影響至深。這是舉世公認的中華民族的驕傲。

宋朝時期（960-1279年），北部政局不穩，陸上國際商道常因戰爭中斷，政府側重於在南方發展海上國際貿易。宋初，京師設「榷易院」，成為中國歷史上最早的專門管理對外貿易的中央機構；在江、浙、閩、粵沿海港口設「市舶司」，兼具進出口管理、徵稅、收購舶來品等多項職能；一○八○年還頒布市舶條例。可以說，這是中國最早的涉外經濟立法之一，也是世界歷史上最早的進出口貿易成文法規之一。宋室南渡以後，失去半壁江

山，遂更加銳意發展海舶貿易，作為當時禦敵圖存的重要經濟支柱之一。因為，「市舶之利，頗濟國用」，「市舶之利最厚，若措置合宜，所得動以百萬計，豈不勝取之於民？」〔45〕據估算，當時單泉州、廣州兩地一年的外貿收入竟曾高達二百萬緡，約占當時全國財政收入的百分之二十，可見當時政府對於外貿的倚重。

上述這部制定於十一世紀的宋代市舶條例，其後經修訂補充，迄宋之末，實施近二百年。它在世界貿易立法史上顯然具有開創性的歷史價值。儘管其原文已經失傳，但從有關史籍文獻的記載中〔46〕仍不難稽考和窺見其輪廓和梗概，諸如：

（1）外貿開始規範化。該條例規定了市舶司的職權和職責，它融合了多種職能，成為後世海關與外貿機構的雛形和綜合體，使中國古代的對外貿易開始走向規範化、法制化。

（2）鼓勵交易和分類管理。積極鼓勵外商海舶（「番舶」）入境從事貿易，促進中外商品互通有無；逐項列明違禁物品、官府專買專賣貨物（「官市」）以及民間自由交易貨物（「民市」「聽市貨與民」）的細目，使中外商民有所遵循。

（3）採取「低稅」政策。「番舶」進入中國港口，須經當地市舶司派員登船查驗，並依法定稅率納稅（「抽解」），凡珍珠、犀角、象牙、瑪瑙、乳香等少數貴重「番貨」，列為「細色」高檔品），一般稅率定為「十取其一」（即10%）其餘大量「番貨」諸如來自異國的各種特產、藥材、香料、木料、棉布等生活用品，均列為「粗色」，一般稅率定為「十五取一」（約合6.66%）。稅後諸物即可依法分別進入「官市」或「民市」實行交易，可謂「低稅優惠」。

（4）厲行出口許可制度。商舶從中國港口出海，應向當地市舶司備文申報所載貨物名稱、數量和目的地（「所詣去處」）等項，經查驗屬實，並經當地富戶（「有物力戶」）出具擔保書後，由市舶司發給「公據」（許可證）放行。回航時，應向原出海港口市舶司交回「公據」，並申報從異國（「番夷」）販來各物，照章「抽解」後，方可入市。

（5）嚴禁各種走私逃稅活動（「漏舶」「偷稅」「大生奸弊，虧損課〔稅〕額」）。違者除治罪外，沒收船、貨，並重獎舉報、告發人，「給舶物半價充賞」。

（6）切實保護「番商」合法權益。嚴禁官吏豪紳借勢濫權殺價強買「番商」舶貨。凡強買舶貨「有虧番商者皆重置其罪」（依法從嚴治罪）。

（7）禮遇外商，救助「海難」興建外商賓館（「置『來遠驛』」），訂立接待送禮規則（「立定犒設饋送則例」），「每年於遣發番舶之際，宴設諸國番商，以示朝廷招徠遠人之意」。「番舶」遇風暴飄至中國沿海各地，「若損敗及舶主不在，官為拯救，錄〔登記〕物貨，許其親屬召保認還」。

從以上梗概中可以看出：制定於九百多年前的這部市舶條例，無疑開創了後世海關法、外貿法和涉外稅法的先河，其基本規定多為後世同類立法所師承和發展。

元朝時期（1271-1368年），中國北部疆土遼闊[47]陸上國際商道暢通無阻，海上貿易也有新的發展。政府以宋法為藍本，在一二九三年制定《市舶司則法》二十二條[48]使外貿管理和稅則更加條理化和規範化。同時，由政府出資和備船，選聘精幹舶商

和艄工（水手）「入番貿易」，贏利所得按「官七民三」比例分紅。除官本貿易外，還允許私舶貿易，並對從事外貿的舶商和艄工加以保護。這就在很大程度上改變了宋代對進口貨物統制專賣的「禁榷」政策。由於採取了低稅、招徠、保護和獎勵等一系列措施，外商紛至沓來，除唐宋以來的傳統客商——阿拉伯商人外，還有遠自歐洲和北非的商人前來從事貿易。元初來華經商和旅遊的義大利人馬可·波羅曾將中國的泉州港與地中海國際貿易中心亞歷山大港相提並論，認為它們是當時世界上最大的兩個外貿港口。

明代（1368-1644 年）初期，對於唐、宋、元三個朝代七百多年來行之有效、經濟效益顯著的對外經貿體制及有關措施，多沿襲師承，而又有重大發展。洪武、永樂兩代政府為了進一步招徠外商，對於來自外國的「貢舶」和「商舶」分別給予不同優惠待遇。前者運來官方互易貨物，予以「優值」（從優計價）；後者運來民間交換商品，予以免稅，致使各國商船競相來華，國際貿易大盛。另外，在一四○五至一四三三年，明朝政府相繼組織和派遣了規模浩大的遠洋船隊，由鄭和率領，先後七次遠航，抵達今日印尼、斯里蘭卡、泰國、印度西岸、波斯灣和阿拉伯半島諸國以及東非索馬里、肯尼亞等地，大大促進了當時中國與亞洲、非洲三十多個國家之間的政治修好關係和經濟貿易關系，其船隊規模之大（首航人員竟達 27000 餘人）、貿易地域之廣、累計航程之遠，以及經歷時間之長，都可以說是史無前例的。[49]鄭和等人開展對外交往的壯舉和業績，一向彪炳於中外史冊，充分體現了中華民族勇於進取、敢於創新、善於開拓的精神。[50]

綜上所述，可以看出：自漢唐至明初，中國人的對外開放、對外經濟文化交往以及開拓進取精神，曾經對中國古代社會經濟的發展、科技文化的進步以及國際威望的提高，都起到了明顯的促進作用。與此同時，中國人也通過長期的、平等互惠的對外經濟文化交往，為全球經濟文化的不斷進步、共同繁榮和豐富多彩做出了重大的貢獻。

遺憾的是，這種優良傳統和開拓精神，在後來相當長的歷史時期內，不但未能進一步發揚光大，反而受到壓制和摧殘。明代中葉以後，封建統治者愚昧腐敗，昏庸顢頇，竟因沿海倭寇為害而實行「海禁」，下令關閉口岸，停止對外貿易，實行「鎖國」政策。[51] 以後弛禁、復禁，反覆多次，直至明朝覆滅，對外經濟交往始終未能振作起來。

清朝（1636-1911 年）初建，王朝統治者因害怕漢族人士在海外組織反清力量卷土重來，遂變本加厲實行「海禁」，在長達三四十年的時間裡，規定「寸板不許下海」和「片帆不准入港」，違者格殺勿論。遂使中國的對外經濟交往更加衰落，一蹶不振。一六八四年以後，雖一度解禁開港，在江、浙、閩、粵設置四個外貿口岸，但對外來商人又往往不分從事正當貿易抑或進行不軌活動，一律嚴加限制。一七五七年又再撤銷三個外貿口岸。中國作為東方泱泱大國，當時的大陸國土面積遠遠超過整個歐洲大陸，其海岸線綿延二萬公里以上。[52] 但是，當時歐陸沿海港口，早已星羅棋布，促使歐陸對外經濟交往十分興旺發達，反觀當時幅員廣袤的中國大陸，卻只單限廣州一港對外開放，[53] 成為中國對外經濟交往長期衰敗的一大原因。這種荒唐局面，竟

然持續八十多年，直到一八四〇年鴉片戰爭的大砲轟開「天朝帝國」的大門。

2. 古代中國對外經濟交往的法理內涵

中國古代史上對外經濟交往的興衰起落，主要脈絡大體如上。其間有幾條歷史軌跡和法理原則隱約可辨，值得後人借鑑：

（1）古代中國開展對外經濟交往，是國內生產力發展的結果，也是生產力進一步發展所必須。中國歷史上明智的統治者能順應歷史發展的需求，積極推動對外經濟交往，體現了強者的遠見、自信、膽氣和魄力；愚昧的統治者則慣於逆歷史潮流而動，妄圖禁止對外經濟交往，體現了弱者的短視、昏庸、怯懦和無能。兩種截然相反的對外經濟政策，前者造福社會，後者危害國家，千秋功罪，歷史早有評說。

（2）古代中國的對外經濟交往，其主要動因既然植根於社會生產力的發展，它自身就具有強大的生命力。如不因勢利導，卻愚蠢地加以禁止，總是禁而不止。秦漢以來，在中國古代兩千多年的對外經濟交往史上，雖然經歷了許多曲折和起落，甚至兩度鎖國閉關，但總的來說，積極開展對外經濟交往，顯然是歷史長河中的主流。相應地，在對外經濟交往中積極主動、大膽進取的精神，一向是中華民族諸多優良傳統中的一項重要內容。把閉關鎖國的失誤和蠢舉說成是中國歷史的主導傳統，那是對中國歷史的誤解、無知或曲解。

（3）在古代中國長期的對外經濟交往中，基本上體現了自主自願和平等互利的法理原則。歷代政府和百姓對來自異邦的客商，向來以禮相待，優遇有加，使其有利可圖。中國傳統的大宗

出口商品是絲綢、漆器、瓷器、茶葉之類，進口的是中國所罕缺的各種異土方物。這些中外物質文明的交換，是以完全自願、互通有無、文明交易的方式進行的。較之西方強國對外貿易史上盛行多年的商盜一體、殺人越貨、獵奴販奴之類的罪惡買賣，向來涇渭分明，迥然不同。

中外物質文明的交換，有效地促進了整個人類文明的交融與提高。中國的育蠶、繅絲、製瓷、造紙、印刷、火藥、指南等技術，通過對外經濟交往而廣泛傳播於世界各地，為全人類的進步做出了傑出的貢獻。而對外輸出的擴大，又反過來不斷提高中國的造船、冶金、羅盤等與航海有關的生產技術，不斷提高與出口商品有關的各行各業的生產水平。與此同時，中國原先十分罕缺或全然未見的異邦產品，諸如西域良馬、阿拉伯「火油」以及芝麻、蠶豆、菠菜、大蒜、甘蔗、甘藷、玉米、花生、菸草等農作物，也先後從世界各地異邦輾轉傳入中國，促進了中國畜牧業、農業、手工業的發展。有趣的是：今日中國人日常生活中所不可或缺的棉花和棉布，宋代以前一直是珍稀的「舶來品」。宋元之間才開始從異邦引種的棉花，至元明兩朝已普遍種植和大量出產，並使棉紡織業迅速成長為中國新興的、與國計民生息息相關的主要手工業之一。它不但大大改變了中國歷代以絲葛麻褐為主要織物的衣著傳統，使廣大平民百姓普受其惠（對他們說來，絲綢太貴，葛麻太粗，棉布則物美價廉），而且逐步發展成為中國出口的主要商品之一，同時也成為明代以來國庫稅收的主要來源之一。[54] 棉花從異域到中國「落戶生根」的過程，實際上是一項新產品和新技術「引進消化、發展輸出」的成功事例。

　　有一種流傳甚廣的傳統觀點認為：中國古代的對外經濟交往，主要是「朝貢貿易」，旨在滿足封建統治者對奢侈品的需要，對中國的經濟發展和平民的經濟生活，並無多大積極影響，甚至害大於利。其實，這也是一種歷史的誤解或偏見，並不符合史實。棉花效勞中華，即是一大例證。可見，在中國古代的對外經濟交往中，平等互利既是公平的行為準則，又是正常的社會後果。在對外經濟交往中努力實現平等互利，顯然是中華民族諸多優良傳統中的又一項重要內容。

　　（4）古代中國的對外經濟交往源遠流長，並且有過相當發達的時期。但由於歷史的和階級的侷限，其規模和意義都難以與近現代的對外經濟交往相提並論。它的存在和發展，主要是與中國綿延兩千多年的封建制生產方式緊密聯繫的。因此，對外經濟交往的規模、水平和社會影響，在很大程度上受到國內封建自然經濟的限制和束縛。封建後期，隨著這種生產方式內在活力的不斷衰退，對外經濟交往也就相應地陷於停滯，甚至走向沒落。至於長期以來在對外交往中自視為「天朝大國」，把外國人前來修好通商稱為「蠻夷來朝」，在官方換貨貿易中硬把對方商品稱為「貢」，把中方商品稱為「賜」，把接待外商使團的賓館稱為「蠻夷邸」，諸如此類的觀念和有關記載，處處顯現了封建統治者和封建文人的自大與虛榮。這種阿 Q 心態，迥異於應有的民族自尊，顯然是不足為訓和應予批判的。

（三）半殖民地半封建中國的對外經濟交往及其「法理」內涵

　　鴉片戰爭的巨炮轟開中國的大門之後，中國的對外經濟交往

發生了重大的轉折和急遽的變化：從獨立自主轉變為俯仰由人，從平等互利轉變為任人宰割。

1. 半殖民地半封建中國對外經濟交往簡況[55]

繼一八四〇年英國侵華的鴉片戰爭之後，殖民主義、帝國主義列強又發動了多次侵華戰爭、如一八五七年的英法聯軍戰爭、一八八四年的中法戰爭、一八九四年的中日戰爭，一九〇〇年的八國聯軍侵華戰爭。用戰爭暴力打敗中國，迫使昏庸無能的統治者俯首就範之後，列強不但占領了中國周圍許多原由中國保護的國家，而且侵占或「租借」了中國的一部分領土。例如，日本侵占了臺灣和澎湖列島，「租借」了旅順，英國侵占了香港，法國「租借」了廣州灣。割地之外，又勒索了巨額的賠款。一九三一至一九四五年，日本由局部而全面地發動了侵華戰爭，在長達十四年的時間裡陸續使中國的大片領土直接淪為日本的殖民地，從而使中國的土地和各種自然資源遭到空前殘酷的掠奪和洗劫。

列強強迫中國訂立了許多不平等條約，攫取了各種政治、經濟特權，嚴重破壞了中國的政治主權和經濟主權。根據這些不平等條約，列強除了取得在中國駐紮軍隊的權利和領事裁判權之外，還把全中國劃分為幾個帝國主義國家的「勢力範圍」，即列強按照各自的實力，在中國劃定某一地區，作為自己實行政治控制和經濟掠奪的專屬領域，對中國進行變相的瓜分。例如，長江中下游諸省劃為英國的勢力範圍，雲南和兩廣劃為法國的勢力範圍，山東劃為德國的勢力範圍，福建劃為日本的勢力範圍，東北諸省原劃為帝俄的勢力範圍，一九〇五年日俄戰爭後，東北地區的南部改劃為日本的勢力範圍。

　　根據不平等條約，列強控制了中國一切重要的通商口岸，並在許多通商口岸中強占一定地區作為它們直接實行殖民統治的「租界」。它們喧賓奪主和反賓為主，控制了中國的海關和對外貿易，控制了中國的水陸空交通事業（包括至關緊要的內河航行權）。這樣，就便於在中國廣闊的市場上大量傾銷它們的商品，牟取巨額利潤。與此同時，又使中國的農業生產服從於西方列強的經濟需要，為它們提供大量賤價的原材料和消費品。

　　根據不平等條約，列強在中國攫取和壟斷礦山開採權、鐵路修築權和管理權，經營各種工礦企業，隨心所欲地掠奪中國的自然資源，直接利用中國便宜的原料和廉價的勞動力，搾取超額利潤，並借此對中國的民族工業進行直接的經濟壓迫，甚至加以扼殺。

　　根據不平等條約，列強以苛刻的條件貸款給中國政府，並在中國開設銀行，從而壟斷了中國的金融和財政，在金融上、財政上扼住了中國的咽喉。列強除了對中國實行直接的控制、掠奪和盤剝之外，又極力培植了一個買辦資產階級，作為它們的在華代理人，為列強的對華盤剝事業效勞。此外，列強還與中國廣大農村的封建勢力相勾結，以加強對中國的全面搾取。

　　列強在對華經濟交往中，利用其政治上、軍事上的強權地位和經濟上、技術上的絕對優勢，迫使中國方面接受各種苛刻的不等價交換條件。不等價交換的長年積累和不斷擴大，造成中國國際收支的巨額逆差和國民財富的大量外流，造成中國的民窮財盡。為了彌補國際收支逆差，中國不得不大量舉借外債，從而加深了中國對列強的依賴和屈從，這又反過來進一步擴大了不等價

交換的範圍，形成了中國對外經濟交往中的惡性循環。

2. 強加於半殖民地半封建中國對外經濟交往的「法理」

半殖民地半封建時期中國的國民經濟命脈，完全操縱在殖民主義、帝國主義列強及其在華代理人手中。在這段時期裡，由於中國的政治主權和經濟主權受到嚴重破壞，中國的對外經濟交往，無論在國際貿易、國際投資、國際金融、國際稅收的哪一個方面，無論在國際生產、國際交換、國際分配的哪一個領域，始終貫穿著兩條線索或兩大痛楚：第一，中國這一方無權獨立自主，無法自由選擇，無力控制管理。在對外經濟交往中，往往處在非自願、被強迫的地位，受制於人，聽命於人。第二，中國這一方，人低一等，貨賤多級，在對外經濟交往中，總是遭到不平等的屈辱對待，忍受不等價的交換和盤剝。

這兩大痛楚並不是孤立存在的，它們蘊含著和體現了當時盛行於國際社會的基本法理：弱肉強食，理所當然，法所維護。換言之，弱肉強食的原則，不僅被列強推崇為「文明」國家的正當行為準則，而且通過國際不平等條約的締結和簽訂，取得了國際法上的合法地位和約束力。

中國民主革命的先驅孫中山畢生致力於推翻清朝封建統治，建立民主共和，反抗列強侵略中國，廢除列強強加於中國的不平等條約。他早在一九〇四年就撰文有力地批判為列強侵華張目的「黃禍」論，指出，一旦中國人獲得獨立自主並與外國平等交往，「黃禍」可以變成「黃福」——不僅給中國人而且給全世界都帶來大好處、大福祉。[56] 遺憾的是，由於歷史的侷限和國內外反動勢力的阻撓，孫中山先生的真知灼見和善良願望長期未能

完全實現。

上述這兩種歷史痛楚，自鴉片戰爭以來，在中國延續達一百多年，經過中國人民長期的奮力抗爭，才以社會主義新中國的成立而告終止。它逝去不久，人們記憶猶新。可以說，今日中國在對外經濟交往中之所以如此強調獨立自主與平等互利，正是對上述歷史痛楚的認真反思和科學總結。中國與第三世界諸國一起，之所以如此大聲疾呼要求改造國際經濟舊秩序，要求在國際經濟交往中廢除舊的、弱肉強食的法理原則，建立新的、平等互利的法理原則，其共同目的，正是為了在世界範圍內盡早地全面結束這種歷史痛楚。

（四）社會主義新中國的對外經濟交往及其法理原則

解放戰爭的勝利和中華人民共和國的成立，使中國擺脫了帝國主義及其在華代理人的反動統治，擺脫了半殖民地的屈辱地位，成為政治上完全獨立的社會主義主權國家。這就為中國進一步爭取經濟上的完全獨立，包括對外經濟交往上的獨立，創造了首要的前提。

1. 獨立自主精神的堅持與平等互利原則的貫徹

中國人民深知：不實現經濟上的獨立，包括對外經濟交往上的獨立，則已經取得的政治獨立就是不完全、不鞏固的。因此，徹底剷除帝國主義及其在華代理人對於中國國民經濟命脈的壟斷權和控制權，徹底改變帝國主義及其在華代理人操縱中國對外經濟交往的局面，就成為新中國成立初期的當務之急。

中國政府廢除了帝國主義列強根據不平等條約在中國攫取的

各種特權，收回了長期由帝國主義者越俎代庖的海關管理權，建立了完全獨立自主的新海關。把長期由帝國主義在華代理人——中國官僚買辦資產階級巨頭壟斷經營的、規模龐大的對外貿易（進出口）企業收歸國有，改由國家對進出口貿易實行全面的統制管理。對民族資產階級經營的外貿企業，則實行利用、限制和改造相結合的政策。在國家的金融和財政大業上，也採取一系列有效措施，排除了帝國主義的壟斷、操縱和控制。與此同時，在國內生產領域逐步建立了強大的、占主導地位的社會主義國有經濟。這樣，就終於使中國的對外經濟交往徹底擺脫了對帝國主義的依附，走上了完全獨立自主的道路。

新中國在對外經濟交往中，一貫遵循平等互利的原則，積極開展國際經濟合作，充分尊重對方國家的利益，保護各國來華外商的合法權益，在這個過程中，也有效地促進了中國自身的社會主義經濟建設。

可以說，獨立自主和平等互利，乃是新中國在對外經濟交往中一貫堅持的、最基本的法理原則和行為規範，也是中國對外經濟交往健康發展的兩大基石。其基本精神，早在新中國成立前夕，就明文載入《中國人民政治協商會議共同綱領》之中。[57]其後，在中華人民共和國的根本大法《憲法》中，又鄭重重申。[58]如果說，中國在淪為半殖民地以前的悠久歷史上，在對外經濟交往中基本上能夠按照自主自願、平等互利的原則辦事，還處在自發的、樸素的階段，還只是一種傳統的習慣，那麼，在新中國成立以後，在對外經濟交往中堅持獨立自主、平等互利原則，就開始進入自覺的、成熟的階段。它不但是中國古代對外經濟交

往史上優良傳統的發揚光大，而且由國家的根本大法正式加以肯定和固定，上升為具有法律拘束力的基本行為規範。

　　2. 閉關自守意識的終結與對外開放觀念的更新

　　遵循獨立自主、平等互利原則開展對外經濟交往的道路並不平坦。新中國成立以來在這條道路上就遇到了不少艱難險阻和嚴重干擾。

　　從新中國成立之初起，當時極端敵視中國的美國政府為首組織了長達二十多年的對華經濟「封鎖」和「禁運」，企圖從經濟上扼殺這個新出現的社會主義政權。在美國策動下，十幾個主要的資本主義發達國家在一九四九年十一月成立了「巴黎統籌委員會」，統籌推行對社會主義國家的「禁運」政策，嚴格限制其成員國對社會主義國家的出口貿易。在「巴黎統籌委員會」內部特別設立的「中國委員會」，是專門對付中國的禁運執行機構，並且針對中國開列了範圍特別廣泛的禁運貨單，稱為「中國禁單」。一九六九年以後，美國總統尼克松雖曾數次宣布對中國放寬「禁運」但直至一九九四年三月，「巴黎統籌委員會」仍在發揮作用。[59]此後，該委員會雖已宣告解散，但其長期對華「禁運」的惡劣影響，至今尚未完全消除。

　　二十世紀五〇年代至六〇年代初，由於美國為首組織和推行對華經濟封鎖政策，中國的對外經濟交往對象主要限於當時的蘇聯和東歐社會主義國家。但是，在五〇年代中期以後，蘇聯在對華經濟交往和經濟合作中，常常表現出大國沙文主義和民族利己主義傾向，並且假借「社會主義國際分工」的名義，反對中國在獨立自主的基礎上發展經濟，力圖使中國成為它的原料供應基地

和剩餘產品推銷市場。自一九六○年起，當時的蘇共領導人將中蘇兩黨之間的思想分歧擴大到國家方面，對中國施加政治上、經濟上和軍事上的巨大壓力，企圖迫使中國就範。一九六○年七月，蘇聯政府突然片面決定，在一個月內全部撤走當時在中國幫助經濟建設的一千三百九十名蘇聯專家；接著，撕毀了三百四十三個專家合同和合同補充書；廢除了二百五十七個重大的科學技術合作項目，並在中蘇國際貿易方面對中國實行限制和歧視的政策。這些惡化國家關係的嚴重步驟，突如其來，嚴重地破壞了當時中國的對外經濟交往和對外經濟合作，並且曾經在相當長的一段時期內給中國的社會主義經濟建設造成重大的混亂和嚴重的損失。

半殖民地時期中國長期遭受的歷史屈辱，二十世紀五、六○年代帝國主義所強加於中國的經濟封鎖，以及霸權主義背信棄義對中國所造成的經濟破壞，都激發了和增強了中國人民獨立自主、自力更生、奮發圖強的意識。歷史一再教育中國人民：革命和建設的方針要放在自己力量的基點上。在中國這樣一個大國，尤其必須主要依靠自己的力量發展革命和建設事業。儘管中國經濟文化還相當落後，急需爭取外援，特別需要學習外國一切對我們有益的先進事物，但是，中國在對外經濟交往中，對待世界上任何大國、強國和富國，都必須堅持自己的民族自尊心和自信心，決不允許有任何奴顏婢膝、卑躬屈節的表現。這樣的獨立自主意識和自力更生方針，當然是十分必要、完全正確的。

但是，一個傾向掩蓋著另一個傾向。在中國特定的歷史條件下，也產生了對於獨立自主、自力更生的片面認識和錯誤理解。

中國經歷了漫長的封建社會，自給自足的自然經濟曾經長期居於統治地位。千百年形成的習慣勢力和傳統觀念促使人們往往用狹隘的自給自足觀點去理解社會主義經濟建設。

新中國初期的經濟建設取得一定成果後，滋長了驕傲自滿情緒，長期存在著「左」傾思想：急於求成，忽視客觀的經濟規律，誇大主觀意志的作用。在「左」傾思想影響下，人們忽視參加國際分工、利用國外資源、開拓國外市場的客觀需要，認為社會主義國家可以「萬事不求人」，可以完全按照自己的意志關起門來進行社會主義經濟建設，並且不自覺地把獨立自主、自力更生同積極開展對外經濟交往、大力爭取外援機械地割裂開來，甚至對立起來。半殖民地時期的歷史屈辱，五六十年代帝國主義的經濟封鎖和霸權主義的經濟破壞，反覆多次的、痛苦的歷史經驗促使人們對於開展對外經濟交往深懷戒心，常存疑懼，並且從中派生出閉關自守和盲目排外的情緒。

「文化大革命」時期，林彪、江青兩個反革命集團出於篡黨奪權的罪惡目的，將上述幾種錯誤思想攪在一起，推向極端，把許多正當的和必要的對外經濟交往（特別是學習外國先進經驗、引進先進技術和發展對外貿易），一概誣為「崇洋媚外」「賣國主義」和「洋奴哲學」，造成了空前的思想混亂。

在上述幾種歷史因素和幾種錯誤思想的相互作用下，新中國的對外經濟交往不能不受到重大的消極影響，從而使中國的社會主義經濟建設一次又一次地失去了調動國外積極因素的良機，造成了許多無謂的損失，拉大了與先進國家經濟發展水平的差距。

一九七八年十二月召開的中國共產黨第十一屆三中全會，開

始全面認真地糾正「文化大革命」中及其以前的「左」傾錯誤，作出了把工作重點轉移到社會主義現代化建設上來的戰略決策，並且通過國家機關，全面認真地實施這一重大決策。這是新中國成立以來具有深遠歷史意義的偉大轉折。

在全面撥亂反正、全國工作中心轉移到經濟建設方面的新形勢下，中國共產黨審時度勢，及時提出了在經濟上對外開放的基本國策，從而使源遠流長的中國對外經濟交往，開始進入一個嶄新的、更加自覺、更加成熟的歷史發展階段。

一九九三年，在系統地總結十五年來經驗的基礎上，中國《憲法》正式規定：國家實行社會主義市場經濟」；中國共產黨第十四屆三中全會針對在中國建立社會主義市場經濟體制問題，提出了綱領性的文件，從而大大加快了對外開放的步伐，大大加強了對外開放的力度、廣度和深度。

歷史事實已充分說明：中國的發展離不開世界，關起門來搞建設是不能成功的。實行對外開放，完全符合當今時代的特徵和世界經濟技術發展的規律，是加快中國現代化建設的必然選擇，是中國必須長期堅持的一項基本國策。中國既必須始終把獨立自主、自力更生作為自己發展的根本基點，又必須打開大門搞建設，大膽吸收和利用國外的資金、先進技術和經營管理方法，把堅持發揚中華民族的優秀傳統文化同積極學習人類社會創造的一切文明成果結合起來，把利用國內資源、開拓國內市場同利用國外資源、開拓國際市場結合起來，把對內搞活同對外開放結合起來，這樣，就能不斷地為中國社會主義現代化建設提供強大的動力。同時，在對外開放的過程中，必須始終注意維護國家的主權

和經濟社會安全，注意防範和化解國際風險的衝擊。基於這種認識，中共中央進一步強調：中國應當以更加積極的姿態走向世界，不斷豐富對外開放的形式和內容，不斷提高對外開放的質量和水平，完善全方位、多層次、寬領域的對外開放格局。[60]

進入二十一世紀以來，國際形勢繼續發生深刻複雜的變化，世界多極化和經濟全球化的趨勢在曲折中發展，科技進步日新月異，重大的發展機遇與多元的嚴峻挑戰同時並存。儘管當今世界還存在著這樣那樣的矛盾和衝突，不確定、不穩定因素有所增加，但和平與發展仍是當今時代的主題，世界要和平、國家要發展、人民要合作是不可阻擋的歷史潮流。就中國而言，三十多年來，中國堅定不移地推進改革開放，社會主義市場經濟體制初步建立，開放型經濟已經形成，社會生產力和綜合國力不斷增強，各項社會事業全面發展，人民生活總體上實現了由溫飽到小康的歷史性跨越。[61]

總結過去，展望未來，中國人懷著恰如其分的民族自信和民族自豪，不卑不亢地向世界宣布：「今天的中國，是一個改革開放與和平崛起的大國。」[62]

當前，中國人民正處在徹底地終結閉關自守意識，進一步更新對外開放觀念，努力建立完善的社會主義市場經濟體制的發展過程之中；正處在舉世矚目的迅速「和平崛起」過程之中。依據最新的戰略決策，中國「和平崛起」的進程正在進入一個新的發展階段，把對外開放與經濟改革更加緊密地聯繫起來。二〇一〇年，中國共產黨十七屆五中全會宣布，二〇一一至二〇一五年，中國將在經濟社會領域推動一場深刻變革，加快轉變經濟發展方

式，堅持把改革開放作為加快轉變經濟發展方式的強大動力。要實施互利共贏的開放戰略，進一步提高對外開放水平，積極參與全球經濟治理和區域合作，以開放促發展、促改革、促創新，積極創造參與國際經濟合作和競爭的新優勢。同時，要高舉和平、發展、合作旗幟，奉行獨立自主的和平外交政策，堅持走和平發展道路，積極參加國際合作，維護我國主權、安全、發展利益，同世界各國一道推動建設持久和平、共同繁榮的和諧世界。[63]

自覺地促使上述這個過程早日完成和持續發展，從而進一步推動中國自身的社會主義建設和加強中國在繁榮世界經濟中的應有作用，這是歷史賦予當代中國人的重大使命。

（五）中國的和平崛起與長期實行和平外交政策是歷史的必然

從以上的簡略回顧中，不難窺見若干歷史軌跡：

第一，在數千年的歷史長河中，中國曾經有過積極開展對外經濟交往的優良歷史傳統。貫穿於古代中國對外經濟交往中的法理內涵，是自發的、樸素的獨立自主和平等互利原則。這是無可懷疑的歷史主流。

其所以然，是與中國數千年來傳承與發展的儒家思想和主流社會意識密切相關的。儒家歷來倡導「四海之內皆兄弟也」[64]，「禮之用，和為貴」[65]，「己所不欲，勿施於人」[66]。這些儒家理念被眾多中國人廣泛接收，形成為社會主流意識，成為歷代中國人處事待人的基本道德規範和行為準則，使歷代中國人習慣於「以和諧精神凝聚家庭、惇睦鄰里、善待他人」。和諧文化培育

了中華民族熱愛和平的民族稟性。舉世聞名的「絲綢之路」是一條貿易之路、文化之路、和平之路，銘刻下中國古人追求同各國人民友好交流、互利合作的歷史足跡。中國明代著名航海家鄭和「七下西洋」，遠涉亞非三十多個國家和地區，展現的是中華燦爛文明和先進科技，留下的是和平與友誼。[67]

至於一二一九至一二二五年鐵木真和一二三五至一二四二年拔都的兩度「西征」都是早年漠北地區游牧部落蒙古人所為，都遠在一二七一年蒙古人忽必烈建立元朝之前數十年。然後，這部分蒙古人開始接受儒家理念的薰陶，又經歷了約百年，逐漸融入中華民族的整體。因此，含糊籠統地說「中國元朝派大軍侵入歐洲造成黃禍」云云，那是不符合歷史真實的，甚至是別有用心的。

在中國封建社會後期的一段時間內，由於封建統治者的愚昧和實行「鎖國」「海禁」政策，上述優良傳統曾經受到嚴重扭曲。但在中外經濟交往互動的歷史長河中，那隻是短暫的小支流，擋不住上述歷史主流的滾滾向前。

第二，鴉片戰爭之後百餘年間，半殖民地半封建中國的對外經濟交往是在殖民主義和帝國主義列強高壓、脅迫和操縱之下進行的，其原有的自發、樸素的獨立自主、和平等互利的法理原則，被徹底摧毀，蕩然無存，取而代之的「法理」原則是喪權辱國的「條約」化和弱肉強食的「合法」化。

在這個歷史階段中，中國是舉世公認的被威脅者、被侵略者，而包括美國在內的殖民主義、帝國主義列強，則是毋庸置疑的威脅者、侵略者。

第三，社會主義新中國成立後，中國開始在新的基礎上積極開展對外經濟交往，促使中國歷史傳統上自發的、樸素的獨立自主、和平等互利的法理原則，開始進入自覺的、成熟的發展階段。但是，在國內外多種消極因素的綜合影響下，這個發展進程曾經遇到各種艱難險阻和嚴重干擾。

　　在這個歷史階段中，新中國遭受兩個超級大國為首的封鎖、威脅和欺凌，中國依然是被威脅者、被侵害者，而包括美國在內的堅持殖民主義、帝國主義既得利益的列強，則仍然是毋庸置疑的威脅者、加害者。

　　中國人民經過將近三十年堅苦卓絕的對外排除強權和對內撥亂反正，終於在一九七八年底以來的三十多年間，使中國積極開展對外經濟交往的優良歷史傳統，在更加自覺和真正成熟的獨立自主與平等互利法理原則指導下，獲得輝煌奪目的發揚光大。

　　一言以蔽之，從五千多年文明史中走來的中國人民，繼承了中華文化的優秀傳統，又賦予這一文化新的時代內涵。當今中國奉行獨立自主與平等互利法理原則指導下的和平外交政策，不但是中國數千年優良歷史傳統的傳承和發揚，而且是中國三十年來和平崛起的主要原因之一。沒有近三十年來東亞相對安寧的國際和平環境，就不可能有中國近三十年的和平崛起。今後中國的繼續和平崛起，也絕對需要一個在各國獨立自主與平等互利法理原則指導下的長期的國際和平環境——這是中國人民、亞洲人民乃至全球人類的共同期待，也是最淺顯易懂、不說自明的政治常識。[68]

　　然而，「樹欲靜而風不止」，歷史似乎會倒退。美國「冷戰

第一編・國際經濟法基本理論（一）

思維之父」凱南早在一九八四年就坦率承認，某些美國人有個「真古怪」的乖僻：時時刻刻都想在我們的國境以外找到一個罪惡中心，以便把我們的一切麻煩都算在它的賬上」；「總是自動而有意識地誇大假想敵國的軍事潛力，從而大大增強全國人民對這個假想敵的懷疑、恐懼和對抗心理。」〔69〕如今，怪癖再次發作，他們終於再次如願以償地找到這樣一個新的「罪惡的中心」——中國，藉以在美國國內進行「敵愾同仇」的精神動員，矇蔽美國人民盲目地支持當今美國當局窮兵黷武、稱霸全球的一切行徑。於是，形形色色、花樣翻新的「黃禍」論——「中國威脅」論又紛紛出籠了，除前述每年一度美國官方拋出最高檔次的「中國軍事威脅」論、「中國經濟威脅」論之外，還有「中國發展模式威脅」論、「中國環境威脅」論、「中國意識形態威脅」論、「中國技術威脅」論、「中國糧食消費威脅」論、「中國食品出口威脅」論、「中國股票威脅」論、「中國移民威脅」論、「中國間諜威脅」論、「中國留學生威脅」論，等等。似乎美國等「西方國家民眾面臨的一切苦惱都可以歸因於中國：稅收太高是因為政府必須擴充軍備以平衡中國日益現代化的軍事力量；全球變暖是因為中國工業發展導致溫室氣體排放量增加；失業率高是因為中國廉價商品的傾銷打垮了國內製造業；吃的東西不安全是因為中國出口的食品有農藥殘留，連狗生病了，都是因為中國出口的寵物食品含有毒素……其豐富的聯想能力不能不讓人『佩服』」〔70〕。

　　人們不免回想起：大約四十五年前，時任美國高官「遠東事務助理國務卿」的威廉・邦迪以《美國和共產黨中國》為題，發

表了長篇講演，系統闡述「中國威脅」論。[71]他宣稱「毫無疑義，共產黨中國是美國外交政策面臨的最嚴重和最麻煩的問題。美國認為，北京外交政策的目標以及用以實現這些目標的策略，都十分尖銳地觸及亞洲的戰爭與和平問題；觸及亞洲以及全球億萬人的自由與生命問題」。他用「世界警察」和「亞洲救世主」的腔調，妄圖證明，由於中國的目標是通過革命輸出，征服亞洲，而美國的目標是「維護」亞洲國家的「自由和獨立」，「幫助亞洲國家取得發展和進步」。因此，美國必須同中國在亞洲和全世界「針鋒相對」，美國「沒什麼選擇餘地，只能挺身抵抗，以堅定的態度對付共產黨中國人」。邦迪這種謬論當即遭到中國《人民日報》一位「觀察家」針鋒相對的迎頭痛擊：「每一個有常識的人都要問：美國在東太平洋，中國在西太平洋，兩國相距何止萬里，中國在美國的領土上沒有一兵一卒，中國在美國的周圍沒有一個軍事基地，怎麼會使美國『沒有什麼選擇餘地』，非要同中國大幹一場不可呢？」「當邦迪站在加利福尼亞一個學院的講壇上高談闊論的時候，又是哪個國家的飛機在越南的土地上丟下成千上萬噸的炸彈，哪個國家的幾十萬軍隊在越南的土地上，使用各種各樣的現代化武器，進行一場大規模的侵略戰爭呢？」[72]

　　四十五年後的今天，當年邦迪論證「中國威脅」的荒謬邏輯似乎仍被美國高官和高層學者們沿襲應用。相應地，中國「觀察家」當年的犀利駁斥仍然鏗鏘有力，擲地有聲，只不過如今應當用「伊拉克」「阿富汗」「巴基斯坦」等國名取代當年的「越南」國名罷了！人們不禁要問：不久之後，還將有哪些國家，特別是

亞洲國家，會在「中國威脅」論的恫嚇之下，有福「享受」美國恩賜的狂轟濫炸和大軍入侵？

最近，中國唯一的一艘航母出海試航，又召來美國某些政客、軍人、學者和媒體一陣陣關於「中國威脅」的歇斯底里叫囂。全球稍具普通常識的人都不禁要問：第一，美國現役航母達十二艘之多，占全球各國現役航母總數的一半以上，[73]這十二艘「利維坦魔獸」（Leviahan）及其艦載飛機在全世界各地海洋橫衝直撞，多次侵入他國領海領空，狂轟濫炸，屠殺無辜平民婦幼；多次闖到他國的「家門口」耀武揚威，展示「肌肉」，進行武力恫嚇威脅，粗暴干涉他國內政，破壞他國主權、領土的完整和統一。中國作為百餘年來深受其害、飽遭威脅的弱勢國家，為保衛本國主權領土的完整和統一，如今剛剛起步，開始有了唯一的一艘航母，卻招來美國「中國威脅」論的新污衊和新威脅，這難道不是「只許州官放火，不許百姓點燈」？第二，中國人口眾多，居世界首位；國土廣袤，居世界第三；海岸線漫長，居世界前列──如此眾多的人口，如此廣袤的領土，如此漫長的海岸線，需要有包括航母在內的現代武器裝備加以保護和保衛，這是不說自明的，難道還要遵照美國的指示，「說明為什麼需要航母」[74]美國如今已經擁有十二艘航母，它何曾向全世界人民逐一說明過「為什麼需要航母？為什麼需要這麼多航母？」第三，中國是聯合國安全理事會五個常任理事國之一，對全世界的安全和穩定負有不可推卸的責任；前不久中國乃是上述五個常任理事國之中唯一沒有航母的國家，如今第一艘航母剛剛「呱呱墜地，初試啼聲」，何以就令已有十二艘航母的美國某些人一聽到嬰兒啼聲

就如聞當頭霹靂，並引發歇斯底里，大叫受到「威脅」，這難道不正是說明威脅者開始受到反威脅的「威脅」和警告，不正是說明在全球各地到處威脅他國弱者、到處破壞和平穩定的美國某些人開始稍有忌憚，不能再完全隨心所欲，為所欲為了麼？對全球真正愛好和平穩定的人們說來，這難道不是值得高興的好事嗎？

四、結束語：尊重歷史，達成共識

以上所述，可以說是十九世紀七〇年代迄今一百四十多年以來各種版本「黃禍」論「中國威脅」論的發展脈絡、血緣傳承及其實踐後果的概況。只要認真對照兩三千年來中國對外經濟交往的大量史實，全球一切正直和明智人士對「黃禍」論及其最新變種「中國威脅」論不難達成以下應有共識：

第一，「黃禍」論是赤裸裸的種族歧視論之一，各代「黃禍」論和其他種族歧視論的鼓吹者和實踐者，大都聲名狼藉，留下了極不光彩的歷史記錄，其中德國的末代皇帝威廉二世、俄國的末代沙皇尼古拉二世、德國的納粹領袖希特勒，都已蓋棺定論，被牢牢地釘在歷史的恥辱柱上。

第二，各代「黃禍」論的本質和核心都是「侵華有理」，都是侵華的前導，都以侵華為歸宿。當今美國霸權最新版的「黃禍」論—「中國威脅」論，在達成這一歸宿之前，在國際政治方面，是為了恐嚇中國的周邊國家，以擴張美國自己的勢力；在國內政治方面，是通過渲染「中國威脅」來「轉移視線」，平息民眾對美國政府的不滿，妄圖「一箭三雕」！

第三，各代「黃禍」論最慣用的伎倆和政治騙術是「賊喊捉賊」，威脅者自稱是「被威脅」，加害人偽裝成「受害人」，都是嚴重歪曲歷史，完全背離歷史的真實。

第四，**以史為師，以史為鑑**，方能保持清醒頭腦和銳利目光，避免遭受「黃禍」論二十一世紀最新變種美國霸權版「中國威脅」論的欺矇和利用，避免「居安不思危」或「居危不知危」；避免為美國霸權主義者**火中取栗，引火燒身**！

注釋

* 詳見陳安：《評「黃禍」論的本源、本質及其最新霸權「變種」「中國威脅」論──從中國對外經貿交往史的主流及其法理原則的視角》，雙語論文，中文本發表於《現代法學》2011 年第 6 期；英文本題為"On the Source, Essence of 'Yellow Peril' Doctrine and Its Latest Hegemony' Variant'──the 'China Threat' Doctrine: From the Perspective of Historical Mainstream of Sino-Foreign Economic Interactions and Their Inherent Jurisprudential Principles", *The Joural of World Investment & Trade*，Vol. 13，No. 1，2012.

〔1〕 參見《胡錦濤會晤菲律賓總統強調把南海建成合作之海》，http: //www. chinadaily. com. cn/hqzx/2011- 08/31/content_13411364. htm。

〔2〕 參見《中國擁有航母對美國的影響有多大？》，http: //www. voanews. com/clinese/news/20110814-CHINA-AIRCRAFT-CARRIER-IMPACT-ON-US-127687308. html；China's New Aircraft Carrier Bolsters Its Regional Reach──Military Benchmark Illustrates the Status of China's Armed Forces（中國的新航母增強了中國的地區影響力）載《美國新聞與世界報導》週刊網站，2010 年 8 月 15 日。See also Annual Report to Congress──Military and Security Developments Involving the People's Republic of China 2011，U. S. Department of Defense，released on August 24，2011，http:7/www. defense. gov/pubs/pdfs/2011_CMPR_Final. pdf

〔3〕 《中國海洋意識的覺醒：航母試航，蛟龍深潛》，載《人民日報》（海外版）2010 年 8 月 11 日第 1 版。

〔4〕 《外交部：中方堅決反對美發表 2011 年〈涉華軍事與安全發展報告〉》，http://www. chinadaily. com. cn/ micro-reading/dzh/2011-08-27/content_3618436. html。

〔5〕 《國防部回應：美軍涉華軍力報告嚴重歪曲事實》，http: //www. chinadaily. com. cn/hqjs/jsxx/2011-08-26/content_3613429. html。

〔6〕 參見《中國的和平發展》白皮書。http: //www. scio. gov. cn/zfbps/ndhf/2011/Document/1000032/1000032 _1. htm。

〔7〕 參閱德國著名歷史學家、政治思想史學家海因茨・哥爾維策爾（Heinz Gollwitzer）的名著《黃禍：一個口號的歷史——帝國主義思想研究》（ *Die Gelbe Gefahr: Geschichte eines Schlagworts—Studien zum imperialistischen Denken*）。

海因茨認為：「黃禍」論是十九世紀七〇年代開始流行於歐美的帝國主義口號，是歐美帝國主義列強向東方特別是向中國實行殖民主義擴張時期用以欺矇和動員國內外公眾、獲得輿論支持的政治騙術。他深入地研究了大量來自英、美、俄、法、德的第一手資料，精闢、尖銳地指出：「黃禍」這個口號的產生、傳播和分化「隱隱約約地顯示了帝國主義思想的基本特徵」：「口號必須精闢有力、明確易懂；必要時要加以概括，變得粗野和進行歪曲。口號能起鎮定人心的作用，或者正如大多數情況那樣，能起煽動作用，喚起或加深入們的希望和信念，但也能引起或增進入們的疑慮和懼怕。」「如果説，口號一般是為了喚起人們政治上的興趣，把人們的注意力引導到新的方向上去，但它更經常地只是特別用作愚化和煽惑人民的工具，唆使人幹壞事的手段，或者是為自己辯護的藉口。」海因茨的這種判斷，可謂一針見血，點破了「黃禍」論的本質和核心。

詳見德國 Vandenhoek & Ruprecht 出版社 1962 年出版的談書，前言第 8-9 頁：或其中文譯本《黃禍論》，商務印書館 1964 年版，前言第 6-7 頁。此外，還可參閱以下有關詞條：《黃禍論》，http://baike. baidu com/view/2335459. htm；《黃禍圖》，http: //baike. baidu. com/view/649930. htm；《黃禍（Yellow Peril）究竟是什麼意思？》，http: //blog. sina. com. cn/s/blog_4bbb74a501009080. html.

〔8〕 參見〔美〕傑塞普：《跨國法》，1956 年英文版，第 1、2、106-107

頁；〔美〕斯泰納、瓦格茨：《跨國法律問題》，1986 年英文第 3 版，「序言」第 19-20 頁，及 1976 年英文第 2 版，「序言」第 15 頁。

〔9〕 西元一二〇六年，蒙古族軍政首領成吉思汗（Chinggis Kian，1162-1227）統一了蒙古地區的所有蒙古各部，建立了蒙古汗國（The Great Mongol Empire）他也被推舉為蒙古國的大汗。一二一九年，西域的強國花剌子模（Khorazm，現今的土庫曼、哈薩克地區）當局殺害蒙古商隊四百多人、搶劫全部財物，繼而又殺害蒙古大汗國派往當地交涉的使者。成吉思汗震怒，親率二十萬大軍西征。蒙軍長驅直入中亞後，於一二二〇年攻占了花剌子模的都城撒馬爾干（Samarkand）其國王西逃，蒙軍窮追之，便西越裡海、黑海間的高加索，深入俄羅斯（Russ），於一二二三年大敗欽察（Kipchak）和俄羅斯的聯軍。一二二五年，成吉思汗凱旋東歸。一二二七年成吉思汗死後，一二二九年尤其第三子窩闊臺繼位。西元一二三五年，窩闊臺派遣其姪拔都（Batu）率軍進行了歷時七年的第二次西征，徹底滅亡了花剌子模國，又大舉侵入俄羅斯，攻陷莫斯科、基輔諸城，並分兵數路向歐洲腹心挺進。一二四一年，北路蒙軍在波蘭西南部擊敗波蘭與日耳曼的聯軍。中路蒙軍主力攻入匈牙利。旋因窩闊臺「駕崩」，拔都遂於一二四二年率軍東返一二四三年初抵達伏爾加下游，隨即以此為中心建立了幅員遼闊的「欽察汗國」。歐洲白種人震驚之餘，把此次亞洲蒙古族黃種人的短暫入侵事件稱為「黃禍」。這跟六百餘年後十九世紀亞洲人稱向東殖民侵略的歐洲白種人為「白禍」，成為一個對比。參見白壽彝總主編、陳得芝主編：《中國通史》（第八卷・中古時代・元時期（上）），上海人民出版社 2004 年版，第 355-356、372-376、385-386 頁；韓儒林主編：《元朝史》，人民出版社 1986 年版，上冊，第 83-84、141-156、157-162、263-265、290-293 頁；（明）宋濂等：《元史》（校勘本），中華書局 1978 年版，第一冊，第 12-13、20-22、34、63-65 頁。另可參見《成吉思汗西征》，http://baike. baidu. com/view/148685. htm；《黃禍論》，http://baike. baidu. com/view/ 2335459. htm。

這兩次「西征」，究竟是早年游牧部落蒙古人所為，抑或是其後文明中國人所為？對於這個問題，中外歷史學家一向眾説紛紜，莫衷一是。但無可置疑的是：第一，成吉思汗的蒙古汗國建立於一二〇六年，一二一九至一〇二五年他第一次率軍西征時，蒙古人尚未正

式入主中國中原及其以南廣大地區。**第二**，一二三五至一二四二年成吉思汗之孫拔都第二次率軍西征時，蒙古人仍然尚未正式入主中國中原及其以南廣大地區。**第三**，成吉思汗之另一支系孫子忽必烈南下攻占中國中原及其以南廣大地區，並且在此基礎上於一二七一正式建立中國元朝，定都中國北京，那是在成吉思汗本人率軍第一次西征四十六年之後，也是在拔都率軍第二次西征三十年之後，換言之，在一二七一年之前，中國元朝根本尚未建立。**第四**，蒙古人支系首領忽必烈一二七一正式建立中國元朝之後，採納中原漢族體制（「行漢法」），尊孔子儒學，與漢人通婚，蒙漢兩族大眾基本上逐漸融合為一體，直到一六三八年蒙族統治階層被漢族朱元璋率領農民起義軍擊敗、從中國中原退回漠北（指瀚海沙漠群的北部，原為蒙古人的活動中心，當年是北方匈奴—蒙古游牧民族向中原漢族發動侵略的根據地，在現今的蒙古高原地區和俄羅斯貝加爾湖一帶），與明朝對峙，嗣後改國號為「**韃靼**」。在中國中原存續九十八年期間，中國元朝從未派兵入侵歐洲。**第五**，如一般流行説法，含糊籠統地説「中國元朝派大軍侵入歐洲造成黃禍」云云，那是不符合歷史真實的。

對於這段歷史及其爭論問題，魯迅先生曾以其特有的幽默和辛辣寫道：「幼小時候，我知道中國在『盤古氏開闢天地』之後，有三皇五帝……宋朝，元朝，明朝，『我大清』。到二十歲，又聽説『我們』的成吉思汗征服歐洲，是『我們』最闊氣的時代。到二十五歲，才知道所謂這『我們』最闊氣的時代，其實是蒙古人征服了中國，我們做了奴才。直到今年（指 1934 年——引者注）八月裡，因為要查一點故事，翻了三部蒙古史，這才明白蒙古人的征服『斡羅思』（即俄羅斯——引者注），侵入匈、奧，還在征服全中國之前，那時的成吉思還不是我們的汗，倒是俄人被奴的資格比我們老，應該他們説『我們的成吉思汗征服中國，是我們最闊氣的時代』的。」參見《隨便翻翻》，載《魯迅全集》（第 6 卷），人民文學出版社 2005 年版，第 142 頁；《元朝》，http://baike. baidu com/view/10783. htm《元朝應談不算是中原王朝，好像西方國家都不承認元朝是中國的一個朝代》，http://zhidao. baidu. com/question/125834105. html? fr= qrl&cid = 974&index = 1。

〔10〕美國著名的「黃禍」吹鼓手斯陶特（A. B. Stout）在其一八六二年所

撰小冊子中自稱曾參考和引述了上述「高級權威人士」的著作。參見呂浦等編譯：《「黃禍論」——歷史資料選輯》，中國社會科學出版社 1979 年版，第 7-8 頁。

〔11〕巴枯寧在歷史上是個臭名昭著的人物，他所著此書曾受到馬克思的深刻批判。參見《馬克思恩格斯全集》第 18 卷，人民出版社 1964 年版，第 655-708 頁。

〔12〕See Clarles H. Pearson，*National Life and Character*，*A Forecast*，Macmillan & Co.，London and New York，1893。其部分內容的摘要中譯，參見呂浦等編譯：《「黃禍論」——歷史資料選輯》，中國社會科學出版社 1979 年版，第 82-104 頁。

〔13〕通過這些不平等條約，俄國沙皇政府奪取了黑龍江以北、外興安嶺以南的中國領土六十多萬平方公里：烏蘇里江以東的中國領土約四十萬平方公里；中國西境的巴爾喀什湖、齋桑湖和伊塞克湖周圍地區四十四萬多平方公里。三者相加，原屬中國的約一百四十四萬平方公里領土全被俄國沙皇政府鯨吞。詳見白壽彝總主編、龔書鐸主編：《中國通史》（第十一卷・近代・前編（上）），上海人民出版社 2004 年版，第 173-175 頁。

〔14〕〔俄〕巴枯寧：《國家制度和無政府狀態》，馬驤聰等譯，商務印書館 1982 年版，第 108-109 頁；呂浦等編譯：《「黃禍論」——歷史資料選輯》，中國社會科學出版社 1979 年版，第 1-4 頁。此外，可對照巴枯寧原書的英譯本：*Statism and Anarchy*, translated and edited by Marshall S. Shatz, Cambridge University Press, 1990，中國政法大學出版社 2005 年影印本，pp 99-100.

〔15〕詳見白壽彝總主編、龔書鐸主編：《中國通史》（第十一卷・近代・前編（上）），上海人民出版社 2004 年版，第 221 頁；《唐努烏梁海》詞條，http://baike. baidu. com/view/72531. htm。

〔16〕參見中國中央電視臺：《大國崛起・德國》，http:// www. bookbao. com/view/200911/12/id_XNDQ1NDc＝. html。

〔17〕參見呂浦等編譯：《「黃禍論」——歷史資料選輯》，中國社會科學出版社 1979 年版，扉頁《黃禍圖》，以及第114,131,135-139,218,388 頁的各種説明。

〔18〕據俄國十月革命後公之於眾的祕密檔案，德國皇帝威廉二世致俄國沙皇尼古拉二世的一封密信中，共謀按照「上帝的召喚」，進行航

髒交易，達成分贓協議，互相支持奪取中國不同疆土：「正像我將樂於幫助你解決俄國終將吞併某些領土（按：指中國旅順口）的問題一樣，你也將親切地使德國能在不妨礙你的某處地方獲得一個港口（按：指中國膠州灣）。」See Isaac Don Levine, Letters from the Kaiser to the Czar, 1920。轉引自呂浦等編譯：「黃禍論」——歷史資料選輯》，中國社會科學出版社 1979 年版，第 113 頁。

〔19〕參見《巨野教案與德國侵占膠州灣》，http://www. infobase. gov. cn/history/lateqing/200708/article_10942. htm。

〔20〕德國是一個後起的資本主義國家，在其統一之前，普魯士—北德同盟即已躍躍欲試地向東方擴張勢力，圖謀在中國獲得一個根據地。德國著名地理學家李希霍芬一八六九年第三次來華旅行，通過考察向德國當局獻策：「膠州灣乃中國最重要之門戶」；德國「欲圖遠東勢力之發達，非占領膠州灣不可」。中日甲午戰爭期間，德國力圖攫取中國領土的政策更為公開化。一八九五至一八九七年，德國多次向清政府提出割讓膠州灣供其建立海軍基地的無理要求，均遭到婉言拒絕。於是，德國加緊準備採取軍事行動。據德國外交檔案記載，巨野教案發生後五天，即一八九七年十一月六日，德皇即電諭德國駐遠東地區的艦隊司令蒂爾皮茨，立即率領艦隊進攻和占領膠州灣地區。次日，德皇又諭德國外交大臣布洛夫說：「我昨日接到了關於山東曹州府（巨野縣）德國教會突被襲擊、教士突被殺掠的官方報告，**華人終究給我們提供了……期待好久的理由與事件。我決定立即動手。**」其「坦率」和無恥，躍然紙上，數十年後終於大白於天下！ 參見《巨野教案與德國侵占膠州灣》，http: // www. infobase. gov. cn/history/lateqing/200708/article_10942. html。

〔21〕參見《辛丑條約》，http: //baike. baidu com/view/32139. htm。

〔22〕全稱為《九國關於中國事件應適用各原則及政策之條約》。該條約於一九二二年二月六日，由美、英、法、義、日、荷、比、葡、中九國在華盛頓會議上簽訂。

〔23〕參見卿汝楫：《美國侵華史（第二卷）》，三聯書店 1956 年版，第六編，第 391-450 頁。

〔24〕See John Bigler，the part of "Anti-Clinese law"，http://en. wikipedia. org/wiki/John_ Bigler#Anti-Chinese_laws；Rodman Paul，The Origins of the Chinese Issue in California，*Mississppi Valley Historical Review*，

Vol. 35，1938，pp 181-196.

〔25〕試以被輯入該《報告書》的斯陶特公開鼓吹種族主義的幾段荒謬「高見」為例。他論證説：「偉大的高加索種的人們正在迅速地擴展到全世界。……這個種族的一大分支盎格魯——撒克遜族，現在正占有美國。……高加索人種（包括它的各種類型）被賦予了超越所有其他人種的最高尚的心靈和最美麗的身體。它高居其餘一切種族之上，觀測著生命的原野。它受造物主的**指派去支配**全人類的命運，造物主授予了它以超過所有其他各種族的權力去研究、讚賞和**統治**上帝在入世間所做的一切。現存的其他不同種族與它建立任何新的結合都不能增進這種天賜的完美品質。不論哪一個種族加入到它裡面來，都會對它起破壞作用。」「允許一個劣等種族進來，就是自取滅亡。一個政府要保護它的人民，就應該竭力保存種族的純潔；而且，不問政治理論如何，都應該謹防自己的種族去同劣等的種族相混合。」「如果我們容納壞的血統，那就是自甘引進對我們的生存最致命的仇敵。……每有一個中國佬在我們的土地上永久定居下來，都會使我們自己的血統降低。」這位具有「天賜的完美品質」的美國文明白人竟然公用「烏鴉」「蝗蟲」這樣令人憎惡的動物來形容、辱罵在加州的眾多華人「苦力」，説他們「完完全全像烏鴉在一塊沒有人看守的玉米地裡搶吃玉米粒」；「如同加利福尼亞州的蝗蟲猖獗為害於農夫的田地一樣，這一群一群的人將會使我們的國家退化。」See Report of the Joint Special Committee to Investigate Chinese Immigration, Washington, Government Printing House，1871，pp. 864-869。轉引自呂浦等編譯：《「黃禍論」——歷史資料選輯》中國社會科學出版社 1979 年版，第 9-14 頁。

讀了這幾段荒謬「高論」，人們不免會質疑：（1）斯陶特的「華人天生低劣論」與希特勒的「猶太人天生低劣論」難道有本質區別嗎？希特勒以「猶太人天生低劣論」蠱惑人心，嗾使德國人大規模排猶、屠猶，如果斯陶特有幸當了美國的「大獨裁者」，組建了「蓋世太保」，他難道不會從鼓吹大規模排華發展為大規模屠華嗎？（2）斯陶特斷言盎格魯撒克遜族是上帝創造的最優人種，受上帝的指派去支配和統治其他人種，希特勒後來卻斷言日爾曼族是上帝創造的最優人種，也是受上帝的指派去支配和統治其他人種，究竟誰説的算數？同是「偉大的高加索人種」的兩支最優子孫，即盎格魯－撒

克遜族和日爾曼族，在兩次世界大戰中卻互相火拚殘殺，難道都是
受上帝「指派」和「授權」？（3）當今美、日兩國締結軍事同盟，
共同反華，何以最優秀的盎格魯撒克遜族和最「低劣的黃種人」勾
結、混合起來了？最優秀的盎格魯撒克遜族的後裔們不怕「退化」
或被最「低劣的黃種人」同化嗎？……仁慈的上帝啊，人間多少罪
行假爾之名以行？！

〔26〕 See 1882 Chinese Exclusion Act，Forty-Seventh Congress，Session I，
1882，http://www. civics-online. org/library/formatted/texts/chinese_
act. html.另參見《美國 1882 年〈排華法案〉始末》，http：// www.
p358. com/news/world/2011/0529/90509. html；《1882 年美國通過
〈排華法案〉》，http://news. ifeng. com/ history/today/detail_2011_
05/06/6208061_0. shtml；雪珥：《美國排華法案 130 年祭》，載《中
國經營報》2011 年 6 月 4 日。

〔27〕 參見《中國威脅論》http: //www. chinavalue. net/wiki/showcontent.
aspx? TitleID= 195143。

〔28〕 See William P. Bundy，The United States and Communist China，U. S.
Dept. of State Bulletin，February 28，1966，pp. 310-318. Its
electronic copy can be achieved at: http://hdl. handle. net/2027/uc1.
b2931 899? urlappend= %3Bseq= 199.

〔29〕 參見〔美〕喬治・凱南：《美國外交》（增訂本），葵陽等譯，世界
知識出版社 1989 年版，第 130、137-138 頁。

〔30〕 See Ross H. Munro，Awakening Dragon—The Real Danger in Asia is
from China，*Policy Review*，Issue 62, Fall 1992, pp. 10-16.

〔31〕 James Hackett，Between Dragon and Wrath，*Washington Times*，
Aug. 4，1995.

〔32〕 參見〔美〕塞繆爾・亨廷頓：《文明的衝突與世界秩序的重建》，周
琪等譯，新華出版社 1998 年版。

〔33〕 See Samuel Huntington, The Erosion of Nationall Interests, *Foreign
Affairs*,Sept./Oct.,1997,pp.76, 5,28-49.

〔34〕 See 22 U. S. C. § 7002 United States-China Economic and Security
Review Commission，http://www. uscc.gov/about/charter. php.

〔35〕 參見《美國國防部發表中國軍事實力年度報告》，http://www. sina.
com. cn；《美國國防部長親自操刀參與撰寫中國軍力報告》，http://

news. sina. com. cn/c/2005-07-21/02216486531s. shtml;《中國軍力報告》，http: //baike. baidu. com/view/398103. htm；陸鋼、郭學堂：《中國威脅誰？——解讀「中國威脅論」》，學林出版社 2004 年版，第 30-33 頁。

〔36〕See Sec. 1202，National Defense Authorization Act for Fiscal Year 2000，pp. 271-272，http: //thomias. loc. gov/cgi-bin/bdquery/z? d106: SN01059: | TOM: /bss/d106query. html |（美國國會圖書館「立法信息」網站）。

依據本條款規定，一年一度的《中國軍力報告》應當分析和預測的具體項目包括八項：（1）中國的總體戰略、安全戰略與軍事戰略；（2）中國的戰略趨向，其宗旨在於確保中國成為亞太地區一流政治強國，成為全球其他地區一流的政治與軍事存在；（3）臺灣海峽地區的安全形勢；（4）中國針對臺灣的戰略；（5）中國陸、海、空軍針對臺灣地區的戰略部署、規模、地點與能力的詳情；（6）中國的軍事理論的發展，包括實行軍力轉變、先發制人打擊等；（7）中國開發、獲取先進技術和信息以提高軍事能力的各種情況；（8）評估上一年中國對美國《與臺灣關係法》承諾威懾力量的任何挑戰。

眾所周知，臺灣自古以來就是中國領土不可分割的一部分，一九五〇年美國派出強大的「第七艦隊」直接入侵中國的臺灣海峽，嚴重威脅和極力阻撓中國的統一大業，分裂中國國土，以便從中漁利，一直延續至今。一九七九年美國在與新中國建立外交關係時當「兩面派」，一方面在《建交公報》中正式「承認**中華人民共和國政府是中國的唯一合法政府**」（簡稱「一個中國」原則），另一方面卻又在美國的《與臺灣關係法》中背信棄義，公開**背棄「一個中國」原則，粗暴干涉中國內政**，聲稱「以非和平方式來決定臺灣前途的任何努力，都是對西太平洋地區的和平和安全威脅，並為美國嚴重關切之事」；繼續卵翼和支持臺灣妄圖分裂中國的勢力，繼續威脅和阻撓中國的統一大業。二〇〇〇年又通過《二〇〇〇財政年度國防授權法》責成美國國防部每年提供《中國軍力報告》，其中 4、5、6、8各點規定都是專門針對中國臺灣地區的中國內政問題的。——凡此種種，依據當代國際法常識來判斷，究竟誰是真正的威脅者？誰是真正的被威脅者？難道不是昭然若揭嗎？

〔37〕在這裡，回顧和重溫前文提到的德國著名歷史學家海因茨·哥爾維

策爾的尖銳揭露以及美國資深外交家喬治・凱南的坦率承認，將大有助於加深理解當今最新版「黃禍」論和「中國威脅」論的本質和來由：「黃禍」這個口號「隱隱約約地**顯示了帝國主義思想的基本特徵**」；「它更經常地只是特別**用作愚化和煽惑人民的工具，嗾使人幹壞事的手段，或者是為自己辯護的藉口。**「我們〔美國〕在冷戰中造成一個龐大的既得利益集團。……其結果幾乎總是自動而有意識地誇大假想敵國的軍事潛力，從而大大增強了〔美國〕全國人民對這個假想敵的懷疑、恐懼和對抗心理。」參見前注〔7〕，〔29〕以及有關正文。

〔38〕See Sec. 1238，National Defense Authorization Act for Fiscal Year 2001，pp. 336-338，http: //thomas. loc. gov/cgi-bin/bdquery/z? d106: HR04205 : | TOM: /bss/d106query. html |（美國國會圖書館「立法信息」網站）。依據本條款規定，一年一度的美中經貿安全《審議報告》應當探討和審查的具體項目至少包括九項，其中特別強調嚴格審議美中貿易標的之中是否含有軍用或軍民兩用的先進技術，是否影響美國的國家安全；中國採用的金融交易、資本流動、匯率操縱等措施是否影響美國的國家安全利益，等等。

〔39〕參見陸鋼、郭學堂：《中國威脅誰？——解讀「中國威脅論」》，學林出版社 2004 年版，第 30-33 頁。

〔40〕毛澤東同志向來提倡中國人應當在重視學習外來先進經驗的同時，也重視研究中國自己的歷史，從中吸取有益的經驗和教訓；不能對本國的歷史一無所知，在心目中「漆黑一團」，更不能「言必稱希臘，對於自己的祖宗，則對不住，忘記了」參見《改造我們的學習》，載《毛澤東選集》（一卷本），人民出版社 1967 年版，第 755 頁；《毛澤東選集》第 3 卷，人民出版社 1991 年版，第 795-803 頁。

〔41〕恩格斯：《家庭、私有制和國家的起源》，載《馬克思恩格斯選集》第 4 卷，人民出版社 1995 年版，第 163-164 頁。

〔42〕參見《後漢書・西域傳》，中華書局 1982 年版，第 10 冊，第 2910 頁。

〔43〕參見《全唐文・唐文宗大和八年疾愈福音》，中華書局 1982 年版，第 75 卷，第 785 頁

〔44〕參見《新唐書・柳澤傳》，中華書局 1975 年版，第 13 冊，第 4176 頁；《舊唐書・代宗紀》，中華書局 1975 年版，第 2 冊，第 274 頁。

〔45〕參見《宋會要輯稿補編‧市舶》，全國圖書館文獻縮微複製中心 1988 年版（影印本），第 647 頁。

〔46〕參見《宋史‧職官七》，「提舉市舶司」，中華書局 1977 年版，第 12 冊，第 3971 頁；《宋史‧食貨下八》，「互市舶法」，中華書局 1977 年版，第 13 冊，第 4558-4566 頁；《宋會要輯稿‧職官四四》，上海大東書局 1936 年版（影印本），第 86 冊，第 1-34 頁。

〔47〕一二〇六年（金章宗泰和六年），蒙古貴族在輯難河源奉鐵木真為大汗，尊號成吉思汗，建立蒙古汗國（即大蒙古國，Yeke Mongghol Ulus 或 The Great Mongol Empire）。一二五九年蒙哥大汗去世後，其四弟忽必烈與七弟阿里不哥隨即展開了爭奪大汗位的戰爭，蒙古汗國開始分裂為「大汗之國」和另外四個「汗國」（欽察汗國、窩闊臺汗國、伊利汗國和察合臺汗國）。一二六四年阿里不哥戰敗，忽必烈奪得蒙古汗國的最高統治權，並在攻占中國中原等廣大地區後，於一二七一年建立中國元朝，稱帝，定都北京。此後，原已分裂出去的另外四個「汗國」名義上承認忽必烈建立的中國元朝宗主權，實際上各自獨立為政，並不直接隸屬於和聽命於元朝皇帝。元朝統一全中國後的疆域是：北到西伯利亞，南到南海，西南包括今西藏、雲南，西北至今中亞，東北至外興安嶺、鄂霍次克海。參見白壽彝總主編、陳得芝主編：《中國通史》（第八卷‧中古時代‧元時期（上）），上海人民出版社 2004 年版，第 355-356、551-584 頁；韓儒林主編：《元朝史》，人民出版社 1986 年版，上冊，第 201-207、263-265、290-293、298 頁插圖；（明）宋濂等撰：《元史》（校勘本），中華書局 1978 年版，第一冊，第 12-13、20-22、34、63-65 頁。同時可參見百度百科「元朝」詞條，http: //baike. baidu.com/view/10783.htm。

〔48〕參見《元史‧百官七》，「市舶提舉司」中華書局 1976 年版，第 8 冊，第 2315 頁；《元史‧食貨二》，「市舶」；第 2401-2403 頁；《元典章‧戶部八》，「市舶」，清光緒戊申年（908 年）校刊本，第 8 冊，第 71-79 頁。

〔49〕參見《明史‧宦官‧鄭和》，中華書局 1974 年版，第 26 冊，第 7765-7768 頁。美國一位對鄭和頗有研究的學者曾將鄭和與哥倫布作了有趣的對比，頗能發人深思：「在一四〇五至一四三三年之間，鄭和曾率領當時，或者説在隨後的五百年間也算是世界上最大的船

隊進行七次遠洋航行。在第一次世界大戰之前，沒有一個西方國家的艦隊能夠與之相比。鄭和的船隊有二點八萬名水手和三百艘大船。其中最大的船長約四百英尺。而哥倫布在一四九二年首次進行遠洋航行時只有九十名水手和三艘船，其中最大的船隻有八十五英尺長。鄭和的船也是當時世界上最先進的遠洋船，其中包括平衡整流舵和防水艙，直到三百五十年後，歐洲才有這種船。鄭和船隊的先進性再次表明東方在科技領域曾一度遙遙領先於西方。的確，在數千年的歷史長河中，除了羅馬帝國時代，中國一直比歐洲任何地區都富裕、先進和開放。在哥倫布進行首次遠航前的半個世紀，鄭和就曾到達東非，並從阿拉伯商人那裡了解到歐洲的情況。因此中國人當時穿過好望角，同歐洲建立直接貿易關係應該是件很容易的事。……在鄭和的遠航活動錯失了繼續前進、同歐洲建立聯繫的良機之後，亞洲開始走向相對封閉的狀態。而與此同時，歐洲及後來被哥倫布發現的美洲卻在迅速崛起。……十五世紀中國統治者愚蠢的妄自尊大導致中國幾乎沒有太大的發展。」參見〔美〕尼古拉斯・克里斯托夫：《踏勘鄭和下西洋的足跡》，原載於《紐約時報雜誌》1999 年 6 月 6 日，中譯文連載於《參考消息》1999 年 6 月 15-19日。

〔50〕參見劉漢俊：《一個民族的征帆──寫在鄭和下西洋 600 年之際》，載《人民日報》2005 年 7 月 11 日第 10 版；黃菊：《在鄭和下西洋 600 週年紀念大會在的講話》，載《人民日報》2005 年 7 月 12 日第 1 版。

〔51〕參見《明史・食貨五》，「市舶」，中華書局 1974 年版，第 7 冊，第 1981 頁。

〔52〕中國在鴉片戰爭中敗北後，俄國沙皇政府「趁火打劫」以武力威脅，迫使中國清朝政府相繼簽訂了一八五八年的中俄《愛琿條約》、一八六〇年的中俄《北京條約》等，侵奪了原屬中國的大片領土及其漫長的海岸線。

〔53〕參見《清史稿・食貨六》，「征榷」，中華書局 1976 年版，第 13 冊，第 3675-3685 頁。

〔54〕據明代鴻儒、史學家丘濬考證：「自古中國所以為衣者，絲麻葛褐四者而已。漢唐之世，遠夷雖以木綿〔棉花之古稱〕入貢，中國未有其種，民未以為服，官未以為調〔賦稅之古稱〕。宋元之間，始

傳其種入中國。關、陝、閩、廣，首得其利，蓋此物出外夷，閩、廣海通舶商，關、陝壤接西域故也。然是時猶未以為徵賦，故宋、元史『食貨志』〔經濟史〕皆不載。至我朝〔明朝〕，其種乃遍布於天下〔中國境內〕，地無南北，皆宜之〔適合種植〕；人無貧富，皆賴之。其利視絲枲〔比之絲和麻〕，蓋百倍焉。」參見（明）丘濬：《大學衍義補》卷二十二，「貢賦之常」，收輯於《文淵閣四庫全書》（影印本），商務印書館 1986 年版，第 712 冊，第 307 頁；（漢）桓寬：《鹽鐵論》（簡注本），中華書局 1984 年版，第 224 頁。

〔55〕參見《中國革命和中國共產黨》，載《毛澤東選集》第 2 卷，人民出版社 1991 年版，第 626-631 頁。

〔56〕孫中山寫道：「有人時常提出這樣一種在表面上似乎有道理的論調，他們說：中國擁有眾多的人口與豐富的資源，如果它覺醒起來並採用西方方式與思想，就會是對全世界的一個威脅；如果外國幫助中國人民提高和開明起來，則這些國家將由此自食惡果；對於其他各國來說，它們所應遵循的最明智的政策，就是盡其可能地壓抑阻礙中國人。一言以蔽之，這種論調的實質就是所謂『黃禍』論。這種論調似乎很動聽，然而一加考察，就會發現，不論從任何觀點去衡量，它都是站不住腳的。這個問題除了道德的一面，即一國是否應該希望另一國衰亡之外，還有其政治的一面。中國人的本性就是一個勤勞的、和平的、守法的民族，而絕不是好侵略的種族；如果他們確曾進行過戰爭，那隻是為了自衛。……如果中國人能夠自主，他們即會證明是世界上最愛好和平的民族。再就經濟的觀點來看，中國的覺醒以及開明的政府之建立，不但對中國人，而且對全世界都有好處。全國即可開放對外貿易，鐵路即可修建，天然資源即可開發，人民即可日漸富裕，他們的生活水準即可逐步提高，對外國貨物的需求即可加多，而國際商務即可較現在增加百倍。能說這是災禍嗎？國家與國家的關係，正像個人與個人的關係。從經濟上看，一個人有一個貧苦愚昧的鄰居還能比他有一個富裕聰明的鄰居合算嗎？由此看來，上述論調立即破產，**我們可以確有把握地說，黃禍畢竟還可以變成黃福。**」參見《中國問題的真解決》，載《孫中山選集》（上卷），人民出版社 1956 年版，第 61-62 頁。一百多年前孫中山先生提出的上述預見，正在由當今獨立自主、和平崛起的中國逐步實現之中，在互惠、互利、共贏的基礎上，中國正在為全球

經濟共同繁榮帶來重大的「黃福」，這是任何不戴霸權有色眼鏡的人都無法否認的事實。

〔57〕一九四九年九月二十九日通過的《中國人民政治協商會議共同綱領》，是新中國成立後一段時間內國家政府和全國人民的基本行動準則，起過臨時憲法的作用。其中第五十四、五十六條規定：中華人民共和國實行獨立自主的對外政策，中國政府可在平等互利及互相尊重領土主權的基礎上與外國政府建立外交關係。第五十七條進一步規定：「中華人民共和國可在平等和互利的基礎上，與各外國的政府和人民恢復並發展通商貿易關係。」

〔58〕一九八二年通過的《憲法》在「序言」中明文規定：「中國堅持獨立自主的對外政策，堅持互相尊重主權和領土完整、互不侵犯、互不干涉內政、平等互利、和平共處的五項原則，發展同各國的外交關係和經濟、文化的交流」。此後，中國憲法歷經一九八八年、一九九三年、一九九九年以及二○○四年四度修正，均重申「序言」中的上述規定。

〔59〕參見《「巴統」的替代機構面臨諸多問題》，載《參考消息》1993年12月28日；《「巴統」雖已解散，出口管制猶存》，載《國際商報》1994年4月26日。

〔60〕參見江澤民：《高舉鄧小平理論偉大旗幟，把建設有中國特色社會主義事業全面推向二十一世紀——在中國共產黨第十五次全國代表大會上的報告》（1997年9月12日）；《在紀念黨的十一屆三中全會召開二十週年大會上的講話》（1998年12月18日）。

〔61〕參見胡錦濤：《中國的發展亞洲的機遇》，在博鰲亞洲論壇二○○四年年會（含「中國和平崛起與經濟全球化圓桌會議」）開幕式上的演講，載《人民日報》2004年4月25日第1版。

〔62〕溫家寶：《把目光投向中國》二○○三年十二月十日在哈佛大學發表的演講，http://www. people. com. cn/GB/shelui//1061/221298. html。

〔63〕參見《中國共產黨第十七屆中央委員會第五次全體會議公報》（2010年10月18日）http: //news. xinhuanet. com/Video/2010-10/18/c_1267324:9. htm。

〔64〕《論語·顏淵》。筆者認為，儒家此說乃是中華民族愛國主義的思想淵源和重要內涵之一，與馬克思主義國際主義思想的核心理念互相融通。參見陳安：《論中國在構建國際經濟新秩序中的戰略定

位》，載《現代法學》2009 年第 2 期，第 5 頁。

〔65〕《論語・學而》。意思是，按照公認的正當行為規範來處理一切事情，就是要人和人之間的各種關係，都能夠調整適當，使彼此都能融洽相處。孔子認為，過去的明君聖王，在調整人和人關係中最重要的地方，就在於能使人們之間能夠根據「禮」的要求，達到普遍和諧。

〔66〕《論語・衛靈公》。這句話揭示了處理人際關係的重要原則，指正派的人應當以對待自身的心態來對待他人，尊重他人，平等待人。倘若自己所討厭的事物，強加於他人，勢必會破壞與他人的和睦友好關係。故切忌將自己所不欲施之於他人。秉持儒家這一傳統原則和理念，既然中國人在歷史上曾多次飽受外族外敵入侵的禍害，對此深惡痛絕，就不應在自己和平崛起之際和之後，恃強凌弱，侵害他國和四鄰。

〔67〕參見《中國的和平發展》白皮書，第四節・http: //www. scio gov. cn/zfbps/ndhf/2011/Document/1000032/1000032_1. htm。

〔68〕參見《中國的和平發展》白皮書，第四節，http: //www. sco. gov. cn/zfbps/ndhf/2011/Document/ 1000032_1. htm。

〔69〕〔美〕喬治・凱南：《美國外交》（增訂本），葵陽等譯，世界知識出版社 1989 年版，第 130、137-138 頁。

〔70〕孫力舟：《史海鉤沉：人民日報四十年前就駁「中國威脅論」》，http://zw. bqjzj. com/detail/eolga. html。

〔71〕See William P. Bundy，The United States and Communist China，U. S. Dept. of State Bulletin，February 28，1966，pp. 310-318. Available at：http: //hdl. handle.net/2027/uc1. b2931899? urlappend= %3Bseq= 199.

〔72〕觀察家：《駁邦迪》，載《人民日報》，1966 年 2 月 20 日第 4 版。

〔73〕據報導，美國現有航母十二艘，其中十艘為尼米茲級核動力航母，每艘達十點一萬噸；俄羅斯僅有一艘「庫茲涅佐夫海軍元帥」號航母；英國有一艘「常勝」級常規動力航母；法國有一艘「戴高樂」號核動力航母；義大利有「加里波第」號和「卡沃爾」號二艘常規動力航母；巴西有一艘「巨人」號航母，即購自法國的前「福煦」號常規動力航母；印度有一艘「維拉特」號常規動力航母；泰國有一艘「加克里・納呂貝特」號常規動力航母：西班牙有「亞斯圖裡

阿斯王子」號和「約安・卡洛斯」號二艘常規動力航母。資料來源：http://en. wikipedia.org/wiki/Aircraft_carrier # Aircraft_carriers_in_service。

〔74〕二〇一一年八月十日，美國國務院發言人紐蘭在例行新聞發布會上表示，美國對中國發展航母一直表示關切，要求中國就擁有航母進行解釋，說明為什麼需要航母。詳見溫憲：《偏執的「關切」》，載《人民日報》2011 年 8 月 12 日第 3 版。

第九章

美國長期推行侵華反華政策絕非歷史的偶然：「美利堅帝國」窮兵黷武四百年

↘ 內容提要

　　美國外交政策相對穩定的基本理念和基本準則就是對外實行殖民主義、帝國主義、霸權主義，只問目的，不擇手段。這種基本理念和基本準則，深深植根於「美利堅帝國」立國前後四百餘年的實踐傳統基因；也深深植根於美國主流社會意識和價值體系的傳統基因；特別是深深植根於美國的壟斷資本主義─帝國主義的經濟體制。

↘ 目次

（四）「美利堅帝國」對亞非拉美多次發動侵略戰爭

三、美國的「天定命運」社會思潮

四、美國的「實用主義」哲學理念

五、美國「跨世紀讕言」的總根源：美國的壟斷資本主義——帝
　　國主義經濟體制

六、中國的底線：絕不拿主權權益做交易，不惹事，但也不怕事

二十一世紀以來，美國祭出的美國霸權版「中國威脅」論，是與「菲越版」即**南海版**「中國威脅」論互相唱和，沆瀣一氣的。[1]

再者，此次祭出美國霸權版「中國威脅」論，又是與日本新一代軍國主義者的「大和版」即**東海版**「中國威脅」論互相勾結，狼狽為奸的。[2]

回顧至此，細心的、善思考的人們定會提出這樣的問題：

1. 美國和日本當年曾經爭霸太平洋，互為敵國，勢不兩立，一九四二年美國在珍珠港事件中曾受日本狡詐偷襲，損失慘重，一九四五年日本曾受美國兩顆原子彈濫炸，無辜平民數十萬死於非命。何以這兩個勢不兩立的敵國，如今卻結成同盟，抱成一團？這是歷史的必然，還是歷史的偶然？就美國一方而言，其外交政策有無相對穩定的基本理念和基本準則？

2. 美國和菲律賓當年是宗主國與殖民地關係，美在菲曾長期擁有龐大的蘇比克軍事基地，但迫於菲律賓民眾的強大壓力，自一九九二年十一月下旬起其軍事力量已撤出多年，如今又在南海版「中國威脅」論煙幕掩護下，大規模捲土重來，「輪值存在」

或「輪換駐紮」[3]。這是歷史的必然，還是歷史的偶然？就美國一方而言，其外交政策有無相對穩定的基本理念和基本準則？

3. 美國和越南當年曾經互為敵國，勢不兩立，美國曾以阻遏「紅色中國共產主義蔓延」為名，大軍入侵南越，在北越土地上狂轟濫炸，血腥屠殺，廬舍為墟，在越南人民長期抗擊下，一九七五年終於徹底敗北退出。如今又在南海版「中國威脅」論煙幕掩護下，捲土重來，多方煽動越南反華。這是歷史的必然，還是歷史的偶然？就美國一方而言，其外交政策有無相對穩定的基本理念和基本準則？

以上三個問題的答案是：上述日本、菲律賓、越南三國國情不一，因此，出現上述三種現象的綜合原因也各有不同；但是，就美國一方而言，其外交政策卻的確具有相對穩定的基本理念和基本準則。

具體說來，美國外交政策相對穩定的基本理念和基本準則就是對外實行殖民主義、帝國主義、霸權主義，只問目的，不擇手段。這種基本理念和基本準則，深深植根於美國立國前一百多年以及立國後二百多年的一脈相承的歷史實踐傳統基因；也深深植根於美國主流社會意識和價值體系的傳統基因；特別是深深植根於美國的壟斷資本主義——帝國主義的經濟體制。

一、有時歷史似乎會倒退

有案可查的人類歷史已經證明：世界歷史潮流浩浩蕩蕩，順之者昌，逆之者亡。

但是世界歷史潮流之滾滾向前，不可能不遇到各種障礙，有時歷史似乎會倒退。

以美國霸權版的「中國威脅」讕言為例，歷史就似乎會倒退，倒退了三十多年。一如美國「冷戰思維之父」凱南早在一九八四年就坦率承認的那樣，某些美國人有個「真古怪」的乖僻：「時時刻刻都想在我們的國境以外找到一個罪惡中心，從而把我們的一切麻煩都算在它的賬上」；「總是自動而有意識地誇大假想敵國的軍事潛力，從而大大增強全國人民對這個假想敵的懷疑、恐懼和對抗心理。」〔4〕如今，怪癖再次發作，他們終於再次如願以償地找到這樣一個新的「邪惡的中心」——中國，藉以在美國國內進行「敵愾同仇」的精神動員，矇蔽美國人民盲目地支持美國當局窮兵黷武、稱霸全球的一切行徑。於是，形形色色、花樣翻新的「黃禍」論——「中國威脅」論又紛紛出籠了。

人們也不免回想起：大約五十年前，時任美國高官「遠東事務助理國務卿」的威廉・邦迪以《美國和共產黨中國》為題，發表了長篇講演，系統闡述「中國威脅」論。〔5〕

他宣稱：「毫無疑義，共產黨中國是美國外交政策面臨的最嚴重和最麻煩的問題。美國認為，北京外交政策的目標以及用以實現這些目標的策略，都十分尖銳地觸及亞洲的戰爭與和平問題；觸及亞洲以及全球億萬人的自由與生命問題」。他用「世界警察」和「亞洲救世主」的腔調，妄圖證明，中國的目標是通過革命輸出，征服亞洲，而美國的目標是「維護」亞洲國家的「自由和獨立」，「幫助亞洲國家取得發展和進步」。因此，美國必須同中國在亞洲和全世界「針鋒相對」，美國「沒什麼選擇餘地，

只能挺身抵抗，以堅定的態度對付共產黨中國人」。邦迪這種謬論當即遭到中國《人民日報》一位「觀察家」針鋒相對的迎頭痛擊，其偽善面目暴露無遺。[6]

　　據史料記載：當年在侵越戰爭中，為鎮壓越南人民的反抗，美國總統林登・約翰遜（Lyndon Johnson）批准了軍方極其殘暴野蠻的「滾雷行動」（Operation Rolling Thunder），對越南民主共和國進行狂轟濫炸，大量屠殺手無寸鐵的越南平民和無辜婦孺。在一九六五年三月至一九六八年十一月歷時三年零八個月的「飽和轟炸」中，美國各種飛機共轟炸四十一點一萬架次，據美國中央情報局估計，截至一九六八年一月一日，美軍已經造成北越三點七億美元的損失；北越平均每週有約一千人傷亡，在四十四個月長的戰役中北越軍民一共傷亡約九萬人，其中七萬二千人是平民。[7]

　　五十年後的今天，當年邦迪論證「中國威脅」的荒謬邏輯[8]似乎仍在被美國高官、高層學者和高級媒體們沿襲應用。相應地，中國「觀察家」當年針對此類「中國威脅」謬論所作的犀利駁斥至今仍然鏗鏘有力，擲地有聲，只不過如今應當用「伊拉克」「阿富汗」「巴基斯坦」等國名取代上述話語中的「越南」國名罷了！ 人們不禁要問：不久之後，還將有哪些國家，特別是亞洲國家，包括當今中國周邊國家某些甘心為美國在亞洲推行霸權政策充當「馬前卒」的人們，會在「中國威脅」論的欺矇、恫嚇和利誘之下，有福「享受」美國恩賜的狂轟濫炸、大軍入侵和血腥屠殺？

　　如今，邦迪、凱南雖均已作古[9]，但當年邦迪身體力行、

凱南坦率揭示的冷戰思維，卻在美國生生不息，代代相傳：二〇一二年，隨著美軍在「反恐戰爭」中取得階段性成果，奧巴馬政府重提和加緊推行「亞太再平衡」戰略，即「重返亞太」戰略。這個戰略的基礎和核心，就是按美國立國二百多年的傳統，憑武力、靠「拳頭」說話，計劃從二〇一三年開始，至二〇二〇年，將百分之六十海軍艦艇集中到太平洋地區。[10] 自此時起，原來相對太平的太平洋就日益不太平，波濤起伏，日益動盪不安，進入「多事之秋」！

這些最新行徑，不過是「故伎重演」「痼疾復發」，查查美國祖傳「家譜」，顯見乃是美國建國前後四百年來[11]殖民擴張實踐的長期持續和不斷延伸。

二、劣跡斑斑，罪行纍纍：美國建國前後四百年來的殖民擴張實踐

馬克思和恩格斯不止一次地指出，當今美國人的遠祖乃是來自英國的殖民者。英國的殖民者及其政客紳士們實際上就是**一夥海盜**。「慣於吹噓自己道德高尚的約翰牛，卻寧願用海盜式的藉口經常向中國勒索軍事賠款」[12]。那些貌似正人君子、「裝出一副基督教的偽善面孔」的達官顯宦和社會名流，其所作所為，充分說明他們大量地**保留了他們歷代「祖先所特有的古老的海盜式掠奪精神」**[13]。殺人越貨、謀財害命、敲詐勒索、坐地分贓等等，都是他們的祖傳慣伎。在對待弱國的外交活動中，他們的拿手好戲是捏造罪名、恫嚇訛詐；兩面三刀、挑撥離間；收買內

奸、組織叛亂；甚至不惜竄改和偽造外交文件，顛倒黑白、欺世惑眾，煽動戰爭歇斯底裡。對於這些陰謀詭計和卑劣手段，馬克思和恩格斯都援引確鑿可靠的事實、史料和文件，一一揭穿內幕，剝奪其招搖撞騙的資本，暴露其醜惡無恥的嘴臉。同時，也嚴正地警告這些唯利是圖的殖民者：他們的侵略掠奪活動所獲得的「純利」，只不過是在廣大被壓迫民族中給自己招來仇恨，終將導致他們自己的徹底覆滅。[14]

英國殖民主義者歷代「祖先所特有的古老的海盜式掠奪精神」，在他們登上美洲大陸的四百年來，獲得了代代傳承、擴大，並且尤其美國後裔們進一步發展成為不斷向全球擴張的美國霸權主義。

在登上美洲大陸的四百年來，英國殖民主義者及其美國後裔們之所以熱衷於不斷向北美西部、中美、南美、亞洲、非洲乃至全球開疆拓土和擴大勢力範圍，極力實行殖民主義和帝國主義擴張政策，說到底，就是為了攫取各種自然資源和人間財富。踐踏他國主權，霸占他國領土——這是殖民主義者使掠奪穩定化、經常化、長期化的必要手段和必然趨勢。從經濟學的觀點看來，領土本身便意味著肥沃的農耕土地、廣袤的種植園、農場、畜牧場；茂密的森林和豐富的木材；地面下各種珍貴的礦藏；領土上的千千萬萬居民則是用之不竭的勞動力和取之不盡的賦稅財源。奪得了領土便意味著攫取了這一切財富，殖民主義者是深知這個真諦的。因此，亞、非、美的廣闊疆土，往往在弱肉強食的「叢林原則」下一大片又一大片地淪為歐美列強的殖民地或「勢力範圍」。進而言之，占領或奪得他國領土之後，又可進一步有權攫

取其周邊領海、大陸架、經濟專屬區的水中漁業資源、海底油氣資源以及其他各種珍貴礦藏；還可以有權管控周邊海上航運和交通要道，從而攫取各種經濟利益。

茲就英國殖民主義者及其美國後裔們四百年來的殖民擴張，擇其犖犖大端，簡述如下：[15]

（一）英國老殖民主義者的傳統

就美國的歷史而言，一般的說法是從英國在北美建立殖民地開始的。北美殖民地時期的歷史，是指一六〇七年英國在北美建立第一個殖民地到一七七六年美國宣布獨立時期的歷史。十七世紀初，在歐洲列強爭奪北美的熱潮中，倫敦的富商們在英王的支持下，採用民間集資入股的方式，發起並組建了以殖民北美為目標的「弗吉尼亞公司」或稱「倫敦公司」。它的成員由兩部分人構成，一是被稱作冒險家的股東；二是受股東僱用、從事殖民地開拓的殖民者。[16] 這些公司名為「貿易公司」，實為「商盜一體」，是英國殖民者在海外進行商業和走私、海盜活動、奴隸販賣的綜合性機構。[17] 北美移民中有富商投機家、破產紳士、冒險家，還有被遣送到北美洲服刑的罪犯，被迫出賣勞動力在歐洲就訂立契約而運到北美洲服苦役的貧苦勞動人民、清教徒等。[18]

英國在北美洲東部大西洋沿岸進行了一個多世紀的霸占和侵略活動，陸續建立起十三個殖民地，稱為「英屬北美殖民地」（British Colonies in North America）。[19]

以下就四百年來英美殖民主義者在美洲大陸以內和美洲大陸

以外的長期侵略擴張行徑作概要的回顧，以驗證美國霸權主義者當今強化在全球的侵略擴張行徑，絕非歷史的偶然，而是其祖祖輩輩殘暴成性和極端利己的海盜基因（DNA）的必然傳承和惡性發展。

（二）黑奴貿易的血淚史

在美洲，經過歐洲殖民者長期的屠殺和虐殺，美洲印第安民族土著居民人口銳減。礦山、種植園數量的增加和規模的擴大同奴隸來源的日益衰竭，形成了尖銳的矛盾。為了解決這個矛盾，西方殖民者廣泛採取毒辣的辦法，以非洲人「獵取」非洲人：由西方殖民者出槍出彈，唆使非洲沿岸部落酋長發動「獵奴戰爭」，擄掠內陸活人，交給殖民者，以換取廉價商品和新的槍枝彈藥。販奴商人在換得這些「獵獲物」後，便把這些會說話的「黑色牛馬」鎖上腳鐐，像裝填牲口一樣把他們塞進運奴船的貨艙，販給美洲的礦主和園主，牟取百分之幾百到百分之一千的暴利。[20] 在海運中，許多黑奴活活悶死、病死在擁擠不堪的貨艙中。販奴船上的死亡率通常是百分之三十。有時船上疫癘流行或缺糧缺水，船主便下令把大批還活著的奴隸拋到海裡餵鯊魚。

據大略統計，從十六世紀至十九世紀三百多年間，奴隸貿易使非洲總人口共約損失了一億，長期「獵奴」戰爭和大量販奴虐殺所造成的經濟力、人力上的嚴重破壞，是整個非洲大陸長期落後的主要原因之一。殖民者用非洲億萬黑人的堆堆白骨，為歐美兩洲「先進文明」的大廈填築了牢實的基礎。

（三）「星條旗」上從十三顆星驟增到五十顆星：
美國在北美急遽擴展領土

美國領土急遽擴張，主要體現為「西進運動」「西北爭奪」和「西南戰爭」。

「西進運動」：前文提到，一六〇七年英國殖民主義者開始在北美建立第一塊殖民地。此後歷經一百多年，此種殖民地相繼增至十三塊。一七七六年七月，這十三塊殖民地聯合發表《獨立宣言》（The Unanimous Declaration of the Thirteen United States of America），宣布脫離宗主國——英國，建立「美利堅合眾國」美國宣布建國之後，美英之間打了七年仗，以英軍戰敗告終。一七八三年，美、英簽訂了《巴黎和約》，英國被迫正式承認美國獨立，並同意把原屬英國的北美阿拉巴契山脈以西、密西西比河以東地區劃歸美國管轄。自此，迄一八九八年「美西戰爭」之後不久，百餘年間，美國不斷大規模地從東向西極力擴張地盤，史稱「西進運動」（Westward Movement）。[21]

概括地說，「西進運動」是指美國東部居民以及來自歐洲的居民，在美國政府刻意組織和多方鼓勵之下，向北美西部地區遷移和進行開發的群眾性運動。它始於十八世紀末，終於十九世紀末二十世紀初。這種運動大大促進了美國經濟的發展，但是，隨著「西進運動」的開展，大批土著印第安人慘遭屠殺。可以說，西進史也就是美國對印第安人進行大規模殘酷屠殺的歷史。[22]剩餘的土著倖存者則被強行驅趕到十分荒涼貧瘠的「保留地」。倖存的印第安人被迫遷徙之路也被稱為印第安人的「血淚之路」。[23]

在「西進運動」中，這個一向自我標榜「博愛」「平等」「自

由」「民主」「人權」的國家，大大加速了剿滅西部原住民的進程。美國政府為了盡快奪取西部的廣袤疆土和豐富資源，鎮壓當地原住民即土著印第安人的反抗，採取了一些慘絕人寰的殘暴手段，試圖把土著印第安人斬盡殺絕。可以說，對印第安人實行「種族滅絕」政策，乃是美國建國後推行將近百年的基本國策。

具有強烈諷刺意味的是，對印第安人雷厲風行地推行「種族滅絕」政策的始作俑者之一，竟然就是那位主筆起草《獨立宣言》，冠冕堂皇地向全世界宣稱「人人生而平等」並被推崇為「美國民主之父」的美國第三任總統托馬斯・傑斐遜（Thomas Jefferson）。此人自一八〇〇至一八〇八年連任兩屆總統。在他第一屆任期內，適逢法國拿破崙派遣入侵海地的遠征軍全軍覆沒，急需資金來重整旗鼓；另外，拿破崙擔心如果美國和英國結盟，對法國開戰，英國必將進攻北美大陸中西部法屬路易斯安那大片地區，與其讓這片領土落入法國宿敵英國之手，不如賣給美國，法國可解除後顧之憂，

全力以赴在歐洲大陸爭霸，控制整個歐洲。於是，一八〇三年五月二日，美、法簽訂《路易斯安那購地條約》（The Louisiana Purchase Treaty），法國僅以一千五百萬美元極其低廉的總價款將該大片地區甩賣給了美國，通過此項條約，美國一舉鯨吞了二千一百四十四萬平方公里的土地，即從密西西比河西岸到洛基山麓之間的廣大地區，每平方公里只支付七美元。[24]

此後，隨著疆土大踏步急遽向西推進而大規模驅逐和屠殺印第安人的一系列事件，就是在傑斐遜總統的任期內發生的。自一八〇三年起，征剿、屠殺印第安人成為美國聯邦正規軍隊和民兵

的基本任務。到了一八一四年，美國第四任總統詹姆斯・麥迪遜（James Medison）政府變本加厲，竟然參考一七〇三年北美各殖民地議會屠殺印第安人的獎勵標準，[25] 頒布法令，規定每上繳一個印第安人（不論男女老少，甚至包括嬰兒）的頭蓋皮，美國政府將會發給獎金五十至一百美元：每殺死一個十二歲以下印第安人嬰幼兒或女印第安人獎五十美元，每殺死一個十二歲以上青壯年印第安人男子獎一百美元。正如馬克思當初所怒斥的，殖民主義者「只有拿人頭做酒杯，才能喝下甜美的酒漿」[26]。

隨後，在十九世紀六〇年代到九〇年代，特別是一八六四年美國南北內戰結束後，根據美國第十六任總統亞伯拉罕・林肯（Abraham Lincoln）頒布的《宅地法》（Homestead Act）[27] 美國白人屠殺印第安人的活動達到高潮，許多印第安人村莊在一夜之間變成鬼域。

在當地民兵的配合下，美國聯邦正規軍採取分進合擊等戰術，集中發起了一千多次不同規模的軍事行動。這種殘暴的屠殺和征剿，從一八〇三年一直持續到一八九二年，差不多延續了整整一個世紀。[28]

美國歷史學家在有關著作中評論這段歷史時寫道：「美國向西、向南、向北三個方面猛烈推進時，不僅排擠了阻擋它前進的國家，並且殘暴地鎮壓了這些土地上原來的主人——印第安人的反抗。這種殘酷地驅逐印第安人的行動是美國歷史上最可恥的污點之一，而當時美國許多傑出的民主領袖也曾積極參加這種行動。」[29]

美國廉價購得原法屬路易斯安那大片地區之後，「食慾」不

減反增。作為此項「西進」大餐末尾添加的一道「甜點」，美國將矛頭由西面轉向東南，就西佛羅里達是否屬於路易斯安那地區的問題與西班牙之間發生爭執。美國認為西佛羅里達應是路易斯安那的一個組成部分。一八〇四年二月，美國國會通過《摩比爾法案》，將西佛羅里達劃入密西西比地區，引起西班牙的憤怒抗議。一八一五年西班牙呼籲外國幫助它保護佛羅里達，但沒有得到任何歐洲列強的響應。因美國一八一〇年占領了珀爾河以西的西佛羅里達地區，一八一八年占據西班牙據點聖馬克斯和彭薩科拉，西班牙又面臨西屬拉丁美洲各國爭取民族獨立的鬥爭，在這種形勢下，西班牙只好被迫讓步。一八一九年二月二十二日，美國與西班牙簽訂《佛羅里達條約》，規定西班牙將東、西佛羅里達讓與美國，同時還放棄對俄勒岡地區的要求權；美國則支付五百萬美元，作為其向西班牙政府提出的土地所有權要求的代價。[30] 於是，美國繼鯨吞了原法屬路易斯安那大片地區之後，又逐步向東南蠶食了原西屬的佛羅里達地區。

「**西北爭奪**」，即美英在西北俄勒岡地區和英屬加拿大西部的爭奪。俄勒岡是指落基山以西、聖佛朗西斯科灣（舊金山灣）以北、俄屬阿拉斯加以南的大片地區。一八一八年英美簽訂條約，規定這一區域在十年以內「對雙方的臣民和公民開放」。一八二五年以後，英美俄勒岡問題集中在北緯四十二度至五十四度四十分之間的區域。[31] 一八四四年美國民主黨總統候選人詹姆斯‧波爾克（James Polk）在競選獲勝後不久就提出「北緯五十四度四十分或戰爭，二選一」（Fifty-four Forty or Fight！）的口號，北緯五十四度是美國提出的國境線，波爾克的意思是如果英

國不接受這條界線，美國將不惜一戰，沒有妥協的餘地。英國起初的態度也很強硬，但其實雙方都不願訴諸戰爭，最終各自讓步。一八四六年，兩國簽訂協議，俄勒岡地區以北緯四十九度為界一分為二，南部（除溫哥華島）劃給了美國，北部劃歸英屬的加拿大。[2]一八五九年，北緯四十九度以南的俄勒岡地區加入了美國聯邦，成為美國的俄勒岡州。[3]

「**西南戰爭**」，即「美墨戰爭」美國一七七六年獨立後，乘歐洲列強在非洲、亞洲爭奪殖民地之機，在北美大陸大肆擴張。一八二三年，美國總統詹姆斯·門羅（James Monroe）提出「美洲是美洲人的美洲」的口號，確立了擴張領土、稱霸美洲的基本國策。很快，美國政府的侵略目光便落到了近鄰大國墨西哥身上。當時得克薩斯是墨西哥的一個省份。一八三五年墨西哥宣布要在得克薩斯境內根絕奴隸制，[34]墨西哥得克薩斯和加利福尼亞的美國移民奴隸主因此發動武裝叛亂，墨西哥政府出兵鎮壓，美國竟直接出兵干涉，並支持得克薩斯於次年宣布獨立。一八四五年七月，以瘋狂擴張著稱的美國總統詹姆斯，波爾克正式宣布把得克薩斯併入美國的版圖。幾乎與此同時，波爾克又命令扎卡里。泰勒（Zachary Taylor）將軍率領一支部隊悄悄進駐得克薩斯與墨西哥交界的努埃塞斯河畔，伺機發動侵略戰爭。當年十一月，波爾克以墨西哥應歸還美國三百萬美元債務為要挾，要求墨西哥承認以格蘭德河為兩國邊界，美國以一千五百萬至四千萬美元「購買」新墨西哥和加利福尼亞地區，遭到墨西哥政府斷然拒絕。一八四六年五月十三日，美國政府向墨西哥宣戰，美墨戰爭正式爆發。一八四八年二月二日，美墨雙方簽訂了《瓜達盧佩·

伊達爾戈條約》。根據條約，美國攫取了墨西哥近一半的領土，合計約二百三十萬平方公里（約相當於 20 個中國福建省，或 4 個法國，或 6.5 個德國）[35]。這就是今天美國的加利福尼亞州、內華達州、猶他州、亞利桑那州和新墨西哥州的大部，以及科羅拉多州和懷俄明州的一部分。美國僅僅付給墨西哥一千五百萬美元作為「補償」。通過美墨戰爭，美國一躍成為地跨大西洋和太平洋的大國，而且從此成為美洲的主宰。就連親自參與了戰爭的美國名將格蘭特（Grant）也不得不承認：「這場戰爭乃是強大民族對弱小民族所進行的最不正義的戰爭之一。」[36]

在十九世紀的最後三十年中，「自由」資本主義逐步向壟斷資本主義過渡。十九世紀末二十世紀初，世界資本主義終於發展成為帝國主義。「帝國主義作為資本主義的最高階段，到一八九八至一九一四年間先在歐美然後在亞洲最終形成了。」[37]

帝國主義是壟斷的、腐朽的資本主義。壟斷資本的統治是帝國主義最基本的特徵。在帝國主義時代，資本主義所固有的各種矛盾日益激化。在帝國主義時代，帝國主義國家之間的矛盾空前尖銳。各國壟斷組織的出現，不僅沒有消弭競爭，反而促使競爭在更廣闊的範圍、更巨大的規模、更激烈的程度上繼續進行。「帝國主義的一個重要的特點，是幾個大國都想爭奪霸權，即爭奪領土。[38]

在十九世紀的最後二十五年中，各大國壟斷集團為了爭奪銷貨市場、原料產地和投資場所，展開了搶先占領勢力範圍和瓜分世界的空前猛烈的惡鬥。到了十九世紀末二十世紀初，整個世界業已被瓜分完畢。由於資本主義發展的不平衡性，帝國主義列強

實力對比不斷發生變化，經濟疾速發展的後起國家來到資本主義的吃人筵席時，座位都已占滿了，它們不但要求「入席」，而且要求「首座」，要求按照實力的新對比**重新瓜分世界**，因而在帝國主義各國之間，充滿了從別人手上奪取殖民地、重新分配勢力範圍、重新排列世界霸主座次的矛盾衝突。這些矛盾衝突導致了一八九八年的**美西戰爭**、一八九九至一九〇二年的英布戰爭、一九〇四至一九〇五年的日俄戰爭，而且愈演愈烈，後來終於釀成了一九一四至一九一八年的第一次世界大戰。

就美國而言，一八九八年的美西戰爭是美國從「自由」資本主義逐步向壟斷資本主義過渡，並終於發展成為帝國主義的「里程碑」和轉折點，也是「美利堅帝國」對亞非拉美多次發動侵略戰爭的第一惡例。

有人認為，關於美國在北美急遽擴張領土的上述過程，依據密蘇里州聖路易斯市「傑斐遜國家領土擴張紀念館」的展品及其他有關史料，也可以整體概括為五次「西進」：原先，美利堅合眾國建立之初，它的全部領土限於從英國手裡繼承下來的、英國在北美的十三塊殖民地，即東部大西洋沿岸狹長地帶的十三個州，因此，當時的美國星條旗上只有十三顆星。一七七六年宣布建國以後，特別是一七八三年美英《巴黎和約》簽訂以後，美國殖民主義者迅即將領土擴展到密西西比河東岸。這是美國歷史上的第一次西進。一八〇三年，美國第三屆總統托馬斯·傑斐遜利用拿破崙打了敗仗的困境，用極其低廉的價格，從拿破崙手裡購買了原屬法國勢力範圍的整個「路易斯安那地區」，進一步把領土從密西西比河西岸一直擴展到洛基山麓。這是美國建國以後歷

史上的第二次西進。十九世紀四〇年代，美國通過發動侵略戰爭，把原屬墨西哥領土的新墨西哥、得克薩斯、科羅拉多、猶他、內華達、亞利桑那、加利福尼亞等大批土地劃入了美國版圖，把領土一直擴展到太平洋東岸。與此同時，它還從英國手裡奪得了俄勒岡、華盛頓州、愛達荷以及蒙大拿、懷俄明等地。這是美國歷史上的第三次西進。十九世紀六〇年代，它利用俄國當時所處的困境，僅用七百二十萬美元即從沙皇手裡購買了阿拉斯加和阿留申群島，並出兵占領了中途島，把領土擴展到北冰洋和太平洋。

這是美國歷史上的第四次西進。一八九八年，它通過美西戰爭，占領了西屬夏威夷群島、關島等地。這就是美國歷史上的第五次西進。一九五九年，阿拉斯加和夏威夷正式以州的身分被納入美國聯邦。從此，**星條旗上由美利堅合眾國建國初期的十三顆星增加到五十顆星**。[39]（參看以下兩幅美國疆土擴張比較示意圖）

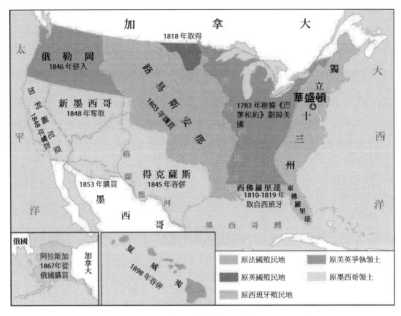

圖 1-9-1　美國從他國手中奪取或「購買」的地盤

資料來源：《美國領土擴張》，http://www. chuanjiaoban. com/userfiles/old/uploa-dfile/2009/ 1011/20091011021427545. jpg。

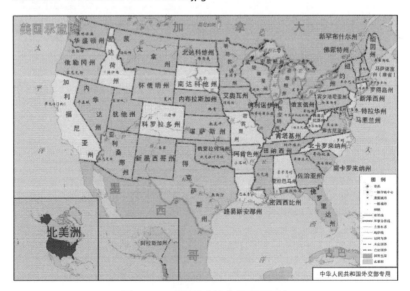

圖 1-9-2　美國現今擁有的廣袤疆土

資料來源：《美國示意圖》，http://www. onegreen. net/maps/m/a/usa3. jpg。

（四）「美利堅帝國」對亞非拉美多次發動侵略戰爭

一九九六年一月二日，《紐約時報》刊登了雅可布·海爾布倫（Jacob Heilbrunn）和邁克爾·林德（Michael Lind）兩人合撰的文章，題為《美利堅第三帝國》，其中概述了美國自十九世紀末期以來向外擴張的三個階段和相繼建立的三個帝國，每個帝國都是在擊敗其強大對手之後對戰敗者實行控制而逐步擴大美國在全球的影響。「美利堅第一帝國」形成於一八九八年的美西（西班牙）戰爭之後，一直延續到一九四五年第二次世界大戰結束。在此期間，美國攫奪了古巴、波多黎各、菲律賓和加勒比的很大一部分地區。「美利堅第二帝國」形成於一九四五年二戰結束之後至一九八九年底，在此期間，美國以西歐和亞洲為中心，致力於實行強權控制和擴大影響。

一九九〇年起，美國不斷在中東地區許諾「承擔軍事義務」為建立「美利堅第三帝國」奠定基礎。一九九〇年八月到一九九一年二月，美國總統布什發動了一場大規模的海灣戰爭。它打著「解放科威特」的旗號，表面上看來是一場「正義」戰爭，但實質上是美國為了從軍事上擊敗伊拉克、重新控制海灣戰略要地及其石油資源而進行的地地道道的非正義戰爭，通過對伊拉克的戰爭使美國成為波斯灣的支配力量。緊接著，一九九一年蘇聯解體，冷戰結束之後，美國又「乘虛而入」向東歐地區和以前是中立的南斯拉夫擴張，要在宿敵原蘇聯帝國控制的地盤上確立起美國的「宗主權」和軍事霸權。[40]

看來，這兩位美國人作出的這種概括，不無參考價值，也不妨以此作為框架，對「美利堅帝國」百餘年來的暴力擴張行徑，

按時間順序，擇要予以具體說明，並依據最近十幾年來美國加緊「重返亞太」的所作所為，揭示其窮兵黷武的侵略本質和帝國主義的發展趨勢。[41]

（1）武裝侵略北非，脅迫西非建立殖民據點

在英、法殖民主義的侵略與掠奪下，北非的埃及、阿爾及利亞、摩洛哥、突尼斯等國先後淪為殖民地和半殖民地。美國資產階級也十分垂涎非洲的豐富資源，蓄意進行侵略。一八〇一年，美國以鎮壓的黎波里「海盜」維護美國商業利益為名，侵入非洲的利比亞，封鎖的黎波里港，炮轟城市村鎮，強行登陸，並搶劫沿海地區物資。一八〇五年，美國殖民軍配合利比亞亡命徒從埃及侵入利比亞，遭到當地人民的英勇抵抗；七月，利比亞被迫簽訂不平等條約，給予美國片面的最惠國待遇，對美國貨物進口豁免關稅。一八一五年三月，美國對阿爾及利亞宣戰，六月脅迫阿爾及利亞簽訂不平等條約。一八三六年，美國資產階級用武力迫使摩洛哥、突尼斯接受不平等條約，並向美國繳納貢款。這是美國對北非諸國武裝侵略的開始。美國資產階級為了打入非洲，還採取了建立殖民據點的辦法。一八二二年，美國以砲艦為後盾，用微不足道的代價，從西非酋長手裡強行購買了利比里亞沿岸長一百三十英里、寬四十英里的一塊土地，建立了美國在非洲的第一個殖民據點，並以美國總統門羅命名為門羅維亞。[42]

（2）向遠東擴張

十九世紀三〇至四〇年代，美國對外擴張加劇，向遠東擴張也是美國侵略者的目標之一。美國在遠東的貿易，包括進行鴉片的貿易，為侵略中國開闢了道路。[43]一八三二年，美國政府以

海軍砲艦為前驅，派遣大商人、船長羅伯茲為特使，乘坐「孔雀號」向遠東出發。一八三三年三月三十日以砲艦脅迫暹羅訂約，然後又駛向馬斯卡特，同年九月脅迫馬斯卡特蘇丹訂約。一八四四年七月三日，強迫中國簽訂《中美望廈條約》，獲得五口通商的權利、片面最惠國待遇以及領事裁判權。[44]

（3）美西戰爭 奪取古、波、菲

一八九八年的美西戰爭，是美國為了奪取西班牙的屬地古巴、波多黎各和菲律賓而對西班牙進行的重新分割殖民地的戰爭。美西戰爭，是美國第一次對外進行大規模的侵略戰爭，標誌著美國對外進行戰爭政策的起點。[45] 戰爭歷時約三個月，開始於一八九八年五月一日，結束於七月二十八日。美西兩國於一八九八年十月一日於巴黎舉行會議，十二月十日訂立合約，其要點為：第一，西班牙承認古巴獨立，並代償付古巴對其他國家的一切債務；第二，西班牙將波多黎各、關島及菲律賓群島轉讓給美國；第三，美國對西班牙轉讓的菲律賓群島，付以兩千萬美元的代價。[46]

一八九八年美西戰爭接近尾聲時，美國從西班牙手中奪走全部古巴，將其納為保護國，並在關塔那摩灣建立了「關塔那摩美國海軍基地」（U. S. NavalStation Guantanamo Bay）。一九○一年二月，美國總統威廉。麥金萊（William McKinley）簽署普拉特修正案，法案規定美國有權對古巴實行軍事干涉，並要求古巴讓出部分領土給美國建立軍事基地和開採煤礦等。普拉特修正案作為附錄寫入了《古巴憲法》。

根據這一法案，美國在一九○三年從第一任古巴總統埃斯特

拉達‧帕爾馬（Estrada Palma）手中獲得一份租借關塔那摩灣部分土地的永久性租契，起始日期為一九〇三年二月二十三日。一九〇五年埃斯特拉達‧帕爾馬再次當選總統，反對人士質疑選舉程序的合法性，進而發動起義。為支持當時的政府，一九〇六年美國再次出兵侵入古巴，戰爭直到一九〇九年才結束。[7]

（4）武裝侵略中國

一九〇〇年，美國出動包括海軍陸戰隊在內的五千兵力，參加「八國聯軍」大舉侵略中國，占領中國北京，鎮壓義和團反帝愛國鬥爭。此後，美帝國主義對中國發動的侵略戰爭和軍事威脅時起時伏，伏而又起，歷時一百多年，綿延不斷。對此加以總結，可以說，一九〇〇年以來美國對華武裝侵略和軍事威脅，明顯分為兩個階段。一九〇〇年到一九四九年為第一階段。這個階段美國對華武裝侵略的性質，是要進一步把中國變為美國帝國主義的殖民地。一九四九年十月中華人民共和國成立到一九九九年為第二階段。這個階段美國對華武裝侵略和軍事威脅的性質，是企圖摧毀新中國的社會主義制度，使已經取得民族獨立、人民解放的社會主義中國重新淪為美帝國主義的資本主義附屬國。這兩個階段是相互聯繫的，第二階段是第一階段在新形勢下的繼續。由此可見，一九〇〇年以來，「美利堅第一、第二、第三帝國」對中國的武裝侵略和軍事威脅一直不斷；可以說，「美利堅帝國」具有侵略中國的極為惡劣的、迄今長達一百二十四年的基因傳統。[8]如果從一八四四年以武力威脅、強迫中國簽訂《中美望廈條約》起算，迄今其凌華侵華基因就存續整整一百七十年了！真是：不讀史，不知道；一讀史，嚇一跳！！

（5）多次入侵多米尼加

一九一一年，多米尼加發生反政府起義，一九一二年美國總統威廉・塔夫脫（William Taft）派遣兩位「特派官員」前往「視察」多米尼加局勢。這兩位官員乘一艘載有七百五十名海軍陸戰隊員的砲艦，以「保護」海關為名，開往多米尼加的聖多明各港。在其壓力下，多米尼加國會被迫另選新總統。但因新總統也無力鎮壓起義，於是，美國政府公開對起義者進行種種威脅。一九一三年九月，美國國務卿威廉・J・布里安（William J. Bryan）宣稱，美國將支持「合法當局」，阻止一切「叛亂」如果起義者獲得成功，美國政府決不承認他們，並將「扣留歸屬多米尼加部分的海關稅款」。駐多米尼加的美國公使以不久將舉行一次「公平選舉」為餌，誘使起義者放下武器。選舉開始時，美國政府不顧多米尼加入民的強烈抗議，竟派出三位專員，乘坐軍艦來「監督」多米尼加的選舉。美國對多米尼加財政上和政治上的干涉，終於發展到武裝干涉。一九一六年五月初，美國政府藉口「保護美國的公使館和美國公民」，派遣軍艦闖人聖多明各港。艦隊指揮官在幾十門長射程和大口徑炮的火力掩護下，率領大批海軍陸戰隊在多米尼加領土登陸。五月十三日，美軍占領了首都聖多明各市。[49] 美國海軍陸戰隊對多米尼加的干涉持續至一九二四年。[50]

四十年後，一九六五年四月二十五日，美國總統林登・約翰遜又一次藉口保護美僑生命和財產安全，下令航空母艦「拳擊者」號載著一千一百名海軍陸戰隊員，駛抵多米尼加海面。

四月二十七日開始大規模進攻。數日後，隨著戰局的發展，

美國侵略軍急遽增至三點五萬多人，並出動數百架飛機和數十艘軍艦以及大批坦克、砲兵部隊，對多米尼加入民進行鎮壓。美國對多米尼加的武裝干涉，遭到了許多拉美國家的反對和國際輿論的強烈譴責。[51]

（6）多次入侵海地

一九一一年至一九一五年，海地政局動盪。一九一五年七月二十八日，美國總統伍德羅。威爾遜（Woodrow Wilson）下令美軍入侵海地，美國海軍陸戰隊士兵隨即開赴太子港。為了避免國際社會指責這次赤裸裸的入侵，美國政府對外宣稱此舉是「要保護有美國人投資的海地，為海地重建和平和秩序」。在占領海地僅僅六個月後，美國「顧問」就已經完全控制了海地的海關、銀行以及各類行政系統。此外，美國規定：海地國民生產總值的四成必須用來歸還欠美國與法國銀行的巨債。美國的這項決定損害了海地廣大平民的利益，海地陷入經濟停滯。海地一些愛國人士憤怒地抗議：「海地的大批財產都被放進了美國銀行家的口袋。」但在美國海軍陸戰隊的武力支持下，美國「顧問」已經完全控制了海地政權。一些美國海軍陸戰隊軍官甚至直接成為海地各行政區的首腦，海地人的抗議根本沒用。[2] 美國占領軍直到一九三四年才撤走。[53]

（7）發動侵朝戰爭

第二次世界大戰結束後，原本是日本殖民地的朝鮮被劃分為兩個部分，北方是蘇聯的勢力範圍，而南方則由美國駐軍。一九四八年五月，南朝鮮（韓國）舉行了總統大選，李承晚當選總統。在朝鮮北部也建立了朝鮮民主主義人民共和國，金日成為領

導人。一九五〇年六月二十五日，朝鮮內戰爆發，金日成領導的朝鮮人民軍越過三八線，三天后攻克南朝鮮首都漢城。[54] 美國總統杜魯門迅速作出了全面干涉朝鮮內戰的決定。[55] 六月二十六日，杜魯門下令駐日本的美國空軍協助南朝鮮作戰，二十七日再度下令美國第七艦隊闖入中國臺灣的基隆、高雄兩個港口，「防守」臺灣，極力破壞中國人民統一祖國大業，長期分裂中國。同時，美國駐聯合國代表向安理會提交動議案，盜用聯合國旗幟，拼湊組成以侵朝美軍為主的所謂「聯合國軍隊」，美國元帥麥克阿瑟被任命為「聯合國軍隊」總司令。麥克阿瑟下令驅使侵朝美軍快速北進，直逼中國邊境鴨綠江邊，嚴重威脅到中國安全。一九五〇年十月二十五日，中國人民志願軍高舉「抗美援朝，保家衛國」義旗，跨過鴨綠江進入朝鮮，與朝鮮人民軍並肩抗美。

到一九五一年五月下旬，中朝軍隊一起連續進行了五次戰役，殲敵二十三萬，把敵軍從鴨綠江邊趕回三八線附近，迫使其由戰略進攻轉入戰略防禦。一九五一年六月三十日，美國被迫接受蘇聯提出的關於和平解決朝鮮問題的決議，要求與朝中方面舉行談判。

朝鮮人民軍總司令金日成和中國人民志願軍司令員彭德懷聯名復文，表示同意談判。談判於一九五一年七月十五日到一九五三年七月二十七日《停戰協定》簽訂，歷時二年十七天。談判時斷時續，整個過程交織著戰場與談判會場相互影響的激烈鬥爭。美國始終抱著不願平等協商的態度，每當在談判桌上達不到目的的時候，就在戰場上搞軍事冒險，先後發動了「夏季攻勢」「秋

季攻勢」，甚至喪盡人性，大規模使用了鼠疫、霍亂、傷寒等致命傳染病的細菌武器。一九五二年十月，美國又片面中斷談判，向上甘嶺陣地發起大規模進攻，但又以慘痛失敗而告終，被迫回到談判桌。一九五三年七月二十七日，朝中軍隊一方與美國為主的「聯合國軍」另一方簽署停戰協議，談判的最終結果是在北緯三十八度線建立非軍事區。當時參加談判的侵朝美軍總司令克拉克，事後在其回憶錄中寫道：「我獲得了一個不值得羨慕的名聲：我是美國歷史上第一個在沒有取得勝利的停戰協定上簽字的司令官。」抗美援朝戰爭的勝利，維護了亞洲和世界和平，大大提高了新中國的國際威望，為新中國的經濟建設贏得了一個相對穩定的和平環境。[56]

（8）侵略古巴

一九五九年，卡斯特羅領導古巴人民推翻了美國傀儡、獨裁者巴蒂斯塔政權。從一九六〇年起，美國中央情報局就開始在美國的佛羅里達州和多米尼加、危地馬拉、洪都拉斯糾集古巴流亡分子，積極準備登陸古巴，推翻卡斯特羅革命政府。一九六一年初，訓練完畢的美國僱傭軍被編成代號為「2506」的突擊旅，下轄步兵營、摩托化營、空降營、重炮營、裝甲分隊共七八個營，來勢洶洶，氣焰囂張。為了支援僱傭軍入侵古巴，美國派遣了八架 C-54 運輸機、四架 B-26 轟炸機、十艘登陸艦艇。五角大樓還派了幾艘潛水艇前往古巴沿海偵察地形，物色登陸地點。一九六一年四月四日，美國總統約翰‧肯尼迪（John Kennedy）批准了代號為「冥王星」的戰役計劃。一九六一年四月十七日，這支由約一千五百多人組成的美國僱傭軍突襲古巴，他們在美國飛機和

軍艦的直接掩護下在古巴中部登陸，占領了長灘和吉隆灘，並繼續向北推進。古巴軍民經過七十二小時的戰鬥，全殲了被包圍在吉隆灘的美國僱傭軍，共有九十名僱傭軍被古巴軍隊擊斃，其餘一千餘人被俘獲，幾近全軍覆沒。這就是震驚世界的吉隆灘之戰，美國稱之為「豬灣事件」。[57] 史家評說，其凶似虎，其笨如豬！

（9）發動侵越戰爭

一九四五年第二次世界大戰結束後，胡志明率領共產黨軍隊，與長期駐紮越南的法國軍隊展開了長達九年的戰鬥。一九五四年，被圍困的殘餘法軍在奠邊府投降，標誌著法國在越南近半個世紀的殖民統治徹底終結。此後，越南一分為二，北方成為胡志明領導的社會主義國家，南方則於次年成立了親美反共的吳庭豔政權。越法戰爭期間，美國為法軍提供了大量的援助，法國的失敗與越共的崛起引起了美國的恐慌，也為六〇年代美軍發動侵越戰爭埋下伏筆。

一九五九年，越共中央決定武裝統一越南。一九六〇年，民族解放陣線成立，它由反吳庭豔政權的各派組成，事實上由越共中央控制。美國總統肯尼迪決定，要在越南問題上顯示出美國的力量和「對抗共產主義」的決心。一九六一年五月，為了進一步幫助吳庭豔政府，肯尼迪派遣一支特種部隊進駐南越，這一事件也常被認為是越戰開始的標誌。[8] 一九六四年八月四日，美國政府宣稱，美國驅逐艦「馬多克斯」號和「滕納·喬埃」號在東京灣（即北部灣）離陸地大約六十五海里處的公海上進行巡邏時，遭到數目不詳的北越魚雷艇的襲擊。事後證明，這是五角大

樓為擴大對越戰爭而蓄意製造的借口。美國政府趁機出臺了「逐步升級戰略」，即所謂「有限度地擴大戰爭」。接著，美軍開始推行窮凶極惡的「飽和轟炸」和「焦土政策」，大規模狂轟濫炸越南北方。與此同時，美國還不斷增兵。到了一九六七年，在越南的美軍人數超過五十萬。[9] 但是，在越南人民長期堅決抗擊下，美軍始終無法征服北越。一九七三年一月二十七日，經過長期談判，美國與越南民主共和國在關於越南問題的《巴黎協定》上簽字，宣告美國侵越戰爭的徹底失敗。[60]

（10）入侵巴拿馬

巴拿馬國境內的巴拿馬運河是通過巴拿馬地峽溝通大西洋與太平洋的人工開鑿運河，它的開通大大縮短了兩大洋之間的航程，使美洲東西海岸航程縮短了七千至八千海里，亞洲到歐洲之間的航程縮短四千至五千海里。開通後的巴拿馬運河極大地促進了世界海運業的發展。它與蘇伊士運河同樣具有世界戰略意義，因此素有「世界橋樑」之稱。

巴拿馬運河由蘇伊士運河設計師、法國工程師雷賽布於一八八〇年開始建造，但工程於九年後宣告破產，被迫一度擱置。美國政府後來於一九〇四年購入運河，繼續挖掘工程，一九一四年巴拿馬運河建成通航。[61] 在一九一四年至一九七九年六十五年間，巴拿馬運河雖然名義上是由美巴共同組建的「巴拿馬運河管理委員會」管理，但實質上一直由美國掌控。為了更好地控制巴拿馬國家與巴拿馬運河，美國將運河沿岸一千四百三十二平方公里的區域劃定為「運河區」，區內由美國任命的總督管轄，懸掛美國國旗，施行美國法律，巴拿馬人是不能擅自闖進運河區的，

形同「國中之國」。一九七七年九月，巴拿馬的奧馬爾‧托里霍斯‧埃雷拉（Omar Torrijos Herrera）將軍和美國時任總統吉米‧卡特（Jimmy Cater）簽訂了《巴拿馬運河條約》。條約規定，美國應於二十二年後即一九九九年十二月三十一日將運河全部控制權交還巴拿馬，運河運營的全部收入應上繳給巴拿馬政府。

但簽約後，美國背信棄義，遲遲不肯批准此項條約。一九八九年，當時巴拿馬獨攬大權的軍政長官曼紐爾‧諾列加（Manuel Noriega）警告說，如果美國不批准這個條約，巴拿馬就要破壞運河。[62] 美巴矛盾激化後，一九八九年十二月二十日，美軍公然入侵巴拿馬。這是美國自一九七三年侵越戰爭結束後發動的規模最大的軍事行動，隸屬於美國「南方司令部」的一點三萬名美軍兵分五路，同時向巴拿馬城及其周圍目標發起突然襲擊。諾列加兵敗。[63]

美國大動干戈向一個只有二百二十萬人口的小國——巴拿馬發動突然襲擊並予以占領之後，根據布什總統的命令，美軍將巴拿馬政府首腦、國防軍司令諾列加將軍抓到美國，交美國法院審訊、判刑，投入監獄。美利堅合眾國最高法院還為此作出裁決說，美國政府「有權」在國外綁架外國人，直接在美國提出起訴。諾列加將軍個人品德在其本國雖有爭議，但依據國際法，這屬於一國內政，他國無權干涉。而美國布什總統之所以要大舉入侵巴拿馬，將諾列加捉拿到美國審判，主要是因為巴拿馬運河區戰略地位重要，而這位諾列加將軍又膽敢與美國抗衡，不願繼續服從美國的指揮棒。大舉出兵入侵一個小國，公然將它的領導人抓到美國審判，完全踐踏這個國家的主權，如此赤裸裸的霸權主

中國特色話話語：陳安論國際經濟法學 第一卷（修訂版） 上冊

義行徑，在「美利堅帝國」史上尚屬首次，在世界近、現代史上也是空前的。而美國最高法院大法官自詡「公正」的裁決，更是貽笑天下！

美國此舉激起全球公憤，[64]拉丁美洲國家群起強烈反對，指責和揭露美國政府想藉機推翻《巴拿馬運河條約》，拒不歸還巴拿馬運河。迫於世界輿論的強大壓力，一九九五年，美國決定把巴拿馬運河如期交還巴拿馬政府。一九九九年十二月三十一日正午，巴拿馬政府終於接管了運河的全部控制權。[65]巴拿馬以小抗大，貌似「不智」實則得道多助，失道寡助！ 這裡又是一個明證。

（11）殘暴濫炸中國駐南使館

一九九九年五月七日午夜，一架從美國密蘇里州懷特曼空軍基地起飛的美製 B-2 戰略隱形轟炸機用五枚精確制導導彈，從不同角度集中襲擊了中國駐南斯拉夫聯盟大使館，我國三名常駐貝爾格萊德的新聞工作者不幸遇難；二十餘名外交官員和工作人員受傷。依據國際公法，中國駐南聯盟大使館館址屬於中國領土。美國竟然違反一切有關國際法的莊嚴規定，違反一切國際關係準則，出動飛機濫炸一個主權國家的使館。這是美國霸權主義發展到了瘋狂程度的表現，是對中國主權的嚴重侵犯。中華人民共和國政府當即發表嚴正聲明，對以美國為首的這一野蠻暴行表示極大憤慨和嚴厲譴責，提出最強烈抗議。北京、上海、廣州 、成都等地大批高等院校學生立即分別湧向美國駐華使、領館，高呼「反對霸權」「反對侵略」「保衛主權」等口號，舉行抗議示威。整個中華民族發出了怒吼。

在中國舉國上下憤怒抗議的浪潮聲中，美國總統威廉‧克林頓（William Clinton）和國務卿奧爾布賴特（Albright）就美國這一「誤炸」事件一再向我國政府和我國人民公開表示道歉。但是，美國政府的另一位領導人，即國防部部長威廉‧科恩（William Cohen）和國防部、國務院其他高級官員先後出面，相繼對中國政府公開發出威脅。助理國防部部長弗蘭克‧克雷默在

圖 1-9-3　化作廢墟的中國駐南斯拉夫使館

資料來源：《北約轟炸中國大使館親歷記者：北約的轟炸是有目的、故意的》，
http://www. guancha. cn/history/2013_05_08_143209. shtml。

第一編‧國際經濟法基本理論（一）

0291

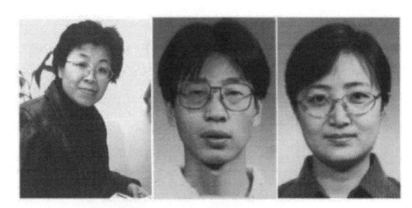

**圖 1-9-4　圖中依次為轟炸中犧牲的
新華社女記者邵雲環、光明日報社記者許杏虎和妻子朱穎**

資料來源：《記者邵雲環、許杏虎、朱穎犧牲十四週年》，http://rol. sohu. com/
20130508/ n375240891.shtml.

圖 1-9-5　中國高校學生在美國駐華使館前發出怒吼：「中國不可欺」「血債血還」

資料來源：http://www. baxue. com/junshilishi/34549_5.html .

美國國會發表證詞，竟然把美國在亞洲、太平洋區域的「整體戰略」以及美國在亞太地區擁有十萬駐軍並與日本等國結成的軍事同盟關係也搬了出來，極其露骨地對中國「亮劍」，公開實行恫嚇。美國主流媒體也緊密配合，竟然把我國廣大青年學生和其他人民群眾對美軍飛機轟炸我國駐南聯盟使館舉行憤怒抗議與晚清時期的「義和團暴動」相提並論，並把一九〇〇年美國海軍陸戰隊參與八國聯軍對華侵略、占領北京、燒殺搶掠，對中國造成重大災難一事重新提了出來，不以為恥，反以為榮，用以證明美國擁有「鐵拳」和「屠刀」，對中國人民實行赤裸裸的威脅。[66]

（12）侵略阿富汗

「9‧11」事件之後，美國總統布什宣稱「這是一種戰爭行為」，全國上下立即開展嚴密的調查，種種跡象表明，這場恐怖襲擊是以本‧拉登為首的「基地」組織策劃並實施的。美國要求「基地」組織的庇護者阿富汗塔利班政權將本‧拉登交給美國處置，遭到塔利班的拒絕，於是美國聲稱，不交出本‧拉登就武力打擊塔利班，迫使其就範。而塔利班表示隨時準備與美國打一場「聖戰」二〇〇一年十月七日至十二月二十四日，美軍對阿富汗塔利班政權和本‧拉登「基地」組織發動了旨在打擊恐怖主義的戰爭。隨著戰爭的爆發和發展，美軍的戰略企圖逐漸發生了變化，即不僅要打敗「基地」組織，抓捕本‧拉登，還要向傳統的「勢力真空」中亞進行軍事滲透，以更有效、更強硬的手段構築新世紀的軍事霸權。[67]

（13）侵略伊拉克[68]

又稱「美伊戰爭」或「伊拉克戰爭」，是美國謊稱伊拉克擁

有大規模殺傷性武器而發動的長達八年之久（2003 年 3 月 20 日 2011 年 12 月 18 日）的大規模全面戰爭。戰爭開始之前相當長時間內，美國開動輿論機器，大張旗鼓地渲染「伊拉克擁有大規模殺傷性武器」。二〇〇三年三月二十日，美國繞開聯合國安理會，不顧世界人民的反對，以無恥謊言發動了這場侵略伊拉克戰爭，夥同英法等國投入侵略軍數十萬人，直接導致數十萬伊拉克平民死亡，數百萬伊拉克平民傷殘，上千萬伊拉克平民流離失所。美軍「順利地」占領了伊拉克全境，「間接」地絞死了伊拉克原總統薩達姆，獲得了簽約三十年的伊拉克石油掌控權，如願地在中東布下了又一個強悍的軍事據點！

這場戰爭將美國的國力、軍力拖在了伊拉克，它像一個不見底的黑洞一樣，吸收、消耗著美國的國力和軍力，使美國沒有更多的力量對付其他的「對手」或「敵對勢力」。

最後，直到美國被迫結束這場骯髒、血腥的戰爭，也始終無法在伊拉克境內發現傳說中的「大規模殺傷性武器」。美國當權者的偽善及醜惡面目也在世人面前暴露無遺。[69]

以上粗略概述了美國立國前一百多年與立國後二百多年來一脈相承的殖民擴張歷史實踐。

以下接著概述美國立國前一百多年與立國後兩百多年來社會的主流意識形態和價值體系，這就是「天定命運」社會思潮和「實用主義」哲學理念的混合產物。可以說，「天定命運」社會思潮和「實用主義」哲學理念乃是美國立國前後四百年來不斷實行殖民擴張的精神武裝和理論武器。

三、 美國的「天定命運」社會思潮

自十七世紀中後期以英國清教徒為主的歐洲殖民主義者大規模登上北美大陸開始,「天定命運」論就因經濟拓展的客觀需要「應運而生」,它是基督教教義被扭曲、白人種族「優越」被神化、暴力稱霸被「合法化」這三大因素的「雜交產物」。具體說來,英國清教徒為主的歐洲殖民主義者大規模登上北美大陸之後,為了侵奪當地原住民(土著)印第安人的土地和財產,在持續性和大規模的明火執仗、殺人越貨的進程中,急需有一種心靈慰藉、精神武器和「理論依據」,能夠把明火執仗、殺人越貨的種種罪惡行徑,粉飾成是「奉行上帝意旨」是「替天行道」是「昭昭天命」(Manifest Destiny)[70] 更通俗些說,就是公開宣揚「放火有理」「殺人無罪」搶劫有功」如此這般的「雜交產物」「天定命運」論,經過二百多年的持續發展,至十九世紀四〇年代,即美國立國後一百六十多年之際,達到鼎盛,成為美國社會的主流意識和官方的立法準則,其間雖衍生出許多分支流派,但在三大要點上均「不離其宗」,即:

第一,**種族主義邪說**:在美國定居的盎格魯——撒克遜族,是上帝的最佳選民,是造物主創造的最佳生靈,他們天生就應凌駕於其餘一切種族之上。

第二,**「受命於天」邪說**:他們受上帝的指派去支配全人類的命運,造物主授權他們去統治造物主在入世間所創造的一切人類和一切事物。

第三,**「暴力稱霸合法」邪說**:為了執行「昭昭天命」去統

治上帝在入世間所創造的一切人類和一切事物，可以隨時採取任何手段，既可以大規模殺人越貨，也可以殘暴屠戮土著，還可以隨時發動戰爭，在美洲大陸以內和以外，任意開疆拓土，更可以暴力輸出「美式民主」[71]『和平演變」製造內亂」等，所有這些手段，都是合乎天命，既符合自然法，也符合人間法律的。

　　圖1-9-6是一幅鼓吹美國「天定命運」論的油畫。圖中上空飄然飛行的天使仙女，象徵執行「昭昭天命」向北美西部開疆拓土的美國政府，她腋下夾著書本，手執電線，前往西部蠻荒之地「傳播文明」，引領腳下芸芸眾生，或步行，或騎馬，或駕著牛車馬車，或搭乘火車，向西大踏步邁進。圖左下方地面上驚慌失措紛紛逃命的是西部莽原上的野牛群和原住民印第安人。[72]

　　由此可見，在十九世紀達到鼎盛階段的美國「天定命運」論，說到底，就是一種愚民的「符咒」，一種「公雞血」注射，催使素有宗教迷信、種族優越感的為數不少的美國人，陷入高度

圖1-9-6　「天定命運」論油畫

亢奮、兩眼發紅、精神迷亂的狀態，拿起一切可用的刀槍，用暴力去欺凌、殘害、屠殺一切弱勢群體，去併吞北美西部原土著的領土；去奪取北美南部原土著的領土及原屬其他殖民主義者的屬地；更進一步，去奪取中美、南美（拉丁美洲）的廣袤疆土和海洋；又更進一步，去奪取亞洲、非洲的廣袤疆土和海洋。正如當年德國著名歷史學家海因茨‧哥爾維策爾批判「中國威脅」論那樣，美國的「天定命運」論實質上就是美國的另一種**帝國主義口號**，是美帝國主義向全球實行殖民主義擴張時期用以欺矇和動員國內外公眾、獲得輿論支持的政治騙術，這個口號的產生、傳播「顯示了帝國主義思想的基本特徵」，用以愚化和煽惑老百姓，嗾使他們去幹壞事，或者去為自己的暴力霸權擴張罪行進行辯護。[73] 正如馬克思在其巨著中引述的一段話所評論的：

　　所謂的基督教人種在世界各地對他們所能奴役的一切民族所採取的野蠻和殘酷的暴行，是世界歷史上任何時期，任何野蠻愚昧和殘暴無恥的人種都無法比擬的。[74]

　　簡言之，這個殖民主義、帝國主義口號及其各種鋪陳闡釋，集中地、突出地體現了為數不少的美國人極端自私的「**民族利己主義**」的靈魂：「只要我能撈它一把，哪管它寸草不生！哪管它血流成河！」不妨說，這才是「天定命運」論之所以在十九世紀四〇年代的美國風行一時，並被確立為美國長期的外交戰略思想，而且直到現在還被不斷「發揚光大」的真實思想根源。

　　為了配合和強化這種極端自私的「民族利己主義」的靈魂，

就必須有一種與它相適應的、能幫助它「昇華」的哲學理念，這就是逐漸居於美國社會主導地位的實用主義哲學流派。

四、美國的「實用主義」哲學理念

「**實用主義**」（pragmatism）是從希臘詞「πρᾶαγμα」（意即「行動」派生出來的。它是產生於十九世紀七〇年代的現代哲學派別，在二十世紀的美國成為一種主流哲學理念。對美國的法律、政治、教育、社會、宗教和藝術的研究產生了很大的影響。

迄今為止，一百四十多年來，美國「實用主義」衍生出許多不同的流派和分支，但是其根本綱領和核心理念卻始終「不離其宗」。

「實用主義」的**根本綱領**是：把確定信念作為出發點，把採取行動當作主要手段，把獲得實際效果當作最高目的。而實用主義者對行為、行動的解釋，完全貫徹了資產階級極端利己主義世界觀的精髓，即只管行動是否能給個人或集團帶來某種實際的利益和報酬，而不問這種行動是否合乎客觀實際，是否合乎社會倫理原則和道德規範。當道義與實利兩者不能兼得時，寧可棄道義而取實利，不可為道義而棄實利。

簡言之，「實用主義」的**核心理念**就是只管直接的效用、利益，不管是非對錯。**有用即是真理**，無用即為謬誤。

第二次世界大戰期間，義大利法西斯頭子墨索里尼曾經得意洋洋地向世人介紹他應用「實用主義」的寶貴「經驗」，說他曾將實用主義哲學家奉為良師，聲稱他從這些人的學說中發現了

「行動的信心，生活和戰鬥的堅強意志，而法西斯的成功大部分得力於此」。[76]不過，歷史卻給了他應有的「光榮」結局：二戰結束前夕，他被反法西斯的義大利人民處決後，雙足被套上了絞索，倒掛著暴屍於義大利米蘭街頭示眾！[77]

行文至此，我們已經通過回顧歷史，擺出事實，講明道理，粗略地證明了國際社會現實中確實存在兩種背道而馳的國際勢力及其影響下的兩種歷史走向；粗略地揭示了美國長期推行侵華反華政策絕非歷史的偶然，闡明了它的歷史實踐傳統基因和意識形態傳統基因；從理論與實際的結合上，批判和駁斥了當前美國當權派及其同伙和馬前卒們大肆叫囂鼓噪的東海版「中國威脅」論和南海版「中國威脅」論。

不過，馬克思主義唯物史觀提醒我們，對人類歷史上任何階段的社會實踐活動和社會意識形態，都必須從其社會基礎即**經濟體制**中去深入探究剖析其總根和主源，才能徹底明了其來龍去脈，明辨是非，正確對應。針對當前美國當權派及其同夥和馬前卒們大肆叫囂鼓噪的東海版「中國威脅」論和南海版「中國威脅」論，也必須從美國迄今已存續一百多年的壟斷資本主義——帝國主義經濟體制中，去探究剖析其總根和主源，才能徹底明辨是非，正確應對。

五、美國「跨世紀讕言」[8]的總根源：美國的壟斷資本主義——帝國主義經濟體制

馬克思和恩格斯長期研究人類社會發展史，以大量客觀史實

為基礎，得出科學的結論，認為人類社會發展相繼經歷五種形態或五種體制，即沿著原始社會—奴隸制社會—封建制社會—資本主義社會—社會主義社會的順序逐步發展。每一種社會形態或社會體制，分別具有不同性質的「經濟基礎」和「上層建築」。

馬克思主義認為，「經濟基礎」指由社會一定發展階段的生產力所決定的生產關系的總和，是構成一定社會的基礎；「上層建築」是建立在經濟基礎之上的意識形態，

以及與其相適應的政治法律制度和各種設施。

馬克思在一八九五年寫的《〈政治經濟學批判〉序言》中，對「經濟基礎」和「上層建築」的理論作了精闢的表述：「人們在自己生活的社會生產中發生一定的、必然的、不以他們的意志為轉移的關係，即同他們的物質生產力的一定發展階段相適合的生產關系。這些生產關系的總和構成社會的經濟結構，即有法律的和政治的上層建築豎立其上並有一定的社會意識形式與之相適應的現實基礎。」[79] 恩格斯撰寫的《反杜林論》《路德維希·費爾巴哈與德國古典哲學的終結》等，特別是在他晚年的書信中，對「經濟基礎」與「上層建築」理論作了進一步的豐富和發展。

一定社會的經濟基礎是該社會的經濟關係的體系，即生產關係的總和，主要包括生產資料所有制、生產過程中人與人之間的關係和分配關係等三個方面，其中生產資料所有制是首要的、決定的部分。而一定社會的上層建築是複雜龐大的體系，由該社會的「觀念上層建築」和「政治上層建築」兩個部分組成。

觀念上層建築包括政治法律思想、道德、宗教、文學藝術、哲學等意識形態。政治上層建築在階級社會指政治法律制度和設

施，主要包括軍隊、警察、法庭、監獄、政府機構和政黨、社會集團等，其中國家政權是核心。

觀念上層建築和政治上層建築是相互聯繫、相互制約的。觀念上層建築為政治上層建築提供思想理論根據，政治上層建築為觀念上層建築的傳播和實施提供重要的保證。政治上層建築作為思想的「物質附屬物」，是通過人們意識自覺建立的，它一經形成又強烈影響觀念上層建築，要求一定的觀念上層建築與它相適應。

在階級社會，上層建築具有階級性。同一社會形態存在著不同階級的政治組織和意識形態，它反映著社會經濟基礎的複雜性和經濟關係的對立性。統治階級的思想則是該社會占統治地位的思想。在無階級社會，經濟關係不具有對立性，上層建築也不存在階級性。

「經濟基礎」是「上層建築」賴以存在的根源，是第一性的、決定性的；「上層建築」是經濟基礎在政治上和思想上的表現，是第二性的、派生的。經濟基礎決定上層建築，上層建築反作用於經濟基礎。

經濟基礎對上層建築的**決定作用**表現在：第一，經濟基礎決定上層建築的產生。

觀念的、政治的上層建築都是適應經濟基礎的需要而產生的。上層建築一經產生便具有相對獨立性，有其自身的發展規律和一定的歷史繼承性。政治上層建築表面上表現為一種凌駕於社會之上、脫離社會的獨立力量。第二，經濟基礎決定上層建築的性質。有什麼樣的經濟基礎，便會產生什麼樣的上層建築。上層

建築的根本性質取決於它的經濟基礎的性質。

在奴隸制經濟基礎上建立起來的是奴隸主專政的國家和以奴隸主階級思想為核心的意識形態。在封建制經濟基礎上建立起來的是封建主專政的國家和以地主階級思想為核心的意識形態。在資本主義經濟基礎上建立起來的是資產階級專政的國家和以資產階級思想為核心的意識形態。第三，經濟基礎決定上層建築的變革。

上層建築對經濟基礎的**反作用**主要表現在積極地為自己的經濟基礎服務。上層建築一經產生，便成為一種積極的能動的力量，促進自己經濟基礎的形成、鞏固和發展；同時向阻礙、威脅自己經濟基礎發展的其他經濟關係、政治勢力和意識形態進行鬥爭。政治上層建築運用強制手段，把人們的行為控制在一定秩序的範圍內。觀念上層建築則利用輿論工具，論證自己經濟、政治制度的合理性，規範和控制人們的思想與行動。統治階級憑藉整個上層建築維護和鞏固本階級的政治統治和經濟利益。

在經濟基礎和上層建築的交互作用中，從根源和派生的關係上看，經濟基礎是原因，上層建築是結果。唯物史觀既反對否定經濟基礎決定作用的唯心主義，又反對否定上層建築反作用的形而上學觀點。這兩種觀點都是違背上層建築適合經濟基礎狀況的規律的。[80]

以上粗略地介紹了馬克思主義唯物史觀和政治經濟學的基本原理。這些基本原理是馬克思和恩格斯長期研究人類社會發展史、以大量客觀史實為基礎所得出的科學結論，也是他們繼承前人研究成果並加以發展創新所得出的科學結論，因此，這些基本

原理是「放之四海而皆準」的普遍真理，當然，也就是我們應當作為理論指南，

用以探究剖析美國關於「中國威脅」論這一「跨世紀讕言」的總根源。

馬克思在綜合考察和論證人類社會歷史發展五種形態的基礎上，側重於剖析資本主義社會的經濟關係的本性或本質屬性。馬克思主義政治經濟學的「勞動價值」

理論和「剩餘價值」理論，從商品這一簡單「細胞」開始著手，層層深入，猶如剝筍，科學地剖析和揭示了資本主義制度下「必要勞動」與「剩餘勞動」的對立性質，從而揭露了資產階級榨取利潤的來源和資本主義剝削的祕密。

限於本書論述的主題和本書的篇幅，這裡不能就馬克思主義政治經濟學對資本主義社會的經濟關係進行的科學剖析，作全面系統的介紹，而只對馬克思所一再強調的揭示資本主義之「本性」或「本質屬性」的核心觀點，加以簡要的評介。有心深入了解馬克思科學剖析資本主義社會的經濟關係全貌或概貌的讀者，可以通讀馬克思的權威巨著《資本論》，或者概覽任何一本目前我國各大學廣泛採用的新版《政治經濟學》教科書。

如前文所述，在《資本論》這部權威巨著的《所謂原始積累》一章，馬克思列舉大量事實，揭示在資本原始積累階段，殖民主義者─資產者─資產階級的唯利是圖和貪婪本性，指出這些暴徒們唯利是圖，所採取的手段是極其殘酷和殘暴無恥的，是充滿了殺人越貨、屠殺土著、種族滅絕、武裝掠奪、暴力征服的，他們實行這種殘暴掠奪的歷史是「用血和火的文字載入人類編年

史的」。因此，「資本來到世間，從頭到腳，每個毛孔都滴著血和骯髒的東西」^[81]。為了進一步說明殖民主義者資產者資產階級的這種「**與生俱來**」的「**先天劣根性**」，馬克思還引述一段話，十分辛辣地、形象地揭露資本—資本家—資產階級的唯利是圖、不擇手段和極端貪婪：「一旦有適當的利潤，資本就膽大起來。如果有百分之十的利潤，它就保證被到處使用；有百分之二十的利潤，它就活躍起來；有百分之五十的利潤，它就鋌而走險；為了百分之百的利潤，它就敢踐踏一切人間法律；有百分之三百的利潤，它就敢犯任何罪行，甚至冒絞首的危險。如果動亂和紛爭能帶來利潤，它就會鼓勵動亂和紛爭。走私和販賣奴隸就是證明。」^[82]

唯利是圖者勢必貪婪無饜，貪婪無饜者勢必永不滿足，無饜貪婪者勢必不擇手段，於是乎，「巧取」不足，就轉而豪奪；搾取不足，就轉而攫取；賤買貴賣不足，就轉而窮兵黷武，屠殺無辜，暴力征服；一國盤剝搾取不足，就轉向武裝侵略或吞併他國；本大洲恃強凌弱不足，就勢必擴及其他大洲，一洋逞霸不足，就勢必擴及其他大洋……如此這般，輪番使用，陳陳相因，愈演愈烈，於是，無饜貪婪又往往與無比凶殘相伴而行，於是，弱國弱族，就成為刀下之魚，俎上之肉，聽憑強者霸者宰割，以順遂其饕餮之慾。——回顧前文縷述的「美利堅帝國」立國前後四百年來的斑斑劣跡和纍纍罪行，難道不就是一直沿著這種歷史軌跡步步拓展其全球霸業，猖狂橫行天下嗎？

前文提到，在十九世紀的最後三十年中，「自由」資本主義逐步向壟斷資本主義過渡。十九世紀末二十世紀初，世界資本主

義終於發展成為帝國主義，或綜合簡稱「資本帝國主義」。列寧深入考察資本主義發展新階段的實況，對馬克思的有關理論進一步加以補充和創新。[3] 他明確指出，壟斷資本的統治是帝國主義最基本的特徵；在帝國主義時代，資本主義所固有的各種矛盾日益激化；各國壟斷組織的出現，不僅沒有消弭競爭，反而促使競爭在更廣闊的範圍、更巨大的規模、更激烈的程度上繼續進行；為了爭奪銷貨市場、原料產地和投資場所，各大國壟斷集團展開了搶先占領勢力範圍和瓜分世界的空前猛烈的惡鬥。但整個世界業已被瓜分完畢。由於資本主義發展的不平衡性，經濟疾速發展的後起帝國主義國家要求按照實力的新對比**重新瓜分世界**，因而在帝國主義各國之間，充滿了從別人手上奪取殖民地、重新分配勢力範圍、重新排列世界霸主座次的矛盾衝突。這些矛盾衝突導致了一八九八年的美西戰爭等，又進一步導致了一九一四到一九一八年的第一次世界大戰。之後，後起帝國主義國家——德國戰敗，「美利堅帝國」大陸本土地處兩大洋之間，大西洋和太平洋是它的天然屏障，「得天獨厚」，因此不但未遭重大戰禍損失，反而左右逢源，通過向所有參戰國出售武器和戰爭資源而大發戰爭橫財。

又過了二十一年，又由於資本主義發展的不平衡性，第一次世界大戰中戰敗的德國，在希特勒及其納粹法西斯黨徒「復仇主義」瘋狂叫囂中，東山再起，捲土重來，一九三九年在歐洲發動了規模空前的第二次世界大戰，導致生靈塗炭。在此期間，「美利堅帝國」又重施故技，再次利用「得天獨厚」的地理優勢，腳踩兩船，左右逢源，大發戰爭橫財。直到一九四一年底，因狡詐

第一編・國際經濟法基本理論（一）

0305

陰險的日本帝國主義偷襲珍珠港，重創美國海軍，美國才被迫參加了反法西斯的正義戰爭。

但是，一九四五年二戰結束以來，大量新的事實表明，「美利堅帝國」的帝國主義不但未改惡從善，反而變本加厲，愈演愈烈，更加惡性發展到極致地步，成為全球最大的霸權「暴發戶」，成為當今世界綜合國力最強的、獨一無二的超級大國。

說到美利堅帝國主義愈演愈烈的劣根性，就不能不深挖此種劣根性的制度根源和階級根源，昭示公眾。正如前文提到的，曾經長期參與設計美國對外基本國策因而通曉美國對外擴張政策內幕底蘊的資深外交家凱南，早在二十世紀八〇年代就已在其專著中坦率承認，美國每年都把國民收入的很大一部分用於生產並出口武器裝備，保持龐大的武裝力量和軍事設施。美國在數十年冷戰過程中已經造成一個龐大的既得利益集團，從而已經使自己依賴於這種可憎的全國性的窮兵黷武行徑。[4] 凱南這裡所說的「龐大的既得利益集團」，顯然就是眾所周知的美國「**軍事產業複合體**」（Military-Industrial Complex）或**軍工產業壟斷資產階級**，其構成分子，不僅有直接從事製造、銷售、出口大量武器裝備和一切軍需用品的企業鉅子，不僅有生產、加工、運輸各種戰略物資的壟斷大王，而且還有直接或間接控股這些軍工生產企業和海陸空運輸公司的金融寡頭……因此，美國「軍事產業複合體」或軍工產業壟斷資產階級實際上控制了全美國的主要經濟命脈，進而操縱全美國的主要政治命脈和文化命脈。

在美國「民主」選舉制度和政治「獻金」制度下，最後得以脫穎而出的「菁英分子」，諸如國會議員、總統、國務卿、國防

部部長等，幾乎無一不是美國壟斷資產階級愜意的政治代理人或代言人。[85] 順理成章，由這些菁英們所制定的美國對內對外國策，也就幾乎無一不是美國壟斷資產階級愜意的、能使他們獲得最大利潤（30% － 100% － 300%）的政策，這豈不就是美國壟斷資產階級所精心設計的「連鎖反應」和刻意追求的「最佳效果」嗎？為了大發戰爭橫財，美國壟斷資產階級總是不斷在幕前幕後積極慫恿和大力推動美國當局擴軍備戰，製造戰爭，歇斯底里，伺機在世界各地發動規模戰爭或「局部戰爭」，不惜以千千萬萬美國普通百姓的血肉之軀充當炮灰，驅使他們奔向全球各地戰場，更不惜隨時在世界各地給弱者公眾製造戰爭災難，濫施殺戮，塗炭生靈，這不是屢見不鮮的歷史事實嗎？

簡言之，概括地說，美國建國前後四百年來的惡性殖民擴張，劣跡斑斑、罪行累累、愈演愈烈，其總根源就在於美國的資本帝國主義經濟體制以及由此孵育出來的「美利堅帝國」壟斷資產階級的先天劣根性：唯利是圖和極端貪婪。

由此可見，當代形形色色的美國霸權版「中國威脅」論及其「東海」變種和「南海」變種，其時起時伏，一再出現和甚囂塵上，**都不是歷史的偶然**。應當說，當前中國周邊出現的這種國際現象，說到底，乃是「美利堅帝國」建國前後四百年來的惡性殖民擴張的歷史延伸和必然結果，乃是以美國為首的這股國際負面勢力逆時代潮流而動的最新表現。

那麼，面臨當前來勢洶洶的、逆時代潮流而動的、以美國為首的這股國際負面勢力，中國應當如何對應？究竟有何底線？

六、中國的底線：絕不拿主權權益做交易，不惹事，但也不怕事

　　無數事實證明：在國家林立的當代世界，弱肉強食之「叢林規則」依然盛行，國際弱勢群體得來不易的國家主權，對於他們的生存與發展說來，有如布帛菽粟之不可須臾離！但是，當代國際法的這一基本原則、信念和理念，卻時時遇到形形色色、變化多端的挑戰和侵害，這就迫使全球弱勢群體不能不時刻保持清醒頭腦、憂患意識和銳利目光，及時識破、堅決反擊形形色色的挑戰和侵害，捍衛國家主權這一基本原則、信念和理念，使它始終屹立，巋然不動！

　　作為全球最大的發展中國家，中國在十九世紀至二十世紀政治主權、經濟主權的「攻防戰」中，自鴉片戰爭以後一百七十多年來，經歷過喪權辱國、飽受列強宰割的巨大歷史創痛，也經歷了通過百年苦鬥，恢復國家尊嚴，在政治上、經濟上自己當家作主的巨大歷史歡欣。如今，已經步入二十一世紀，在經濟全球化加速發展的新情勢下，又面臨著新百年中的政治主權、經濟主權「攻防戰」。際此時刻，面對時起時伏、花樣翻新的國際霸權主義和強權政治的種種外來壓力、挑釁和侵害，很有必要時時重溫鄧小平同志早在三十四年前留下的殷殷叮嚀：「中國人民珍惜同其他國家和人民的友誼和合作，更加珍惜自己經過長期奮鬥而得來的獨立自主權利。任何外國不要指望中國做他們的附庸，不要指望中國會吞下損害我國利益的苦果。」〔86〕

　　秉持鄧小平一九八二年的殷殷叮嚀，溫家寶總理在二〇一〇

年堅定地重申：在涉及中國主權和領土完整的重大問題上，即使是中國很窮的時候，我們也是錚錚鐵骨。」[87]「中國講友好，也講原則，堅定不移地維護國家的核心利益。在涉及主權、統一及領土完整的問題上，中國決不退讓，決不妥協。」[88]

針對新近的國際風雲變幻和海疆侵華事態，習近平總書記在二〇一三年一月再次強調：「任何外國不要指望我們會拿自己的核心利益做交易，不要指望我們會吞下損害我國主權、安全、發展利益的苦果。」[89]

二〇一三年四月，中華人民共和國國務院新聞辦公室昭告全球公眾的中國《國防白皮書》，側重從政治與軍事相結合的角度，闡述和解讀了中國新一代領導人在新形勢下的堅定信念和決心，指出：當前國際形勢保持總體和平穩定的基本態勢，但與此同時，世界仍然很不安寧，霸權主義、強權政治和新干涉主義有所上升，局部動盪頻繁發生，熱點問題此起彼伏，傳統與非傳統安全挑戰交織互動，國際軍事領域競爭更趨激烈，國際安全問題的突發性、關聯性、綜合性明顯上升。亞太地區日益成為世界經濟發展和大國戰略博弈的重要舞臺，美國調整亞太安全戰略，導致亞太地區格局也產生深刻變化。中國仍面臨多元複雜的安全威脅和挑戰，生存安全問題和發展安全問題、傳統安全威脅和非傳統安全威脅相互交織，維護國家統一、維護領土完整、維護發展利益的任務艱巨繁重。有的國家深化亞太軍事同盟，擴大軍事存在，頻繁製造地區緊張局勢。個別鄰國在涉及中國領土主權和海洋權益的問題上採取使問題複雜化、擴大化的舉動，日本在釣魚島問題上不斷製造事端。針對這些多元、複雜多變的威脅和挑

戰，中國武裝力量必須堅持的首要基本政策和原則，就是維護國家主權、安全、領土完整，保障國家和平發展；堅定不移地實行積極防禦軍事戰略，防備和抵抗侵略，遏制分裂勢力，保衛邊防、海防、空防安全，維護國家海洋權益和在太空、網絡空間的安全利益。**堅持「人不犯我，我不犯人；人若犯我，我必犯人」**，堅決採取一切必要措施維護國家主權和領土完整。[90]

連續幾代中國國家領導人三十多年來不斷重申和反覆強調的這些話，充分體現了中國人民在主權問題上的一以貫之的基本立場，可謂擲地有聲、浩氣凜然！

二〇一四年三月二十八日下午，中國國家主席習近平應德國科爾伯基金會邀請在柏林發表演講。會上習近平指出，幾十年來，中國始終堅持獨立自主的和平外交政策，反對霸權主義和強權政治，不干涉別國內政，永遠不稱霸，永遠不搞擴張。我們在政策上是這樣規定的、制度上是這樣設計的，在實踐中更是一直這樣做的。當然，中國將堅定不移維護自己的主權、安全、發展利益，任何國家都不要指望我們會吞下損害中國主權、安全、發展利益的苦果。在回答關於中國周邊外交政策的問題時，習近平指出，遠親不如近鄰。從國與國的關係講，朋友可以選擇，但鄰居是無法選擇的，要世代相處下去。無論是從理智上還是從感情上，我們都認為與鄰為善、以鄰為伴是唯一正確選擇。中國對周邊國家堅持親、誠、惠、容的理念。當前，中國同周邊國家的關係總體是好的。我們主張通過協商和對話妥善管控分歧，解決爭議。在事關中國主權和領土完整的重大原則問題上，我們**不惹事，但也不怕事**，堅決捍衛中國的正當合法權益。[91]

二〇一四年四月八日，中國國務委員兼國防部部長常萬全在與美國國防部部長哈格爾舉行的聯合記者會上強調，領土主權問題是中國的核心利益。在領土主權問題上，我們不會妥協，不會退讓，不會交易，更不允許受到一絲一毫的侵犯。中國軍隊肩負著維護國家主權、安全和領土完整的使命，我們時刻做好應對各種威脅和挑戰的準備，只要黨和人民需要，就能召之即來、來之能戰、戰之必勝。[92] 八月中旬，中國《人民日報》又針對哈格爾在澳大利亞發表的讕言，刊登專文警告說：「中國也不是好欺負的，對於無理挑釁行為，必將做出清晰堅定的回應。」[93]

　　中國國務院總理李克強二〇一四年四月十日在博鰲亞洲論壇主旨演講[94]中提到，中國將繼續堅持走和平發展道路，奉行睦鄰友好的周邊外交政策。同時，我們維護本國領土主權的意志是堅定不移的，願通過和平手段解決爭端的主張也是明確的。對加強海上合作的積極行動，我們會傾力支持；對破壞南海和平穩定的挑釁行為，我們會果斷回應。中國人歷來講求「以德報德，以直報怨」[95]，我們重情義，不會虧待朋友；我們講原則，堅定維護根本立場。

　　二〇一六年三月三十一日，習近平與美國總統奧巴馬在華盛頓會晤時，針對中國南海的風雲變幻和波濤迭起，再次重申中國的「底線」，明確警告國際黷武勢力：「中國堅定維護在南海的主權和相關權利，堅定致力於維護南海地區和平穩定，堅持通過同有關當事國直接協商談判和平解決爭議。中方尊重和維護各國依據國際法享有的航行和飛越自由，同時不會接受任何以航行自由為藉口損害中國國家主權和安全利益的行為。」[96]

一言以蔽之，中國儘管努力貫徹「和為貴」「化干戈為玉帛」原則，但當代霸權龍頭老大，一貫「虎狼成性」，怙惡不悛，為維持其全球霸主地位，總是時時「化玉帛為干戈」，到處窮兵黷武，肆意入侵他國領土、領海、領空，破壞國際安寧和世界和平秩序，面對此種無情現實，中國人民自宜牢記傳承數千年的古訓：「安而不忘危，存而不忘亡，治而不忘亂」，[97] 盡早未雨綢繆，做好周全準備，「以革命的兩手對付反動的兩手」[98] **朋友來了，有好酒；豺狼來了，有獵槍！**[99]

注釋

〔1〕 參見陳安：《美國霸權版「中國威脅」讕言的前世與今生》，江蘇人民出版社 2015 年版，第 140-144 頁。

〔2〕 同上書，第 144-169 頁。

〔3〕 參見《美國防長訪菲律賓　尋求擴大美軍在菲輪駐》，http://www.chinanews.com/gj/2013/08-30/5228382.shtml。

〔4〕 參見〔美〕喬治・凱南：《美國外交》（增訂本），葵陽等譯，世界知識出版社 1989 年版，第 130、137-138 頁。

〔5〕 See William P. Bundy，The United States and Comniunist China, *U. S. Dept. of State Bulletin*, February 28，1966，pp. 310-318.

〔6〕 觀察家：《駁邦迪》，載《人民日報》1966 年 2 月 20 日第 4 版。參見《滾雷行動》，http://zh. wikipedia. org/zh-tw/ %E6 %BB %9A %E9%9B%B7%E8%A1%8C%E5%8A%A8。

〔7〕 參見《滾雷行動》，http://zh. wikipedia. org/zh-tw/%E6 %BB% 9A%E9% 9B%B7%E8% A1% 8C% E5 % 8A%A8。

〔8〕 See William P. Bundy，The United States and Communist China，*U. S. Dept. of State Bulletin*, February 28，1966，pp. 310-318.

〔9〕 邦迪死於二〇〇〇年，凱南死於二〇〇五年。

〔10〕 參見《亞太再平衡占戈略》，http://baike.so. com/doc/6232088.

html；阮宗澤：《美國「亞太再平衡」戰略前景論析》，http://theory. gmw. cn/2014-08/17/content_12584087_8. htm。

〔11〕從一六〇七年英國在北美建立第一個殖民地到一七七六年英屬北美十三個殖民地宣布獨立組建美國，歷經一百六十九年，一七七六美國建國迄今（2018 年），又歷經二百四十二年。兩者相加，共歷四百十一年。

〔12〕馬克思：《英中條約》，載《馬克思恩格斯全集》第 12 卷，人民出版社 1962 年版，第 605 頁。

〔13〕恩格斯：《英人對華的新遠征》，載《馬克思恩格斯全集》第 12 卷，人民出版社 1962 年版，第 186、590 頁。

〔14〕參見馬克思：《與波斯簽訂的條約》，載《馬克思恩格斯全集》第 12 卷，人民出版社 1962 年版，第 249 頁，並參閱同卷《英中衝突》《議會關於對華軍事行動的辯論》《鴉片貿易史》以及第 13 卷《新的對華戰爭》等文。

〔15〕參見陳安：《美國霸權版「中國威脅」讕言的前世與今生》，江蘇人民出版社 2015 年版，第 171-210 頁。

〔16〕參見張敏謙：《從殖民地走向獨立的弗吉尼亞》，載《歷史研究》1993 年第 2 期，第 142 頁

〔17〕參見黃紹湘：《美國通史簡編》，人民出版社 1979 年第 1 版，第 11 頁。

〔18〕同上書，第 12 頁。

〔19〕同上書，第 9 頁。

〔20〕參見〔美〕福斯特：《美國歷史中的黑人》，紐約 1954 年英文版，第 2 章第 2 節。

〔21〕參見《西進運動》，http://baike. baidu. com/view/245066. htm。

〔22〕參見黃紹湘：《美國通史簡編》，人民出版社 1979 年版，第 184 頁；《西進運動》，http://baike. baidu com/view/245066.htm。

〔23〕參見《西進運動》，htp://baike. baidu. com/link? url= idCglyGBRDpUopCmLcAdJiDOSq_tUdcS4kdiSfn0YKsZk23t2RuZGKkKEvACT2xo。

〔24〕參見《美國領土擴張史——金錢+戰爭，用 5000 萬美元買下大半個美國》，http://blog. sina. com. cn/s/blog_51a059dc01008wl6. html；顧學稼等編著：《美國史綱要》，四川大學出版社 1992 年版，第 118 頁；《路易西安納購地案》，http://baike. baidu. com/view/11622077.

htm。當年法國路易斯安納屬地的版圖遠遠超出今日美國路易斯安納州的實際範圍。該屬地範圍包括了美國現今的阿肯色州、密蘇里州、艾奧瓦州、明尼蘇達州密西西比河以西、南達科他州、北達科他州、內布拉斯加州、新墨西哥州、得克薩斯州北部、奧克拉荷馬州、堪薩斯州、蒙大拿州及懷俄明州部分地區、科羅拉多州洛磯山脈以東以及加拿大緬尼托巴、沙士吉萬、亞伯達各省南部之密蘇里河流域地區，還有現今路易斯安那州密西西比河兩岸(包括新奧爾良市)。

〔25〕參見馬克思：《資本論》第 1 卷，人民出版社 1975 年版，第 821-822 頁。

〔26〕馬克思：《不列顛在印度統治的未來結果》，載《馬克思恩格斯全集》第 9 卷，人民出版社 1961 年版，第 252 頁。

〔27〕一八六二年頒行的《宅地法》規定，凡一家之長或年滿二十一歲、從未參加叛亂之合眾國公民，在宣誓獲得土地是為了墾殖目的並繳納十美元費用後，均可登記領取總數不超過一百六十英畝宅地，登記人在宅地上居住並耕種滿五年，就可獲得土地執照而成為該項宅地的所有者。《宅地法》還規定一項折償條款，即如果登記人提出優先購買的申請，可於六個月後，以每英畝一百二十五美元的價格購買之。這一條款後來被土地投機者所利用。這些規定大大刺激了美國東部的居民、來自歐洲的居民以及土地投機商迅速奪得西部土地的貪慾，從而掀起大規模屠殺西部原住民印第安人的高潮。參見 360 百科「《宅地法》」詞條，http://baike. so. com/dc/6155485. html；《美國之霸權歷史（一）屠殺印第安人》，http: //hi. baidu. com/haochengyong/item/22ede03cb8fd390dceb9fe39。

〔28〕據美國一些誠實、嚴謹的學者在二十世紀八〇年代末期到九〇年代初期依據史料重新作出的推算，當哥倫布一四九二年「發現」美洲新大陸時，在現在美國境內居住的印地安人總人口在三千萬至一億之間。到了二十世紀七〇年代，據美國官方統計，被迫分散居住在美國全國各處窮鄉僻壤的「保留地」裡的印地安人，其總人口還不到八十萬人。參見《美國之霸權歷史（一）屠殺印第安人》，http://hi. baidu. com/haochengyong/item/22ede03cb8fd390dceb9fe39。

〔29〕〔美〕威廉・福斯特：《美洲政治史綱》，馮明方譯，人民出版社 1956 版，第 273 頁。

〔30〕參見顧學稼等編著：《美國史綱要》，四川大學出版社 1992 年版，第 119-120 頁；《路易西安納購地案》，http://hi.baidu.con/haocheng-yong/iten/22ede03cb8fd390dceb9fe39。

〔31〕參見顧學稼等編著：《美國史綱要》，四川大學出版社 1992 年版，第 120-121 頁。

〔32〕參見王毅：《美國簡史》，安徽人民出版社 2013 年版，第 76 頁。

〔33〕參見黃紹湘：《美國通史簡編》，人民出版社 1979 年版，第 190 頁。

〔34〕同上書，第 186-187 頁。

〔35〕中國福建省面積約為 12. 14 萬平方公里；法國面積約為 55.16 萬平方公里；德國面積約為 35.7 萬平方公裡。

〔36〕《美國之霸權歷史（二）美墨戰爭》，http: //hi. baidu. com/ haocheng yong/item/67e9620dcf757438f3eafc39。

〔37〕列寧：《帝國主義和社會主義運動中的分裂》，載《列寧選集》第 2 卷，人民出版社 1972 年版，第 884 頁

〔38〕列寧：《帝國主義是資本主義的最高階段》，載《列寧選集》第 2 卷，人民出版社 1972 年版，第 810 頁。

〔39〕參見張海濤：《美國走馬觀花記》，上海人民出版社 1980 年版，第 111-115 頁；何處是「美利堅帝國」的邊界》，人民出版社 2000 年版，359-360 頁。

〔40〕See Jacob Heilbrunn and Michael Lind，The Third American Empire，*New York Times*，Jan. 2，1996。另參見張海濤：《何處「是美利堅帝國」的邊界：1946 年以來美國對華戰略策略史》，人民出版社 2000 年版，第 344-345 頁。

〔41〕有心進一步了解「美利堅帝國」百餘年來的暴力擴張行徑的讀者，請參閱陳安：《美國霸權版「中國威脅」讕言的前世與今生》，江蘇人民出版社 2015 年版，第 189-210 頁。此書的特色是圖文並茂，互相印證，史論結合，夾敘夾議，生動活潑，可讀性強。

〔42〕參見黃紹湘：《美國通史簡編》，人民出版社 1979 年版，第 140 頁。

〔43〕同上書，第 191 頁。

〔44〕參見黃紹湘：《美國通史簡編》，人民出版社 1979 年版，第 192 頁。

〔45〕同上書，第 353 頁。

〔46〕同上書，第 357 頁。

〔47〕參見《美國之霸權歷史（五）入侵古巴》，http: // hi. baidu. com/haoc

hengyong/item/aa1f752d5ab0d9d60e37f939

〔48〕詳見張海濤：《何處是「美利堅帝國」的邊界——一九四六年以來美國對華戰略策略史》，人民出版社 2000 年版，第六章第三節，第368-380 頁。其中，作者依據美國《華爾街日報》所載材料及中國學者研究成果，逐一列舉了「美利堅帝國」自 1898 年至 1996 年窮兵黷武、憑藉軍事暴力對外征戰、擴展霸權地盤和勢力範圍的斑斑劣跡；並且集中揭示了二十世紀這一百年裡「美利堅第一、第二、第三帝國」發動侵華戰爭和實行軍事威脅的纍纍罪惡。

〔49〕參見《美國之霸權歷史（八）入侵多米尼加》，http://hi. baidu. com/haochengyong/item/c802e915a9030d701009b536；丁則民、姜德昌：《一百多年來美國對多米尼加的干涉和侵略》，載《吉林師大學報》1965 年第 2 期，第 84-86 頁。

〔50〕參見顧學稼等編著：《美國史綱要》，四川大學出版社 1992 年版，第 328 頁。

〔51〕參見《美國之霸權歷史（十三）占領多米尼加》，http://hi. baidu. com/haochengyong/item/ffd621c0efdc2d51ad00ef39。

〔52〕參見《美國之霸權歷史（七）入侵海地》，http://hi. baidu. com/haochengyong/item/cb7e2dd5a4dbbfcd1a72b436。

〔53〕參見黃紹湘：《美國通史簡編》，人民出版社 1979 年第 1 版，第 458 頁。

〔54〕參見北文編著：《美利堅風雨二百年——戰爭給了美國什麼》，中國友誼出版公司 2006 年版，第 123 頁。

〔55〕參見《美國之霸權歷史（九）介入朝鮮戰爭》，http://hi. baidu. com/haochengyong/item/86f175f42648b84a932af239。

〔56〕參見北文編著：《美利堅風雨二百年——戰爭給了美國什麼》，中國友誼出版公司 2006 年版，第 124、126、129 頁；《抗美援朝》，http://baike. so. com/doc/5352284. html。

〔57〕參見《美國之霸權歷史（五）入侵古巴》，http: //hi. baidu. com/haochengyong/item/aa1f752d5ab0d9d60e37f939；《「豬灣事件」古巴擊退「美軍」入侵》，http: //www. huaxia. com/thiq/jsgoucheng/2011/04/2378583. html。

〔58〕參見北文編著：《美利堅風雨二百年——戰爭給了美國什麼》，中國友誼出版公司 2006 年版，第 117 頁。

〔59〕參見《美國之霸權歷史（十四）發動越戰》，http://hi. baidu. com/
haochengyong/item/031a567011c5d012d0dcb336。

〔60〕參見北文編著：《美利堅風雨二百年——戰爭給了美國什麼》，中國
友誼出版公司 2006 年版，第 122 頁。

〔61〕參見《巴拿馬運河要擴建(圖)》，http://hsb. hsw. cn/2006-10/24/
content_5830171. htm。

〔62〕參見《巴拿馬運河》，http: //zh. wikipedia. org/wiki/巴拿馬運河。

〔63〕參見北文編著：《美利堅風雨二百年——戰爭給了美國什麼》，中國
友誼出版公司 2006 年版，第 137 頁

〔64〕參見《美國一共入侵過幾個國家？》，http://wenda.so. com/
q/1365728411069594。

〔65〕參見《俄羅斯軍艦二戰後將首次穿越巴拿馬運河》，http://www.
chinadaily. com. cn/hqgj/2008-12/05/content_7273017 htm。

〔66〕參見張海濤：《何處是「美利堅帝國」的邊界：一九四六年以來美
國對華戰略策略史》，人民出版社 2000 年版，第 1-21 頁。

〔67〕參見北文編著：《美利堅風雨二百年——戰爭給了美國什麼》，中國
友誼出版公司 2006 年版，第 179-180 頁。

〔68〕詳見《伊拉克戰爭》，http://baike. so. com/doc/5366621. html
#53666-5602345-5.

〔69〕參見《美國侵略伊拉克八年得到了什麼？》，http://blog. sina. com.
cn/s/blog_5e624bdb0102ds19. html。

〔70〕See Manifest Destiny. http://en. wikipedia. org/wiki/Manifest_destiny.
另參見「昭昭天命」詞條。http://so. 360. cn/s? ie= utf-8&-src= hao_
search&q=昭昭天命。

〔71〕關於可以暴力輸出「美式民主」的典型讕言之一是：美國的「民主
制度是那麼的高尚完美以致任何邊界都攔不住。一個仁慈的造物主
當然不會把這種恩惠只賜給少數人；擴張是奉神遣而施教化於暴君
壓迫下的鄰國群眾的手段。這不是帝國主義，是執行拯救辦法。」
參見〔美〕雷·艾倫·比林頓：《向西部擴張——美國邊疆史》（下
冊），周小松等譯，商務印書館 1991 年版，第 206 頁。英文原文如
下："their democratic institutions were of such magnificent perfection
that no boundaries could contain them. Surely a benevolent Creator
did not intend such blessings for the few; expansion was a divinely

ordered means of extending enlightenment to despot-ridden masses in nearby countries! This was not imperialism, but enforced salvation." See Ray Alen Biliton, *West ward Expansion, A History of the American Frontirr*（Third Edition）, Macmillian of the Publishing Co.，1971，p. 574.

〔72〕資料來源：http://en.wikipedia.org/wiki/Manifest_destiny。

〔73〕See Heinz Gollwitzer，*Die Gelbe Gefahr : Geschichte eines Schlgworts-Studien zum imperialistishen Denken*，Vandenhoek & Ruprecht，1962，Preface，S. 8-9.另參見其中文譯本：《黃禍論》商務印書館1964年版，前言第6-7頁。

〔74〕馬克思：《資本論》，載《馬克思恩格斯全集》第23卷，人民出版社1972年版，第820頁。

〔75〕詳見《實用主義》（現代哲學派別），http: //baike. baidu. com/ subview/39074/5082157. htm。

〔76〕參見《實用主義》，http://zh. wikipedia. org/wiki/實用主義。

〔77〕參見《義大利法西斯墨索里尼是怎麼死的？》http://wenwen. sogou. com/z/q139253824. htm? w/。

〔78〕歐美列強統治集團及其謀臣策士們為侵華、排華、遏華、反華而杜撰的讕言，從十九世紀中後期的「黃禍」論──「中國威脅」論，直到當今東海版的「中國威脅」論和南海版的「中國威脅」論，版本不斷變更，花樣不斷翻新，至少已經歷時一百五十多年，跨越了三個世紀，故堪稱「跨世紀讕言」。

〔79〕馬克思：《〈政治經濟學批判〉序言》，載《馬克思恩格斯全集》第13卷，人民出版社1962年版，第8頁。

〔80〕參見《經濟基礎與上層建築》，http://baike. baidu. com/view/107932. htm? fr＝aladdin.

〔81〕馬克思：《資本論》，載《馬克思恩格斯全集》第23卷，人民出版社1972年版，第829頁

〔82〕同上書，第829頁腳註[250]。

〔83〕參見列寧：《帝國主義和社會主義運動中的分裂》，載《列寧選集》第2卷，人民出版社1972年版，第884頁。

〔84〕參見〔美〕喬治·凱南：《美國外交》（增訂本），葵陽等譯，世界知識出版社1989年版，第130、137-138頁。

〔85〕「軍工複合體」又稱「軍工—國會複合體」或「軍工鐵三角」由國會立法機關、武裝部隊及支持前兩者的軍需工業及其後臺大老闆們組成的龐大利益集團，其間存在國會決策與金錢輸送之間的各種關系，這些關係包括提供政治獻金、爭取批准軍費開支、通過遊說取得對各種官僚機構和有關行業的支持等等。這個術語通常用指稱西方強權國家特別用於專指美國武裝部隊背後錯綜複雜、官商互相勾結的系統，有時更廣地用於泛指國防物資供應商、承包商、國防研究機構、五角大樓、國會和行政部門之間的合同承包網絡、金錢流向及國家資源分配等等。一九六一年一月十七日，美國總統艾森豪威爾在連任兩屆卸任前夕發表的「告別演說」中，曾經坦率承認美國的「鐵三角軍工複合體」多年來通過國會決策與金錢輸送之間的各種關係運作，在全國政治、經濟、文化等各種領域，施加影響，全面操控，無所不至，無孔不入，耗費國家巨額財力，擴軍備戰，從中牟取暴利；其對美國自由民主政治和世界和平願景的嚴重負面作用，不可小覷，應當設法遏制和防止。然而，隨著時間的推移，五十多年來，美國的「軍工複合體」龐大利益集團不僅沒有受到限制和削弱，反而愈演愈烈，一直在背後操縱美歐國家的政治、外交、軍事和軍事戰略，它們的影響是極其廣泛、持久和極其深遠的。See Military-industrial Complex,http: //en. wikipedia. org/wiki/Military-industrial_complex.另參見王毅：《美國簡史》，安徽人民出版社 2013 年版，第 183-186、190、198 頁。

〔86〕鄧小平：《中國共產黨第十二次全國代表大會開幕詞》（1982 年 9 月 1 日），載《鄧小平文選》第 3 卷，人民出版社 1993 年版，第 372 頁。

〔87〕《溫家寶總理答中外記者問》，載《人民日報》2010 年 3 月 15 日第 2 版。

〔88〕溫家寶：《認識一個真實的中國》（在第六十五屆聯大一般性辯論上的講話），http://politics. people. com. cn/GB/1024/12800629. html。

〔89〕習近平：《更好統籌國內國際兩個大局 夯實走和平發展道路的基礎 》，http://news. xinluanet. com/ politics/2013-01/29/c_114538253. htm。

〔90〕參見《中國武裝力量的多樣化運用》（國防白皮書），http://news. xinhuanet. com/mil/2013-04/16/c_ 124567705. htm。

〔91〕參見《習近平談領土主權問題：我們不惹事但也不怕事》，http: //
news. qq. com/a/20140329/002299. htm; http://military. china. com/
important/11132797/20140330 /18421267_7. html。

〔92〕參見《常萬全與美國國防部長哈格爾舉行聯合記者會》，htp: //news.
mod. gov. cn/headlines/2014-04/09/ content_4502883. htm。

〔93〕《美不斷壞規矩　中國必回擊無理挑釁》，htp: //www. chinanews.
com/mil/2014/08-14/6491214. shtml。

〔94〕《李克強在博鰲亞洲論壇 2014 年年會開幕式上的主旨演講（全文）》，
http://www. fmprc. gov. cn/mfa_chn/zyxw_602251/t1145916. shtml。

〔95〕「以德報德，以直報怨」，出自《論語・憲問》。「以直報怨」指以
公平正直的態度對待傷害自己的人，其含義甚廣，包括「人不犯
我，我不犯人；人若犯我，我必犯人」。

〔96〕《外媒關注「習奧會」中國堅定維護南海主權》，http://news.163.
com/16/0402/14/BJIFDT3900014AEE. html；《習近平訪美敲打奧巴
馬：在韓部署薩德反導損人不利己》，htp: //mil. news. sina. com. cn/
china/2016-04- 01/doc-ifxqxcnp8362667. shtm。

〔97〕參見《周易・下》。另參見《人民日報》評論部：《習近平用典》，
人民日報出版社 2015 年版，第 29-30 頁。習近平同志曾在講話中指
出：要善於運用底線思維的方法，凡事從壞處準備，努力爭取最好
的結果，做到有備無患、遇事不慌，牢牢把握主動權。參見慎海
雄：《領導幹部要善於底線思維》，http：//news. xinhuanet. com/
politics/2013- 04/07/c_115289665. htm201。

〔98〕毛澤東語：「我們是用了革命的兩手政策來對付反動派的反革命兩
手政策的」參見毛澤東：《讀蘇聯〈政治經濟學教科書〉的談話》（一
九五九年十二月至一九六〇年二月），載《毛澤東文集》第 8 卷，人
民出版社 1999 年版，第 103-148 頁。

〔99〕二十世紀五〇年代反映中國人民抗美援朝、保家衛國英雄史詩的經
典電影《上甘嶺》，其主題歌「我的祖國」，數十年來代代傳唱不
衰。其中第三闋歌詞是：「好山好水好地方，條條大路都寬暢。朋
友來了，有好酒；若是那豺狼來了，迎接它的有獵槍! 這是強大的祖
國，是我生長的好地方，在這片溫暖的地方，到處都有和平的陽
光！」此歌準確地表達了中國人民熱愛和平家園和敢於迎頭痛擊任
何入侵的強霸勢力、任何「虎豹豺狼」的堅定意志和堅強決心。

第十章

論中國在構建 NIEO 中的戰略定位：聚焦評析「新自由主義經濟秩序」論、「WTO 憲政秩序」論、「經濟民族主義」論

↘ 內容提要

二十世紀八〇年代以來，國際社會中力圖阻撓或扭曲建立國際經濟新秩序（NIEO）歷史潮流的各種學說層出不窮，諸如「新自由主義經濟秩序」論、「WTO 憲政秩序」論、經濟民族主義擾亂全球化秩序」論等等。這類學說雖然激發了一些新的有益思考，卻確實造成了一系列新的思想混亂。建立 NIEO 乃是二十世紀五〇年代以來全球弱勢群體數十億人口爭取國際經濟平權地位的共同奮鬥目標，當代中國人應當全面、完整、準確地加深理解鄧小平的「韜光養晦、有所作為」方針，將中國在建立 NIEO 歷史進程中的戰略坐標和基本角色，定位為旗幟鮮明、言行一致的積極推動者。中國理應進一步發揚傳統的具有獨特內涵的中華民族愛國主義，通過 BRICSM 類型的「南南聯合」群體，成為建立 NIEO 的積極推手和中流砥柱之一。總之，中國人民務必保持清醒，謹防落入上述各種「時髦」理論的陷阱。

↘ 目次

一、引言：國際經濟秩序、國際經濟法與南北矛盾

　　國際經濟交往中所發生的國際經濟關係，在每一特定歷史階段，往往形成某種相對穩定的格局、結構或模式，通常稱之為「國際經濟秩序」。國際經濟秩序的建立和變遷，取決於國際社會各類成員間的經濟、政治和軍事的實力對比。與此同時，在各國統治階級相互合作、鬥爭和妥協的基礎上，也逐步形成了維護這些秩序的、具有一定約束力或強制性的國際經濟行為規範，即國際經濟法。國際經濟法是鞏固現存國際經濟秩序的重要工具，

也是促進變革國際經濟舊秩序、建立國際經濟新秩序（NIEO）的重要手段。

在國際經濟秩序和國際經濟法的發展過程中，始終貫穿著強權國家保持和擴大既得經濟利益、維護國際經濟舊秩序與貧弱國家爭取和確保經濟平權地位、建立國際經濟新秩序的矛盾和鬥爭，簡稱「南北矛盾」。南北矛盾衝突的焦點和實質，是全球財富的國際再分配。而新、舊國際經濟秩序的根本分野，則在於全球財富國際再分配之公平與否。

史實證明，當代南北矛盾的利益衝突「並非一日之寒」，南北合作的進程必然是步履維艱，曲折行進。相應地，國際經濟秩序和國際經濟法律規範的破舊立新、新舊更替，勢必循著螺旋式上升的「6C 軌跡」或「6C 律」，即 Contradiction（矛盾）→Conflict（衝突或交鋒）→Consultation（磋商）→Compromise（妥協）→Cooperation（合作）→Coordination（協調）→Contradiction New（新的矛盾），逐步實現。[1]、從萬隆、多哈、坎昆到香港，再到現在，回顧並總結南南聯合自強五十多年國際經濟立法的歷史進程，國際弱勢群體即眾多發展中國家面對當代國際社會的基本現實，即戰略上的「南弱北強」和「南多北寡」，不能不以史為師，保持清醒的頭腦、足夠的耐心、不撓的韌性，採取戰略原則堅定性與策略戰術靈活性相結合的對策。國際經濟秩序和國際經濟法律規範的除舊布新，爭取和維護國際弱勢群體的平權地位和公平權益，舍韌性的「南南聯合自強」（South-South Self-Solidarity），別無他途可循。[2]

作為全球最大的發展中國家和正在和平發展中的大國，在建

立國際經濟新秩序的歷史進程中，中國理應發揮重要作用。在此背景下，科學地從戰略上定位中國在參與國際經濟活動、建立國際經濟新秩序中的角色，不但是國際社會的期待，也是中國自身實現「和平發展」戰略目標的需要。

二、歷史上中國的自我定位

為了科學地確定中國在建立國際經濟新秩序中的戰略定位，我們一方面要善於審時度勢，合理借鑑外來先進經驗，另一方面也必須重視學習中國自己的歷史，從中汲取有益的經驗和教訓。不能對本國的歷史一無所知，在心目中「漆黑一團」，更不能「言必稱希臘，對於自己的祖宗，則對不住，忘記了」。

在當代國際經濟秩序中，中國當代的地位是從古代中國、近現代中國的歷史定位中發展而來。因此，有必要回溯歷史，明其「來龍」，知其「去脈」。

（一）古代中國的自我定位

據史家考證，在漫長的古代中國歷史上（西元前 11 世紀西元 1840 年左右），中國一直處於奴隸社會和封建社會時期，並以「中央王國」和「天朝大國」自居。具體表現為：首先，周朝（始建於西元前 11 世紀）便確立了中央政府與周邊幾十個諸侯國之間的「賜」與「貢」關係，這種原始形態的「國際」物物交易，雖然並不是近現代意義上真正的國際貿易，卻蘊含著樸素的等價有償關係。

其次，「中央王朝」在對待周邊國家和地區的態度上，存在著一定的自大與輕狂。例如，將生活在周邊地區的少數民族稱為「東夷、西戎、南蠻、北狄」，認為他們都是沒有開化，尚處於矇昧甚至野蠻時期的民族。早在西漢時期，京城長安就設有專門接待外國貿易使團的高級賓館，卻用「蠻夷邸」這一輕蔑詞彙為它命名。漢唐以降，直至明末清初，儘管已經通過陸上「絲綢之路」與遠洋航行，與亞、歐、非許多國家開展了多種形式的產品交換，卻十分固執地硬把蘊含著樸素等價有償交換關係的外商（番舶）與中國朝廷之間的產品交換，稱為「朝貢」與「賞賜」。[3]

最後，「中央王朝」統治者在對自我的認知方面，主張「普天之下，莫非王土；率土之濱，莫非王臣」，並自命「天子」，自認為是「受命於天，君臨天下（萬邦）」。

以上簡要事實，可通過圖 1-10-1 表示。從中可以看出，古代中國在參與國際經濟交往的過程中，雖然也提倡樸素的平等互利，但這種平等卻是建立在「天朝大國」的光環之下，其中所昭示的幼稚無知和盲目自大也是顯而易見的。

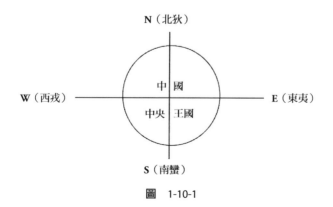

圖　1-10-1

（二）近現代中國的自我定位

從秦朝統一全中國，歷經漢唐至明初，中國一直堅持對外開放的基本國策。開拓「絲綢之路」「鄭和七下西洋」等事件素為世人稱道，為中外經濟文化的交流互補和發展傳承，貢獻甚多。但遺憾的是，從明代中葉以後，封建統治者開始奉行「閉關鎖國」的政策，並在諸多內外因素的綜合作用下，導致了昔日的「中央王國」日益衰敗。隨著鴉片戰爭的大砲轟破「天朝」的國門，中國開始了長達一個多世紀的苦難歷程。其間，國人及外界對中國定位的認識有所不一。

昏庸腐敗的統治者對自身的定位一落千丈。從「天朝大國」的妄自尊大，到見識西方堅船利炮之後的妄自菲薄，對外一再紆尊降貴，卑躬曲節，奴顏婢膝，日益喪失基本的國格和人格；對內則竭力強化對芸芸子民的殘暴專制統治，甚至無恥地宣稱：中華錦繡江山和國家權益「寧贈友邦，不與家奴」。

外國強權人物此時對中國的定位可分化為兩類：一類以日本的伊藤博文、田中之流為代表，視中國為「東亞病夫」，認為可任憑欺凌宰割，無力反抗；另一類則稍具戰略眼光，認為中國擁有輝煌的歷史，其潛在力量與未來聲威不可小覷，法國的拿破侖曾喻中國為「東方睡獅」，便是一例。

與此同時，中國的愛國志士也沒有停止對中國國家自我定位的探索。以李大釗、陳獨秀、周恩來等為代表的一大批仁人志士，身處「多難之邦」，大聲疾呼「多難興邦」「振興中華」，極力倡導「天下興亡，匹夫有責」。革命先行者孫中山先生更是高瞻遠矚，反覆強調要「聯合世界上以平等待我之民族，共同奮鬥」！

（三）鴉片戰爭後一百六十餘年來形成的主流民族意識及其對中國定位的影響

鴉片戰爭至今的中國可大致劃分為三個歷史階段：（1）一八四〇至一九四九年（109 年），其主要特點是中華民族在列強欺凌下處在「喪權辱國」的境地；（2）一九四九至一九七八年（約 30 年），其主要特點是「中國人民從此站起來了」開始躋身於當代世界獨立民族之林，但又遭遇各種外患和內憂，包括「文化大革命」，社會主義建設受到嚴重阻撓和破壞；（3）一九七八至二〇〇八年（約 30 年），其主要特點是中共中央在鄧小平理論指引下，全面撥亂反正，力行改革開放基本國策，率領全民投入中國特色社會主義建設，綜合國力日益提高。

綜觀近現代中國歷史發展，中華民族歷經一百六十餘年的歷史磨難和苦鬥而日益覺醒。為了實現「民族復興、振興中華」的宏願，中國人民奉行民族自強、自主、自尊、自豪之道，逐漸形成了具有獨特內涵的「中華民族的愛國主義」這一主流意識。它歷經種種曲折、挫折與磨難，在來自西方的革命思潮馬克思列寧主義的啟迪和指引下，融合中國的國情，排除各種錯誤思潮的干擾，一次又一次地不斷昇華到新的更高的層次。隨著國內外形勢的發展，以「中華民族的愛國主義」為基礎，中國對自身在建立國際政治經濟新秩序中的戰略定位也日益明晰。

然則，何謂「中華民族的愛國主義」？

筆者認為，內涵豐富的「中華民族的愛國主義」至少包含以下五個主要方面：第一，「中華民族的愛國主義」是國際主義與愛國主義的高度結合。《共產黨宣言》中的「全世界無產者聯合

起來」，中國儒家學說中的「四海之內，皆兄弟也」，當代弱小民族的「全球弱勢群體是一家」，這些主張的核心價值和基本理念是*互通互融*的。在此基礎上逐步興起的全球性「南南聯合自強」，自然理應成為中國參與建立國際經濟新秩序的基本準則和基本途徑。第二，「中華民族的愛國主義」主張愛祖國，也愛世界；主張全球各國，不論大小、貧富、強弱，均應平等待人，不卑不亢；公平互利，互助互補。

第三，「中華民族的愛國主義」主張愛本土，也愛四鄰；主張與鄰為善，以鄰為伴；擱置爭議，共創雙贏。在中日、中越、中菲之間領土爭端的解決上，這一點表現得尤為突出。第四，「中華民族的愛國主義」主張「旗幟鮮明，是非分明，和而不同」。[5] 既能和諧地與世界一切國家友好相處，卻又一向旗幟鮮明，是非分明，從不含糊曖昧，更不盲從附和。第五，「中華民族的愛國主義」意味著中國將秉持上述諸項準則，獨立自主地、積極地參與全球性多邊協定和地區性多邊協定、雙邊協定及其相關組織機構。

縱觀中華人民共和國成立以來，特別是改革開放以來的發展歷程，不難發現中國一直在「中華民族的愛國主義」的指引下，努力奉行這樣的基本準則，即「獨立自主、公平互利，聯合廣大發展中國家，共同奮鬥」，力爭包括中國在內的全球弱小民族，在世界經貿大政問題上，取得應有的平等的發言權、參與權、決策權，藉以促進國際經濟新秩序的建立，實現全球的共同繁榮。

三、今後中國的自我定位：建立 NIEO 的積極推手和中流砥柱之一

以史為鑑，可以知興衰。筆者認為，在建立國際經濟新秩序的過程中，中國應當立足於自身的歷史，把握現有國際經濟秩序的大局，科學地、合理地從長遠角度確立自己的戰略定位。具體說來，今後中國在建立 NIEO 中的自我定位至少應當毫不含糊地包含以下四個方面：

第一，中國理應成為建立國際經濟新秩序的積極推手。世間常理從來是「不破不立」，破舊方能立新，除舊方能布新。在國際經濟舊秩序尚未完全退出歷史舞臺的背景下，為了實現南北公平，中國作為發展中的大國之一，理應以公正、公平、合理的國際經濟新秩序作為長遠奮鬥目標，積極倡導和參與建設和諧世界。

第二，中國理應致力於成為南南聯合自強的中流砥柱之一。作為當代奉行和平發展方針的大國，中國當然不會選擇再次成為昔日的「中央王國」而盲目自大，卻不能不成為「南南聯合自強」的中流砥柱之一（如圖 1-10-2 所示）作為大國，應當具有大國的意識和風範，勇於承擔，與其他發展中國家一起聯合行動。在 WTO 的二〇〇一年多哈會議、二〇〇三年坎昆會議、二〇〇五年香港會議上以及近八年來「南北對話」的全過程中，中國與印度、巴西、南非和墨西哥等 BRICSM 成員的協調合作，都可視為成功的範例。[6]

第三，中國與全球弱勢群體共同參與建立國際經濟新秩序的

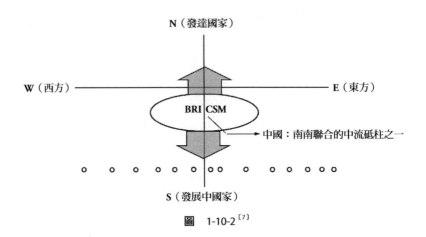

圖　1-10-2 [7]

戰略目標，理應堅定不移，始終不渝。即應當堅持戰略原則的堅定性，始終不渝地立足於廣大發展中國家的共同立場和本國的核心利益，致力為建立公正、公平、合理的國際經濟新秩序而長期鬥爭。這一基本立場，無論是在改革開放之初，還是在「入世」後的今天，始終未變，將來也不應輕率變更。

　　與此同時，中國在建立國際經濟新秩序的過程中應審時度勢，堅持策略戰術的靈活性，一方面，既要充分認識到各類發達國家並非「鐵板一塊」，從而因時、因地、因國而調整策略，適當地區別對待，既要開展南北之間的合作，又要進行有理有利有節的鬥爭；[8] 另一方面，更要充分認識到眾多發展中國家之間的差異性，自覺抵制霸權強權發達國家的分化瓦解、各個擊破策略，善於進行南南之間的溝通協調，力爭在「南南聯合」內部求大同，存小異，實現「一致對外」。

　　第四，中國在建立國際經濟新秩序進程中的自我定位，理應旗幟鮮明，和而不同。在此過程中，既有合作又有鬥爭，表現得

有理有利有節，沒有屈從，沒有「軟骨」，不是國際掮客，不是左右逢源，絕不含糊曖昧，絕不模稜兩可。

這樣說，是否不符合中國的現實國情？是否不自量力，口唱高調，嘩眾取寵？是否偏離鄧小平所諄諄提醒和告誡的「對外二十八字方針」[9]？

否！否！否！

有一種見解認為：鄧小平提出的「善於守拙，決不當頭，韜光養晦」，就是告誡中國的領導人和廣大群眾應當明哲保身，只管本國內部事務，不管全球大是大非。的確，在如何處理國際關係上，鄧小平說過：「第三世界有一些國家希望中國當頭。但是我們千萬不要當頭，這是一個根本國策。這個頭我們當不起，自己力量也不夠。

當了絕無好處，許多主動都失掉了」「中國也永遠不當頭」？[10]但這一英明決斷卻被少數人作了不正確的領會和理解。這些人認為，如今全球建立國際經濟新秩序的努力，困難重重，步履維艱，國際弱勢群體即第三世界的實力不足，前景頗不樂觀，在此種宏觀環境下，中國人對於鄧小平的上述對外戰略思維和「處世之道」，應當「認真重溫和切實遵循」。因此，中國人今後不宜再堅持建立國際經濟新秩序這一第三世界的共同奮鬥目標。

但是，這種見解和看法至少忽略了以下基本事實：

1. 鄧小平本人正是建立國際經濟新秩序最早的倡議者之一。

一九七四年在聯合國大會特別會議上，鄧小平鄭重宣布：中國是一個社會主義國家，也是一個發展中國家，中國屬於第三世

界國家。中國同大多數第三世界國家一樣具有相似的苦難經歷，面臨共同的問題和任務。中國把堅決同第三世界國家一起為反對帝國主義、霸權主義、殖民主義而鬥爭，看作自己神聖的國際義務。中國堅決站在第三世界國家一邊，而且永遠不稱霸。

正是在鄧小平親自參加的這一次聯大特別會議上，他代表中國政府向國際社會提出了建立國際經濟新秩序的基本主張。他說，國家之間的政治和經濟關係，都應該建立在「和平共處五項原則」的基礎上；國際經濟事務應該由世界各國共同來管，而不應該由少數國家來壟斷。占世界人口絕大多數的發展中國家應該參與決定國際貿易、貨幣、航運等方面的大事；發展中國家對自己的自然資源應該享有和行使永久主權；對發展中國家的經濟援助應該嚴格尊重受援國家的主權，不附帶任何條件，不要求任何特權；對發展中國家提供的貸款應該是無息或低息，必要時可以延期償付甚至減免；對發展中國家的技術援助應該實用、有效、廉價、方便。鄧小平還強調：

各國的事務應當由各國人民自己來管，發展中國家人民有權自行選擇和決定他們自己的社會、經濟制度。

正是在鄧小平親自參加的這一次聯大特別會議上，大會通過了《建立國際經濟新秩序宣言》和《建立國際經濟新秩序行動綱領》，促使建立新的國際經濟秩序成為全球發展中國家數十億人口的共同奮鬥目標。作為具有「言行一致」「言必信、行必果」優良民族傳統的大國的英明領導人，鄧小平在世界莊嚴論壇上公開闡述的全球性戰略思維以及中國在建立國際經濟新秩序中的自我戰略定位，理應是經過深思熟慮和一以貫之的。[11]

2. 鄧小平本人在反覆強調要「韜光養晦」千萬不要當頭」的同時，也一再強調「要有所作為」「要積極推動建立國際政治經濟新秩序」。

鄧小平提出，像中國這樣的一個大國，「在國際問題上無所作為不可能，還是要有所作為」，「要積極推動建立國際政治經濟新秩序」。換言之，鄧小平關於中國「決不當頭」的戰略思維，絕不意味著在全球性南北矛盾等大是大非問題上，在國際經濟秩序的新舊更替、棄舊圖新、破舊立新的奮鬥進程中，不再高舉甚至悄悄丟棄了 NIEO 這一面鮮明亮麗的大纛，轉而偃旗息鼓，提倡含糊曖昧，模棱兩可，明哲保身，消極迴避。恰恰相反，像中國這樣一個大國，在重大國際問題上理所當然地還是要有所作為，要旗幟鮮明地「積極推動建立國際政治經濟新秩序」。

3. 作為鄧小平理論及其全球戰略思維的繼承者和接班人，當前新一代的中國國家領導人正在積極倡導「南南聯合」，積極推動建立國際政治經濟新秩序。

新一代的中國國家領導人在這方面的行動事例，是中國在二〇〇一年「多哈發展回合」談判啟動前後最近這七八年來，在 WTO 內外圍繞著南北矛盾與南北合作而積極參與的國際實踐。眾所周知，由於中國等發展中大國的綜合國力和國際影響的逐步提高，在前文提到的 WTO 多哈會議、坎昆會議、香港會議的全過程中，中國與印度、巴西、南非和墨西哥等 BRICSM 成員曾多次通力協作，折衝樽俎，使得國際霸權與強權不能隨心所欲，操縱全局，從而為國際弱勢群體爭得較大的發言權。[12]

4. 新一代的中國國家領導人在二〇〇七年十月間與時俱進、開拓創新地提出了必須堅持以鄧小平理論為指導，深入貫徹落實**科學的發展觀**，並且正在進一步把鄧小平理論及其全球戰略思維與新形勢下的新實踐密切地結合起來，積極地有所作為，使鄧小平理論及其全球戰略思維，在新形勢下「既一脈相承又與時俱進」[3] 上升到更高層次。

在這方面，有兩大最新的實踐事例特別值得注意並且發人深思：**事例之一**：在「南南聯合自強」和「南北對話」的歷史途程中，近幾年來出現的一種新的力量組合和新的對話方式，開始漸露頭角，舉世矚目：由最發達強國組成的「七國集團」或「八國集團」的首腦與若干主要發展中國家的領導人**定期會晤**，開展南北對話，磋商「天下大事」，共謀解決全球性熱點難題。此種對話方式已實行數次，如二〇〇八年七月在日本舉行的八國集團首腦與中國、印度、巴西、南非和墨西哥五個主要發展中國家領導人的對話會議。

會議期間，中國領導人胡錦濤針對這種「南南聯合自強」和「南北對話」的**新形式**作了精闢的分析。[4] 他指出：當今世界正處在大變革、大調整之中。**近年來，發展中國家整體力量上升、團結合作加強，在國際事務中的影響和作用日益增長**。中國、

印度、巴西、南非和墨西哥五國都是重要的發展中國家，人口占世界的百分之四十二，國內生產總值占世界的百分之十二。加強五國的協調合作，不僅有利於各自國家發展，也有利於加強「南南合作」，推動「南北對話」，推進人類和平與發展的崇高事業。過去的一年裡，五國初步建立起多個層面的協調機制，圍繞

同八國集團舉行對話會議，密切溝通，加強協調，取得了積極成果。應該以此為基礎，繼續作出努力。當前，五國已成為世界經濟體系的重要組成部分和世界經濟增長的重要推動力量，應該就世界經濟增長中的重大問題加強溝通和協調，開展互惠互利的雙邊和多邊合作，共同應對不利因素，保持經濟較快發展的勢頭和活力，繼續為世界經濟發展做出貢獻。[15]

胡錦濤主席強調：「南南合作是發展中國家取長補短、實現共同發展的重要途徑。我們**應該為促進南南合做作出積極貢獻，起到表率作用**。一方面，我們應該共同促進多邊主義和國際關係**民主化**，增強發展中國家在國際事務中的參與權和決策權，為發展中國家發展爭取有利外部環境。另一方面，我們應該**積極推動**國際經濟、金融、貿易、發展體系**改革，維護發展中國家正當權益**，提高發展中國家應對各種風險和挑戰的能力，促進世界經濟均衡、協調、可持續發展。」[6]

胡錦濤主席的這些分析，言簡意賅，既總結了「南南聯合自強」的過去，又展望了「南南聯合自強」的未來，還著重強調了上述五個主要發展中國家所承擔的全球性歷史任務及其在「南南聯合自強」中應當發揮的**表率作用**和**中流砥柱作用**。這些精闢分析，引起了全球公眾的共同關注，對於中國今後在推動建立國際經濟新秩序歷史進程中的自我戰略定位，尤其具有啟迪和指導意義。

事例之二：在二〇〇八年十一月「華盛頓峰會」的南北對話中，上述積極地有所作為的表**率作用**和**中流砥柱作用**，再一次獲得實踐的驗證：當前，全球正在經歷著嚴重的國際金融危機。其

波及範圍之廣、影響程度之深、衝擊強度之大，為二十世紀三〇年代以來所罕見。全球的主要發達國家和主要發展中國家的首腦於二〇〇八年十一月中旬在美國華盛頓舉行二十國峰會，共商應對之策。

包括中國、巴西、阿根廷、印度、印尼、墨西哥、南非在內的主要發展中國家，聚首華盛頓，旗幟鮮明地提出：國際社會應該認真總結這場世界性金融危機的教訓，在所有利益攸關方充分協商的基礎上，對國際金融體系進行必要的改革。國際金融體系改革，應該堅持建立公平、公正、包容、有序的國際金融新秩序的方向，應該堅持全面性、均衡性、漸進性、實效性的原則。其中的全面性，就是要總體設計，全面改革和完善有關的國際金融體系、貨幣體系、金融組織、國際金融規則和程序。均衡性，就是要統籌兼顧，平衡體現各方利益，形成各方更廣泛有效參與的決策和管理機制，尤其要體現新興市場國家和發展中國家利益。同時，特別強調：應該推動國際金融組織改革，改革國際金融組織決策層產生機制，提高發展中國家在國際金融組織中的代表性和發言權。[17]

此種旗幟鮮明的主張由來已久，但在全球經歷著嚴重的世界性金融危機之際重新提出，可謂意義非凡，舉世矚目。不妨說，這是針對現有的國際金融組織機制（「**布雷頓森林體系**」，Breton Woods System）及其中體現的國際經濟舊鐵序，再次吹**響了變革圖新的號角**，發達強權國家實在難以再「一如既往」地置若罔聞。

二〇〇八年以上這些最新事態一再表明：

第一，「南南聯合自強」的**戰略思想**正在全球範圍內日益深入人心，成為國際弱勢群體力爭獲得和維護國際平權地位的主要手段之一。

第二，「南南聯合自強」的**戰略目標**，始終不渝地聚焦於力爭在全球性經貿大政問題上享有公平合理的發言權、參與權和決策權。[18]

第三，「南南聯合自強」的**根本宗旨**，始終不渝地瞄準推動國際經濟秩序逐步實行棄舊圖新的全面改革，改變當代全球財富國際分配嚴重不公的現狀，逐步實現全球財富公平合理的國際再分配，實現全球經濟的共同繁榮。[19]

總之，近幾年來國內外形勢的最新發展與全球性南北談判的實踐，已經促使中國人**更加全面、更加完整、更加準確地**領會鄧小平提出的「對外二十八字方針」的真諦。可以預期：今後中國勢必會更善於掌握「韜光養晦」與「有所作為」的革命辯證法，[20] 既不不自量力，以「救世主」自居，空唱高調，爭「出風頭」鋒芒畢露，樹敵過多，孤軍猛衝；也不在全球南北矛盾的大是大非上曖昧含糊，依違模棱，消極迴避，隨人俯仰，無所作為。相反，充滿智慧的中國人勢必會秉持科學的發展觀，總結新的實踐經驗，把鄧小平早在三十四年之前率先在聯大鄭重提出的前述倡議，在十八年之前概括提出的「對外二十八字方針」，與今後在新形勢下的新實踐，密切地結合起來，積極地有所作為，使鄧小平理論及其全球戰略思維，「既一脈相承又與時俱進」[21] 上升到更高層次，指引中國人通過更有效的南南聯合，與其他主要發展中國家一起，共同成為建立國際經濟新秩序的積極推手和中流砥柱。

四、簡評針對當代國際經濟秩序和中國定位的幾種論說

　　二十世紀八〇年代以來，曾經風起雲湧的建立國際經濟新秩序的鬥爭表面上似乎日趨平寂。與此同時，國際法學界各種理論也層出不窮或花樣翻新，諸如「新自由主義經濟秩序」論、「WTO 憲政秩序」論、「經濟民族主義擾亂全球化秩序」論，等等。形形色色的「秩序」學說蜂起，「各領風騷」，影響不小。在建立國際經濟新秩序理論問題上，這幾種理論互相交叉、滲透、呼應，各有新鮮見解或老調新談。它們雖然在相當程度上激發了新的有益思考，卻也造成了某些新的思想混亂。因此，作為當代的中國學人，似有必要借鑑魯迅名言，實行「拿來主義」和「消化主義」，吸收之前應先加以剖析，實行認真的比較和鑑別，以明取捨，切忌追趕新鮮時髦，囫圇吞棗。

（一）「新自由主義經濟秩序」論初剖

　　「新自由主義」顧名思議，是在亞當‧斯密古典自由主義思想的基礎上「推陳出新」建立起來的一個新的理論體系，這種理論體系也稱為「華盛頓共識」[22]，包含了一些有關全球經濟秩序方面的內容。二十世紀八〇年代，在撒切爾夫人和里根政府的大力推動下，新自由主義由一種經濟理論和學說嬗變為主要發達資本主義國家的國家意識形態和主流價值觀，並在全世界範圍內廣泛傳播。

　　論者認為，雖然「華盛頓共識」所提出的第一、二、三項政

策具有一定的合理性，但從總體上看，它所提出的經濟政策是以新自由主義理論為基礎，片面強調和依賴市場的作用，鼓吹貿易自由化、投資自由化、金融自由化、利率市場化、國企私有化以及放鬆政府對經濟活動的管制。可以說，宣揚全面自由化、市場化和私有化的新自由主義和「華盛頓共識」的本質是為國際壟斷資本在全球擴張服務的。

發達國家的整體經濟實力，經數百年來殖民主義的盤剝和積累，極其雄厚，其跨國公司治理良好，而且全面占有技術和資金的絕對優勢。鼓吹讓遭受殖民主義長期盤剝而積貧積弱的發展中國家及其脆弱的民族產業，與發達國家及其跨國公司在國際市場上「自由競爭」，無異於鼓吹「以卵擊石」。這是個簡單的常識。要求一個先天不足、後天失調的弱女子，與一個訓練有素的彪形大漢拳擊手，遵守同樣的搏擊規則進行「自由」較量，其勝負結果之極不公平是可想而知、不言而喻的。按照這種表面上「平等」「自由」的規則構建起來的「新自由主義」國際經濟關係和國際經濟秩序，實質上和實踐上必然是嚴重的不平等，必然是強國和霸國的自由擴張以及對弱小民族的自由宰割。在這種意義上可以說，「新自由主義經濟秩序」的說教及其實踐，實質上乃是殖民主義、資本主義、帝國主義「三位一體」的國際經濟舊秩序在當代的更新和翻版，充其量只不過是「新瓶裝舊酒」或「換湯不換藥」罷了。

另外，強權發達國家在鼓吹全球化和自由化方面存在著嚴重的雙重標準。例如，在國際貿易領域，強權發達國家一方面要求發展中國家降低各類非農產品的進口關稅和各種非關稅壁壘，

「積極融入世界經濟體系」，擴大「非農進入」（NAMA，Non-Agricultural Market Access）的廣度和範圍；另一方面自己卻設置各種「綠色壁壘」，阻撓發展中國家的產品自由進入其市場，同時對自己本來不具競爭優勢的產業（如農產品）提供高額補貼和國內資助，促進其自由地長驅直入國際市場。八年來「多哈發展回合」談判之步履維艱與僵局頻頻，其主要障礙和癥結，即在於此。[3] 又如，在國際投資領域，強權發達國家一方面要求發展中各國實行「准入自由」和「國民待遇」，便於其自由地長驅直入國際投資市場；另一方面卻頻頻以「國家安全」為堂皇藉口，阻撓略有實力的發展中國家投資收購或接管其國內企業。[4]

　　新自由主義鼓吹國有企業私有化和弱化政府職能，則旨在削弱發展中國家管理自己經濟事務的權力，力圖使發展中國家在毫不設防的情況下聽任國際壟斷資本通行無阻，為所欲為。有關資料和研究成果表明：二十世紀七〇年代以來，在新自由主義影響下，墨西哥、智利、阿根廷、烏拉圭、巴西等中北美和拉美國家先後都實行了對外開放的貿易自由化政策，加快進行國營企業私有化，減少甚至取消國家對價格、匯率、利率、租金、工資等的全面干預和控制，開放金融市場，放寬對外資的限制。然而，這些國家的新自由主義改革「試驗」並沒有帶來經濟持續快速增長、就業充分、人民生活水平大幅提高、社會穩定和諧等預期目標。相反，拉丁美洲的經濟增長速度與採取其他戰略的經濟體，特別是東亞迅速增長的新興工業化經濟體相比，顯得十分緩慢。自一九八〇年至一九九六年，這些經濟體的年均國內生產總值增長始終超過百分之七。而拉丁美洲二十世紀八〇年代年均國內生

產總值增長只有 1.8%，九〇年代為 3.3%。更為嚴重的是，國有企業私有化，使一些國民經濟命脈產業歸入私人資本和外國資本私囊，聽憑它們掌控操縱，呼風喚雨，失業問題更為嚴重；收入分配不公問題日益突出，兩極分化和貧困化十分嚴重；民族企業陷入困境；國家職能遭到削弱，社會發展被嚴重忽視；金融自由化導致金融危機頻發。一九九四年的墨西哥金融危機、一九九九年的巴西貨幣危機和二〇〇一年的阿根廷債務危機等，都與金融自由化有關。

國際實踐反覆證明，新自由主義從根本上說是代表國際壟斷資產階級利益的，其所標榜的自由化、市場化、私有化和全球化，歸根到底是為了將其他國家與民族納入西方壟斷資本國際循環的鏈條之中。在這種為國際壟斷資本利益服務的新自由主義國際經濟秩序中，失去獨立自主發展權的發展中國家只能處於邊緣和依附地位，只能依靠發達國家的施捨而分得些許「殘羹冷飯」。

國際實踐反覆證明，「新自由主義經濟秩序」論所鼓吹的自由化，事實上只是迎合國際壟斷資本需求的自由化，而不是增進全世界人民福祉的萬應靈丹。

在中國，「新自由主義經濟秩序」論不是沒有影響的。例如，有一種見解認為，當前，國際上建立國際經濟新秩序運動的高潮已過，並且不斷走下坡路，日漸式微衰落，現在業已陷入低潮。相形之下，國際上新自由主義經濟秩序卻日益勃興，且為發展中國家所「廣泛接受」。在此種宏觀環境下，就中國而言，既然中國實力不如人，而且又是「現存自由主義國際經濟體制的最

大受益者之一」，「中國已經發現在這種公開的市場體制內運作能夠獲得巨大的經濟回報」，加之現在秉持「和諧世界」理念，正在實施「和平崛起」戰略，所以應當採取務實態度，「不再以推翻既存的國際經濟秩序為目標」，應當轉而接受並積極融入當代新自由主義經濟秩序當中。具體而言，中國應當積極轉變自己的角色，從昔日的體系外「革命者」轉變為現有新自由主義國際經濟秩序的「改良者」，乃至「維護者」和「建設者」。在積極融入新自由主義國際經濟秩序的同時，中國應當成為南北國家間的「橋樑」和「紐帶」，以及南北矛盾的「調停人」「中間人」和「麻煩解決者」。

　　這種見解的政治與地理坐標，可表示為圖 1-10-3，俾便與圖 1-10-2 互相比較：

　　筆者認為，上述見解博采廣收了大量的西方信息，[6] 不著為國獻策的善良願望，

　　也進行了努力創新的思考。這是應當充分肯定的。但是，它

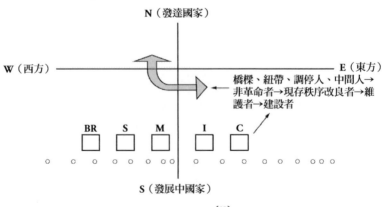

圖　1-10-3 [25]

卻至少存在四個有待進一步深入思考的問題。

第一，這種「角色轉化論」和「融入論」模糊了中國在建立國際經濟新秩序中對自身定位的應有選擇、科學選擇和一貫實踐，因而是有待商榷和未必可取的！相反，中國應當一如既往，仍然旗幟鮮明地反對國際經濟舊秩序，仍然為實現南北公平[27]而積極推動國際經濟新秩序的建立。正如鄧小平所言：「中國永遠都站在第三世界一邊，中國永遠不稱霸，中國也永遠不當頭。但在國際問題上無所作為不可能，還是要有所作為。作什麼？我看要積極推動建立國際政治經濟新秩序。」顯而易見，在國際經濟秩序的除舊布新問題上，我們應當立場堅定，是非分明，旗幟鮮明，積極推動，絕不能消極被動，敷衍應付，更不能含糊、曖昧、模棱、騎牆。

第二，這種「角色轉化論」和「融入論」似乎對當代「南南聯合」的必要性和重要性未予應有的強調。中國永遠不稱霸，中國也永遠不當頭。故自始至終務必謙虛謹慎，戒驕戒躁，切忌恃強凌弱，盛氣凌人，過分張揚。與此同時，在面臨南北矛盾和國際經濟秩序除舊布新的大是大非問題時，自始至終務必旗幟鮮明，當仁不讓，責無旁貸，敢於和善於與具有一定實力的主要發展中國家，通 BRICSM 之類的「南南聯合」共同為國際弱勢群體主持公道、追求正義、爭取和捍衛平等權益。

面對當今現有的顯失公平的國際經濟秩序，不論何等西方權威美其名為「新自由主義經濟秩序」或「WTO 憲政秩序」都不宜「照單全收」「全盤遵辦」而必須全面剖析：對於其中有利於國際弱勢群體發展的某些市場規則，應予支持和發揚；對於其中

不利於甚至有害於國際弱勢群體發展的某些市場規則，則應通過與全球主要發展中國家加強 BRICSM 之類的「南南聯合」力爭加以重大革新，改弦更張，不斷地、自覺地、積極地推動國際經濟秩序的新舊更替、除舊布新和破舊立新。這一奮鬥目標當然不可能期待其實現於一兩年、三五年、十幾年，但是，這一光明正大、理直氣壯的奮鬥目標，在任何時候都無須諱言，不必隱瞞，更不能悄悄放棄。儘管在這次「長征」途程中坎坷崎嶇，潮起潮落，步履維艱，進展緩慢，但全球南北矛盾未緩，既然耳畔「濤聲依舊」[28] 就應胸中信心滿滿！

第三，這種「角色轉化論」和「融入論」似乎高估了中國一國「單槍匹馬」溝通南北、奔走東西的力量與作用，而低估了前述 BRICSM 式「南南聯合」在南北對話中的群體實力與砥柱作用。

第四，這種「角色轉化論」和「融入論」似乎未能明確區分策略戰術的靈活性與戰略原則的堅定性、策略的階段性與戰略的連續性、低潮的間歇性與高潮復起的可能性和必然性。歷史證明，溯自一九五五年「萬隆會議」迄今，五十多年以來，在當代國際社會中，在國際經濟秩序新舊更替的進程中，歷經多次潮起潮落，始終存在著相反的兩種力量、兩種理論、兩種走向：一種是加強南南合作的理論和實踐，積極推動國際經濟秩序和國際經濟法（國際經濟「遊戲規則」）的逐步全面更新，從而實現公平互利基礎上的「南北合作」和全球繁榮；另一種是花樣翻新，巧立美名，編造各種「理論」，力圖瓦解「南南合作」的堅定信心和不懈實踐，從而步步為營，維護少數經濟強權國家在國際經濟

舊秩序和國際經濟現有「遊戲規則」下的既得利益。這兩種力量、兩種理論、兩種走向之間的國際較量和角力，今後還將長期存在。國際經濟秩序破舊立新、新舊更替的歷程，依然任重而道遠。但「南南合作」、國際經濟秩序破舊立新的道路合乎時代需要，定會與時俱進，越走越寬！[29]

（二）「WTO 憲政秩序」論初剖

與「新自由主義經濟秩序」論互相呼應，「WTO 憲政秩序」論也是有關國際經濟秩序的一種較為流行的建構設想。其最具權威的理論家是曾經在 GATT ／WTO 機構長期擔任要職的彼得斯曼教授（Professor Ernst-Ulrich Petersmann）。他提出的「WTO 憲政秩序」論，其核心是預先承諾提高和確保某些規範性價值準則，主張對一整套預先承諾的規範性價值準則賦予特別崇高的地位（privileging）。[30] 彼得斯曼教授認為，憲政體制（constitutiona-lism，又譯「憲政理念」「憲政主義」）已成為人類最重要的一種發明，用以保護公民平等權利和限制政府濫用權力。因為通過憲法設定一整套「預先承諾的規範」，可以克服人類理性不完美和眼光短淺所導致的未來風險。基於這種憲政理念和思想，彼得斯曼教授主張，應當讓 WTO 的自由貿易規則發揮憲法功能，讓WTO 各成員方通過預先承諾而自我約束，從而逐步將對外貿易法律和政策憲法化，最終達到保障貿易自由的目的。

與此同時，彼得斯曼教授認為「不可剝奪的核心人權具有憲法至上性」，而且從人權和憲政民主的角度看，各國國內政府和各種政府間組織（國內和國際規則）的民主合法性，源自人民的

同意，以及尊重和保護不可剝奪的人權和「憲法性契約」，因此有必要將人權理念和規則引入 WTO 內。他主張，普遍承認的人權規則應作為 WTO 爭端解決機構解釋 WTO 規則的相關上下文加以適用，WTO 法也應以與 WTO 各成員方的人權義務相符合的方式來解釋和適用。

彼得斯曼教授的「WTO 憲政秩序」論要求 WTO 各成員方的對外貿易政策和法律逐步憲法化，以此方式抵制尋租的國內利益集團對「貿易自由」的侵蝕，要求將「貿易自由」當成一種基本的人權加以保護，最終達到保護人權和實現國際貿易法治秩序的目的。

從一般意義上講，上述主張自有其合理的一面。但「WTO 憲政秩序」論沒有將貿易自由、人權保障放在「南北關係」和「內部矛盾」這一更寬廣、更根本的背景下加以探討，有意無意地對此全球性的關鍵問題保持沉默和迴避，因此，其所提出的主張在實踐中不但無法真正地保護人權，反倒提供了可利用的空間，讓國際強權者用以侵犯國際弱勢群體即眾多發展中國家的人權——平等的生存權、平等的發展權，從而在實踐上成為助強侵弱的新藉口和助紂為虐的新工具。

具體說來，必須在其奪目的「憲政」光環下，認真剖析其陰影中的三大弊端：

第一，「WTO 憲政秩序」論的先天性缺陷和致命性弱點在於：它忽略了當代 WTO 體制及其規則缺乏堅實的、真正的民主基礎。

兩百多年來各國「憲政」演進的歷史表明：儘管憲政的形式

多種多樣，但無一例外，憲政必須源自民主，沒有民主就沒有憲政可言。沒有真正民主的選舉（不論是直接選舉還是間接選舉），產生人民群眾的議政代表以及由此而選定的執政團隊或領導人，豈能誕生什麼憲政？從這個意義上說，憲政必須是民主的「親生兒女」，憲政的血液和軀體中必須含有真正的、足夠的民主 DNA；必須有正當、合法的「出生證」否則，任何美其名的「憲政」的體制，都只能是憲政的異類，甚至可能是一種天生的怪胎或吞噬民主的妖魔，而絕不可能是人們心目中所崇敬的「憲政」之神。

說到民主，就不能不緊密地聯繫到人口數量及個人的平等的選舉權。當代任何一個憲政國家，就其最基本的體制而言，沒有一個不是按全國各地區人口數量的多寡和比例來推選議政代表和執政團隊，進行國家大事的決策和執行。反觀現行的 WTO 體制，如所周知，歷經「烏拉圭回合」八年談判而終於形成的當今WTO 體制及其各種規則，其誕生過程就是相當不民主的。其「一國一票」和「協商一致」的決策機制貌似「平等、民主」，實則自始至終主要由寥寥幾個霸權、強權國家左右全局，操縱一切。作為國際弱勢群體的眾多發展中國家，在 WTO 體制形成的全過程中，其參與權與決策權往往受到各種因素的限制，不可能有真正平等的實施和發揮，到頭來，只剩下俯首在體現了霸權強權國家「集團意志」和「既定方針」的協議上簽字畫押。

誠然，在眾多發展中國家據理力爭下，其間也產生了某些對國際弱勢群體的「優惠待遇」協定或條款，諸如《農產品協定》中的有關優惠條款和其他多種協定中的「特殊與差別待遇」條款

等，但事後都逐一顯露了它們的原形：不是虛情假意、口是心非的偽善承諾，就是畫餅充饑、有名無實的空頭支票。七八年來，「多哈發展回合」談判眾多發展中國家要求認真落實上述兩大類協議條款的正當要求，重重關卡，一路險阻，一再「碰壁」的經歷，就是最生動的寫照。[31]

更為重要的是：如所周知，眾多發展中國家的人口占全球總人口的百分之八十以上，但是，這些積貧積弱的數十億人口群體何曾在 WTO 體制中享有相應比例（80%）的發言權、參與權與決策權？何能在 WTO 體制中為自身爭得應有的、平等的、公平的經濟權益？既然占全球人口總數五分之四的弱勢群體在 WTO 體制中不享有實質的、真正平等的民主決策權利，還侈談什麼全球範圍內的「WTO 體制憲政化」？

國際經濟組織的此類「民主赤字」問題，一直以來為人們所關注和訴病。就連彼得斯曼教授自己也不得不引述當年聯合國前秘書長加利的批評：「國際社會的民主仍處在一個非常初級的階段」，承認民主缺失問題是國際法律體系最薄弱的環節。既然如此，在民主缺失這個最薄弱的環節未能克服之前，「WTO 體制憲政化」的理想國就有如牆上畫餅，豈能充飢？

第二，就 WTO 體制的「司法」和「執法」過程而言，它雖然素來被稱讚為擺脫了「權力導向」（power oriented），轉而實行「規則導向」（rule oriented），「規則面前，人人平等」，但其所「司」之法和所「執」之法，在其「立法」過程中卻完完全全是「權力導向」（power oriented）之下的產物，帶著先天的不公胎記。雖說各個協定文本的談判一般需要各成員方協商一致通過，

但其實都是各方綜合實力或明或暗博弈和較量的結果。「立法」過程的「權力導向」實踐決定了 WTO 規則及其「司法」和「執法」過程只可能對強者更有利，而無法真正做到強弱之間實質性的公平。烏拉圭回合談判就是一個最好的註腳。中國「入世」過程所不得不接受若干「不利條款」的實踐，至今讓國人耿耿於懷，也是一個具體的例證。

十幾年來，WTO 的「司法」和「執法」實踐確實做了一些值得稱道的好事，但也確實出現過「財大者力大氣粗」、霸權或強權國家不受約束或規避制裁的弊端，實質上也體現了「規則導向」向「權力導向」的異化、轉化。其典型事例包括二〇〇〇至二〇〇四年曾經轟動一時的針對美國貿易法「201 條款」爭端案件和「201 條款」爭端案件的裁斷和執行，也遭到國際正直人士的非議和抨擊。[32]

第三，「WTO 憲政秩序」論要求將貿易自由憲法化、最高化、絕對化的主張是不可取的。貿易自由作為一種經濟理念和經濟政策能否被當成基本人權加以頌揚和維護，是令人生疑的。WTO 憲政化理論簡單地認為貿易自由必然地、普遍地對所有人有利，依此邏輯，就應當把貿易自由當成神聖不可侵犯的原則。其實，這既不符合歷史，也不符合現實。因為：

其一，從本質上講，不論是貿易保護還是貿易自由，對一國及其國民而言並不存在永恆的利與不利。不論從西方發達國家的經濟發展歷程，還是從新興工業化國家的經濟發展歷程來看，國家的經濟發展政策和外貿政策都是經歷一段從保護到開放的逐步開放過程。如果在本民族工業尚處於非常幼稚而不具競爭力的情

況下，奉行完全開放和自由的經濟政策，那麼該國的民族工業必然在跨國公司強大的競爭優勢面前紛紛倒閉，而這個國家也將注定無法走上獨立自主的經濟發展道路，只能淪為他國的經濟附庸。

其二，就當今世界而言，不分青紅皂白地將貿易自由憲法化、神聖化，勢必成為實力雄厚的發達國家侵犯貧弱發展中國家經濟主權的工具；從而，它所保護的充其量只是僅占全球總人口百分之二十的發達國家的人權，而非占全球總人口百分之八十的發展中國家的人權。當今，發達國家的產業體系健全完善，其跨國公司更是富可敵國，掌握著絕對的資本和技術優勢，而且在許多產業領域保持著壟斷優勢。完全的、絕對的貿易自由化無疑給他們提供了一個「施展武功」、聚斂財富的絕佳平臺。反觀絕大多數發展中國家，至今仍然積貧積弱，尚無法解決溫飽問題，更談不上擁有健全的民族工業體系或有競爭力的民族產業。在這種情況下，完全開放、毫不設防的貿易自由，顯然無助於它們真正實現經濟發展，改善國內人權狀況，反而只會加速和加深它們被邊緣化。對發展中國家而言，落實國際社會對它們承諾的「發展權」才是促進其經濟發展，維護其國內人權的根本方法。而通過鼓吹絕對的貿易自由來「維護」發展中國家的人權，如果不是偽善，也是無知，有如「飽漢不懂餓漢飢」！它可能是「仁者」的設想或「智者」的設計，但在實踐中卻無異於緣木求魚，無異於追尋海市蜃樓，而且類似於「社會庸醫」，胡亂開方，藥不對症，誤人性命！

（三）「經濟民族主義擾亂全球化秩序」論初剖

如果說，「新自由主義經濟秩序」論和「WTO 憲政秩序」論的實質和效應在於以畫餅式的美好設計，力圖誘使國際弱勢群體離開原定的建立國際經濟新秩序的奮鬥目標，那麼，「經濟民族主義擾亂全球化秩序」論的實質和效應則在於以莫須有的「罪名」，力圖迫使國際弱勢群體離開原定的建立國際經濟新秩序的奮鬥目標。

在當代西方發達國家某些理論家、政治家的政治經濟詞彙中，「經濟民族主義」常被用作貶義詞，指的是發展中國家違反國際經濟全球一體化「時代潮流」，與經濟全球化「對著幹」的一種思潮、政策。「經濟民族主義」被指責為把本民族的經濟利益放在至高無上的地位，具有民族狹隘自私、盲目排外、不顧全球經濟發展大局、但求利己、不願利他、不能睦鄰，甚至損人利己、以鄰為壑等孤獨特性和不良表現，成為這一系列負面評價的同義語。[33] 簡言之，「經濟民族主義」已逐漸發展成為國際政治學和國際經濟學上常見的一種莫須有的「罪名」。[34]

作為反彈，國際弱勢群體的學者們則針鋒相對，理直氣壯地提出了自己對「經濟民族主義」的應有詮釋和理解，試舉兩例：「經濟民族主義，英文稱作『Economic Natonalism』，是指一個國家獨立後，強調以經濟獨立為主要內容的民族主義。」「何謂經濟民族主義？在我看來，經濟民族主義是一種價值觀念，是一種追求，它將本國經濟利益視為追求的首要目標，視為經濟政策的終極目的，期望提高本國在國際經濟體系中的地位。這樣一個價值觀念實在是天經地義，理所當然，也是人類社會進步的動力。

不能想像，一個人沒有奮發圖強、力爭上游的精神追求，卻能夠掌握自己的命運，增強自己的能力，推進自己的事業；一個國家，如果沒有不甘落後、奮發圖強、力求自立於世界民族之林的精神追求，卻能夠實現本國的經濟社會的可持續發展，卻能夠有效提高本國在國際經濟體系中的地位，那也同樣是不可想像的。只有在經濟民族主義價值觀的驅動下，各個國家之間才能出現爭先恐後的競爭，進而推動整個人類社會的進步。只要國家是國際政治的基本單元，從政治到經濟的民族主義就是正當的，是一個群體維護自己權益的基本手段，數百年內我們不必指望這一點發生任何根本變化。對於一個發展中國家而言，強調經濟民族主義尤其重要，只有這一點，才是激勵一個民族奮發向上，趕超發達國家，自立於世界民族之林的根本動力。」[35]

筆者認為，以上兩則詮釋，把「經濟民族主義」理解為全球各民族特別是各弱小民族堅持在經濟上獨立自主，堅持國際經濟主權，這是基本正確的。它們基本上反映了當代國際政治經濟關係的現實；符合於和遵循了《聯合國憲章》及聯合國一系列有關民族自決權、弱小民族國家主權問題的決議；也符合於和遵循了馬克思列寧主義關於民族自決權、弱小民族國家主權問題的基本理論原則。歸根結底，這種詮釋體現了為當代國際社會弱勢群體仗義執言，為建立國際經濟新秩序而奮鬥的時代精神。茲試逐一簡析如下：

第一，「經濟民族主義」反映了當代國際政治經濟關系和南北矛盾的現實。毋庸諱言，當代國際政治經濟關係中的主要矛盾，就是南北矛盾。北方世界強權發達國家藉助於全球經濟一體

化進程加速的潮流，憑藉自身的強大實力，打著「建立新自由主義經濟秩序」「自由貿易」的旗號，力圖衝破南方世界即全球弱小民族國家的主權藩籬，長驅直入其境內，攫取更大乃至最大的經濟利益。作為自衛性的反彈和反擊，全球弱小民族國家當然必須強調掌握和運用自己手中僅存的民族經濟主權，依法據理，捍衛本民族藉以生存和發展的經濟命脈和經濟權益。

「作用愈大，反作用也愈大，兩者等值反向。」看來，牛頓發現的關於自然界物體運動之第三定律，在人類社會領域也是「適用」的、合理的、正當的。來自全球弱勢群體的「經濟民族主義」的強烈反彈，正是「牛頓力學第三定律」在當代社會南北矛盾中的一種「體現」。

第二，「經濟民族主義」符合於和遵循了《聯合國憲章》及聯合國一系列有關民族自決權、民族主權問題的決議。一九四五年《聯合國憲章》第一條第二款作為聯合國的宗旨，提出了「發展國家間以尊重人民平等權利及自決原則為根據之各國間的友好關係」一九五五年第十屆大會第三委員會決定把「民族自決權」作為《聯合國人權公約》草案的第一條，明確規定「所有民族均享有自決權，根據此種權利，自由地決定其政治地位及自由從事其經濟、社會與文化之發展」。一九六〇年聯大又通過了《關於給予殖民地國家和人民獨立的宣言》。根據這項決議，「民族自決權」已被確立為殖民地獨立的合法權利。在一九七〇年第二十五屆大會通過的關於《國際法原則宣言》等若干決議中，再次確認了「民族自決權」。至此，在二十世紀六〇年代尚持否定態度的西方各國，也終於明確承認自決權為所有民族的合法權利。[36]

第一編·國際經濟法基本理論（一）

　　可見，當代某些西方理論家針對「經濟民族主義」的各種非難和抨擊，實質上就是對弱小民族國家經濟主權的非難和否定。而這種非難和否定完全是違背《聯合國憲章》及聯合國一系列決議的。看來，當代這些非難者和抨擊者忘記了自己國家的先輩代表當年也曾在聯合國會場上舉手通過了這些莊嚴的憲章和決議。這類「政治健忘症」實在令人難以諒解，遑論令人信服。

　　第三，「經濟民族主義」符合於和遵循了馬克思列寧主義關於民族自決權、弱小民族主權問題的基本理論原則。在近現代歷史上，資產階級國際法學者視西方發達國家的主權問題如神物，論述不少；反之，視殖民地、半殖民地弱小民族國家主權問題如草芥，論證不多。即使有，也盡歪曲貶抑之能事。在帝國主義時代，在第一次世界大戰前後這段期間，列寧把馬克思主義推進到列寧主義階段。在一八九五年恩格斯去世後約三十年的長時期中，列寧反覆多次論及殖民地、半殖民地弱小民族的自決權——弱小民族的國家主權問題，對於無產階級的國際法理論，特別是對當代國際法上的國家主權學說做出了傑出的貢獻。列寧的這些論述，對於其後全球眾多弱小民族掙脫殖民枷鎖、爭取國家主權獨立，發揮了極大的啟蒙和動員作用，並且成為第二次世界大戰結束以來當代眾多發展中國家（第三世界）用以抵禦和抗擊強權國家欺凌的理論武器，當然也是當代「經濟民族主義」的主要思想淵源之一。換言之，當代「經濟民族主義」的思潮和政策，完全符合列寧當年所大力倡導和反覆論證的弱小民族自決原則弱小民族完全獨立自主的國家主權原則而且正是在列寧上述理論原則指導下在當代「與時俱進」的最新實踐。

第四，「經濟民族主義」體現了為當代國際社會弱勢群體仗義執言、爭取和維護其平等權益、為建立國際經濟新秩序而努力奮鬥的時代精神。顯而易見，它正是一九七四年聯大一致通過的《建立國際經濟新秩序宣言》特別強調的「國家經濟主權原則」的另一種表述。[38] 它自始至終都是名正言順、理直氣壯的。為國際弱勢群體仗義執言的中外學人面臨來自西方強權國家的針對「經濟民族主義」的種種非難、抨擊，完全不必「自感理短」，「自慚形穢」，反而應當善於予以澄清，敢於予以反駁，敢於和善於堅持真理，「我行我素」，繼續朝著維護弱小民族國家平等權益、推動建立國際經濟新秩序的正確目標邁步向前。

五、幾點結論

第一，「建立國際經濟新秩序」乃是全球弱勢群體數十億人口爭取國際經濟平權地位的共同奮鬥目標和行動綱領。自一九五五年「萬隆會議」初步設定「南南聯合自強」戰略方針以推動建立國際經濟新秩序以來，歷經多次潮起潮落，不斷衝破明難暗礁。五十多年來，爭取和維護國際弱勢群體平等權益運動發展的總趨勢，是不斷地螺旋式上升的。對此，應當從長期戰略視角予以觀察和評估，決定相應的行止，不宜只從短期戰術角度考慮得失、取捨、行止。

第二，源自西方強權國家的「新自由主義經濟秩序」論或「WTO 憲政秩序」論，雖有某些合理內核，可資借鑑，但整體而言，它們企圖取代「建立國際經濟新秩序」論，從而可能是

麻痺、瓦解國際弱勢群體鬥志和信心的一種精神鴉片。「經濟民族主義擾亂全球化秩序」論，同樣有其合理內核，可予兼聽，但整體而言，它企圖阻撓建立國際經濟新秩序的不懈實踐，壓制國際弱勢群體的鬥志和信心，從而可能是一種精神枷鎖。全球弱勢群體對此類含有精神鴉片或精神枷鎖毒素的理論，亟宜全面深入剖析，不宜貿然全盤接受。

第三，中國既是全球弱勢群體的一員，又是最大的發展中國家之一。中國積極參與和努力推動建立國際經濟新秩序，應屬當仁不讓，責無旁貸。因此，對鄧小平同

志倡導的具有中國特色的「韜光養晦，有所作為」方針，應當作全面的、辯證的、完整的、準確的理解；應當秉持科學發展觀關於「既一脈相承又與時俱進」的基本精神，加深理解，豐富實踐，認真總結。中國應當在「積極推動建立國際經濟新秩序」的總方向上，成為「南南聯合自強」的中流砥柱之一。

第四，在建立國際經濟新秩序的時代總潮流中，中國的自我戰略定位理應一如既往，繼續是旗幟鮮明的積極推動者之一，是現存國際經濟秩序的改革者之一。不宜只是現存國際經濟秩序的「改良者」、南北矛盾的「協調者」。簡言之，中國理應進一步發揚傳統的、具有獨特內涵的中華民族愛國主義，通過 BRICSM 類型的「南南聯合」群體，成為建立國際經濟新秩序的積極推手和中流砥柱之一。

注釋

〔1〕 關於「6C律」的詳細論述，參見陳安：《論國際經濟關係的歷史發展與南北矛盾》，載《國際經濟法學芻言》（上卷），北京大學出版社 2005 年版，第 31-69 頁。

〔2〕 詳見陳安：《南南聯合自強五十年的國際經濟立法反思——從萬隆、多哈、炊昆到香港》，載《中國法學》2006 年第 2 期，第 121 頁。

〔3〕 參見陳安：《論源遠流長的中國對外經濟交往及其法理原則》，載《國際經濟法學芻言》（上卷），北京大學出版社 2005 年版，第 70-84 頁。

〔4〕 圖 1-10-1 中的長方形＋字交叉線坐標，既表示中國的地理位置，也表示當時中國人自己心目中的政治位置，即自我「政治定位」。

〔5〕 參見《論語・子路第十三》。「君子和而不同，小人同而不和。」「和而不同」是中國儒家提倡的良好品德之一。「和」，即和諧，「同」，即苟同。「和而不同」意指能和諧地與他人友好相處，卻又不盲從附和。參見《漢語成語詞典》，商務印書館 2004 年版，第 418 頁。

〔6〕 詳見陳安：《南南聯合自強五十年的國際經濟立法反思——從萬隆、多哈、坎昆到香港》，載《中國法學》2006 年第 2 期。

〔7〕 圖 1-10-2 中的長方形＋字交叉線坐標，既表示當代大多數發展中國家的地理位置，也表示當代發展中國家在南北矛盾中的政治位置，即自我「政治定位」其中「BRICSM」一詞，是新「金磚五國」的簡稱：BR 代表 Brazil（巴西），I 代表 India（印度），C 代表 China（中國），S 代表 South Africa（南非），M 代表 Mexico（墨西哥）；其餘較小的許多圓塊，代表各自分散的眾多的發展中國家。橢圓形表示這五個主要發展中大國結合和凝聚成為「南南聯合」的一個整體，成為在全球性南北對話中代表國際弱勢群體發言的中堅力量。「BRICSM」一詞的另一重要含義是：以上述五國為中流砥柱的「南南聯合自強」新思潮、新主張、新戰略思維（在英語中，帶「sm」語尾的詞一般指主義、思潮、體制等）。

〔8〕 例如，自二〇〇〇年以來，中國應對海南島軍機事件、科索沃使館被炸事件、伊拉克戰爭問題、伊朗核爭端問題、朝核爭端問題、中日東海石油爭端問題、南海諸島領土與資源爭端問題，從整體上說，都體現了有理有利有節的基本精神，都顯示出「旗幟鮮明，是

非分明，和而不同」，值得認真回顧與總結。

〔9〕 鄧小平提出的「對外二十八字方針」的內容是：「冷靜觀察，穩住陣腳，沉著應付，善於守拙，決不當頭，韜光養晦，有所作為。」這些內容並不是一次性提出來的，而是對鄧小平在各個場合談話內容的歸納。參見《鄧小平文選》第 3 卷，人民出版社 1993 年版，第 321、326、363 頁；李琪珍：《論鄧小平的外交戰略思想》，載《廣東社會科學》2000 年第 6 期，第 75-76 頁；陳向陽：《解速韜光養晦政策：仍是中國對外戰略自覺選擇》，http://news. sina. com. cn/c/2005-09-07/16467705377. shtml。

〔10〕 參見鄧小平：《善於利用時機解決發展問題》（1990 年 12 月 24 日），載《鄧小平文選》第 3 卷，人民出版社 1993 年版，第 363 頁.

〔11〕 參見鄧小平：《在聯大特別會議上的發言》，載《人民日報》1994 年 4 月 11 日第 1 版。

〔12〕 詳見陳安：《南南聯合自強五十年的國際經濟立法反思——從萬隆、多哈、坎昆到香港》，載《中國法學》2006 年第 2 期。

〔13〕 參見《胡錦濤在黨的十七大上的報告》，http://news. xinhuanet. com/politics/2007-10/24/content _ 6939223_2. htm；《胡錦濤強調要深入貫徹落實科學發展觀 》. http://cpc. people. com. cn/GB/104019 /104098/ 6378312. html。

〔14〕 參見《胡錦濤在發展中五國領導人集體會晤時的講話》，http://news. xinhuanet. com/newscenter/2008- 07/08/content_8512384. htm。

〔15〕 二〇〇八年六至七月在日內瓦開展南北談判期間，WTO 總幹事拉米曾主持召開只有美國、歐盟、加拿大、日本、印度、巴西和中國代表參加的小型會議，預先磋商有關的重大熱點、難點問題，被簡稱為多哈談判的「G7 會議」（G7，即 Group of Seven）。國際輿論對此種會議形式有所非議。八月十三日，拉米在新德里接受印度《金融快報》專訪，就多哈談判有關問題回答了記者的提問。其中有一段對話值得注意：「記者：很多人批評 G7 會議的形式不透明，不具有包容性。這種談判形式會延續下去嗎？拉米：我們需要達成共識，G7 就是達成共識的起點。G7 占全球貿易總量的百分之八十，並且代表了其他發達國家和發展中國家集團。如果它們達成共識，就有利於三十國部長達成共識，最後推動一百五十三個 WTO 成員達成共識。除此之外，我們沒有別的辦法。十五年前的核心國家只有美

國、歐盟、加拿大和日本四個，現在加上印度、巴西和中國，是因為世界發生了變化。這毫不神祕。」參見《拉米在新德里就多哈回合接受專訪》，載上海 WTO 事務諮詢中心：《WTO 快訊》第 160 期（2008 年 8 月 1 日到 8 月 31 日），第 11 頁。

〔16〕《胡錦濤在發展中五國領導人集體會晤時的講話》，http://news. xinhuanet. com/newscenter/2008-07/08/content_8512384. htm。

〔17〕參見《胡錦濤在金融市場和世界經濟峰會上的講話：通力合作、共度時艱》http: //news. xinhuanet. com/newscenter/ 2008-11/16/content_ 10364070. htm。

〔18〕參見陳安：《論中國在建立國際經濟新秩序中的戰略定位》《南南聯合自強五十年的國際經濟立法反思：從萬隆、多哈、炊昆到香港（2008 年增訂本）》，分別收輯於陳安：《陳安論國際經濟法學》（第一卷），復旦大學出版社 2008 年版，第一編之 VI 和之 XIV。

〔19〕據多家媒體報導，此次二十國峰會拉開了國際金融改革的序幕，從而在推動國際經濟秩序實行新舊更替逐步改革的途程中，開始進入新的歷史轉折點。美聯社認為，此次峰會「發誓在未來的日子裡更好地對全球市場進行監管，對在二十世紀四〇年代建立的已經運轉不靈的金融機構，如國際貨幣基金組織，進行改革」「還表明，全球舞臺上力量平衡發生了變化，重要的新興經濟體正在要求發出更大的聲音」。英國首相布朗在峰會後舉行的記者會上明確表示：「這是通向新布雷頓森林體系之路……很顯然，我們正在努力建立今後新的體制」他指出，國際貨幣基金組織和世界銀行都需要徹底改革。因為，「在一九四五年建立的體制不一定是應對二〇〇八年的問題、全球經濟、全球競爭以及全球資本流動的最好辦法」。法新社認為，「中國、巴西、印度和印度尼西亞等國不僅在過去只為少數工業化國家保留席位的全球決策圓桌上贏得了重要席位，還在預防金融動盪的努力中迫使富國作出了讓步」。它轉述巴西總統盧拉在會後的感受：「我很高興地離開華盛頓，因為世界地緣政治框架有了新的格局。」「沒有道理在沒有二十國集團成員共同參與的情況下，做出政治和經濟方面的任何決定，解決全球金融危機必須有發展中國家參與其中。」印度尼西亞總統蘇西洛・班邦・尤多約諾說：「我希望二十國集團峰會是邁向國際金融框架改革的一個起點，以讓國際金融框架反映二十一世紀的現實。」布什在峰會結束後

説：「顯然，必須讓二十國集團的成員國都參加，而不是八國集團或十三國集團。」韓聯社報導，韓國總統李明博認為：「這次峰會具有歷史意義，新興經濟體也參與到以前由發達國家壟斷的全球重大問題的討論中來，這是百年不遇的⋯⋯從現在起，這些全球問題應由發達國家和新興經濟體共同來討論」。法新社更進一步報導，面臨全球眾多發展中國家強烈要求改革現存國際金融體制的強大壓力，國際貨幣基金組織總裁多米尼克・斯特勞斯卡恩也不得不對此次二十國集團峰會的成果表示歡迎，並表示：「今天的與會者使這次峰會的意義重大。一種比以往任何時候都更有活力而且涵蓋面更廣的國際經濟新秩序正在形成」。至於日本的共同社，一向特別關注其緊鄰中國在國際舞臺上的動態，它認為：在此次金融峰會上，「中國國家主席胡錦濤作為新興市場國家的代表，以充滿自信的神情」發表了講話。共同社強調：此後，「世界從 G7（西方七國）時代進入了 G20（二十個國家和地區）時代。金融峰會以克服金融危機為首要議題，也是中國正式參與國際規則制訂的歷史性轉折點」。「中國先發制人。峰會召開前，中國與巴西、印度、俄羅斯召開了第一次四國財政部長會議，確認四國將在峰會上團結一致。」以上信息，參見《20 國峰會拉開國際金融改革序幕》《中國成功避免「廣場協議」重演》等報導，分別載《參考消息》2008 年 11 月 16 日第 1 版、2008 年 11 月 19 日第 16 版。

〔20〕國內有學者認為：「韜光養晦」絕不是消極無為。準確把握「韜光養晦，有所作為」戰略方針，應強調：第一，避免孤立地談「韜光養晦」，而應與「有所作為」緊密結合。「韜光養晦」與「有所作為」是一個整體，不能將二者割裂，不能偏廢，而應兼顧，更不能將二者對立起來。「有所作為」就是對「韜光養晦」的有力補充，即中國在「韜光養晦」的同時還應有所建樹。「有所作為」可被視作「韜光養晦」的最終目的。第二，「韜光養晦」本身不僅是手段，也是一種相對獨立、相對完整、自成體系的對外戰略思想。「韜光養晦」要隨著形勢、環境、條件的變化而發展，其本身就包含了剛健有為、自強不息、積極進取的主動性，絕不是消極無為的被動反應。第三，「韜光養晦」絕不意味著對外搞陰謀詭計、勾心鬥角、拉幫結派，相反卻是自我約束、自律自製、光明磊落、襟懷坦白。美國二〇〇二年的《中國軍力報告》硬把中國的「韜光養晦」戰略説成

是「在國際上進行戰略欺騙」，這是蓄意歪曲。中國對外既要堅持「韜光養晦」、含而不露、適可而止、留有餘地、注意分寸，又要「有所作為」、當仁不讓、主持公道、追求正義、捍衛權益。參見陳向陽：《解讀韜光養晦政策：仍是中國對外戰略自覺選擇》，http://news. sina. com. cn/c/2005-09-07/16467705377. shtml。

〔21〕參見《胡錦濤在黨的十七大上的報告》，http://news. xinhuanet. com/ politics/ 2007-10/24/content_6939223_2. htm。

〔22〕「華盛頓共識」一詞最早於一九八九年由約翰‧威廉姆森（John Williamson）提出。一九八九年，美國國際經濟研究所在華盛頓召開一次研討會，採討一些被 OECD（Organization for Economic Co-operation and Development）認為是恰當的經濟政策在拉丁美洲的實施成效。美國國際經濟研究所前所長約翰‧威廉姆森在談研討會的背景文件中列出了十項他認為得到總部設在華盛頓的各機構所普遍認可，而且也是拉丁美洲各國所需的經濟政策，並將它稱為「華盛頓共識」。「華盛頓共識」提出的十項基本政策包括：(1) 加強財政紀律、平衡財政赤字、降低通貨膨脹以及穩定宏觀經濟形勢；(2) 反對財政補貼，主張應將財政支出的重點放在有利於改善資源配置和收入分配的公共領域；(3) 進行稅制改革，擴大稅基，邊際稅率適中；(4) 利率市場化，同時應當防止實際利率成為負利率；(5) 匯率市場化，建立一種有競爭力的匯率制度；(6) 實行貿易自由化以及市場開放政策；(7) 放鬆對外國直接投資的限制，實行投資自由化；(8) 將國有企業私有化；(9) 放鬆政府對經濟領域的管制；(10) 加強對私有財產的保護。See John Wiliamson，A Short History of the Washington Consensus，Paper commissioned by Fundación CIDOB for a conference "From the Washington Consensus towards a New Global Governance"，Barcelona，September 24-25, 2004, htp://www. iie. com/publications/papers/wiliamson0904-2. pdf；John Wiliamson, What Washington Means by Policy Reform, in John Wiliamson (ed.), Latin American Adjustment: How Much Has Happened? Peterson Institute for International Economics，April 1990，htp://www. iie. com/publications/papers/paper. cfmi? ResearchID= 486.

〔23〕參見陳安：《南南聯合自強五十年的國際經濟立法反思——從萬隆、多哈、坎昆到香港》，載《陳安論國際經濟法學》，復旦大學出版社

2008 年版，第一編之 XIV。

〔24〕 See UNCTAD，World Investment Report 2006—FDI from Developing and Transition Economies: Implications for Development，p 226.另參見陳安：《國際經濟法學（第 4 版）》，北京大學出版社 2007 年版，第 358-359 頁。中資企業中海油收購美國本土企業尤尼可失敗，港資李澤楷收購加拿大航空公司失敗，原因也都是所謂的「國家安全」等非經濟因素。參見《經濟民族主義》，http://www. chinavalue. net/wiki/ showcontent. aspx? titleid= 223238。

〔25〕 圖中下方各自分散的小方塊中，其較大的五塊 BR、I、C、S、M，分別代表分散的巴西（Brazil）、印度（India）、中國（China）、南非（South Africa）、墨西哥（Mexico）；其餘較小的許多圓塊，代表各自分散的眾多的發展中國家。

〔26〕 諸 如：S. D. Krasner，Structural Causes and Regimes Consequences: Regimes as Intervening Variable，*International Organization*, Vol. 36，1982，pp. 187-190；〔美〕斯蒂芬‧D.克萊斯勒：《結構衝突：第三世界對抗全球自由主義》，李少華譯，浙江人民出版社 2001 年版，第 1 章「導言：論點」；Z. Elkins, A. T. Guzman & B. A. Simmons，Competing for Capital：The Diffusion of Bilateral Investment Treaties，1960-2000，*International Organization*，Vol. 60，2006，pp. 811-846；K. J. Vandevelde，A Brief History of International Investment Agree-ments，*U. C. Davis Journal of International Law & Policy*，Vol. 12，2005，p. 180；〔美〕羅伯特‧基歐漢、約瑟夫‧奈：《權力與相互依賴》，門洪華譯，北京大學出版社 2002 年版，第 11-20 頁；A. Chayes & A. H. Chayes, *The New Sovereignty: Compliance with International Regulatory Agreements*, Harvard University Press, 1995, p. 27；K. Raustiala，Rethinking the Sovereignty Debate in International Economic Law，*Journal of International Economic Law*, Vol. 6，2003，pp. 841-878；〔美〕Alastair Iain Johnson：《美國學者關於中國與國際組織關係研究概述》，肖歡容譯，載《世界經濟與政治》2001 年第 8 期，第 52 頁（其中概述了美國學者所認定和鼓吹的所謂「中國對待國際體系由「體系的革命者」到「體系的改革者」，再到「體系的維護者和建設者」之角色轉變」云云的過程）；陳志敏、崔大偉主編：《國際政治經濟學與中國的全球化》，上海三聯書店 2006 年

版，第 233-261 頁；〔美〕埃德加・博登海默：《法理學：法律哲學與法律方法》，鄧正來譯，中國政法大學出版社 2004 年版，第二部分「法律的性質與作用」；〔英〕赫德利・布爾：《無政府社會：世界政治秩序研究》，張小明譯，世界知識出版社 2003 年版，第 74-75 頁；G. J. Ikenberry，The Rise of China and the Future of the West：Can the Liberal System Survive? *Foreign Affair*, Vol. 87, January/February，2008, pp 23-37。其中鼓吹：「既存的自由主義國際經濟體制具有開放性、廣泛性、統合性、深厚性、耐久性及合法性，其容易加入，卻難以被推翻。自由主義國際經濟秩序的本性將塑造正在崛起的國家之選擇——到底是進行挑戰，還是融入；而事實上中國已經發現在這種公開的市場體制內運作能夠獲取巨大的經濟回報」。因此，這些西方學者研究得出的一個基本結論是：中國的崛起雖可能改變國際權力結構，但只要管理得當，西方的世界秩序（包括自由主義國際經濟秩序）仍可長存。

〔27〕2008 年，溫家寶總理在聯合國的發言中強調：當今「世界五分之四的人口在發展中國家，發達國家人口只占五分之一。人人都有平等的生存權利，如果廣大發展中國家繼續貧困，説明當今世界是不公平、不和諧的，也註定是不穩定的」。參見《溫家寶在聯合國千年發展目標高級別會議上的講話》，http://news. xinhuanet. com/world/2008-09/26/content_10112612. htm。溫家寶總理這段話畫龍點睛地道破了當代全球財富國際分配嚴重不公的現狀以及當今世界不和諧、不安定、不穩定的根本原因，指明了建立國際經濟新秩序、對全球財富實行公平合理的國際再分配，才是實現全世界和諧、安定、穩定、繁榮的根本途徑.

〔28〕指第三世界數十億貧困人口的疾苦之聲以及要求改變國際現存不公平經濟秩序的疾呼之聲，有如不息浪濤，依舊不絕於耳！

〔29〕參見陳安：《南南聯合自強五十年的國際經濟立法反思——從萬隆、多哈、坎昆到香港》，載陳安：《陳安論國際經濟法學》（第一卷），復旦大學出版社 2008 年版，第一編之 XIV。

〔30〕See Jeffrey L. Dunoff, Constitutional Conceits: The WTO's "Constitution" and the Discipline of International Law, *European Journal, of International Law*，Vol. 17, Iss. 3, 2006, p. 647。另參見〔美〕Jeffrey L. Dunoff《憲政的幻象：WTO 的「憲法」和國際法的規訓》，陳喜峰

譯，載《國際經濟法學刊》007 年第 14 卷第 2 期，第 34-36 頁。

〔31〕參見陳安：《南南聯合自強五十年的國際經濟立法反思——從萬隆、多哈、坎昆到香港》（增訂本），載陳安：《陳安論國際經濟法學》（第一卷），復旦大學出版社 2008 年版，第一編之 XIV。

〔32〕See Seung Wha Chang，Taming Unilateralism Under the Trading System: Unfinished Job in the WTO Panel Ruling on United States Sections 301-310 of the Trade Act of 1974 *Law and Policg in International Business*, Vol, 31，No. 4, 2000；An Chen，The Three Big Rounds of U. S. Unilateralism Versus WTO Multilateralism During the Last Decade: A Combined Analysis of the Great 1994 Sovereignty Debate，Section 301 Disputes (1998-2000)，and Section 201 Disputes (2002-2003)，South Centre pamphlet，T. R. A. D.E. Working Papers 22，http://www. southcentre.org/publications/workingpapers/paper22/wp22.pdf.

〔33〕See James A. Dorn, The Danger of Economic Nationalism, http://www. cato. org/pub_display. php? pub_id= 9483；Mark Williams, Wal-Mart in China: Will the Regulatory System Ensnare the American Leviathan? *Connecticut Law Review*, Vol. 3 9, May 2007, p.1361；Raymond J. Ah earn, Europe: Rising Economic Nationalism? CRS Report for Congress, *Order Code RS*, Vol. 22, July 6, 2006, p. 468；Review by Latha Varadarajan, The Life and Times of Economic Nationalism, *International Studies Review*, Vol. 8, 2006, pp. 90-92；Dr Michael A. Weinstein, Economic Brief: Economic Nationalism, http://www pinr. com/report. php? ac = view _ printable&report-id=343&language-id=l；Tom Switzer, Economic Nationalism: It's Back to the Future, http://www. ipa. org. au/library/Review53-2% 20Economic% 20Natonalism. pdf；Eyal Press, The Voice of Economic Nationalism, http://www.theatlantic.com/issues/98jul/buchanan.htm；Lyndon Rowe, The Odd Bedfellows of Economic Nationalism, http://www.ipa.org.au/library/review50-4%20 Odd%20Bedfellows%20of%20Economic% 20Nationalism.pdf.

〔34〕其最新的事例是：二〇〇八年九月九日，在中國歐盟商會發布年度白皮書《歐盟企業在中國建議書 2008 ／ 2009》的北京現場，該商會主席伍德克含蓄卻不含糊地表達了歐盟企業對「中國經濟民族主義」

的異議，説是在中國出現的「經濟民族主義日益值得關注」。據報導，這份篇幅長達四百頁、比往年厚四分之一的報告引人注目地將「中國的經濟民族主義」列為一大問題。當然，中國學者如同往常一樣對這類指責作出了反駁，聚焦於指出歐盟的經濟民族主義有過之而無不及。See EU Businesses Worried by "Economic Nationalism" in China，http: //www. dw-world. de/dw/article/0, 2144, 3633627, 00. html。另參見梅新育：《經濟民族主義是壞東西嗎？》，http:// opinion. hexun. com/2008-09-8/108969886. html。

〔35〕梅新育：《經濟民族主義是壞東西嗎？》，http: //opinion. hexun. com/2008-09-18/108969886. html。筆者認為，對上述詮釋似還可作些補充：當今世界存在著兩類不同性質的「經濟民族主義」，一類是國際弱勢群體在強權發達國家大規模經濟入侵情況下為求自保而實行的「經濟民族主義」，它是被迫自衛的，因而是正當的、理直氣壯的、表裡如一的；另一類則是強權發達國家對外對內實行「雙重標準」下的「經濟民族主義」，即對外鼓吹「自由主義」，藉以長驅直入貧弱國家的廣闊市場，對內則以「國家安全」「環境保護」之類的口實，實行「經濟民族主義」，阻撓貧弱國家的產品或資本進入本國市場。這後一類「經濟民族主義」，實質上是地道的、絕對的「民族利己主義」，變相的「大國沙文主義」，真假參半的「經濟自由主義」。它往往是內外不一、表裡不一、言行不一、充滿偽善的。

〔36〕參見日本國際法學會編：《國際法辭典》外交學院國際法教研室校訂，世界知識出版社 1985 年版，第 239-240 頁。

〔37〕參見陳安：《論馬克思列寧主義對弱小民族國家主權學説的重大貢獻》，載陳安：《陳安論國際經濟法學》（第一卷），復旦大學出版社 2008 年版，第一編之 VI。

〔38〕參見陳安：《論經濟主權原則是當代國際經濟法首要的基本規範》，載陳安：《陳安論國際經濟法學》（第一卷），復旦大學出版社 2008 年版，第一編之 VII。

第十一章

再論旗幟鮮明地確立中國在構建 NIEO 中的戰略定位：聚焦評析全面、完整、準確地理解鄧小平「對外二十八字方針」

 內容提要

　　二十世紀八〇年代以來，曾經風起雲湧的建立國際經濟新秩序（NIEO）的鬥爭表面上似乎日趨平寂。與此同時，國際學界各種理論也層出不窮，造成某些新的思想混亂。本文剖析有關當代國際經濟秩序和中國定位的幾種論說，強調：建立 NIEO 乃是全球弱勢群體數十億人口爭取國際經濟平權地位的共同奮鬥目標。這一光明正大、理直氣壯的奮鬥目標，任何時候都毋庸諱言，不必隱瞞，更不能悄悄放棄。中國人理應與時俱進，落實科學的發展觀，全面、完整、準確地理解鄧小平提出的「韜光養晦，有所作為」方針；[1]中國在建立 NIEO 中的戰略定位，理應一如既往，仍是旗幟鮮明的建立 NIEO 的積極推動者之一.中國理應進一步發揚傳統的、具有獨特內涵的中華民族愛國主義，通過 BRICSM 類型的「南南聯合」群體，成為建立 NIEO 的積極推手和中流砥柱之一。

↘ 目次

本文原作的第一部分作為引言，簡述國際經濟秩序、國際經濟法與南北矛盾之間的相互關聯。

本文原作的第二部分回顧和探討了歷史上中國的自我定位，包括：（1）古代中國的自我定位；（2）近現代中國的自我定位；（3）鴉片戰爭後一六〇餘年來形成的主流民族意識及其對中國定位的影響。

本文原作的第三部分集中探討新中國在當代國際社會中應有的戰略定位問題，強調中國理應成為建立 NIEO 的積極推手和中流砥柱之一。

本文原作的第四部分簡扼評析有關當代國際經濟秩序和中國定位的幾種「時髦」論說，諸如「新自由主義經濟秩序」論、「WTO 憲政秩序」論、「經濟民族主義擾亂全球化秩序」論，指出這幾種論說均不符合當代國際社會和中國國情的現實，並且背離了當代全球弱勢群體數十億人口爭取國際經濟平權地位的共同奮鬥目標。全球弱勢群體，特別是中國的學人，對此類含有精神鴉片或精神枷鎖毒素的「時髦」理論，亟宜保持清醒頭腦和鑑別

能力，加以全面深入剖析，切忌貿然全盤接受，墜入理論陷阱。

現在提交《國際經濟法學刊》專欄（或專輯）進一步討論的這份改寫文本，主要包含上述本文原作的第三部分，即「今後中國的自我定位：建立 NIEO 的積極推手和中流砥柱之一」，第四部分之若干段落，以及自二〇〇九年初以來最新事態發展和最新信息的綜合剖析。茲簡略闡述管見要點如下：

一、今後中國在建立 NIEO 中的自我定位理應包含四個方面

以史為鑑，可以知興衰。在建立國際經濟新秩序的過程中，中國應當立足於自身的歷史，把握現有國際經濟秩序的大局，科學地、合理地從長遠角度確立自己的戰略定位。具體說來，今後中國在建立 NIEO 中的自我定位至少應當毫不含糊地包含以下四個方面：

第一，中國理應成為建立國際經濟新秩序的積極推手。世間常理從來是「不破不立」，破舊方能立新，除舊方能布新。在國際經濟舊秩序尚未完全退出歷史舞臺的背景下，為了實現南北公平，中國作為發展中的大國之一，理應以公正、公平、合理的國際經濟新秩序作為長遠奮鬥目標，積極倡導和參與建設和諧世界。

第二，中國理應致力於成為南南聯合自強的中流砥柱之一。作為當代奉行和平發展方針的大國，中國當然不會選擇再次成為昔日的「**中央王國**」而盲目自大，卻不能不成為南南聯合的**中流**

砥柱之一（如圖 1-11-1 所示）作為大國，應具有大國意識和風範，勇於承擔，與其他發展中國家一起聯合行動。在 WTO 的二〇〇一年多哈會議、二〇〇三年坎昆會議、二〇〇五年香港會議上以及近八年來南北對話的全過程中，中國與印度、巴西、南非和墨西哥等 BRICSM 成員的協調合作，都可視為「南南聯合自強」的成功範例。[2]

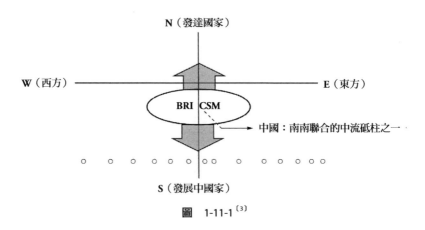

圖　1-11-1 [3]

　　第三，中國與全球弱勢群體共同參與建立國際經濟新秩序的戰略目標，理應堅定不移，始終不渝。即應當堅持戰略原則的堅定性，始終不渝地立足於廣大發展中國家的共同立場和本國的核心利益，致力於為建立公正、公平、合理的國際經濟新秩序而長期鬥爭。這一基本立場，無論是改革開放之初，還是在「入世」後的今天，始終未變，將來也不應輕率變更。

　　與此同時，中國在建立國際經濟新秩序的過程中又應審時度勢，堅持策略戰術的靈活性，一方面，既要充分認識到各類發達國家並非「鐵板一塊」，從而因時、因地、因國而調整策略，適

當地區別對待，既要開展南北之間的合作，又要進行有理有利有節的鬥爭；[4] 另一方面，更要充分認識到眾多發展中國家之間的差異性，自覺抵制霸權強權發達國家的分化瓦解、各個擊破策略，善於進行南南之間的溝通協調，力爭在「南南聯合」內部求大同，存小異，實現「一致對外」。

第四，中國在建立國際經濟新秩序進程中的自我定位，理應旗幟鮮明，和而不同。[5] 在此過程中，既有合作又有鬥爭，表現得有理有利有節，沒有屈從、沒有「軟骨」，不是國際掮客，不是左右逢源，絕不含糊曖昧，絕不模棱兩可。

這樣說，是否不符合中國的現實國情？是否不自量力，口唱高調，嘩眾取寵？是否偏離鄧小平所諄諄提醒和告誡的「對外二十八字方針」？

否！否！否！

二、科學地確立中國的戰略定位，必須全面、完整、準確地理解鄧小平的「對外二十八字方針」

就我國學界而言，對於以下兩種比較流行的見解，似有必要予以剖析和澄清：

1.第一種見解認為：鄧小平提出的「善於守拙，決不當頭，韜光養晦」就是告誡中國的領導人和廣大群眾應當明哲保身，只管本國內部事務，不管全球大是大非。

因為，鄧小平說過：「第三世界有一些國家希望中國當頭。但是我們千萬不要當頭，這是一個根本國策。這個頭我們當不

起，自己力量也不夠。當了絕無好處，許多主動都失掉了……中國永遠不稱霸，中國也永遠不當頭。」[6]如今全球建立國際經濟新秩序的努力，困難重重，步履維艱，國際弱勢群體即第三世界的實力不足，前景頗不樂觀，在此種宏觀環境下，中國人對於鄧小平的上述對外戰略思維和「處世之道」，應當認真重溫和切實遵循。因此，中國人今後不宜再堅持建立國際經濟新秩序這一第三世界的共同奮鬥目標。

但是，這種見解和看法至少忽略了以下基本事實：

（1）鄧小平本人正是建立國際經濟新秩序最早的倡議者之一。

一九七四年在聯合國大會特別會議上，鄧小平鄭重宣布：中國是一個社會主義國家，也是一個發展中國家，中國屬於第三世界。中國同大多數第三世界國家一樣具有相似的苦難經歷，面臨共同的問題和任務。**中國把堅決同第三世界國家一起為反對帝國主義、霸權主義、殖民主義而鬥爭，看作自己神聖的國際義務。中國堅決站在第三世界國家一邊，而且永遠不稱霸。**

正是在鄧小平親自參加的這一次聯大特別會議上，他代表中國政府向國際社會提出了**建立國際經濟新秩序的基本主張**。他說，國家之間的政治和經濟關係，都應該建立在「和平共處五項原則」的基礎上；**國際經濟事務應該由世界各國共同來管，而不應該由少數國家來壟斷。占世界人口絕大多數的發展中國家應該參與決定國際貿易、貨幣、航運等方面的大事**；發展中國家對自己的自然資源應該享有和行使永久主權；對發展中國家的經濟援助應該嚴格尊重受援國家的主權，不附帶任何條件，不要求任何

特權。鄧小平還強調：**各國的事務應當由各國人民自己來管，發展中國家人民有權自行選擇和決定他們自己的社會、經濟制度。**

正是在鄧小平親自參加的這一次聯大特別會議上，大會通過了《建立國際經濟新秩序宣言》和《建立國際經濟新秩序行動綱領》，促使**建立新的國際經濟秩序成為全球**發展中國家數十億人口的共同奮鬥目標。作為具有「言行一致」「言必信、行必果」優良民族傳統的大國的英明領導人，其在世界莊嚴論壇上公開闡述的全球性戰略思維以及中國在**建立國際經濟新秩序中**的自我戰略定位，理應是經過深思熟慮和一以貫之的。[7]

（2）正是鄧小平本人在反覆強調要「韜光養晦」千萬不要當頭」的同時，也一再強調「要有所作為」，「**要積極推動建立國際政治經濟新秩序**」。

鄧小平提出，像中國這樣的一個大國，「在國際問題上無所作為不可能，還是要有所作為。作什麼？我看要積極推動建立國際政治經濟新秩序」[8]換言之，鄧小平關於中國「決不當頭」的戰略思維，絕不意味著在全球性南北矛盾等大是大非問題上，在國際經濟秩序的新舊更替、棄舊圖新、破舊立新的奮鬥進程中，不再高舉甚至悄悄丟棄了 NIEO 這一面鮮明亮麗的大纛和義旗，轉而偃旗息鼓，提倡含糊曖昧，模棱兩可，明哲保身，消極迴避。恰恰相反，像中國這樣一個大國在重大國際問題上理所當然地還是要有所作為，要旗幟鮮明地「積極推動建立國際政治經濟新秩序」。

（3）鄧小平本人早在一九七七年就明確提出應當完整地、準確地理解毛澤東思想，切忌割裂、歪曲、損害毛澤東思想。他

十分強調：「要對毛澤東思想有一個完整的準確的認識，要善於學習、掌握和運用毛澤東思想的體系來指導我們各項工作。只有這樣，才不至於割裂、歪曲毛澤東思想，損害毛澤東思想。」[9]眾所周知，鄧小平理論乃是對毛澤東思想的繼承與發展，鄧小平理論本身也是一個完整的體系，鄧小平的「對外二十八字方針」本身，則是一個辯證的、全球戰略思維的整體，任何時候都應加以完整、準確地理解，不能斷章取義，以免割裂、歪曲、損害鄧小平理論及其辯證的全球戰略思維。

（4）作為鄧小平理論及其全球戰略思維的繼承者和接班人，當前新一代的中國國家領導人正在積極倡導「南南聯合」，積極推動建立國際政治經濟新秩序。

新一代中國國家領導人在這方面的突出實踐，是在二〇〇一年「多哈發展回合」談判啟動前後最近這七八年來，引領中國在 WTO 內外圍繞著南北矛盾與南北合作而積極參與重大國際活動。眾所周知，由於中國等發展中大國的綜合國力和國際影響的逐步提高，在前文提到的 WTO 多哈會議、坎昆會議、香港會議的全過程中，中國與印度、巴西、南非和墨西哥等 BRICSM 成員曾多次通力協作，折衝樽俎，使得國際霸權與強權不能隨心所欲，操縱全局，從而為國際弱勢群體爭得較大的發言權。[10]

2.**第二種見解**認為，當前，國際上建立國際經濟新秩序運動的高潮已過，並且不斷走下坡路，日漸式微衰落，現在業已陷入低潮。相形之下，國際上新自由主義經濟秩序卻日益勃興，且為發展中國家所「廣泛接受」。在此種宏觀環境下，就中國而言，

既然中國實力不如人，而且又是「現存自由主義國際經濟體

制的最大受益者之一」，

　「中國已經發現在這種公開的市場體制內運作能夠獲得巨大的經濟回報」，加之現在秉持「和諧世界」理念，正在實施「和平崛起」戰略，所以應當採取務實態度，「不再以推翻既存的國際經濟秩序為目標」，應當轉而接受並積極融入當代新自由主義經濟秩序當中。具體而言，中國應當積極轉變自己的角色，從昔日的體系外「革命者」轉變為現有新自由主義國際經濟秩序的「改良者」，乃至「維護者」和「建設者」。在積極融入新自由主義國際經濟秩序的同時，中國應當成為南北國家間的「橋樑」和「紐帶」，以及南北矛盾的「調停人」「中間人」和「麻煩解決者」。

　這種見解的政治與地理坐標，可表示為圖 1-11-2，俾便與圖 1-11-1 互相比較：

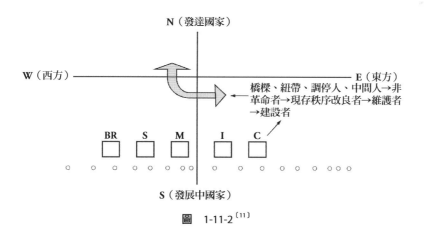

圖　1-11-2 [11]

筆者認為，上述見解博采廣收了大量的西方信息，[2]不著為國獻策的善良願望，也進行了努力創新的思考。這是應當充分肯定的。但是，這種見解卻在理論淵源（或理論血緣）上和實踐效應上，至少存在五個方面有待進一步深入思考的問題。

第一，這種「角色轉化論」和「融入論」的「原產地」，實際上就是素以「世界領袖」自居的當代超級大國——美國。在這方面，美國兩位著名教授論及中國在現存國際經濟秩序中定位問題的三篇文章頗有代表性，傳播頗廣，在國際上和在中國國內，共鳴、附和者不少。第一篇是美國哈佛大學教授 Alastair Iain Johnson （中文譯名「江憶恩」撰寫、肖歡容翻譯的《美國學者關於中國與國際組織關係研究概述》[3]其中概述了美國學者所認定和鼓吹的所謂中國「角色轉變」，即中國對待現存國際體制的基本立場，已經由現存「體制的革命者」，演變到現存「體制的改革者」，再演變到現存「體制的維護者」。第二篇也是這位哈佛教授所撰，題為《中國和國際制度：來自中國之外的視角》，是其前文的姊妹篇。第三篇是美國普林斯頓大學特設講座教授 G. J. Ikenberry 撰寫的《中國的崛起與西方的未來：自由主義體制能否長存？》，其中鼓吹：（1）國際經濟秩序的特性促使正在崛起的國家進行慎重的選擇——是對它進行挑戰，還是順從地融入其中。以西方為中心、由美國領導的現存國際經濟秩序，其獨特之處在於它是自由主義性質的而不是帝國主義性質的，它具有不同凡響的開放性、統合性、合法性和經久不衰性。它的各種規則和機構具有不斷增強的全球性民主根基和資本主義基礎。儘管它有所侷限，卻能導致巨大的經濟增長和巨大的經濟實力。因

此，現存的西方秩序極難被推翻，卻容易加入其中。（2）在現存的西方體制下，其經濟門檻很低，潛在利益卻很高。中國已經發現在此種西方體制即開放性市場體制的運作中能夠獲得巨大的經濟利益回報。（3）有幸的是，此種經濟秩序早就已經現成存在。對美國而言，只要把現存的國際經濟秩序擴大化和憲政化，就足以使中國只能努力爭取成長為現存經濟秩序中羽翼豐滿的成員之一，而別無其他選擇。（4）美國雖不能阻撓中國的崛起，卻能夠設法確保中國只能在美國及其西方伙伴二十世紀以來已經設定的各種規則和體制的範圍之內行事。（5）美國在全球的現有地位雖然可能弱化，但美國所領導的現存國際體制卻能夠在二十一世紀中仍然居於統治地位。[4]

　　眾所周知，面對中國的崛起，美國當權者及其智囊人士中歷來就有「鷹派」和「鴿派」之分。「鷹派」公然鼓吹以強大實力對付和遏制莫須有的「中國威脅」，「鴿派」則極力主張以「懷柔」的政策和似是而非的理論，誘使中國就範入彀，在美國設定的現存國際經濟體制中當一名循規蹈矩的「模範生」。上述兩位美國著名教授的有關論說，就其實質而言，當均屬對華「鴿派」之列，但其「師心自用，指點天下」和「世界領袖，捨我其誰」的傲態，卻躍然紙上，彰明較著；而其「潛在臺詞」和「弦外之音」則顯然是：中國理應在、只能在美國設定和美國領導的現存國際經濟秩序和現存經濟體制之下，安分守己，服服帖帖，全盤接受現狀，藉以從中謀求自己的利益，既不得心懷「不軌」，也不得稍有「叛逆」，更不容「聚眾造反」！——儘管現存經濟秩序和現存經濟體制中仍有不少顯失公平、仗富欺貧、恃強凌弱之

處。[5]

　　值得注意的是，面對美國著名教授的上述論說，在中國學界的有關論著中樂意予以應和及認同者，也不乏其人，不乏其文。例如，王逸舟教授主編的《磨合中的建構：中國與國際組織關係的多視角透視》一書的「導論」，不惜以濃墨重彩，不憚其煩地向讀者介紹上述美國哈佛教授見解的「權威」性：「哈佛教授江憶恩被公認是比較熟悉中國情況而且對我友好的外國學者」；他「不僅中文流利和熟悉中國的對外關系，且以對國際關係理論前沿的精通而聞名，被認為是國際關係學界建構理論的代表者之一和歐美『中國學』的新領軍人物之一，……單從研究水平上講，他的確有相當的獨特性和前沿性，可以說是目前國際上公認的權威學者之一」；「江憶恩教授長期在哈佛大學這樣的學術重鎮從事國際關係理論和東亞國際關係研究和教學工作，尤其對中國外交和國際關係問題有精深而獨到的見解。我專門約請他參加本課題組，寫作《掃瞄國際組織與中國的關係：歐美研究界的若干視角》一文，不止是為了使我們的最終成果更具有國際學術背景，更重要的是通過這種方式開闊中國學者的眼界。」亥書「導論」用「精深而獨到的見解」和足以「開闊中國學者的眼界」這樣的詞匯，如此高度評價、認同和讚揚江憶恩教授的上述論說，衡諸客觀事實和當代中國的國際實踐，似不完全妥切，因而有待進一步深入思考和認真商榷。

　　第二，這種「角色轉化論」和「融入論」在理論上模糊了中國在建立國際經濟新秩序中對**自身定位**的應有選擇、科學選擇和一貫實踐，因而更是有待進一步認真商榷和未必可取的！相反，

中國應當一如既往，仍然旗幟鮮明地反對國際經濟舊秩序，仍然為實現南北公平[17]而積極推動國際經濟新秩序的建立。正如鄧小平所言：**中國永遠都站在第三世界一邊，在國際問題上無所作為不可能，要有所作為，要積極推動建立國際政治經濟新秩序。**[18]顯而易見，在國際經濟秩序的除舊布新問題上，中國應當立場堅定，是非分明，旗幟鮮明，**積極推動**，絕不能消極被動，敷衍應付，更不能含糊、曖昧、模棱、騎牆。

第三，這種「角色轉化論」和「融入論」似乎對當代「南南聯合」的必要性和重要性未予應有的強調。誠然，中國永遠不稱霸，中國也永遠不當頭，故自始至終務必謙虛謹慎，戒驕戒躁，切忌恃強凌弱，盛氣凌人，過分張揚。但是，與此同時，在面臨南北矛盾和國際經濟秩序除舊布新的大是大非問題時，卻自始至終務必旗幟鮮明，當仁不讓，責無旁貸，敢於和善於與具有一定實力的主要發展中國家，通過 BRICSM 之類的「南南聯合」，共同為國際弱勢群體主持公道、追求正義、爭取和捍衛平等權益。

面對當今現存的多處顯失公平的國際經濟秩序，不論何等西方學術「權威」美其名為「新自由主義經濟秩序」或「WTO 憲政秩序」都不宜「照單全收」「全盤遵辦」而必須全面剖析：對於其中有利於國際弱勢群體發展的某些市場規則，應予支持和發揚；對於其中不利於甚至有害於國際弱勢群體發展的某些市場規則，則應通過與全球主要發展中國家加強 BRICSM 之類的「南南聯合」力爭加以重大革新，改弦更張，不斷地、自覺地、**積極地推動**國際經濟秩序的新舊更替、除舊布新和破舊立新。這一奮鬥目標當然不可能期待其實現於一兩年、三五年、十幾年，但是，

這一光明正大、理直氣壯的奮鬥目標，在任何時候都**毋庸諱言，不必隱瞞**，更不能悄悄放棄。儘管在這次「長征」途程中坎坷崎嶇，潮起潮落，步履維艱，進展緩慢，但全球南北矛盾未緩，既然耳畔「濤聲依舊」，[19] 就應胸中信心滿滿！

第四，這種「角色轉化論」和「融入論」似乎高估了中國一國「單槍匹馬」溝通南北、奔走東西的力量與作用，而低估了前述 BRICSM 式「南南聯合」在南北對話中的群體實力與砥柱作用。

第五，這種角色「轉化論」和「融入論」似乎未能明確區分策略戰術的靈活性與戰略原則的堅定性、策略的階段性與戰略的連續性、低潮的間歇性與高潮復起的可能性和必然性。歷史證明，溯自一九五五年「萬隆會議」迄今，五十多年以來，在當代國際社會中，在國際經濟秩序新舊更替的進程中，歷經多次潮起潮落，始終存在著相反的兩種力量、兩種理論、兩種走向：一種是加強南南合作的理論和實踐，積極推動國際經濟秩序和國際經濟法（國際經濟「遊戲規則」）的逐步全面更新，從而實現公平互利基礎上的南北合作和全球繁榮；另一種是花樣翻新，巧立美名，編造各種「理論」，力圖瓦解南南合作的堅定信心和不懈實踐，從而步步為營，維護少數經濟強權國家在國際經濟舊秩序和國際經濟現有「遊戲規則」下的既得利益。這兩種力量、兩種理論、兩種走向之間的國際較量和角力，今後還將長期存在。國際經濟秩序破舊立新、新舊更替的歷程，依然任重而道遠。但南南合作、國際經濟秩序破舊立新的道路合乎時代需要，定會與時俱進，越走越寬！[20]

三、落實科學發展觀，與時俱進地實踐鄧小平的「對外二十八字方針」

新一代的中國國家領導人秉持與時俱進、開拓創新的精神，在二〇〇七年十月間提出：必須堅持以鄧小平理論為指導，深入貫徹落實**科學的發展觀**，並且正在進一步把鄧小平理論及其全球戰略思維與新形勢下的新實踐密切地結合起來，積極地有所作為，使鄧小平理論及其全球戰略思維，在新形勢下「既一脈相承又與時俱進」，[21]上升到更高層次。

在這方面，有**四大**最新的實踐事例特別值得注意並且發人深思：

最新事例之一：在南南聯合自強和南北對話的歷史途程中，近幾年來一種新的力量組合和新的對話方式開始漸露頭角，舉世矚目：由最發達強國組成的「七國集團」或「八國集團」的首腦與若干主要發展中國家的領導人**定期會晤**，開展南北對話，磋商「天下大事」，共謀解決全球性熱點難題。此種對話方式已實行數次，其新近一次就是二〇〇八年七月在日本舉行的八國集團首腦與中國、印度、巴西、南非和墨西哥五個主要發展中國家領導人的對話會議。

會議期間，中國領導人胡錦濤針對這種南南聯合自強和南北對話的**新形式**作了精闢的分析。[22]他指出：當今世界正處在大變革大調整之中。近年來，**發展中國家整體力量上升、團結合作加強**，在國際事務中的影響和作用日益增長。中國、印度、巴西、南非和墨西哥五國都是重要的發展中國家，人口占世界的百

分之四十二，國內生產總值占世界的百分之十二。**加強五國的協調合作，不僅有利於各自國家發展，也有利於加強南南合作、推動南北對話、推進入類和平與發展的崇高事業**。過去的一年裡，五國初步建立起多個層面的協調機制，圍繞同八國集團舉行對話會議密切溝通、加強協調，取得了積極成果。應該以此為基礎，繼續作出努力。當前，五國已成為世界經濟體系的重要組成部分和世界經濟增長的重要推動力量，應該就世界經濟增長中的重大問題加強溝通和協調，開展互惠互利的雙邊和多邊合作，**共同應對不利因素，保持經濟較快發展的勢頭和活力，繼續為世界經濟發展做出貢獻**。[23]

胡錦濤強調：「南南合作是發展中國家取長補短、實現共同發展的重要途徑。我們**應該為促進南南合做作出積極貢獻、起到表率作用**。一方面，我們應該共同促進多邊主義和國際關係**民主化**，增強發展中國家在國際事務中的參與權和決策權，為發展中國家發展爭取有利外部環境。另一方面，我們應該**積極推動**國際經濟、金融、貿易、發展體系**改革，維護發展中國家正當權益**，提高發展中國家應對各種風險和挑戰的能力，促進世界經濟均衡、協調、可持續發展。」

胡錦濤主席的這些分析，言簡意賅，既總結了南南聯合自強的過去，又展望了南南聯合自強的未來，還著重強調了上述五個主要發展中國家所承擔的全球性歷史任務及其在南南聯合自強中應當發揮的**表率作用**和**中流砥柱作用**。這些精闢分析，引起了全球公眾的共同關注，對於中國今後在推動建立國際經濟新秩序歷史進程中的自我戰略定位，尤其具有啟迪意義和指導意義。

最新事例之二：在二〇〇八年十一月華盛頓峰會的南北對話中，上述積極地有所作為的**表率作用**和**中流砥柱作用**，再一次獲得實踐的驗證。

　　當前，全球正在經歷嚴重的國際金融危機。全球的主要發達國家和主要發展中國家的首腦於二〇〇八年十一月中旬在美國華盛頓舉行**二十國峰會**，共商應對之策。包括中國、巴西、阿根廷、印度、印尼、墨西哥、南非在內的主要發展中國家，聚首華盛頓，旗幟鮮明地提出：國際社會應該認真總結這場世界性金融危機的教訓，在所有利益攸關方充分協商的基礎上，**對國際金融體系進行必要的改革**。國際金融體系改革，應該堅持建立**公平、公正、包容、有序的國際金融新秩序**的方向，應該堅持全面性、均衡性、漸進性、實效性的原則。其中的**全面性**，就是要總體設計，**全面改革**和完善有關的國際金融體系、貨幣體系、金融組織、國際金融規則和程序。**均衡性**，就是要統籌兼顧，平衡體現各方利益，形成**各方更廣泛有效參與的決策和管理機制**，尤其要體現新興市場國家和發展中國家利益。同時，特別強調：應該推動國際金融組織改革，**改革國際金融組織決策層產生機制，提高發展中國家在國際金融組織中的代表性和發言權**。[24]

　　此種旗幟鮮明的主張由來已久，但在全球經歷著嚴重的世界性金融危機之際重新提出，可謂意義非凡，舉世矚目翹首，抱有強烈的期待和具有強大的張力，不妨說，這是針對現有的國際金融組織機制（**布雷頓森林體系**）及其中體現的**國際經濟舊秩序**，再次吹響了**變革圖新**的號角，發達強權國家實在難以再「一如既往」地置若罔聞。

在這方面，日本媒體作了比較客觀的積極評論。[25] 例如，《朝日新聞》的專題報導指出，新興市場國家正在深入參與到以發達國家為中心的國際金融體系中來，新興市場國家參與感的增強是國際金融體系框架的最大變化。報導認為《胡錦濤主席提出的中國將以負責任的態度支持國際金融組織根據國際金融市場變化增加融資能力的觀點，是這一變化的具體體現。《每日新聞》的社論認為，發達國家和發展中國家在峰會上顯示了團結應對金融危機的姿態，會議確立了前進的方向，值得肯定。對於胡錦濤主席的發言，該報認為中國鮮明地表現出「發展中國家代表」的身分。《讀賣新聞》的社論說，僅靠發達國家間的協商來應對世界性金融和經濟危機已無可能，新興市場國家領導人參與對話具有歷史性意義。能否明確方向是本次會議的焦點，與會領導人設法統一步調，最終發出了共同應對考驗的信息。《日本經濟新聞》的社論對與會各國顯示出團結應對金融危機的姿態表示歡迎，並且報導說，在此次峰會上凸顯了一種客觀現實：沒有中國和印度等新興市場國家的合作就無法構築國際金融新秩序。《產經新聞》的報導說，胡錦濤主席的講話突出地表明了發展中國家要求增加發言權的主張。

日本媒體的這些報導顯然聚焦於和反映了這樣的客觀事實：面臨全球性金融危機，不斷強化的南南聯合在合理地解決南北矛盾、促進南北合作進程中，正在發揮日益增強的積極作用《不容小覷；中國在其中積極地「有所作為」的事實及其表率作用和中流砥柱作用，尤其引人矚目。

最新事例之三：二〇〇九年一月二十八日在瑞士達沃斯舉行

的世界經濟論壇年會中，中國領導人關於主要發展中國家在承擔全球性歷史任務及在南南聯合自強中應當積極地有所作為，應當發揮**表率作用**和**中流砥柱作用的主張**，又再一次獲得實踐的驗證。

中國國務院總理溫家寶出席這次會議並發表了題為《堅定信心，加強合作，推動世界經濟新一輪增長》[26]的特別緻辭，全面闡述了中國對世界金融經濟形勢的看法和主張。他強調，當前，應當抓緊落實二十國集團領導人金融市場和世界經濟峰會以來達成的廣泛共識，不僅要採取更加積極有效的措施渡過當前難關，而且要努力推動建立**公正、合理**、健康、穩定的**世界經濟新秩序**，包括推進國際貿易體制、國際金融體系的**改革**，建立**國際貿易新秩序**，特別是加快建立**國際金融新秩序**；切實保護發展中國家利益，促進世界經濟共同發展。

據日本記者報導，現在許多國家領導人支持將八國集團擴大為包括中國和印度等新興國家在內的二十國集團的構想。「中國總理溫家寶一月二十八日在達沃斯發表演講時說，**應該構築世界經濟新秩序**。他強調，**占世界 GDP 百分之八十以上的二十國集團應當成為主角**。此外，英國首相布朗一月三十一日表示，八國集團已經不能應對全球性問題。作為主席國，英國有意於四月份在倫敦舉行的二十國集團第二次金融峰會上提議定期舉行二十國集團峰會。」[27]

最新事例之四：二○○九年四月一到三日在英國倫敦舉行的二十國集團第二次金融峰會上，中國領導人關於主要發展中國家在承擔全球性歷史任務及在南南聯合自強中應當積極地有所作

為，應當發揮表率作用和中流砥柱作用的主張，關於應當積極推進國際金融秩序破舊立新，進而積極推進國際經濟秩序逐步地全面棄舊圖新的主張，又再一次獲得更加有力的實踐的驗證。

中國領導人胡錦濤在此次峰會上發表了題為《攜手合作，同舟共濟》的重要講話。[28] 他指出，當前，國際金融危機仍在蔓延和深化，世界經濟金融形勢十分複雜嚴峻。任何國家都不可能獨善其身，合作應對是正確抉擇。我們應該認清形勢、加強溝通、相互支持、攜手合作、共克時艱。具有廣泛代表性的二十國集團，是國際社會共同應對國際經濟金融危機的重要有效平臺。

他再次旗幟鮮明地強調：應當進一步推進現存國際金融秩序的改革。應該抓緊落實華盛頓峰會達成的重要共識，堅持全面性、均衡性、漸進性、實效性的原則，推動國際金融秩序不斷朝著公平、公正、包容、有序的方向發展。尤其應當針對時弊，采取六個方面的改革措施，包括盡快制定普遍接受的國際金融監管標準和規範，完善行為準則和監管制度；改進國際貨幣基金組織和世界銀行治理結構，提高發展中國家的代表性和發言權；完善國際貨幣體系，健全儲備貨幣發行調控機制，促進國際貨幣體系多元化、合理化，等等。[29]

胡錦濤鄭重聲明：面對國際金融危機衝擊，中國將一如既往，繼續堅持對外開放的基本國策，始終不渝地奉行互利共贏的開放戰略；作為國際社會負責任的成員，始終積極參與應對國際金融危機的國際合作；中國將一如既往，在南南合作框架內，繼續向其他發展中國家提供力所能及的援助；中國將一如既往，繼續同國際社會加強宏觀經濟政策協調，推動國際金融體系改

革，積極維護多邊貿易體制穩定，為推動恢復世界經濟增長做出應有貢獻。[30]

胡錦濤在此次倫敦金融峰會的上述重要講話，實際上是集中概括和再度重申了全球金融危機爆發以來，包括中國在內的南南之間多次多邊和雙邊磋商協調後達成的共同主張，即**應當積極推進國際金融秩序破舊立新，進而積極推進國際經濟秩序逐步地全面棄舊圖新**。這種主張在此次峰會內外的「南北對話」中都引起重大的反響，獲得國際輿論相當廣泛的認同、肯定和讚揚，它們從不同的角度，以不同的語言，表達了大體相同的意思：中國再次突出地顯示在強化南南聯合、推動建立國際經濟新秩序的歷史事業中，確實更加積極地「有所作為」，確實正在發揮表率作用和中流砥柱作用。例如：[31]

美國媒體 CNN 評論說，中國是本屆 G20 金融峰會的「主要玩家」掌握著整個會議的進程。中國現在現金充沛，經濟繼續增長並且銀行系統也比較穩定。當世界權力系統在這次金融危機中進行大調整時，中國正在尋求一個更有利的位置。[32] 美國《華盛頓郵報》三月二十九日題為《望向北京》的文章說，若在一百年以前，倫敦作為峰會舉行地點在情理之中。但現在已身處二十一世紀了，二十國集團的元首們不應該在（倫敦）大本鐘的影子下出謀劃策。他們理應坐在北京天安門廣場邊的會議大廳裡。文章稱，「首屆二十國集團峰會去年在華盛頓舉行，這說得過去。若第二次峰會是在北京舉行，將等於發出一個清晰信號，承認華盛頓—北京軸心是當今世界最重要的關係；它是全球經濟脫困的關鍵因素。如兩國攜手合作，世界會變得繁榮和穩定；若彼此作

對，世界的未來將會像最悲觀的預言家所預測的那麼黯淡」。[33]

英國《每日電訊報》在四月三日的頭版報導中，直截了當地取了這樣的標題：《G20：布朗宣布世界新秩序》。英國《衛報》在評論文章中指出，在這場全球金融危機中，中國顯然逐漸成為二十一世紀的世界力量，而在這次的 G20 倫敦峰會中，中國顯然已經成為全球政治頂級圓桌會議中的最關鍵成員。

德國《法蘭克福匯報》稱，中國的聲譽在此次全球金融危機中大幅上升，以致於世界銀行行長佐利克把 G20 倫敦峰會稱為「G2 峰會」佐利克說：「沒有一個強大的兩國集團，二十國集團將很失望。」《法蘭克福匯報》進一步評論說，中國的自信已日益擴大。在過去幾週裡，中國政府放棄了以往對華盛頓的外交克制。總理溫家寶對中國購買美國國債的安全性公開表示擔心，中國人民銀行行長周小川建議取消美元作為國際儲備貨幣的地位，創造獨立於一國主權貨幣之外的「超級貨幣」。

法國《費加羅報》評論說，中國是此次峰會的大「贏家」之一，中國憑藉巨大的外匯儲備，在峰會上發出了自己的聲音，確立了自己的地位。法國《世界報》在其網站上發表的題為《中國確認在世界新秩序中的主角地位》的文章稱，幾個月來，中國的身影出現在各種國際談判中。在此次峰會上，中國國家主席胡錦濤表現得「放鬆而自信」，中國領導人成為這次峰會上真正的焦點。法國《論壇報》說，中國在金融峰會之前就展開了積極的外交活動，並派出了陣容強大的代表團跟隨胡錦濤主席出訪。

同時，中美兩國元首的會晤也引起了人們廣泛關注，這些都顯示了中國實力的日益增強。法國《費加羅報》題為《華盛頓、

北京與其他國家》的文章指出，當前的全球性危機證明了這樣一個事實：世界的重心如今在華盛頓和北京之間。二十國集團替代八國集團，這是一個將各大洲與全球發展結合起來的巧妙創舉。不過，每個人都依賴美國和中國的未來。美國人的生活和消費是靠著從中國借來的錢和中國製造的產品。中國的增長和財富則依靠山姆大叔的需求。「中美國」（Chinamerica）處在經濟秩序的中心。[34]

在南美洲，巴西《聖保羅報》指出，這次會議開始尋求全球共識，推動「可持續經濟的價值觀和原則」，認為二十國集團已經替代了由發達國家組成的八國集團，成為一個討論世界問題的首要論壇。[35]

在亞洲，新加坡《聯合早報》四月三日發表的署名文章認為，**倫敦峰會開啟了世界經濟新秩序的篇章**。[36]它把歷史與現實作了簡明的對比：在二戰之後的幾十年時間裡，以美國為核心的七國集團不僅主宰著全球經濟和金融事務，而且還在世界政治與安全問題上表現得鐵板一塊。金融危機爆發之後，這個集團卻不堪一擊。在這所謂的「七大工業國」之內，義大利和加拿大已經沒有了聲音；日本還在孤獨地掙扎；美英與德法對峙，成了相互對壘的陣營。這種混亂的局面，是現有世界秩序陷入困境的表徵。而剛剛閉幕的二十國集團倫敦峰會，無論其具體成果將受到何種評價，在根本意義上，它就是**舊秩序走向終結、新秩序開始萌芽**的歷史性象徵。

這篇文章一針見血地指出，所謂舊秩序的終結，就是**布雷頓森林體系的崩潰**。簡單地說，少數幾個富裕國家主宰全球經濟事

務的歷史，再也不能延續下去了。作為世界舊秩序中的核心力量，美國多年來在國際政治、經濟和安全領域的政策和行為，特別是它發動的伊拉克戰爭，都一再削弱了其作為「世界警察」的道德基礎和道義威信；由於其金融體制引發了全球性金融災難，結果使曾經被視為楷模的美國發展模式，如今備受世界的指責和詬病。可以說，美式資本主義的光輝不再，意味著原有的世界秩序失去了靈魂；美國和其他發達國家的經濟衰落，意味著原有秩序失去了實力的支撐。世界舊秩序之所以難以為繼，還因為原有體制發生了內部分裂，美國再也不能恃其實力和模式的優越性，來發揮領導作用。

這篇署名文章強調：在放任自流的資本主義給世界經濟帶來巨大災難的今天，倫敦峰會將標誌著，未來的世界經濟和金融體系，就是要埋葬沒有良心的自由資本主義。自由資本主義的終結，在客觀上能幫助人們解釋一些現實的問題，那就是，任何一個發展模式都並非無懈可擊，它所取得的成功也不意味著永遠的成功，更不能證明適用於全世界。

這篇署名文章的重要結論是：實際上，在二十國集團中，我們可以看到很多不同的發展模式，特別是已經持續了三十年的中國模式。其巨大成功之處是任何人都不該否認的。誰都應該看到，假若沒有中國模式，當前的全球經濟就更加顯得死氣沉沉，其復甦前景就必定少了一個希望，少了一分動力。因此，二十國集團倫敦峰會的歷史意義，不在於各國領導人在最後公報裡說了些什麼，而在於這次峰會讓全世界既看到了過去的失敗，更看到了未來的希望。這個希望並非來自於某一個國家或者某一個利益

集團，而是來自於能夠代表更多人訴求、維護更多人利益的世界經濟新秩序。

最後，值得一提的是，香港《經濟日報》的一篇專題報導格外引起人們的注意。

它說，經過這次峰會，中國已經贏得了全世界特別是世界列強的尊重，恰如其分地展現了符合國力的影響力，**反映了中國在國際事務上的新思維**。[37]此語可謂言簡意賅，意味深長。

與此同時，香港《南華早報》的一篇文章則從另一角度語重心長地提醒說：「中國在二十國集團峰會上的表現成為媒體關注熱點。或許此次峰會是中國融入國際社會的又一里程碑。但是北京的官員不應飄飄然，尤其不能因為有關中美『兩國集團』的報導而飄飄然。」[38]香港《東方日報》題為《中國須慎防被「捧殺」》的另一篇文章則完全摒棄了「外交辭令」，更為直截了當地提醒中國人：「有海外評論 G2 成了 G20 峰會的核心。G2 即是指世界經濟的兩大火車頭美國和中國。然而，俗話說『人貴有自知之明』……何以中國在倫敦受到英、美諸國極力抬舉呢？說穿了是錢作怪。中國號稱『世界工廠』，除了出口大量價廉物美商品供應全球消費者壓抑通脹抬頭之外，中國吸收的外資及賺取的外匯也愈積愈多，現已接近兩萬億美元，居世界第一位。並且，在 G20 多數國家陷入經濟負增長的情況下，中國仍是唯一保持百分之八大幅增長的國家。故此，西方國家的眼睛都盯著中國的腰包，左一句『中國要做個負責任大國』右一個 G20 位置的顯要安排，其用意至為明顯，希望中國『捨己為人』『英雄救美（美、歐）』而已。但是，中國有十三億人口，當前的國民生

產總值和外（匯）儲（備）用十三億基數一除，人均仍處低水平，在各國中排得很後。故此，中國決不能在吹捧面前飄飄然，應該首先把自己的事情搞好！」[39]

其實，《中國須慎防被「捧殺」》一文警語中所運用的「除法」，早在五年半以前的二〇〇三年冬天，就已由中國總理溫家寶率先在美國哈佛大學的一場著名演講中鮮明地提了出來。他強調：「人多，不發達，這是中國的兩大國情。中國有十三億人口，不管多麼小的問題，只要乘以十三億，那就成為很大很大的問題；不管多麼可觀的財力、物力，只要除以十三億，那就成為很低很低的人均水平。這是中國領導人任何時候都必須牢牢記住的。」[40]二〇〇九年五月下旬在中國歐盟峰會期間，溫家寶總理又面向全球媒體記者，坦率地批評了源自美國高層人士的有關「G20 變為 G2」、形成「中美國（Chinamerica）兩國集團」「中美兩國共治全球」之類的虛妄之說。他鄭重聲明：儘管中國的發展取得了巨大成就，但仍然是一個發展中國家。中國實現現代化還需要很長時間，經過多少代人的艱苦努力。「中國堅持獨立自主的和平外交政策，奉行互利共贏的開放戰略，願意同所有國家發展友好合作關係，**絕不謀求霸權**。一兩個國家或大國集團不可能解決全球的問題，多極化和多邊主義是大勢所趨，人心所向。**有人說，世界將形成中美共治的格局，這是毫無根據的，也是錯誤的。**」[41]

※　　※　　※

概言之，在二〇〇八年盛夏二〇〇九年暮春短短九個月期間

發生的上述事例一再表明：

第一，南南聯合自強的**戰略思想**正在全球範圍內日益深入人心，成為國際弱勢群體力爭獲得和維護國際平權地位的主要手段之一。

第二，南南聯合自強的**戰略目標**，始終不渝地聚焦於反對任何國際霸權和國際強權，聚焦於力爭發展中國家在全球性經貿大政問題上享有公平合理的發言權、參與權和決策權。[42]

第三，南南聯合自強的**根本宗旨**，始終不渝地瞄準推動**國際經濟秩序逐步實行棄舊圖新的全面改革**，改變當代全球財富國際分配嚴重不公的現狀，逐步實現全球財富公平合理的國際再分配，實現全球經濟的共同繁榮。[43]

第四，南南聯合自強的**戰略目標**和**根本宗旨**不可能一蹴而就，其實現過程不但需要「戒躁」，即需要耐心和韌性，而且需要「戒驕」，即需要謙虛謹慎，包括在形勢大好的新情況下繼續保持必要的「韜光養晦」。

第五，正是包括上述事例在內的近些年來國內外形勢的最新發展與全球性南北談判的實踐，促使中國人更加**全面**、更加**完整**、更加**準確**地領會鄧小平「對外二十八字方針」的真諦；促使中國人正在「**與時俱進**」地加深理解鄧小平關於**中國在構建國際經濟新秩序中戰略定位的科學思維**。

可以預期：今後中國勢必會更善於掌握「韜光養晦」與「有所作為」的革命辯證法，[44] 既不不自量力，以「救世主」自居，空唱高調，爭「出風頭」鋒芒畢露，樹敵過多，孤軍猛衝；也不在全球南北矛盾的大是大非上曖昧含糊，依違模棱，消極迴避，

隨人俯仰，無所作為。相反，充滿智慧的中國人勢必會秉持**科學的發展觀**，總結新的實踐經驗，把鄧小平早在三十四年之前率先在聯大鄭重提出的前述倡議，在十八年之前概括提出的「對外二十八字方針」，與**此後**在新形勢下的新實踐密切地結合起來，積極地有所作為，使鄧小平理論及其全球戰略思維，在新形勢下「既一脈相承又與時俱進」，上升到更高層次，指引中國人通過更有效的南南聯合，**與其他主要發展中國家一起，共同成為建立國際經濟新秩序的積極推手和中流砥柱。**

四、幾點結論

第一，「建立國際經濟新秩序」乃是全球弱勢群體數十億人口爭取國際經濟平權地位的共同奮鬥目標和行動綱領。自一九五五年「萬隆會議」初步設定「南南聯合自強」戰略方針以推動建立國際經濟新秩序以來，歷經多次潮起潮落，不斷衝破明灘暗礁。 五十多年來，爭取和維護國際弱勢群體平等權益運動發展的總趨勢，是不斷地螺旋式上升的。對此，應當從長期戰略視角予以觀察和評估，決定相應的行止，不宜只從短期戰術角度考慮得失、取捨、行止。

第二，源自西方強權國家的「新自由主義經濟秩序」論或「WTO 憲政秩序」論，雖有某些合理內核，可資借鑑，但整體而言，它們企圖取代「建立國際經濟新秩序」論，從而可能是麻痺、瓦解國際弱勢群體鬥志和信心的一種**精神鴉片**。[45]「經濟民族主義擾亂全球化秩序」論，同樣有其合理內核，可予兼聽，

但整體而言，它企圖阻撓建立國際經濟新秩序的不懈實踐，壓制國際弱勢群體的鬥志和信心，從而可能是一種**精神枷鎖**。[46] 全球弱勢群體對此類含有精神鴉片或精神枷鎖毒素的理論，亟宜全面深入剖析，不宜貿然全盤接受。

第三，中國既是全球弱勢群體的一員，又是最大的發展中國家之一。中國積極參與和努力推動建立國際經濟新秩序，應屬當仁不讓，責無旁貸。因此，對鄧小平倡導的具有中國特色的「韜光養晦，有所作為」方針，應當作**全面的、辯證的、完整的、準確的**理解；應當秉持**科學發展觀**關於「既一脈相承又與時俱進」的基本精神，加深理解，豐富實踐，認真總結。中國應當在「**積極推動建立國際經濟新秩序**」的總方向上，成為南南聯合的中流砥柱之一。

第四，在建立國際經濟新秩序的時代總潮流中，中國的**自我戰略定位**理應一如既往，繼續是旗幟鮮明的積極推動者之一，是現存國際經濟秩序的改革者之一。不宜只是現存國際經濟秩序的「改良者」、南北矛盾的「協調者」。簡言之，中國理應進一步發揚傳統的、具有獨特內涵的中華民族愛國主義，[47] 通過 BRICSM 類型的「南南聯合」群體，成為建立國際經濟新秩序的**積極推手和中流砥柱之一**。

（編輯：龔　宇）

注釋

* 本文原作題為《論中國在建立國際經濟新秩序中的戰略定位——兼評「新自由主義經濟秩序」論、「WTO 憲政秩序」論、「經濟民族主義擾亂全球化秩序」論》，初稿草於二〇〇八年夏，曾提交中國國際經濟法學會 2008 年年會交流。其後經數度修訂，完稿於二〇〇八年底，發表於《現代法學》2009 年第 2 期，全文約三點二萬字（以下簡稱「本文原作」）。現經徵得該刊主編孫長永教授、本文責編徐泉教授同意，摘取其中部分內容，增添二〇〇九年初以來的最新事態發展和最新信息，改寫為現在的更新文本，全文約二點五萬字，文題也按論述的新視角焦點作相應更改，以就教於更多海內外方家和讀者，冀能就當代這一熱點問題展開更廣泛、更深入的探討，共同提高認識。對於《現代法學》惠予支持的厚意，謹致謝忱。

〔1〕 鄧小平提出的「對外二十八字方針」是：「冷靜觀察，穩住陣腳，沉著應付，善於守拙，決不當頭，韜光養晦，有所作為。」這些內容並不是一次性提出來的，而是學界對鄧小平在各個場合談話內容的歸納。參見《改革開放政策穩定，中國大有希望》（1989 年 9 月 4 日）、《善於利用時機解決發展問題》（1990 年 12 月 24 日），載《鄧小平文選》第 3 卷，人民出版社 1993 年版，第 321、363 頁；李琪珍：《論鄧小平的外交戰略思想》，載《廣東社會科學》2000 年第 6 期，第 75-76 頁；陳向陽：《解讀韜光養晦政策：仍是中國對外戰略自覺選擇》，http: //news. sina. com. cn/c/2005-09-07/16467705377. shtml；許少民：《「韜光養晦有所作為」芻議》，http://www. china-thinktank. cn/。

〔2〕 詳見陳安：《南南聯合自強五十年的國際經濟立法反思——從萬隆、多哈、坎昆到香港》，載《中國法學》2006 年第 2 期。

〔3〕 圖 1-11-1 中的長方形＋字交叉線坐標，既表示當代大多數發展中國家的地理位置，也表示當代發展中國家在南北矛盾中的政治位置，即自我「政治定位」其中「BRICSM」一詞，是新「金磚五國」的簡稱：BR 代表 Brazil（巴西），代表 India（印度），C 代表 China（中國），S 代表 South Africa（南非），M 代表 Mexico（墨西哥）；其餘較小的許多圓塊，代表各自分散的眾多的發展中國家。橢圓形表示這五個主要發展中大國結合和凝聚成為「南南聯合」的一個整體，

成為在全球性南北對話中代表國際弱勢群體發言的中堅力量。「BRICSM」一詞的另一重要含義是：以上述五國為中流砥柱的「南南聯合自強」**新思潮、新主張、新戰略思維**（在英語中，帶「-sm」語尾的詞一般指主義、思潮、體制等）。

〔4〕 例如，自二〇〇〇年以來，中國應對海南島軍機事件、科索沃使館被炸事件、伊拉克戰爭問題、伊朗核爭端問題、朝核爭端問題、中日東海石油爭端問題、南海諸島領土與資源爭端問題，從整體上說，都體現了有理有利有節的基本精神，都顯示出「**旗幟鮮明，是非分明，和而不同**」，值得認真回顧與總結。

〔5〕 參見《論語・子路第十三》「君子和而不同，小人同而不和。」和而不同」是中國儒家提倡的良好品德之一。「和」即和諧，「同」即苟同。「和而不同」意指能和諧地與他人友好相處，卻又不盲從附和。參見《漢語成語詞典》，商務印書館 2004 年版，第 418 頁。

〔6〕 鄧小平：《善於利用時機解決發展問題》（1990 年 12 月 24 日），載《鄧小平文選》第 3 卷，人民出版社 1993 年版，第 363 頁。

〔7〕 參見鄧小平：《在聯大特別會議上的發言》，載《人民日報》1994 年 4 月 11 日第 1 版。

〔8〕 鄧小平：《善於利用時機解決發展問題》（1990 年 12 月 24 日），載《鄧小平文選》第 3 卷，人民出版社 1993 年版，第 363 頁。

〔9〕 鄧小平：《完整地準確地理解毛澤東思想》（1977 年 7 月 21 日），載《鄧小平文選》第 2 卷，人民出版社 1994 年版，第 42 頁。

〔10〕 詳見陳安：《南南聯合自強五十年的國際經濟立法反思——從萬隆、多哈、坎昆到香港》，載《中國法學》2006 年第 2 期。

〔11〕 圖 1-11-2 中下方各自分散的小方塊中，較大的五塊 BR、I、C、S、M，分別代表巴西（Brazil）、印度（India）、中國（China）、南非（South Africa）、墨西哥（Mexico）；其餘較小的許多圓塊，代表各自分散的眾多的發展中國家。

〔12〕 詳見本文原作，載《現代法學》2009 年第 2 期，第 12 頁注②。

〔13〕 本文載於《世界經濟與政治》2001 年第 8 期。

〔14〕 See G. J. Ikenberry, The Rise of China and the Future of the West: Can the Liberal System Survive? *Foreign Affairs*, Vol.87, January/February，2008，pp.23-37.其原文要點可摘錄如下：(1) It is the nature of the international order that shapes a rising state's choice between challenging that order and integrating into it. The U. S. -led order is distinctive in that it has been more liberal than imperial-and so unusually accessible, legitimate, anddurable. Its rules and institutions are rooted in, and thus reinforced by, the evolving global forces of democracy and capitalism. It is capable of generating tremendous economic growth and power while also signaling restraint-all of which make it hard to overturn and easy to join. (2) In the Western system, the barriers to economic participation are low, and the potential benefits are high. China has already discovered the massive economic returns that are possible by operating with in this open-market system. (3) Fortunately, such anorder is in place already. The task now is to make it so expansive and so institutionalized that China has no choice but to become a full-fledged member of it. (4) The United States cannot thwart China's rise, but it can help ensure that China's power is exercised with in the rules and institutions that the United States and its partners have crafted over the last century. (5) The United States' global position maybe weakening, but the international system the United States leads can remain the dominant order of the twenty-first century.

〔15〕參見陳安：《論國際經濟關係的歷史發展與南北矛盾》《世紀之交在經濟主權上的新爭議與「攻防戰」：綜合評析十年來美國單邊主義與 WTO 多邊主義交鋒的三大回合》《論國際經濟法中的公平互利原則是平等互利原則的 重大發展》《南南聯合自強五十年的國際經濟立法反思：從萬隆、多哈、坎昆到香港》，分別收輯於《陳安論國際經濟法學》（第一卷），復旦大學出版社 2008 年版，第一編之 I、X、XI、XV。

〔16〕王逸舟主編：《磨合中的建構：中國與國際組織關係的多視角透視》，中國發展出版社 2003 年版，第 4-5、10、34、345-358 頁。該書主編把江憶恩教授撰寫的論文附於書末，但其篇名卻由譯者王軍改定為《中國和國際制度：來自中國之外的視角》，異於該書主編在正文中之上述譯名。經函詢江憶恩教授本人，據其二〇〇九年三月九日覆函稱：附錄於該書之末的這篇論文，其英文原題是「China and International Organizations: Perspectives from Outside China」。

〔17〕二〇〇八年，溫家寶總理在聯合國的發言中強調：當今「世界五分之四的人口在發展中國家，發達國家人口只占五分之一。人人都有平等的生存權利。如果廣大發展中國家繼續貧困，說明當今世界是不公平、不和諧的，也注定是不穩定的」，參見《溫家寶在聯合國千年發展目標高級別會議上的講話》（2008 年 9 月 25 日），http: // news. xinhuanet. com/world/2008-09/26/content_10112612. htm。溫家寶總理這段話畫龍點睛地道破了當代全球財富國際分配嚴重不公的現狀以及當今世界不和諧、不安定、不穩定的根本原因，指明了建立國際經濟新秩序、對全球財富實行公平合理的國際再分配，才是實現全世界和諧、安定、穩定、繁榮的根本途徑。

〔18〕參見鄧小平：《善於利用時機解決發展問題》（1990 年 12 月 24 日），載《鄧小平文選》第 3 卷，人民出版社 1993 年版，第 363 頁。

〔19〕指第三世界數十億貧困人口的疾苦之聲以及要求改變國際現存不公平經濟秩序的疾呼之聲，有如不息浪濤，依舊不絕於耳！

〔20〕參見陳安：《南南聯合自強五十年的國際經濟立法反思——從萬隆、多哈、坎昆到香港》（增訂本），載陳安：《陳安論國際經濟法學》（第一卷），復旦大學出版社 2008 年版，第一編之 XIV。

〔21〕參見《胡錦濤在黨的十七大上的報告》（2007年10月24日），http://news.xinhuanet.com/politics/2007-10/24/content_6939223_2.htm；《胡錦濤　調要深入貫徹落實科學發展觀》（2007 年10月15日），http://cpc.people.com.cn/GB/104019/104098/6378312.html.

〔22〕參見《胡錦濤在發展中五國領導人集體會晤時的講話》，http://news.xinhuanet.com/newscenter/2008-07/08/content_8512385.htm.

〔23〕二〇〇八年六到七月在內瓦開展南北談判期間，WTO 總幹事拉米曾主持召開只有美國、歐盟、加拿大、日本、印度、巴西和中國代表參加的小型會議，預先磋商有關的重大熱點難點問題，被簡稱為多哈談判的「G7 會議」。國際輿論對此種會議形式有所非議。八月十三日，拉米在新德里接受印度《金融快報》專訪，就多哈談判有關問題回答了記者的提問。其中有一段對話值得注意：「記者：很多人批評 G7 會議的形式不透明，不具有包容性。這種談判形式會延續下去嗎？拉米：我們需要達成共識，G7 就是達成共識的起點。G7 占全球貿易總量的 80%，並且代表了其他發達國家和發展中國家集團。如果他們達成共識，就有利於三十國部長達成共識，最後推動

一百五十三個 WTO 成員達成共識。除此之外，我們沒有別的辦法。十五年前的核心國家只有美國、歐盟、加拿大和日本四個，現在加上印度、巴西和中國，是因為世界發生了變化。這毫不神祕。參見《拉米在新德里就多哈回合接受專訪》，載上海 WTO 事務諮詢中心：《WTO 快訊》第 160 期（2008 年 8 月 1 日至 8 月 31 日），第 11 頁。

〔24〕參見《胡錦濤在金融市場和世界經濟峰會上的講話：通力合作，共度時艱》（2008 年 11 月 15 日），http://news.xinhuanet.com/newscenter/2008-11/16/content_10364070.htm。

〔25〕參見《日本媒體積極評價國際金融峰會》（2008 年 11 月 17 日），http://news.xinhuanet.com/world/2008-11/17/content_10371913.htm.

〔26〕參見《溫家寶就建立世界經濟新秩序提五點意見》，http://news.enorth.com.cn/system/2009/01/29/003878737.shtml。

〔27〕《多國贊同以 G20 取代 G8》（日本《讀賣新聞》2009 年 2 月 2 日報道），載《參考消息》2009 年 2 月 3 日第 1 版。當然，對於外國媒體的此類報道，作 南南聯合中流砥柱之一的中國，自應繼續保持清醒冷靜的頭腦，進行「一分為二」《的科學分析：既看到中國綜合國力的提高所導致的國際地位的提高和國際影響的擴大，又看到中國在整體上仍然是國際弱勢群體之一，遠未徹底擺脫近兩百年來所逐步形成的積貧積弱地位，從而確立自己在當代國際社會中應有的戰略定位。參見宋國友：《不要輕言 G20 替代 G8》，http://news.xinhuanet.com/world/2008-11/20/content_10386758.htm。

〔28〕參見胡錦濤：《攜手合作，同舟共濟——在二十國集團領導人第二次金融峰會上的講話》，http://news.xinhuanet.com/newscenter/2009-04/03/content_11122834.htm。

〔29〕參見周小川：《關於改革國際貨幣體系的思考》，http://news.xinhuanet.com/fortune/2009-03/24/content_11060507.htm. 其中強調：應當創造一種與主權國家脫鈎並能保持幣值長期穩定的國際儲備貨幣，從而避免主權信用貨幣作 儲備貨幣的內在缺陷，這是國際貨幣體系改革的理想目標。這種主張已經獲得許多國家政府和許多國際金融專家的肯定和認同，認 它是一種特效良藥，大有助於治療和預防由於美元長期享有壟斷地位和特權地位而導致的國際金融現存體制中的嚴重疾病。

〔30〕參見胡錦濤：《攜手合作，同舟共濟〈在二十國集團領導人第二次

金融峰會上的講話〉》，http://news.xinhuanet.com/newscenter/2009-04/03/content_11122834.htm。

〔31〕參見《中國影響力引關注，美媒稱 G20 首腦應北京會晤》，http://news.xinhuanet.com/world/2009-03/30/content_11099256.htm；《G20 倫敦金融峰會催生國際新秩序》，http://news.xinhuanet.com/world/2009-04/04/content_11129541.htm；《外媒：倫敦金融峰會成果超預期，中國表現搶眼》，http://news.xinhuanet.com/world/2009-04/04/content_11130624.htm。

〔32〕參見《G20 倫敦金融峰會催生國際新秩序》，http://news.xinhuanet.com/world/2009-04/04/content_11129541.htm。

〔33〕參見《中國影響力引關注，美媒稱 G20 首腦應北京會晤》，http://news.xinhuanet.com/world/2009-03/30/content_11099256.htm。

〔34〕參見《「中美國」成世界經濟重心》，載法國《費加羅報》2009 年 4 月 13 日；伊夫‧特雷阿爾：《華盛頓、北京與其他國家》，載《參考消息》2009 年 4 月 15 日第 8 版。

〔35〕參見《外媒：倫敦金融峰會成果超預期，中國表現搶眼》，http://news.xinhuanet.com/world/2009-04/04/content_11130624.htm。

〔36〕參見《聯合早報：倫敦峰會開啟世界經濟新秩序》，http://news.xinhuanet.com/world/2009-04/03/content_11125270.htm。

〔37〕參見《港澳輿論：G20 峰會上中國恰如其分地展現了符合國力的影響力》，http://news.xinhuanet.com/newscenter/2009-04/03/content_11127105.htm。

〔38〕參見《中國成發展中世界事實領袖》，載《參考消息》2009 年 4 月 7 日第 8 版。

〔39〕參見《中國須慎防被「捧殺」》，載《參考消息》2009 年 4 月 8 日第 8 版。

〔40〕《溫家寶總理哈佛演講：把目光投向中國》（2003 年 12 月 10 日），http://www.people.com.cn/GB/shehui/1061/2241298.html。

〔41〕《溫家寶與歐盟領導人會見記者時的講話》（2009 年 5 月 21 日），http://china.com.cn/news。

〔42〕參見陳安：論中國在建立國際經濟新秩序中的戰略定位》《南南聯合自強五十年的國際經濟立法反思：從萬隆、多哈、坎昆到香港》（2008 年增訂本），分別收輯於《陳安論國際經濟法學》（第一卷），

復旦大學出版社 2008 年版，第一編之 Ⅵ、ⅩⅣ。

〔43〕據多家媒體報導，二〇〇八年十一月在華盛頓舉行的二十國峰會拉開了國際金融改革的序幕，從而在推動國際經濟秩序實行新舊更替逐步改革的途程中，開始進入新的歷史轉折點。美聯社認為，此次峰會「發誓在未來的日子裡更好地對全球市場進行監管，對在二十世紀四〇年代建立的已經運轉不靈的金融機構，如國際貨幣基金組織，進行改革」，「還表明，全球舞臺上力量平衡發生了變化，重要的新興經濟體正在要求發出更大的聲音。」英國首相布朗在峰會後舉行的記者會上明確表示：「這是通向新布雷頓森林體系之路……很顯然，我們正在努力建立今後新的體制。」他指出，國際貨幣基金組織和世界銀行都需要徹底改革。因為，「在一九四五年建立的體制不一定是應對二〇〇八年的問題、全球經濟、全球競爭以及全球資本流動的最好辦法」。法新社認為，「中國、巴西、印度和印度尼西亞等國不僅在過去只為少數工業化國家保留席位的全球決策圓桌上贏得了重要席位，還在預防金融動盪的努力中迫使富國作出了讓步」。它轉述巴西總統盧拉在會後的感受：「我很高興地離開華盛頓，因為世界地緣政治框架有了新的格局。」「沒有道理在沒有二十國集團成員共同參與的情況下，作出政治和經濟方面的任何決定，解決全球金融危機必須有發展中國家參與其中。」印度尼西亞總統蘇西洛·班邦·尤多約諾說：「我希望二十國集團峰會是邁向國際金融框架改革的一個起點，以讓國際金融框架反映二十一世紀的現實。」布什在峰會結束後說：「顯然，必須讓二十國集團的成員國都參加，而不是八國集團或十三國集團。」韓聯社報道，韓國總統李明博認為：「這次峰會具有歷史意義，新興經濟體也參與到以前由發達國家壟斷的全球重大問題的討論中來，這是百年不遇的」；「從現在起，這些全球問題應由發達國家和新興經濟體共同來討論」。法新社更進一步報道，面臨全球眾多發展中國家強烈要求改革現存國際金融體制的強大壓力，國際貨幣基金組織總裁多米尼克·斯特勞斯卡恩也不得不對此次二十國集團峰會的成果表示歡迎，並表示：「今天的與會者使這次峰會的意義重大。一種比以往任何時候都更有活力而且涵蓋面更廣的**國際經濟新秩序正在形成**」。至於日本的共同社，一向特別關注其近鄰中國在國際舞臺上的動態，它認為：在此次金融峰會上，「中國國家主席胡錦濤作為

新興市場國家的代表，以充滿自信的神情」發表了講話。共同社強調：此後，「世界從 G7（西方七國）時代進入了 G20（二十個國家和地區）時代。金融峰會以克服金融危機為首要議題，也是中國正式參與國際規則制定的歷史性轉折點。」中國先發制人。峰會召開前，中國與巴西、印度、俄羅斯召開了第一次四國財政部長會議，確認四國將在峰會上團結一致。」以上信息，參見《20 國峰會拉開國際金融改革序幕》《中國成功避免「廣場協議」重演》等報導，分別載於《參考消息》2008 年 11 月 16 日第 1 版、2008 年 11 月 19 日第 16 版。

〔44〕國內有學者認為：「韜光養晦」絕不是消極無為。準確把握「韜光養晦，有所作為」戰略方針，應強調：第一，避免孤立地談「韜光養晦」，而應與「有所作為」緊密結合。「韜光養晦」與「有所作為」是一個整體，不能將二者割裂，不能偏廢，而應兼顧，更不能將二者對立起來。「有所作為」就是對「韜光養晦」的有力補充，即中國在「韜光養晦」的同時還應有所建樹。**「有所作為」可被視作「韜光養晦」的最終目的。**第二，「韜光養晦」本身不僅是手段，也是一種相對獨立、相對完整、自成體系的對外戰略思想。**「韜光養晦」要隨著形勢、環境、條件的變化而發展，其本身就包含了剛健有為、自強不息、積極進取的主動性，絕不是消極無為的被動反應。**第三，「韜光養晦」絕不意味著對外搞陰謀詭計、勾心鬥角、拉幫結派，相反卻是自我約束、自律自製、光明磊落、襟懷坦白。美國 2002 年的《中國軍力報告《硬把中國的「韜光養晦」戰略説成是「在國際上進行戰略欺騙」，這是蓄意歪曲。中國對外既要堅持「韜光養晦」、含而不露、適可而止、留有餘地、注意分寸，**又要「有所作為」、當仁不讓、主持公道、追求正義、捍衛權益**。參見陳向陽：《解讀韜光養晦政策：仍是中國對外戰略自覺選擇》，http: //news. sina. com. cn/c/2005-09-07/16467705377. shtml。

〔45〕參見陳安：《論中國在建立國際經濟新秩序中的戰略定位——兼評「新自由主義經濟秩序」論、「WTO 憲政秩序」論、「經濟民族主義擾亂全球化秩序」論》，第四部分之（一）（二），載《現代法學》2009 年第 2 期。最新的國際實踐雄辯地證明，「新自由主義」乃是當前席捲全球的金融危機的始作俑者和罪魁禍首。針對「新自由主義經濟秩序」說教的偽善本質、欺騙作用及其與當前全球性金融危

機的因果關係，澳大利亞總理陸克文撰寫專文揭示：當前，全球金融危機已演變為經濟危機和就業危機，對金融、實體經濟及各國政府收支平衡產生巨大沖擊。在很多國家，甚至演變成社會危機和政治危機。這一後果的始作俑者就是過去三十多年以來自由市場意識形態所主導的新自由主義經濟政策。在二十世紀三〇年代的大蕭條中，不受約束的自由市場主義本已名譽掃地，但到七〇年代，由於英國首相撒切爾和美國總統里根的推崇而重新翻身，成為經濟界的正統。但是，「事實證明，**新自由主義及其所伴生的自由市場至上主義，不過是披著經濟哲學外衣的個人貪慾**。在一九八七年的股市崩盤、一九九四年的墨西哥金融危機、一九九七年的亞洲金融危機、二〇〇〇年的互聯網泡沫破裂期間，美聯儲一直盲目相信市場的正確性，堅持通過大幅降息的方法增加市場流動性，這一方法屢試不爽，直到本次次貸危機爆發。事後，**美聯儲前主席格林斯潘也不得不承認，自由市場主義是不正確的。**」參見《新自由主義是全球金融危機禍首》，載《參考消息》2009 年 2 月 10 日第 3 版。

〔46〕參見陳安：《論中國在建立國際經濟新秩序中的戰略定位 —— 兼評「新自由主義經濟秩序」論、「WTO 憲政秩序」論、「經濟民族主義擾亂全球化秩序」論》，第四部分之（三）。

〔47〕參見陳安：《論中國在建立國際經濟新秩序中的戰略定位 —— 兼評「新自由主義經濟秩序」論、「WTO 憲政秩序」論、「經濟民族主義擾亂全球化秩序」論》，第四部分之（三）。

第十二章

三論中國在構建 NIEO 中的戰略定位：聚焦評析「匹茲堡發軔之路」走向何方

——G20 南北合作新平臺的待解之謎以及「守法」與「變法」等理念碰撞[1]

 內容提要

　　二十世紀七〇年代以來，南北之間圍繞建立國際經濟新秩序（NIEO）的爭鬥幾度潮起潮落，落而又起。在這過程中，作為全球最大發展中國家的中國，其在構建 NIEO 中的戰略定位問題，中外學界對此見仁見智，分歧不小。筆者針對這一重大的理論與實踐問題，曾連續撰文進行探討，本文是其中的第三篇，故稱《三論……》。本文聚焦於二〇〇九年九月下旬中國領導人在「匹茲堡二十國集團（G20）峰會」上與時進地貫徹鄧小平「對外二十八字方針」[1]的最新實踐，針對此次 G20 峰會鄭重宣布的「匹茲堡發軔之路」的兩種前途的「待解之謎」作了探討，進而強調：為了防止強權國家在「匹茲堡發軔之路」上再次開倒車，蹈覆轍，包括中國在內的國際弱勢群體務必保持清醒頭腦，

釐清若干重要的觀點、概念、信念和理念，用正確的、符合時代潮流的觀點、概念、信念和理念，努力推進建立國際經濟新秩序的新實踐。

↘ 目次

一、兩大事件，互相呼應，中國身影，舉世矚目

二〇〇九年九月二十五日至十月一日短短七天間，世界上發生的兩件大事，強有力地磁吸了全球數十億大眾的眼球：一件大

事是十月一日發生在中國北京的中華人民共和國成立六十週年慶典，它規模宏大、隆重熱烈、氣勢磅礡，其現實意義之重大和歷史意義之久遠，幾乎是全球同碑，罕有異議。另一件大事於九月二十五日發生在美國匹茲堡，即「二十國（G20）集團」峰會指定由「二十國集團」成為今後全球南北兩類國家實行南北對話、南北經濟合作的主要平臺。[2]這兩件大事，前者彰明較著，不容置疑，毋庸贅述；後者則「短聚即散」轉瞬銷聲，貌似無足輕重。但是，如果認真回顧一九五五年「萬隆會議」之後五十四年來「南南聯合自強」事業的曲折迂迴，[3]再放眼今後數十年南北對話的可能進程，則後者可能與日俱增的歷史里程碑意義，固然不宜盲目樂觀，卻也不可輕慢小覷。古人說過：「風起於青萍之末，浸淫溪谷，⋯⋯激颺熛怒；耽耽雷聲，回穴錯迕；蹶石伐木，梢殺林莽。」[4]以這段話來形容上述後一事件日後可能產生的巨大影響，大概不會被誤解為是誇大其詞或譁眾取寵。何況，上述這兩件大事，貌似「風馬牛不相及」，實則是互相滲透、緊密相聯的。因為：第一，兩者都凸顯了新中國魁梧高大的身影及空前的國際地位、國際影響；第二，如果沒有新中國六十年積累的綜合國力和國際聲譽，就不會有匹茲堡「二十國集團峰會」上「中華之聲」的震盪全球；第三，如果沒有匹茲堡「二十國集團峰會」上「中華之聲」的仗義執言，也就無從彰顯當代中國在全球的厚重歷史責任感和泱泱大國形象，無從鮮明地體現出它日益成為倡導南南聯合自強、改革現存國際經濟秩序的中流砥柱和積極推手之一。

形勢逼人！面對新的形勢，學人理應思考、再思考。

二、落實科學發展觀，與時俱進地實踐鄧小平的「對外二十八字方針」

新一代的中國國家領導人秉持與時俱進、開拓創新的精神，在二〇〇七年十月間提出：必須堅持以鄧小平理論為指導，深入貫徹落實**科學的發展觀**，並且正在進一步把鄧小平理論及其全球戰略思維與新形勢下的新實踐密切地結合起來，積極地有所作為，使鄧小平理論及其全球戰略思維，在新形勢下「既一脈相承又與時俱進」，[5] 上升到更高層次。

在這方面，有**五大**最新的實踐事例特別值得注意並且發人深思：

最新事例之一：在南南聯合自強和南北對話的歷史途程中，近幾年來一種新的力量組合和新的對話方式開始漸露頭角，舉世矚目：由最發達強國組成的「七國集團」或「八國集團」的首腦與若干主要發展中國家的領導人**定期會晤**，開展南北對話，磋商「天下大事」，共謀解決全球性熱點難題。此種對話方式已實行數次，其新近一次就是二〇〇八年七月在日本舉行的八國集團首腦與中國、印度、巴西、南非和墨西哥五個主要發展中國家領導人的對話會議。

會議期間，中國領導人胡錦濤針對這種南南聯合自強和南北對話的**新形式**作了精闢的分析。[6] 他指出：當今世界正處在大變革大調整之中。近年來，發展中國家整體力量上升、團結合作加強，在國際事務中的影響和作用日益增長。中國、印度、巴西、南非和墨西哥五國都是重要的發展中國家，人口占世界的百

分之四十二，國內生產總值占世界的百分之十二。**加強五國的協調合作，不僅有利於各自國家發展，也有利於加強南南合作、推動南北對話、推進入類和平與發展的崇高事業**。過去的一年裡，五國初步建立起多個層面的協調機制，圍繞同八國集團舉行對話會議密切溝通、加強協調，取得了積極成果。應該以此為基礎，繼續作出努力。當前，五國已成為世界經濟體系的重要組成部分和世界經濟增長的重要推動力量，應該就世界經濟增長中的重大問題加強溝通和協調，開展互惠互利的雙邊和多邊合作，**共同應對不利因素**，保持經濟較快發展的勢頭和活力，繼續為世界經濟發展做出貢獻。[7]

胡錦濤強調：「南南合作是發展中國家取長補短、實現共同發展的重要途徑。我們**應該為促進南南合做作出積極貢獻、起到表率作用**。一方面，我們應該共同促進多邊主義和國際關係**民主化**，增強發展中國家在國際事務中的參與權和決策權，為發展中國家發展爭取有利外部環境。另一方面，我們應該**積極推動**國際經濟、金融、貿易、發展體系**改革，維護發展中國家正當權益**，提高發展中國家應對各種風險和挑戰的能力，促進世界經濟均衡、協調、可持續發展。」[8]

胡錦濤的這些分析，言簡意賅，既總結了南南聯合自強的過去，又展望了南南聯合自強的未來，還著重強調了上述五個主要發展中國家所承擔的全球性歷史任務及其在南南聯合自強中應當發揮的**表率作用**和**中流砥柱作用**。這些精闢分析，引起了全球公眾的共同關注，對於中國今後在推動建立國際經濟新秩序歷史進程中的自我戰略定位，尤其具有啟迪意義和指導意義。

最新事例之二：在二〇〇八年十一月中旬華盛頓峰會的南北對話中，上述積極地有所作為的**表率作用**和**中流砥柱作用**，再一次獲得實踐的驗證。

當時，全球正在經歷嚴重的國際金融危機。全球的主要發達國家和主要發展中國家的首腦在美國華盛頓舉行**二十國集團峰會**，共商應對之策。包括中國、巴西、阿根廷、印度、印度尼西亞、墨西哥、南非在內的主要發展中國家，聚首華盛頓，旗幟鮮明地提出：國際社會應該認真總結這場世界性金融危機的教訓，在所有利益攸關方充分協商的基礎上，**對國際金融體系進行必要的改革**。國際金融體系改革，應該堅持建立**公平、公正、包容、有序的國際金融新秩序**的方向，應該堅持全面性、均衡性、漸進性、實效性的原則。其中的**全面性**，就是要總體設計，**全面改革**和完善有關的國際金融體系、貨幣體系、金融組織、國際金融規則和程序。**均衡性**，就是要統籌兼顧，平衡體現各方利益，形成**各方更廣泛有效參與的決策和管理機制**，尤其要體現新興市場國家和發展中國家利益。同時，特別強調：應該推動國際金融組織改革，**改革國際金融組織決策層的產生機制，提高發展中國家在國際金融組織中的代表性和發言權**。[9]

此種旗幟鮮明的主張由來已久，但在全球經歷著嚴重的世界性金融危機之際重新提出，可謂意義非凡，舉世矚目翹首，抱有強烈的期待和具有強大的張力，不妨說，這是針對現有的國際金融組織機制（**布雷頓森林體系**）及其中體現的**國際經濟舊秩序**，再次吹響了**變革圖新**的號角，發達強權國家實在難以再「一如既往」地置若罔聞。

最新事例之三：二〇〇九年一月二十八日在瑞士達沃斯舉行的世界經濟論壇年會中，中國領導人關於主要發展中國家在承擔全球性歷史任務及在南南聯合自強中應當積極地有所作為，應當**發揮表率作用和中流砥柱作用的主張**，再一次獲得實踐的驗證。

中國國務院總理溫家寶出席這次會議並發表了題為《堅定信心，加強合作，推動世界經濟新一輪增長》[10]的特別致辭，全面闡述了中國對世界金融經濟形勢的看法和主張。他強調，當前，應當抓緊落實二十國集團華盛頓金融峰會以來達成的廣泛共識，不僅要採取更加積極有效的措施渡過當前難關，而且要努力推動建立**公正、合理**、健康、穩定的**世界經濟新秩序**，包括推進國際貿易體制、國際金融體系的**改革**，建立**國際貿易新秩序**，特別是加快建立**國際金融新秩序**；切實保護發展中國家利益，促進世界經濟共同發展。

據日本記者報導，現在「許多國家領導人支持將八國集團擴大為包括中國和印度等新興國家在內的二十國集團的構想」中國總理溫家寶二〇〇九年一月二十八日在達沃斯發表演講時說，**應該構築世界經濟新秩序**。他強調，占世界 GDP 百分之八十以上的二十國集團應當成為主角。此外，英國首相布朗二〇〇九年一月三十一日表示，八國集團已經不能應對全球性問題。作為主席國，英國有意於二〇〇九年四月份在倫敦舉行的二十國集團第二次金融峰會上提議定期舉行二十國集團峰會。[11]

最新事例之四：二〇〇九年四月一至三日在英國倫敦舉行的二十國集團第二次金融峰會上，中國領導人關於主要發展中國家在承擔全球性歷史任務及在南南聯合自強中應當積極地有所作

為，應當發揮表率作用和中流砥柱作用的主張，關於應當積極推進國際金融秩序破舊立新，進而積極推進國際經濟秩序逐步地全面棄舊圖新的主張，又一次獲得更加有力的實踐的驗證。

中國領導人胡錦濤在此次峰會上發表了題為《攜手合作，同舟共濟》的重要講話。[12] 他指出，當前，國際金融危機仍在蔓延和深化，世界經濟金融形勢十分複雜嚴峻。任何國家都不可能獨善其身，合作應對是正確抉擇。我們應該認清形勢、加強溝通、相互支持、攜手合作、共克時艱。具有廣泛代表性的二十國集團，是國際社會共同應對國際經濟金融危機的重要有效平臺。

他再次旗幟鮮明地強調：應當進一步推進現存國際金融秩序的改革。應該抓緊落實華盛頓峰會達成的重要共識，堅持全面性、均衡性、漸進性、實效性的原則，推動國際金融秩序不斷朝著公平、公正、包容、有序的方向發展。尤其應當針對時弊，采取六個方面的改革措施，包括盡快制定普遍接受的國際金融監管標準和規範，完善行為準則和監管制度；改進國際貨幣基金組織和世界銀行治理結構，提高發展中國家的代表性和發言權；完善國際貨幣體系，健全儲備貨幣發行調控機制，促進國際貨幣體系多元化、合理化，等等。[13]

胡錦濤鄭重聲明：面對國際金融危機衝擊，中國將一如既往，繼續同國際社會加強宏觀經濟政策協調，推動國際金融體系改革，積極維護多邊貿易體制穩定，為推動恢復世界經濟增長做出應有貢獻。

胡錦濤在此次倫敦金融峰會的上述重要講話，實際上是集中概括和再度重申了全球金融危機爆發以來，包括中國在內的南南

之間多次多邊和雙邊磋商協調後達成的共同主張,即**關於應當積極推進國際金融秩序破舊立新,進而積極推進國際經濟秩序逐步地全面棄舊圖新**。這種主張在此次峰會內外的「南北對話」中都引起重大的反響,獲得國際輿論相當廣泛的認同、肯定和讚揚,它們從不同的角度,以不同的語言,表達了大體相同的意思:中國再次突出地顯示在強化南南聯合、推動建立國際經濟新秩序的歷史事業中,確實更加積極地「有所作為」,確實正在發揮表率作用和中流砥柱作用。[14]

最新事例之五:二〇〇九年九月二十三至二十五日在美國匹茲堡舉行的二十國集團第三次金融峰會上,中國領導人關於主要發展中國家在承擔全球性歷史任務及在南南聯合自強中應當積極地有所作為,應當發揮**表率作用和中流砥柱作用**的主張,**關於應當積極推進國際金融秩序破舊立新,進而積極推進國際經濟秩序逐步地全面棄舊圖新的主張**,不但再一次獲得更加有力的實踐的驗證,而且獲得了南北共同指定「匹茲堡發軔之路」的重要突破(詳見下文)。

胡錦濤在此次峰會上再次強調,要堅定不移地刺激經濟增長,堅定不移地推進國際金融體系改革,堅定不移地推動世界經濟平衡發展。在談到堅定不移地推進國際金融體系改革時,胡錦濤說,二十國集團領導人在前兩次金融峰會上達成了推進國際金融體系改革的政治共識,這是我們向全世界作出的莊嚴承諾。現在,國際經濟金融形勢有所好轉,但我們推進改革的決心不能減弱、目標不能降低。特別應當著力提高發展中國家的代表性和發言權,不斷推動改革取得實質性進展。[15]

三、「匹茲堡發軔之路」走向何方的待解之謎

匹茲堡峰會期間特別引人矚目的重大議題之一，是今後「二十國集團峰會」這一南北對話形式在全球經貿大政討論和決策過程中的地位和作用如何常規化、體制化的問題。

美國《華盛頓郵報》二〇〇九年九月二十四日率先在《反映全球經濟新秩序：以 G20 取代 G8》這則電訊中獨家報導了美國某高官透露的重大信息：

> 一位白宮高級官員在本週四（4 日）晚間談道：峰會上有人提出動議，主張由全球二十個最大經濟體組成的集團（G20）永久性地取代八國集團（G8），以作為今後開展國際經濟合作的主要論壇。此項動議要求賦予發展中國家更大的影響力。美國總統奧巴馬一直在推動此項改革。前來匹茲堡參加二十國集團經濟峰會的世界領導人即將在本週五（25 日）共同宣布此項改革。此舉將使各國官方達成日益增長的共識，承認二十國集團更廣泛的成員結構能夠更好地代表全球經濟的新面貌。傳統上，八國集團一直是世界一流經濟強國的聚會議事場所，其成員席位一向由美國和其他西方國家全盤占據，近年來因為它把世界上一些經濟發展最快的國家排除在外而日益受到批評詬病。[16]

《華盛頓郵報》可謂「近水樓臺先得月」，這篇獨家報導確有很大的新聞價值，但其不足在於露尾藏頭，語焉不詳，而且略有過度美化拔高奧巴馬之嫌。與此同時，據英國《泰晤士報》報

導，[17] 新「動議」者，其實主要是巴西總統盧拉，他在二十四日仗義執言，大力呼籲以 G20 取代 G8 成為全球首要領導論壇，藉以使發展中國家在國際舞臺上取得與發達國家平起平坐的合適位置。盧拉在接受記者採訪時明確表示：「我認為除 G20 外沒有理由再設 G8 或類似集團。我們應當確保現在 G20 能成為討論全球主要經濟決策的重要論壇。」[18] 顯而易見，盧拉總統的此種主張與中國胡錦濤主席的發言中強調「應當著力提高發展中國家的代表性和發言權」的上述主張，強有力地互相呼應，體現了全球南方國家的共同意志，並在此次峰會討論中逐漸占了上風，所以，「G20 將可能在未來兩年內逐步取代 G8，成為全球首要峰會。明年分別於加拿大和韓國舉行的 G20 峰會將成為 G8 逐步淘汰的開始」[19] 事後看來，此項《泰晤士報》的報導似比《華盛頓郵報》更為翔實可靠。

二〇〇九年九月二十五日匹茲堡峰會閉幕前正式公布的《領導人聲明》，洋洋萬言，列舉了此次峰會達成的各項共識，其中多處使用「我們共同承諾」（we commit）「我們共同保證」（we pledge）之類的措辭，頗有「信誓旦旦」之意，在其最後結論中則以「**匹茲堡發軔之路**」（The Path from Pittsburgh）為題正式宣布：

現在，我們共同指定（we designate）二十國集團峰會」作為我們今後開展國際經濟合作的主要平臺……我們一致同意二〇一〇年六月在加拿大、二〇一〇年十一月在韓國分別舉行「二十國集團峰會」。我們還共同期待隨後每年聚會一次，二〇一一年將

在法國聚會。[20]

　　國際輿論對此次峰會的整體成就，褒貶不一。但對於其中「**匹茲堡發軔之路**」的正式宣示，則一般認為，這是「二十國集團峰會」這一南北對話主要平臺今後日益常規化、體制化的重要依據和良好開端。

　　筆者認為，對「**匹茲堡發軔之路**」的內涵、意義和前景，既不能估價過高，也不宜輕慢小覷。必須以辯證的、歷史的思想方法予以觀察，方能有正確的剖析和對待。

　　現狀是歷史的繼續與發展。從歷史上看，通過南南聯合自強，逐步建立國際經濟新秩序的戰略主張，最初開始形成於一九五五年的「萬隆會議」此後，建立國際經濟新秩序的進程迂迴曲折，步履維艱，儘管經歷了多次潮起潮落，但其總趨向是始終沿著螺旋式上升的「6C 軌跡」[21]逐步地、不斷地取得新的成就。國際弱勢群體通過五十四年矢志不渝的聯合奮鬥和長期積累，才能在國際經貿大政上逐步取得一定的參與權、發言權、決策權，其參與決策的範圍和程度，從無到有，從小到大，積五十四年之聯合奮鬥，才開始出現如今南北平起平坐對話平臺開始常規化、機制化、體制化的新局面。二○○九年九月二十五日「二十國集團峰會」《領導人聲明》中指定的「**匹茲堡發軔之路**」，其主要內涵和重大意義，就在於它以國際文獻的鄭重形式指明了南北合作承先啟後、繼往開來的新要求、新方向、新途徑、新里程；其核心內容就是要努力促使今後南北平起平坐對話的方式常規化、機制化、體制化。

在這個意義上，不妨說，「匹茲堡發軔之路」很可能發展成為南南聯合自強、建立國際經濟新秩序的新轉折和新起點。其所以堪稱為「新」，不但在於把它與一九五五年至一九七六年（從「萬隆會議」召開至「七國集團」形成）這個「舊」階段中南北較量的「舊」局面相比，而且在於把它與一九七六年至二〇〇九年（從「七國集團」形成至匹茲堡峰會召開）這個「舊」階段中南北較量和對話的「舊」局面相比。有關前一「舊」階段中南北較量和對話的局面，在前注所引拙文中已有概述，茲不另贅。有關後一「舊」階段中南北較量和對話的原有局面，則可概述如下：一九七六年以來，國際經濟秩序的發展方向都是由寥寥幾個最強發達國家即七國集團主導，其間一九九七年，俄羅斯被它接納為正式成員國，G7 變為 G8，但實質上仍由 G7 主導一切。一九九七年發生的亞洲金融危機催生了「二十國集團」（G20）[22]。為防止亞洲金融風暴重演和擴大，一九九九年由八國集團和十一個新興經濟體國家及歐盟共同組成一個**非正式對話機制**，以促進國際金融及貨幣政策的穩定。但 G20 成立以來，僅侷限在每年一次的財長和央行行長會議，實際上並未在國際經濟體系中發揮重大的、主要的作用。 世界經濟及其他全球性經貿大政問題主要還是由 G8 或 G8 + 5[23]：非正式對話機制討論解決。[24] 二〇〇九年九月二十五日「匹茲堡發軔之路」之「新」及其值得重視，就在於它強調和指定歷時整整十年的G20 南北對話機制，應當從非正式機制開始轉軌成為正式的、常規的、主要的機制，從而很可能進一步發展成為南南聯合自強、建立國際經濟新秩序的新轉折和新起點。

　　但是，從歷史上的經驗教訓看，全球公眾理應繼續保持清醒頭腦和敏銳目光，預測「**匹茲堡發軔之路**」今後發展的另一種可能前景：時過境遷，強權發達國家之「信誓旦旦」迅即轉化為「口惠而實不至」的一紙空頭支票。因為：

　　第一，憑實力，逞強權，耍權術，乃是強權發達國家在國際舞臺上的積習和痼疾，極難「幡然悔悟」，立地成佛。全球性金融危機爆發以來，超級大國國力驟然大減，霸氣稍斂，其他六強面對國內外危局，也捉襟見肘，因而對實力不斷增強的主要發展中國家和新興經濟體不能不有所企求和有所讓步。匹茲堡峰會《領導人聲明》上達成的各項南北共識（保證、承諾）以及「**匹茲堡發軔之路**」鄭重宣布，說到底，無非是強權國家迫於形勢壓力不得不作出的暫時退讓和有限妥協，並非出於心甘情願，決意從此改弦更張，棄舊圖新。一旦南北實力對比出現新的重大變化，很難保證強權國家不會舊病復發，而會真心實意地繼續沿著此「**匹茲堡發軔之路**」規規矩矩、切切實實地往前邁步。它們中途改變方向，甚至斷然回頭再走老路，都不是不可能的。

　　第二，生病的駱駝比馬大，更比羊大得多。在全球範圍南北兩類國家的實力對比上，「北北串聯」的實力遠遠超過「南南聯合」，這是毋庸置疑的現實。即使單從二十國集團內部實力對比的現狀看，南北力量對比上的「南弱北強」，也是毋庸置疑的，而且勢必在今後相當長的一段歷史時期裡，持續存在此種基本態勢。這是因為歷史上數百年殘酷的殖民統治和殖民掠奪給眾多弱小民族造成的積貧積弱，積重難返，不可能在短期內獲得根本改變。誠然，南南聯合的群體凝聚力愈大，就愈有助於改變「南弱

北強」的戰術態勢和戰術劣勢，甚至可以轉化為暫時的戰術優勢，這是五十年來的「南北較量史」上所反覆證明了的。但是，迄今為止，南南聯合自強所發揮的力量和作用，雖能在一時一事上獲得可喜的成果與勝績，卻難以在總體上根本改變「南弱北強」的戰略態勢和戰略劣勢，更不可能在某一次角力中使國際強權對手「一敗塗地」和從此「一蹶不振」。可見，「**匹茲堡發軔之路**」的鄭重宣告和正式「指定」，固然是南南聯合奮鬥的一項新成就，固屬可喜，但是，即使今後南北平起平坐對話的方式常規化、機制化、體制化，即使今後發展中國家在全球經貿大政問題上的發言權、決策參與權有所擴大和強化，但在可預見的相當長時期內，「南弱北強」的戰略態勢和戰略劣勢仍難以根本改變，因此，今後相當時期內，「**匹茲堡發軔之路**」仍然可能並不平坦，更非康莊筆直。

第三，匹茲堡峰會《領導人聲明》洋洋萬言的字裡行間，似乎還藏有若干玄機，有待進一步推敲，並且引起合理的猜測。試舉一例：該聲明中多處使用「我們共同承諾」（we commit）、「我們共同保證」（we pledge）之類的措辭，信誓旦旦，語氣堅定，聲調鏗鏘。但在其最後結論中宣布「**匹茲堡發軔之路**」時，使用的措辭卻是「我們共同指定」（we designate），既不是「承諾」（commit），不是「保證」（pledge），也不是正式的「決定」（decide），而只是「指定」（designate）。相形之下，語氣、語調似有所減弱，不那麼堅定強烈，力度和音量也顯然變小了。再進一步，細讀前述《華盛頓郵報》二〇〇九年九月二十四日（即《領導人聲明》發布前夕）率先在《反映全球經濟新秩序：以

G20 取代 G8》電訊中獨家報導美國某高官透露的重大信息：峰會上有人提出動議，主張以 G20 永久性地取代 G8（The Group of 20 largest economies will permanently replace the G8 as the main foram for international economic cooperation）。十分有趣和耐人尋味的是：經用電腦反複查核美國國務院發布的英文版《領導人聲明》全文，通篇迄未發現有 G20「will permanently replace the G8」這樣的表述；甚至也未發現有字句專就 G20 和 G8 之間的未來關係加以明確表述或發表任何看法。

因此，如果《華盛頓郵報》此篇報導並非主觀臆測，空穴來風，則其可能的解釋之一似是：（A）原先確有以 G20 永久性地取代 G8 此議（如巴西總統前述主張即屬此類），而且聲勢不小，很可能正式納入《領導人聲明》文本，以致白宮高官向美國大報搶先透露此項重大信息。（B）經過峰會各方的折衝樽俎，角力較量，此議的力度和鮮明度在最後時刻被大大削弱，改用現在正式文本中比較「緩和、折中、含糊」的表述，俾便為各方所願意接受。（C）今後 G8 的存廢問題似暫無定論，且待日後再議。但事實上，迄今為止 G8 仍然健在，仍然相當活躍，也未聞有任何定期「解散」的信息。（D）相反，不難設想：為維護和擴大既得利益，G8 成員們在今後的各種南北對話中，不可能不按照舊例事先串連，協調立場，共商對策，共謀對付 G20 內外的發展中國家成員提出的改革要求。從這種意義上說，G8 本身或其變體、替身，恐不會從此銷聲匿跡，更遑論「已經走入歷史」。[25]

析微知著。綜上，國際學人對匹茲堡峰會理應從兩個視角進行綜合觀察：一方面，此次峰會確有某些棄舊圖新的共識，意義

重大，不宜輕慢小覷；另一方面，建立國際經濟新秩序的前途，依然漫漫而崎嶇，不宜過早盲目樂觀。「**匹茲堡發軔之路**」是南南聯合自強和南北合作的新成果；「**匹茲堡發軔之路**」的未來前景，仍有**兩種可能**。 要使它進一步發展成為康莊坦途，則堅持南南聯合自強和南北合作，仍是不二法門。必須假以時日，必須堅持韌性，二者不可缺一。

與此同時，國際弱勢群體要防止「**匹茲堡發軔之路**」重新倒退成為泥濘崎嶇的羊腸小徑，甚至再度堵塞，則不能不認真釐清若乾似是而非的觀點，澄清若干基本概念、信念和理念，辨明是非，認準正確的「路標」，避免接受誤導，走上歧途。

四、防止國際強權在「匹茲堡發軔之路」上開倒車必須釐清的若干基本概念、信念和理念

為促使「匹茲堡發軔之路」逐步向符合當代歷史潮流的正確的方向持續延伸，避免其逆反歷史潮流而倒退，當前理論上有待釐清和澄清的基本概念和理念問題可舉例如下：

「建立國際經濟新秩序」是否僅為政治理念，與法律無關？現存的國際經濟秩序究竟已經是新秩序，抑或仍然是舊秩序？作為國際經濟法學人，是否應當弘揚「守法」，而不宜輕言「變法」？是否應當以「建立和諧世界」的理念取代「建立國際經濟新秩序」的理念？是否應當以「全球性多邊、區域性多邊、夥伴性雙邊、自強性單邊全面協調發展」的理念取代「建立國際經濟新秩序」的理念？

下文將針對這些基本概念和理念問題逐一進行探討。

（一）國際經濟秩序與國際經濟法

眾所周知，國際經濟交往中所發生的國際經濟關係，在每一特定歷史階段，往往形成某種相對穩定的格局、結構或模式，通常稱之為「國際經濟秩序」。國際經濟秩

序的建立和變遷，取決於國際社會各類成員間的經濟、政治和軍事的實力對比。國際經濟秩序與國際經濟法之間有著極其密切的關係。

各國的統治階級為了自身的利益，總是盡力把自己所需要、所愜意的各種秩序建立起來，固定下來，使其具有拘束力、強制力，於是就出現了各種法律規範。從這個意義上說，法律就是秩序的固定化和強制化。秩序是內容，法律是形式；秩序是目的，法律是手段。法律與秩序兩者之間的這種密切關係是具有普遍性的。它不但存在於一國範圍內，而且存在於國際社會中。國家、法人、個人相互之間在長期的國際經濟交往過程中有許多互利的合作，也有許多矛盾和衝突。經過反覆多次的合作、鬥爭和妥協，逐步形成了各個歷史時期的國際經濟秩序。與此同時，在各國統治階級相互合作、鬥爭和妥協的基礎上，也逐步形成了維護這些秩序的、具有一定約束力或強制性的國際經濟行為規範，即國際經濟法。

國際經濟法是鞏固現存國際經濟秩序的重要工具，也是促進變革舊國際經濟秩序、建立新國際經濟秩序的重要手段。

在國際經濟秩序和國際經濟法的發展過程中，始終貫穿著強

權國家保持和擴大既得經濟利益、維護國際經濟舊秩序與貧弱國家爭取和確保經濟平權地位、建立國際經濟新秩序的爭鬥。這些爭鬥，往往以雙方的妥協和合作而告終，妥協、合作之後又因新的利害矛盾和利益衝突而產生新的爭鬥，如此循環往復不已。每一次循環往復，均是螺旋式上升，都把國際經濟秩序以及和它相適應的國際經濟法規範，推進到一個新的水平或一個新的發展階段。新的國際經濟法規範一經形成和確立，就能更有效地進一步變革國際經濟的舊秩序，更有力地鞏固和加強國際經濟的新秩序。

歷史事實表明：數百年來，國際經濟秩序與國際經濟法的新舊更替、推陳出新、棄舊圖新、除舊布新、破舊立新的歷史進程，一直在自發地、自覺地、曲折地、「與時俱進」地發展之中。

（二）當今現存國際經濟秩序的「新」與「舊」

「新」與「舊」是一對概念，通常用於比較前後相承的兩種事物。歷史性事物之從舊到新，往往是一個緩慢漸進的過程，不可能一蹴而就，因而在相當時期內往往是舊中漸漸生新，新中仍然含舊，新舊混合併存於一體。但是，絕不能因此就模糊了新與舊的應有界限。因為，在每一個歷史階段，人們區分當時歷史事物的新與舊，都必有一定的標準和圭臬。按人們的信念和理念，在特定的歷史階段，「新」，有其特定的「質」的規定性；「舊」，也有其特定的「質」的規定性，兩者不容混淆。

那麼，就當今現存的國際經濟秩序而言，它是屬於「新」質

的範疇，還是屬於「舊」質的範疇？正確判斷這個問題，取決於對新舊比較時段的選擇以及對新舊比較標準和內涵的設定。

如果以一九四五年第二次世界大戰結束作為新舊兩個歷史階段的分界，則一九四五年以後六十多年以來，國際社會產生了並繼續產生著重大的變化。世界上各種力量幾度重新組合，形成了新的國際力量對比。眾多殖民地、半殖民地的被壓迫弱小民族，紛紛掙脫殖民枷鎖，出現了一百多個新的民族獨立國家，構成第三世界，並且作為一支新興的、獨立的力量登上國際政治和國際經濟的舞臺。[26] 它和第一、第二世界既互相依存和合作，又互相抗衡和鬥爭，導致國際經濟關係逐步發生重大轉折，出現新的格局，相應地，國際經濟秩序和國際經濟法的發展也逐步進入新舊更替、除舊布新的重大轉折。

但是，六十多年以來，由於歷史上長達二三百年殖民統治和殖民掠奪造成的惡果，眾多原殖民地、半殖民地被壓迫弱小民族建立的發展中國家，至今仍然積貧積弱，積重難返；與發達國家群體相較，發展中國家群體在國際經濟與政治綜合實力對比上，仍然遠遠處於絕對的劣勢，懸殊巨大。因此，在發達國家群體的操持下，國際經濟交往中舊日原有的各種體制、法制、規章、規則，依然在很大程度上繼續存在並且繼續發揮著主導作用，世界財富的國際分配依然存在嚴重的不公。因此，當今現存的國際經濟秩序較之一九四五年以前殖民主義肆虐全球、公開掠奪、橫行無忌的境況，雖然已有相當程度的更新和變化，但從整體而言，若干強權國家把持全局、仗富欺貧、恃強凌弱的舊經濟秩序，仍然尚未發生根本的、本質的改變，從而使當今現存的國際經濟秩

序處在複雜多元的「拉鋸」之中，即新舊混存於一體，並且正在繼續較量：舊的步步堅壁，力圖守住舊有陣地；新的步履維艱，難以爭得新的平權。簡言之，迄今為止顯然不能認為原有的不公平、不合理的國際經濟舊秩序已經脫胎換骨，獲得了根本的改造，已經改變成了公平、合理的國際經濟新秩序。

況且，就新舊比較的標準和內涵而言，早在一九四七年聯合國兩次大會通過的《建立國際經濟新秩序宣言》與《各國經濟權利和義務憲章》這兩大綱領性文獻中，就已作了明確的設定，體現為二十個棄舊圖新的基本原則和基本目標。[27] 迄今為止，這二十個棄舊圖新的基本原則和基本目標都遠遠未能充分實現，舊秩序的本質和內涵遠未全面消失，新秩序的本質和內涵也遠未全面確立。因此，迄今為止顯然不能認為原有的不公平、不合理的國際經濟舊秩序已經脫胎換骨，獲得了根本的改造，已經改變成了公平合理的國際經濟新秩序。

一言以蔽之，改造國際經濟舊秩序，確立國際經濟新秩序，仍然任重道遠！如果輕率認定當今現存國際經濟秩序已經就是全球弱勢群體數十年來所奮力爭取的國際經濟新秩序，則衡之於上述標準和當代現況，顯然不符事實。如果依據此種輕率認定出發，進而片面強調對當今現存國際經濟秩序應予維護，不宜輕言改革，就無異於勸導國際弱勢群體安於不公平、不合理的現狀，「知足常樂」，這顯然只是一種麻痺弱者鬥志的誤導。

（三）國際經濟法的立法、守法與變法

有一種觀點認為：作為國際法學者，應當「在法言法」，大

力強調嚴格「守法」和依法行事，不宜輕言現存國際經濟秩序和現存國際經濟法的改革。要求改革現存的國際經濟秩序，那是一種政治理念或政治口號[28]依此行事，往往會違反或觸犯現行的國際法和國際經濟法，從而承擔國際違法責任和國際道義責任。

這種觀點，有正確的部分，也有似是而非的部分，值得認真探討。

這裡特別需要注意的是：現存國際經濟法的「立法」「守法」與「變法」之間的辯證互動關係。

從法律角度看，當代世界性經貿大政的磋商和決策過程實質上就是國際經濟法的「**立法**」過程。數十年來，其最為常見的三大弊端是：

第一，只由七八個最發達國家的首腦或其代表（如七國集團或「八腦會議」），進行密室磋商，「黑箱作業」，或進行半公開、半隱秘的討價還價，定出基調或基本框架之後，交由十幾個或二十幾個發達國家組成的經濟性組織或區域性組織（如「經合組織」或「歐洲聯盟」），協調各方利害關係，定出共同主張和一致步調，然後才提交全球性的經貿大政會議或國際經濟組織進行討論。這種做法，從一開始就排除了、剝奪了全球眾多發展中國家的知情權和參與權，常令它們不明就裡，措手不及，缺乏必要和足夠的思想準備、理論準備和實踐準備，從而在磋商或論戰過程中處在劣勢或弱勢地位。

第二，事先就在全球性國際經濟組織的體制規章中定出不公平、不合理的表決制度，實行表決權力大小不一甚至極端懸殊的投票安排。在這方面的典型表現，就是迄今為止仍在國際貨幣基

金組織和世界銀行中大行其是的「加權表決制」，它使寥寥幾個經濟大國，或區區十幾個經濟強國加在一起，就可以操縱全球性重大經濟事務的決策。其中，超級人國所享有的特多投票權或特大表決權，往往可以在很大程度上左右重大決策，甚至可以在一定條件下實現其獨家否決的特權。而眾多發展中國家在這種極不合理、極不公平的決策體制下，往往陷入進退維谷的兩難選擇：一是被迫簽字「畫押」，吞下苦果；另一是被迫退出困境，自行「孤立」。在全球經濟一體化、各國經濟互相緊密依存的現實情勢下，兩者勢必都會損害到弱國的經濟主權和各種經濟權益。

第三，就全球唯一的超級大國而言，它在世界性經貿大政的磋商和決策進程中，歷來奉行的「國策」是「本國利益至上」和「對人對己雙重標準」，這是它的兩大行動準則。它不但可以在這種磋商和決策過程中，憑藉其經濟實力上的絕對優勢，縱橫捭闔，左右或操縱全局，而且可以在全球性經濟會議決策之後，隨時根據自己的需要，拒不遵守或完全背棄自己依國際條約承擔的義務，憑藉自己經濟實力上的強勢，剛愎自用，一意孤行。[29]

上述三大弊端集中到一點，其首要癥結就在於世界性經貿大政決策權力的國際分配存在著嚴重不公。

這種決策權力分配不公所直接導致的後果是：國際經濟秩序的主要決定權，國際經貿往來「遊戲規則」的制定權和確立權，往往操控在若干經濟強國、經濟大國和超級經濟大國之手，從而必然造成全球財富的國際分配也隨之出現嚴重不公。

如所周知，全球財富國際分配的嚴重不公，正是當代世界中國際經濟舊秩序未獲根本改造和仍然持續存在的最本質的表現，

也是眾多發展中國家的經濟主權和經濟權益得不到保證和經常受到侵害的主要惡果。一言以蔽之，權力分配與財富分配之間往往存在著不可分割的因果關係，這是人類社會中「古今中外莫不皆然」的真實歷史和無情現實。有鑒於此，為了改變全球財富國際分配的嚴重不公，就必須從「源頭」上根本改變世界性經貿大政決策權力分配的嚴重不公。

可以說，全球眾多發展中國家之所以如此突出強調一切國家應當對世界性經貿大政享有平等的參與權和決策權，其根本原因就在於此。

面對當今現存的各種國際經濟立法，包括形形色色的國際經貿「遊戲規則」，國際弱勢群體固然不能予以全盤否定，也無力加以徹底改造，但是，當然更不能全盤接受，服服貼貼，心甘情願地忍受其中蘊含的各種不公與不平。對待當今現存的各種國際經濟立法，正確的態度理應是：以公正、公平為圭臬，從爭取與維護國際弱勢群體的平權利益的視角，予以全面的檢查和審查，實行「**守法**」與「**變法**」**的結合**。凡是基本上達到公正公平標準，因而符合於改造國際經濟舊秩序、建立國際經濟新秩序需要的，就加以沿用、重申，就強調「守法」；凡是違反這種需要的，就要強調「變法」，並通過各種方式和途徑，據理力爭，努力加以改訂、廢棄或破除。

由此可見：

第一，要求改革現存的國際經濟秩序，並非單純是一種政治口號或政治理念。

它實質上也是要求「變法」的法律理念、法律信念和法制奮

鬥目標。五六十年來國際弱勢群體追求實現「變法」的理念、信念和奮鬥目標，儘管前途多艱，曲折崎嶇，但矢志不渝，持之以恆，畢竟推動國際經濟秩序和國際經濟法走上了逐步「吐故納新」和「除舊布新」的道路，使國際弱勢群體在一定程度上逐步改變了完全無權、聽憑國際強權國家任意擺布的處境。

第二，面對現存國際經濟法律規範中蘊含的各種不公與不平，面對當代強權國家往往拒不遵守或完全背棄自己依國際條約承擔的義務，憑藉自己經濟實力上的強勢，一意孤行，國際弱勢群體耳際不免又迴響起中國晚清一位思想家的警語：「公法乃憑虛理，強者可執其法以繩人，弱者必不免隱忍受屈也。」[30]：此語是對當年弱肉強食境況的法律概括，在當今也未完全失去其法律現實意義。在當代國際經濟法的現存體制和法制下，如果不分青紅皂白，一味苛求國際弱勢群體全盤地、無條件地、絕對地「守法」，而不奮起力爭改變、消除現存的顯失公平的諸般「遊戲規則」，努力為「變法」鼓與呼，當然不符合當代任何正直法律學人的法律理念，更是偏離了為國際弱勢群體仗義執言的法律學人的法律職責。

第三，自二〇〇一年底開始啟動的、迄今長達八年的「多哈發展回合」談判，實質上就是一場「變法」與「反變法」兩種集團力量之間的談判和較量，就是國際弱勢群體針對當代國際經濟法現存體制和法制之中的某些不公平、不合理的 WTO「遊戲規則」依法[31]：提出了正當的「變法」要求。而國際強權國家集團眼看當初開出的口惠而實不至的「變法」支票（承諾改革原有的農產品市場准入、國內資助、出口補貼等現行規則等）被要求

兌現，便恃強食言，製造種種藉口，設置種種障礙，力圖阻撓和否定公平合理的「變法」要求。

第四，面對當代國際社會「南弱北強」、實力懸殊的戰略態勢，面對國際強權國家集團（G7 之類）在國際經濟領域中已經形成的「長達三十餘年的霸業」格局，國際弱勢群體要求「變法」圖強，既不可能一蹴而就，也不應該「無所作為」，苟安現狀，更不應該單槍匹馬，各自為政。實踐反覆證明：唯一可行和有效之途徑就是南南聯合，動員和凝聚集團實力，不渝不懈，堅持建立國際經濟新秩序、**「變法圖強」**的理念和目標，一步一個腳印地邁步前進。

（四）建立國際經濟新秩序與南北合作共建和諧世界

有一種觀點認為：中國當前正在繼續和平崛起，正在貫徹和平發展方針，正在倡導建立和諧世界，因此，現在強調建立國際經濟新秩序，可能不符合當前我國領導人倡導的構建和諧世界的理念和目標，因而主張以「建立和諧世界」的理念取代建立國際經濟新秩序的理念。

筆者認為，這種擔心是一種善意的誤解。

當代這個世界是否已經可以稱為「和諧世界」？當然不是！從現實看，毋寧說，當代這個世界迄今還是一個很不和諧的世界。因為，在當代國際社會中，歷史上數百年殖民掠奪造成的惡果迄今未能基本消除，更談不上根本消除；種種變相的弱肉強食、分配不公、貧富懸殊至今在全球範圍內還普遍存在；在國際強權集團的把持下，損人利己、以鄰為壑的「叢林規則」依然在

不同領域、不同程度上發揮主導作用；國際弱勢群體要求改變嚴重不公現狀、獲得平等權益的疾呼之聲仍然不絕於耳。事實反覆證明：產生這種種不和諧現象的根源，就在於當今現存的國際經濟秩序與相關的國際經濟法之中，還存在**深層次**、**結構性**的不公平不合理的體制、法制、規章、規則。相應地，倡導和堅持進一步從深層次、結構性上改革現存的國際經濟秩序，除舊布新，進一步建立公平合理的國際經濟新秩序，正是「對症下藥」，逐步從根本上消除這些不和諧，從不和諧走向和諧的不二法門。

從這個意義上說來，積極推動建立國際經濟新秩序與積極開展南北合作共建和諧世界，乃是同類理念的不同表述，兩者之間並無本質差異。如果只是侈言建立「和諧世界」，而對當今現存世界之中的各種**不公平、不合理因而不和諧**的現象熟視無睹，避而不談；對當今國際弱勢群體要求改革不公平、不合理的體制和法制的疾呼之聲置若罔聞，不予理睬，不倡導和堅持進一步深層次、結構性地改革現存的國際經濟秩序，不除舊布新，不進一步建立公平合理的國際經濟新秩序，則「和諧世界」云云，充其量只是紙上談兵，緣木求魚，空中樓閣。

正因為如此，中國領導人在各種國際論壇上倡導建立和諧世界的同時，毫不含糊地指出：「**世界經濟失衡根源是南北發展嚴重不平衡**」，反覆多次旗幟鮮明地強調要通過南北合作，採取切實有效的措施，逐步地、有序地、堅持不懈地改革現存的國際貨幣金融體制、國際貿易體制等，進而推動現存國際經濟秩序全面的除舊布新，建立和確立國際經濟新秩序。[32]

（五）建立國際經濟新秩序與全球性多邊、區域性多邊、雙邊的「協調發展」

有一種觀點認為：中國在當代國際經濟實踐中的戰略定位，不宜突出南北矛盾，強調積極建立國際經濟新秩序，而應積極投身於現存多邊體制的建設，積極推進區域經濟一體化，加強與主要貿易夥伴的雙邊關係，完善中國自身的涉外法制，簡言之，即定位於現存的「全球性多邊、區域性多邊、主要夥伴雙邊、自身單邊的全面協調和發展」。

筆者認為，期待或追求當代經濟關係「全面協調發展」，卻諱言當代國際社會客觀存在的主要矛盾，即諱言南北矛盾，而不明確指出當今國際經濟關係中不協調的主要癥結及辨症施治化解癥結之方，這就有如前述侈言建立「和諧世界」而不明確指出和排除當代國際經濟關係中的諸般不和諧現象產生的根源一樣，其實踐結果不是望梅止渴，便是南轅北轍。

其實，當代各種多邊協定、多種雙邊協定之並存，其中很大一部分本身就是南北矛盾的產物，而且至今仍然蘊含著亟待解決的南北矛盾。

第一，試以 WTO 的全球性多邊協定為例：一九八六年為組建 WTO 而開展的「烏拉圭回合」談判，之所以長達八年之久，其主要原因就在於全球性南北矛盾難以輕易協調解決。一九九四年「烏拉圭回合」談判終於結束，WTO 終於正式建成，總算顯示了南北合作的精神。但是，WTO 終於建成之後，十五年來，其內部南、北兩大類成員之間既有互相依存、互利合作的一面，又有矛盾重重、齟齬不斷的一面。二〇〇一年底決定開啟的「多

哈發展回合」談判，斷斷續續至今，又長達八年，看來是新一輪的「烏拉圭回合」。

究其原因，說到底，就是 WTO 內部兩類國家在農產品貿易等問題上的利害衝突在一定程度上激化，其間充滿了局部性的但相當重要的「變法」和「反變法」之爭，必須予以重新協調解決，實質上仍然脫不了南北矛盾這一大框架、大範疇。

第二，試以若干區域性多邊協定的存在與發展為例：「歐洲聯盟」之類的組織是以發達國家為主體和主導的國家群體，它所追求的國際經濟體制及其相應的法制，當然以維護和擴大發達國家的既得利益為依歸。反之，「東南亞國家聯盟」之類的組織是以發展中國家為主體和主導的國家群體，它所追求的國際經濟體制及其相應的法制，當然以爭取和維護發展中國家的平權利益為圭臬。這兩類國際組織各有自己的特定追求，必須在一定程度、一定範圍內「各自為政、各行其是」，而不願意完全統合、融化於 WTO 這一全球性多邊體制及其相關法制之中。從這個意義上說，許多區域性多邊組織之所以同時存在與發展，本身就是全球性南北矛盾的一種產物，就是企求以集團實力對付集團實力，各自維護和爭得最大份額的經濟權益。

第三，再以若干雙邊協定為例：當今世界誠然存在著許多真正平等互利的雙邊協定。但是，不能不看到：也還存在著弱勢國家在特定條件下（包括在強勢對手逼迫和利誘下）不得不暫時容忍和勉強接受的雙邊協定。在後一類雙邊協定中，往往體現了南北矛盾的短暫妥協，但是，其中南北矛盾並未化解，在一定條件下勢必又會重生齟齬，弱勢國家就會要求重啟談判，對原協定加

以修改或廢止。還不能不看到：在某些重要經貿議題上，當今強權大國在 WTO 多邊平臺上受到發展中國家群體的抵制，因而不能貫徹其單邊主義強權意圖之餘，往往轉而以「雙邊協定」或「地區性安排」的形式，對發展中國家群體實行「各個擊破、分而治之」。

第四，無論是全球性多邊、區域性多邊還是夥伴性雙邊，在實行各種形式的南北合作過程中，其間無不同時存在著、潛在著不同程度和不同形式的南北矛盾。只從**形式**上企求和期待它們之間「全面協調發展」，而不從**實質**上明言其中種種不協調的癥結所在，並致力於化解和排除這些癥結，這就近乎以悅耳的「外交辭令」遮掩了當今普遍存在的南北矛盾。誠然，在一定場合，「外交辭令」是必要的，但不能只靠「外交辭令」爭得弱勢群體應有的平權利益。換言之，只有明確地宣示當代國際社會和國際經濟體系中存在的權力和權益的嚴重分配不公和由此導致的南北矛盾，只有旗幟鮮明地弘揚建立國際經濟新秩序的信念、理念和目標，並致力於開展南北合作，共同促進國際經濟秩序逐步棄舊圖新，才能真正有效地鼓舞和動員國際弱勢群體努力擺脫當今不公平處境和爭得國際平權地位。

五、「匹茲堡發軔之路」途程中的「北北串聯」[33]　與「南南聯合」

前文提到，匹茲堡峰會上全球南北兩類主要國家領導人共同宣布和「指定二十國集團峰會作為今後開展國際經濟合作的主要

平臺」使存續已達十年之久的 G20 南北對話機制從非正式、非常規、非主要的機制**開始轉軌**成為正式的、常規的、主要的機制。

實現這種重要轉軌，是南北合作的新產物，也是南北矛盾的新起點。何以見得？

試再簡析如下：

第一，前文說過，匹茲堡峰會《領導人聲明》並未明文規定今後 G20 永久性地取代 G8，也並未規定今後 G8 何去何從或何時解散、消失。因此，在可預見的將來，今後二十國集團峰會中的南北對壘、抗衡和角力，勢必仍將長期存在。更明確些說，在 G20 內部開展南北對話過程中，「仍然健在」的 G8 為維護和擴大強者的既得利益，勢必繼續在全球經貿大政問題上預先從事例行的、經常性的「北北串聯」，共同定調之後，再出示「方案」，向南方主要國家群體「要價」。對此，為爭取和維護國際平權利益，改變既定的不公平、不合理的現狀，南方主要國家群體勢必「還價」。討價還價之間，不免仍要出現常規的、不激烈的乃至激烈的南北衝突和抗衡。實踐證明：國際上的折衝樽俎，面對強者集團的實力，弱者集團只有凝聚和憑藉自己的實力，才能有平等的討價還價地位。因此，在「北北串聯」的壓力下，繼續實行例行的、經常的「南南聯合」仍然勢在必行，也不得不如此。

第二，在 G20 這一功能更新後的主要平臺上，南南聯合的主要宗旨和追求仍然是大力促使現存國際經濟秩序進一步新舊交替、棄舊圖新，走向更公平、更合理的國際經濟新秩序；與此相反，「北北串聯」的主要宗旨和追求則是極力守住既得利益，保

持和擴大現存國際經濟秩序中的不公平、不合理的種種體制和法制。因此，在今後的時日裡，在 G20 這一正式的、常規性的「開展國際經濟合作的主要平臺」中，國際弱勢群體要求進一步改革現存國際經濟秩序和國際強權國家集團盡力維護現存國際經濟秩序之間的矛盾、衝突，仍將長期存在，爭鬥仍將長期開展，這是不可避免的、毋庸置疑的。

第三，如前文所述，就當前 G20 中南北雙方的綜合力量對比而言，G8 實行「北北串聯」的實力和效果仍遠遠優勝於以「BRICSM」G5 為主體的「南南聯合」，因而 G8 在功能更新強化後的 G20 這個平臺中仍然居於主導地位。這種力量對比，在可預見的相當長時期內不會發生根本改變。 對此，「南南聯合」一方不能不保持清醒的認識。 因此，後者尤其應當旗幟鮮明地堅持建立國際經濟新秩序的信念、理念和目標，才能更有效地動員和凝聚自己一方的實力，力爭「匹茲堡發軔之路」不再回頭走上國際強權集團任意操縱一切、決定一切的老路，使國際經濟秩序除舊布新的進程又陷入無休止、無效率的「拉鋸」狀態。

第四，今後，在 G20 這一主要平臺內外的南北合作和南北角力過程中，作為弱勢群體的南方國家集團，由於自身實力的不足，因而在變革國際經濟舊秩序進程中不可能企求一帆風順，更不可能奢望短期內「大功告成」，相反，必須堅持耐心和韌性，必須審時度勢，量力而為，採取機動靈活的策略，包括必要時實行一定的妥協和退讓，以求得南北合作不完全破裂。但不論作出何種必要的退讓和妥協，都不應傷害到國際弱勢群體的根本利益，更不應當悄然放棄逐步變革國際經濟舊秩序、建立國際經濟

新秩序這一戰略目標和戰略理念。

基於以上探討和剖析，不妨在本文即《三論》之末，重申和補充筆者在前述《一論》和《二論》中歸納的幾點基本結論。

六、幾點基本結論

第一，建立國際經濟新秩序乃是全球弱勢群體數十億人口爭取國際經濟平權地位的共同**奮鬥目標**和**戰略理念**。這一光明正大、理直氣壯的奮鬥目標和戰略理念，任何時候都無須諱言，不必隱瞞，不能含糊曖昧，不能模棱兩可，更不能悄悄放棄。

中國人理應與時俱進，落實科學的發展觀，全面、完整、準確地理解鄧小平提出的「韜光養晦，有所作為」方針；中國在建立國際經濟新秩序中的戰略定位，理應一如既往，仍是旗幟鮮明的積極推動者之一。

第二，南南聯合自強的**戰略思想**正在全球範圍內日益深入人心，成為國際弱勢群體力爭獲得和維護國際平權地位的主要手段之一。

第三，南南聯合自強的**戰略目標**，始終不渝地聚焦於反對任何國際霸權和國際強權，聚焦於力爭發展中國家在全球性經貿大政問題上享有公平合理的發言權、參與權和決策權。

第四，南南聯合自強的**根本宗旨**，始終不渝地瞄準推動**國際經濟秩序逐步實行棄舊圖新的全面改革**，改變當代全球財富國際分配嚴重不公的現狀，逐步實現全球財富公平合理的國際再分配，實現全球經濟的共同繁榮。

　　第五，南南聯合自強的**戰略目標**和**根本宗旨**不可能「計日程功」，更不可能在短期內「大功告成」，其實現過程不但需要「戒躁」，即需要耐心、毅力和韌性，而且尤其需要「戒驕」，即需要謙虛謹慎，包括在形勢大好的新情況下繼續保持必要的「韜光養晦」。

　　第六，「匹茲堡發軔之路」更新和增強了「二十國集團峰會」這一南北對話主要平臺的功能，略為強化了國際弱勢群體在全球經貿大政問題上的話語權。但是，在這一平臺之內和之外，強權國家集團通過「北北串聯」主導全球經貿大政以及「南南聯合」奮力抵制和抗衡「北北串聯」的局面，迄未根本改變。因此，國際弱勢群體務必堅持建立國際經濟新秩序的奮鬥目標和**戰略理念**，務必堅持和強化南南聯合的實踐。

　　這「兩個堅持」，乃是促使「匹茲堡發軔之路」沿著國際經濟秩序逐步棄舊圖新方向不斷前進和防止倒退的必要保證。

　　第七，中國既是全球弱勢群體的一員，又是最大的發展中國家之一。中國積極參與和努力推動建立國際經濟新秩序，應屬當仁不讓，責無旁貸。基於以上各點，今後中國在構建國際經濟新秩序中的戰略定位，理應是通過更有效的南南聯合，與其他主要發展中國家一起，共同成為建立國際經濟新秩序的積極推手和中流砥柱。

（編輯：曲秋實）

注釋

* 本文是筆者探討同一問題的系列論文的第三篇，第一篇題為《論中國在建立國際經濟新秩序中的戰略定位——兼評「新自由主義經濟秩序」論、「WTO 憲政秩序」論、「經濟民族主義擾亂全球化秩序」論》（簡稱《一論》），發表於《現代法學》2009年第2期。嗣後經中山大學陳東副教授通力協作，其英文改寫增訂本題為"What Should Be China's Strategic Position in the Establishment of New International Economic Order? With Comments on Neoliberalistic Economic Constitutional Order of the WTO and Economic Nationalism's Disturbance of Globalization"，發表於 *The Journal of World Investment & Trade*,Vol. 10,No. 3,2009.其後，依據二〇〇九年初以來的最新事態發展和最新資訊，從新的視角加以改寫，題為《旗幟鮮明地確立中國在構建 NIEO 中的戰略定位——兼論與時俱進，完整、準確地理解鄧小平「對外二十八字方針」》（簡稱《二論》），發表於《國際經濟法學刊》2009年第16卷第3期。隨後發表的題述這篇文章是在上述兩篇文章的基礎上針對同一問題加以進一步剖析，可簡稱《三論》，發表於《國際經濟法學刊》2009年第16卷第4期。謹以此文就教於更多海內外方家和讀者，冀能就當代這一熱點問題展開更廣泛、更深入的探討，共同提高認識。

〔1〕 鄧小平提出的「對外二十八字方針」的主要內容是：「冷靜觀察，穩住陣腳，沉著應付，善於守拙，決不當頭，韜光養晦，有所作為。」這些內容並不是一次性提出來的，而是學界對鄧小平在各個場合談話內容的歸納。參見鄧小平：《改革開放政策穩定，中國大有希望》（1989 年 9 月 4 日）、《善於利用時機解決發展問題》（1990 年 12 月 24 日），載《鄧小平文選》第 3 卷，人民出版社 1993 年版，第 321、363 頁；李琪珍：《論鄧小平的外交戰略思想》，載《廣東社會科學》2000 年第 6 期，第 75-76 頁；陳向陽：《解讀韜光養晦政策：仍是中國對外戰略自覺選擇》，http://news. sina. com. cn/c/2005-09-07/16467705377. shtm。許少民：《「韜光養晦有所作為」芻議》，http://www. chinathinktank. cn/。

〔2〕 See Leaders' Statement: The Pittsburgh Summit, September 24-25, 2009, Preamble, par. 19. "We designated the G-20 to be the premier forum for our international economic cooperation. We established the

Financial Stability Board (FSB) to include major emerging economies and welcome its efforts to coordinate and monitor progressin strengthening financial regulation." Accessible at: http://www. pittsburgsummit. gov/ mediacenter/ 129639. htm. See also Annys Shin and Michael D. Shear, Reflecting New Global Economic Order, More Expansive G-20 to Replace G-8. *Washington Post*, Friday, September 25, 2009, http:// www. washingtonpost. com/ wp-dyn/ content/article/2009/09/24/AR2009092404910_2.html? sid= ST2009092405208.

〔3〕 參見陳安：《南南聯合自強五十年的國際經濟立法反思——從萬隆、杜哈、坎昆到香港》，載《中國法學》，2006年第2期；其增訂本收輯於《陳安論國際經濟法學》（第一卷），復旦大學出版社2008年版，第一編之 XIV。

〔4〕 據有關文獻記載，楚襄王與宋玉有一段對話：王曰：「夫風，始安生哉？」宋玉對曰：「夫風生於地，起於青萍之末，浸淫溪谷，盛怒於土囊之口；緣泰山之阿，舞于松柏之下；飄忽溯滂，激颺熛怒；耾耾雷聲，回穴錯迕；蹶石伐木，梢殺林莽。」譯成今文的大意是：楚襄王説：「風最初從哪裡開始發生呢？」宋玉回答説：「風在大地上生成，從青萍這種水草的末梢飄起。逐漸進入山溪峽谷，在大山洞的洞口怒吼，然後沿著大山彎曲處繼續前進，在松柏之下狂舞亂奔。它迅猛移動，撞擊木石，發出乒乒乓乓的巨響，其勢昂揚，像恣肆飛揚的烈火，聞之如轟轟霹靂雷聲，視之則迴旋不定。吹翻大石，折斷樹木，衝擊密林草莽。」資料來源：http://wenda. tianya. cn/wenda/thread? tid＝5f3388f779da0aca&clk＝wttpcts.

〔5〕 參見《胡錦濤在黨的十七大上的報告》（2007年10月24日），http:// news. xinhuanet. com/politics/2007-10/24/content_6939223_2. htm；《胡錦濤強調要深入貫徹落實科學發展觀》（2007 年10 月15 日），http://cpc. people. com. cn/GB/104019/104098/6378312. html.

〔6〕 參見《胡錦濤在發展中五國領導人集體會晤時的講話》，http:// news. xinhuanet. com/newscenter/2008-07/08/content_8512384. htm. 引文中的黑體為摘引者所加。下同。

〔7〕 在二〇〇八年六至七月日內瓦開展南北談判期間，WTO 總幹事拉米曾主持召開只有美國、歐盟、加拿人、日本、印度、巴西和中國代

表參加的小型會議，預先磋商有關的重大熱點難點問題，被簡稱為杜哈談判的「G7會議」，國際輿論對此種會議形式有所非議，八月十三日，拉米在新德里接受印度《金融快報》專訪，就杜哈談判有關問題回答了記者的提問。其中有一段對話值得注意：「記者：很多人批評 G7 會議的形式不透明，不具有包容性.這種談判形式會延續下去嗎？拉米：我們需要達成共識，G7就是達成共識的起點。G7占全球貿易總量的80％，並且代表了其他發達國家和發展中國家集團。如果他們達成共識，就有利於三十國部長達成共識，最後推動一百五十三個 WTO 成員達成共識。除此之外，我們沒有別的辦法。**十五年前的核心國家只有美國、歐盟、加拿大和日本四個，現在加上印度、巴西和中國，是因為世界發生了變化，這毫不神秘。**」參見《拉米在新德里就杜哈回合接受專訪》，載上海 WTO 事務諮詢中心：《WTO 快訊》第160期（2008 年 8 月 1 日至 8 月 31 日），第11頁。

〔8〕 《胡錦濤在發展中五國領導人集體晤時的講話》，http://news. xinhuanet. com/newscenter/2008-07/08/content_8512384.htm。

〔9〕 參見《胡錦濤在金融市場和世界經濟峰會上的講話：通力合作，共度時艱》（2008年11月15日），http://news. xinhuanet. com/newscenter/ 2008-11/16/content_10364070.htm.

〔10〕 參見《溫家寶就建立世界經濟新秩序提五點意見》。http: //news. enorth. com. cn/system/2009/01/29/003878737. shtml。

〔11〕 《多國贊同以 G20 取代 G8》（日本《讀賣新聞》2009 年 2 月 2 日報導），載《參考消息》2009 年 2 月 3 日第 1 版。當然，對於外國媒體的此類報導，作為南南聯合中流砥柱之一的中國，自應繼續保持清醒冷靜的頭腦，進行「一分為二」的科學分析：既看到中國綜合國力的提高所導致的國際地位的提高和國際影響的擴大，又看到中國在整體上仍然是國際弱勢群體之一，遠未徹底擺脫近兩百年來所逐步形成的積貧積弱地位，從而確立自己在當代國際社會中應有的戰略定位。參見宋國友：《不要輕言 G20 替代 G8》http: //news. xinhuanet. com/world/2008-11/20/content_ 10386758. htm。

〔12〕 參見胡錦濤：《攜手合作，同舟共濟——在二十國集團領導人第二次金融峰會上的講話》http://news. xinhuanet.com/newscenter/2009- 04/03/content_11122834.htm。

〔13〕參見周小川：《關於改革國際貨幣體系的思考》，http://news. xin
huanet. com/forrtune/2009-03/24/content_11060507. htm。 其 中 強
調：應當創造一種與主權國家脱鉤並能保持幣值長期穩定的國際儲
備貨幣，從而避免主權信用貨幣作為儲備貨幣的內在缺陷，這是國
際貨幣體系改革的理想目標。這種主張已經獲得許多國家政府和許
多國際金融專家的肯定和認同，認為它是一種特效良藥，大有助於
治療和預防由於美元長期享有壟斷地位和特權地位而導致的國際金
融現存體制中的嚴重疾病。

〔14〕參見《中國影響力引關注，美媒稱 G20 首腦應北京會晤》，http://
news. xinhuanet. com/world/2009-03/30/content_11099256.htm；
《G20 倫敦金融峰會催生國際新秩序》，http://news.xinhuanet.com/
world/2009G04/04/content_11129541.htm；《外媒：倫敦金融峰會成
果超預期，中國表現搶眼》，http://news.xinhuanet.com/world/2009
G04/04/content_11130624.htm；《G20 倫敦金融峰會催生國際新秩
序 》，http://news.xinhuanet.com/world/2009-04/04/content_111295
41.htm；《「中美國」成世界經濟重心》，載法國《費加羅報》4 月
13 日；伊夫‧特雷阿爾：《華盛頓、北京與其他國家》，載《參考
消息》2009 年 4 月 15 日第 8 版；《溫家寶與歐盟領導人會見記者時
的講話》（2009 年 5 月 21 日），http://china.com.cn/news。

〔15〕參見《胡錦濤：堅定不移推進國際金融體系改革》，http://finance.
sina. com. cn/;/20090926/03066796791. shtml。

〔16〕Reflecting New Global Economic Order, More Expansive G-20 to
Replace G-8, *Washington Post*, September 25, 2009. "PITTSBURGH, Sept.
24-The Group of 20 largest economies will permanently replace the G-8
as the main forum for international economic cooperation in a move
expected to give greater clout to developing nations, a senior White
House official said Thursday night. The change, which has been pushed
by President Obama, will be announced Friday by world leaders
attending the G20 economic summit in Pittsburgh. It would make
official a growing consensus that the G20's . broader membership
better represents a new global economy. Traditionally, the Group of
Eight has served as the gathering place for the world's top economic
powers, but in recent years its membership- dominated by the United

States and other Western nations- has increasingly been criticized for leaving out several of the world's fastest- growing countries."

〔17〕參見《泰晤士報：G2O 將辯論是否淘汰 G8》，http://www. sina. com. cn。See also G20 to Debate Plan to Phase out G8 over Next Two Years, http://business. timesonline. co. uk/ tol/ business/ economics/ article6848498. ece.

〔18〕Brazilian President Lula: "I believe that today, if you want me to be sincere, I believe that there is no other reason for G8 group or any other 'G'. I believe that we should guarantee that the G20 should be now an important forum to discuss the major economic issues of the world." See Extended Interview: Brazilian President Luiz Inacio Lula da Silva at the G-20, September 24, 2009, http://www. pbs. org/ newshour/ bb/ latin_america/july- dec09/lulafull_ 09-24. html.

〔19〕參見《泰晤士報：G2O 將辯論是否淘汰 G8》，http://www. sina. com. cn。See also G20 to Debate Plan to Phase out G8 over Next Two Years, http:// business. timesonline. co. uk/ tol/ business/ economics/ article6848498. ece.

〔20〕Leaders' Statement: The Pittsburgh Summit , September 24-25, 2009. "The Path from Pittsburgh: 50. Today, we designated the G20 as the premier forum for our international economic cooperation. We have asked our representatives to report back at the next meeting with recommendations on how to maximize the effectiveness of our cooperation. We agreed to have a G20 Summit in Canada in June 2010, and in Korea in November 2010. We expect to meet annually thereafter, and will meet in France in 2011." Accessible at: http://www. pittsburgsummit. gov/mediacenter/ 129639. htm.

〔21〕螺旋式上升的「C 軌跡」或「6C 律」即 Contradiction（矛盾）→ Conflict（衝突或交鋒）→ Consultation（磋商）→ Compromise（妥協）→ Cooperation（合作）→ Coordination（協調）→ Contradiction New（新的矛盾）。每一次循環往復，都並非簡單的重複，而都是螺旋式的上升，都把國際經濟秩序以及和它相適應的國際經濟法規範，推進到一個新的水平或一個新的發展階段，國際社會弱勢群體的經濟地位和經濟權益也獲得相應的改善和保障。

〔22〕「二十國集團」（G20）成立於一九九九年九月二十五日，其成員包括美國、日本、德國、法國、英國、義大利、加拿大、俄羅斯、中國、阿根廷、澳大利亞、巴西、印度、印度尼西亞、墨西哥、沙特阿拉伯、南非、韓國、土耳其和作為一個實體的歐盟。

〔23〕參見本文前述「最新事例之一」及有關註解〔6〕〔7〕。

〔24〕參見《從 G6 到 G20：世界新秩序顯雛形》，http://www. takungpao. com/news/09/09/28/LT2-1148711.htm

〔25〕近期中文媒體中也出現關於「G20 將永久取代 G8」的報導。對照前述英文版《領導人聲明》原文，此說恐有失實之虞。例如，香港《大公報》2009 年 9 月 28 日所載《從 G6 到 G20 世界新秩序顯雛形》一文稱，「二十國集團匹茲堡峰會的最大成就莫過於正式宣布，20 將永久取代 G8（八國集團）長達三十餘年的霸業已經走入歷史」「從（8 到 G20，是一個時代的終結，世界開始進入了建立國際新秩序的新時期。」——這些提法似均有待進一步查核和商榷。資料來源：http://www. takungpao. com/news/09/09/28/LT2-1148711. htm。

〔26〕據統計，迄今為止，聯合國會員國總數為一百九十三個。其中原為殖民主義宗主國的發達國家約二十二個，占會員國總數的 11. 5%；原為殖民地、半殖民地的發展中國家約為一百七十三個，占會員國總數的 88. 5%。資料來源：http:// www. un. org/zh/member-states/index. html。

〔27〕參見《建立國際經濟新秩序宣言》《各國經濟權利和義務憲章》。如果把貫穿於宣言和憲章中的法理原則加以粗略概括，其最主要之點在於：第一，確認了各國的經濟主權是不可剝奪、不可讓渡、不可侵犯的。各國對本國的自然資源與境內的一切經濟活動，享有完整的、永久的主權。跨國公司的經營活動，必須遵守東道國的政策法令，接受東道國的司法管轄和管理監督；不得強行索取特惠待遇，不得干涉東道國內政。第二，確認應當按照公平合理和真正平等的原則，對世界財富和經濟收益實行國際再分配，以遏制和消除富國愈富、貧國愈貧的危險趨向和惡性循環。為此，必須在國際生產分工、國際貿易、國際技術轉讓、國際稅收、國際貨幣制度、國際資金融通、國際運輸、公海資源開發等領域，全面地逐步變革現行的不合理、不公平的體制，並對發展中國家採取各種不要求互惠的優惠措施。第三，確認一切國家，特別是發展中國家，在一切世界性

經濟問題上都享有平等的參與權、決策權和受益權。國家不論大小，不論貧富，應該一律平等。國際經濟事務應該由世界各國共同來管，而不應當由一兩個超級大國來壟斷，也不應當由少數幾個富強的發達國家來操縱。為此，必須在有關的國際組織和有關的國際經濟事務上，變革現行的仗富欺貧、恃強凌弱、以大欺小的決策體制。參見陳安主編：《國際經濟法學》，北京大學出版社 2008 年版，第 14-16 頁的簡要評介。

〔28〕例如，美國權威教授洛文費爾德即堅持此種霸氣觀點。See Andreas F. lowefeld, *International Economic Law*, Oxford University Press, 2002, pp. 412-414; or its 2nd edition .2008 . pp. 492-493.

〔29〕一九九八至二○○四年美國在「301 條款」案件和「201 條款」案件中的蠻橫表現便是其典型事例之一。參見陳安：《美國 1994 年的「主權大辯論」及其後續影響》，載《中國社會科學》2001 年第 5 期；《美國單邊主義對抗 WTO 多邊主義的第三回合——「201 條款」爭端之法理探源和展望》，載《中國法學》2004 年第 2 期。See also An Chen, The Three Big Roundsof U. S. Unilateralism Versus WTO Multilateralism During the Last Decade: A Combined Analysis of the Great 1994 Sovereignty Debate , Section 301 Disputes (1998-2000), and Section 201 Disputes (2002-present), http://www. southcentre. org/ publications/workingpapers/paper22/wp22. pdf. 以上中英文本均已重新整理並收輯於《陳安論國際經濟法學》，復旦大學出版社 2008 年版，分別列為第一編之 X、第七編之 I。

〔30〕（清）鄭觀應：《盛世危言‧公法》（卷一），三味堂刊光緒二十四年（1898 年），第 42 頁。

〔31〕這裡的「依法」主要指依照和履行一九九四年《WTO 協定》涵蓋的《農業協定》之中的諾言以及落實二○○一年 WTO 第四次部長級會議通過的《多哈宣言》等多邊國際協定和相關法律文獻的規定。參見陳安：《南南聯合自強五十年的國際經濟立法反思——從萬隆、多哈、坎昆到香港》，載《中國法學》2006 年第 2 期；其增訂本收輯於《陳安論國際經濟法學》（第一卷），復旦大學出版社 2008 年版，第一編之 XIV。

〔32〕參見本文第二部分所列五大「最新事例」另參見胡錦濤：《堅定合作信心，振興世界經濟》（在新加坡出席 2009 年亞太經合組織工商

領導人峰會上的講話，2009 年 11 月 13 日）；合力應對挑戰，推動持續發展》（在亞太經合組織第十七次領導人非正式會議上的講話，2009 年 11 月 15 日）。其中反覆強調：當前這場國際金融危機充分暴露了世界經濟發展方式不可持續、國際金融體系存在重大缺陷等突出問題，國際經濟體系的內在矛盾尚未得到根本解決。「世界經濟失衡根源是南北發展嚴重不平衡」。因此，應當認真審視導致危機發生的深層次原因和各經濟體在危機中暴露出來的深層次矛盾，從世界經濟長遠發展考慮，從多方入手，積極推動國際貿易體制改革、國際金融體系改革，切實解決世界經濟中的深層次、結構性問題。「應該繼續努力，堅持全面性、均衡性、漸進性、實效性的原則，推動國際金融體系改革朝著公平、公正、包容、有序方向發展，營造有利於世界經濟健康發展的制度環境。我們應該繼續提高發展中國家在國際金融機構中的代表性和發言權，盡快落實二十國集團領導人匹茲堡峰會確定的量化改革目標，完善國際金融機構決策程序和機制。」資料來源：http:// news. xinhuanet. com/world/2009-11/13/content_12450406. htm; http://news. xinhuanet. com/world/2009-11/15/content_12460924. htm。

〔33〕「串聯」是中國「文化大革命」時期的流行用語，多指拉幫結夥，不問是非，大搞「派性」。

第十三章

四論中國在構建 NIEO 中的戰略定位：聚焦評析 WTO 體制下的立法、執法、守法與變法*

↴ 內容提要

在中國加入 WTO「滿九晉十」之際，針對目前國內外學界流行的某些看法，提出若干商榷意見和建言是很有必要的．中國人亟宜認真總結加入 WTO 九年以來的實踐經驗，對 WTO 的體制及其立法、法治、執法的現狀進行一分為二的科學剖析和判斷，提高認識，用以指導今後的新實踐。中國和國際弱勢群體既要在 WTO 現存體制中「守法」和「適法」，在實踐中精通其運行規則，使其為我所用，最大限度地趨利避害；又要在實踐中明辨是非臧否，深入探究 WTO 現行體制中對國際弱勢群體明顯不利和顯失公平的各種條款規定和「遊戲規則」，認真思考其變革方向，並通過「南南聯合」，凝聚力量，推動「變法圖強」，促使 WTO 法制和法治與時俱進，造福全球。

↴ 目次

一、中國「世齡」滿九晉十

中國傳統民俗素有「虛歲」與「實歲」之說。自二〇〇一年

十二月中國「入世」起算，中國「世齡」[1] 的「實歲」轉瞬即將「滿九晉十」，稚童階段即將終結，少年階段即將肇始。 值此轉折之際，從法理的視角，回顧、考察 WTO 這個世界性經濟組織及其相關國際經濟關係的法治、立法、執法、守法與變法進程，追溯歷史，總結現狀，展望未來，顯然是很有必要的。特別是擁有全球總人口五分之一的中國，正在持續崛起，對全球經濟興衰負有歷史責任，對 WTO 及其相關國際經濟關係的法治、立法、執法、守法與變法問題，如何客觀地深入考察，如何科學地剖析判斷，如何審慎穩重地行動，都勢必對全世界產生巨大影響，舉足輕重。

二、WTO 及其相關國際經濟關係必須力行法治

全球擁有六十多億人口，分屬於一百九十多個國家，WTO 這個世界性經濟組織現在擁有一百五十三個成員方。與這麼多國家或成員方密切相關的國際經濟關係錯綜複雜，多種利益互相碰撞衝突，互相犬牙交錯，互相滲透依存。為了避免互相碰撞衝突的多種利益方兩敗俱傷，各個（或各類）利益方勢必在一定階段上通過磋商談判，尋求和走向各方都能接受的利益交匯點（convergence），達成妥協，並將其內容以條約、協定、法規等形式固定下來，形成有法定約束力的行為規範或「遊戲規則」，對相關的國際經濟關係「依法施治」——法治，藉以維持相應的國際經濟秩序。

「WTO 這個組織及其相關國際經濟關係必須力行法治」這

一命題，如今已成為全球公眾的主流共識，這是不爭的事實。但是，在有關經濟領域內據以「施治」的上述行為規範或「遊戲規則」，即有關的國際經濟法，當初是如何制定和確立的？它們是否公開、公平、公正？應當如何立法？如何執法？如何守法？如何變法？對於這些具體問題，卻因各方利害關係的新舊衝突而紛爭不斷，時起時伏，伏而又起。這也是無可爭辯、不容忽視的現實。

三、六十多年來國際經濟法立法進程中的「6C 律」

第二次世界大戰結束以來，在全球經濟的發展過程中，始終貫穿著強權國家與弱勢群體之間的爭鬥，前者力圖維護既定的國際經濟秩序和國際經濟立法，以保持和擴大既得的經濟利益；後者力爭更新現存的國際經濟秩序和國際經濟立法，以獲得經濟平權地位和公平經濟權益。六十多年來，這些爭鬥往往以雙方的妥協而告終，妥協之後又因新的矛盾而產生新的爭鬥，如此循環往復不已。這種歷史進程似可概括地稱為**螺旋式的「6C 軌跡」**或「6C 律」即 Contradiction（矛盾）→Conflict（衝突或交鋒）→Consultation（磋商）→Compromise（妥協）→Cooperation（合作）→Coordination（協調）→Contradicton New（新的矛盾）但每一次循環往復，都並非簡單的重複，而都是螺旋式的上升，都把國際經濟秩序以及和它相適應的國際經濟法規範推進到一個新的水平或一個新的發展階段，國際社會弱勢群體的經濟地位和經濟權益也獲得相應的改善和保障。

從法理角度看，當代世界性經貿大政的磋商和決策過程實質上就是國際經濟法的「立法」過程。數十年來，其「立法」過程最為常見的三大弊端是：

第一，只由七八個最發達國家的首腦或其代表（如「七國集團」或「八腦會議」）進行密室磋商，「黑箱作業」，或進行半公開、半隱秘的討價還價，定出基調或基本框架之後，交由十幾個或二十幾個發達國家組成的經濟性組織或區域性組織（如「經合組織」或「歐洲聯盟」），協調各方利害關係，定出共同主張和一致步調，然後才提交全球性的經貿大政會議或國際經濟組織進行討論。這種做法，從一開始就排除了、剝奪了全球眾多發展中國家的知情權和參與權，常令它們不明就裡，措手不及，缺乏必要和足夠的思想準備、理論準備和實踐準備，從而在磋商或論戰過程中處在劣勢或弱勢地位。

第二，事先就在全球性國際經濟組織的體制規章中定出不公平、不合理的表決制度，實行表決權力大小不一甚至極端懸殊的投票安排。在這方面的典型表現，就是迄今為止仍在國際貨幣基金組織和世界銀行中大行其是的「加權表決制」，它使寥寥幾個西方發達大國和強國加在一起，就可以操縱全球性重大經濟事務的決策。其中，超級大國所享有的特多投票權或特大表決權，往往可以在很大程度上左右重大決策，甚至可以在一定條件下實現其獨家否決的特權。眾多發展中國家在這種極不合理、極不公平的決策體制下，往往陷入進退維谷的兩難選擇：一是被迫簽字「畫押」，吞下苦果；另一是被迫退出困境，自行「孤立」。在經濟全球化、各國經濟互相緊密依存的現實情勢下，兩者勢必都會

損害到弱國的經濟主權和各種經濟權益。

第三，就全球唯一的超級大國而言，它在世界性經貿大政的磋商和決策進程中，

歷來奉行的「國策」是「本國利益至上」和「對人對己雙重標準」，這是它的兩大行動準則。它不但可以在這種磋商和決策過程中，憑藉其經濟實力上的絕對優勢，縱橫捭闔，左右或操縱全局，而且可以在全球性經濟會議決策之後，隨時根據自己的需要，拒不遵守或完全背棄自己依國際條約承擔的義務，憑藉自己經濟實力上的強勢，一意孤行。[2]

上述三大弊端集中到一點，其首要癥結就在於世界性經貿大政決策權力的國際分配存在著嚴重不公。

這種決策權力分配不公所直接導致的後果是：國際經濟秩序的主要決定權，國際經貿往來「遊戲規則」的制定權和確立權，往往把持在若干西方發達大國、強國和超級大國之手，從而必然造成全球財富的國際分配也隨之出現嚴重不公。

眾所周知，全球財富國際分配的嚴重不公，正是當代世界國際經濟舊秩序未獲根本改造和仍然持續存在的最本質的表現，也是眾多發展中國家的經濟主權和經濟權益得不到保證和經常受到侵害的主要惡果。一言以蔽之，權力分配與財富分配之間往往存在著不可分割的因果關係，這是人類社會中「古今中外莫不皆然」的真實歷史和無情現實。有鑒於此，為了改變全球財富國際分配的嚴重不公，就必須從「源頭」上根本改變世界性經貿大政決策權力分配的嚴重不公。

可以說，全球眾多發展中國家之所以如此突出強調一切國家

應當對世界性經貿大政享有平等的參與權和決策權，其根本原因就在於此。

國際弱勢群體要求改變世界經貿大政決策權力分配以及與世界財富國際分配的嚴重不公，歸根結底，就是要求改變、改革現存的有關「立法」，就是要求「變法」。

四、WTO 及其「遊戲規則」的立法、守法和變法[3]

有一種觀點認為：作為國際法學人，應當「在法言法」，大力強調嚴格「守法」和依法行事，不宜輕言現存國際經濟秩序和現存國際經濟法的改革。要求改革現存的國際經濟秩序，那是一種政治理念或政治口號[4]，依此行事，往往會違反或觸犯現行的國際法和國際經濟法，從而承擔國際違法責任和國際道義責任。

這種觀點，有正確的部分，也有似是而非的部分，值得認真探討。

這裡特別需要注意的是：現存國際經濟法（涵蓋但不限於 WTO「遊戲規則」的「立法」「守法」與「變法」之間的辯證互動關係。

（一）國際弱勢群體應當全盤否定或全盤接受 WTO 現行的「遊戲規則」嗎？

面對當今現存的各種國際經濟立法，包括形形色色的國際經貿「遊戲規則」，國際弱勢群體固然不能予以全盤否定，也無力

加以徹底改造，但更不能全盤接受，服服帖帖，心甘情願地忍受其中蘊含的各種不公與不平。對待當今現存的各種國際經濟立法，包括當今現存的 WTO「遊戲規則」正確態度理應是：以公正、公平為圭臬，從爭取與維護國際弱勢群體的平權利益的視角予以全面的檢查和審查，實行「守法」與「變法」的結合。凡是基本上達到公正、公平標準，符合改造國際經濟舊秩序、建立國際經濟新秩序需要的，就加以沿用、重申，就強調「守法」；凡是違反這種需要的，就要強調「變法」，並通過各種方式和途徑據理力爭，努力加以改訂、廢棄或破除。

（二）要求對 WTO 不公平「遊戲規則」實行變法只是「政治」口號嗎？

第一，要求改革現存的國際經濟秩序，並非單純是一種政治口號或政治理念。

它實質上也是要求「**變法**」的**法律理念、法律信念和法制奮鬥目標**。六十多年來國際弱勢群體追求實現「變法」的理念、信念和奮鬥目標，儘管前途多艱，曲折崎嶇，但矢志不渝，持之以恆，畢竟推動國際經濟秩序和國際經濟法走上了逐步「吐故納新」和「除舊布新」的道路，使國際弱勢群體在一定程度上逐步改變了完全無權、聽憑國際強權國家任意擺布的處境。

第二，對現存國際經濟法律規範中蘊含著的各種不公與不平，當代強權國家曾經許諾加以改變。但它們往往恃強食言，拒不遵守或完全背棄自己依國際條約承擔的義務，憑藉自己經濟實力上的強勢，一意孤行。可以說，「強者可執其法以繩人，弱者

必不免隱忍受屈」[5]這一警語，不但是當年弱肉強食境況的法律概括，而且在當今也未完全失去其法律現實意義。在當代國際經濟法的現存體制和法制下，如果不分青紅皂白，一味苛求國際弱勢群體全盤地、無條件地、絕對地「守法」，而不奮起力爭改變、消除現存的顯失公平的諸般「遊戲規則」，努力為「變法」鼓與呼，當然不符合當代任何正直法律學人的法律理念和法律職責。

第三，一九四五年二戰結束後六十多年來，當代國際社會中「變法」與「反變法」的爭鬥時起時伏，伏而又起，迄未停息。其新近事例之一即二〇〇一年底開始啟動，迄今遷延九年，即將進入第十年的WTO「多哈發展回合」談判，實質上就是一場「變法"與「反變法」兩種集團力量之間的談判和較量，就是國際弱勢群體針對當代國際經濟法現存體制和法制之中的某些不公平、不合理的WTO「遊戲規則」依法提出了正當的「變法」要求。而國際強權國家集團眼看當初開出的口惠而實不至的「變法」支票（承諾改革原有的農產品市場准入、國內資助、出口補貼等現行規則等）被要求兌現，便恃強食言，製造種種藉口，設置種種障礙，力圖阻撓和否定公平合理的「變法」要求。[6]

第四，面對當代國際社會「南弱北強」、實力懸殊的戰略態勢，面對國際強權國家集團（七國集團之類）在國際經濟領域中已經形成的「長達三十餘年的霸業」格局，國際弱勢群體要求「變法」圖強，既不可能一蹴而就，也不應該「無所作為」，苟安現狀，更不應該單槍匹馬，各自為政。實踐反覆證明：唯一可行和有效之途徑就是南南聯合，動員和凝聚集團實力，不渝不

懈，堅持建立國際經濟新秩序、「**變法圖強**」的理念和目標，一步一個腳印地邁步前進。[7]

五、WTO 的執法機構 DSB 是國際經濟領域的「包青天」嗎？

眾所周知，WTO 中的「爭端解決機構」（DSB）就是 WTO 這個組織中或體制下的「執法機構」或「司法機構」西方學界推崇為「WTO 之父」的美國權威教授 John Jackson，也相當自豪地在其有關論著中多次把他主導設計出來的、擁有一定法定強制權力的這一「執法機構」或「司法機構」，說成是國際經濟爭端解決機制發展史上的一大創新或創造，譽之為「皇冠上的明珠」，「獨一無二、彪炳史冊」；強調「在所有的國際司法機構中，WTO 爭端解決機制應當被認為是最為重要和權力最大的司法體制」其地位和作用甚至已超過聯合國體制下的國際法院。[8] John Jackson 對於 WTO/DSB 這一「執法機構」的高度評價，不但在西方，而且在中國，都獲得不少（雖然不是全部）學界人士的讚許和認同。

但是，事物總是「一分為二」的。十六年來，WTO/DSB 這一「執法機構」固然在解決國際經濟爭端方面確實發揮了重大的作用，做出了重要的貢獻，但卻遠非盡善盡美，毫無闕失。就其整體而言，不妨說是成績巨大，問題不少，「先天不足，後天失調」。

（一）WTO 的執法機構 DSB 的「先天不足」

就 DSB 的「先天不足」而言，其首要表現，在於 WTO ／ DSB 所「執」的「法」（當今現存的 WTO「遊戲規則」）中未必都是「良法」眾所周知，其中就包含不少不公平、不合理、空口約許、有名無實、恃強凌弱、助強欺弱的規定，嚴重扭曲了正常健康的國際貿易，對國際弱勢群體的現存困境起了雪上加霜的傷害作用。

其典例之一：「多哈發展回合」談判中國際弱勢群體強烈要求加以改革的、發達強權國家堅持不改的農產品市場准入、國內資助、出口補貼等現行規則等，就是WTO ／DSB 現行體制中加以默許和縱容的「劣法」或「惡法」。[9]

其典例之二：當代中國乃是全球最大的**發展中國家**，也是已經基本上建立了**市場經濟體制的國家**。當代中國的這兩種經濟身分已經日益獲得秉持客觀公正、不抱偏見的國際人士的普遍認同。但是，這兩種經濟身分迄今都沒有在 WTO ／DSB 體制或法制中獲得明確的肯定。

早在二〇〇三年，中國總理溫家寶就在國際論壇上鄭重指出中國仍然是發展中國家的基本理由。他強調：「人多，不發達，這是中國的兩大國情。中國有十三億人口，不管多麼小的問題，只要乘以十三億，那就成為很大很大的問題；不管多麼可觀的財力、物力，只要除以十三億，那就成為很低很低的人均水平。這是中國領導人任何時候都必須牢牢記住的。」[10]

二〇一〇年九月二十四日，溫家寶又在聯合國大會上對當代中國的基本國情作了更具體、更全面、更令人信服的客觀分析。

他強調：「中國國內生產總值位居世界第三，但人均水平較低，只相當於發達國家的十分之一左右。中國經濟已保持三十多年的快速增長，但進一步發展受到能源、資源和環境的制約。中國若干重要產品產量位居世界前列，但總體上仍處於全球產業鏈的低端。中國已經成為國際貿易大國，但出口產品技術含量和附加值低，核心技術仍然大量依賴進口。中國沿海地區和一些大中城市呈現出現代化的繁榮，但中西部和廣大農村的不少地方仍然相當落後，還有一點五億人口生活在聯合國設定的貧困線之下。中國民生有了很大改善，但社會保障體系不健全，就業壓力很大。中國社會政治生活日趨活躍，公民基本權利得到較好的維護，但民主法制還不夠健全，社會不公和貪污腐敗等問題依然存在。中國現代化走到今天，先進落後並存，新舊矛盾交織，面臨諸多前所未有的挑戰。中國仍然處於社會主義初級階段，仍然屬於發展中國家。這就是我們的基本國情，這就是一個真實的中國。」[11]

　　但是，當代中國的上述兩種經濟身分並沒有在 WTO/DSB 體制或法制中獲得明確的肯定。更有甚者，在若干強權發達國家的操持下，還迫使中國在「入世」之初不得不在勉強接受了甚至超過發達國家接受標準的各種「不利條款」，因而使中國經常受到不公待遇。

　　六年多以前，即中國「入世」兩年多之後，上述各種不公平的「不利條款」在實踐中日益顯現出對中國經濟、對全球貿易健康發展的負面影響。一位研究 WTO 的資深專家曾撰寫專題論文，[12]針對《中國加入世貿組織議定書》（以下簡稱《議定書》）與《中國加入世貿組織工作組報告書》（以下簡稱《工作組報告

書》）中對待中國顯失公平的各種「不利條款」，包括「非市場經濟條款」「特定產品過渡性保障機制條款」「紡織品過渡性保障措施條款」以及「貿易政策過渡性審查機制條款」作了客觀的對比和科學的分析。簡要地說：

第一，《議定書》第十五條就是所謂「非市場經濟條款」。[13]它規定：從中國「入世」之日起十五年內，原產於中國的進口產品進入一WTO成員地區，該進口成員在認定中國產品是否涉嫌補貼和傾銷時，有權不使用WTO通常使用於來自市場經濟地區產品的計價比較方法，相反，有權使用不依據與中國國內價格或成本進行嚴格比較的方法。這就是中國「入世」後如此頻繁地在世界各地（特別是在西方各發達國家）遭遇產品「反傾銷」調查困擾的主要原因。眾所周知，一九九三年中國《憲法》第十五條明文規定「國家實行社會主義市場經濟」，據此，中國採取多種措施全面實行市場經濟改革，至今已超過二十七年，然而至今在產品出口方面仍然時時遭到「非市場經濟條款」歧視待遇的無理傷害。

試問：這樣的「遊戲規則」，公平何在？它難道是無可厚非、無須變革的良法？

第二，《議定書》第十六條就是所謂「特定產品過渡性保障機制條款」。[14]它規定：從中國「入世」之日起十二年內，如原產於中國的產品在進口至任何WTO成員領土時，其增長的數量或所依據的條件對生產同類產品或直接競爭產品的進口國內生產者造成或威脅造成市場擾亂（或造成或威脅造成進入其市場的重大貿易轉移），則受此影響的WTO成員有權在防止或補救此種

影響所必須的限度內，對此類產品撤銷減讓或限制來自中國的進口。

這種專門針對中國一般產品的「特定產品過渡性保障措施」具有明顯的選擇性與歧視性，完全背離了《GATT 1994》第十三條等的明文規定。

《GATT 1994》第十三條規定：任何締約方不得禁止或限制來自任何其他締約方領土的任何產品的進口，……除非來自所有第三國的同類產品的進口……同樣受到禁止或限制。」[15]〈保障措施協議〉第二條第二款也明確規定：保障措施應針對一正在進口的產品實施，而不考慮其來源。」[16]這說明保障措施雖然是一種自由貿易的例外，但仍然遵循 WTO 的基本原則：不歧視原則（包括最惠國待遇原則和國民待遇原則），即一成員如要實施保障措施，就應不分產品的來源，對所有國家一視同仁地實施保障措施。它是對事不對人的。但是，《議定書》第十六條第一款卻規定：如原產於中國的產品……」這意味著任何一個 WTO 成員都可以專門針對中國產品，有選擇性地採取保障措施，從而有權背離《GATT 1994》第十三條與《保障措施協議》所規定的「非選擇性」。這樣一來，在不受「不歧視」原則限制的情況下，任何進口方及第三方在對中國實施「特保措施」時就顯得輕易了許多，顧忌少了許多。尤其是其他成員方出口產品占進口國比例很大，而中國產品僅占很小比例時，其歧視性就更為嚴重。這樣，作為受限制的中國產品將面臨嚴峻的貿易壁壘的無理傷害。

試問：這樣的「遊戲規則」，公平何在？它難道是無可非議、無須變革的良法？

第三，《工作組報告書》第二四一至二四二段的規定就是所謂「紡織品過渡性保障措施條款」。[17] 它規定：從中國「入世」之日起八年內，任何 WTO 成員單方認定來自中國的紡織品增加到造成進口國「市場擾亂」的，就有權針對這些中國的紡織品單方採取限制性的「保障措施」。按照 WTO 有關「保障措施」的一般規則，[18] 進口國對外來產品採取限制性的「保障措施」，必須提供證據，證明其國內同類產品的產業確實受到外來產品的嚴重損害或嚴重損害威脅。然而，根據上述「紡織品特殊保障措施條款」WTO 進口成員針對中國紡織品採取「特保措施」時，卻可不必提供確鑿證據，證明其國內同類產品的產業確實受到外來產品的嚴重損害或嚴重損害威脅。同時，根據《工作組報告書》第二四二段（g）項的字面含義，中國紡織品所面對的實際上是雙重的「特保措施」其最後期限是二〇一三年年底。也就是說，中國的紡織品在二〇一三年年底之前必須一直忍受十分苛刻的歧視待遇，不可能完全融入 WTO 的自由貿易體制，享受 WTO 規則下的公平競爭環境。

試問：這樣的「遊戲規則」，公平何在？它難道是無可厚非、無須變革的良法？

第四，《議定書》第十八條就是所謂「貿易政策過渡性審議機制條款」。[19]

誠然，對 WTO 所有成員的貿易政策定期進行審議是十分有必要的。然而，從專門針對中國的「貿易政策過渡性審議機制」來看，把它與對一般 WTO 成員的貿易審議機制相比，明顯存在「另眼看待」、過嚴過苛的弊病：一是對中國的貿易政策審議，

不僅要在總理事會層面上，而且要在其下屬的十六個理事會和委員會上進行；二是要求中國在審議前提供的信息十分廣泛，內容特別具體、繁雜、瑣細；三是對中國的貿易政策審議的頻率很高，即「入世」後八年內每年進行；四是對中國貿易政策的審議並未取代按 WTO 貿易政策審議機制的正常審議，即除了要對中國進行每年一次額外的過渡性審議外，還要進行每兩年或四年一度的總理事會的正常貿易政策審議。面對這些十分苛刻的專門針對中國貿易政策審議的歧視待遇，中國的經濟主權受到了遠遠超過一般 WTO 成員的、特別嚴格的干擾、限制和約束，迄今已忍受多年，而且「動輒得咎」，常遭無理責難。

試問：這樣的「遊戲規則」，公平何在？它難道是無可厚非、無須變革的良法？

九年以來以上兩個典例，即國際弱勢群體在「多哈發展回合」談判中正當的變法要求屢屢受阻、中國「入世」之後不得不長期忍受歧視待遇的實踐，足以說明：WTO／DSB 的現存法制及其所「執」的「法」其中就包含不少不公平、不合理、恃強凌弱、助強欺弱的規定，嚴重扭曲了正常健康的國際貿易，對國際弱勢群體的現存困境起了無理的傷害作用。簡言之，WTO／DSB 的現存法制及其所「執」的「法」多有「先天不足」之處，這是不容置疑的客觀存在。

在此種條件下，WTO／DSB 如果不分青紅皂白，不辨其為**良法、劣法**抑或**惡法**，一味僵死地「有法必依」「執法必嚴」，則不但不能祛邪扶正，制暴安良，反而很可能是助邪壓正，助紂為虐了。

（二）WTO 的執法機構 DSB 的「後天失調」

就 DSB 的「後天失調」而言，其首要表現，在於 WTO ／ DSB 之「執法」實踐中不乏「執法不公」「遷就強權」和「執法低能」先例。試舉三例以資佐證：

其典例之一：在審理一九九八至二〇〇〇年歐盟牽頭的三十餘國訴美國的「301 條款」案件中，DSB 專家組採取了「模棱兩可」的手法，先是虛晃一槍，最終卻採信「被告」無理狡辯的態度和手法，在實質上偏袒了霸氣凌人的超級大國及其惡名昭著的「301 條款」，[20] 因而遭到了國際輿論的批評和詬病：「『美國 301 條款案』專家組的審結報告在政治上是很精明圓滑的（astute），但其法律根基的某些方面，卻是破綻百出的（flawed）。對於世貿組織爭端解決機構今後的發展說來，這份審結報告所具有的政策方針性含義，令人產生了嚴重的關切和憂慮。」[21]

九年前，筆者曾撰寫長篇專文，針對 DSB 本案專家組偏袒超級大國及其「301 條款」的裁斷作了進一步的剖析。[22] 文章指出，這份審結報告的論證「特色」是：通過玩弄文字遊戲，「小罵大幫忙」，對美國「301 條款」這一霸權立法及其霸權實踐，加以袒護寬縱，因而留下了令人不敢恭維的執法形象以及一系列的法律疑竇和隱患。 就其執法形象而言，其特點是：（1）自我設限，謹小慎微，有法不依，有虧職守，缺乏剛正不阿、嚴正執法的膽氣和魄力；（2）在「兩大」之間，依違兩可，雙方討好，八面玲瓏；（3）對違法霸權及其惡法，欲縱故擒，貌擒實縱，先作「小罵」，後幫大忙；（4）歸根結底，袒護霸權，曲為辯解，疑竇甚多，隱患不少。

就其執法隱患而言，可能逐步導致以下四種「連鎖反應」：

第一，美國今後可以利用本案專家組所作的審斷結論，作為最新的「**保護傘**」和「**避彈衣**」，繼續無所忌憚地利用其「301條款」的霸權立法，繼續維護、鞏固和擴大其全球經濟霸主的地位；繼續通過單邊主義的威脅和訛詐，進一步打開外國貿易對手的國內市場，攫取非分的、不平等的權益，而又不受 WTO／DSB 多邊體制的約束，完全避開或藐視在 WTO／DSB 體制中遭到法律指控和反向制裁的後續「風險」。

第二，其他**經濟強國**今後可以「以美為師」，仿此辦理，以含糊其辭、掩人耳目的國內「行政聲明」，掩護本國各種形式的單邊主義立法和措施，各行其是，既可欺凌弱勢貿易對手，又可避免受害的經濟弱國援用 WTO 多邊體制加以指控和制裁。

第三，為自衛計，各**經濟弱國**也將被迫採取含糊其辭的國內「行政聲明」，以規避 WTO 多邊貿易體制的約束規定，規避自己承擔的國際義務。

第四，在上述各種**單邊主義**國內立法的**交互撞擊**下，WTO全體成員經多年努力共同建立起來的一體化**多邊體系**，其根基勢必逐步被徹底**撞毀**，終將使 WTO 體制陷於土崩瓦解，蕩然無存，造成歷史的大倒退。

由此可見，世人對本案專家組審結裁斷的司法作風和執法形象及其後續影響，確實不可掉以輕心，不宜聽之任之，必須加以深入揭露和批判。

其典例之二：在審理二〇〇二至二〇〇四年歐盟牽頭的二十二個國家和地區訴美國的「201 條款」案件中，DSB 專家組和上

訴機構終於作出美國敗訴的裁斷，這當然是值得肯定的。但是，其中對於美國已經從其推行了二十一個月之久的單邊主義「保障措施」中撈到了大量實惠，「已經達到了預期的目的」，而對於美國給其他國家從事鋼鐵生產和鋼鐵貿易的對手造成重大損失這一霸道行為，卻沒有給予應有的譴責，也沒有責令美國對因此受害的對手給予應有的損害賠償。[23] 由於「討了大便宜，卻不受任何懲罰」，促使當時的美國總統對其霸氣條款和霸權行徑，不但不作任何檢討，反而進一步公開宣稱：美國今後仍將繼續「執行我們自己的貿易法律」，並且將進一步強化針對外國進口產品的「監督措施」。足見美國在此次「敗訴」後，對受到全球詬病的本國單邊主義霸權立法，仍然毫無改弦更張、棄舊圖新之意。這也從一個側面反映出 John Jackson 教授所津津樂道的 WTO／DSB 現行體制的「強制力」對剛愎自用、霸權成癮的美國說來，是並不強大、十分有限，甚至是顯得軟弱的。

　　其典例之三：在審理一九九八至二〇〇六年歐盟訴美國的 FSC 案件（US-Tax Treatment for Foreign Sales Corporations，簡稱「美國 FSC 案」）中，兩個主要 WTO 成員之間在關於出口補貼的問題上進行了長達八年多的漫長博弈和反覆較量，才在 WTO／DSB 的爭端解決機制下，以美國敗訴最終得到了解決。[24] 國內外知名的 WTO 專家張玉卿教授特撰寫三十萬字專著，對本案例作了完整介紹，從立案開始直至案件的全部終結，包括歷史背景、案件程序和實體問題，加以細緻介紹和精闢剖析，值得認真研讀學習。至於如何看待拖延八年才獲得此案最終結局，如何看待 WTO／DSB 在此案中的斷案效率和實際效果，似乎不妨引用

John Jackson 教授的一段較為客觀的評價作為參考和補充：「如果某一爭端在被拖延了十年之後才得以解決，那麼其結果與事實上根本沒有得到解決沒什麼兩樣，同時說明如此行事的爭端解決機制體制根本無法有效運作。」[25] 可惜 John Jackson 教授並未明白表示是否願意運用這一較為客觀的評價標準，具體直接地評價他所津津樂道的 WTO／DSB 現行體制的「強制力」。這是有待人們進一步思考和澄清的。

概言之，在以上諸典型案例中體現的 WTO／DSB 現行體制之「先天不足，後天失調」，特別是它對霸權國家霸權行為約束力之「弱」與「慢」，似已顯現出這一執法機構遠非定能有效「縛住蒼龍」的強力「長纓」，更遠不能稱之為當代國際經濟領域的「包青天」。這一被譽為「獨一無二、彪炳史冊」、功效蓋世的執法機構，這顆熠熠生輝的「皇冠上的明珠」，在其縱容「劣法」、袒護「惡法」、怯對強權的若干場合，未必始終光彩奪目，反而往往顯得暗淡無光。

看來，這一執法機構的現存體制和規則本身，也還有待於通過逐步「變法」，始能逐步改善，並真正發揮其保護弱者、扶正祛邪、制「暴」安良的應有功能。

六、在「守法」「適法」中趨利避害，在「南南聯合」　中「變法圖強」

中國「入世」瞬將「滿九晉十」。九年的實踐大大加深了中國人特別是中國法律學人對 WTO 現存法制的認識。如加以概括

和總結，不妨說：應當「一分為二」地看待 WTO 的現存法制（包括其實體法和程序性的多種「遊戲規則」），固不應予以全盤否定，也不宜予以全盤肯定，包括不宜全盤肯定其 DSB 爭端解決機制和有關規則。

馬克思主義認識論認為，人類經常面臨如何適應世界、認識世界和改造世界的問題。一百多年前，馬克思曾經精闢地指出：「哲學家們過去只是用不同的方式解釋世界，而問題在於改變世界。」[26] 其判斷於今仍具有很強的指導意義。認識世界，是適應世界和改造世界的基本前提。而人類的實踐活動始終不能僅以認識世界、解釋世界和適應世界為最終依歸，更為關鍵的一環在於通過實踐對世界進行能動的改造，以促進入類社會健康、和諧的長遠發展。

WTO 自 GATT 演進而來，成員方已由 GATT 最初的二十三個擴展至一百五十三個，其影響日廣。根據 WTO 總幹事拉米先生的演講，他樂觀地估計在未來的十年裡，其成員方總數可能很容易達到一百八十個。[27] WTO 建立起來的這一套宏偉的體制，日益體現出的是「規則導向」而非「權力導向」的特點，那麼這是否意味著所有的成員方只需要遵從 WTO 所制定的規則就萬事大吉或者說天下太平了呢？

答案不言自明。正如前文所述，國際經濟法的立法過程始終貫穿了「6C 律」而 WTO 的現存執法機構亦絕非國際經濟領域中的「包青天」更何況 WTO 包含的諸多規則至今存在著大量的例外及模糊之處，特別是對國際弱勢群體開具空頭支票，口惠而實不至之處，對這些規則的例外、模糊以及有名無實之處，各成

員方無不是從自身權益的角度進行主張和闡述。在此領域，成員方同樣矛盾重重，任何所謂的「禮讓」或者「自謙」都很可能意味著成員方自身重大權益的受損。這種認識，是我們探討 WTO 中立法、守法、執法的基本認知前提，也是我們主張對 WTO 規則進行必要的變法或者改造的合法性與合理性所在。

基於這種現實，面對當代強者（發達國家集團）既定的 WTO 法律體制，包括中國在內的國際弱勢群體也存在如何適應它、認識它和改造它的課題。由於在 WTO 體制的「立法」過程中，包括中國在內的國際弱勢群體幾乎沒有話語權或話語權受到嚴重限制和歧視，其個體力量和群體力量都相當薄弱，因此，它們對待 WTO 既定體制的態度和經歷大體上是這樣的：

第一，「入世」之初，對於 WTO 既定的立法、法制、法治」都只能先予「適應」和「守法」，在「適應」和「守法」的實踐檢驗中不斷加深認識。發展中國家在考慮是否加入 WTO 時，實際上處於一種兩難的境地。一方面，由於全球化不斷推進、世界各國的經濟相互依存程度不斷加深，發展中國家意識到要實現自身的發展就不能自我封閉、閉關鎖國，而排斥參加相應的全球性經濟組織；另一方面，發展中國家同時意識到若要加入這些國際組織，它們首先將面對的是由發達國家主導制定的且自己並不熟悉的國際經濟「遊戲規則」，亦不確切地知道這些規則最終會給自身的發展帶來怎樣的實踐影響。在經過審慎權衡利弊得失之後，眾多發展中國家最終還是選擇了積極融入而非自我隔絕。加入 WTO 即是其中一例。此番取捨的過程，多少顯示出發展中國家在某種程度上的「無奈」和「無助」。當然，發展中國家唯有

先通過加入和參與、適應與遵守，方可為日後更多地介入國際經濟事務、分享更大的國際經濟事務決策權奠定現實基礎。

第二，在「適應」和「守法」的實踐檢驗中，既努力精通其各種遊戲規則，使其「為我所用」，從而最大限度地趨利避害，又立足於國際弱勢群體的共同權益，進行檢驗和判斷，明辨其是非臧否，思考其變革方向。強調對 WTO 規則的適應，旨在使發展中國家迅速了解和把握它們，對其辯證看待和利用。實際上，發展中國家加入 WTO 後，通過自身的努力，的確取得了一些顯著進步，總體實力得到了加強。例如，WTO 總幹事拉米先生於二〇一〇年十月一日出席伯爾尼世界貿易研究所成立十週年慶典時指出：「在短短的十五年裡，發展中國家在世界貿易中所占份額由三分之一迅速上升到一半以上——中國已超越日本成為世界上第二大經濟體，還超過德國成為世界上最大的出口國。」[28] 這也生動說明，WTO 體制對發展中國家存在有利的或者說可資利用的一面。與此同時，發展中國家還要清醒地看到 WTO 體制中當初對其無理設定的種種「不利條款」和不公平待遇，理當積極思考應對之策。

第三，對於 WTO 現存體制中顯失公平、傷害國際弱勢群體共同權益的任何立法和規則，敢於理直氣壯、旗幟鮮明地提出變革——「變法」要求，並且通過「南南聯合」，凝聚集體力量，始終不渝地為實現「變法」、維護和增進國際弱勢群體的平權地位和公平利益而奮鬥。主張對 WTO 規則的變法，強調的則是對 WTO 中對發展中國家不公平、不合理的規則的改變。一個由強者片面設定，甚至利用發展中國家實力所限、參與不足或者相關

經驗欠缺而加重其義務的規則，缺乏讓成員方對該規則予以遵守的正當性。另外，當初為吸引發展中國家加入 WTO 或者取得發展中國家在知識產權等領域的讓步，發達國家曾就削減農產品補貼等向發展中國家作出了相應的承諾，只是時至今日，有很多諸如此類的承諾，猶如「空頭支票」，口惠而實不至。當發展中國家在嗣後的經貿實踐中發現該規則的陷阱或者不利時，自然有權利要求對該規則的改變。

WTO 總幹事拉米先生注意到，「儘管美國、歐盟、日本仍然是 WTO 的核心成員方，但是它們不再居於支配地位。新興的成員方，如中國、印度、巴西現在扮演著甚至在二十年前都難以想像得到的角色。同時，其他發展中國家自然也想要在與其有日益增長的利害關係的體制內享有話語權」〔29〕。在 WTO 中乃至整個世界經濟領域，力量對比正在發生深遠的變化。發展中國家是 WTO 中重要的組成部分和活動力量，其積極參與 WTO 規則的揚棄、創新，不僅對其自身權益的維護至關重要，而且對促進 WTO 規則朝著更為公平、均衡、合理方向演進意義非凡。雖然發展中國家單個實體仍然相對較為薄弱，但是整體力量得到了進一步的增長，這也決定了發展中國家作為一種人口眾多的群體力量，有可能在國際經濟領域發出獨立的呼聲並提出獨立的權益主張。而發展中國家的鬥爭策略則在於堅定不移地維護和捍衛弱者正當權益，強化和深化「南南聯合」。

總而言之，探討 WTO 及其相關國際經濟關係的法治、立法、執法、守法與變法，提醒世人特別是國際弱勢群體深入思考和推動 WTO 規則的「確立、執行、遵守與改變」做到「與時俱

進」具有重要意義。可以說，WTO 開啟了實現國際經濟關係的法治化的重要一頁，但要真正實現國際經濟關係的法治化則是一個漫長的歷史進程，需要整個國際社會的共同努力。現階段，對於發展中國家而言，至關重要的是如何在「適法」「守法」的過程中增進對 WTO 既存規則的認識，趨利避害，為我所用；如何在國際經濟競爭與合作中實現「南南聯合」以「變法圖強」，從而捍衛本國正當的經濟權益，促進國際經濟法制的公平構建、完善及實踐，不斷提高國際經濟法治水平，以促進全球經濟的共同繁榮。

七、弱勢群體「變法圖強」之途曲折多艱，但勢必與時俱進，前景光明

（一）一九四七至二〇〇〇年弱勢群體「變法圖強」之曲折多艱及其可喜成就

當今國際社會的弱勢群體，歷史上全都遭受過長達一二百年甚至更長的殖民地或半殖民地統治和掠奪。二戰結束後，它們雖然紛紛掙脫了殖民枷鎖，但絕大多數迄今仍未根本改變其積貧積弱境地，其個體和群體的綜合國力，均遠遜於當代的強權發達國家集團。前文提到，面對當代國際社會「南弱北強」、實力懸殊的戰略態勢，面對國際強權國家集團在國際經濟領域已經形成的「霸業」格局和「反變法」阻力，國際弱勢群體要求「變法」圖強，當然不可能一蹴而就。但是，二戰結束後六十多年來，在國際弱勢群體自覺地實行**南南聯合**，不渝不懈地集體奮鬥之下，

「**變法圖強**」之途，儘管曲折迂迴，步履維艱，從宏觀上看，卻一步一個腳印地邁步前進。[30]

　　試以一九四七至二〇一〇六十多年來 GATT ／WTO 體制中的「立法、守法、變法、反變法、終於逐步變法」的歷史進程為例：

　　一九四七年十月，二十三個國家在日內瓦簽訂了《關稅及貿易總協定》（簡稱《總協定》或《GATT 1947》）並隨即成立了相應的組織機構。此項協定的主旨，是要在世界範圍內促進關稅和貿易方面的國際合作，從而促使國際貿易自由化。當時參加和主持締約會議的國家，主要是西方發達國家。協定的有關條款內容，主要反映了以美國為首的西方發達國家的利益和要求。當時，絕大多數第三世界國家還處在殖民地或半殖民地地位，沒有代表出席。因此，它們的利益和願望在這些協定中未能獲得應有的反映和尊重。《GATT 1947》要求各締約國在國際貿易中無條件地實行互惠，完全對等地大幅度削減關稅，逐步實行國際貿易自由化。具體規定如下：[31]

第一條普遍最惠國待遇

1.在對進口或出口、有關進口或出口或對進口或出口產品的國際支付轉移所徵收的關稅和費用方面，在征收此類關稅和費用的方法方面，在有關進口和出口的全部規章手續方面，以及在第三條第二款和第四款所指的所有事項方面，任何締約方給予來自或運往任何其他國家任何產品的利益、優惠、特權或豁免應立即無條件地給予來自或運往所有其他締約方領土的同類產品。

此項原則適用於經濟發展水平相當的發達國家之間，基本上是公平的；但無條件地推行於經濟發展水平懸殊的發達國家與發展中國家之間，則顯失公平。因為發達國家的生產技術水平高，資金實力雄厚，商品競爭能力強，出口總額大，因而可以在發展中國家削減進口關稅的條件下攫取厚利；而發展中國家的商品在國際市場上的競爭能力弱，出口總額小，因而從發達國家進口關稅的對等減讓中所取得的實惠就要小得多。另外，在經濟實力懸殊的國家之間無差別地對等削減關稅，往往導致發展中國家國內市場的丟失、民族工業的受害和對外貿易的萎縮。

　　在二十世紀四〇年代中期至六〇年代，全世界眾多弱小民族中先後擺脫了外國統治，爭得獨立，開始自主地參與國際經貿交往。它們在實踐中，日益覺察到《GATT 1947》原先所體現的國際經濟法原則及其有關規範，深深地打上了國際經濟舊秩序的烙印，和其他領域的國際經濟法舊原則、舊規範一起，都面臨不斷改造和根本變革的歷史課題。

　　一九五五年四月，包括中國在內的二十八個擺脫了殖民統治的亞洲和非洲國家在印度尼西亞的萬隆集會，第一次在沒有殖民國家參加下，討論了弱小民族的切身利益問題，並以《亞非會議最後公報》的形式，向全世界宣告了亞非弱小民族共同的奮鬥目標和行動準則；首先吹響了發展中國家共同為改造國際政治經濟舊秩序，為變革國際經濟法舊原則、舊規範而團結戰鬥的號角。為此目的，亞非國家必要時可以採取集體行動，或制定共同政策，或「在國際會談中事先進行磋商，以便儘可能促進它們共同的經濟利益」。可以說，從那時起，發展中國家在南北矛盾十分

尖銳、南北力量對比懸殊的歷史條件下，初步形成了「南南聯合自強」的戰略思想。[32]

在發展中國家的積極倡議和大力推動下，一九六四年底組成了聯合國貿易和發展會議（UNCTAD）成為聯合國在經濟方面的一個常設專門機構。發展中國家通過這個組織，依靠自己表決權上的優勢，專門針對國際貿易和經濟開發方面的問題，逐步制定和推行比較公平合理的新原則、新規範，從而逐步改變國際經濟舊秩序，建立國際經濟新秩序。為了實現這一目標，許多發展中國家在一九六四年聯合組成了「七十七國集團」（參加這個集團的發展中國家已達 131 個）。此後，屬於這個集團的國家在許多重大的國際問題上，特別是在變革不公平、不合理的國際經濟法，建立國際經濟新秩序的問題上，都採取統一行動。可以說，UNCTAD 與七十七國集團的積極活動，意味著過去受西方大國「分而治之」的許多弱小民族，已經開始把零星分散的反抗行動彙集起來，團結成為統一的力量，組織成為改造國際經濟舊秩序的戰鬥聯盟，並且不斷取得重要成果。

前文提到，在二戰結束後推行了幾十年的《GATT 1947》，其中關於無條件地實施「互惠、最惠國、無差別」待遇的原則，對於發展中國家與發達國家之間的貿易往來是顯失公平的。在一九六四年 UNCTAD 的首屆大會上，與會的七十七個發展中國家共同呼籲改變《GATT 1947》中不合理、不公平的規定，要求發達國家排除不利於發展中國家出口的障礙，針對來自發展中國家的商品給予普遍的、非互惠的和非歧視的關稅優惠待遇，並把這種要求與建立國際經濟新秩序的總要求緊密聯繫起來，加以強

調。此議最初於一九六四年由當時擔任 UNCTAD 秘書長的勞爾‧普雷畢施（Raul Pebich）提出交付討論，一九六八年在新德里經 UNCTAD 第二屆大會基本通過。其大體框架是：「發達國家應當給予全體發展中國家減讓，把發達國家之間相互給予的一切減讓，推廣給予發展中國家；在給予這些減讓時，不應要求發展中國家以任何減讓作為回報。……應當把所有發展中國家作為一個整體，給予新的優惠減讓；這種優惠，不應推廣給予發達國家。」[33] 這一原則，初步描繪了非互惠的普惠待遇的基本輪廓。

經過眾多發展中國家多年的聯合鬥爭，促使 GATT 這一國際公約組織先後在一九六四年十一月、一九七一年六月以及一九七九年十一月對十分僵硬的、**無條件的**「互惠、最惠國、無差別」的原有體制，三次作了**局部的修訂和變更**，逐步地認可和肯定了專門給予發展中國家出口產品的「非互惠的普惠待遇」與「非互惠的關稅普惠制」。[34]

具體進程如下：

第一步：一九六四年十一月，GATT 各成員同意在原《GATT 1947》中專門增加第三十六至三十八條，列為協定的第四部分，題為「貿易與發展」，作出專門有利於發展中國家的新規定。其中，第三十六條第一款明文強調了本部分的基本原則和目標：

各締約方注意到欠發達國家與其他國家之間生活水平存在很大差距；……注意到締約方全體能夠使欠發達締約方採取特殊措施，以促進其貿易和發展；協議如下：需要快速和持續地擴大欠

發達締約方的出口收入。由於許多欠發達締約方繼續依賴有限範圍的初級產品出口，需要最大限度地為這些產品進入世界市場提供更優惠和可接受的條件，只要適當，需要制定措施以穩定和改善這些產品在世界市場中的條件，特別包括旨在獲得穩定、公正和有利價格的措施，從而使世界貿易和需求得以擴大，使這些國家的出口實際收入得到有活力的和穩定的增長，從而為其經濟發展提供不斷擴大的資源。……在削減或取消針對欠發達締約方貿易的關稅和其他壁壘的談判中，發達締約方不期望因其作出的承諾而獲得互惠。

於是，對國際弱勢群體有利的、**不要求互惠**的、較為公平的國際貿易原則，開始正式載入《GATT1947》這個全球性的國際商務條約。

第二步：一九七一年六月，GATT 各成員正式通過了針對原《GATT 1947》第一條普遍最惠國待遇的「豁免條款」，決定在**十年期限之內**，授權發達國家可以背離普遍的最惠國原則，對發展中國家給予普遍的、非互惠的關稅優惠待遇。具體規定如下：

在不影響《GATT 1947》其他任何條款規定的前提下，GATT 1947》第一條應予豁免實施，為期十年，在必要的範圍內允許發達國家……針對原產於發展中國家和領土的產品，給予優惠的關稅待遇，以便對這些發展中國家和領土實施普遍優惠關稅制（generally preferential tariff treatment），但不對其他締約方的同類產品給予此種優惠待遇。[35]

於是，對國際弱勢群體有利的、不要求互惠的、較為公平的國際貿易原則，具體應用於**關稅領域**，並正式定名為「普遍優惠關稅制」簡稱「普惠制」（GSP）但是其有效期只以十年為限。

　　第三步：一九七九年十一月，GATT 各成員正式通過一項新的「授權條款」（enabling clause）題為「給予發展中國家有差別的、更有利的優惠待遇、互惠以及更充分參與權」針對原《GATT 1947》第一條普遍最惠國待遇的規定，創設了一項「永久性的豁免」，允許各給惠國分別根據各自的「普惠制」規定，對發展中國家給予優惠關稅待遇。具體規定如下：

　　儘管《GATT 1947》第一條作出了「關於普遍最惠國待遇的」各種規定，各締約方仍然有權給予發展中國家有差別的、更有利的優惠待遇，而不把此種待遇給予其他締約方。

　　…………

　　發達國家不期望因其在貿易談判中對發展中國家的貿易承諾降低或取消關稅和其他壁壘而獲得互惠，也就是說，發達國家在貿易談判過程中，不期望發展中國作出不符合它們各自發展、財政和貿易需要的貢獻。因此，發達的締約方不應尋求，欠發達的締約方也不應被要求作出不符合後者發展、財政和貿易需要的減讓。[36]

　　嗣後，上述「授權條款」中的這一長段文字被簡化並被正式吸收於《GATT 1947》，納入《GATT 1947》的「附件 I 註釋和補充規定」（Annex I，Ad Article xxxvi，Paragraph 8）專門列為一

款，即

關於第三十六條第八款：

各方理解，「不期望獲得互惠」的措辭指，依照本條所列目標，不應期望欠發達締約方在貿易談判過程中，做出不符合它們各自發展、財政和貿易需要的貢獻，同時考慮以往貿易發展的情況。[37]

至此，國際弱勢群體針對《GATT 1947》第一條「普遍最惠國待遇」實行必要變法的正當要求，終於如願以償，即從原定的發達國家與發展中國家之間「無條件地實行互惠待遇」最終變革為「發達國家不期望獲得互惠」而這個過程，如果從一九六四年第一次變法起算，迄一九七九年「塵埃落定」正式地、成熟地實行重大變法，竟然長達十五年之久。國際弱勢群體從這一關鍵性的歷史事例和實踐歷練中獲得了重大的啟迪：它們針對不公平的「遊戲規則」尋求變法的道路，從來就是崎嶇不平的；但是，只要堅持不懈，群策群力，集體奮鬥，就一定能夠贏得光明的前景。

在上述這個過程中，發展中國家通過集體的努力，還積極促使此種普惠原則和普惠關稅制在一九七四年正式載入聯合國大會通過的《建立國際經濟新秩序宣言》和《各國經濟權利和義務憲章》等具有國際權威性的法律文獻。通過這些國際公約組織、國際法律文獻以及相應的國際關稅實踐，逐步在法律上確立了普惠待遇原則和普惠關稅制的國際合法地位和國際法律確信。這說

明：從一九四七年起，發展中國家在實踐中逐步覺察到當時既定的國際貿易行為規範貌似「平等」，符合人人熟知的「法律面前人人平等」的原則，實則其中隱藏著和掩蓋了極大的事實上的不平等[38]和顯失公平。它們經過將近三十年的據理力爭和共同奮鬥，終於推動《GATT 1947》的舊法律規範和原有的「遊戲規則」實行了局部的「變法」:從很不合理和顯失公平開始走向較為合理和較為公平，並且獲得國際社會的普遍認同，形成國際的法律共識和法律確信，從而使國際弱勢群體的權益獲得局部的改善和提高。

與此同時，由眾多發展中國家弱小民族凝聚分散力量而形成的綜合實力，在聯合國體系內各種政治、經濟的論壇和舞臺上發揮了應有的作用：運用第三世界在聯合國內平等表決制形成的多數優勢，促使聯合國的各種機構通過了比較公平合理和有利於發展中國家的決議，其中包括若干具有法律約束力的決定；推動聯合國創設了一些新的機構或機制，實施有助於貧弱國家經濟增長的各種方案[39]；通過聯合國各種講壇的論戰或有關的決議，對國際社會中的政治霸權和經濟霸權加以批判、抵制和約束；敦促聯合國各有關機構就全球性經濟發展嚴重失衡、世界財富的國際分配嚴重不公、南北兩類國家貧富懸殊的鴻溝不斷擴大等重大問題加強研究評析，采取相應的有效措施，逐步加以解決。

二十世紀八〇年代初至九〇年代中期，由於國際形勢的發展變化，七十七國集團所體現的南南合作的整體力量及其在國際舞臺上的影響有所削弱。在許多國際多邊談判中，特別是在長達八年之久（1986-1994）的 GATT／WTO 烏拉圭回合談判之中，發

展中國家往往未能像昔日那樣凝聚共識，集體決策，聯合行動，從而在多邊談判中處在弱勢地位。相形之下，發達國家，特別是其中的經濟大國和強國，卻常能在舊體制之下，憑藉其綜合實力，操縱全局，在制定國際經貿大政方針及其「遊戲規則」方面處在絕對主導的地位。

因此，如何在 WTO 這個號稱「經濟聯合國」的新體制中發揮發展中國家集團的作用，提高自己在制定全球經貿大政方針及其法律規則問題上的發言權、參與權、決策權，就成為七十七國集團面臨的新課題。

（二）二〇〇〇至二〇一〇年弱勢群體「變法圖強」之曲折多艱及其光明前景

二十一世紀伊始，七十七國集團從發展中國家權益的角度，回顧和總結了一九九五年初至二〇〇一年初 WTO 體制運作六年過程中的利弊得失。在二〇〇一年十月二十二日，七十七集團發表了一份宣言[40]，用「一分為二」的觀點，既肯定了這一多邊貿易體制在促進全球共同發展進程中的重要作用與積極意義，又指出了其中存在許多亟待認真貫徹實施的鄭重諾言與亟待糾正更新的先天缺陷，即對待發展中國家的權利與義務的失衡和不公，並就貫徹現有的合理協定，糾正現有的各種缺陷提出了全面改進的「變法」建議，引人注目的是：這些「變法」要求乃是以七十七國集團當時所實際涵蓋的一百三十一個發展中國家發表共同宣言的方式，正式提交在卡塔爾首都多哈市舉行的 WTO 最高決策機構──第四次部長級會議，顯示出眾多發展中國家在新千年新

世紀伊始舉行的南北多邊談判中，確實是「**有備而來**」，確實是國際政治經濟舞臺上不可忽視的有組織、有綱領的集體力量。

在眾多發展中國家重新凝聚和強烈要求下，二〇〇一年十一月十日，WTO 第四次部長會議通過了《多哈宣言》，決定：以全球發展中國家普遍面臨的發展問題為中心，全面啟動新一輪的全球性多邊貿易談判（通稱「多哈發展回合」談判，或簡稱「DDR」），以便對現有的 WTO 體制和規則，即有關的國際經濟立法，加以必要的改善和更新。

從法理的角度看，WTO 體制及其各項多邊規則乃是當代國際經濟法的一個重要組成部分。因此，十年來舉世矚目的「**多哈發展回合**」談判，其法理實質或法理定性，乃是針對有關世界貿易的現行國際經濟立法如何進一步除舊布新、如何進一步「變法」問題而開展的新一輪全球性磋商。

會議還通過了《關於中國加入世界貿易組織的決定》，中國自二〇〇一年十二月十一日起正式成為 WTO 成員。這就為眾多發展中國家在 WTO 體制內部開展南南合作和進行聯合奮鬥、共同推動「變法」，增添了強大的中堅力量。

前文提到，迄今遷延九年，已經進入第十年的 WTO「多哈發展回合」談判，實質上就是一場「變法」與「反變法」兩種集團力量之間的冗長角力和反覆較量。九年來談判進展緩慢，並多次陷入僵局，「奄奄一息」，卻又多次「起死回生」。儘管九年來「反變法」集團堅持既得利益，「寸土必守」，導致變法行程一直步履維艱，但在國際弱勢群體的積極推動下，「變法」的合理要求也不斷獲得進展，逐步前進，前景漸顯光明。據法新社二〇一

○年九月二十二日報導，多年來一直主持「多哈發展回合」談判的 WTO 總幹事拉米評估認為：「多哈發展回合」談判十週年之際可能是完成談判的一個契機，換言之，參加「多哈發展回合」談判的成員們有望在二〇一一年十一月達成協議。這在技術上是可行的，因為「我們已經完成了百分之八十的工作，現在只剩下百分之二十的工作有待完成」[41]

　　鑒於 WTO 第七次部長級會議原定的二〇一〇年內完成談判的目標已無可能實現，只能寄希望於二〇一一年各成員的繼續努力，WTO 總理事會在對現有談判進程進行審查和評估之後，於二〇一〇年十月二十一日決定將於二〇一一年十二月十五至十七日舉行第八屆部長級會議，以期能給一百五十三個成員達成一個最終協議的機會。[42] 儘管「多哈發展回合」並沒能在二〇一〇年底之前如期完成，但是從目前各方的表態來看，WTO 官員與大多數成員對於二〇一一年的談判前景還是持樂觀態度。

　　這種樂觀態度在二〇一〇年十一月十二日發表的《二十國集團首腦首爾峰會宣言》[43] 中獲得有力的進一步肯定。該宣言昭告全球公眾：

　　現在，首爾峰會表態如下：……我們鄭重承諾指示我們各自的談判人員認真投入全面的談判，使多哈發展回合迅速獲得成功的、雄心勃勃的、全面的、平衡的結局，這種結局完全符合多哈發展回合的特定宗旨，並且建立在已經取得的進展基礎之上。我們一致認為，二〇一一年是機遇來臨的關鍵一年，儘管機遇較小；我們各自的談判代表必須抓緊談判和加大力度。現在是我們

必須完成終局談判的時候了。一旦終局談判達成協議，我們承諾在我們各自不同體制下盡快尋求必要的正式批准通過。同時，我們承諾抵制各種形式的貿易保護主義措施。

在此之前，二〇一〇年十月初，拉米有所「預感」地在瑞士伯爾尼「世界貿易研究所」十週年慶典上表達了他對多邊貿易談判前景所持的樂觀展望。他認為，作為國際經濟合作歷史上最為成功的例子，**面對反覆多次「瀕臨死亡"的預言，WTO 始終顯示出強大的生命力。**[44] 這種觀點與筆者在二〇〇六年四月間提出的看法是「不謀而合」的。當時正值二〇〇五年 WTO 香港會議後「多哈發展回合」談判一再陷於僵局之際，全球彌漫一片悲觀氣氛，「WTO 即將瓦解」和「瀕臨死亡」的流言四起，筆者當時在一篇長文中針對此種悲觀判斷作出理論剖析，強調：

五十年來，南北矛盾與南北依存始終是同時存在的。經濟全球化的加速發展和貧富鴻溝的擴大，常常激化或加深了南北之間的矛盾與衝突；但與此同時，也強化了南北之間互相依賴的程度。兩者之間的經濟互補性和日益強化的互相依賴性（經濟利益的犬牙交錯和相互交織），使得國際強權者不可能與全球眾多發展中國家堅持對抗到底，斷絕經濟往來。面對占全球百分之八十以上人口的、不斷增強其內部凝聚力、並非「一盤散沙」的國際弱勢群體提出的正當要求和強大壓力，國際強權者在權衡利弊的前提下，往往不得不作一定的讓步和妥協。五十年來不斷出現的南北抗衡僵局，總會通過南北的對話和磋商，找出雙方對抗利益

的中間交匯點（convergence），並在適當的「火候」下，達成南北合作，避免兩敗俱傷，實現「雙贏」新局。儘管這種新局面隨後又常常遭到南北新矛盾和新衝突的削弱甚至破壞，但經濟全球化加速發展的時代潮流和南北必須互相依賴的客觀現實，又賦予南北合作以強大的生命力。從這種意義上說，**南北合作會「生病」，甚至會「身患重症」，但不會迅即「無藥可醫，不治而亡」**。五十年來反覆出現的前述「6C 軌跡」，就是這方面的歷史記錄和事實明證。可見，二〇〇三年坎昆會議失敗後，國際輿論上一度出現的「北贏南輸」論和「兩敗俱傷」，WTO 前景暗淡，面臨瓦解」的悲觀看法，與前述「南贏北輸，WTO 從此步入坦途」的看法一樣，也是缺乏足夠的歷史依據和現實依據的。[45]

八、簡短的結論

總之，以史為鑑，可以明興替。一九四七至二〇一〇六十多年來 GATT ／ WTO 體制中的「立法、守法、變法、反變法、終於逐步變法」的歷史進程，至少雄辯有力、令人信服地表明了以下幾點：

第一，GATT ／ WTO 體制中的某些很不合理和顯失公平的舊法律規範和原有的「遊戲規則」，因其很不利於和侵害了全球弱勢群體數十億人口的合理權益，因其不符合甚至違反了當代的歷史潮流，故六十多年來在國際「變法」力量的不懈推動下，逐步地「棄舊圖新」。

第二，GATT ／ WTO 體制下某些顯失公平的舊法律規範和

原有「遊戲規則」的「變法」進程儘管阻力重重，步履維艱，但因其符合全球弱勢群體數十億人口的合理權益和當代的歷史潮流，故從宏觀上看，其總趨向是「與時俱進」的，其前景是相當光明的。

第三，GATT／WTO 體制下某些顯失公平的舊法律規範和原有「遊戲規則」的「變法」，不能期待國際強權勢力的恩賜，而必須依靠國際弱勢群體自身的長期聯合奮鬥。對國際弱勢群體而言，歐仁‧鮑狄埃（Eugene Edine Potter）一八七一年所撰《國際歌》中的警句至今仍具有現實的指導意義：「從來就沒有什麼救世主，也不靠神仙皇帝。要創造人類的幸福，全靠我們自己！」

第四，以上三點，不但適用於科學地考察和剖析 GATT／WTO 體制下某些顯失公平的舊法律規範和原有「遊戲規則」的「變法」進程，而且可以舉一反三，也適用於科學地考察和剖析當代某些顯失公平的國際經濟法律規範以及國際經濟秩序不斷棄舊圖新、與時俱進的宏觀進程。

（編輯：李慶靈）

附錄　簡評洛文費爾德教授關於國際經濟秩序和國際經濟法的若干觀點[46]

　　洛文費爾德教授在一九七五至一九七九年相繼推出總標題為《國際經濟法》的六卷系列教材，它們對於當代國際經濟法學科

體系的初步成形做出了較大的貢獻。這是應予充分肯定的。但是，綜觀其立論基點，卻存在著很明顯、很重大的侷限性：他在分析和判斷國際經濟交往各種法律癥結的是非曲直過程中，時時以美國的國內立法作為最高圭臬，事事以美國資產者的實際利益為最後依歸；對於眾多弱小民族維護經濟主權的強烈要求和正當行為，諸如加強對本國境內跨國公司和外國人的法律管轄與約束等等，則態度曖昧，或貌似持平公正而實存對美偏袒。

　　試舉一例：二十世紀七〇年代初期，智利政府為維護國家經濟主權，發展民族經濟，曾採取法律措施，對境內涉及國民經濟命脈的外資企業加強約束，或逐步轉歸智利國民參股經營，或逐步收歸國有，並給外商以適當補償。當時，美國龐大跨國企業「國際電話電報公司」（ITT）為保住在智利境內的既得利益，主動撥出巨額「捐款」一百萬美元，緊密配合美國中央情報局，密謀干涉智利內政，甚至派遣要員潛入智利，進行政治收買，策動罷工、暴亂，從事顛覆活動。事機敗露之後，國際輿論大嘩，傳為世界醜聞；美國國內公正人士，也多加抨擊撻伐。面對此等大是大非，洛文費爾德卻在一篇序言中宣稱：「本書對於『國際電話電報公司』，既不讚揚，也不譴責」；「對於智利的有關事態，既不接受左派的主張，也不讚同右翼的說法」，只是「儘可能客觀地提供資料」。[47]而在論及「國際電話電報公司」在智利的種種不法行為時，卻以轉述裁決書觀點的方式，公然曲為辯解，說什麼「在投資保證合同中，並無明文規定禁止『國際電話電報公司'在智利境內以及在美國境內設法阻撓（智利的）阿連德總統當選，或設法施加壓力促使阿連德垮臺」。[48]言外之意顯然是，

合同既然無明文禁止規定，則此類粗暴干涉東道國內政的不法行為，就不宜追究或「情有可原」了。其立場之「客觀」，於此可見一斑。

尤其應當指出：寸至今日，洛文費爾德教授在其二〇〇二年推出、二〇〇八年修訂再版、流行全球的《國際經濟法》的一卷本教材中，對於占全球人口百分之七十的發展中國家的正義主張和法學見解，諸如改革國際經濟舊秩序，建立國際經濟新秩序，確立國際經濟法新準則，維護和尊重各弱小民族國家的經濟主權和經濟立法等等，他仍然秉持和堅守其一貫的「美國立場」，加以漠視、貶低和否定。例如，一九七四年在聯合國大會上以壓倒性多數贊成票通過的《各國經濟權利和義務憲章》，儘管已經經歷了國際社會二三十年的實踐檢驗，獲得國際社會的廣泛認同，形成了「法的確信」，但在洛文費爾德這本流行全球的通用教材中，卻一直被視為「離經叛道」的，「背離了傳統國際法」（departure from the traditional international law）的，因此是沒有法律拘束力的。其言曰：

時隔四分之一世紀多之後，回首看看，如今《各國經濟權利和義務憲章》與它在當年的表現相比，已經顯得不那麼重要了。如果當初確實存在把國際投資從國際法中分離出來的努力，則那種努力並沒有得逞，儘管在二十世紀六〇至七〇年代論戰中提出的有關「主權」的各種訴求及其各種共鳴呼聲，仍然不斷地在聯合國與其他各種國際論壇中不絕於耳。……有一些《憲章》支持者的言論雖然力圖賦予「國際經濟新秩序」以法律的性質，並且

把有關決議等同於立法，但這些挑戰性見解看來基本上都屬於政治性質。

美國和其他跨國公司的母國都反對發展中國家提出的這些挑戰，不同意在各種傳統原則中作出任何改變，否認通過國家實踐（與聯合國的決議相比較）已經在習慣法中對這些傳統原則作出了替換或者修改。資本輸出國的立場是：這些傳統要求既堅實地建立在財產擁有者的道義權利上，也建立在一個有效國際體制的需求之上。此外，它們還爭辯說，對於殖民時代所確立的適用於投資的各種傳統準則，無論可以提出什麼反對理由，這些傳統準則顯然應該適用於投資者和獨立政府在商業基礎上通過協商所作出的各種安排。[49]

以上這段文字，頗耐人尋味。如細加揣摩，至少可以提出以下幾個問題：

（1）在一九七四年聯合國大會上以壓倒性多數贊成票通過的《各國經濟權利與義務憲章》，體現了當代國際社會絕大多數成員共同的國家意志和共同的法律理念，它應當最符合少數服從多數的民主原則，也最能體現維護國際社會幾十億弱勢人群的人權（主權和發展權）原則。美國素以「全球民主典範」自詡，素以「全球人權衛士」自許，可謂滿口「仁義道德」，何以在涉及國際社會的民主、國際弱勢群體的人權（主權和發展權）的關鍵問題上，如此言行不一，完全背離和拋棄其一貫奉為至高圭臬的民主原則、人權原則？

（2）《各國經濟權利與義務憲章》通過之後，「**時隔四分之**

一世紀多之後」對於歷經國際社會多年實踐早已形成的國際性的「法律確信」和法律理念，何以竟可閉目塞聽，熟視無睹，仍然只定性為「屬於政治性質」？何以始終不能定性為屬於**法律性質**，成為具有法律拘束力的**行為規範**？

（3）自二十世紀六〇年代以來，即四十多年以來，在聯合國及其他各種國際論壇上來自全球弱勢群體的主權訴求及其各種正義呼聲，既然始終不斷，一直「**不絕於耳**」（continued to be heard），那麼，以「領導世界」和指引全球走向為己任的世界頭號大國，何以竟可「**充耳不聞**」或「**置若罔聞**」？

（4）以「時代先驅」自命的美國，何以對於**殖民主義時代確立的**、陳舊的、「傳統的」國際法準則和殖民主義者的「**道義信念**」，如此念念不忘和戀戀不捨，而對於體現二十一世紀新時代精神的國際法新生規範，卻又視如敝屣，甚至視若寇仇？

以上這些問題，對於一切襟懷坦蕩、不抱偏見的法律學人說來，都是值得深思、質疑和對照的，也都是不難逐一剖析、明辨是非和知所取捨的。

注釋

* 本文原稿約九千字，題為《中國加入 WTO 十年的法理斷想：簡論 WTO 的法治、立法、執法、守法與變法》，發表於《現代法學》2010 年第 6 期。後依據筆者數月來的後續思考和心得，對原稿加以全面修訂和擴充，撰就二萬五千字新稿，題為《論 WTO 體制下的立法、執法、守法與變法》，發表於《國際經濟法學刊》2010 年第 17 卷第 4 期，俾便進一步請國內外同行惠予批評指教。文中若干外文資料是廈門大學國際經濟法研究所博士研究生康安峰、李慶靈協助收集的，謹此致謝。

〔1〕 入黨入團，可計算黨齡、團齡。依此類推，「入世」似也可計算「世齡」作為衡量有關成員成熟程度的標準之一。

〔2〕 一九九八至二〇〇四年美國在「301 條款」案件和「201 條款」案件中的蠻橫表現便是其典型事例之一。參見陳安：《美國 1994 年的「主權大辯論」及其後續影響》，載《中國社會科學》2001 年第 5 期，第 146-152 頁；《美國單邊主義對抗 WTO 多邊主義的第三回合——「201 條款」爭端之法理探源和展望》，載《中國法學》2004 年第 2 期，第 153-164頁。See also An Chen, The Three Big Rounds of U. S. Unilateralism Versus WTO Multilateralism During the Last Decade: A Combined Analysis of the Great 1994 Sovereignty Debate, Section 301 Disputes (1998-2000), and Section 201 Disputes (2002-present), http:// www. southcentre. org/publications/workingpapers/paper22/wp22. pdf. 以上中英文本均已重新整理並收輯於《陳安論國際經濟法學》，復旦大學出版社 2008 年版，分別列為第一編之X、第七編之I。

〔3〕 參見陳安：《三論中國在構建 NIEO 中的戰略定位：匹茲堡發軔之路」走向何方——G20 南北合作新平臺的待解之謎以及「守法」與「變法」等理念碰撞》，載《國際經濟法學刊》2009 年第 16 卷第 4 期，北京大學出版社 2010 年版，第 1-29 頁。

〔4〕 例如，美國權威教授洛文費爾德即堅持此種霸氣觀點。See Andreas F. Lowenfeld，International Ecoomcc Law，Oxford University Press，2002，pp. 412-414; or is second edition，2008，pp. 492-493.另參看筆者在本文「附錄」中對其專著的摘引和評析，原載於《陳安論國際經濟法學》（第一卷），復旦大學出版社 2008 年版，第 13-16 頁。

〔5〕 （清）鄭觀應：《盛世危言·公法》，上海古籍出版社 2008 年版，第 452 頁。作者是中國晚清時期一位著名的思想家，他對當年西方列強侵略中國時所持的弱肉強食的「國際公法」藉口作了尖銳的揭露。

〔6〕 參見陳安：《南南聯合自強五十年的國際經濟立法反思——從萬隆、多哈、坎昆到香港》，載《中國法學》2006 年第 2 期，第 85-103 頁；陳安：《陳安論國際經濟法學》（第一卷），復旦大學出版社 2008 年版，第 479-506 頁，第四卷，第 1808-1852 頁。See also An Chen，A Reflection on the South-South Coalition in the Last Half

Century from the Perspective of International Economic law-making: From Bandung，Doha and Cancún to Hong Kong，*The Journal of World Investment & Trade*，Vol. 7，No.2，2006，pp.201-233。

〔7〕 參見陳安：《旗幟鮮明地確立中國在構建 NIEO 中的戰略定位——兼論與時俱進，完整、準確地理解鄧小平「對外二十八字方針」》，載《國際經濟法學刊》2009 年第 16 卷第 3 期，北京大學出版社 2009 年版，第 55-82 頁；陳安：《三論中國在構建 NIEO 中的戰略定位：匹茲堡發軔之路」走向何方——G20 南北合作新平臺的待解之謎以及「守法」與「變法」等理念碰撞》，載《國際經濟法學刊》2009 年第 16 卷第 4 期，北京大學出版社 2010 年版，第 1-29 頁。

〔8〕 See John Jackson, *Sovereignty, the WTO and Changing Fundamentals of International Law*，Cambridge University Press 2006 pp. 134-135。 另可參見其中譯本：《國家主權與 WTO：變化中的國際法基礎》，趙龍躍、左海聰、盛建明譯，社會科學文獻出版社 2009 年版，第 159-160 頁。

〔9〕 參見陳安：《南南聯合自強五十年的國際經濟立法反思——從萬隆、多哈、坎昆到香港》，載《中國法學》2006 年第 2 期，第 85-103 頁。

〔10〕《溫家寶在美國哈佛大學演講：把目光投向中國》，http: //www. chinanews. com. cn/n/2003-12-12/26/380015. html。

〔11〕《認識一個真實的中國——溫家寶在第 65 屆聯大一般性辯論上的講話》，http://politics. people. com. cn/GB/1024/12800629. html。

〔12〕 參見高永富：《中國入世法律文件中若干對華不利條款評析》，載《國際經濟法學刊》2004 年第 11 卷第 4 期，第 46-81 頁。

〔13〕 參見《中國加入世貿組織議定書》，http://www. people. com. cn/GB/jinji/31/179/20020125/656050. html；高永富：《中國入世法律文件中若干對華不利條款評析》，載《國際經濟法學刊》2004 年第 11 卷第 4 期，第 47-56 頁；趙維田：《中國入世議定書條款解讀》，湖南科學技術出版社 2006 年版，第 91-98 頁。

〔14〕 參見《中國加入世貿組織議定書》，http://www. people. com. cn；趙維田：《有失公平的保障條款 解速〈中國加入世貿組織議定書〉第 16 條》，載《國際貿易》2002 年第 4 期，第 35-39 頁：高永富：《中國入世法律文件中若干對華不利條款評析》，載《國際經濟法學刊》

2004 年第 11 卷第 4 期，第 57-62 頁。

〔15〕《世界貿易組織烏拉圭回合多邊貿易談判結果法律文本》，對外貿易經濟合作部國際經貿關係司譯，法律出版社 2000 年版，第 440-442 頁。

〔16〕同上書，第 275 頁。

〔17〕參見《中國加入世貿組織工作組報告書》，http://dcj.mofcom.gov.cn/aarticle/zcfb/cw/200504/20050400077963. html；《商務部外貿司有關負責人談紡織品問題》，http: //www. mofcom. gov. cn/aarticle/ae/ai/200409/20040900283142. html。二〇〇五年，中國商務部部長尖銳地指出：「究其二四二段條款的本質，因為它專門針對中國，所以我們認為它是歧視性的」。「歸根結底，對中國紡織品採取數量限制，在 WTO 自由貿易這個普遍的原則下是不光彩的，是一種保護主義。……講自由貿易，應談是同等的競爭條件，而且既然達成了協議，就應談是真實的，而不是達成了協議以後不執行，或者在達成的協議中又埋下很多伏筆，我覺得這就是雙重標準。」資料來源 http://www.mofcom.gov.cn/aarticle/bb/200505/20050500104637. html。

〔18〕參見《GATT 1994》第 19 條、《保障措施協議》第 2 條第 1 款。

〔19〕參見《中國加入世貿組織議定書》，http: //www. people. com. cn；高永富：《中國入世法律文件中若干對華不利條款評析》，載《國際經濟法學刊》2004 年第 11 卷第 4 期，第 77-79 頁；趙維田：《中國入世議定書條款解讀》，湖南科學技術出版社 2006 年版，第 120-124 頁。

〔20〕See Report of the Panel，United States Sections 301-310 of the Trade Act of 1974，WT/DS152/R，22 December，1999，http://www.wto.org/english/tratop-e/dispu-e/wtds152r.doc.

〔21〕Seung Wha Chang，Taming Unilateralism Under the Trading System: Unfinished Job in the WTO Panel Ruling on United States Sections 301-310 of the Trade Act of 1974（《在貿易體制中馴服單邊主義：世貿組織專家組在 1974 年〈美國貿易法〉第 301-310 條裁斷中的未了職責 》），*Law and Policy in International Bussiness*, Vol. 31, No. 4, 2000, p.1156.

〔22〕參見陳安：《廿紀之交圍繞經濟主權的新「攻防戰」》，第四部分，

載《國際經濟法論叢》（第 4 卷），法律出版社 2001 年版，第 95-131 頁。

〔23〕 參見陳安：《美國 1994 年的「主權大辯論」及其後續影響》，載《中國社會科學》2001 年第 5 期，第 146-152 頁；美國單邊主義對抗 WTO 多邊主義的第三回合──「201 條款」爭端之法理探源和展望》，載《中國法學》2004 年第 2 期，第 153-164 頁。See also An Chen, The Three Big Rounds of U. S. Unilateralism Versus WTO Multilateralism During the Last Decade: A Combined Analysis of the Great 1994 Sovereignty Debate，Section 301 Disputes（1998-2000），and Section 201 Disputes （2002-present），http://www.southcentre. org/publications/ workingpapers/paper22/wp22.pdf。以上中英文本均已重新整理並收輯於五卷本《陳安論國際經濟法學》，復旦大學出版社 2008 年版，分別列為第一編之 X、第七編之 I。

〔24〕 參見張玉卿：《由案例掌握 WTO 的爭端解決規則（DSU）──評介美國 FSC 出口補貼案》，載張玉卿：《WTO 案例精選──評介美國 FSC 案》，中國商務出版社 2017 年版，前言。

〔25〕 See John Jackson. *Sovereignty, the WTO and Changing Fundamentals of International Law*，Cambridge University Press 2006，p. J.47，note 8。另可參見其中譯本：《國家主權與 WTO：變化中的國際法基礎》，趙龍躍、左海聰、盛建明譯，社會科學文獻出版社 2009 年版，第 176 頁。

〔26〕 《馬克思恩格斯選集》第 1 卷，人民出版社 1995 年版，第 5 頁。

〔27〕 See Pascal Lamy，The Doha Round Marks a Transition from the Old Governance of the Old Trade Order to the New Governance of a New Trade Order，http://www. wto. org/english/news_e/sppl_e/sppl173_e. htm.

〔28〕 Pascal Lamy, The Doha Round Marks a Transition from the Old Governance of the Old Trade Order to the New Governance of a New Trade Order，http://www. wto. org/english/news_e/sppl_e/ sppl173 _ e.htm.

〔29〕 Ibid.

〔30〕 參見陳安：《南南聯合自強五十年的國際經濟立法反思──從萬隆、多哈、坎昆到香港》，載《中國法學》2006 年第 2 期，第 85-103

頁。

〔31〕參見《GATT 1947》第一條一款；《世界貿易組織烏拉圭回合多邊貿易談判結果法律文本》，對外貿易經濟合作部國際經貿關係司譯，法律出版社 2000 年版，第 424 頁。

〔32〕參見《亞非會議最後公報》，http://big5.china.com.cn/chinese/2005/wlhy50/838285.htm；胡錦濤：《與時俱進繼往開來構築亞非新型戰略夥伴關係——在亞非峰會上的講話》，載《人民日報》2005 年 4 月 23 日第 1 版。

〔33〕See UNCTAD, Proceedings of the United Nations Conference on Trade and Development, Vol.1 (Sales No.64．II．B．11), United Nations, 1964, pp.18,25-26；United Nations, http://www.unctad.org/templates/Page.asp? intItemID＝2309&lang＝1；The History of UNCTAD 1964-1984, http://www.unctad.org/templates/webflyer.asp? docid＝13749&intItemID＝3358&lang＝1&mode＝downloads.

〔34〕參見《GATT 1947》決議：L/3545, L/4093。另參見汪暄：《論關稅及貿易總協定下的貿易自由化》，高燕平：《國際貿易中的普遍優惠制》，均載《中國國際法年刊》，中國對外翻譯出版公司 1986 年版，第 44、59、60、63、161-163 頁。

〔35〕GATT, Generalized System of Preferences(Decision of 25 June 1971, L/3545. BISD 18S/24). http://www. lexisnexis. com/.

〔36〕GATT, Differential and More Favourable Treatment Reciprocity and Fuller Participation of Developing Countries (Decision of 28 November 1979, L/4903, BISD 26S/203-205)，https://www.wto.org/english/docs_e/legal_e/enabling1979_e.htm.

〔37〕《GATT 1947》附件 I 關於第 36 條第 8 款；《世界貿易組織烏拉圭回合多邊貿易談判結果法律文本》，對外貿易經濟合作部國際經貿關係司譯，法律出版社 2000 年版，第 492 頁。

〔38〕在當代發達國家與發展中國家的經濟交往中，儘管以不平等條約為基礎的公開的不平等，一般説來已經大為削弱或不復存在，但是，發達國家仍然憑藉其經濟實力上的絕對優勢，對歷史上積貧積弱因而經濟上處於絕對劣勢的發展中國家進行貌似平等實則極不平等的交往。其常用的主要手段，就是對於經濟實力懸殊、差距極大的國家，「平等」地用同一尺度去衡量，用同一標準去要求，實行絕對

的、無差別的「平等待遇」。其實際效果，有如要求先天不足、大病初癒的弱女與體魄強健、訓練有素的壯漢，在同一起跑點上「平等」地賽跑，從而以「平等」的假象掩蓋不平等的實質。為了糾正形式平等或虛假平等關係，創設新的實質平等關係，就應當積極採取各種措施，讓經濟上貧弱落後的發展中國家有權單方面享受非對等性的、不要求直接互惠回報的特殊優惠待遇，並且通過給予這些貌似「不平等」的特惠待遇，來補償歷史上的殖民主義過錯和糾正現實中的顯失公平弊病，以實現真正的、實質上的平等，達到真正的公平。這種新的平等觀，是切合客觀實際需要的，是科學的，也是符合馬克思主義基本觀點的。早在百餘年前，馬克思在剖析平等權利時就指出，用同一尺度去衡量和要求先天稟賦各異、後天負擔不同的勞動者，勢必造成各種不平等的弊病，並且斷言：「要避免所有這些弊病，權利就不應當是平等的，而應當是不平等的。」（參見馬克思：《哥達綱領批判》，載《馬克思恩格斯選集》第 3 卷，人民出版社 1995 年版，第 305 頁。）馬克思的這種精闢見解，對於我們深入理解當代發展中國家提出的關於貫徹公平互利原則、實行非互惠普惠制等正義要求，具有現實的指導意義。參見陳安：《論國際經濟法中的公平互利原則是平等互利原則的重大發展》，載陳安：《陳安論國際經濟法學》，復旦大學出版社 2008 年版，第 444-454 頁。

〔39〕諸如：推動各有關國家締結各種專項商品協定、實施綜合性商品方案、設立公共基金，以促進發展中國家資源的開發和初級商品的出口；促進召開援助最不發達國家的各種專題會議，減免窮國的官方債務；促進修訂對發展中國家不利的國際運輸規則，控制損害技術落後國家的限制性商業做法；設計和闡明各種南南合作的項目，就弱國經濟發展的重大外部環境和條件問題開展南北對話，促進制訂和實施連續性的「聯合國十年發展規劃」（UN Decades of Development）等等。See Souths Centre, Thirty Years of the Group of 77 (1964-1994), United for a Global Partnership for Development and Peace, South Centre Publications, 1994, pp. 1-8.

〔40〕See G77, Declaration by the Group of 77 and China on the Fourth WTO Ministerial Conference at Doha (Qatar，22 October 2001)，http://www.g77.org/Docs/Doha.htm。

〔41〕 "I often say that we've done 80 percent of the job, and all that remains now is 20 percent." Lamy said. See Finishing Doha Round by 2011 "Technically Doable": WTO Chief, http: //ca. news. finance. yahoo. com /s/22092010/24/f-afp-finishing-doha-round-2011-technically-doable-wto-chief. html.

〔42〕 See WTO, Summary of General Council Meeting of 21 October 2010, http:// www. wto. org/english/news_e/news10_e/summary_gc_oct10_ e. htm; WTO to Hold Ministerial Meeting in Dec. 2011 for lst Time in 2 Years, http://english. kyodonews. jp/ news/2010/ 10/50232. html; Trade Talks Need Political Signal from G20 Summit: WTO Chief, http://news. ph. msn. com/ business/ article. aspx? cp documentid= 4411029.

〔43〕 See The G20 Seoul Summit Leaders Declaration (November 11-12, 2010), http://www. g20. org/Documents2010/11/seoulsummit_ declaration. pdf.

〔44〕 Lamy said, "The multilateral trading system remains the most successful example of international economic cooperation in history-and despite repeated predictions of an imminent death, it has shown a remarkable ability to grow, adapt and rejuvenate itself over the years. The GATT's transformation into the WTO in 1995 proves that reform is possible. The ease with which the old Quad leadership has made way for a new G5-including rising powers such as India and Brazil-underlines the system's pragmatism and flexibility." See Pascal Lamy, The Doha Round Marks a Transition from the Old Governance of the Old Trade Order to the New Governance of a New Trade Order, http:// www. wto. org/english/ news_e/sppl_e/sppl173_e. htm.

〔45〕 參見陳安：《南南聯合自強五十年的國際經濟立法反思──從萬隆、多哈、坎昆到香港》，載《中國法學》2006 年第 2 期，第 85-103 頁。

〔46〕 作為本文腳注〔4〕的補充。

〔47〕 See Andreas F. Lowenfeld，International Economic Law . Vol. 2 . Interatinal Private Investment，2nded.,Mathew Bender,1982,Preface, p.vii.

〔48〕 Ibid.，p. 170.關於美國「國際電話電報公司」干涉智利內政並因投資

保險合同涉訟一案，詳況參見陳安：《國際經濟法學芻言》（上），
北京大學出版社 2005 年版，第 525-531 頁；陳安：《陳安論國際經
濟法學》（第二卷），復旦大學出版社 2008 年版，第 919-925 頁；陳
安主編：《舌劍唇槍：國際投資糾紛五大著名案例》，鷺江出版社
1986 年版，第 97-166 頁。

〔49〕Andreas F. Lowenfeld，*Internationa Economic Law, Vol. 2, Intenatinal
Private Investment,* 2nd ed.，Mathew Bender，1982，Preface，p. vii.

五論中國在構建 NIEO 中的戰略定位：聚焦評析中國特色全球治理理念的歷史來由與實踐軌跡

↘ 內容提要

　　二戰結束後七十年來，全球治理的兩大基本理念及其相應體制，一直在矛盾對立中不斷碰撞嬗變。一九七四年，鄧小平依據毛澤東關於劃分「三個世界」的理論，在聯合國大會特別會議世界論壇上，第一次旗幟鮮明地公開提出和科學論證中國特色的全球治理理念。它是數千年中華文化中積極的處世之道和治理理念在長期實踐中的積澱、昇華、繼承、發展與創新。近年來，中國的大國外交、周邊外交和南南合作外交，協調推進，不拘一格，亮點頻頻，豐富多彩，充分顯示了中國外交的創新活力；也一再弘揚了中國特色全球治理理念和實踐的引領示範作用。回首往昔，以史為師，尋找兩種全球治理理念碰撞演進的軌跡，探討理念、體制、話語權與實力之辯證互動，將大有助於正視現實，看準方向，邁往未來。當前，加強全球民主治理、推動全球治理體系變革乃是大勢所趨。中國要抓住機遇、順勢而為，高舉全球治理體系變革大纛，推動國際秩序朝著更加公正合理的方向發展，為促進人類和平與發展的崇高事業做出更大貢獻。

➼ 目次

一、當代中國特色全球治理理念之鮮明提出

　　新中國建立六十多年以來，中國一直主張和追求在民主原則指導下確立全球治理體制。一九七四年，鄧小平依據毛澤東關於劃分「三個世界」的理論，在聯合國大會特別會議世界論壇上，第一次旗幟鮮明地公開提出和科學論證中國特色的全球治理理念，鄭重宣布：中國是一個社會主義國家，也是一個發展中國家，中國屬於第三世界。中國把堅決同第三世界國家一起為反對帝國主義、霸權主義、殖民主義而鬥爭，看作是自己神聖的國際義務。中國永遠不稱霸。國家之間的政治和經濟關係，應該建立在和平共處五項原則的基礎上；國際經濟事務應該由世界各國共同來管，而不應該由少數國家來壟斷。占世界人口絕大多數的發

展中國家應該參與決定國際經貿大政。鄧小平特別強調：應當充分尊重發展中國家的主權，各國的事務應當由各國人民自己來管，各國人民有權自行選擇和決定他們自己的社會、經濟制度。[1] 在此次長篇發言中，國家主權、民族自決、和平共處、民主治世、反帝、反霸、反殖、反壟斷、永不稱霸、睦鄰友好、南南聯合自強等基本原則，均已鮮明昭示世人，斬釘截鐵，毫不含糊。

鄧小平的此次長篇發言，既不是主觀臆想，也不是閉門造車。可以說，它是數千年中華文化中積極的處世之道和治理理念在長期實踐中的積澱、消化、吸收、昇華、繼承、發展與創新。這種進程，源遠流長，厚積薄發，有待後人追本溯源，認真發掘，深入領會。

二、中國特色全球治理理念之歷史來由

限於篇幅，不能詳述，試舉數例，舉一反三：

其一，關於構建「大同世界」的理想。早在春秋戰國時代，以孔丘為代表的儒家先賢們不滿於奴隸制、封建制現實社會的不公不義和戰亂頻仍，進行反向思維，提出了對構建公平正義、美好和諧社會的理念和追求。《禮記‧禮運》大同」篇，以寥寥一百零七字，簡明扼要地勾勒了這種未來美好和諧社會共同體的輪廓：大道之行也，天下為公，選賢與能，講信**修睦**。故人不獨親其親，不獨子其子，使老有所終，壯有所用，幼有所長，鰥、寡、孤、獨、廢疾者皆有所養，男有分，女有歸。貨惡其棄於地

也，不必藏於己；力惡其不出於身也，不必為己。是故謀閉而不興，盜竊亂賊而不作。故外戶而不閉，是謂大同。」[2]不妨說，這「大同世界」就是「打造人類命運共同體」的最早藍圖，體現了兩三千年前中國人的傑出智慧。

其二，關於「四海之內皆兄弟」和「兼善天下」的理念。儒家強調「四海之內皆兄弟也」[3]指的是普天之下所有的國家、民族和個人，不分大小、強弱、貧富，都應當親如兄弟，平等相待。就每個個人而言，都應當「正心修身齊家」[4]努力端正自己的思想，提高自己的品德和綜合素質，把家庭家風家教整頓好。在條件不具備的時候，至少應當作到「窮則獨善其身」；在條件具備的時候，就應當勇於承擔，「達則兼善天下」，參與「治國平天下」的大業。

其三，關於「和為貴」和而不同」的理念。儒家強調「禮之用，和為貴。……知和而和，不以禮節之，亦不可行也」[5]。「和」有和平、和諧、調和、協調、適度地互相妥協讓步、尋求共識、求同存異、化異為同等豐富含義。凡事都要努力按照「和」的理念去處理，但又不能為和諧而和諧，毫無原則地「和稀泥」；應當「以禮節和」，即以公平合理的原則和尺度來節制「和」因此，又提出「君子和而不同」[6]的信條，即君子既能與他人和睦相處，卻又不苟同其錯誤見解，盲從附和。

其四，關於「睦鄰友好」的理念。「孟母三遷，擇鄰教子」的故事，在中國早已家喻戶曉。孟軻倡導鄉井鄰里「出入相友，守望相助，疾病相扶持，則百姓親睦」[7]強調以仁義胸懷、平等態度善待大小鄰國。[7]漢唐盛世相繼推出「懷柔四方，親睦

九族」和「化干戈為玉帛」[9] 的國策，不斷開拓和擴大西域陸上絲綢之路，明初鄭和率領龐大船隊「七下西洋」，不斷開拓和擴大海上絲綢之路，其主旨均在廣交「友邦與國」，睦鄰親善，經貿往來，互通有無，共謀繁榮。這些基本國策和實踐事蹟，均已彪炳史冊，傳為中外美談。

其五，關於「己所不欲，勿施於人」[10] 的理念。這短短八個字，揭示了處理人際關系的重要原則。它是指正派的人應當以對待自身的心態來對待他人，尊重他人，平等待人。倘若把自己所討厭的事物強加於他人，勢必會破壞與他人的和睦友好關系。故切忌將自己所不欲施之於他人。秉持儒家這一傳統原則和理念，既然中國人在歷史上曾多次飽受外族外敵入侵的禍害，對此深惡痛絕，就不應在自己和平崛起之際和之後，恃強凌弱，侵害他國和四鄰。

以上這些儒家理念經過數千年來倡導、實踐、傳承與發展，互相滲透，融為一體，已形成為中華民族的血脈基因和主流意識，成為歷代中國人處事待人的基本道德規範和行為準則。當今中國政府堅持奉行的和平發展國策、和平外交政策、全球治理理念，都是上述中華民族的血脈基因和主流意識的數千年傳承發展和創新性發揚光大。

三、理念、體制、話語權與實力之辯證互動

理念是體制的構建藍圖，體制是理念的現實載體。全球治理理念如何轉化為全球治理體制，取決於世界各國（或集團）之間

話語權如何分配，話語權如何分配又取決於世界各國（或集團）綜合實力的大小。但是，不同品質的全球治理理念對於國際話語權的分配，進而對全球治理體制的確立和運作，一直發揮著不容小覷的、反向的能動作用。不同品質的全球治理理念的根本分野，在於它們是否符合時代潮流，是否公平合理，是否符合全球幾十億弱勢群眾的根本利益。

本章試以上述中國特色全球治理理念及其實踐進程為例，加以闡明。為敘述方便，這種進程似可在時間節點上粗略地劃分為三個階段，即一九七四至二○○○年、二○○一至二○一五年、二○一六年新起點及其後續，三者緊密銜接，不斷傳承發展，攀登新高。

（一）一九七四至二○○○年：理念原則鮮明提出與實踐績效初步呈現

四十二年前，當鄧小平在聯合國大會上第一次旗幟鮮明地論證中國特色全球治理理念之際，儘管「言者諄諄」，但強權霸權發達國家卻「聽者藐藐」[11]，置若罔聞；亞非拉美發展中國家儘管為數眾多，但實力分散，尚未充分聚合，在兩大類國家「實力對比」和博弈較量中，一直居於明顯弱勢。因此，中國提出的全球治理理念，儘管符合時代潮流，公平合理，故一度績效初顯，但其後仍然長期被壟斷話語權、決策權的西方列強「束之高閣」。這種局面，迄二十世紀末，雖略有改善，但沒有根本轉變。

（二）二〇〇一至二〇一五年：理念不斷創新、實力不斷提高與實踐績效碩果纍纍

經過接連幾代新中國領導人帶領中國億萬大眾艱苦奮鬥，不渝不懈，進入二十一世紀以來，中國綜合國力持續大幅度增長，迅速和平崛起。同時，中國積極主動聯合若干主要的新興經濟體國家和廣大弱勢群體，形成日益強勁的實力，在越來越大程度上改變了南北博弈原有的實力對比。

特別是，二〇一三年習近平同志主政以來，在新中國歷代領導人既定戰略方針的基礎上，既一脈相承，又開拓創新，頻頻出訪，僕僕風塵，廣交友邦，連續率頭提出了開拓陸上絲綢之路經濟帶、海上絲綢之路經濟帶，組建金磚國家銀行、亞洲基建投資銀行，合作打造人類命運共同體，共商共建共享等等一系列嶄新的全球治理理念，積極努力踐行，突出地顯示了敢於和善於「提出中國方案，貢獻中國智慧」的膽略和氣魄，並且充分利用各種國際論壇，發揮獨特的語言藝術，積極弘揚這些全球治理理念，使其**深入人心**，**凝聚眾志**，**化為物質力量**，開始突破了寥寥幾個強霸國家長期壟斷世界經貿大政話語權、決策權原有的不公平格局和不合理國際秩序，績效纍纍，舉世矚目。

值得國人稱道和自豪的是，二〇一五年九月十九至二十三日習近平專程訪英五日，獲得英國女王祖孫三代和首相政要們「超級高規格」的盛情款待，上演了「東方君子與西方紳士親睦握手」的精彩喜劇，開拓了中英經貿合作新的「黃金時代」，在全球引起巨大轟動。此舉可謂立足英國，面向歐洲，輻射全球。緊接著，發生連鎖效應，荷、德、法各國首腦在十月底十一月初相

繼密集訪華，競爭在華商機。德、法兩國駐華大使甚至在《人民日報》聯名發表長篇文章，論證和強調德、法是中國在歐盟的核心夥伴[12]，其唯恐英國在對華經貿合作中「獨領風騷、一枝獨秀」之心態，坦率「毛遂自薦」之熱情，均躍然紙上。

緊接著，習近平以越南、新加坡之行，與這兩個南陸／南海鄰國深化和提升睦鄰友好關係。此舉可謂立足越、新，面向東盟，輻射周邊，進一步促進了中國—東盟的和諧合作。

再緊接著，習近平的巴黎之行和非洲之行，又譜寫了中國特色全球治理理念和實踐的最新篇章。就巴黎之行而言，習近平發表了《攜手構建合作共贏、公平合理的氣候變化治理機制》[13]的重要講話，提出了中國的主張，傳遞了應對全球氣候變化的中國聲音，充分體現了中國作為負責任大國的誠意與擔當，引領了此次巴黎談判的方向。就非洲之行而言，習近平主持了中國和非洲共五十個國家首腦參加的「中非合作論壇峰會」，為未來中非合作作出新規劃，描繪新藍圖，注入新動力。多位學者認為，習近平本次非洲之行是近年來中非級別最高、涉及面最廣、分量最重的一次外交行動，也是二〇一五年中國系列重大外交的收官之作。[14]

（三）二〇一六年新起點及其後續：理念、實力、績效之新里程碑——G20 杭州峰會

進入二〇一六年以來，中國的大國外交、周邊外交和南南合作外交，全方位、多層次地協調推進，又取得了一系列新績效。其中，全球寄予最大厚望、對全球治理後續影響最大的，莫過於

九月上旬由中國以輪值主席國身分在杭州主持召開的二十國集團（G20）[15]領導人第十一次峰會。

此次峰會發表了《二十國集團領導人杭州峰會公報》和二十八份具體成果文件。這些成果體現了共迎挑戰的夥伴關係精神，明確了世界經濟的前進方向，必須走創新和改革之路，制訂了一系列務實的行動計劃，展現了謀求共同發展的決心，釋放了一個重要信號：二十國集團不僅屬於二十國，也屬於全世界，特別是屬於廣大發展中國家和人民。這體現了中國辦會的獨特視角，也反映了廣大發展中國家的普遍願望。總之，杭州峰會成果數量多、分量重，在深度和廣度上都取得了重大突破，在國際上樹立起新的「全球標竿」。[16]

世界輿論給杭州峰會貼上了「中國智慧」「中國雄心」「中國特色」等許多標籤。這是實至名歸、毫不虛誇的。此次峰會確實富有鮮明的中國特色：在議程設置上體現了戰略視野。中方將杭州峰會的主題確定為「構建創新、活力、聯動、包容的世界經濟」，聚焦制約世界經濟增長的深層次問題，既面向當前，也著眼長遠，對症下藥、標本兼治，讓世界經濟能夠從杭州再出發。中方的議程設置得到了二十國集團成員和國際社會的廣泛支持和充分肯定，有力地凝聚了各方共識，推進了務實行動，為峰會的成功奠定了基礎。

中國作為東道主，既倡導、提出國際經濟合作的理念和倡議，也踐行在先，促成了許多成果的達成，充分展現了在杭州峰會中的主導、引領作用。

中國作為東道主，始終堅持開放、透明、包容的辦會理念，

全方位地走出去開展二十國集團**外圍對話**，走進聯合國，走進非盟總部，走進最不發達國家、內陸國和小島國，傾聽各方利益訴求，對話覆蓋了幾乎所有聯合國會員國。傾聽來自社會各界的聲音，打造最廣泛共識，贏得了各方支持和認同。

中國作為東道主，在安排上精心設計，體現了中國印記，既延續二十國集團傳統安排，也大膽進行創新，實現了「西湖風光、江南韻味、中國氣派、世界大同」的有機結合，充分展示了中華文化的博大精深和深厚底蘊。

在二十國集團領導人杭州峰會系列活動中，中方作為主席國，提出了一系列重要理念，最集中的反映是在習近平主席與會的重要講話中，特別是習主席在二十國集團工商峰會上發表的題為《中國發展新起點全球增長新藍圖》[17]的主旨演講。這篇講話，圍繞世界對中國經濟的關切，發出了權威聲音；著眼睏擾世界經濟的難題，給出了中國答案。

在演講中，習主席以歷史的眼光和宏闊的視野，回顧中國改革開放的偉大征程，立足中國今天所處新的歷史起點，展望中國未來發展方向，提出了五個「堅定不移」的重要理念，與我國「十三五」規劃提出的創新、協調、綠色、開放、共享五大發展理念相呼應，展現了中國未來發展的宏偉藍圖，有力回應了國際社會對中國發展方向和中國經濟前景的關注，極大地增強了各方信心，釋放出中國在實現自身發展的同時，也將為世界帶來更多機遇的重要信號。

針對當前世界經濟中的突出問題，習主席提出了共同構建創新型、開放型、聯動型和包容型世界經濟的主張。其核心和實

質，就是抓住創新這個動力，沿著開放的路徑，本著聯動的精神，追求包容的目標，讓增長和發展惠及所有國家和人民。

這些重要主張，是對當前世界經濟面臨的重大突出問題綜合施策、標本兼治的中國方案，折射出中國的發展符合而且引領著世界經濟潮流，表明中國正日益走向世界經濟發展的最前沿。

在演講中，習主席還**首次全面闡述了中方的全球經濟治理觀**。習主席指出，全球經濟治理應該以平等為基礎，以開放為導向，以合作為動力，以共享為目標，共同構建公正高效的全球金融治理格局、開放透明的全球貿易投資治理格局、綠色低碳的全球能源治理格局、包容聯動的全球發展治理格局。[18]

有效的全球經濟治理，是世界經濟良性運行的保障。在中國主辦二十國集團峰會這樣一個歷史時刻，習主席提出中方的全球經濟治理觀，表明中國作為一個負責任大國，在更大範圍、更深層次、更高水平參與全球經濟治理的同時，積極致力於為全球經濟治理貢獻中國理念和中國智慧。這一重要思想的提出，不僅是對中國在全球經濟治理領域理念和主張的系統總結，也是對中國外交政策理念的進一步豐富與發展。在全球化逆風而行，世界經濟烏雲密布的背景下，中國堅持倡導平等、開放、合作、共享的全球經濟治理觀，體現了中國作為主席國的擔當和勇氣，也為二十國集團機製作為全球經濟治理核心平臺的未來發展指明了方向。

二十國集團領導人杭州峰會在二十國集團發展史上具有**里程碑式**的意義。杭州峰會讓世界認識到，必須堅持走創新改革之路，必須堅持走完善治理之路，必須堅持走合作共贏之路，必須

堅持走共同發展之路。杭州峰會是二十國集團歷史上發展中國家參與最多的一次，發展成為杭州峰會的一面旗幟。要把共同發展、共享繁榮的理念貫穿於二十國集團未來發展之中。[19]

概括起來說，此次會議在全球治理上取得了三大突破，將成為引領世界經濟實現強勁、可持續、平衡、包容增長的嶄新起點。[20]

第一大突破，**連接南北 —— 治理結構更包容**。從 G7／G8 再到 G20，國際治理框架持續演進背後的動力，是全球格局變化所帶來的新需求。當下，全球新興經濟體對世界經濟增長的貢獻已經超過百分之五十，但新興經濟體在全球治理機制中並沒有獲得相匹配的話語權。因此，要發揮二十國集團對於全球治理的重要性，首先就必須從成員結構著手彌補「南北鴻溝」，讓新的治理結構更好地反映世界經濟格局和實力對比的新現實，增加新興市場國家和發展中國家的代表性和發言權。除了結構優化，治理目標也更加包容。中國國家主席習近平明確表示，希望向國際社會傳遞這樣一個信號：二十國集團不僅屬於二十個成員，也屬於全世界。「我們的目標是讓增長和發展惠及所有國家和人民，讓各國人民特別是發展中國家人民的日子都一天天好起來！」[21]

第二大突破，**由短到長 —— 治理視角更優化**。二十國集團峰會最初的目標就是針對當時導致危機的金融體制問題和漏洞採取措施，把急救室的病人從危險中搶救過來。近年來，二十國集團如何在後危機時代找到新議程發揮新的作用，避免成為單純的外交平臺，成為各方關注的議題。對此，習近平表示，二十國集團有必要進一步從危機應對機制向長效治理機制轉型，從側重短期

政策向短中長期政策並重轉型。[22] 由短到長的治理視角變化體現在各國達成的共識中。此次峰會重點著墨結構性改革，設定結構性改革優先領域、指導原則和指標體系等舉措，在二十國集團歷史上還是第一次。

第三大突破，**強調行動——治理方式更務實**。一個行動勝過一打綱領。在此次峰會上，習近平強調說：我們應該讓二十國集團成為行動隊，而不是清談館。」[23] 全球治理更加務實的趨勢也體現在各方達成的共識中，杭州峰會第一次就落實聯合國二〇三〇年可持續發展議程制訂行動計劃，《二十國集團全球投資指導原則》成為全球首個多邊投資規則框架。聯合國秘書長潘基文對中國把聯合國二〇三〇年可持續發展議程設為本次峰會的核心議題之一表示「非常感謝」。他強調，推動可持續發展「說易行難」，中國推動峰會在可持續發展議題上制訂行動計劃，這是歷史性的貢獻。國際貨幣基金組織總裁拉加德也認為習近平強調的「行勝於言」對於未來全球治理尤為關鍵，並呼籲二十國集團領導人落實杭州峰會成果，以拉動世界經濟增長。

二〇一六年九月二十七日，習近平在主持中共中央政治局集體學習時，就二十國集團領導人杭州峰會和全球治理體系變革議題加以簡明扼要的回顧和總結。他強調，隨著國際力量對比消長變化和全球性挑戰日益增多，**加強全球治理、推動全球治理體系變革是大勢所趨。我們要抓住機遇、順勢而為**，推動國際秩序朝著**更加公正合理**的方向發展，更好地維護我國和廣大發展中國家的共同利益，為實現「兩個一百年」奮鬥目標、實現中華民族偉大復興的中國夢營造更加有利的外部條件，為促進人類和平與發

展的崇高事業做出更大貢獻。[24]

習近平強調，二十國集團領導人杭州峰會是近年來我國主辦的級別最高、規模最大、影響最深的國際峰會。我們運用議題和議程設置主動權，打造亮點，突出特色，開出氣勢，形成聲勢，引導峰會形成一系列具有開創性、引領性、機制性的成果，實現了為世界經濟指明方向、為全球增長提供動力、為國際合作築牢根基的總體目標。在這次峰會上，我們首次全面闡釋我國的全球經濟治理觀，首次把創新作為核心成果，首次把發展議題置於全球宏觀政策協調的突出位置，首次形成全球多邊投資規則框架，首次發布氣候變化問題主席聲明，首次把綠色金融列入二十國集團議程，**在二十國集團發展史上留下了深刻的中國印記**。

習近平強調，**全球治理格局取決於國際力量對比，全球治理體系變革源於國際力量對比變化**。我們要堅持以經濟發展為中心，**集中力量辦好自己的事情**，不斷增強我們在國際上說話辦事的實力。我們要積極參與全球治理，主動承擔國際責任，但也要**盡力而為、量力而行**。

習近平指出，隨著時代發展現行全球治理體系**不適應的地方越來越多，國際社會對全球治理體系變革的呼聲越來越高**。推動**全球治理體系變革**是國際社會大家的事，要堅持共商共建共享原則，使關於全球治理體系變革的主張轉化為各方共識，形成一致行動。**要堅持為發展中國家發聲，加強同發展中國家團結合作**。

習近平強調，當前，要拓展杭州峰會成果，鞏固和發揮好二十國集團全球經濟治理主平臺作用，推動二十國集團向長效治理機制轉型。要深入推進「一帶一路」建設，推動各方加強規劃和

戰略對接。習近平指出，黨的十八大以來，我們提出踐行正確義利觀，推動構建以合作共贏為核心的新型國際關係，打造人類命運共同體，打造遍布全球的夥伴關係網絡，倡導共同、綜合、合作、可持續的安全觀，等等。這些理念得到國際社會的廣泛歡迎。要繼續向國際社會闡釋我們關於推動**全球治理體系變革**的理念，堅持要合作而不要對抗，要雙贏、多贏、共贏而不要單贏，不斷尋求最大公約數、擴大合作面，引導各方形成共識，加強協調合作，共同推動**全球治理體系變革**。

總之，回顧近年來，中國的大國外交、周邊外交和南南合作外交，全方位多層次地協調推進，不拘一格，亮點頻頻，豐富多彩，充分顯示了中國外交的創新活力；突出展現了中國全方位外交的蓬勃生機；[25]也一再弘揚了**中國特色全球治理理念和實踐的引領示範作用**。

相形之下，超強美國的當權首腦在二〇一五至二〇一六年多次的習奧會晤中，雖然信誓旦旦，認同習近平提出的「不衝突、不對抗、相互尊重、合作共贏」方針，共同提升兩國戰略合作關係，同意在南海等問題上開展良性互動，言猶在耳，但卻時時加強在中國南海興風作浪，派遣軍機、軍艦多次入侵中國海陸空，公開挑釁，「其反覆無常的做派令人詫異」，「有悖於國際大義和自身承諾」。[26]足見其不識時務，違反世界和平潮流，如仍一意孤行，必將失盡天下人心，自食其果！

四、兩種全球治理理念碰撞演進的前瞻

回首往昔，以史為師，尋找其演進軌跡，大有助於正視現實，看準方向，邁往未來。

軌跡一：堅持「壟斷治理」者因其違反歷史潮流，失道寡助，當前雖仍貌似強勢，但正在從鼎盛不斷走向式微。反之，追求「民主治理」者因其順應歷史潮流，得道多助，當前雖仍貌似弱勢，但正在從「星火」不斷走向「燎原」。

軌跡二：實力大小決定理念勝負，追求「民主治理」者必須苦練「**內功**」。「壟斷治理」者崇拜實力，只承認實力。追求「民主治理」的弱者若不苦練「**內功**」，增強自己的綜合國力，和平崛起，就無從獲得強霸對方應有的尊重，促其從昂頭傲視、睥睨弱者，改變為俯首平視、學會謙虛。

歷史證明：一八四〇年鴉片戰爭以來，弱肉強食的「叢林規則」和暴行在舊中國肆虐一百多年，在這個歷史階段中被用來調整列強與眾多弱小民族之間國際政治經濟關系的各種條約、協定和國際習慣或慣例，以及由此構成的國際體制，都貫穿著強烈的殖民主義、帝國主義、霸權主義精神，而且根據西方資產階級國際法「權威」學者的論證，都是傳統的國際公法的組成部分。誠如中國晚清一位思想家所揭露的：在當時，「公法乃憑虛理，強者可執其法以繩人，弱者必不免隱忍受屈也」[27]。換句話說，這些國際行為規範或行動準則，是與當年國際的強弱實力對比相適應的，弱者之所以不免隱忍受屈，就是因為其國家實力遠遜於西方列強。

進入中華民國時期後，中國政界學界又流傳著「弱國無外交」[28]慨嘆，憤懣而又無奈。因為外交是內政的延續，是以國力作為基礎的。弱小的國家綜合實力很差，根本無法在國際關係折衝樽俎中與強權國家互相抗衡，平起平坐，更遑論取得優勢和主導地位。它們通常只能被迫聽憑強大的國家的宰割而無力反抗。即使有若干特別出色的外交家（如中華民國北洋政府時代的顧維鈞）在外交場合做到「將在外君命有所不受」，敢於和善於橫眉冷對強權，堅持國格和正義，據理力爭，雄辯滔滔，為祖國爭得一定的國際輿論同情和權益，但歸根結底還是無法僅僅依靠外交途徑挽救喪權辱國的敗局。[29]

可見，要在外交中獲得公平合理的話語權和決策權，其首要前提在於奮發圖強，盡力做到內政修明，大幅度提高自身的經濟、軍事綜合國力，即苦練「**內功**」，**最大限度地增強自身的硬實力**。

軌跡三：「民主管理」理念本身不是物質力量，但可以轉化為物質力量。轉化之道，在於努力傳播弘揚此種正確理念，使其「掌握群眾」[30]:，即千方百計地通過宣傳教育，使此種正確理念日益深入人心，凝聚眾志，引導廣大群眾不渝不懈地付諸實踐，進行長期的奮鬥拚搏，才能最終克「敵」（即「壟斷治理」理念）制勝。可以說，這種從「軟實力」轉化而來的「硬實力」，一旦從量的積累發展到質的飛躍，其威力就如核子潛能的「爆炸」，任何貌似強大的「壟斷治理」體制，就不可避免地終歸土崩瓦解。一九二七至一九四九年，中國人民革命事業在馬克思主義理論指引下從井岡山的「星星之火」發展到全中國的紅旗

飄揚，就是這方面的典型歷史例證。

軌跡四：弘揚「民主治理」理念、改革「壟斷治理」體制的進程，不能單靠一國之力，單槍匹馬，「單刀赴會」。因此，追求「民主治理」者除必須苦練「**內功**」之外，**還必須苦練「外功**」——只有致力於「南南聯合」，形成國際強勁合力，才能在「南北談判」中力爭平起平坐，促使或迫使現存「壟斷治理」體制的「守護神」不斷棄舊圖新，破舊立新，不斷走向公平合理的「民主治理」體制。

軌跡五：「壟斷治理」體制的既得利益集團，並非鐵板一塊。其中不乏奉行「只有永恆利益，沒有永恆敵友」[31] 實用主義哲學的精明國家，它們屬於「民主治理」體制倡導者可以從對方陣營中調動的積極因素。調動有方，即可壯大我方實力和話語權，削弱和孤立對方營壘中的最頑固者。可以說，這是「民主治理」體制倡導者必須練好的**另一種「外功**」前述二〇一五年九月十九至二十三日習近平專程訪英五日上演「東方君子與西方紳士親睦握手」精彩喜劇之後，迅即在歐洲荷、德、法各國發生的連鎖效應，就是這方面的典型例證。

軌跡六：「民主治理」體制的倡導者儘管努力貫徹「和為貴」「化干戈為玉帛」原則，但「壟斷治理」體制既得利益集團中的霸權龍頭老大，「虎狼成性」，為維持其全球霸主地位，總是時時「化玉帛為干戈」，到處窮兵黷武，肆意入侵他國領土、領海、領空，破壞國際安寧和世界和平秩序，面對此種無情現實，「民主治理」體制倡導者自宜「安而不忘危，存而不忘亡，治而不忘亂」，[32] 盡早未雨綢繆，做好周全準備，「以革命的兩手對

付反動的兩手」〔33〕朋友來了，有好酒；豺狼來了，有獵槍！〔34〕

中國國家主席習近平以更鏗鏘有力、更斬釘截鐵的話語，再一次強調：天下並不太平，和平需要保衛。我們的英雄軍隊有信心、有能力打敗一切來犯之敵！我們的英雄軍隊有信心、有能力維護國家主權、安全、發展利益！今天的世界，國際形勢正發生前所未有之大變局；我們面臨難得機遇，正在抓住機遇，大步邁進，同時必須清醒看到，前進道路從來不會是一片坦途，必然會面對各種重大挑戰、重大風險、重大阻力、重大矛盾，必須進行具有許多新的歷史特點的偉大鬥爭。〔35〕

我軍必須始終聚焦備戰打仗，鍛造召之即來、來之能戰、戰之必勝的精兵勁旅。安不可以忘危，治不可以忘亂。**我們捍衛和平、維護安全、懾止戰爭的手段和選擇有多種多樣，但軍事手段始終是保底手段。**人民軍隊必須強化憂患意識，堅持底線思維，確保在黨和人民需要的時候拉得出、上得去、打得贏。中國人民珍愛和平，我們決不搞侵略擴張，但我們有戰勝一切侵略的信心。我們絕不允許任何人、任何組織、任何政黨，在任何時候，以任何形式，把任何一塊中國領土從中國分裂出去，誰都不要指望我們會吞下損害我國主權、安全、發展利益的苦果。人民軍隊要堅決維護中國共產黨領導和我國社會主義制度，堅決維護國家主權、安全、發展利益，堅決維護地區和世界和平。〔36〕

軌跡七：在全球治理體系中，始終存在「順勢而為、倡導變革」和「逆勢而為、反對變革」這兩種國際勢力。當前，隨著國際力量對比消長變化，加強全球民主治理、推動全球治理體系變革乃是大勢所趨。中國應當抓住機遇，順勢而為，當仁不讓，與

金磚國家一起，共同高舉全球治理體系變革的正義大纛，發揮旗手的引領作用，聯合全球眾多發展中國家與願意順應歷史潮流的一切發達國家，加強合作，共同推動國際秩序朝著更加公正合理的方向發展，為促進人類和平與發展的崇高事業做出更大貢獻。〔37〕

注釋

〔1〕 參見鄧小平：《在聯大特別會議上的發言》，載《人民日報》1994年4月11日第1版。

〔2〕 這段古文的今譯是：「在理想社會實現的時候，天下是人們所共有的。把品德高尚的人、能幹的人選拔出來，治理國家和社會。人人都講求誠信原則，培養和睦精神。因此，人們不僅僅把自己的親人（長輩）作為親人予以贍養，也不僅僅把自己的子女作為子女予以撫育，使每個老年人都能安享晚年，使每個壯年人都能為社會效力，使每個孩子都能健康成長；使老而無妻的人、老而無夫的人、幼而無父的人、老而無子的人、殘疾人員，個個都有人加以供養。男子有職務，女子有歸宿。對於財貨，人們憎惡把它扔在地上的現象，卻不必把財貨自己私藏；人們都願意為公眾之事竭盡全力，而不必為自己謀私利。因此，一切陰謀詭計、坑蒙拐騙就不會發生，強盜、偷竊和一切危害他人的事情也越來越少。於是，家家戶戶無論白天黑夜都不用關大門了。這就叫做理想社會——『大同世界』。」參見《禮記·禮運》「大同」篇。

〔3〕 《論語·顏淵》。

〔4〕 《禮記·大學》。原文是：「古之慾明明德於天下者：先治其國；欲治其國者，先齊其家；欲齊其家者，先修其身；欲修其身者，先正其心；……心正而後身修，身修而後家齊，家齊而後國治，國治而後天下平。」大意是說：古代那些要使美德彰明於天下的人，要先治理好他的國家；要治理好國家的人，要先整頓好自己的家；要整頓好自己家的人，要先進行自我修養；要進行自我修養的人，要先

端正他自己的思想……思想端正了，才能自我修養完善；自我修養完善了，才能家庭整頓有序；家庭整頓有序了，才能治理好國家；國家治理好了，才能促進天下和平穩定。簡言之，以自我完善為基礎，通過管好家庭，治理好國家，直到平定天下。這是幾千年來無數儒家知識分子最尊崇的信條和行動指南。如果不能全部做到，那也應當如《孟子‧盡心上》所説，根據主客觀條件的不同，做到「窮則獨善其身，達則兼濟天下」。概括起來，「正心、修身、齊家、治國、平天下」的人生理想與「窮則獨善其身，達則兼濟天下」的達觀態度，兩者相互結合補充，傳承幾千年，影響始終不衰。資料來源：http://wenwen. sogou. com/z/q183997694. htm; http://wenwen. sogou. com/z/q235274415. htm。

〔5〕 《論語‧學而第一》。

〔6〕 參見《論語‧子路第十三》；《孟子‧盡心下》；《漢語成語詞典》，商務印書館 2004 年版，第 418、1098 頁

〔7〕 《孟子‧滕文公上》。

〔8〕 參見《孟子‧梁惠王下（三）》。

〔9〕 參見《淮南子‧原道訓》；《貞觀政要‧戒太子諸王、征伐、安邊》。

〔10〕 《論語‧衛靈公》。

〔11〕 參見《詩經‧大雅‧抑》：「誨爾諄諄，聽我藐藐」。

〔12〕 參見《德法是中國在歐盟的核心夥伴》，載《人民日報》2015 年 10 月 26 日；閔凡祥：《德法駐華大使署名文章的弦外之音與中國應對之策》，http://www. gmw. cn/xueshu/2015-11/03/content_17589345. htm。作者認為，上述連署文章的核心意思與目的在於，通過向中國展示德、法兩國的實力與優勢，説明德、法兩國不但是歐盟國家中最具資格成為中國未來核心夥伴的國家，而且兩國還非常願意做「中國在歐盟的核心夥伴」。因此，在未來對歐交往與合作中，中國應以德、法作為合作國家的首選，這將會給中國未來的發展與成功帶來巨大幫助。

〔13〕 參見習近平：《在氣候變化巴黎大會開幕式上的講話》，http: //politics. people. com. cn/n/2015/1201/c1024-27873625. html。

〔14〕 參見習近平：《在中非合作論壇約翰內斯堡峰會上的總結講話》http://news. qq.com/a/2015206/008746. htm；《習近平 2015 年出訪「壓軸戲」開啟多邊外交新高度》，http://news. cntv. m/2015/12/

07/ARTI1449487908090W8. shtml；肖諓、南溜博：《收官南非：一年走訪 14 國》，http: //news. xinhuanet. com/fortune/2015-12/07/c_128505001. htm；吳斌、程思煒：《2015 習近平出訪這一年：足跡遍布亞歐美非四大洲》http: //news. sina. com. cn/c/sd/2015-12- 07/doc-fxniihae9144779. shtml? cre= newspagepc&mod=f&loc=1&r=a&rfunc=26。

〔15〕二十國集團（G20）是一個國際經濟合作論壇，於一九九九年九月二十五日由八國集團（G8）的財長在華盛頓宣布成立，屬於布雷頓森林體系框架內非正式對話的一種機制，由原八國集團與其餘十二個重要經濟體組成。該組織的宗旨是為推動已工業化的發達國家和新興市場國家之間就實質性問題進行開放及有建設性的討論和研究，以尋求合作並促進國際金融穩定和經濟的持續增長，按照以往慣例，國際貨幣基金組織與世界銀行列席該組織的會議。二十國集團的成立為國際社會齊心協力應對經濟危機，推動全球治理機制改革帶來了新動力和新契機，全球治理開始從「西方治理」向「西方和非西方共同治理」轉變。二〇一六年九月四日至五日，二十國集團領導人第十一次峰會在中國杭州舉行，這也是中國首次舉辦首腦峰會。資料來源：http: //baike. so. com/doc/7371469-7639119. html。

〔16〕參見《楊潔篪就二十國集團領導人杭州峰會接受媒體採訪》，http: //news. xinhuanet. com/world/2016-09/07/c_129272028. htm。

〔17〕參見習近平：《中國發展新起點全球增長新藍圖》，http: //www. g20. org/dtxw/201609/t20160903_3305. html。

〔18〕同上。

〔19〕參見《楊潔篪就二十國集團領導人杭州峰會接受媒體採訪》，http:// news. xinhuanet. com/world/2016- 09/07/c_129272028. htm。

〔20〕參見《G20 杭州峰會實現全球治理新突破》，http: //news. xinhuanet. com/world/2016-09/06/c_129271909. htm。

〔21〕參見習近平：《中國發展新起點全球增長新藍圖》，http: //www. g20. org/dtxw/201609/t20160903_ 3305. html。

〔22〕參見習近平：《在二十國集團領導人杭州峰會上的閉幕辭》，http:// politics. people. com. cn/nl/2016/0905/c1001-28692951. html。

〔23〕習近平：《在二十國集團領導人杭州峰會上的開幕辭》，http: //world people. com. cn/n1/2016/0904/c1002-28689927. html。

〔24〕參見《習近平：加強合作推動全球治理體系變革　共同促進入類和平與發展崇高事業》，http://news. xinhuanet. com/2016-09/28/c_1119641652. htm。

〔25〕參見郝斐然：《大國周邊齊推進中國外交掀熱潮》，http: //www. xinhuanet. com/world/jrch/652. htm.

〔26〕參見《南海本無事　美國來搞事　有人想搞事　中國人不怕事》http: //tuku. club, china. com/data/thread/1013/2781/35/67/5_ 1. html.

〔27〕（清）鄭觀應：《盛世危言・公法》，光緒二十四年（1898 年）三味堂刊，卷一，第 42 頁。

〔28〕中華民國北洋政府時代的外交總長陸征祥在總結其當年外交實踐時，曾憤懣而又無奈慨嘆説：「弱國無公義，弱國無外交！」資料來源：http://baike. baidu com/link? url= IBKbPGqY863gCE7IQMQlrF7_DEOfANU81O5ua d2s_r5K8mikqeRbTA0qLi4RFnigmiqN3 9DS6JKVIDAKhigRaQIK。

〔29〕資料來源：http://baike. baidu. com/view/83939. htm # 2_8。

〔30〕馬克思名言：「批判的武器當然不能代替武器的批判，物質力量只能用物質力量來摧毀，但是理論一經**掌握群眾**，也會變成物質力量。理論只要説服人，就能掌握群眾；而理論只要徹底，就能説服人。所謂徹底，就是抓住事物的根本。但人的根本就是人本身。」參見《〈黑格爾法哲學批判〉導言》，載《馬克思恩格斯選集》第 1卷，人民出版社 1995 年版，第 9 頁。

〔31〕二戰時期英國首相丘吉爾的名言。英文原話是：Neither friends nor rivals are everlasting，but only profits. 它源自十九世紀英國首相帕麥斯頓的一句話，"A country does not have permanent friends, only permanent interests"（沒有永遠的朋友，僅有永遠的利益）它也成為英國外交的立國之本。資料來源；http: //bbs. tiexue. net/post2_6698845_1. html.

〔32〕參見《周易・繫詞下》；人民日報評論部：《習近平用典》，人民日報出版社 2015 年版，第 29-30 頁。

〔33〕毛澤東語：「我們是用了革命的兩手政策來對付反動派的反革命兩手政策的」。參見毛澤東：《讀蘇聯〈政治經濟學教科書〉的談話（一九五九年十二月至一九六〇年二月）》，載《毛澤東文集》第 8 卷，人民出版社 1999 年版，第103-148 頁。

〔34〕二十世紀五〇年代反映中國人民抗美援朝、保家衛國英雄史詩的經典電影《上甘嶺》，其主題歌《我的祖國》，數十年來代代傳唱不衰。其中第三関歌詞是：「好山好水好地方，條條大路都寬暢。朋友來了，有好酒；若是那豺狼來了，迎接它的有獵槍! 這是強大的祖國，是我生長的好地方，在這片溫暖的地方，到處都有和平的陽光!」此歌準確地表達了中國人民熱愛和平家園和敢於迎頭痛擊任何入侵的強霸勢力、任何「虎豹豺狼」的堅定意志和堅強決心。

〔35〕參見《習近平建軍 90 週年閱兵講話：有能力打敗一切來犯之敵》，http: //news. china. com/focus/jianun90/news/13000810/20170730/31017385. html。

〔36〕參見《習近平：絕不允許任何一塊中國領土從中國分裂出去》，http://news. 163. com/17/0801/10/ CQODI9S40001875N. html。

〔37〕參見《習近平：加強合作推動全球治理體系變革　共同促進入類和平與發展崇高事業》，http://news. xinhuanet. com/2016-09/28/c_1119641652. htm。

第十五章

六論中國在構建 NIEO 中的戰略定位：聚焦評析中國在「金磚國家」崛起十年中的引領作用以及「守法」與「變法」理念的碰撞

↘ 摘要

　　「金磚國家」[1]集團崛起於二〇〇七至二〇〇八年，迄今歷時十年，在改革國際經濟舊秩序（OIEO）構建國際經濟新秩序（NIEO）的歷史進程中，在全球治理體系變革的歷史進程中，排除障礙，穩步前進，成就突出，並且以二〇一七年在中國廈門市舉行的「第九屆金磚國家峰會」圓滿結束作為新的起點，開始新的征程，進入了金磚國家合作機制的第二個金色十年。面對這種蓬勃發展和蒸蒸日上的發展勢頭，國際社會中「有人歡喜有人愁」褒貶不一：既有「龍吟殷殷」也有「鷹囂鴉噪」；國際社會對於中國在「金磚國家」崛起十年中發揮的引領作用，對於「守法」與「變法」全球「壟斷治理」與全球「民主治理」等大是大非問題，也頻頻發生理念碰撞。本章粗略梳理和聚焦評析上述各種褒貶和理念碰撞，提出筆者個人的看法，參加國際爭鳴，並就教於海內外讀者。

↘ 目次

（三）金磚合作對現存國際經濟秩序是否只追求「量變」，
　　　不追求「質變」？

四、金磚合作體制是追求民主治理，還是追求壟斷治理？

（一）金磚合作推動全球經濟治理改革，各國平等相待，反
　　　對強食弱肉

（二）金磚合作推動國際關係民主化，反對霸權主義和強權
　　　政治

（三）金磚合作反對霸權強權，追求國際公平正義

五、如何全面、完整、準確地理解習近平治國理政導世的理念體
　　系？

（一）面對逆流，逆水行舟

（二）主權底線，居安思危

（三）軍事手段，捍衛和平

（四）不衝突，不對抗，互相尊重，合作共贏

（五）全面、完整、準確地理解習近平治國理政導世的理念
　　　體系

一、引言：筆者學習和研究 NIEO 的心路歷程和求知
　　進程

（一）汲取新知識，獲得新啟蒙

　　「NIEO」一詞，是英文「New International Economic Order」
的縮寫。

　　筆者學習和研究 NIEO 問題，肇始於一九七九年春暖花開的

季節。當時正值中國共產黨十一屆三中全會結束不久，全國人民在鄧小平理論和路線指引下，勠力同心，邁上社會主義「四個現代化建設」的康莊大道。此時，儘管筆者已屆「知命」之年，歷經多次奉命「轉行」，原先略有基礎的法律專業已經荒疏了二十七年！但出於強烈的不甘落後心理和如飢似渴的求知慾望，決心急起直追，力圖以勤補拙，「搶回」一些虛擲的韶光。與此同時，筆者開始學習日文，偶然在廈大南洋研究所資料室發現了當時極其難得的日本國際問題研究所刊行的《國際問題》雜誌以及日本亞洲非洲研究所刊行的《亞非研究》雜誌，喜出望外。遂從中遴選日本早稻田大學山岡喜久男教授等人撰寫的有關 NIEO 的六篇專題論文，以「螞蟻啃骨頭」的笨辦法，勤查《日漢大詞典》，逐字逐句地譯成中文，積之大半年，居然完成了自己設定的任務，獲得了有關 NIEO 的啟蒙知識，初步嘗到求得新鮮知識的「甜頭」和擴大學術視野的愉悅。從這個意義上說，日本早稻田大學山岡喜久男教授等人乃是筆者素未謀面的啟蒙老師。至此，筆者學習和研究 NIEO 問題的興趣和信心大增，接著，又從廈門大學圖書館中「塵封十年、無人問津、極其稀缺、絕無僅有」的英文版孤本《1974 年聯合國年鑑》中，覓得一九七四年兩次聯合國大會通過的有關 NIEO 的三份基本文獻，譯為中文，輯為《國際經濟立法的歷史和現狀》一書的「附錄」，提交當時處在初創階段的法律出版社，在一九八二年推出，以饗廣大讀者。此時，筆者有幸奉命「歸隊」，調回停辦二十七年後復辦的廈大法律系，重操法律舊業，心情複雜，喜憂參半：喜的是今後可以專注鑽研法學了；憂的是腦中國際法新知識缺漏甚多，專業

資料信息奇缺，極難覓得，無米之炊，巧婦尚且難為，何況不是巧婦。此種窘境，可從《國際經濟立法的歷史和現狀》[2]這本編譯小冊子的簡短序言中窺見一斑．短序全文如下：

第二次世界大戰以後，特別是近二十年來，隨著第三世界的覺醒及國際力量對比的變化，在國際經濟關係中出現了一系列新的法律問題，亟待深入探討研究。國際經濟立法正是在這種新的國際形勢下應運而生的學科，這是一門新興的學科，也是一門邊緣性的學科。它所研究的對象，同一般的國際關係、國際之間的經濟交往和經濟秩序，特別是同國際公、私法上的一般行為規範和特定行動準則，都有極其密切的關係。

國際經濟立法這門新興學科究竟包含哪些具體內容？它的體系結構究竟是怎樣組成的？……這些問題，目前國內外學術界都還在研究探索之中，各位國際法學者見仁見智，界說不一。但是，國際經濟立法是國際法科學領域中新近出現的一個重要分支，而且它的重要性正在與日俱增，這兩點已經是公認的定論，很少有人再明確地表示異議了。

本書所收六篇論文，選自日本國際問題研究所刊行的《國際問題》雜誌以及日本亞洲非洲研究所刊行的《亞非研究》雜誌。各篇文章的作者所採取的立場、觀點和方法，並不一致；對問題進行分析的角度以及分析的深淺，亦多有不同。但是他們都在不同程度上就國際經濟立法的歷史、現狀及其可能的發展趨向，作了一番研究探討，提供了有關這門學科的學術見解和文獻資料。可以說，這六篇文章從某些側面反映了當今世界國際法學術界對

國際經濟立法這門學科開展研討的最新動態，也部分地反映了日本各派學者在這門學科中的最新研究成果。因此，本著魯迅先生所提倡的「拿來主義」精神，特為譯出，並略加編排，以供我國經濟學界、國際關係學界，特別是國際法學界參考。

當然，這些論文中有些觀點未必盡妥，有的觀點則是錯誤的。讀者自不難運用馬克思主義基本原則加以分析鑑別。

上述諸論文多處印證，評論和闡發一九七四年聯合國大會第六屆特別會議以及第二十九屆常會先後通過的有關國際經濟立法的三項基本文件，這三項文件在現代國際經濟立法史上占有突出的地位；在當前國際經濟鬥爭中，其重要性日益彰明。茲特全文譯出，附錄於後，俾便讀者參照閱讀，窺其全豹。唯附錄文件系直接譯自英文，而本書論文從這些文件中摘引的句段則系轉譯自日文。由於所據文本不同，譯文略有出入。為了分別保持其原有面貌，譯者未將兩種中譯文字加以統一。

在編譯過程中，對若干較為生僻的名詞、史實和案例原委，多在本書中第一次出現時作了簡要的註釋，冀能為部分初學同志提供閱讀方便。編譯者限於學力，在選編、譯文和譯註中難免有不妥或訛誤之處，敬祈讀者惠予指正。

陳安

一九八一年三月，志於廈門大學法律系

（二）論中國在建立 NIEO 中的戰略定位：聚焦評析「新自由主義經濟秩序」論、「WTO 憲政秩序」論、「經濟民族主義」論[3]

一九八一年金秋，又是托中國推行改革開放國策之福，加之一場偶發的中美學術爭鳴，筆者獲邀赴美研修，開始接觸和認真學習原先在中國難以見到的大量英文書刊，努力對個人一知半解、或明或暗的知識缺漏，特別是 NIEO 和國際經濟法方面的知識缺漏，加以修補，並從中國和第三世界的共同立場和視角獨立思考，對西方發達國家的學術主張加以鑑別、揚棄，取精棄粕，開拓創新。此時，由於西方強霸發達國家的操控和南北國家實力對比的消長，關於構建 NIEO 的潮流和聲勢，從二十世紀七〇年代的風起潮湧逐漸走向「衰落退潮」，各種「時髦」學說紛紛出籠惑眾，於是一場新的理論爭鳴和交鋒，就不可避免地在全球論壇上出現了。

《論中國在建立國際經濟新秩序（NIEO）中的戰略定位：聚焦評析「新自由主義經濟秩序」論、「WTO 憲政秩序」論、「經濟民族主義」論》是筆者在二〇〇九年初推出的、參加新的理論爭鳴和交鋒的一篇專論。其核心觀點是：二十世紀八〇年代以來，國際社會中力圖阻撓或扭曲建立 NIEO 歷史潮流的各種學說層出不窮，諸如「新自由主義經濟秩序」論、「WTO 憲政秩序」論、「經濟民族主義擾亂全球化秩序」論等等。這類學說雖然激發了一些新的有益思考，卻確實造成了一系列新的思想混亂。建立 NIEO 乃是二十世紀五〇年代以來全球弱勢群體數十億人口爭取國際經濟平權地位的共同奮鬥目標，當代中國人應當

全面、完整、準確地加深理解鄧小平的「韜光養晦，有所作為」方針，將中國在建立 NIEO 歷史進程中的戰略坐標和基本角色，定位為旗幟鮮明、言行一致的積極推動者。中國理應進一步發揚傳統的具有獨特內涵的中華民族愛國主義，通過 BRICSM 類型的「南南聯合」群體，成為建立 NIEO 的積極推手和中流砥柱之一。總之，中國人務必保持清醒，謹防落入上述各種「時髦」理論的陷阱。

（三）再論旗幟鮮明地確立中國在構建 NIEO 中的戰略定位：聚焦評析與時俱進，全面、完整、準確地理解鄧小平「對外二十八字方針」[4]

這是筆者在二〇〇九年推出的、參加新的理論爭鳴和交鋒的第二篇專論。其核心觀點是：二十世紀八〇年代以來，曾經風起雲湧的建立 NIEO 的鬥爭表面上似乎日趨平寂。與此同時，國際學界各種理論也層出不窮，造成某些新的思想混亂。本章剖析有關當代國際經濟秩序和中國定位的幾種論說，強調：建立 NIEO 乃是全球弱勢群體數十億人口爭取國際經濟平權地位的共同奮鬥目標。這一光明正大、理直氣壯的奮鬥目標，任何時候都無須諱言，不必隱瞞，更不能悄悄放棄。中國人理應與時俱進，落實科學的發展觀，全面、完整、準確地理解鄧小平提出的「韜光養晦，有所作為」方針；中國在建立 NIEO 中的戰略定位，理應一如既往，仍是旗幟鮮明地建立 NIEO 的積極推動者之一。中國理應進一步發揚傳統的、具有獨特內涵的中華民族愛國主義，通過 BRICSM 類型的「南南聯合」群體，成為建立 NIEO 的積極推手

和中流砥柱之一。

（四）三論中國在構建 NIEO 中的戰略定位：聚焦評析「匹茲堡發軔之路＂走向何方─G20 南北合作新平臺的待解之謎以及「守法」與「變法」等理念碰撞[5]

這是筆者在二〇〇九年推出的、參加新的理論爭鳴和交鋒的第三篇專論。其核心觀點是：二十世紀七〇年代以來，南北之間圍繞建立 NIEO 的爭鬥幾度潮起潮落，落而又起。在這過程中，作為全球最大發展中國家的中國，對於其在構建 NIEO 中的戰略定位問題，中外學界見仁見智，歧議不少。本章聚焦於二〇〇九年九月下旬中國領導人在「匹茲堡二十國集團（G20）峰會」上與時俱進地貫徹鄧小平「對外二十八字方針」的最新實踐，針對此次二十國集團峰會鄭重宣布的「匹茲堡發軔之路」（The Path from Pittsburgh）的兩種前途的「待解之謎」作了探討，進而強調：為了防止強權國家在「匹茲堡發軔之路」上再次開倒車、蹈覆轍，包括中國在內的國際弱勢群體務必保持清醒頭腦，釐清若干重要的觀點、概念、信念和理念，用正確的、符合時代潮流的觀點、概念、信念和理念，努力推進建立 NIEO 的新實踐。

（五）四論中國在構建 NIEO 中的戰略定位：聚焦評析 WTO 體制下的立法、執法、守法與變法[6]

這是筆者在二〇一〇年推出的、參加新的理論爭鳴和交鋒的第四篇專論。其核心觀點是：在中國加入 WTO「滿九晉十」之際，針對國內外學界流行的某些看法，提出若干商榷意見和建言

是很有必要的。中國人亟宜認真總結加入 WTO 九年以來的實踐經驗，對 WTO 的體制及其立法、法治、執法的現狀，進行一分為二的科學剖析和判斷，提高認識，用以指導今後的新實踐。中國和國際弱勢群體既要在 WTO 現存體制中「守法」和「適法」，在實踐中精通其運行規則，使其為我所用，最大限度地趨利避害；又要在實踐中明辨是非臧否，深入探究 WTO 現行體制中對國際弱勢群體明顯不利和顯失公平的各種條款規定和「遊戲規則」，認真思考其變革方向，並通過「南南聯合」，凝聚力量，推動「變法圖強」，促使 WTO 法制和法治與時俱進，造福全球。

（六）五論中國在構建 NIEO 中的戰略定位：聚焦評析中國特色全球治理理念的歷史來由與實踐軌跡[7]

這是筆者在二〇一六年底推出的、參加新的理論爭鳴和交鋒的第五篇專論。其核心觀點是：二戰結束後七十年來，全球治理的兩大基本理念及其相應體制，一直在矛盾對立中不斷碰撞嬗變。一九七四年，鄧小平依據毛澤東關於劃分「三個世界」的理論，在聯合國大會特別會議世界論壇上，第一次旗幟鮮明地公開提出和科學論證中國特色的全球治理理念。它是數千年中華文化中積極的處世之道和治理理念在長期實踐中的積澱、昇華、繼承、發展與創新。近年來，中國的大國外交、周邊外交和南南合作外交協調推進，不拘一格，亮點頻頻，豐富多彩，充分顯示了中國外交的創新活力，也一再弘揚了中國特色全球治理理念和實踐的引領示範作用。回首往昔，以史為師，尋找兩種全球治理理

念碰撞演進的軌跡，探討理念、體制、話語權與實力之辯證互動，將大有助於正視現實，看準方向，邁往未來。當前，加強全球民主治理、推動全球治理體系變革乃是大勢所趨。中國要抓住機遇，順勢而為，高舉全球治理體系變革大纛，推動國際秩序朝著更加公正合理的方向發展，為促進人類和平與發展的崇高事業做出更大貢獻。

※　　※　　※

時序更新，進入了二〇一七年。

這一年，遇上了兩大時間節點：就中國而言，二〇一二年中國共產黨第十八屆代表大會結束以來的五年，是黨和國家發展進程中很不平凡的五年。五年來，黨中央科學把握當今世界和當代中國的發展大勢，順應實踐要求和人民願望，推出一系列重大戰略舉措，出臺一系列重大方針政策，推進一系列重大工作，解決了許多長期想解決而沒有解決的難題，辦成了許多過去想辦而沒有辦成的大事。[8] 在內政和外交的方方面面，繼往開來，開拓創新，取得了輝煌的成果。當前，全國人民在以習近平總書記為核心的中國共產黨領導下，正在為實現中華民族偉大復興的夢想，不渝不懈，繼續拚搏奮鬥。

就「金磚國家」而言，經歷了崛起的第一個十年，克服困難，排除障礙，也取得了舉世矚目的重大成果，特別在改革國際經濟舊秩序、構建 NIEO 歷史進程中，在全球治理體系變革歷史進程中，穩步前進，成就突出，並且以二〇一七年在中國廈門市舉行的「第九屆金磚國家峰會」圓滿結束作為新的起點，開始新的征程，進入了金磚國家合作機制的第二個金色十年。

　　面對這種蓬勃發展和蒸蒸日上的發展勢頭，國際社會中「有人歡喜有人愁」，褒貶不一：既有「龍吟殷殷」，也有「鷹囂鴉噪」；國際社會對於中國在「金磚國家」崛起十年中發揮的引領作用，對於「守法」與「變法」、全球「壟斷治理」與全球「民主治理」等大是大非問題，也頻頻發生理念碰撞。

　　對於「金磚國家」崛起十年以及中國在其中發揮的引領作用，國際社會中的「龍吟殷殷」即予以認同、肯定和讚揚之聲，已見於十年來中外媒體大量的正面報導[9]之中，限於篇幅，這裡不再羅列贅述。其中有一篇中國學者撰寫的專論，把近十年來西方媒體對「金磚國家」崛起以及中國在其中發揮引領作用的各種評論，歸納為十種：（1）「金磚褪色」論；（2）「外金裡磚」論；（3）「空談俱樂部」論；（4）「機制無效」論；（5）「金磚無芯」論；（6）「中國獨大」論；（7）「金磚要消滅 G7」論、金磚要摧毀國際經濟秩序」論、「金磚是亂臣賊子」論；（8）「金磚失和」論；（9）「金磚排他」論；（10）「金磚務虛」論。專論認為，在金磚國家合作機制走完第一個十年、啟程走上第二個十年之際，為了澄清思想混亂，匡正國際視聽，很有必要認真破除上述「看衰」金磚的十大「迷思」或「唱衰」金磚的十大謊言。[10]此文的歸納，雖還有待進一步準確化，但基本框架不錯，可資參考，有助於引發深層思考。

　　至於國際社會中對於「金磚國家」崛起十年以及中國在其中發揮的引領作用發出的非議、懷疑、質疑、「鷹囂鴉噪」之聲，或出於無知，或出於偏見，或出於惡意，也屢見於以美國為首的西方列強媒體大量的負面報導之中，[11]限於篇幅，這裡也不再

逐一縷述，僅擇其中和「守法」與「變法」、全球「壟斷治理」與全球「民主治理」等大是大非問題密切相關者，著重予以評析。

為論述方便，本章擬緊密銜接筆者此前所撰五篇系列專論，按以下層次逐步展開：金磚合作體制是順勢而為，還是逆勢而為？金磚合作體制是守法行事，還是違法行事？金磚合作體制是追求民主治理，還是追求壟斷治理？如何全面、完整、準確地理解習近平治國理政導世的理念體系？

二、金磚合作體制是順勢而為，還是逆勢而動？

（一）何謂「勢」？何謂「順勢而為」？

「勢」是個多義詞，含勢能、勢力、趨勢、形勢、局勢、走勢、姿勢、潮流趨向等等；[12] 就其所屬學科而言，含自然科學中的物理學，也包含人文社會科學中的歷史學、社會學、經濟學、政治學、外交學、軍事學、國內關係學、國際關係學等領域。

因此，「順勢而為」一詞，如果用於人文社會科學領域，主要是指順應歷史走向，順應時代潮流趨向，順應大眾人心所向，去做事，去行動。與此相反，「逆勢而動」，主要是指違背歷史走向，違背時代潮流趨向，違背大眾人心所向，去做事，去行動。

釐清「勢」與「順勢而為」的基本含義，有利於進一步闡明和區分一系列大是大非的現實理念問題和熱點問題，諸如澄清

「守法」與「違法」的歧議，區分「民主治理」與

「壟斷治理」的界限，明辨「追求公義」與「追求強權」的分野。

（二）中國人「順勢而為」的一脈相承與開拓創新

中國人運用中國智慧認定「金磚合作體制乃是順勢而為」，其思想淵源可以追溯到四十多年前，即一九七四年鄧小平同志依據毛澤東同志關於「三個世界」理論在聯合國大會上向全球宣講的長篇發言。[13] 其精髓和核心在於「各國的事由各國人民自己來管，世界的事由世界各國共同來管，反對全球壟斷治理，倡導全球民主治理」。就近期而言，可以追溯到胡錦濤同志二〇〇八年在日本北海道南北對話會議期間所作的多次發言。[14] 其精粹和核心在於「通過南南聯合自強，開展南北平等對話」。就最近而言，則可以銜接到二〇一六年習近平同志在中國杭州主持二十國集團峰會期間發表的系列講話。[15] 其精粹和核心在於「倡導和推動全球治理體系變革，走向更加公平合理，共建共享幸福安康的人類命運共同體」，顯然，這是傳承和融匯毛澤東、鄧小平、胡錦濤的上述理念和實踐，繼往開來，開拓創新，既一脈相承，又與時俱進。

二〇一六年九月二十七日，習近平同志在主持中共中央政治局集體學習時，就二十國集團領導人杭州峰會和全球治理體系變革議題加以簡明扼要的回顧和總結。他強調，隨著國際力量對比消長變化和全球性挑戰日益增多，加強全球治理、推動全球治理體系變革是大勢所趨。我們要抓住機遇、順勢而為，推動國際秩

序朝著更加公正合理的方向發展，更好地維護我國和廣大發展中國家的共同利益，為實現「兩個一百年」奮鬥目標、實現中華民族偉大復興的中國夢營造更加有利的外部條件，為促進人類和平與發展的崇高事業做出更大貢獻。

習近平指出，二十國集團領導人杭州峰會是近年來我國主辦的級別最高、規模最大、影響最深的國際峰會。我們運用議題和議程設置主動權，打造亮點，突出特色，開出氣勢，形成聲勢，引導峰會形成一系列具有開創性、引領性、機制性的成果，實現了為世界經濟指明方向，為全球增長提供動力，為國際合作築牢根基的總體目標。這次峰會在二十國集團發展史上留下了深刻的中國印記。

習近平強調，全球治理格局取決於國際力量對比，全球治理體系變革源於國際力量對比變化。我們要堅持以經濟發展為中心，集中力量辦好自己的事情，不斷增強我們在國際上說話辦事的實力。我們要積極參與全球治理，主動承擔國際責任，但也要盡力而為，量力而行。

習近平指出，隨著時代發展，現行全球治理體系不適應時代要求的地方越來越多，國際社會對全球治理體系變革的呼聲越來越高。推動全球治理體系變革是國際社會大家的事，要堅持共商共建共享原則，使關於全球治理體系變革的主張轉化為各方共識，形成一致行動。要堅持為發展中國家發聲，加強同發展中國家團結合作。當前，要拓展杭州峰會成果，鞏固和發揮好二十國集團全球經濟治理主平臺作用，推動二十國集團向長效治理機制轉型。

習近平指出，黨的十八大以來，我們提出踐行正確義利觀，推動構建以合作共贏為核心的新型國際關係，打造人類命運共同體，打造遍布全球的夥伴關係網絡，倡導共同、綜合、合作、可持續的安全觀等等。這些理念得到國際社會的廣泛歡迎。要繼續向國際社會闡釋我們關於推動全球治理體系變革的理念，堅持要合作而不要對抗，要雙贏、多贏、共贏而不要單贏，不斷尋求最大公約數，擴大合作面，引導各方形成共識，加強協調合作，共同推動全球治理體系變革。

總之，回顧近五年來，含成功主辦的二十國集團杭州峰會在內，中國的大國外交、周邊外交和南南合作外交，全方位多層次地協調推進，不拘一格，亮點頻頻，豐富多彩，充分顯示了中國外交的創新活力，突出展現了中國全方位外交的蓬勃生機，也一再弘揚了中國特色全球治理理念和實踐的引領示範作用。

（三）金磚合作體制是推進全球治理體系變革的主導合力和嶄新階段

二〇一七年，金磚合作體制經歷了其金色發展的第一個十年，並以九月初金磚國家廈門峰會為新起點，迎來了其金色發展的第二個十年。此次峰會的主題是圍繞「深化金磚夥伴關係，開闢更加光明未來」展開的，回顧總結金磚合作，勾畫未來發展藍圖，開啟合作新航程。[16]

筆者前文《五論》[17]提到，全球治理格局取決於國際力量對比，全球治理體系變革源於國際力量對比變化。實力大小決定理念勝負，追求「民主治理」者必須苦練「內功」。「壟斷治理」

者崇拜實力，只承認實力。追求「民主治理」的弱者若不苦練
「內功」，增強自己的綜合國力，和平崛起，就無從獲得強霸對
方應有的尊重，促其從昂頭傲視、睥睨弱者，改變為俯首平視、
學會謙虛。要在外交中獲得公平合理的話語權和決策權，其首要
前提在於奮發圖強，盡力做到內政修明，大幅度提高自身的經
濟、軍事綜合國力，即苦練「內功」，最大限度地增強自身的硬
實力。與此同時，還必須苦練「外功」——只有致力於「南南聯
合」，形成國際強勁合力，才能在「南北談判」中力爭平起平
坐，促使或迫使現存「壟斷治理」體制的「守護神」不斷棄舊圖
新，破舊立新，不斷走向公平合理的「民主治理」體制。

十年來，國際社會中南北角力的實踐歷程已經反覆證明，金
磚合作體制乃是當代推進全球治理體系變革的主導合力和「主要
引擎」。

把金磚合作放在世界發展和國際格局演變的歷史進程中來
看，二〇〇八年以來金磚五國立足國內，集中精力發展經濟，改
善民生，導致經濟實力不斷增長，可以概括為五個層次：

第一，十年間，中國的經濟實力增長迅速：經濟總量增長 2
39%，貨物進出口總額增長 73%，成為世界第二大經濟體，十
三億多中國人民的生活水平實現大幅度飛躍，中國為世界和地區
經濟發展做出的貢獻也越來越大，一直居於金磚五國的領先地
位。[18]

第二，十年間，五國經濟總量增長 179%，貿易總額增長
94%，城鎮化人口增長 28%，為世界經濟企穩復甦做出突出貢
獻，也讓三十多億人民有了實實在在的獲得感。[19]

　　第三，十年間，五國經濟總量占世界經濟比重從 12%上升到 23%，貿易總額比重從 11%上升到 16%，對外投資比重從 7%上升到 12%，為完善全球治理，促進世界經濟增長做出了重要貢獻。[20]

　　第四，進入二十一世紀以來，新興市場國家和發展中國家群體性崛起，近幾年來這些國家對世界經濟增長的貢獻率穩居高位，達到 80%，是當之無愧的主引擎。[21]

　　第五，二〇一七年，由金磚國家廈門峰會主持國中國發起，創造了「金磚＋」的嶄新模式，邀請金磚國家和埃及、墨西哥、泰國、塔吉克斯坦、幾內亞五國領導人，共同出席新興市場國家與發展中國家對話會，以擴大金磚合作的輻射作用和受益範圍。與會的各國領導人經對話磋商，一致同意建立更廣泛的發展夥伴關係，加快落實二〇三〇年可持續發展議程。可以預期，此種「金磚＋」創新模式，隨著時間的推移，其參與者將如「滾雪球」般越滾越大，使以金磚五國為核心的「南南合作自強」實力越來越強。[22]

　　金磚合作機制的實力日益增強，引起舉世矚目，但也有人側目而視，亦有人怒目而視。雖視角各異，卻共同聚焦於觀察此種合作機制今後的走向：憑藉日益增強的實力，此種合作機制今後是守法行事，還是違法行事？

三、金磚合作體制是守法行事，還是違法行事？

（一）關於守法行事與違法行事的歧議

「守法」與「違法」兩者僅僅一字之差，對其進行辨識、區分和認定，貌似十分簡單，實則相當複雜，有待層層剝筍。

此處所說的「法」，顯指國際經濟法，即現存國際經濟秩序的法律體現，或現存全球治理體系的法律表達。

現存的國際經濟法本身，用唯物辯證法觀察，是「一分為二」的，即既有「良法」，又有「劣法」和「惡法」。因此，對待現存的國際經濟法，既不能盲目地一律排斥，也不能盲目地全盤接受。具體說來，對其中的良法，應當切實遵守，對其中的劣法和惡法，應當在適法的同時，努力予以抵制，並集聚實力，積極推動變法。

換言之，面對當今現存的各種國際經濟立法，包括形形色色的國際經貿「遊戲規則」，中國與國際弱勢群體固然不能予以全盤否定，也無力立即加以徹底改造，但更不能全盤接受，服服帖帖，心甘情願地忍受其中蘊含的各種不公與不平。對待當今現存的各種國際經濟立法，正確態度理應是：**以公正、公平為圭臬**，從爭取與維護國際弱勢群體的平權利益的視角予以全面的檢查和審查，實行「守法」與「變法」的結合。凡是基本上達到公正公平標準，因而符合改造國際經濟舊秩序、建立 NIEO 需要的，就加以沿用、重申，就強調「守法」；凡是違反這種需要的，就要強調「變法」，並通過各種方式和途徑，據理力爭，努力加以改訂、廢棄或破除。[23]

（二）金磚合作「不是要動誰的奶酪，而是要努力把世界經濟的蛋糕做大」

習近平同志以生動活潑、通俗易懂的語言，說明金磚國家即「新興市場國家和發展中國家的發展，不是要動誰的奶酪，而是要努力把世界經濟的蛋糕做大」[24]。

那麼，聯繫到現存國際經濟秩序或全球經濟治理體系之「與時俱進、新陳代謝、吐故納新、棄舊圖新、破舊立新」這個時代主題，聯繫到現存國際經濟法之「守法、違法、變法」這個時代主題，究竟應當怎樣全面、完整、準確地理解習近平同志的這種譬喻和這段話語？這是有待理論界和實務界共同回顧歷史，以史為師，深入探討和認真領會的新課題。

回顧歷史，圍繞著上述這個時代主題而展開的南北大論戰和國際大爭鳴由來已久，時起時伏，伏而又起，至少可以追溯到一九七四年聯合國兩次代表大會通過《建立國際經濟新秩序宣言》等三大文獻之際。[25] 進入二十一世紀以來，圍繞著上述這個時代主題而展開的國際大爭鳴，也始終未有一日完全停息。特別是隨著全球最大發展中國家即中國的和平崛起，國際視線越來越聚焦於和平崛起的中國對上述時代主題所持的主張及其引起的巨大影響。[26]

在這方面，美國兩位著名教授論及中國在現存國際經濟秩序中定位問題的三篇文章頗有代表性，傳播頗廣，在國際上和在中國國內共鳴、附和者不少。[27] 第一篇是美國哈佛大學教授 Alastair Iain Johnson（中文譯名「江憶恩」撰寫、肖歡容翻譯的《美國學者關於中國與國際組織關係研究概述》，其中概述了美

國學者所鼓吹的所謂中國「角色轉變」，即中國對待現存國際體制的基本立場，已經由現存「體制的革命者」，演變到現存「體制的改革者」，再演變到現存「體制的維護者」。第二篇也是這位哈佛大學教授所撰，題為《中國和國際制度：來自中國之外的視角》，是前文的姊妹篇。第三篇是美國普林斯頓大學特設講座教授 G. J. Ikenberry 撰寫的《中國的崛起與西方的未來：自由主義體制能否長存？》，其中鼓吹：（1）國際經濟秩序的特性促使正在崛起的國家進行慎重的選擇——是對它進行挑戰，還是順從地融入其中？以西方為中心、由美國領導的現存國際經濟秩序，其獨特之處在於它是自由主義性質的而不是帝國主義性質的，它具有不同凡響的開放性、統合性、合法性和經久不衰性。它的各種規則和機構具有不斷增強的全球性民主根基和資本主義基礎。儘管它有所侷限，卻能導致巨大的經濟增長和巨大的經濟實力。因此，現存的西方秩序極難被推翻，卻容易加入其中。（2）在現存的西方體制下，其經濟門檻很低，潛在利益卻很高。中國已經發現在此種西方體制即開放性市場體制的運作中能夠獲得巨大的經濟利益回報。（3）有幸的是，此種經濟秩序早就已經存在。對美國而言，只要把現存的國際經濟秩序擴大化和憲政化，就足以使中國只能努力爭取成長為現存經濟秩序中羽翼豐滿的成員之一，而別無其他選擇。（4）美國雖不能阻撓中國的崛起，卻能夠設法確保中國只能在美國及其西方夥伴二十世紀以來已經設定的各種規則和體制的範圍之內發展。（5）美國在全球的現有地位雖然可能弱化，但美國所領導的現存國際體制卻能夠在二十一世紀仍然居於統治地位。

　　眾所周知，面對中國的崛起，美國當權者及其智囊團中歷來就有「鷹派」和「鴿派」之分。「鷹派」公然鼓吹以強大實力對付和遏制莫須有的「中國威脅」，「鴿派」則極力主張以「懷柔」的政策和似是而非的理論，誘使中國就範入彀，在美國設定的現存國際經濟體制中當一名循規蹈矩的「模範生」。上述兩位美國著名教授的有關論說，就其實質而言，當均屬對華「鴿派」之列，但其「師心自用，指點天下」和「世界領袖，捨我其誰」的傲態卻躍然紙上，彰明較著。而其「潛在臺詞」和「弦外之音」則顯然是：中國理應在、只能在美國設定和美國領導的現存國際經濟秩序和現存經濟體制之下安分守己，服服帖帖，全盤接受現狀，藉以從中謀求自己的利益；既不得心懷「不軌」，也不得稍有「叛逆」，更不容「聚眾造反」！——儘管現存經濟秩序和現存經濟體制中仍有不少顯失公平、仗富欺貧、恃強凌弱之處。

　　這種「角色轉化論」和「融入論」在理論上模糊了中國在建立 NIEO 中對自身定位的應有選擇和一貫實踐，因而是有待認真商榷和顯不可取的！中國應當一如既往，仍然旗幟鮮明地反對國際經濟舊秩序，仍然為實現南北公平而積極推動 NIEO 的建立。正如鄧小平所言，中國永遠站在第三世界一邊，在國際問題上無所作為不可能，要有所作為，要積極推動建立國際政治經濟新秩序。顯而易見，在國際經濟秩序的除舊布新問題上，中國應當立場堅定，是非分明，旗幟鮮明，積極推動，絕不能消極被動，敷衍應付，更不能含糊、曖昧、模棱、騎牆。

　　面對當今多處顯失公平的國際經濟秩序，不論何等西方學術「權威」美其名為「新自由主義經濟秩序」或「WTO 憲政秩序」

都不宜「照單全收」「全盤遵辦」而必須全面剖析：對於其中有利於國際弱勢群體發展的某些市場規則，應予支持和發揚；對於其中不利於甚至有害於國際弱勢群體發展的某些市場規則，則應通過與全球主要發展中國家加強「南南聯合」，力爭加以重大革新，改弦更張，不斷地、自覺地、積極地推動國際經濟秩序的新舊更替、除舊布新和破舊立新。這一光明正大、理直氣壯的奮鬥目標，任何時候都毋須諱言，不必隱瞞，更不能悄悄放棄。

歷史證明：朔自一九五五年「萬隆會議」迄今，六十多年以來，在當代國際社會中，在國際經濟秩序新舊更替的進程中，歷經多次潮起潮落，始終存在著相反的兩種力量、兩種理論、兩種走向：一種是加強南南合作的理論和實踐，積極推動國際經濟秩序和國際經濟法（國際經濟「遊戲規則」）的逐步、全面更新，從而實現公平互利基礎上的南北合作和全球繁榮；另一種是花樣翻新，巧立美名，編造各種「理論」，力圖瓦解南南合作的堅定信心和不懈實踐，從而維護少數經濟強權國家在國際經濟舊秩序和國際經濟現有「遊戲規則」下的既得利益。這兩種力量、兩種理論、兩種走向之間的國際較量和角力，今後還將長期存在。國際經濟秩序破舊立新、新舊更替的歷程，依然任重而道遠。但南南合作、國際經濟秩序破舊立新的道路合乎時代需要，定會與時俱進，越走越寬！

鑑此，筆者認為，對前述習近平同志通俗易懂的譬喻，不能斷章取義，不能認定這個譬喻就是「點明金磚合作要義」。[28] 因為，金磚合作的真正要義，在於推動國際經濟秩序破舊立新、新舊更替的歷程，在於推動全球經濟治理體系變革，反映世界經濟

格局現實。因為，正是習近平同志本人在宣示「新興市場國家和發展中國家的發展，不是要動誰的奶酪，而是要努力把世界經濟的蛋糕做大」之後，又在同一段話中強調指出「我們要合力引導好經濟全球化走向，提供更多先進理念和公共產品，推動建立更加均衡普惠的治理模式和規則，促進國際分工體系和全球價值鏈優化重塑。要推動全球經濟治理體系變革，反映世界經濟格局現實，並且完善深海、極地、外空、網絡等新疆域的治理規則，確保各國權利共享、責任共擔」。[29]

鑑此，筆者進一步認為，對前述習近平同志通俗易懂的譬喻，必須聯繫習近平治國理政導世的理念體系的其他論述，加以全面、完整、準確的理解和解讀，才能領悟到其真實「要義」或「真諦」。下文將就此再作進一步的深入探討。

（三）金磚合作對現存國際經濟秩序是否只追求「量變」，不追求「質變」？

談現存國際經濟秩序的「除舊布新」，談國際經濟法的「變法」，談全球經濟治理體系的「變革」，必然涉及「量變」和「質變」問題。除舊布新、變法、變革，都是通過量變和質變，從一種性質的事物轉變為另一種性質的事物，最終都是由舊質向新質的轉化和飛躍。

馬克思主義唯物辯證法認為，量變和質變的辯證關係可概括為三點：第一，量變是質變的必要準備。「不積蛙步，無以至千里；不積小流，無以成江海。」[30] 征途千里是一步步完成的，江海浩瀚是涓涓細流匯聚而成的。沒有量變的積累，質變就不會發生。第二，質變是量變的必然結果。任何事物單純的量變都不

會永遠持續下去。量變達到一定程度必然引起質變。冰一直加熱，必然變成水，水一直加熱，必然變成氣。第三，量變和質變是相互滲透的。蠶的一生經歷了從卵、幼蟲、蛹、飛蛾成蟲的過程。每一次變化都是階段性或局部性的質變。所謂階段性或局部性的質變，指的是事物就其全局來說，性質未變，而其中個別部分發生了性質的變化。這種變化，只要不改變全局，就屬於階段性或局部性的部分質變。[31]

同理，談現存國際經濟秩序的除舊布新，談國際經濟法的「變法」，談全球經濟治理體系的「變革」，必須不忘初心，敢於和善於審時度勢，逐步地但堅定地追求「變法」，追求「質變」，不應「作繭自縛」，只追求「量變」，不追求「質變」。[32]

當然，現存的國際經濟秩序或全球經濟治理體系，其形成的過程是「冰凍三尺非一日之寒」，相應地，其「變革」和「質變」的全過程，當然不可能一蹴而就，計日程功。然而，其「變革」過程的每一階段或每一局部，卻又都是階段性或局部性的「質變」，即從不公正、不公平變革為較公正、較公平，直到現存的國際經濟秩序或全球經濟治理體系發生根本性變化，達到全局性的、完全的公正和公平。所以，全球弱勢群體對於實現自己的奮鬥目標，既要有足夠的信心，又要有足夠的耐心和韌性。

四、金磚合作體制是追求民主治理，還是追求壟斷治理？

前文提到，四十四年前，當鄧小平在一九七四年聯合國大會

上第一次旗幟鮮明地論證中國特色全球治理理念之際，儘管「言者諄諄」，但強權霸權發達國家卻「聽者藐藐」，置若罔聞；亞非拉美發展中國家儘管為數眾多，但實力尚未充分聚合，在兩大類國家「實力對比」和博弈較量中，一直居於明顯弱勢。因此，中國提出的全球治理理念，仍然長期被壟斷話語權、決策權的西方列強「束之高閣」。

這種局面，迄二十世紀末，雖略有改善，但沒有根本轉變。經過接連幾代新中國領導人帶領中國億萬大眾艱苦奮鬥，進入二十一世紀以來，中國綜合國力持續大幅度增長，積極主動聯合若干主要的新興經濟體國家和廣大弱勢群體，形成日益強勁的實力，在越來越大程度上改變了南北博弈原有的實力對比。

特別是，二〇一三年習近平同志主政以來，在新中國歷代領導人既定戰略方針的基礎上，既一脈相承，又開拓創新，廣交友邦，連續牽頭提出了開拓陸上絲綢之路經濟帶、海上絲綢之路經濟帶，組建金磚國家銀行、亞洲基建投資銀行，合作打造人類命運共同體，共商共建共享等一系列嶄新的全球治理理念，積極努力踐行，突出地顯示了敢於和善於「提出中國方案，貢獻中國智慧」的膽略和氣魄，並且充分利用各種國際論壇，積極弘揚這些全球治理理念，使其深入人心，凝聚眾志，化為物質力量，開始突破了寥寥幾個強霸國家長期壟斷世界經貿大政話語權、決策權的原有不公平格局和不合理國際秩序，績效纍纍，舉世矚目。

如今，中國牽頭推動的金磚合作體制進一步發展的勢頭旺盛，國際霸權強權勢力壟斷管控全球經濟「一統天下」的局面，確被捅破了一角，失去某些既得利益和霸占地盤，於是「以小人

之心度君子之腹」，耿耿於懷，大放厥詞，發洩不滿，於是，「金磚要消滅 G7」論、金磚要摧毀國際經濟秩序」論、金磚是搗亂分子」論、[33]金磚排他」論、「中國獨大」論、「金磚清談館」論等紛紛出籠，力圖混淆視聽，顛倒是非，從而繼續死死抱住原先壟斷舊制的既得利益和霸占地盤。

（一）金磚合作推動全球經濟治理改革，各國平等相待，反對強食弱肉

針對諸如此類的謊言或誤解，習近平同志以寬容、堅定、明確的說理，擇要作了澄清，以正國際視聽，[34]茲試概述如下：

現在，我們正處在一個大發展大變革大調整的時代。和平與發展的時代潮流日益強勁。世界多極化、經濟全球化、文化多樣化、社會信息化深入發展，**弱肉強食的「叢林法則」、你輸我贏的「零和遊戲」不再符合時代邏輯**，和平、發展、合作、共贏成為各國人民的共同呼聲。在這樣的大背景下，一大批新興市場國家和發展中國家異軍突起，在國際事務中發揮著日益重要的作用。金磚合作也應運而生，金磚國家攜手同行，成長為世界經濟的新亮點，為世界經濟企穩復蘇做出突出貢獻，也讓三十多億人民有了實實在在的獲得感。

十年中，金磚國家秉持多邊主義，倡導公平正義，就國際和地區重大問題發出聲音、提出方案。**我們五國積極推動全球經濟治理改革**，提升新興市場國家和發展中國家的代表性和發言權；高舉發展旗幟，帶頭落實千年發展目標和可持續發展目標，加強同廣大發展中國家對話合作，謀求聯合自強。

　　回顧來時路，有三條啟示十分重要，應該在今後的合作中發揚光大。一是平等相待、求同存異。金磚國家不搞一言堂，凡事大家商量著來。我們五國尊重彼此的發展道路和模式，相互照顧關切，致力於增進戰略溝通和政治互信。合作中難免遇到一些分歧，但只要堅定合作信念、堅持增信釋疑，就能在合作道路上越走越穩。二是務實創新、合作共贏。金磚國家不是碌碌無為的清談館，而是知行合一的行動隊。目前已經涵蓋經貿、財金、科教、文衛等數十個領域，對合作共贏的新型國際關係作出生動詮釋。三是胸懷天下、立己達人。我們五國從發起之初便以「對話而不對抗，結伴而不結盟」為準則，倡導遵循《聯合國憲章》宗旨和原則以及國際法和國際關係基本準則處理國家間關係，願在實現自身發展的同時同其他國家共享發展機遇。 如今，金磚合作理念得到越來越多的理解和認同，成為國際社會的一股正能量。這些都是金磚精神的具體體現，是我們五國歷經十年合作凝聚的共同價值追求。這種精神在實踐中不斷昇華，為五國人民帶來福祉，也讓世界因金磚合作而有所不同。

（二）金磚合作推動國際關係民主化，反對霸權主義和強權政治

　　金磚合作體制勇擔金磚責任，維護世界和平安寧。和平與發展互為基礎和前提。要和平不要衝突、要合作不要對抗是世界各國人民的共同願望。金磚國家是世界和平的維護者、國際安全秩序的建設者。要加強在國際和地區重大問題上的溝通和協調，匯聚金磚合力。我們要維護《聯合國憲章》宗旨和原則以及國際關

係基本準則，堅定維護多邊主義，**推動國際關係民主化，反對霸權主義和強權政治。**

新興市場國家和發展中國家的發展，不是要動誰的奶酪，而是要努力把世界經濟的蛋糕做大。我們要合力引導好經濟全球化走向，提供更多先進理念和公共產品，推動建立更加均衡普惠的治理模式和規則，確保各國權利共享、責任共擔。作為具有全球影響力的合作平臺，金磚合作的意義已超出五國範疇，承載著新興市場國家和發展中國家乃至整個國際社會的期望。要促進南南合作和南北對話，匯聚各國集體力量，聯手應對風險挑戰。**我們應該擴大金磚合作的輻射和受益範圍，推動「金磚＋」合作模式**，打造開放多元的發展夥伴網絡，讓更多新興市場國家和發展中國家參與到團結合作、互利共贏的事業中來。廈門會晤期間，中方舉行新興市場國家與發展中國家對話會，邀請來自全球不同地區國家的五位領導人共商國際發展合作和南南合作大計，推動落實二○三○年可持續發展議程。[35]

習近平同志就金磚合作體制理念、目標、實踐和走向所作闡明，擺事實，講道理，雄辯滔滔，以理服人，實質上都是有的放矢，針鋒相對地、平和而又有力地反駁了「唱衰金磚的十種謊言」或「對金磚機制的十大誤解」，澄清了混淆視聽的迷霧，匡正了被顛倒的是非，排除了膚淺的誤解誤信。

（三）金磚合作反對霸權強權，追求國際公平正義

新中國建立以來歷代國家領導人堅持反對殖民正義、反對帝國主義、反對霸權主義、反對強權政治，數十年來不渝不懈，其

終極目標，就是力圖構建 NIEO，就是追求實現國際公平正義。習近平同志作為最新一代中國國家領導人，在新的時代條件下，繼往開來，開拓創新，把新中國歷代領導人反殖、反帝、反霸、反強權的革命傳統，推進到新高度、新水平和新規模，牽頭引領崛起已經十年的金磚合作體制，順應時代潮流，順應全球弱勢群體要求變革國際經濟治理體系的呼聲，順勢而為，其終極目標，也就是追求造福全球數十億黎庶大眾，追求實現國際公平正義。這是歷史的、邏輯的、理所當然的結論。

　　但是，事物總是「一分為二」的。在時代潮流的主流勢不可擋、滾滾向前之際，同時還存在種種逆流。對此，不必擔心害怕，也不能疏忽小覷。對此，習近平同志雄才大略，早已胸有成竹。**關鍵在於必須全面、完整、準確地理解習近平治國理政導世的理念思想和戰略體系。**

五、如何全面、完整、準確地理解習近平治國理政導世的理念體系？

（一）面對逆流，逆水行舟

　　用辯證唯物主義「一分為二」的觀點看當代世界的客觀事實，一方面，可以看到進入二十一世紀以來，新興市場國家和發展中國家群體性崛起，成為不可逆轉的時代潮流。近幾年，這些國家對世界經濟增長的貢獻率穩居高位，二〇一六年達到百分之八十，是推動世界經濟進一步發展當之無愧的主引擎。近期，世界經濟呈現向好態勢，國際貿易和投資回升，新一輪科技和工

業革命蓄勢待發，新產業、新技術、新業態層出不窮。從這個意義上講，新興市場國家和發展中國家面臨難得的發展機遇。

但是，同時也要看到事物的另一面，即：第一，金磚合作體制進一步發展的勢頭旺盛，國際霸權強權勢力壟斷管控全球經濟的「一統天下」的局面，確被捅破了一角，失去某些既得利益和霸占地盤，但霸權主義者堅持「**美國第一**」「**朕即國家**」和「**冷戰慣性思維**」，**痼疾難愈**，不願改弦更張，甚至企求歷史倒退；第二，全球南北兩大類國家集團實力對比，雖南長北消，但遠非勢均力敵，霸權強勢仍然「健在」，不甘願與弱勢群體平起平坐，平等磋商，互利共贏；第三，世界經濟下行風險和不確定性在同步上升，多邊貿易談判舉步維艱，《巴黎協定》落實遭遇阻力。部分國家內顧傾向加重，參與國際發展合作意願減退，其政策調整的外溢效應仍在發酵。[36] 世界經濟進入新舊動能加速轉換的關鍵期，各方圍繞利益、規則的博弈日益激烈，新興市場國家和發展中國家所處的外部環境更加複雜、嚴峻。

面對這種新的形勢，新興市場國家和發展中國家必須牢記「逆水行舟，不進則退」的箴言，需要同舟共濟，堅定信心，聯手營造有利發展環境，努力實現更大發展，為世界經濟增長做出更大貢獻。為此，務必努力做到：第一，加強團結協作，共同構建開放型世界經濟；第二，加強團結協作，共同落實二〇三〇年可持續發展議程；第三，加強團結協作，共同把握世界經濟結構調整的歷史機遇；第四，加強團結協作，共同建設廣泛的發展夥伴關係。

（二）主權底線，居安思危

中國牽頭推動的金磚合作體制，在全球南北各方圍繞利益、規則的博弈日益激烈之際，其所處的外部環境更加複雜、嚴峻。這種更加複雜、嚴峻的外部環境，當然不僅限於經濟環境，因為，經濟環境不是孤立自在的，它與國際政治環境、軍事環境始終是息息相關、緊密聯繫、不可分割的。就中國而言，在牽頭推動金磚合作體制、促進全球經濟治理體制變革之際，無論回顧本國百年喪權辱國的歷史慘痛，還是環顧當前外部複雜、嚴峻的現實環境，都應牢記主權底線，居安思危，時刻不能或忘！

具體言之，二戰結束七十多年來，時代主流是和平與發展，但地區戰爭、局部戰爭，或大或小，或長或短，從未間斷。全球「民主治理」體制的倡導者儘管努力貫徹「和為貴」「化干戈為玉帛」原則，但全球「壟斷治理」體制既得利益集團中的霸權龍頭老大，「虎狼成性」，為維持其全球霸主地位，總是時時「化玉帛為干戈」，到處窮兵黷武，肆意入侵他國領土、領海、領空，破壞國際安寧和世界和平秩序。面對此種無情現實，「民主治理」體制倡導者自宜「安而不忘危，存而不忘亡，治而不忘亂」[37]儘早未雨綢繆，做好周全準備，「以革命的兩手對付反動的兩手」[38]朋友來了，有好酒；豺狼來了，有獵槍！[39]

就中國而言，當前中國主權和國家安全始終面臨嚴重威脅。在東海領域，美國霸權主義勢力與日本軍國主義勢力狼狽為奸，復辟侵華步伐加速，對中國虎視眈眈，伺機而動；在南海領域，美國霸權主義勢力軍機軍艦入侵頻頻，對中國南疆「抵近偵察」，隨時可能「擦槍走火」；在臺海領域，美國霸權主義勢力

與「臺獨」勢力互相勾結，極力阻撓和破壞中國統一大業。一言以蔽之，「天下並不太平，和平需要保衛」！

　　鑑此，中國人不能不強化憂患意識，居安思危，居危知危，未雨綢繆，及早防患未然，努力化危為安。

（三）軍事手段，捍衛和平

　　對當前此種外部複雜、嚴峻的現實環境，習近平同志早已了然於胸，並且反覆多次提醒國人，必須早做準備，隨時敢於和善於以軍事手段捍衛和平。

　　二〇一七年，習近平同志以更鏗鏘有力、更斬釘截鐵的話語再一次強調：天下並不太平，和平需要保衛。我們的英雄軍隊有信心、有能力打敗一切來犯之敵！ 我們的英雄軍隊有信心、有能力維護國家主權、安全、發展利益！ 今天的世界，國際形勢正發生前所未有之大變局；我們面臨難得機遇，正在抓住機遇，大步邁進，同時必須清醒看到，前進道路從來不會是一片坦途，必然會面對各種重大挑戰、重大風險、重大阻力、重大矛盾，必須進行具有許多新的歷史特點的偉大鬥爭。[40]

　　我軍必須始終聚焦備戰打仗，鍛造召之即來、來之能戰、戰之必勝的精兵勁旅。 安不可以忘危，治不可以忘亂。我們捍衛和平、維護安全、懾止戰爭的手段和選擇有多種多樣，但軍事手段始終是保底手段。人民軍隊必須強化憂患意識，堅持底線思維，確保在黨和人民需要的時候拉得出、上得去、打得贏。中國人民珍愛和平，我們決不搞侵略擴張，但我們有戰勝一切侵略的信心。我們絕不允許任何人、任何組織、任何政黨，在任何時

候，以任何形式，把任何一塊中國領土從中國分裂出去，誰都不要指望我們會吞下損害我國主權、安全、發展利益的苦果。人民軍隊要堅決維護中國共產黨領導和我國社會主義制度，堅決維護國家主權、安全、發展利益，堅決維護地區和世界和平。[41]

（四）不衝突，不對抗，互相尊重，合作共贏

中國人雖然必須早做準備，隨時敢於和善於以軍事手段捍衛和平，但又不輕易動用軍事手段；只要還有可能，就盡力以和平談判手段，化解矛盾，管控衝突，避免與入侵者迎頭相撞。據媒體報導，早在二〇一三年六月初習近平同志訪美之際就以題述的「十四字方針」，精準地概括了「建立中美新型大國關係」的要義。時任美國總統奧巴馬在「莊園接待」中笑容可掬，對此表示認同說：「中美探討了在互利互尊基礎上新的合作模式，歡迎中國和平崛起。」當時曾有輿論十分樂觀，稱之為「開啟了中美『跨越太平洋合作』的新篇章」[42]。

但是，此後不久，奧巴馬卻迅即顯露出猙獰面目，公然加緊推行「亞太再平衡」即重返亞太戰略，變本加厲地以中國為假想敵，限期調集百分之六十的海軍艦艇，加強遏華、堵華、反華、侵華，使中美兩國衝突對抗風險劇增。[43]

可見，中方提出的「不衝突、不對抗、互相尊重、合作共贏」方針，只是單方善良意願，能否實現，端視對方即美方是否言行一致，不搞口是心非。如今，商人出身的美國現任總統特朗普，經常信口開河，說話做事「特離譜」，前後不一，自相矛盾頗多，這是世人有目共睹的。因此，此人今後在對華政策上能否

言行一致，更需拭目以待。

　　但是，就在美國現任總統特朗普訪華前不久，即二〇一七年九月下旬，就有中國某學者輕率地為特朗普唱讚歌、貼金箔。據新華社報導稱：

　　談及特朗普執政以來的中美關係，王文認為，今年前三個季度，中美關係發展**好於預期**。中美關係的積極度和穩定性**超過預期**。王文說，特朗普上臺前顯現政策不確定性、「黑天鵝效應」以及在美國政治體制內的革命性等特點，但上臺後，不僅沒有顛覆中美關係，反而推動「中美關係向正向發展走了很多步」，**大大超過預期**。尤其在中美兩國元首海湖莊園會晤之後，兩國關係出現更多積極跡象。中美在全球問題上的合作度也**超過預期**。王文說，「過去我們認為中國在對外開拓尤其是參與全球治理時可能會受到美國衝擊」，但實際上，今天中美兩國合作廣泛。另外，王文認為，特朗普本人對中國的積極態度和內心好感度也**超過預期**。[44]

　　王文在訪談中，對特朗普上臺以來九個月的「政績」讚譽有加。連續用了 1 個「好於預期」+ 3 個「超過預期」+ 1 個「大大超過預期」，一共給予 5 個「大讚」，這是否符合事實？是否過於輕信？是否不夠清醒？是否麻痺了自己，誤導了輿論？是否高興得太早了？是否還需「拭目以待，聽其言，觀其行」？——這六個大問題，似均仍有待於世人特別是中國人全面的認真思考和嚴格的實踐檢驗。

此後五十天，特朗普總統率領龐大美商團隊正式訪華，好客的中國人給予了盛情款待，慷慨地簽署了大大有利於美方的、總值高達二千五百億美元的經濟貿易大單，特朗普笑容滿面，喜滋滋地帶著這份「A＋」的成績報告單回美「報功邀寵」去了。但轉眼之間，此人卻迅即開始顯露出真相，與美國前總統奧巴馬如出一轍：二〇一七年十二月十二日，特朗普在國防部部長馬蒂斯與美軍參謀長聯席會議主席鄧福德陪同下，簽署《2018 財政年度國防授權法案》（National Defense Authorization Act for Fiscal Year 2018）。[45] 中國臺灣地區媒體十三日報導稱，該法案提及考慮**美臺軍艦互停的適當性與可行性，以及邀請臺灣地區參加「紅旗」軍演**等舉措。這項高達七千億美元的國防預算法中有諸多附加條款，有關「美臺防務關係」的部分就在這些條款中。其中包括美國應強化與臺灣地區之間長久的夥伴與合作關係；美國應根據臺灣地區需要，定期移轉讓臺灣地區維持足夠自衛能力所需的防禦裝備與服務；邀請臺灣地區參與如「紅旗」等軍演；美方應根據通過的國防授權法案，執行美臺資深軍官與資深官員互相交流的計劃，以增進雙方軍事關係。據臺灣地區《聯合報》報導，美國國會還認為，美方應支持擴大臺灣地區人員在美受訓或與美軍共同受訓的交流計劃；在西太平洋進行美臺海軍演習；考量美臺軍艦重新相互停靠的適當性與可行性。

特朗普當日在簽署儀式前致辭表示，當削弱自身防禦能力時，就會招致侵略，預防衝突的最好方法是做好準備。他說，《2018 財政年度國防授權法案》將讓美軍獲得更多資源，向盟友發出明確的信息，並對敵人發出堅定的警告，即美國強大、堅

定，並且做好準備。

　　在此之前，十二月八日，中國駐美公使李克新在華盛頓曾**獲悉**，美國國會的《2018 財政年度國防授權法案》竟敢明目張膽地要求美國國防部評估**美臺軍艦互相停靠的可能性**，當即明確告知美國國會議員助理：如果美國膽敢派遣軍艦到臺灣，中國政府就勢必啟動《反分裂國家法》。**李克新當時嚴詞警告美國切勿玩火自焚：「美國軍艦抵達高雄之日，就是我解放軍武力統一臺灣之時。」**但緊接著，兩名美國共和黨參議員卻要求特朗普政府面對中國「威脅」不要膽怯。

　　二〇一七年十二月十一日，中國外交部發言人陸慷在記者會上重申，我們將堅決維護國家主權和領土完整，**絕不容忍國家分裂的歷史悲劇重演；中方一貫堅決反對美臺進行任何形式的官方往來和軍事聯繫**。[46]

　　二〇一七年十二月十九日，中國外交部發言人華春瑩在記者會上針對美國政府發表的《國家安全戰略報告》（National Security Strategy of the United States of America）涉華內容，敦促美方停止故意歪曲中方戰略意圖，摒棄冷戰思維和「零和」博弈等過時觀念。她強調，中國始終是世界和平的建設者、全球發展的貢獻者、國際秩序的維護者，中國在世界各地的經濟和外交活動受到各國普遍歡迎。國際社會對此是有目共睹的，任何國家、任何一個什麼報告想歪曲事實、惡意詆毀都是徒勞的。中方一貫認為，作為最大的發展中國家與最大的發達國家、世界前兩大經濟體，中美兩國在維護世界和平穩定、促進全球發展繁榮方面肩負著重要的責任，擁有廣泛的共同利益。合作是中美唯一正確選

擇，共贏才能通向更好未來。作為兩個大國，中美之間存在一些分歧不足為怪。對此，應該在尊重彼此核心利益和重大關切的基礎上，採取建設性方式妥善處理。中方敦促美方停止故意歪曲中方戰略意圖，摒棄冷戰思維和「零和」博弈等過時觀念，否則只會損人害己。[47]

二〇一七年十二月二十一日，中國國防部就美「國安報告」涉華涉軍言論強硬表態指出，美國政府十二月十八日發表的《國家安全戰略報告》罔顧事實，渲染炒作中國國防現代化建設，質疑中國軍力發展意圖，同和平與發展的時代主題和中美兩國關係發展大勢背道而馳。中國國防部強調：

中國始終是世界和平的建設者、全球發展的貢獻者、國際秩序的維護者。中國始終不渝走和平發展道路。中國軍隊致力於同各國軍隊加強軍事交流合作，在力所能及範圍內承擔更多國際責任和義務，提供更多公共安全產品。中國為維護世界和平、促進共同發展做出的重要貢獻，國際社會有目共睹。任何國家、任何一個報告想歪曲事實、惡意詆毀都是徒勞的。中國堅定奉行獨立自主的和平外交政策，維護國際公平正義，反對把自己的意志強加於人，反對干涉別國內政，反對以強凌弱。中國決不會以犧牲別國利益為代價來發展自己，也決不放棄自己的正當權益。**反觀個別國家，動輒將本國利益凌駕於他國和國際社會共同利益之上，腦子裡滿是「零和」博弈的陳舊思維，一會兒給這個國家貼標籤，一會兒給那個國家下定義，處處凸顯利己主義**，國際社會對此自有公論。作為世界上最大的發展中國家和發達國家，中美

兩國合則兩利，鬥則俱傷。合作是中美兩國唯一正確的選擇，共贏才能通向更好的未來。[48]

二〇一八年一月十七日晚，美國「霍珀」號導彈驅逐艦未經中國政府允許，擅自進入中國黃岩島十二海里內海域。中國海軍依法對美艦進行了識別查證，予以警告驅離。

一月二十日，外交部發言人陸慷就此事答記者問時表示：美方軍艦有關行為損害中國的主權和安全利益，對中方在有關海域開展正常公務活動的船隻和人員安全造成嚴重威脅，違背國際關係基本準則。中方對此表示強烈不滿，將採取必要措施，堅定維護中國主權。陸慷表示，中國對黃岩島及其附近海域擁有無可爭辯的主權。中方一向尊重和維護各國依據國際法在南海享有的航行和飛越自由，但堅決反對任何國家以航行和飛越自由為名，損害中國的主權和安全利益。「我們強烈敦促美方立即糾正錯誤，停止此類挑釁行為，以免損害中美關係和地區和平穩定。」[49]

事實表明：中國某位學者在二〇一七年九月對特朗普的讚美吹捧，對比二〇一七年十二月至二〇一八年一月中國政府官員菁英們反覆多次對美國當局的嚴詞警告，不但突出顯示了該中國學者只看現象不究本質，雖誇誇其談，貌似學貫中西，博古通今，一時風頭頗健，[50] 卻難免流於淺薄浮躁，眼光短淺；同時，相形對比之下，也突出顯示了中國政府官員菁英們善於透過現象揭露本質，立場堅定，義正辭嚴，擲地有聲！

進而言之，世人如果深入了解美國立國前後四百多年的殖民擴張史，就不難發現美國歷代許多總統和高層軍政人物慣於在全

球各地無事生非，製造事端，窮兵黷武，擅闖他國家園，為非作歹，其根本原因還在於美國國內龐大的軍工集團壟斷資產階級對美國當局的操縱和驅使。[51]

可見，習近平同志之所以強調，「必須清醒看到，前進道路從來不會是一片坦途，必然會面對各種重大挑戰、重大風險、重大阻力、重大矛盾，必須進行具有許多新的歷史特點的偉大鬥爭」[52]，確實是有的放矢、語重心長、值得深思的。

同時亦可見，習近平同志反覆強調，「我軍必須始終聚焦備戰打仗，鍛造召之即來、來之能戰、戰之必勝的精兵勁旅」[53]，確實是洞察當今世局和軍情，知己知彼，立於不敗之地的。

（五）全面、完整、準確地理解習近平治國理政導世的理念體系

二〇一二年「黨的十八大以來，以習近平同志為核心的黨中央團結帶領全黨全國各族人民，緊緊圍繞『兩個一百年'奮鬥目標和中華民族偉大復興的中國夢，舉旗定向、

謀篇布局、攻堅克難、強基固本，開闢了治國理政新境界，開創了黨和國家事業發展新局面，贏得廣大幹部群眾的衷心擁護，在國際社會產生重大影響。這五年黨和國家各項事業之所以能開新局、譜新篇，根本的就在於有習近平總書記系列重要講話精神和治國理政新理念新思想新戰略的科學指引」。「以習近平同志為核心的黨中央治國理政新理念新思想新戰略是十八大以來全黨理論創新和實踐創新的集中體現，是馬克思主義中國化最新成果，開拓了馬克思主義在當代中國發展的新境界。[54] 這是客

觀的回顧和科學的總結。

中國人民學習和貫徹黨中央治國理政新理念新思想新戰略，首先必須全面、完整、準確地理解習近平治國理政導世的理念體系，不應片面、不完整、不準確地理解這種理念體系。之所以強調這個問題，是緣於新中國建立以來，先後曾經有過兩度不完整、不準確地理解毛澤東思想和鄧小平理論的歷史經驗教訓。

眾所周知，新中國建立以來，作為中國革命指南的毛澤東思想，曾經被曲解、割裂過，造成了人們的思想混亂。一九七六年毛澤東同志逝世後，鄧小平在一九七七年就明確提出應當完整地、準確地理解毛澤東思想，切忌割裂、歪曲、損害毛澤東思想。他十分強調：「要對毛澤東思想有一個完整的準確的認識，要善於學習、掌握和運用毛澤東思想的體系來指導我們各項工作。只有這樣，才不至於割裂、歪曲毛澤東思想，損害毛澤東思想。」[55]

一九八一年六月，中共中央十一屆六中全會一致通過了《關於建國以來黨的若干歷史問題的決議》，撥亂反正，澄清和糾正了「文化大革命」造成的思想混亂，使中國革命和建設得以繼續沿著正確的道路大步邁進。[56]

「一九八九年政治風波」之後，以美國為首的西方列強對中國發動了「經濟制裁」，在新的不利形勢下，鄧小平提出了「對外二十八字方針」：「冷靜觀察，穩住陣腳，沉著應付，善於守拙，決不當頭，韜光養晦，有所作為。」對此，中外學術界又曾產生各種曲解和誤解，造成新的思想混亂。

經過將近十年的深入的探討和爭鳴，學界終於明確今後中國

必須善於掌握鄧小平提出的「韜光養晦」與「有所作為」的革命辯證法，既不不自量力，以「救世主」自居，空唱高調，爭「出風頭」，鋒芒畢露，樹敵過多，孤軍猛衝；也不在全球南北矛盾的大是大非上曖昧含糊，依違模棱，消極迴避，隨人俯仰，無所作為。相反，充滿智慧的中國人勢必會總結新的實踐經驗，把鄧小平早在一九七四年率先在聯大鄭重提出的前述倡議，在一九九〇年概括提出的「對外二十八字方針」，與此後在新形勢下的新實踐密切地結合起來，積極地有所作為，使鄧小平理論及其全球戰略思維，在新形勢下「既一脈相承又與時俱進」，上升到更高層次，指引中國人通過更有效的南南聯合，與其他主要發展中國家一起，共同成為建立 NIEO 的積極推手和中流砥柱。〔57〕

以習近平同志為核心的黨中央治國理政新理念新思想新戰略，是全黨理論創新和實踐創新的集中體現，是馬克思主義中國化的最新成果，開拓了馬克思主義在當代中國發展的新境界。作為中國革命的最新指南，它本身也是一個完整的體系，是一個辯證的〔58〕、全球戰略思維的整體，任何時候都應加以完整、準確地理解，不能斷章取義，取其一點，不及其餘，以免割裂、歪曲、損害習近平理論及其辯證的全球戰略思維，錯誤解讀習近平治國理政導世的理念體系。這是全國人民必須牢記和共勉的。

這樣提醒，既非危言聳聽，也非杞人憂天，因為當前有些媒體和學者的某些言論，已出現不妥解讀或錯誤解讀的苗頭，似不可不及時留意和杜漸防微。〔59〕

注釋

〔1〕 二○○一年，美國高盛公司首席經濟師吉姆・奧尼爾（Jim O'Neill）首次提出「金磚四國」這一概念。現在常見於媒體的「金磚國家合作機制」特指二○○八年以來，新興市場國家代表舉行系列會談和建立峰會機制，逐步拓展而成的國際政治實體。原先「金磚四國」（BRIC）一詞是指巴西（Brazil）、俄羅斯（Russia）、印度（India）和中國（China）。這四個國家英文名稱的第一個字母合併起來是「BRIC」與英語單詞的磚（Brick）類似，而且經濟潛力巨大，顯示出金色璀璨的發展前景，因此被稱為「金磚四國」。二○○八年，在時任中國領導人胡錦濤牽頭創議和科學論證下，「金磚四國」拓展為「金磚五國」即巴西（Brazil）、印度（India）、中國（China）、南非（South Africa）和墨西哥（Mexico），其英文名稱的首字母合併起來是「BRICSM」二○○八年以後墨西哥逐漸淡出「金磚國家」合作機制。二○一○年十二月，中國作為「金磚國家」合作機制輪值主席國，與巴西、俄羅斯、印度一致商定，吸收南非（South Africa）作為正式成員加入「金磚國家」合作機制，改組後「金磚五國」的英文簡稱遂更改為「金磚國家」（BRICS）。以上概念內涵十七年來演進過程，參見百度百科「brics」（金磚國家）詞條，https：//baike. so. com/doc/6986011-7208763。另參見陳安：《論中國在建立國際經濟新秩序中的戰略定位——兼評「新自由主義經濟秩序」論、「WTO 憲政秩序」論、「經濟民族主義擾亂全球化秩序」論》（簡稱《一論》），載《現代法學》2009 年第 2 期，第 3-18 頁。嗣後其英文改寫增訂本題為 "What Should Be China's Strategic Position in the Establishment of New International Economic Order? With Comments on Neo-liberalistic Economic Order, Constitutional Order of the WTO and Economic Nationalism's Disturbance of Globalization, *The Journal of World Investment & Trade,* Vol.10, No. 3, 2009, pp. 359-396. 中國知網（Cnki）亦轉載了陳安撰寫的這篇論文的中文版。

〔2〕 參見陳安編譯：《國際經濟立法的歷史和現狀》，法律出版社1982年版，序言。

〔3〕 參見陳安：《論中國在建立國際經濟新秩序（NIEO）中的戰略定位：聚焦評析「新自由主義經濟秩序」論、「WTO 憲政秩序」論、「經濟

民族主義」論》，載《現代法學》2009 年第 3 期，第 3-18 頁。

〔4〕 參見陳安：《旗幟鮮明地確立中國在構建 NIEO 中的戰略定位──兼論與時俱進，完整、準確地理解鄧小平「對外二十八字方針」》，載《國際經濟法學刊》2009 年第 16 卷第 3 期，第 55-81 頁。

〔5〕 參見陳安：《三論中國在構建國際經濟新秩序中的戰略定位：匹茲堡發軔之路」走向何方──G20 南北合作新平臺的待解之謎以及「守法」與「變法」等理念碰撞》，載《國際經濟法學刊》2009 年第 16 卷第 4 期，第 1-29 頁。

〔6〕 參見陳安：《中國加入 WTO 十年的法理斷想：簡論 WTO 的法治、立法、執法、守法與變法》，載《現代法學》2010 年第 6 期，第 114-124 頁。

〔7〕 陳安：《高舉體系變革大纛發揮旗手引領作用──全球治理：中國的理念與實踐軌跡》，載《國際經濟法學刊》2016 年第 23 卷第 3 期，第 1-17 頁；陳安：《向世界展現中國理念》，載《人民日報》2016 年 6 月 5 日第 5 版；陳安：《朝著合作共贏方向發展推動國際經濟法理念變革》，載《人民日報》2016 年 11 月 7 日第 16 版。

〔8〕 參見習近平：《高舉中國特色社會主義偉大旗幟　為決勝全面小康社會實現中國夢而奮鬥》，http://cpc.people.com.cn/n1/2017/0728/c64094-29433645.html.

〔9〕 參見《參考消息》專欄《金磚機制與全球治理》系列文章：(1)《金磚之父：金磚國家應聯手應對全球性挑戰》，http://ihl.cankaoxiaoxi.com/2017/0828/2225312.shtml；(2)《俄專家認 金磚機制助推新全球化》，http://ihl.cankaoxiaoxi.com/2017/0829/2225855.shtml；(3)《印學者認為金磚機制擴大發展中國家影響力》，http://ihl.cankaoxiaoxi.com/2017/0830/2226151.shtml；(4)王文、關兆宇：《澄清對金磚機制的十大誤解》，http://ihl.cankaoxiaoxi.com/2017/0831/2226658.shtml；(5)《巴西專家：金磚機制改變全球政治經濟格局》，http://ihl.cankaoxiaoxi.com/2017/0901/2227111.shtml；(6)《金磚國家引領全球治理變革》，http://ihl.cankaoxiaoxi.com/2017/0904/2227794.shtml.

〔10〕 參見王文、關兆宇：《澄清對金磚機制的十大誤解》，http://ihl.cankaoxiaoxi.com/2017/0831/2226658.sltml。其中提到「謊言 7：金磚革命論」，中文原文：「從金磚國家第一次合作開始，就有一些聲

音在説，『金磚要革 G7 的命』，『要革國際經濟秩序的命』，這就是『金磚革命論』。」王文撰寫的這篇文章還有另外兩種版本，一種是英文版：Wang Wen, Guan Zhaoyu, 10 Myths About Brics Debunked（王文、關兆宇：《有關金磚的十種謊言被揭穿了》），https:// www. ft. com/ content/ 50fe74 e6-8f0a-l le7-a352-e46f43c5825d. 其英文是：From the beginning of Brics cooperation, many have claimed the "Brics will destroy the G7", and the "the Brics will ruin the international economic order", giving rise to the myth that the Brics are disruptive. 還有一種是中英雙語對照版，發表於「英文聯播」，其中文文本標題卻改為《唱衰「金磚」的十個謊言》，與發表於《參考消息》的中文標題的含義不一致，甚至大相逕庭。「謊言」通常指故意捏造，惡意歪曲事實；「誤解」則通常並無惡意，「謊言」與「誤解」兩者似不宜隨便混用或互相取代。再者，如果以其英文版為準，則「『金磚要革 G7 的命』，『要革國際經濟秩序的命』這就是『4 金磚革命論』」，這種中譯似不盡符合英文原意，不夠貼切，易滋疑義，有待商榷。茲改譯如正文，供討論參考。

〔11〕如美國「美國之音」（The *Voice of America, VOA*）、《紐約時報》（*New York Time*）、*Washington Post*（《華盛頓郵報》）以及英國《金融時報》（*Finance Times*）等等。試舉一例：作為美國政府的重要「喉舌」美國之音早在二〇一五年七月九日就發表過一篇綜合性報導，題為《專家：**美擔心金磚峰會標誌反西方同盟的成立**》，表達了美國當局的憂心忡忡，説是當時作為 G7（七國集團）的強勁對手，金磚國家元首第七次會晤在俄羅斯烏法舉行，「**一些美國學者認為這次峰會標誌著反西方同盟的成立，意在挑戰當前的國際秩序**」。資料來源：https://www. voachinese. com/a/brics-summit-20150708/2854494. html。時隔兩年多，美國之音在二〇一七年九月六日又發表一篇綜合性報導，題為《**金磚＋，習重塑國際秩序的又一嘗試？**》，公然抨擊金磚廈門峰會取得的豐碩成果，説是美國康奈爾大學貿易政策高級教授、布魯金斯學會高級研究員普拉薩德（Eswar Prasad）認為，中國正在塑造一個新的多邊體系，一個體系的基調和遊戲規則由它（中國）確定的、具有「中國特色」的多邊主義。這種形式的多邊主義與美國等西方經濟體所主張的那種全球秩序大不相同。「它基於交易原則，**迴避民主、人權和言論自由等價值觀**，而這些正是

美國長期以來努力在全球推廣的價觀」，「北京的戰略主要有兩個方面：一個是在現有的國際機構中擴大自己的影響力，從內部改變遊戲規則；一個是建立自己的國際機構，從而給北京控制資金、制定規則的一些項目披上多邊主義的外衣」。「中國的『一帶一路』以及去年開始運營的亞投行等項目讓北京能夠在一大群國家背後藏匿自己的影響力，那些國家表面上在這些機構的運行中扮演重要角色，而實際上只能服從北京的命令。中國這樣做還有效地把自己潛在的地緣政治對手拉入了自己的經濟懷抱。」資料來源：https://www.voaclinese. com/a/global. order-order-20170905/40164:4:9. htmil. See also Eswar Prasad, **How China Aims to Limit the West＇s GlobalInfluence**（《中國如何狙擊西方的全球影響》），https:// www.nytimes.com/2017/09/01/opinion/china-west-democracy.html. 這篇專文表達了美國當局及其高層智庫對中國參與引領金磚的複雜心情：敵視、嫉妒、惶急、誹謗、挑撥和無奈。茲摘錄其英文原稿供學界分析批判：With the United States apparently pulling back from multilateralism, China is deploying to great effect an approach that has been some years in the making but is now bearing fruit. This form of multilateralism is built on transactional principles very different from the type of global order the United States and other Western economies have championed, one built on trust and mutual cooperation. It will eschew values like democracy, human rights and freedom of expression, which the United States has long sought to promote around the world. Beijing＇s strategy has two main prongs. The first is to change the rules of the game from within, by expanding Chinese influence in existing international institutions. With its rising economic clout, China has also been able to raise its voting shares at international financial institutions like the International Monetary Fund and the World Bank. At these organizations, the United States and other advanced Western economies together still have the dominant voting power. So, China has been subtle in its approach, creating alliances with other emerging- market countries like India and Russia to advance its priorities. The second prong of China＇s strategy is to set up its own international institutions. These puta multilateral sheen on projects in which Beijing controls the purse strings and also makes the rules of the game. Initiatives like One Belt, One Road-the plan to invest $1 trillion or more in transcontinental infrastructure-and the Asian Infrastructure Investment Bank, which started operation last year, allow Beijing to cloak its influence behind the facade of a large group of countries, all with ostensibly significant roles in running these institutions rather than a position that requires them to follow Beijing's commands. When China wants to show off its raw economic power, it can put on quite a show. The One Belt, One Road conference held in Beijing in May drew nearly 30 national leaders from four continents, an array of former heads of state, and numerous leaders from major public and private financial organizations. The gathering will someday be remembered not for who attended or for how much money was put up, but rather as a display of the Chinese strategy to expand its geopolitical influence. The professed multilateral nature of its initiatives allows Beijing to pull other countries more tightly into its fold. It becomes harder for countries that do not share China's values to stay on the sidelines. Many countries joining with China say they must do so to influence these new institutions from the inside rather than just complain about them from the outside. This was the justification when Britain, Germany and France signed up to become founding members of the Asian infrastructure bank, leaving the United States fuming.

〔12〕參見《在線漢語字典》,「勢」字,http: //xh. 5156edu. com/html3/ 2597. html。

〔13〕參見《鄧小平在聯大第六屆特別會議上的發言》(1974年4月10日), http: //www. people. com.cn/GB/shizheng/252/6688/6715/20011023/ 588430. html。

〔14〕參見《胡錦濤2天出席近20場會議 中國在八國峰會分量很重》, http://cpc. people. com. cn/GB/64093/95111/95113/7497442. html。 其中科學地論證「南南聯合自強、開展南北對話」的兩次講話尤其 重要,即《胡錦濤在發展中五國領導人集體會晤時的講話》(2008 年7月8日,日本札幌)、《胡錦濤在八國集團同發展中國家領導人

對話會議上的講話》（2008 年 7 月 9 日，日本北海道洞爺湖）。這兩次講話，簡明扼要地闡述了中國對重大國際問題的看法和主張，發揮了引導全球合作發展方向的重要作用。

〔15〕參見《習近平在二十國集團領導人杭州峰會上的閉幕辭》http://cpc. people. com. cn/n1/2016/0906/ c64094-28693244.html。相關資料還可參見《二十國集團領導人杭州峰會》，http: //www. xinhuanet. com/world/ 2016G20/jdxw. htm。

〔16〕參見習近平：《深化金磚夥伴關係開闢更加光明未來—在金磚國家領導人廈門會晤大範圍會議上的講話》，http: //news.xinhuanet.com/ politcs/2017-09/04/ c_1121602495.htm。

〔17〕參見陳安：《高舉體系變革大纛發揮旗手引領作用——全球治理：中國的理念與實踐軌跡》，載《國際經濟法學刊》2016 年第 23 卷第 3 期，第 1-17 頁。

〔18〕參見《習近平在金磚國家工商論壇開幕式上的講話》，http://www. xinhuanet.com/politics/2017-09/03/c_1121596338.htm.

〔19〕同上。

〔20〕參見《商務部召開例行新聞發布會》，http://www.mofcom.gov.cn/ article/ae/slfw/201706/20170602597540.shtml.

〔21〕參見《習近平在金磚國家工商論壇開幕式上的講話》，http://www. xinhuanet.com/politics/2017-09/03/c_1121596338.htm.

〔22〕參見習近平：《深化金磚夥伴關係開闢更加光明未來——在金磚國家領導人廈門會晤大範圍會議上的講話》，http://news.xinhuanet. com/politics/2017-09/04/c_1121602495.htm.

〔23〕參見陳安：《中國加入 WTO 十年的法理斷想：簡論 WTO 的法治、立法、執法、守法與變法》，載《現代法學》2010 年第 6 期，第114-124頁。

〔24〕《習近平在金磚國家工商論壇開幕式上的講話》，http://www. xinhuanet.com/politics/2017-09/03/c_1121596338.htm.

〔25〕參見陳安編譯：《國際經濟立法的歷史和現狀》，法律出版社 1982 年版，序言。

〔26〕同上書，第 3-18 頁。

〔27〕這三篇文章的出處及其在中國引起的爭鳴概況，參見陳安：《旗幟鮮明地確立中國在構建 NIEO 中的戰略定位——兼論與時俱進，完

整、準確地理解鄧小平「對外二十八字方針」》，載《國際經濟法學刊》2009 年第 16 卷第 3 期，第二部分。科學地確立中國的戰略定位，必須全面、完整、準確地理解鄧小平的「對外二十八字方針」。

〔28〕參見羅來軍：《習主席點明金磚合作要義：不動誰的奶酪　做大世界經濟蛋糕》，http://cpc.people.com.cn/xuexi/n1/2017/0906/c385474-29519138.html.

〔29〕參見《習近平在金磚國家工商論壇開幕式上的講話》http://www.xinhuanet. com/politics/2017-09/03/c _1121596338. htm。

〔30〕《荀子‧勸學篇》，載張覺：《荀子譯註》，上海古籍出版社 1995 年版，第 S 頁。

〔31〕參見趙家祥、聶錦芳、張立波：《馬克思主義哲學教程》，北京大學出版社 2003 年版，第 160-162 頁；《量變與質變在現實生活中的作用》，http://www. doc88. com/p- 600927329433. html。

〔32〕毛澤東同志非常精闢地闡明了事物量變與質變的辯證關係。他強調：「新陳代謝是宇宙間普遍的永遠不可抵抗的規律。依事物本身的性質和條件，經過不同的飛躍形式，一事物轉化為他事物，就是新陳代謝的過程。任何事物的內部都有其新舊兩個方面的矛盾，形成為一系列的曲折的鬥爭。鬥爭的結果，新的方面由小變大，上升為支配的東西；舊的方面則由大變小，變成逐步歸於滅亡的東西。而一旦新的方面對於舊的方面取得支配地位的時候，舊事物的性質就變化為新事物的性質。由此可見，事物的性質主要是由取得支配地位的矛盾的主要方面所決定的。取得支配地位的矛盾的主要方面起了變化，事物的性質也就隨著起變化。」「世界上總是這樣以新的代替舊的，總是這樣新陳代謝、除舊布新或推陳出新的。」這種理論對於後世界弱勢群體追求實現國際經濟秩序的「除舊布新」，實現全球經濟治理體系的「變革」，具有深遠的啟迪和指導意義。參見毛澤東：《矛盾論》，載《毛澤東選集》第 1 卷，人民出版社 1991 年版，第 304-327 頁.

〔33〕See Wang Wen, Guan Zhaoyu, 10 Myths About Brics Debunked（王文、關兆宇：《有關金磚的十種謊言被揭穿了》），https://www.ft.com/content/50fe74e6-8f0a-11e7-a352-e46f43c5825d.在英國《金融時報》上發表的"10 Myths About Brics Debunked"，其英文用語是："From the beginning of Brics cooperation, many have claimed the 'Brics will destroy the G7', and the 'the Brics will ruin the international economic order', giving rise to the myth that the Brics are disruptive."

〔34〕參見《習近平在金磚國家工商論壇開幕式上的講話》，http://www. xinhuanet.com/politics/2017-09/03/c_1121596338.htm.

〔35〕參見習近平：《深化金磚夥伴關係開闢更加光明未來——在金磚國家領導人廈門會晤大範圍會議上的講話》，http://www.xinhuanet. com/politics/2017-09/04/c_1121602495.htm；習近平：《深化互利合作促進共同發展 在新興市場國家與發展中國家對話會上的發言》，http://www.xinhuanet.com/2017-09/05/c_1121608786.htm.

〔36〕參見習近平：《深化互利合作促進共同發展—在新興市場國家與發展中國家對話會上的發言》，http://www.xinhuanet.com/2017-09/05/ c_1121608786.htm。顯然，習近平同志這段話確有所指。例如，美國總統特朗普上臺後，極力推行「美國第一」（America First）國策，即把美國一國私利凌駕於全球公共利益之上，鼓吹新的貿易保護主義；帶頭設置種種障礙，使全球性多邊貿易談判舉步維艱；不顧國際信義，退出美國前任總統奧巴馬已經簽署的《巴黎協定》，力圖破壞已經正式生效的、為全球造福的國際協定，一意孤行到底！參見《習近平就氣候變化〈巴黎協定〉正式生效致信聯合國秘書長潘基文》，http://www.xinhuanet.com/politics/2016-11/04/c_1119853185. htm；《美國正式向聯合國遞交退出〈巴黎協定〉意向通知》，http:// news.qq.com/a/20170805/004683.htm。

〔37〕參見《周易·繫辭下》；人民日報評論部：《習近平用典》，人民日報出版社2015年版，第29-30頁。

〔38〕毛澤東語：「我們是用了革命的兩手政策來對付反動派的反革命兩手政策的。」參見毛澤東：《讀蘇聯〈政治經濟學教科書〉的談話》（一九五九年十二月至一九六年二月），載《毛澤東文集》第 8 卷，人民出版社 1999 年版，第 103-148 頁。

〔39〕二十世紀五〇年代反映中國人民抗美援朝、保家衛國英雄史詩的經典電影《上甘嶺》，其主題歌《我的祖國》，數十年來代代傳唱不衰。其中第三闋歌詞是：「好山好水好地方，條條大路都寬暢。 朋友來了，有好酒；若是那豺狼來了，迎接它的有獵槍！這是強大的祖國，是我生長的好地方，在這片溫暖的地方，到處都有和平的陽光！」此歌準確地表達了中國人民熱愛和平家園和敢於迎頭痛擊任

何入侵的強霸勢力、任何「虎豹豺狼」的堅定意志和堅強決心。

〔40〕參見《習近平在慶祝中國人民解放軍建軍 90 週年閱兵時的講話》，http://www.xinhuanet.com/mil/2017-07/30/c_129667879.htm.。

〔41〕參見《習近平：絕不允許任何一塊中國領土從中國分裂出去》，http://news.163.com/17/1801/10/CQODI9S40001875N.html。

〔42〕《跨越太平洋的合作》，http://news. cntv. cn/2013/06/10/VIDE1370869079333816. shtml。

〔43〕參見《亞太再平衡戰略》，https://baike. so. com / doc / 6232088-6445427. html。

〔44〕《人大重陽金融研究院執行院長王文：人文交流促中美增信釋疑》，https：//www. scio. gov. cn/zhzc/35353/35354/Document/1564218/1564218.htm。

〔45〕美國的《國防授權法案》是美國國會二〇〇一年的立法，在「保護美國國防安全」的幌子下，專對美國霸權的假想敵國或對手的軍事戰略和軍事實力進行「評估」，說三道四，肆意抹黑，包括鼓吹渲染「中國威脅」讕言，欺騙國內外公眾，為美國霸權主義勢力對外侵略擴張製造「輿論」，尋求「支持」。為此，美國國會內部專門設立一個「美中安全審議委員會」，必須每年向國會提交一份《審議報告》。「美中安全審議委員會」是一個「跨黨派」的委員會，由民主黨、共和黨兩黨國會領袖各指派六名智囊組成，分別來自商界、勞工界、政府機構和學術界。該委員會的宗旨是「追蹤、調查並向國會報告美國和中國雙邊貿易和經濟關係對美國國家安全的影響」；「國會要求該委員會評估對華經濟政策是否危害或有助於美國國家安全，並且在此評估基礎上，為美國立法部門和執法部門提出可以促進美國國家利益的政策建議。」按照國會此項預設的既定指令，這種評估報告的結論是可想而知和不言而喻的。美國國會所屬「美中安全審議委員會」的報告雖然沒有法律約束力，但人們也切不可小覷其對美國政府對華政策的影響，低估其蠱惑人心和嚴重誤導美國各界人士的實際作用。二〇〇一年的《國防授權法案》的具體內容詳見：Sec. 1238，National Defense Authorization Act for Fiscal Year2001，pp. 336-338，http://thomas. loc. gov/cgi-bin/bdcuery/z?dl06:HR04205:|TOM:/bss/di06cuery. htmll|（美國國會圖書館「立法信息」網站）。有關《2018 財政年度國防授權法案》內容詳見：

https://www.congress.gov/bill/115th-congress/house-bil/2810/text。

〔46〕參見《特朗普簽了！2018 美國防授權法納入評估臺美軍艦互停》，http://www. guancha. cn/local/2017_ 12_13_438940. shtml。

〔47〕參見《外交部回應美國國家安全戰略報告涉華內容》，http://news. xinhuanet. coni/overseas/2017-12-19/ c_1122136663. htm。

〔48〕參見《國防部就美「國安報告」涉華涉軍言論強硬表態》，https:// item.btime.com/371jirg2mlv9rfqsq3o99h8lkj0? from ＝ ssk22017-12-21。

〔49〕《外交部發言人就美國導彈驅逐艦進入黃岩島 12 海里範圍答記者問》，http: //www. xinhuanet. con// world/2018-01/20/c_1122288587. htni。

〔50〕參見王文：《智庫人的江湖 在中國智庫治理論壇上的發言》，http:// www. guancha. cn/WangWen/2016_12_19_384911. shtml；王文：《美國很焦慮中國要伐謀》，http:// news. xinhuanet. com/ world/2016-12/ 27/c_ 129422070. htm；王文：《中國學者到國外，何時能有高額出場費？》，http://news. hexun. com/2017-03-01/188327621. html；王文：《特朗普首訪中國，主動權已不在美國手中》，http://www. guancha.cn/WangWen /2017_11 _0 5_433544. shtml。

〔51〕詳見陳安：《美國霸權版「中國威脅」讕言的前世與今生》，第三章第五節「美國長期推行侵華反華政策絕非歷史的偶然」，江蘇人民出版社 2015 年版，第 133-226 頁；本書第一編第 9 章「美國長期推行侵華反華政策絕非歷史的偶然：『美利堅帝國』窮兵黷武四百年」。

〔52〕參見《習近平在慶祝中國人民解放軍建軍 90 週年閱兵時的講話》，http: //www. xinhuanet. com/mil/ 2017-07/30/c_129667879.htm。

〔53〕參見《習近平：絕不允許任何一塊中國領土從中國分裂出去》，http://news.163.com/17/0801 /10/CQODI9S40001875N.html。

〔54〕《迎接黨的十九大暨〈以習近平同志為核心的黨中央治國理政新理念新思想新戰略〉出版座談會》，https://www. chinanews. com/ gn/2017/07-03/8268043. shtml。

〔55〕鄧小平：《完整地準確地理解毛澤東思想》（1977 年 7 月 21 日），載《鄧小平文選》第 2 卷，人民出版社 1994 年版，第 42 頁；習近平：《在紀念毛澤東同志誕辰 120 週年座談會上的講話》，http://news

xinhuanet‧com/politics/2013-12/26/c_118723453.htm。

〔56〕參見《關於建國以來黨的若干歷史問題的決議》，http://cpc.people.
com.cn/GB/64162/71380/71387/71533/4854598.html.

〔57〕參見陳安：《旗幟鮮明地確立中國在構建 NIEO 中的戰略定位──兼
論與時俱進，完整、準確地理解鄧小平「對外二十八字方針」》，載
《國際經濟法學刊》2009 年第 16 卷第 3 期，第 55-81 頁。

〔58〕兩千多年前，中國儒家先賢荀況曾以極其簡潔的、**充滿辯證思維**的
語言，概述以「王道」和「仁義」治理天下的主張，即「仁眇天下，
義眇天下，威眇天下。仁眇天下，故天下莫不親也。義眇天下，故
天下莫不貴也。威眇天下，故天下莫敢敵也。以不敵之威，輔服人
之道，故不戰而勝，不攻而得，甲兵不勞而天下服。是知王道者
也」（《荀子‧王制》）。這段話的大意是：**仁、義、威，三種手段
必須同時具備，缺一不可**，相輔相成，靈活運用。奉行王道的君
主，他的仁愛，高於天下各國，道義高於天下各國，威勢高於天下
各國。仁愛高於天下各國，所以天下沒有誰不親近他。道義高於天
下各國，所以天下沒有誰不尊重他。威勢高於天下各國，所以天下
沒有誰敢與他為敵。拿不可抵擋的威勢去輔助使人心悅誠服的仁義
之道，可以不戰而勝，不攻而得，不費一兵一甲天下就歸服了。這
就是懂得以「王道」治理天下的君主。

不妨說，以習近平同志為核心的黨中央提出的治國理政新理念
新思想新戰略，包括**反覆強調戰備、強軍興軍、樹立軍威在內**，乃
是中國先賢面對當時「天下」外部複雜、嚴峻環境，善於**居安思
危、辯證思維、兩手準備**在新歷史條件下的重大創新發展。

〔59〕參見本章第五部分（四）

社科文庫·國際財金研究叢刊 AA101011

中國特色話語：陳安論國際經濟法學 第一卷（修訂版） 上冊

作　　　者	陳　安
版權策畫	李煥芹
責任編輯	林以邠
發 行 人	陳滿銘
總 經 理	梁錦興
總 編 輯	陳滿銘
副總編輯	張晏瑞
編 輯 所	萬卷樓圖書股份有限公司
排　　　版	菩薩蠻數位文化有限公司
印　　　刷	百通科技股份有限公司
封面設計	菩薩蠻數位文化有限公司

出　　　版　昌明文化有限公司

桃園市龜山區中原街 32 號

電話　(02)23216565

發　　　行　萬卷樓圖書股份有限公司

臺北市羅斯福路二段 41 號 6 樓之 3

電話　(02)23216565

傳真　(02)23218698

電郵　SERVICE@WANJUAN.COM.TW

大陸經銷

廈門外圖臺灣書店有限公司

　電郵　JKB188@188.COM

ISBN 978-986-496-145-0

2019 年 8 月再版

定價：新臺幣 980 元

如何購買本書：

1. 轉帳購書，請透過以下帳戶

　合作金庫銀行 古亭分行

　戶名：萬卷樓圖書股份有限公司

　帳號：0877717092596

2. 網路購書，請透過萬卷樓網站

　網址 WWW.WANJUAN.COM.TW

大量購書，請直接聯繫我們，將有專人為您

服務。客服: (02)23216565 分機 610

如有缺頁、破損或裝訂錯誤，請寄回更換

版權所有·翻印必究

Copyright©2019 by WanJuanLou Books CO., Ltd.

All Right Reserved　　　　　**Printed in Taiwan**

國家圖書館出版品預行編目資料

中國特色話語：陳安論國際經濟法學. 第一
卷 / 陳安著. -- 再版. -- 桃園市：昌明文化
出版；臺北市：萬卷樓發行, 2019.08
　冊；　公分
ISBN 978-986-496-145-0(上冊：平裝)

1.經濟法學

553.4　　　　　　　　　　　108010188

本著作物由北京大學出版社有限公司授權大龍樹（廈門）文化傳媒有限公司和萬卷樓圖書股份有限公司在臺灣地區出版、發行中文繁體字版版權。